燃气检测技术手册

金志刚　王　启　主编

中国建筑工业出版社

图书在版编目（CIP）数据

燃气检测技术手册/金志刚，王启主编. —北京：中国建筑工业出版社，2011.3

ISBN 978-7-112-12803-7

Ⅰ.①燃… Ⅱ.①金… ②王… Ⅲ.①燃气-检测-技术手册 Ⅳ.①TU996-62

中国版本图书馆 CIP 数据核字（2010）第 260002 号

燃气检测技术是衡量城市燃气质量、评价燃气用具功能、保证燃气用具安全、促进燃气事业节能减排技术发展的关键性科学方法。本手册包括燃气检测基本理论、检测方法、仪器仪表性能、误差分析、检测标准等内容，是一部集理论、实践、标准于一体的工具书。全书共 15 章，其中以热工测量为基础，介绍了检测燃气温度、压力、流速、热值、密度、成分及火焰传播速度的基本原理和方法。在燃气用具方面，包括了各种民用、商用及工业用燃气用具的技术特性、安全性、可靠性、实用性、节能减排及环保性等方面的检测技术和方法，强调了燃具适应性、燃气互换性，以及燃气分类标准对燃具的检测要求，同时附加了最新颁布的标准。在新技术方面，推荐了西方调压器通用流量计算公式，介绍了三维激光流速仪、热像仪、连续配气等先进设备。

本书是燃气检测单位的基本工具书和检测人员的培训教材。可供燃气行业从事专业设计、科研的技术人员和管理人员以及大专院校有关专业师生参考。

* * *

责任编辑：胡明安 姚荣华
责任设计：张 虹
责任校对：关 健 刘 钰

燃气检测技术手册
金志刚 王 启 主编
*
中国建筑工业出版社出版、发行（北京西郊百万庄）
各地新华书店、建筑书店经销
北京红光制版公司制版
北京圣夫亚美印刷有限公司印刷
*
开本：787×1092 毫米 1/16 印张：30 字数：746 千字
2011 年 4 月第一版 2017 年 7 月第二次印刷
定价：**76.00** 元
ISBN 978-7-112-12803-7
（20067）

序 言

进入 21 世纪以来，随着我国经济的发展，以及陕气进京、西气东输、川气出川、海上油气田开发、液化天然气及管输天然气进口，我国已经逐渐形成全国性天然气输配管网。天然气供应量的快速增加，促进了燃气事业的快速发展，天然气已成为城市燃气的主要气源。燃气事业的发展，不仅提高了居民生活质量和工业生产能力，增强了国民经济的实力，而且节约了能源，降低了污染，为节能减排的目标作出贡献。

天然气源远离城市，从气源经过数条长度达几千公里的长输管线、数十亿立方米地下储气库、繁杂的城市输配管网系统进入室内燃气管后才送到用户面前，投入了数百亿人民币，带动了上百个行业，提高了国民经济产值，但是这仅仅是发挥燃气效益的准备工作，并不是主要目的。最重要的目的还是要达到节能减排这个关系到全人类切身利益的总目标。燃气事业中，各个环节互相关联，但真正直接发挥燃气效益的还是燃气应用技术，包括燃气设备的质量和运行工况。燃气应用设备质量高，运行工况良好，燃气节能的效益，减排的成果才得以实现；反之如果应用设备质量低劣，运行工作达不到标准，照样会浪费能源、污染环境，使庞大的燃气生产、输配等工程前功尽弃，更有甚者，会危及人民生命财产。

燃气应用环节的任务如此重要，为此生产燃气用具的厂家要不断开发技术先进的产品，精益求精地保障产品质量；运行单位要兢兢业业地关注燃气用具的运行工况，保证运行良好的工况，达到节能减排的指标才算完成基本要求。鉴别燃烧设备的质量和运行工况的好坏，只有依靠检测工作。没有检测工作，燃气用具质量无法保证，燃气用具的运行工况茫然无知，出现浪费、污染也不能采取有效调整措施，甚至发生事故也不知原因。检测技术是监督、检测机构控制设备质量的试金石，是制定规范和标准的重要手段，是生产厂家提高产品质量的最好帮手，也是教学部门培养学生实践的必要内容。

本手册基于将检测原理、仪表性能、检测方法、标准规范融于一体的原则，囊括了热工、气体分析、燃气性质、燃烧速度、误差分析、产品质量监督以及各种燃气设备性能检测等内容。在燃气基本检测方面，以热工测量为基础，介绍了燃气温度、压力、流量、热值、密度、成分以及火焰传播速度等参数检测的基本原理和试验方法。在燃具方面，包括了各种民用、商用、工业用燃具的检测技术，强调燃具适应性、燃气互换性以及燃气分类标准对燃具的检测要求，同时附加了最新颁布的标准。在新技术方面，介绍了西方调压器通用流量计算公式，推导了确定阀门形状系数的公式；推荐了三维激光流速仪、热像仪、连续配气等先进设备。这些仪表将进一步提高燃气检测技术水平。

本书得到中国市政工程华北设计研究总院、国家燃气用具质量监督检验中心的大力支持，同时博益（天津）气动技术研究所公司、品川株式会社、广州明烁电子科技有限公司等单位也提供了实际检测经验和宝贵的检测资料，进一步完善了检测手册的内容，使手册成为一部重视理论、关注实践、执行标准的工具书。本书是燃气管理、技术监督、燃气和燃具检测、燃气生产、设计、燃具生产厂家的工具书，同时也可供高等院校、科研机构中有关专业人员参考。

本书共计15章。参加编写的人员：第一章 温度测量（金志刚）；第二章 湿度测量（金志刚）；第三章 压力及流速测量（金志刚）；第四章 流量测量（金志刚、刘彤）；第五章 燃气成分分析（李文硕、陈岚）；第六章 相对密度与热值测量（张金环、金志刚）；第七章 火焰传播速度测量（金志刚）；第八章 城镇燃气互换性、分类及配气（高文学、刘彤、金志刚、渠艳红）；第九章 烟气分析（潘翠景、刘文博、金志刚）；第十章 民用燃气燃烧器具检测（王启、潘翠景、胡宇）；第十一章 采暖器、工业窑炉及燃烧器测试（金志刚、张金环、龙飞、王启）；第十二章 燃气调压器与安全阀检测（金志刚、翟军、赵自军）；第十三章 燃气输配设施测试（翟军、李军、潘翠景、赵自军）；第十四章 测试数据处理与误差分析（王洪林、王启）；第十五章 燃气用具质量监督检验方法与检验机构（王启、张维华、张金环）；全书由金志刚、王启主编。项友谦教授级高工进行了校审，高勇、俞永娟、严荣松等提供了部分资料，在此表示感谢。

由于燃气及燃气设备用具的检测工作内容比较繁杂，国内外标准、方法也不尽相同，书中难免有不当之处，恳请读者不吝指正。

金志刚　王启

目　录

第一章 温 度 测 量

在燃气的燃烧与输配中，温度测量是非常重要的。例如当液化石油气贮罐的温度高于设计值时，就可能破坏贮罐，造成事故；燃气燃烧设备的烟气温度过高时，会降低热效率而浪费燃气；如果测不准燃气温度也就无法确定燃气的真实流量。因此必须重视并掌握温度测量技术。

第一节 概 述

一、温度与温标

温度是物体热力状态的参数之一。它表示物体的冷热程度，也可以说是表示受热程度。物体受热程度是分子热运动过程中所呈现的内部动能决定。构成物体的分子时刻都处于运动状态。分子运动越快，温度越高；运动越慢，温度越低。

(1) 摄氏温标

摄氏温标（℃）是一种比较通用的温标。对于水银温度计，它认定汞的体积膨胀与温度变化呈线性关系。摄氏温标确定方法是，规定在标准大气压下纯水的冰点为零度，沸点为 100 度，把汞柱在这两点之间的变化的液柱长度分为 100 等分，每一等分为摄氏 1 度，用符号℃表示。

(2) 华氏温标

华氏温标（℉）同样认定汞的体积膨胀与温度变化呈线性关系。但是，规定在标准大气压下纯水的冰点为华氏 32 度，沸点为 212 度，把这两点之间的变化汞柱长度划分为 180 等分，每一等分代表华氏 1 度，用符号℉表示。

实际上没有任何一种物质的物理性质完全与温度呈线性关系。因此，用不同种类的物质作为工质（例如酒精等）制造，并用摄氏或华氏方法进行分度的温度计，使用时除上述固定点外均会有或大或小的误差。

(3) 热力学温标

热力学温标（K）又称为绝对温标或开尔文温标，是以热力学为基础建立起来的，并且体现温度仅与热量有关而与工质无关的温标。

一个理想的卡诺机，如它的温度为 T_2 的热源与温度为 T_1 的冷源之间，当从热源中吸收热量 Q_2，向冷源放出热量 Q_1，则有如下关系：

$$\frac{T_2}{T_1}=\frac{Q_2}{Q_1} \tag{1-1}$$

可见温度只与热量有关，与工质无关。热力学温标规定，纯水在标准大气压下的三相点为 273.16 度，沸点与三相点之间分 100 格，每格 1 度，用符号 K 表示。把水的三相点以下 273.16K 定为绝对零度。但是，无法实现理想的卡诺循环，在实际上是用气体温度计经过示值修正后来复现热力学温标。由气体温度计测得的水的三相点为 0.01℃，相应的绝对零度应是−273.15℃。

（4）国际温标

国际温标是世界各国承认的与热力学相吻合的温标。在 1968 年国际会议上通过的《1968 年国际实用温标》（IPTS—68）中，国际热力学和摄氏温度符号分别为 T_{68} 和 t_{68}，其单位用 K 及℃表示，两者关系为：

$$t_{68}(℃) = T_{68}(K) - 273.15 \tag{1-2}$$

同时还规定了定义的固定点（见表 1-1），这些固定点的温度除水三相点是人为定义的外，其他各点都是国际温标气体温度计测定的。

IPTS—68 定义的固定点 **表 1-1**

平衡状态	国际实用温度指示值	
	T（K）	t（℃）
水三相点	273.16	0.01
水沸点	373.15	100.00
平衡氢三相点	13.81	−259.34
平衡氢液态，气态在 33330.6Pa 压力下平衡态	17.402	−256.108
平衡氢沸点	20.28	−252.87
氧三相点	54.361	−218.789
氖沸点	27.102	−246.048
锌凝固点	692.73	419.58
银凝固点	1235.08	961.93
金凝固点	1237.58	1064.43

此外还规定了标准温度计如下：

−259.35～630.755℃　　基准铂电阻温度计

630.755～1064.43℃　　基准铂铑-铂热电偶温度计

1064.43℃以上　　基准光学高温计

1990 年通过了《1990 年国际温标》（ITS—90），我国从 1991 年 7 月 1 日起施行《ITS—90》。其中，国际热力学（开尔文）和摄氏温度符号分别为 T_{90} 和 t_{90}，其单位用 K 及℃表示，两者关系为：

$$t_{90}(℃) = T_{90}(K) - 273.15$$

ITS—90 定义的固定点有 17 个。

ITS—90 内插用标准仪器是将整个温标分为 4 个区。由 0.65K 向上到单色辐射的普朗克辐射定律实际可测得的最高温度，ITS—90 通过各温区和分温区来定义 T_{90}，某些温区是重叠的。重叠区的 T_{90} 差异只有在最高准确度测量时才能觉察到。共定义了 4 个温度区。

第一温度区为 0.65～5.00K 之间，T_{90} 由 ^3H_e 和 ^4H_e 的蒸气压与温度的关系式来定义。

第二温度区为 3.0K 到氖三相点（24.5661K）之间，T_{90} 是用氦气体温度计来定义。

第三温度区为平衡氢三相点（13.8033K）到银的凝固点（1234.93K）之间，内插仪器是铂电阻温度计，它使用一组规定的定义固定点及利用规定的内插法来分度。

第四温度区为银的凝固点（1234.93K）以上的温区，T_{90}是按普朗克辐射定律来定义的，内插仪器是光高温计。

显然 ITS—90 比 IPTS—68 更加严格与精确。但是实际工程中，在要求不十分严格的条件下，标定温度时，把标准大气压下水的融点定为 0℃，并取 $T=273+t$。

在英美的资料中，经常遇到华氏温标 t'（℉），其与摄氏温度 t（℃）的关系为

$$t' = 1.8 \times t + 32 \tag{1-3}$$

二、温度测量方法

测量温度的方法很多，并且随着科学技术发展而日新月异。下面介绍在燃气测试技术中常用的测温方法。

（一）膨胀测温法

利用物质的体积或长度随温度变化的性质来测量温度称为膨胀测温法。用此法制成的测量仪表称为膨胀温度计。根据测量温度的范围不同，采用不同的测温物质。测温物质有液体与固体两种。

1. 玻璃液体温度计

将液体封入玻璃管中，利用液体与玻璃管因受热时具有不同的体积膨胀系数而制成温度计称为玻璃液体温度计。

2. 双金属温度计

将两块具有不同线膨胀系数的金属片合并在一起，利用其受热后膨胀长度不同而制成的温度计称为双金属温度计。

膨胀温度计是比较常用的温度计。尤其是玻璃液体温度计应用范围更是广泛，但是不能测高温与表面温度。双金属温度计常用来测量物体表面温度和室内空气温度，并且带有自动记录的设备。

（二）压力测温法

将物质装入密闭的系统中，利用受热后压力变化的特点测量温度的方法称为压力测温法。用此法制成的温度计称为压力温度计。封入密闭系统中的物质有气态与液态两种：

1. 液体压力温度计

当装入密闭系统的物质是水银、二甲苯或甲醇等液体时，称为液体压力温度计。

2. 气体压力温度计

当装入密闭系统的物质是氮气等化学性质稳定而且又接近理想气体性质的气体时，称为气体压力温度计。

有时将低沸点的液体装入密闭系统，如氯甲烷或氯乙烷等易蒸发的物质，称为蒸气压力温度计。压力温度计常用来测量由－50～550℃的非腐蚀性的气体或液体温度。多采用于固定的工业设备中，一般在实验室中很少使用。

（三）电阻测温法

利用导体或半导体的电阻随温度变化的性质测量温度的方法称为电阻测温法，用此法制成的温度计称为电阻温度计。当采用半导体时，多称其为半导体温度计。

电阻温度计的精确度较高，很容易实现远距离传送读数与自动记录。半导体点温度计可以测很小空间气体温度及表面温度，有利于测量温度场，是实验室中常备的温度计。

（四）热电偶测温法

利用两种金属丝接在一起，在受热不同时产生热电势的特性测量温度的方法称为热电偶测温方法，用此法制成的温度计称为热电偶温度计。

热电偶的测量范围广，精确较高，容易实现远距离传送读数与自动记录，并且热电偶尺寸小，构造简单，易于自制。在决定测试系统后，可以根据现场条件，采用不同的金属线材料与长度自制热电偶温度计。

（五）辐射测温法

利用物理辐射能量随温度变化的特性测量温度的方法称为辐射测温法，用此法制成的温度计称为辐射温度计。根据具体的测量原理还可分为以下两种：

1. 光学温度计（光学高温计）

利用辐射体在指定波长光线的辐射强度（单色亮度）与光度灯的灯丝亮度相比较的方法制成的温度计称为光学温度计，或光学高温计。

2. 全辐射温度计

利用温度敏感元件的受热程度也可测量辐射热源的温度，敏感元件可以用小型的热电堆或者是不大的双金属螺旋圈制成，这种温度计称为全辐射温度计。

辐射温度计的特点是不与被测介质相接触，因此也不会被高温介质烧坏，其测量范围为 800～3000℃。但是这种温度计不适合测量高温气体的温度，精确度也比较差。

（六）谱线转换测温法

谱线转换法最常用的元素是钠，故称其为钠谱线转换法。将钠置于火焰中，能发射出波长为 0.5896μm 及 0.5890μm 的两条黄色线。如果在火焰之后置一个明亮的背景光源，并使其射出的光线通过钠蒸气火焰。当光源温度不等于火焰温度时，钠谱线将以明线或暗线出现在光谱中；当光源温度等于火焰温度时，钠谱线的亮度与背景相同而消失。这样改变背景的亮度直到钠谱线消失，然后用光学高温计测量背景温度，就可以测出火焰温度。这种方法称为钠谱线转换测量法，它常用于火焰温度的测量。由于这种方法不会破坏火焰结构，所以更适于测量小型火焰的温度。要指出的是，此法测得的温度，实际上是所用元素（钠）的有效电子激发温度，因此在整理数据时，要予以足够的重视。

这种测量方法，需要较精密的光学仪器，一般用于火焰的理论研究。

（七）其他测量方法

利用气体节流后压力降与温度的关系制成的气力式高温计可以测得高温气体的温度。另外，近代利用激光干涉条纹与温度的关系可直接测出温度场。尤其现在发展起来的红外热像仪，除可测温度场外，还可以进行各种热工方面的计算与温度场分析。近年来，光导纤维的发展为辐射测温解决不少难题。光纤传感技术在温度测量中的应用，已取得不少成就。光纤温度传感器的种类很多。在燃气涡轮发动机温度检测和电厂锅炉的火焰检测等方面得到利用[1]。

第二节 一般温度测量

高温与低温的测量仪表与方法有很大不同，此节介绍的主要是指一般的温度测量仪表。

一、玻璃液体温度计

玻璃液体温度计的构造简单，使用非常方便，是测量气体与液体一般温度的最普遍的温度仪表。

（一）基本原理

玻璃液体温度计是由一个盛有液体的“温包”和与“温包”相连的毛细管组成（图1-1）。毛细管旁带有温度刻度。当温度变化时，液体体积变化较大，而玻璃制成的温包的内部容积变化不大，这样毛细管内液柱就会随温度变化而升降，故可根据液面的位置确定相应的温度。

玻璃液体温度计中，采用的液体多数为水银与酒精，有时也用其他有机液体。不同的液体的使用温度测量范围不同，如：

水银	−30～500℃
甲苯	−90～100℃
酒精	−100～75℃
戊烷	−190～20℃

有机液体（如甲苯与酒精）体积膨胀系数比较大，所以随温度变化而升降的性能比较灵敏。但是，有机液体容易附着在玻璃上，另外，长期使用后部分有机液体会发生聚合，可能带来比较大的误差。

水银虽然体积膨胀系数较小，但受温度影响不大，另外由于它不会黏附玻璃，并能制取非常纯的水银，所以水银温度计的精度较高，应用较广泛。

（二）仪表构造

玻璃液体温度计，根据其本身的形状、构造还可以分成以下几种温度计。

1. 棒式温室计

棒式温室计是由温包1连接一根厚壁玻璃毛细管2制成，见图1-1（*a*）。温度标尺直接刻在毛细管的外壁上。

2. 内标式温度计

内标式温度计是由温包1和一根薄壁玻璃毛细管相连接，在毛细管后面有一片乳白色的温度标尺3。毛细管与温度标尺板共同装在同一根圆形的玻璃保护套管4内，保护套管一端封闭，另一端熔接在温包上，其构造见图1-1（*b*）。

3. 外标式温度计

外标式温度计是把带有温包的毛细管2直接固定在刻有温度标尺的木板6上，见图1-1（*c*）。这种温度计的测温液体一般是用染成颜色（红或

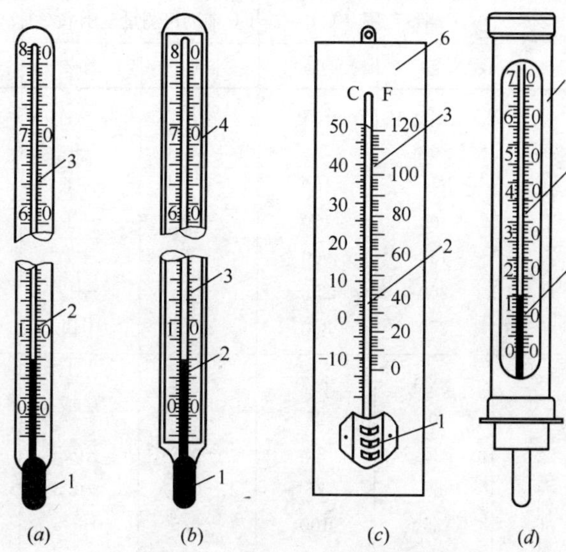

图1-1　玻璃液体温度计构造

（*a*）棒式温度计；（*b*）内标式温度计；（*c*）外标式温度计；（*d*）工业用温度计

1—温包；2—毛细管；3—温度标尺；4—套管；5—金属外壳；6—木板

蓝）的酒精。它基本上只用于测量空气温度，测量上限不超过 50～60℃。

4. 工业用温度计

对于安装在工业设备上的温度计，为了防止在操作中碰坏温度计，通常将温度计装入专用的金属保护套管内，见图 1-1（*d*）。为改善套管内壁和温包之间的传热，在温包与套管壁间的环形空隙中加入一些易导热的物质。当温度刻度在 200℃以下时，可以在空隙中注入油；当温度刻度在 600℃以下时，在空隙中加入铜屑。在套管中注油或加铜屑的高度，只要盖住温包即可，过多会增加仪表的热惰性，会降低测量的精度。工业用温度计根据实际需要可能有较长尾部，并且尾部可以做成直角或其他角度。

5. 特种温度计

根据实际需要，玻璃液体温度计还可做成各类特种温度计。例如电接点式水银温度计，当水银柱升至某调节好的温度后，可以将电路接通，发出信号。再如最高或最低温度计可以指出在一定时间内最高或最低的温度。这类特种温度计的形式很多，并且可以根据实际需要自行设计、制造。

（三）选用要点

在选用玻璃液体温度计时，要注意下面几个问题：

1. 测量范围与级别

玻璃液体温度计的精度一般可分为三类：即标准温度计、高精密的温度计及普通温度计（或工作温度计）[2]。

标准温度计多为水银玻璃温度计，主要用来校正其他温度计，也可以用作精密温度测量。它还可分为一等和二等两个等级，其允许误差可以参考表 1-2。

标准水银玻璃温度计允许误差　　**表 1-2**

等级	测量范围（℃）		0℃辅助尺测量范围（℃）		最小分度值（℃）	允许误差（℃）		检定点间隔（℃）
	起	止	起	止		新制	使用中	
二等标准温度计	−30	+20	—	—	0.1	±0.15	±0.20	10
	0	50	—	—	0.1	±0.15	±0.20	5
	50	100	−1	+1	0.1	±0.15	±0.20	5
	100	150	−1	+1	0.1	±0.20	±0.25	10
	150	200	−1	+1	0.1	±0.20	±0.25	10
	200	250	−1	+1	0.1	±0.20	±0.40	10
	250	300	−1	+1	0.1	±0.20	±0.40	10
一等标准温度计	−30	+20	—	—	0.1	±0.15		10
	0	25	—	—	0.05	±0.10		5
	25	50	−0.5	+0.5	0.05	±0.10		5
	50	75	−0.5	+0.5	0.05	±0.10		5
	75	100	−0.5	+0.5	0.05	±0.10		5
	100	150	−1	+1	0.1	±0.20		10
	150	200	−1	+1	0.1	±0.20		10
	200	250	−1	+1	0.1	±0.25		10
	250	300	−1	+1	0.1	±0.25		10

普通温度计的级别较低，它可以是有机液体玻璃温度计，也可以是水银玻璃温度计，它们的允许误差参考表 1-3。无论是在实验室使用还是在现场测定，都要根据测试工作对温度值误差限度的要求，选用合适的温度计。

精密及普通玻璃温度计允许误差 **表 1-3**

感温液体	测量范围（℃）	精密温度计				普通温度计				
		分度值（℃）								
		0.1	0.2	0.5	1	0.5	1	2	5	10
		允许示值误差（℃）								
有机液体	−100～−61	±1.0	±1.0	—	—	±1.5	±2	—	—	—
	−60～−31	±0.6	±0.8	—	—	±1.0	±2	—	—	—
	−30～−1	±0.4	±0.6	—	—	±1.0	±1	—	—	—
	0～100	—	—	—	—	±1.0	±1	—	—	—
水银	−30～−1	±0.2	±0.4	—	—	±0.5	±1	±2	—	—
	0～100	±0.2	±0.3	—	—	±0.5	±1	±2	—	—
	101～200	±0.4	±0.5	—	—	±1.0	±1.5	±3	—	—
	201～300	±0.6	±0.7	—	—	±1.0	±2	±3	±5	—
	301～400	—	±1.0	±1.5	±3	—	—	±4	±10	—
	401～500	—	±1.2	±2.0	±3	—	—	±4	±10	—
	501～600	—	—	—	—	—	—	±6	±10	±10

2. 对液柱露出的修正值

温度计是在毛细管中液柱和温包在具有同样温度条件下校验和标定（见图 1-2）。当测量温度与周围空气温度相差比较大时，并且不能把所读数以下全部插入被测介质中的条件下，应按下式温度计的读数进行修正。

$$t = t' + na_{\mathrm{L}}(t' - t_{\mathrm{B}}) \tag{1-4}$$

式中 t——实际被测的温度（℃）；

t'——温度计指示值（℃）；

n——露出液柱所占的度数（℃）；

t_{B}——露出液柱的平均温度，它可以用辅助温度计测得（图 1-2）（℃）；

a_{L}——液体的视膨胀系数，水银 $a_{\mathrm{L}}=0.00016/℃$，酒精 $a_{\mathrm{L}}=0.00103/℃$。

当 $t'-t_{\mathrm{B}}<50℃$，n 值又不是很大时，可不修正。

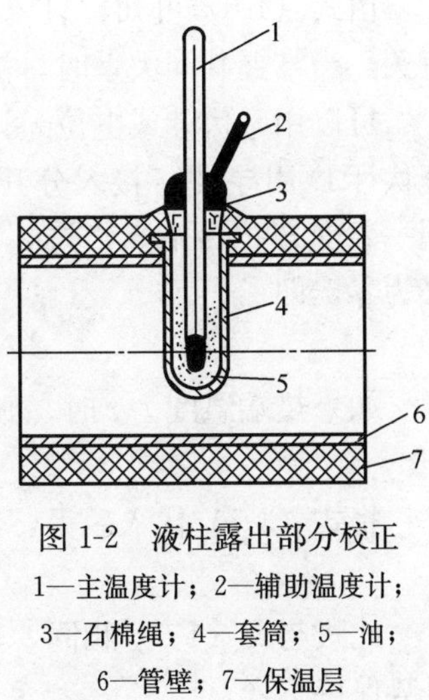

图 1-2 液柱露出部分校正

1—主温度计；2—辅助温度计；3—石棉绳；4—套筒；5—油；6—管壁；7—保温层

二、热电偶温度计

热电偶温度计制造简单，使用方便，测量温度范围广，既能测低温，也能测高温；既能测流体温度，也能测固体表面温度。

（一）基本原理

将两种不同材料金属丝的任意一端焊接起来，就构成

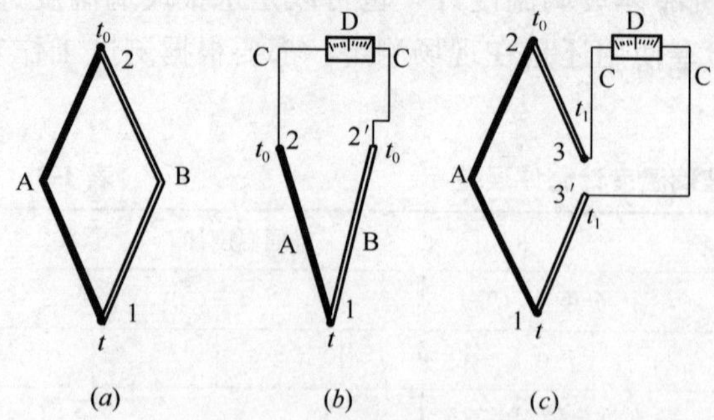

图 1-3 热电偶原理图
(*a*) 原理图；(*b*) 毫伏计接入冷端；(*c*) 毫伏计接入热电极
1—热端（温度为 t）；2—冷端（温度为 t_0）；
3—接点（温度为 t_1）

一个热电偶温度计（图 1-3）。组成热电偶的导体称为热电极，并且有正负之分。根据习惯，排在前面的是正极，后面的是负极。例如铂铑-铂热电偶中，铂铑是正极，铂是负极。

一切金属导体都存在着自由电子，不同材料的金属，其自由电子的密度不同。当 A、B 两种金属焊在一起时，它们的自由电子就要互相扩散。如果 A 金属的自由电子扩散能力大于 B 金属时，则 A 金属缺少电子带正电，B 金属多余电子带负电，结果产生了电动势。由于电动势的产生，它将阻碍这种扩散作用，并形成电子流动的平衡状态。产生电动势的大小决定于热偶电极的材料性质和温度[3]。

在图 1-3（*a*）热电偶电路中，冷、热端合成的热电势 E_{AB}（t，t_0）可用下式表示：

$$E_{AB}(t,t_0)=e_{AB}(t)-e_{AB}(t_0) \tag{1-5}$$

式中 E_{AB}（t，t_0）——冷、热端合成热电势（mV）；

e_{AB}（t）——热端（温度为 t）产生的电动势（mV）；

e_{AB}（t_0）——冷端（温度为 t_0）产生的电动势（mV）。

从式（1-5）可见，热电偶的合成热电势等于冷、热端所产生的两个电动势之差。如果保护冷端 t_0 为不变的常数，则 e_{AB}（t_0）也是一个不变量的常数项 K。这样式（1-5）可写成：

$$E(t,t_0)=e_{AB}(t)-K$$

所以

$$E_{AB}(t,t_0)=f(t) \tag{1-6}$$

由式（1-6）可知，只要保持冷端温度 t_0 不变，热电势 E_{AB}（t，t_0）只与热端温度 t 有关，当掌握其间关系时，测得 E_{AB}（t，t_0）后即可求得热端温度 t。

可以用毫伏计或电位差计接入热电偶电路中，直接测出 E_{AB} 值。图 1-3（*b*）所示，把毫伏计 D 用导线 C 接入分开的冷端中，电路中共有三个接点：一个热端点 1 和两个处于同一温度 t_0 的冷端点 2 与 $2'$。如果三个接点温度均为 t_0 时，三个接点产生的热电势之和必为零，即

$$e_{AB}(t_0)+e_{BC}(t_0)+e_{CA}(t_0)=0 \tag{1-7}$$

如果热端温度为 t 时，则三个接点产生的热电势为：

$$E=e_{AB}(t)+e_{BC}(t_0)+e_{CA}(t_0)$$

将式（1-7）代入后得，

$$E=e_{AB}(t)-e_{AB}(t_0)$$

此式与式（1-5）相同，可见只要接点 2 与 $2'$ 保证处于相同的 t_0 时，热电偶产生的热电势保持不变。

图 1-3（c）所示，将毫伏计 D 用导线 C 接入热电偶的一个热电极中，这时有四个接点：热端 1、冷端 2 和同处于相同温度 t_1 的接点 3 及 $3'$。这时电路中产生的热电势 E 为：

$$E = e_{AB}(t) + e_{BC}(t_1) + e_{CB}(t_1) + e_{BA}(t_0) \tag{1-8}$$

因为

$$e_{BC}(t_1) = -e_{CB}(t_1)$$

$$e_{BA}(t_0) = -e_{AB}(t_0)$$

所以式（1-8）也可写成：

$$E = e_{AB}(t) - e_{AB}(t_0)$$

此式也与式（1-5）相同，可见采用这种接法，只要保证接点 3 与 $3'$同处于相同温度下，则热电偶产生的热电势不变。

由此可以得到如下结论：当保证图 1-3（b）所示的接点 2 与 $2'$都等于 t_0，和保证图 1-3（c）所示的接点 3 与 $3'$同处于相同的温度时，两种接法得到的效果相同。

（二）仪表构造

热电偶是由作为热电极的金属丝、保护套及二次仪表（毫伏计或电位差计）组成。

1. 热电偶材料

在选择电偶材料时，要优先考虑能产生较高热电势的材料，并且要求热电势只随温度变化不受其他因素干扰，同时还要求具有抗腐蚀和一定的耐热能力。可以根据预测介质的温度参考表 1-4 选取[3]。

常用热电偶材料表 **表 1-4**

热电偶名称	测温限度（℃）		当 t=100℃及 t_0=0℃时的热电势（mV）	正负极识别	
	长期受热	短期受热		+	−
铂铑-铂	−20～1300	1600	0.64	较硬	较软
低镍铬-镍硅	−20～900	1300	4.10	无磁性	稍有磁性
低镍铬-考铜	−50～600	800	6.95	色较暗	银灰色
铜-考铜	−50～350	500	4.75	纯铜色	银灰色
铜-康铜	−50～350	500	4.15	纯铜色	银灰色
铁-考铜	−50～600	800	5.75	强磁性	无磁性
铁-康铜	−50～600	800	5.15	强磁性	无磁性

由表 1-4 所示，如测高温需要采用贵重金属。例如，采用双铂铑（铂铑 30-铂铑 6）高温热电偶最高温度能达 1800℃。对于一般温度测量，采用低镍铬-考铜与铜-康铜就可满足要求。一般材料的热电偶，其热电动势与温度的关系是已知值，表 1-5 给出了几种热电偶，当冷端 t_0=0℃时的热端温度与热电势的关系值（亦称为分度表）。

热电偶的端点可用熔接的方法接上，当预测温度低于 200℃时，也可以简单地用锡焊接。热电偶丝的直径一般取 1.5～3mm，对于贵重金属，直径可以小到 0.5mm。

当预测温度不高，并且介质没有腐蚀性时，只要把热电极焊接起来，一端控制为零

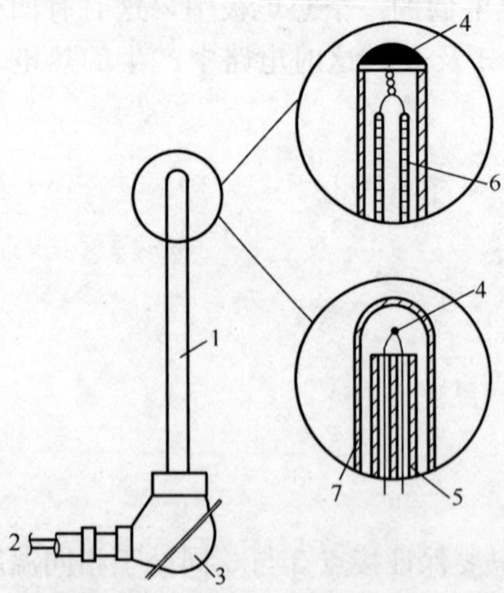

图 1-4 热电偶温度计的保护套

1—保护套；2—接毫伏计；3—接线盒；4—热端；5—绝缘套管；6—绝缘瓷环；7—陶瓷保护套

点，一端放在欲测温度处，利用毫伏计（或电位差计）即可测得热电势，从而求得温度。一般实验室中自制热电偶就这样使用。当被测介质有腐蚀性时，应加保护套管。

2. 保护套管

工厂生产的定型的热电偶温度计多数带有保护套，并配有二次仪表（毫伏计等）。保护套的形式见图 1-4。表 1-5 为不同材料的热电偶分度表（参考端温度为 0℃）。

其他双金属分度表见有关资料[4]。

图 1-4 表示了普通工业热电偶的结构形式。两个热电极需用绝缘套管或磁环隔开。当欲测温度上限低于 350℃时可用铜合金保护套管；当温度上限低于 600℃时可用无缝钢保护套管，为了防止气体渗入套内，需要镀一层镍或铬；当温度上限高于 1000℃时，多数采用陶瓷保护套管。可以根据预测最高温度参考表 1-6 决定保护套管的材料。

铂铑 10-铂热电偶分度表（分度号：S） **表 1-5 (1)**

温度（℃）	0	1	2	3	4	5	6	7	8	9
	热电动势（mV）									
−50	−0.236									
−40	−0.194	−0.199	−0.203	−0.207	−0.211	−0.215	−0.220	−0.224	−0.228	−0.232
−30	−0.150	−0.155	−0.159	−0.164	−0.168	−0.173	−0.177	−0.181	−0.186	−0.190
−20	−0.103	−0.108	−0.112	−0.117	−0.122	−0.127	−0.132	−0.136	−0.141	−0.145
−10	−0.053	−0.058	−0.063	−0.068	−0.073	−0.078	−0.083	−0.088	−0.093	−0.098
0	−0.000	−0.005	−0.011	−0.016	−0.021	−0.027	−0.032	−0.037	−0.042	−0.048
0	0.000	0.005	0.011	0.016	0.022	0.027	0.033	0.038	0.044	0.050
10	0.055	0.061	0.067	0.072	0.078	0.084	0.090	0.095	0.101	0.107
20	0.113	0.119	0.125	0.131	0.137	0.142	0.140	0.154	0.161	0.167
30	0.173	0.179	0.185	0.191	0.197	0.203	0.210	0.216	0.222	0.228
40	0.235	0.241	0.247	0.254	0.260	0.266	0.273	0.279	0.286	0.292
50	0.299	0.305	0.312	0.318	0.327	0.331	0.338	0.345	0.351	0.358
60	0.365	0.371	0.378	0.385	0.391	0.398	0.405	0.412	0.419	0.425
70	0.432	0.439	0.446	0.453	0.460	0.467	0.474	0.481	0.488	0.495
80	0.502	0.509	0.516	0.523	0.530	0.537	0.544	0.551	0.558	0.566
90	0.573	0.580	0.587	0.594	0.602	0.609	0.616	0.623	0.631	0.638
100	0.645	0.653	0.660	0.667	0.675	0.682	0.690	0.697	0.704	0.712
110	0.719	0.727	0.734	0.742	0.749	0.757	0.764	0.772	0.780	0.787
120	0.795	0.803	0.810	0.818	0.825	0.834	0.841	0.848	0.856	0.864
130	0.872	0.879	0.887	0.895	0.903	0.910	0.918	0.926	0.934	0.942
140	0.950	0.957	0.965	0.973	0.981	0.989	0.997	1.005	1.013	1.021

续表

温度(℃)	0	1	2	3	4	5	6	7	8	9
	热电动势(mV)									
150	1.029	1.037	1.045	1.053	1.061	1.069	1.077	1.085	1.093	1.101
160	1.109	1.117	1.125	1.133	1.141	1.149	1.158	1.166	1.174	1.182
170	1.190	1.198	1.207	1.215	1.223	1.231	1.240	1.248	1.256	1.264
180	1.273	1.281	1.289	1.297	1.306	1.314	1.322	1.331	1.339	1.347
190	1.356	1.364	1.373	1.381	1.389	1.398	1.406	1.415	1.423	1.432
200	1.440	1.448	1.457	1.465	1.474	1.482	1.491	1.499	1.508	1.516
210	1.525	1.534	1.542	1.551	1.559	1.568	1.576	1.585	1.594	1.602
220	1.611	1.620	1.628	1.637	1.645	1.654	1.663	1.671	1.680	1.689
230	1.698	1.706	1.715	1.724	1.732	1.741	1.750	1.759	1.767	1.776
240	1.785	1.794	1.802	1.811	1.820	1.829	1.838	1.846	1.855	1.864
250	1.873	1.882	1.891	1.899	1.908	1.917	0.926	1.935	1.944	1.953
260	1.962	1.971	1.979	1.988	1.997	2.006	2.015	2.024	2.033	2.042
270	2.051	2.060	2.069	2.078	2.087	2.096	2.105	2.114	2.123	2.132
280	2.141	2.150	2.159	2.168	2.177	2.186	2.195	2.204	2.213	2.222
290	2.232	2.241	2.250	2.259	2.268	2.277	2.296	2.295	2.304	2.314
300	2.323	2.332	2.341	2.350	2.359	2.368	2.378	2.387	2.396	2.405
310	2.414	2.424	2.433	2.442	2.451	2.460	2.470	2.479	2.488	2.497
320	2.506	2.516	2.525	2.534	2.543	2.553	2.562	2.571	2.581	2.590
330	2.599	2.608	2.618	2.627	2.636	2.636	2.655	2.664	2.674	2.683
340	2.692	2.702	2.711	2.720	2.730	2.739	2.748	2.758	2.767	2.776
350	2.786	2.795	2.805	2.814	2.823	2.833	2.842	2.852	2.861	2.870
360	2.880	2.889	2.899	2.908	2.917	2.927	2.936	2.946	2.955	2.965
370	2.974	2.984	2.993	3.003	3.012	3.022	3.031	3.041	3.050	3.059
380	3.069	3.078	3.088	3.097	3.107	3.117	3.126	3.136	3.145	3.155
390	3.164	3.174	3.183	3.193	3.202	3.212	3.221	3.231	3.241	3.250
400	3.260	3.269	3.279	3.288	3.298	3.308	3.317	3.327	3.336	3.343
410	3.356	3.365	3.375	3.384	3.394	3.404	3.413	3.423	3.433	3.442
420	3.452	3.462	3.471	3.481	3.491	3.500	3.510	3.520	3.529	3.539
430	3.549	3.558	3.568	3.578	3.587	3.597	3.607	3.616	3.626	3.636
440	3.645	3.655	3.665	3.675	3.684	3.694	3.704	3.714	3.723	3.733
450	3.743	3.752	3.762	3.772	3.782	3.791	3.801	3.811	3.821	3.831
460	3.840	3.850	3.860	3.870	3.879	3.889	3.899	3.909	3.919	3.928
470	3.938	3.948	3.958	3.968	3.977	3.987	3.997	4.007	4.017	4.027
480	4.036	4.046	4.056	4.066	4.076	4.086	4.095	4.105	4.115	4.125
490	4.135	4.145	4.155	4.164	4.174	4.184	7.194	4.204	4.214	4.224
500	4.234	4.243	4.253	4.263	4.273	4.283	4.293	4.303	4.313	4.323
510	4.333	4.343	4.352	4.362	4.372	4.382	4.392	4.402	4.412	4.422
520	4.432	4.442	4.452	4.462	4.472	4.482	4.492	4.502	4.512	4.522
530	4.532	4.542	4.552	4.562	4.572	4.582	4.592	4.602	4.612	4.622
540	4.632	4.642	4.652	4.662	4.672	4.682	4.692	4.702	4.712	4.722

续表

温度(℃)	0	1	2	3	4	5	6	7	8	9
	热电动势(mV)									
550	4.732	4.742	4.752	4.762	4.772	4.782	4.792	4.802	4.812	4.822
560	4.832	4.842	4.852	4.862	4.873	4.883	4.893	4.903	4.913	4.923
570	4.933	4.943	4.953	4.963	4.973	4.934	4.994	5.004	5.014	5.024
580	5.034	5.044	5.054	5.065	5.075	5.085	5.095	5.105	5.115	5.125
590	5.136	5.146	5.156	5.166	5.176	5.186	5.197	5.207	5.217	5.227
600	5.237	5.247	5.258	5.268	5.278	5.288	5.298	5.309	5.319	5.329
610	5.339	5.350	5.360	5.370	5.380	5.391	5.401	5.411	5.421	5.431
620	5.442	5.452	5.462	5.473	5.483	5.493	5.503	5.514	5.524	5.534
630	5.544	5.555	5.565	5.575	5.586	5.596	5.606	5.617	5.627	5.637
640	5.648	5.658	5.668	5.679	5.689	5.700	5.710	5.720	5.731	5.741
650	5.751	5.762	5.772	5.782	5.793	5.803	5.814	5.824	5.834	5.845
660	5.855	5.866	5.876	5.887	5.897	5.907	5.918	5.928	5.939	5.949
670	5.960	5.970	5.980	5.991	6.001	6.012	6.022	6.033	6.043	6.054
680	6.064	6.075	6.085	6.096	6.106	6.117	6.127	6.138	6.148	6.159
690	6.169	6.180	6.190	6.201	6.211	6.222	6.232	6.243	6.253	6.264
700	6.274	6.285	6.295	6.306	6.316	6.327	6.338	6.348	6.35	6.369
710	6.380	6.390	6.401	6.412	6.422	6.433	6.443	6.454	6.465	6.465
720	6.486	6.493	6.507	6.518	6.528	6.539	6.549	6.560	6.571	6.581
730	6.592	6.603	6.613	6.624	6.635	6.645	6.656	6.667	6.677	6.688
740	6.699	6.709	6.720	6.731	6.741	6.752	6.763	6.773	6.784	6.795
750	6.805	6.816	6.827	6.833	6.848	6.859	6.870	6.880	6.891	6.902
760	6.913	6.923	6.934	6.945	6.956	6.966	6.977	6.988	6.999	7.000
770	7.020	7.031	7.042	7.053	7.063	7.074	7.085	7.096	7.107	7.117
780	7.128	7.139	7.150	7.161	7.171	7.182	7.193	7.204	7.215	7.225
790	7.236	7.247	7.258	7.269	7.280	7.291	7.301	7.312	7.323	7.334
800	7.345	7.353	7.367	7.377	7.388	7.399	7.410	7.421	7.432	7.443
810	7.454	7.465	7.476	7.486	7.497	7.508	7.519	7.530	7.541	7.552
820	7.563	7.574	7.585	7.596	7.607	7.616	7.629	7.640	7.651	7.661
830	7.672	7.683	7.694	7.705	7.716	7.727	7.738	7.749	7.760	7.771
840	7.782	7.793	7.804	7.815	7.826	7.837	7.848	7.859	7.870	7.881
850	7.892	7.904	7.915	7.926	7.937	7.948	7.959	7.970	7.981	7.992
860	8.003	8.014	8.025	8.036	8.047	8.058	8.069	8.081	8.092	8.103
870	8.114	8.125	8.136	8.147	8.158	8.169	8.180	8.192	8.203	8.214
880	8.225	8.233	8.247	8.258	8.270	8.281	8.292	8.303	8.314	8.325
890	8.336	8.340	8.359	8.370	8.381	8.392	8.404	8.415	8.426	8.437
900	8.446	8.460	8.471	8.482	8.493	8.504	8.516	8.527	8.538	8.549
910	8.560	8.572	8.583	8.594	8.605	8.617	8.628	8.639	8.650	8.662
920	8.673	8.684	8.695	8.707	8.718	8.729	8.741	8.752	8.763	8.774
930	8.786	8.797	8.808	8.820	8.831	8.842	8.854	8.865	8.876	8.888
940	8.899	8.910	8.922	8.933	8.944	8.956	8.967	8.978	8.900	9.001

续表

温度(℃)	0	1	2	3	4	5	6	7	8	9
	热电动势(mV)									
950	9.012	9.024	9.035	9.047	9.058	9.069	9.081	9.092	9.103	9.115
960	9.126	9.138	9.149	9.160	9.172	9.183	9.195	9.206	9.217	9.229
970	9.240	9.252	9.263	9.275	9.282	9.298	9.309	9.320	9.332	9.343
980	9.355	9.366	9.378	9.389	9.401	9.412	9.424	9.435	9.447	9.458
990	9.470	9.481	9.493	9.504	9.516	9.527	9.539	9.550	9.562	9.573
1000	9.585	9.596	9.608	9.619	9.631	9.642	9.654	9.665	9.677	9.689
1010	9.700	9.712	9.723	9.735	9.746	9.758	9.770	9.781	9.793	9.304
1020	9.816	9.828	9.839	9.851	9.862	9.874	9.886	9.897	9.909	9.920
1030	9.932	9.944	9.955	9.967	9.979	9.990	10.002	10.013	10.025	10.037
1040	10.048	10.060	10.072	10.083	10.095	10.107	10.118	10.130	10.142	10.104
1050	10.165	10.177	10.189	10.200	10.212	10.224	10.235	10.247	10.256	10.271
1060	10.282	10.294	10.306	10.318	10.329	10.341	10.353	10.364	10.376	10.388
1070	10.400	10.411	10.423	10.435	10.447	10.459	10.470	10.482	10.494	10.506
1080	10.517	10.529	10.541	10.553	10.565	10.576	10.588	10.600	10.612	10.624
1090	10.635	10.647	10.659	10.671	10.683	10.694	10.706	10.718	10.730	10.742
1100	10.754	10.765	10.777	10.789	10.801	10.813	10.825	10.836	10.848	10.860
1110	10.872	10.884	10.896	10.908	10.919	10.931	10.943	10.955	10.967	10.979
1120	10.991	11.003	11.014	11.026	11.038	11.050	11.062	11.074	11.086	11.098
1130	11.110	11.121	11.133	11.145	11.157	11.169	11.181	11.193	11.205	11.271
1140	11.229	11.241	11.252	11.264	11.276	11.288	11.300	11.312	11.324	11.336
1150	11.384	11.360	11.372	11.384	11.396	11.408	11.420	11.432	11.443	11.455
1160	11.467	11.489	11.491	11.503	11.515	11.527	11.539	11.551	11.563	11.575
1170	11.587	11.599	11.611	11.623	11.635	11.647	11.659	11.671	11.683	11.695
1180	11.707	11.719	11.731	11.743	11.755	11.767	11.779	11.791	11.803	11.815
1190	11.827	11.839	11.851	11.863	11.875	11.887	11.899	11.911	11.923	11.935
1200	11.947	11.971	11.959	11.983	11.995	12.007	12.019	12.031	12.043	12.055
1210	12.067	12.079	12.091	12.103	12.116	12.128	12.140	12.152	12.164	12.176
1220	12.188	12.200	12.212	12.224	12.236	12.248	12.260	12.272	12.284	12.296
1230	12.308	12.320	12.332	12.345	12.357	12.369	12.381	12.393	12.405	12.417
1240	12.429	12.441	12.453	12.465	12.477	12.489	12.501	12.514	12.526	12.538
1250	12.550	12.562	12.574	12.586	12.598	12.610	12.622	12.634	12.647	12.659
1260	12.671	12.683	12.695	12.707	12.719	12.731	12.743	12.755	12.767	12.780
1270	12.792	12.804	12.816	12.828	12.840	12.852	12.864	12.876	12.888	12.901
1280	12.913	12.925	12.937	12.949	12.961	12.973	12.985	12.997	13.010	13.022
1290	13.034	13.046	13.058	13.071	13.082	13.094	13.107	13.119	13.131	13.143
1300	13.155	13.167	13.179	13.191	13.203	13.216	13.228	13.240	13.252	13.264
1310	13.276	13.288	13.300	13.313	13.325	13.337	13.340	13.361	13.373	13.385
1320	13.397	13.410	13.422	13.434	13.446	13.458	13.470	13.482	13.495	13.507
1330	13.519	13.531	13.543	13.555	13.567	13.579	13.592	13.604	13.616	13.628
1340	13.640	13.652	13.664	13.677	13.689	13.701	13.713	13.725	13.737	13.749

续表

温度(℃)	0	1	2	3	4	5	6	7	8	9
	热电动势(mV)									
1350	13.761	13.774	13.786	13.798	13.810	13.822	13.834	13.846	13.859	13.871
1360	13.883	13.895	13.907	13.919	13.931	13.942	13.956	13.968	13.980	13.992
1370	14.004	14.016	14.028	14.040	14.053	14.065	14.077	14.089	14.101	14.113
1380	14.125	14.138	14.150	14.162	14.174	14.186	14.198	14.210	14.222	14.235
1390	14.247	14.259	14.271	14.283	14.295	14.307	14.319	14.332	14.344	14.356
1400	14.368	14.380	14.392	14.404	14.416	14.429	14.441	14.453	14.465	14.477
1410	13.489	14.501	14.513	14.526	14.538	14.550	14.562	14.574	14.586	14.598
1420	14.610	14.622	14.635	14.647	14.659	14.671	14.683	14.695	14.707	14.719
1430	14.731	14.744	14.756	14.768	14.780	14.792	14.804	14.816	14.828	14.840
1440	14.852	14.865	14.877	14.889	14.901	14.913	14.925	14.937	14.949	14.961
1450	14.973	14.985	14.998	14.010	14.022	14.034	14.046	14.058	14.070	14.082
1460	15.094	15.106	15.118	15.130	15.143	15.155	15.167	15.179	15.191	15.203
1470	15.215	15.227	15.239	15.251	15.263	15.275	15.287	15.299	15.311	15.324
1480	15.336	15.348	15.360	15.372	15.384	15.396	15.408	15.420	15.432	15.444
1490	15.456	15.468	15.480	15.492	15.504	15.516	15.528	15.540	15.552	15.564
1500	15.576	15.589	15.601	15.613	15.625	15.637	15.649	15.661	15.673	15.685
1510	15.697	15.709	15.721	15.733	15.745	15.757	15.769	15.781	15.793	15.805
1520	15.817	15.829	15.841	15.853	15.865	15.877	15.889	15.901	15.913	15.925
1530	15.937	15.949	15.961	15.973	15.985	15.997	16.009	16.021	16.033	16.045
1540	16.057	16.069	16.080	16.092	16.104	16.116	16.128	16.140	16.152	16.164
1550	16.176	16.188	16.200	16.212	16.225	16.236	16.248	16.260	16.272	16.284
1560	16.296	16.308	16.319	16.331	16.343	16.355	16.367	16.379	16.391	16.403
1570	16.415	16.427	16.439	16.451	16.462	16.474	16.486	16.498	16.510	16.522
1580	16.534	16.546	16.558	16.569	16.581	16.593	16.605	16.617	16.629	16.641
1590	16.653	16.664	16.676	16.688	16.700	16.712	16.724	16.736	16.747	16.759
1600	16.771	16.783	16.795	16.807	16.819	16.830	16.842	16.854	16.866	14.878
1610	16.890	16.901	16.913	16.925	16.937	16.949	16.960	16.972	16.984	16.996
1620	17.008	17.019	17.031	17.043	17.055	17.067	17.078	17.090	17.102	17.114
1630	17.125	17.137	17.149	17.161	17.173	17.184	17.196	17.208	17.220	17.231
1640	17.243	17.255	17.267	17.279	17.281	17.298	17.310	17.322	17.335	17.347
1650	17.360	17.372	17.384	17.396	17.407	17.419	17.431	17.442	17.454	17.466
1660	17.477	17.489	17.501	17.512	17.524	17.536	17.548	17.559	17.571	17.583
1670	17.594	17.606	17.617	17.629	17.641	17.652	17.664	17.676	17.687	17.699
1680	17.711	17.722	17.734	17.745	17.757	17.769	17.780	17.792	17.803	17.815
1690	17.826	17.838	17.850	17.861	17.873	17.884	17.896	17.907	17.919	17.930
1700	17.942	17.953	17.965	17.976	17.988	17.999	18.010	18.022	18.033	18.045
1710	18.056	18.068	18.079	18.090	18.102	18.113	18.121	18.136	18.147	18.158
1720	18.170	18.181	18.192	18.204	18.215	18.226	18.237	18.249	18.260	18.271
1730	18.282	18.293	18.305	18.316	18.327	18.338	18.349	18.360	18.372	18.383
1740	18.394	18.405	18.416	18.427	18.438	18.449	18.460	18.471	18.482	18.493
1750	18.504	18.515	18.526	18.536	18.547	18.558	18.569	18.580	18.591	18.602
1760	18.612	18.623	18.634	18.645	18.655	18.666	18.677	18.687	18.698	18.709

铂铑30-铂铑6热电偶分度表（分度号：B） **表1-5（2）**

温度（℃）	0	1	2	3	4	5	6	7	8	9	10
	热电动势（mV）										
0	0.000	−0.000	−0.000	−0.001	−0.001	−0.001	−0.001	−0.001	−0.002	−0.002	−0.002
10	−0.002	−0.002	−0.002	−0.002	−0.002	−0.002	−0.002	−0.002	−0.003	−0.003	−0.003
20	−0.003	−0.003	−0.003	−0.003	−0.003	−0.002	−0.002	−0.002	−0.002	−0.002	−0.002
30	−0.002	−0.002	−0.002	−0.002	−0.002	−0.001	−0.001	−0.001	−0.001	−0.001	−0.000
40	−0.000	−0.000	−0.000	0.000	0.000	0.001	0.001	0.001	0.002	0.002	0.002
50	0.002	0.003	0.003	0.003	0.004	0.004	0.004	0.005	0.005	0.006	0.006
60	0.006	0.007	0.007	0.008	0.008	0.009	0.009	0.010	0.010	0.011	0.011
70	0.011	0.012	0.012	0.013	0.014	0.014	0.015	0.015	0.016	0.017	0.017
80	0.017	0.018	0.019	0.020	0.021	0.022	0.022	0.023	0.023	0.024	0.025
90	0.025	0.026	0.026	0.027	0.028	0.029	0.030	0.031	0.031	0.032	0.033
100	0.033	0.034	0.035	0.036	0.037	0.038	0.039	0.040	0.041	0.042	0.043
110	0.043	0.044	0.045	0.046	0.047	0.048	0.049	0.050	0.051	0.052	0.053
120	0.053	0.055	0.056	0.057	0.058	0.059	0.606	0.062	0.063	0.064	0.065
130	0.065	0.066	0.068	0.069	0.070	0.071	0.073	0.074	0.075	0.077	0.078
140	0.078	0.079	0.081	0.082	0.083	0.085	0.086	0.088	0.089	0.091	0.092
150	0.092	0.093	0.095	0.096	0.098	0.099	0.101	0.102	0.104	0.106	0.107
160	0.107	0.109	0.110	0.112	0.113	0.115	0.117	0.118	0.110	0.122	0.123
170	0.123	0.125	0.127	0.128	0.130	0.132	0.133	0.135	0.137	0.139	0.140
180	0.140	0.142	0.144	0.146	0.148	0.149	0.150	0.153	0.155	0.157	0.159
190	0.159	0.161	0.163	0.164	0.166	0.168	0.170	0.172	0.174	0.176	0.178
200	0.178	0.180	0.182	0.184	0.186	0.188	0.190	0.192	0.194	0.197	0.199
210	0.199	0.201	0.203	0.205	0.207	0.209	0.211	0.214	0.216	0.218	0.220
220	0.220	0.222	0.225	0.227	0.229	0.231	0.234	0.236	0.238	0.240	0.243
230	0.243	0.245	0.247	0.250	0.252	0.254	0.257	0.259	0.262	0.264	0.266
240	0.266	0.269	0.271	0.274	0.276	0.279	0.281	0.284	0.286	0.289	0.291
250	0.291	0.294	0.296	0.299	0.301	0.304	0.307	0.309	0.312	0.314	0.317
260	0.317	0.320	0.322	0.325	0.328	0.330	0.333	0.336	0.338	0.341	0.344
270	0.344	0.347	0.349	0.352	0.355	0.358	0.360	0.363	0.366	0.369	0.372
280	0.372	0.375	0.377	0.380	0.383	0.386	0.389	0.392	0.395	0.398	0.401
290	0.401	0.404	0.406	0.409	0.412	0.415	0.418	0.421	0.424	0.427	0.431
300	0.431	0.434	0.437	0.440	0.443	0.446	0.449	0.452	0.455	0.458	0.462
310	0.462	0.465	0.408	0.471	0.474	0.477	0.481	0.484	0.487	0.490	0.494
320	0.494	0.497	0.500	0.503	0.507	0.510	0.513	0.517	0.520	0.523	0.527
330	0.527	0.530	0.533	0.537	0.540	0.544	0.547	0.550	0.554	0.557	0.561
340	0.561	0.564	0.568	0.571	0.575	0.578	0.582	0.585	0.589	0.592	0.596
350	0.596	0.599	0.603	0.606	0.610	0.614	0.617	0.621	0.625	0.628	0.632
360	0.632	0.636	0.639	0.643	0.647	0.650	0.654	0.658	0.661	0.665	0.669
370	0.669	0.673	0.677	0.680	0.684	0.688	0.682	0.696	0.699	0.703	0.777
380	0.707	0.711	0.715	0.719	0.723	0.727	0.730	0.734	0.738	0.742	0.746
390	0.746	0.750	0.754	0.758	0.762	0.766	0.770	0.774	0.778	0.782	0.786

续表

温度(℃)	0	1	2	3	4	5	6	7	8	9	10
	热电动势（mV）										
400	0.786	0.790	0.794	0.799	0.803	0.807	0.811	0.815	0.819	0.923	0.827
410	0.827	0.832	0.836	0.840	0.844	0.848	0.853	0.857	0.861	0.865	0.870
420	0.870	0.874	0.878	0.882	0.887	0.891	0.985	0.900	0.904	0.908	0.913
430	0.913	0.917	0.921	0.926	0.930	0.935	0.939	0.943	0.948	0.952	0.957
440	0.957	0.961	0.966	0.970	0.975	0.979	0.984	0.988	0.993	0.997	1.002
450	1.002	1.006	1.011	1.015	1.020	1.025	1.029	1.034	1.039	1.043	1.048
460	1.048	1.052	1.057	1.062	1.066	1.071	1.076	1.081	1.085	1.090	1.095
470	1.095	1.100	1.104	1.109	1.114	1.119	1.123	1.128	1.133	1.138	1.143
480	1.143	1.148	1.152	1.157	1.162	1.167	1.172	1.177	1.182	1.187	1.192
490	1.192	1.197	1.202	1.206	1.211	1.216	1.221	1.226	1.231	1.236	1.241
500	1.241	1.246	1.252	1.257	1.262	1.267	1.272	1.277	1.282	1.287	1.292
510	1.292	1.297	1.303	1.308	1.313	1.318	1.323	1.328	1.334	1.339	1.344
520	1.344	1.349	1.354	1.360	1.365	1.370	1.375	1.381	1.386	1.391	1.397
530	1.397	1.402	1.407	1.413	1.418	1.423	1.429	1.434	1.439	1.445	1.450
540	1.450	1.456	1.461	1.467	1.472	1.477	1.483	1.488	1.494	1.499	1.505
550	1.505	1.510	1.516	1.521	1.527	1.532	1.538	1.544	1.549	1.555	1.560
560	1.560	1.566	1.571	1.577	1.583	1.588	1.594	1.600	1.605	1.611	1.617
570	1.617	1.622	1.628	1.634	1.639	1.645	1.651	1.657	1.662	1.668	1.674
580	1.674	1.680	1.685	1.691	1.697	1.703	1.709	1.715	1.720	1.726	1.732
590	1.732	1.738	1.744	1.750	1.756	1.762	1.767	1.773	1.779	1.785	1.791
600	1.791	1.797	1.803	1.809	1.815	1.821	1.827	1.833	1.839	1.845	1.851
610	1.851	1.857	1.863	1.869	1.875	1.882	1.888	1.894	1.900	1.906	1.912
620	1.912	1.918	1.924	1.931	1.937	1.943	1.949	1.955	1.961	1.968	1.974
630	1.974	1.980	1.986	1.993	1.999	2.055	2.011	2.018	2.024	2.030	2.036
640	2.036	2.043	2.049	2.055	2.062	2.068	2.074	2.081	2.087	2.094	2.100
650	2.100	2.106	2.113	2.119	2.126	2.132	2.139	2.145	2.151	2.158	2.164
660	2.164	2.171	2.177	2.184	2.190	2.197	2.203	2.210	2.216	2.223	2.230
670	2.230	2.236	2.243	2.240	2.256	2.263	2.269	2.276	2.282	2.289	2.296
680	2.296	2.302	2.309	2.316	2.322	2.329	2.336	2.343	2.349	2.356	2.363
690	2.363	2.369	2.376	2.383	2.390	2.396	2.403	2.410	2.417	2.424	2.430
700	2.430	2.437	2.444	2.451	2.458	2.465	2.472	2.478	2.485	2.492	2.499
710	2.499	2.506	2.513	2.520	2.527	2.534	2.541	2.548	2.555	2.562	2.569
720	2.569	2.576	2.583	2.590	2.597	2.604	2.611	2.618	2.625	2.632	2.639
730	2.639	2.646	2.653	2.660	2.667	2.674	2.682	2.689	2.696	2.703	2.710
740	2.710	2.717	2.724	2.732	2.739	2.746	2.753	2.760	2.768	2.775	2.782
750	2.782	2.789	2.797	2.804	2.811	2.811	2.826	2.833	2.840	2.848	2.855
760	2.855	2.862	2.869	2.877	2.884	2.892	2.899	2.906	2.914	2.921	2.928
770	2.928	2.936	2.943	2.951	2.958	2.966	2.973	2.980	2.988	2.995	3.003
780	3.003	3.010	3.018	3.025	3.033	3.040	3.048	3.055	3.063	3.070	3.078
790	3.078	3.086	3.093	3.101	3.108	3.116	3.124	3.131	3.139	3.146	3.154

续表

温度（℃）	0	1	2	3	4	5	6	7	8	9	10
	热电动势（mV）										
800	3.154	3.162	3.169	3.177	3.185	3.192	3.200	3.208	3.215	3.223	3.231
810	3.231	3.239	3.246	3.254	3.262	3.269	3.277	3.285	3.293	3.301	3.308
820	3.308	3.316	3.324	3.332	3.340	3.347	3.355	3.363	3.371	3.379	3.387
830	3.387	3.395	3.402	3.410	3.418	3.426	3.434	3.442	3.450	3.458	3.466
840	3.466	3.474	3.482	3.490	3.498	3.506	3.514	3.522	3.350	3.538	3.546
850	3.546	3.554	3.562	3.570	3.578	3.586	3.594	3.602	3.610	3.618	3.626
860	3.626	3.634	3.643	3.651	3.659	3.667	3.675	3.683	3.691	3.700	3.708
870	3.708	3.716	3.724	3.732	3.741	3.749	3.757	3.765	3.773	3.782	3.790
880	3.790	3.798	3.806	3.815	3.823	3.831	3.840	3.848	3.856	3.865	3.873
890	3.873	3.881	3.890	3.898	3.906	3.915	3.923	3.931	3.940	3.948	3.957
900	3.957	3.965	3.973	3.982	3.990	3.999	4.007	4.024	4.024	4.032	4.041
910	4.041	4.049	4.058	4.066	4.075	4.083	4.092	4.100	4.109	4.117	4.126
920	4.126	4.135	4.143	4.152	4.160	4.169	4.177	4.186	4.195	4.203	4.212
930	4.212	4.220	4.229	4.238	4.246	4.255	4.264	4.272	4.281	4.290	4.298
940	4.298	4.307	4.316	4.325	4.333	4.342	4.351	4.359	4.368	4.377	4.386
950	4.386	4.394	4.403	4.412	4.421	4.430	4.439	4.447	4.456	4.465	4.474
960	4.474	4.483	4.491	4.500	4.509	4.518	4.527	4.536	4.545	4.553	4.562
970	4.562	4.571	4.580	4.589	4.598	4.607	4.616	4.625	4.634	4.643	4.652
980	4.652	4.661	4.670	4.679	4.688	4.697	4.706	4.715	4.724	4.733	4.742
990	4.742	4.751	4.760	4.769	4.778	4.787	4.796	4.805	4.814	4.824	4.833
1000	4.833	4.842	4.851	4.860	4.869	4.878	4.887	4.897	4.906	4.915	4.924
1010	4.924	4.933	4.942	4.952	4.961	4.970	4.979	4.989	4.998	5.007	5.016
1020	5.016	5.025	5.035	5.044	5.053	5.063	5.072	5.081	5.090	5.100	5.109
1030	5.109	5.118	5.128	5.137	5.146	5.156	5.165	5.174	5.184	5.193	5.202
1040	5.202	5.212	5.221	5.231	5.240	5.249	5.259	5.268	5.278	5.287	5.297
1050	5.297	5.306	5.306	5.325	5.334	5.344	5.353	5.363	5.372	5.382	5.391
1060	5.391	5.401	5.410	5.420	5.429	5.439	5.449	5.458	5.468	5.477	5.487
1070	5.487	5.496	5.506	5.516	5.525	5.535	5.544	5.554	5.564	5.573	5.583
1080	5.583	5.593	5.602	5.612	5.621	5.631	5.641	5.651	5.660	5.670	5.680
1090	5.680	5.689	5.699	5.709	5.718	5.728	5.738	5.748	5.757	5.767	5.777
1100	5.777	5.787	5.796	5.806	5.816	5.826	5.836	5.845	5.855	5.865	5.875
1110	5.875	5.885	5.895	5.904	5.914	5.924	5.934	5.944	5.954	5.964	5.973
1120	5.973	5.983	5.993	6.003	6.013	6.023	6.033	6.043	6.053	6.063	6.073
1130	6.073	6.083	6.093	6.102	6.112	6.122	6.132	6.142	6.152	6.162	6.172
1140	6.172	6.182	6.192	6.202	6.212	6.223	6.233	6.243	6.253	6.263	6.273
1150	6.273	6.283	6.293	6.303	6.313	6.323	6.333	6.343	6.353	6.364	6.374
1160	6.374	6.384	6.394	3.404	6.414	6.424	6.435	6.445	6.455	6.465	6.475
1170	6.475	6.485	6.496	6.506	6.516	6.526	6.536	6.547	6.557	6.567	6.577
1180	6.577	6.588	6.598	6.608	6.618	6.629	6.639	6.649	6.659	6.670	6.680
1190	6.680	6.690	6.701	6.711	6.721	6.731	6.742	6.752	6.763	6.773	6.783

续表

温度(℃)	0	1	2	3	4	5	6	7	8	9	10
	热电动势(mV)										
1200	6.783	6.794	6.804	6.814	6.825	6.835	6.846	6.856	6.866	6.877	6.887
1210	6.887	6.898	6.908	6.918	6.929	6.939	6.950	6.960	6.971	6.981	6.991
1220	6.991	7.002	7.012	7.023	7.033	7.044	7.054	7.065	7.075	7.086	7.096
1230	7.096	7.107	7.117	7.128	7.138	7.149	7.159	7.170	7.181	7.191	7.202
1240	7.202	7.212	7.223	7.233	7.244	7.255	7.265	7.276	7.286	7.297	7.308
1250	7.308	7.318	7.329	7.339	7.350	7.361	7.371	7.382	7.393	7.403	7.414
1260	7.414	7.425	7.435	7.446	7.457	7.467	7.487	7.489	7.500	7.510	7.521
1270	7.521	7.532	7.542	7.553	7.564	7.575	7.585	7.596	7.607	7.618	7.628
1280	7.628	7.639	7.650	7.661	7.671	7.682	7.693	7.704	7.715	7.725	7.736
1290	7.736	7.747	7.758	7.769	7.780	7.790	7.801	7.812	7.823	7.834	7.845
1300	7.845	7.855	7.866	7.877	7.888	7.899	7.910	7.921	7.932	7.943	7.953
1310	7.953	7.964	7.975	7.986	7.997	8.008	8.019	8.030	8.041	8.052	8.063
1320	8.063	8.074	8.085	8.096	8.107	8.118	8.128	8.139	8.150	8.161	8.172
1330	8.172	8.183	8.194	8.205	8.216	8.227	9.238	8.249	8.261	8.272	8.283
1340	8.283	8.294	8.305	8.316	8.327	8.338	9.349	8.360	8.371	8.382	8.393
1350	8.393	8.404	8.415	8.426	8.437	8.449	8.460	8.471	8.482	8.493	8.504
1360	8.504	8.515	8.526	8.538	8.549	8.560	8.571	8.582	8.593	8.604	8.616
1370	8.616	8.627	8.638	8.649	8.660	8.671	8.683	8.694	8.705	8.716	8.727
1380	8.727	8.738	8.750	8.761	8.772	8.783	8.795	8.806	8.817	8.828	8.839
1390	8.839	8.851	8.862	8.873	8.884	8.896	8.907	8.918	8.929	8.941	8.952
1400	7.952	8.963	8.974	8.986	8.997	9.008	9.020	9.031	9.042	9.053	9.065
1410	9.065	9.076	9.087	9.099	9.110	9.121	9.133	9.144	9.155	9.167	9.178
1420	9.178	9.189	9.201	9.212	9.223	9.235	9.246	9.257	9.269	9.280	9.291
1430	9.291	8.303	9.314	9.326	9.337	9.348	9.360	9.371	9.382	9.394	8.405
1440	9.405	9.417	9.428	9.439	9.451	9.462	9.474	9.485	9.497	9.508	9.519
1450	9.519	9.531	9.542	9.554	9.565	9.577	9.588	9.599	9.611	9.622	9.634
1460	9.634	9.645	9.657	9.668	9.680	9.691	9.703	9.714	9.726	9.737	9.748
1470	9.784	9.792	9.800	9.808	9.816	9.824	9.832	9.840	9.848	9.856	9.863
1480	9.863	9.875	9.886	9.898	9.909	9.921	9.933	9.944	9.956	9.967	9.979
1490	9.979	9.990	10.002	10.013	10.025	10.036	10.048	10.059	10.071	10.082	10.094
1500	10.094	10.106	10.117	10.129	10.140	10.152	10.163	10.175	10.187	10.198	10.210
1510	10.210	10.221	10.233	10.244	10.256	10.268	10.279	10.291	10.302	10.314	10.325
1520	10.325	10.337	10.349	10.360	10.372	10.383	10.395	10.407	10.418	10.430	10.441
1530	10.441	10.453	10.465	10.476	10.488	10.500	10.511	10.523	10.534	10.546	10.558
1540	10.558	10.509	10.581	10.593	10.604	10.616	10.627	10.639	10.651	10.662	10.674
1550	10.674	10.686	10.697	10.709	10.721	10.732	10.744	10.756	10.767	10.779	10.790
1560	10.790	10.802	10.814	10.825	10.837	10.849	10.860	10.872	10.884	10.895	10.907
1570	10.907	10.919	10.930	10.942	10.954	10.965	10.977	10.989	11.000	11.012	11.024
1580	11.024	11.035	11.047	11.059	11.070	11.082	11.094	11.105	11.117	11.129	11.141
1590	11.141	11.152	11.164	11.176	11.187	11.199	11.211	11.211	11.234	11.246	11.257

续表

温度（℃）	0	1	2	3	4	5	6	7	8	9	10
	热电动势（mV）										
1600	11.257	11.269	11.281	11.292	11.304	11.316	11.328	11.339	11.351	11.363	11.374
1610	11.374	11.386	11.398	11.409	11.421	11.433	11.444	11.456	11.468	11.480	11.491
1620	11.491	11.503	11.515	11.526	11.538	11.550	11.561	11.573	11.585	11.597	11.608
1630	11.608	11.620	11.632	11.643	11.655	11.667	11.678	11.690	11.702	11.714	11.725
1640	11.725	11.737	11.749	11.760	11.772	11.784	11.795	11.807	11.819	11.830	11.842
1650	11.842	11.854	11.866	11.877	11.889	11.901	11.912	11.924	11.936	11.947	11.959
1660	11.959	11.971	11.983	11.994	12.006	12.018	12.029	12.041	12.053	12.064	12.076
1670	12.076	12.088	12.099	12.111	12.123	12.134	12.146	12.158	12.170	12.181	12.193
1680	12.193	12.205	12.216	12.228	12.240	12.251	12.263	12.275	12.286	12.298	12.310
1690	12.310	12.321	12.333	12.345	12.356	12.368	12.380	12.391	12.403	12.415	12.426
1700	12.426	12.438	12.450	12.461	12.437	12.485	12.496	12.508	12.520	12.531	12.543
1710	12.543	12.555	12.566	12.578	12.590	12.601	12.613	12.624	12.636	12.648	12.659
1720	12.659	12.671	12.688	12.694	12.706	12.718	12.729	12.741	12.752	12.764	12.776
1730	12.776	12.787	12.799	12.811	12.822	12.834	12.845	12.857	12.869	12.880	12.892
1740	12.892	12.903	12.915	12.927	12.938	12.950	12.961	12.973	12.985	12.996	13.008
1750	13.008	13.019	13.031	13.043	13.054	13.066	13.077	13.089	13.100	13.112	13.124
1760	13.124	13.135	13.147	13.158	13.170	13.181	13.193	13.204	13.216	13.228	13.239
1770	13.239	13.251	13.262	13.274	13.285	13.297	13.308	13.320	13.331	13.343	13.354
1780	13.354	13.366	13.378	13.389	13.401	13.412	13.424	13.435	13.447	13.458	13.470
1790	13.470	13.481	13.493	13.504	13.516	13.527	13.539	13.550	13.562	13.573	13.585
1800	13.585	13.596	13.607	13.619	13.630	13.624	13.653	13.665	13.676	13.688	13.699
1810	13.699	13.711	13.722	13.733	13.745	13.756	13.768	13.779	13.791	13.802	13.814

镍铬-镍硅（镍铬-镍铝）热电偶分度表（分度号：K） **表 1-5 (3)**

温度（℃）	0	1	2	3	4	5	6	7	8	9
	热电动势（mV）									
-270	-6.458									
-260	-6.441	-6.444	-6.446	-6.448	-6.450	-6.452	-6.453	-6.455	-6.456	-6.457
-250	-6.404	-6.408	-6.413	-6.417	-6.421	-6.425	-6.429	-6.432	-6.435	-6.438
-240	-6.344	-6.351	-6.358	-6.364	-6.371	-6.377	-6.382	-6.388	-6.394	-6.399
-230	-6.262	-6.271	-6.280	-6.289	-6.297	-6.306	-6.314	-6.322	-6.329	-6.337
-220	-6.158	-6.170	-6.181	-6.192	-6.202	-6.213	-6.223	-6.233	-6.243	-6.253
-210	-6.035	-6.048	-6.061	-6.074	-6.087	-6.090	-6.111	-6.123	-6.135	-6.147
-200	-5.891	-5.907	-5.922	-5.936	-5.951	-5.965	-5.980	-5.994	-6.007	-6.021
-190	-5.730	-5.747	-5.763	-5.780	-5.796	-5.813	-5.829	-5.845	-5.860	-5.876
-180	-5.550	-5.569	-5.587	-5.606	-5.624	-5.642	-5.660	-5.678	-5.695	-5.712
-170	-5.354	-5.374	-5.394	-5.414	-5.434	-5.454	-5.474	-5.493	-5.512	-5.531
-160	-5.141	-5.163	-5.185	-5.207	-5.228	-5.249	-5.271	-5.292	-5.313	-5.333
-150	-4.912	-4.936	-4.959	-4.983	-5.006	-5.029	-5.051	-5.057	-5.059	-5.119

续表

温度（℃）	0	1	2	3	4	5	6	7	8	9
	热电动势（mV）									
−140	−4.669	−4.694	−4.719	−4.743	−4.768	−4.972	−4.817	−4.841	−4.865	−4.889
−130	−4.410	−4.437	−4.463	−4.489	−4.515	−4.541	−4.567	−4.593	−4.618	−4.644
−120	−4.110	−4.166	−4.193	−4.221	−4.248	−4.276	−4.303	−4.330	−4.357	−4.384
−110	−3.852	−3.881	−3.910	−3.939	−3.968	−3.997	−4.025	−4.053	−4.082	−4.110
−100	−3.553	−3.584	−3.614	−3.644	−3.674	−3.704	−3.734	−3.764	−3.793	−3.823
−90	−3.242	−3.274	−3.305	−3.337	−3.368	−3.399	−3.430	−3.461	−3.492	−3.523
−80	−2.920	−2.953	−2.985	−3.018	−3.050	−3.082	−3.115	−3.147	−3.179	−3.211
−70	−2.586	−2.620	−2.654	−2.687	−2.721	−2.754	−2.788	−2.821	−2.854	−2.883
−60	−2.243	−2.277	−2.321	−2.347	−2.381	−2.416	−2.450	−2.484	−2.518	−2.552
−50	−1.889	−1.925	−1.961	−1.996	−2.032	−2.067	−2.102	−2.137	−2.173	−2.208
−40	−1.527	−1.563	−1.600	−1.673	−1.636	−1.709	−1.745	−1.781	−1.817	−1.853
−30	−1.156	−1.193	−1.231	−1.268	−1.305	−1.342	−1.379	−1.416	−1.453	−1.490
−20	−0.777	−0.816	−0.854	−0.892	−0.930	−0.968	−1.005	−1.043	−1.081	−1.118
−10	−0.392	−0.431	−0.469	−0.508	−0.547	−0.585	−0.624	−0.662	−0.701	−0.739
0	0.000	−0.039	−0.079	−0.118	−0.157	−0.197	−0.236	−0.275	−0.314	−0.353
0	0.000	0.039	0.079	0.119	0.158	0.198	0.238	0.277	0.317	0.357
10	0.397	0.437	0.477	0.517	0.557	0.597	0.637	0.677	0.718	0.758
20	0.789	0.838	0.879	0.919	0.960	1.000	1.041	1.081	1.122	1.162
30	1.203	1.244	1.285	1.325	1.366	1.407	1.448	1.489	1.529	1.570
40	1.611	1.652	1.693	1.734	1.776	1.817	1.858	1.899	1.949	1.981
50	2.022	2.064	2.105	2.146	2.188	2.229	2.270	2.312	2.353	2.394
60	2.436	2.447	2.519	2.560	2.601	2.643	2.684	2.726	2.767	2.809
70	2.850	2.892	2.933	2.975	3.016	3.058	3.100	3.141	3.183	3.224
80	3.266	3.307	3.349	3.390	3.432	3.473	3.515	3.556	3.598	3.639
90	3.681	3.722	3.764	3.805	3.847	3.888	6.930	3.971	4.012	4.054
100	4.095	4.137	4.178	4.219	4.261	4.302	4.343	4.343	4.426	4.467
110	4.508	4.549	4.590	4.632	4.673	4.714	4.755	4.796	4.637	4.878
120	4.919	4.960	5.001	5.042	5.083	5.124	5.164	5.205	5.246	5.287
130	5.327	5.368	5.409	5.450	5.490	5.531	5.571	5.612	5.652	5.693
140	5.733	5.774	5.814	5.855	5.895	5.936	5.976	6.016	6.051	6.097
150	6.137	6.177	6.218	6.258	6.298	6.338	6.378	6.419	6.459	6.499
160	6.539	6.579	6.619	6.659	6.699	6.739	6.779	6.819	6.859	6.899
170	6.939	6.979	7.019	7.059	7.099	7.139	7.179	7.219	7.259	7.299
180	7.338	7.378	7.418	7.458	7.498	7.538	7.578	7.618	7.658	7.697
190	7.737	7.777	7.817	7.857	7.897	7.937	7.977	8.017	8.057	8.097
200	8.137	8.177	8.216	8.256	8.296	8.336	8.376	8.416	8.456	8.497
210	8.537	8.577	8.617	8.657	8.697	8.737	8.777	8.817	8.857	8.898
220	8.938	8.978	9.018	9.058	9.099	9.138	9.179	9.220	9.260	9.300
230	9.341	9.381	9.421	9.462	9.502	9.543	9.583	9.624	9.664	9.705
240	9.754	9.786	9.826	9.867	9.907	9.948	9.989	10.029	10.070	10.111

续表

温度（℃）	0	1	2	3	4	5	6	7	8	9
	热电动势（mV）									
250	10.151	10.192	10.233	10.274	10.315	10.355	10.396	10.473	10.478	10.519
260	10.560	10.600	10.641	10.682	10.723	10.764	10.805	10.846	10.887	10.928
270	10.969	11.010	11.051	11.093	11.134	11.175	11.216	11.257	11.298	11.339
280	11.381	11.422	11.463	11.504	11.546	11.587	11.628	11.669	11.711	11.752
290	11.793	11.835	11.876	11.918	11.959	12.000	12.042	12.083	12.125	12.166
300	12.207	12.249	12.290	12.332	12.373	12.415	12.456	12.498	12.539	12.581
310	12.623	12.664	12.706	12.747	12.789	12.831	12.872	12.914	12.955	12.997
320	13.039	13.080	13.122	13.164	13.205	13.247	13.289	13.331	13.372	13.414
330	13.456	13.497	13.539	13.581	13.623	13.665	13.706	13.748	13.790	13.832
340	13.874	13.915	13.957	13.999	14.041	14.083	14.125	14.167	14.208	14.250
350	14.292	14.334	14.376	14.418	14.460	14.502	14.544	14.586	14.628	14.670
360	14.712	14.754	14.796	14.838	14.880	14.922	14.964	15.006	15.048	15.090
370	15.132	15.174	15.216	15.258	15.300	15.342	15.384	15.426	15.168	15.510
380	15.552	15.594	15.636	15.679	15.721	15.763	15.805	15.847	15.889	15.931
390	15.974	16.016	16.058	16.100	16.142	16.184	16.227	16.269	16.311	16.353
400	16.395	16.438	16.480	16.522	16.564	16.607	16.649	16.691	16.733	16.776
410	16.818	16.860	16.902	16.945	16.987	17.029	17.072	17.114	17.156	17.199
420	17.241	17.283	17.326	17.368	17.410	17.453	17.495	17.537	17.058	17.622
430	17.664	17.707	17.749	17.792	17.834	17.876	17.919	17.961	18.004	18.046
440	18.088	18.131	18.173	18.216	18.258	18.301	18.343	18.385	18.428	18.470
450	18.513	18.555	18.598	18.640	18.683	18.725	18.768	18.810	18.853	18.895
460	18.938	18.980	19.023	19.065	19.108	19.150	19.193	19.235	19.278	19.320
470	19.363	19.405	19.448	19.490	19.533	19.576	19.618	19.661	19.703	19.746
480	19.788	19.831	19.873	19.916	19.959	20.001	20.044	20.086	20.129	20.172
490	20.214	20.257	20.299	20.342	20.385	20.427	20.470	20.512	20.555	20.598
500	20.640	20.683	20.725	20.768	20.811	20.853	20.896	20.938	20.981	21.024
510	21.066	21.109	21.152	21.194	21.237	21.280	21.322	21.365	21.407	21.450
520	21.493	21.535	21.578	21.621	21.663	21.706	21.749	21.791	21.834	21.876
530	21.919	21.962	22.004	22.047	22.090	22.132	22.175	22.218	22.260	22.303
540	22.346	22.388	22.431	22.473	22.516	22.559	22.601	22.644	22.687	22.729
550	22.772	22.815	22.857	22.900	22.942	22.985	23.028	23.070	23.113	23.156
560	23.198	23.241	23.284	23.326	23.369	23.411	23.454	23.497	23.539	23.582
570	23.624	23.667	23.710	23.752	23.795	23.837	23.880	23.923	23.945	24.008
580	24.050	24.093	24.136	24.178	24.221	24.263	24.306	24.348	24.391	24.434
590	24.476	24.519	24.561	24.604	24.646	24.689	24.731	24.774	24.817	24.859
600	24.902	24.944	24.987	25.029	25.072	25.114	25.157	25.199	25.242	25.284
610	25.327	25.369	25.412	25.454	25.497	25.539	25.582	25.624	25.666	25.739
620	25.751	25.794	25.836	25.879	25.921	25.964	26.006	26.048	25.091	26.133
630	26.176	26.218	26.260	26.303	26.345	26.387	26.430	26.472	26.515	26.557
640	26.599	26.642	26.684	26.726	26.769	26.811	26.853	26.896	26.938	26.920

续表

温度（℃）	0	1	2	3	4	5	6	7	8	9
	热电动势（mV）									
650	27.022	27.065	27.107	27.149	27.192	27.234	27.276	27.318	27.361	27.403
660	27.445	27.487	27.529	27.572	27.614	27.656	27.698	27.740	27.783	27.825
670	27.867	27.909	27.951	27.993	28.035	28.078	28.120	28.162	28.204	28.246
680	28.288	28.330	28.372	28.414	28.456	28.498	28.540	28.583	28.625	28.667
690	28.709	28.751	28.793	28.835	28.877	28.919	28.961	29.002	29.044	29.086
700	29.128	29.170	29.212	29.254	29.296	29.338	29.380	29.422	29.464	29.505
710	29.547	29.589	29.631	29.673	29.715	29.756	29.798	29.840	29.882	29.924
720	29.965	30.007	30.049	30.091	30.132	30.174	30.216	30.257	30.299	30.341
730	30.383	30.424	30.466	30.508	30.549	30.591	30.632	30.674	30.716	30.757
740	30.799	30.840	30.882	30.924	30.965	31.007	31.048	31.090	31.131	31.173
750	31.214	31.256	31.297	31.339	31.380	31.422	31.463	31.504	31.546	31.587
760	31.629	31.670	31.712	31.753	31.794	31.836	31.877	31.918	31.960	32.001
770	32.042	32.084	32.125	32.166	32.207	32.249	32.290	32.331	32.372	32.414
780	32.445	32.496	32.537	32.578	32.619	32.661	32.702	32.743	32.784	32.825
790	32.866	32.907	32.948	32.990	33.031	33.072	33.113	33.154	33.195	33.236
800	33.277	33.318	33.359	33.400	33.441	33.482	33.523	33.564	33.604	33.645
810	33.686	33.727	33.768	33.809	33.850	33.891	33.931	33.972	34.013	34.054
820	34.095	34.136	34.176	34.217	34.256	34.299	34.339	34.380	34.421	34.461
830	34.502	34.543	34.583	34.624	34.665	24.705	34.716	34.787	34.827	34.868
840	34.909	34.949	34.990	35.030	35.071	35.111	35.152	35.192	35.233	35.273
850	35.314	35.354	35.395	35.435	35.476	35.516	35.557	35.597	35.637	35.678
860	35.718	35.758	35.799	35.839	35.880	35.920	35.960	36.000	36.041	36.081
870	36.121	36.162	36.202	36.248	36.282	36.323	36.363	36.403	36.443	36.483
880	36.524	36.564	36.604	36.644	36.684	36.724	36.764	36.804	36.844	36.885
890	36.925	36.965	37.005	37.045	37.085	37.125	37.165	37.205	37.245	37.285
900	37.325	37.365	37.405	37.445	37.484	37.524	37.564	37.604	37.644	37.684
910	37.724	37.764	37.803	37.843	37.883	37.923	37.963	38.002	38.042	38.082
920	38.122	38.162	38.201	38.241	38.281	38.320	38.360	38.400	38.493	38.479
930	38.519	38.558	38.598	38.638	38.677	38.717	38.756	38.796	38.836	38.875
940	38.915	38.954	38.994	38.033	38.073	39.112	39.152	39.161	39.231	39.270
950	39.310	39.349	39.388	39.428	39.476	39.507	39.546	39.585	39.625	39.664
960	39.703	39.743	39.782	39.821	39.861	39.900	39.939	39.979	40.018	40.057
970	40.096	40.136	40.175	40.214	40.253	40.292	40.332	40.371	40.410	40.449
980	40.488	40.527	40.566	40.605	40.645	40.684	40.723	40.762	40.801	40.840
990	40.879	40.918	40.957	40.996	41.035	41.074	41.113	41.152	41.191	41.230
1000	41.269	41.308	41.347	41.385	41.424	41.463	41.502	41.541	41.580	41.619
1010	41.657	41.696	41.735	41.774	41.813	41.851	41.890	41.929	41.968	42.006
1020	42.045	42.084	42.123	42.161	42.200	42.239	42.277	42.316	42.355	42.393
1030	42.432	42.470	42.509	42.548	42.586	42.625	42.663	42.702	42.740	42.779
1040	42.817	42.856	42.894	42.933	42.971	43.010	43.048	43.087	43.125	43.164

续表

温度(℃)	0	1	2	3	4	5	6	7	8	9
	热电动势(mV)									
1050	43.202	43.240	43.279	43.317	43.356	43.394	43.432	43.471	43.509	43.547
1060	43.585	43.624	43.662	43.700	43.739	43.777	43.815	43.853	43.891	43.930
1070	43.968	44.006	44.044	44.082	44.121	44.159	44.197	44.235	44.273	44.311
1080	44.349	44.387	44.425	44.463	44.501	44.539	44.577	44.615	44.653	44.691
1090	44.729	44.767	44.805	44.843	44.881	44.919	44.957	44.995	45.032	45.070
1100	45.108	45.146	45.184	45.222	45.260	45.297	45.335	45.373	45.411	45.448
1110	45.486	45.524	45.561	45.599	45.637	45.675	45.712	45.750	45.787	45.825
1120	45.863	45.900	45.938	45.975	46.013	46.051	46.088	46.126	46.163	46.201
1130	46.238	46.275	46.313	46.350	46.388	46.426	46.463	46.500	46.537	46.575
1140	46.612	46.649	46.687	46.724	46.761	46.799	46.836	46.873	46.910	46.948
1150	46.985	47.022	47.059	47.096	47.134	47.171	47.208	47.245	47.282	47.319
1160	47.365	47.393	47.430	47.468	47.505	47.542	47.579	47.616	47.653	47.689
1170	47.726	47.763	47.800	47.837	47.874	47.911	47.948	47.985	48.021	48.058
1180	48.095	48.132	48.169	48.205	48.242	48.279	48.316	48.352	48.389	48.426
1190	48.462	48.499	48.536	48.572	48.609	48.645	48.682	48.718	48.755	48.792
1200	48.828	48.865	48.901	48.937	48.974	49.010	49.047	49.083	49.120	49.156
1210	49.192	49.229	49.265	49.301	49.338	49.374	49.410	49.446	49.483	49.519
1220	49.555	49.591	49.627	49.663	49.700	49.736	49.772	49.808	49.844	49.880
1230	49.916	49.952	49.988	50.024	50.060	50.096	50.132	50.168	50.204	50.240
1240	50.276	50.311	50.347	50.383	50.419	50.455	50.491	50.526	50.562	50.598
1250	50.633	50.669	50.705	50.741	50.776	50.812	50.847	50.883	50.919	50.954
1260	50.990	51.125	51.061	51.096	51.132	51.167	51.203	51.238	51.274	51.309
1270	51.344	51.380	51.415	51.450	51.486	51.521	51.556	51.592	51.627	51.662
1280	51.679	51.733	51.768	51.803	51.838	51.873	51.908	51.943	51.979	52.014
1290	52.049	52.084	52.119	52.154	52.189	52.224	52.259	52.294	52.329	52.364
1300	52.398	52.433	52.468	52.503	52.538	52.573	52.608	52.642	52.677	52.712
1310	52.747	52.781	52.816	52.851	52.886	52.920	52.955	52.989	53.024	53.059
1320	53.093	53.128	53.162	53.197	53.232	53.266	53.301	53.335	53.370	53.404
1330	53.439	53.473	53.507	53.542	53.576	53.611	53.645	53.679	53.714	53.748
1340	53.782	53.817	53.851	53.885	53.920	53.954	53.988	54.022	54.057	54.091
1350	54.125	54.159	54.193	54.228	54.262	54.296	54.330	54.364	54.398	54.432
1360	54.466	54.501	54.535	54.569	54.603	54.637	54.671	54.705	54.739	54.773
1370	54.807	54.841	54.875							

不同温度下适用的保护套管材料　　　　**表 1-6**

非金属类		金属类	
常用温度（℃）	材　料	常用温度（℃）	材　料
500	玻璃管	300	铜管
1000	石英管	400	黄铜管
1300	耐火黏土管	600	钢管
1400	陶瓷管	800	合金钢管
1600	高纯度氧化铝管	1050	高铬钢管
＞1800	氧化镁管		

注：氧化镁管，不能在真空、氢气中使用。

3. 二次仪表

配合热电偶测温的二次仪表，经常采用下列电气仪表：

①便携式测温毫伏计，其精度有 0.5 级及 1.0 级两种。它是一个毫伏计，但表盘上已经根据固定的热电偶材料直接标出温度，所以使用时可直接读出温度（采用的热电偶材料必须符合度盘刻度的要求）。但是使用这种仪器时，要求测量回路有固定的电阻，读数需要修正，具体修正方法可查有关热工测量专著。

②便携式实验室电位差计。Ⅲ级便携式电位差计的读数范围是 0～7mV，其误差为±0.1mV，所以精度较高，并且回路电阻对测量没有影响。但是，用电位差计，读出的值为毫伏数，根据毫伏数，再查有关表或图表后才能求得温度，所以比较麻烦。

③电子自动电位差计。在测点较多并需自动记录温度变化时，可以采用电子自动电位差计，它具有以上两种仪表的特点，并且能多点记录，使用方便。但是，电子自动电位差计的使用和维护要求专门技术知识，应严格按照仪表说明书规定操作。

（三）选用要点

在选用热电偶温度计时，可以采用现有的定型的热电偶温度计，也可以根据测试工作的具体条件与要求，自行选取热电偶材料及二次仪表，这样不仅温度的量程与精度能满足测试要求，而且还可以根据测试现场的条件决定热电偶的长度，甚至可以做成多头热端的热电偶温度以满足特殊需要。

虽然表 1-4 指出采用铂铑热电偶可以测高温，但是用热电偶测量高温时还有特殊要求，具体做法可参考本章第三节。

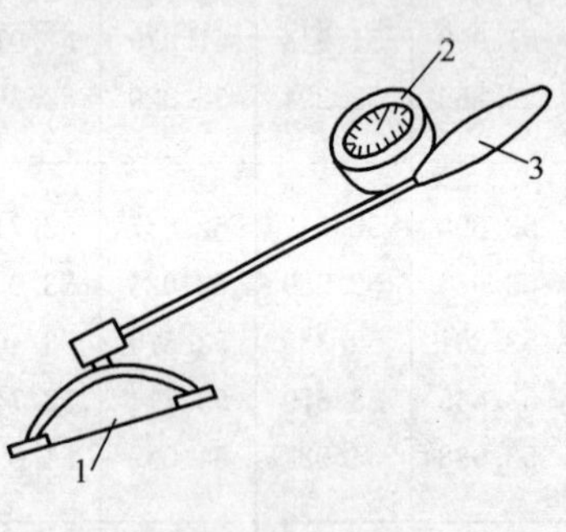

图 1-5　热电偶表面温度计示意图
1—热端；2—二次仪表；3—手柄

专门用来测固体表面温度的仪表称为热电偶表面温度计，它可以根据测试要求自制（多用于固定位置的测量），也可以采用已经生产的定型产品。具体有弓形表面温度计（图 1-5）与凸形表面温度计两种。前者把热电偶的热端放在弓的中央，毫伏计安在手柄处。把热端紧贴欲测温度的表面，即可直接读出温度数值，使用比较方便。此表面温度计以室内温度为冷端温度，所以要求测量时周围温度在 10～35℃范围内，另外相对湿度不宜大于 80％。

便携式表面热电偶温度计的规格和技术数据如表 1-7[1]。

便携式表面热电偶温度计规格和参数 表 1-7

型 号	温度范围（℃）	构造形式	应用范围	时间常数（s）	测温状态
WREA-890M	0～200	凸形	固体表面	8	静态
WREA-891M	0～300	弓形	固体圆表面	8	静态
WREA-891M	0～600	弓形	同上	8	静态
WREA-892M	0～800	针形	固体导体表面	8	静态

三、热电阻温度计

用热电偶测低温时，由于热电势小而影响精度。这时可以采用热电阻温度计。

（一）基本原理

利用某些导体或半导体材料的电阻值随温度变化这一特性做成温度敏感元件，配以必要外壳部件及二次仪表，即组成热电阻温度计。

1. 金属热电阻特性

大多数金属导体的热电阻值 R_t 与温度 t（℃）的关系为

$$R_t = R_0(1 + At + Bt^2 + Ct^3) \tag{1-9}$$

式中 R_0——温度为 0℃下的电阻值（Ω）；

R_t——温度为 t℃下的电阻值（Ω）；

A、B 及 C——与金属材料有关的常数。

一般－260～630℃的标准仪器多采用铂电阻温度计。在实际工作中，在－200～500℃的温度范围内广泛采用热电阻来测量温度。近几年来，碳电阻可以测 1K 的超低温，高温铂热电阻温度计上限可达 1000℃。

用于测量温度的热电阻应满足下列要求：

①在测温范围内物理化学性能稳定；

②电阻温度系数大，以得到高的灵敏度；

③电阻率大，可以得到体积小的敏感元件；

④电阻与温度的特性曲线接近线性；

⑤复现性好及价格便宜。

2. 半导体热电阻特性

金属热电阻的敏感元件的体积比热电偶大得多，因此不适合测量点温度和动态温度。在测燃气设备表面温度时，时常采用半导体热敏电阻温度计。但是这种温度计的稳定与复现性较差，不过用于测表面温度还可以满足要求。

大多数半导体材料有负温度系数，其电阻值 R_T 与热力学温度 T（K）的关系式为

$$R_T = R_{T_0} \exp\left[B\left(\frac{1}{T} - \frac{1}{T_0}\right)\right] \tag{1-10}$$

式中 R_{T_0}——温度为热力学温度 T_0（K）时电阻值（Ω）；

R_T——温度为热力学温度 T（K）时电阻值（Ω）；

B——与材料有关的常数。

（二）仪表构造

1. 金属热电阻温度计

金属热电阻温度计与热电偶温度计相似，是由很细的金属电阻丝绕在石英或云母骨架

上的电阻体、保护外套及二次仪表组成。

（1）铂热电阻 采用高纯度的铂丝，绕制成铂电阻，它具有精度高、性能稳定、复现性好以及抗氧化性能等优点，故适合用于基准、标准及实验室中的温度测量。在高温下，铂金容易被还原性气氛污染，使铂丝变脆，改变了电阻与温度的特性关系，所以要求用保护套。铂丝的纯度越高，性能越好。纯度常用R_{100}/R_0表示。R_{100}及R_0分别表示在100℃及0℃下的电阻值。对于标准铂电阻温度计要求R_{100}/R_0不小于1.3925，工业用铂电阻温度计R_{100}/R_0为1.391。国产工业的铂电阻有三种，其主要技术指标参考表1-8。

铂电阻温度计技术指标 **表1-8**

分度号	R_0（Ω）	R_{100}/R_0	R_0允许误差（%）	精度等级	最大允许误差（℃）
P_t50	50.00	1.3910±0.0007 1.3910±0.0010	±0.05 ±0.1	Ⅰ Ⅱ	Ⅰ级： −200～0℃±（$0.15+4.5\times10^{-3}t$） 0～500℃±（$0.15+3.0\times10^{-3}t$） Ⅱ级： −200～0℃±（$0.3+6.0\times10^{-3}t$） 0～500℃±（$0.3+4.5\times10^{-3}t$）
P_t100	100.00	1.3910±0.0007 1.3910±0.0010	±0.05 ±0.1	Ⅰ Ⅱ	
P_t300	300.00	1.3910±0.001	±0.1	Ⅱ	

（2）铜热电阻 铜电阻的电阻值与温度的关系曲线几乎呈线性，电阻温度系数较大，并且价格便宜。所以在精度要求不太高的测温场合，常采用铜电阻。但在高温气氛下，铜容易氧化，故测量范围为−50～150℃。

我国统一生产的铜电阻有两种，其主要技术指标参考表1-9。

铜电阻温度计技术指标 **表1-9**

分度号	R_0（Ω）	精度等级	R_0的允许误差（%）	R_{100}/R_0	最大允许误差（℃）
Cu50	50	Ⅰ Ⅱ	±0.1	Ⅰ级 1.425±0.001 Ⅱ级 1.425±0.002	Ⅰ级（$0.3+3.5\times10^{-3}t$） Ⅱ级（$0.3+6.0\times10^{-3}t$）
Cu100	100	Ⅰ Ⅱ			

（3）二次仪表 热电阻温度计使用的二次仪表种类很多，习惯采用不平衡电桥和自动平衡电桥。自动平衡电桥和自动电位差计的记录仪表的规格、尺寸也很多。小型记录仪的尺寸为160mm×160mm，大型尺寸可达400mm×400mm。安装使用方式有面板式、台式或便携式。被测点的数量有单点、多点（3、6、12点）记录仪。记录笔的数目可分单笔、双笔、四笔。指针全量程运动速度有快行程（1.0s）及慢行程（2.5s）两种。另外还有带自动调节装置和报警系统。使用者可以根据各生产厂家的样本选取。

2. 半导体温度计

半导体热敏电阻材料通常为镍、锰、钼、钛、镁、铜的氧化物，也可以是它们的碳酸盐、硝酸盐等。测温范围为−100～300℃。由于元件互换比较差，每支半导体温度计需要单独分度。其分度方法是在两个温度T和T_0（298K）的恒温源中测得R_T和R_{T_0}，根据下式计算公式（1-10）中B值（一般B的范围为1500～5000K），

$$B=\frac{\ln R_T-\ln R_{T_0}}{\dfrac{1}{T}-\dfrac{1}{T_0}} \tag{1-11}$$

举一个半导体温度计的实例，图1-6是95型半导体温度计及其使用的不平衡电桥的工作示意图。

当切换开关S指1时（图1-6），可以调节电位器R_6使电流表M指针指向满刻度，这样能固定桥路的电压，消除由于干电池E电压变化带来的误差。当切换开关S指2时，接通了半导体热敏电阻R_T，由于热敏电阻R_T置于被测介质中，其电阻值随被测介质温度而变化，因此改变了桥臂的比值，同时电流表M的指示值也相应改变，并且可以在刻度盘上直接读出温度值。

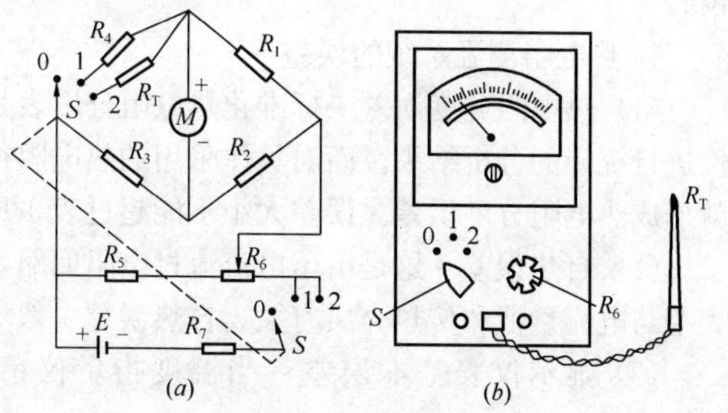

图1-6 95型半导体温度计及其不平衡电桥的工作示意图
（a）线路；（b）外形
R_T—半导体热敏电阻；R_1、R_2、R_3—固定电阻；R_4—核对电桥工作电压的固定电阻；R_5、R_7—分压固定电阻；R_6—绕线电阻；S—切换开关；M—电流表；E—电源（1.5V，2号电池）

半导体热敏电阻做成微型球状，安置在测试笔尖上［图1-6（b）］。线路中所用的电阻是采用高稳定性锰铜绕制的，电桥与指示电表和干电池等装在胶木盒内。

半导体点温度计不但可以测流体温度，也可以测固体表面温度。半导体点温度计的测量温度范围及允许误差界限参考表1-10。

半导体点温度计规格表 **表1-10**

型号	测量范围（℃）	允许误差	反应时间（s）	备注
95-A	0～50	≤±0.5℃	<6	
95-B	0～100	≤±1.0℃		
95-C	75～150	≤±1.0℃		
95-D	0～150	≤±1.5%		
95-E	−50～50	≤±1.0℃		
95-F	150～300	≤2.0%	<15	不锈钢头
68-A	0～150～300	≤2.5%	<20	不锈钢头

使用时，按下列步骤进行：

先把切换开关S拨到“0”，用电表盖上的零位调节旋钮，校准指针指零；

将切换开关放在“1”处，调节右边的电位器R_6旋钮，使电表指针指向满刻度；

将切换开关拨在“2”处，测温时拨去测试笔套（有的型号不要求拨去，以免损坏热敏电阻），将测试笔上测温元件放在被测物体上，等电表指针稳定下来时，即可读数。

用毕，将切换开关恢复到指“0”位置，切断电路，以延长电池寿命。

当调节电位器旋钮，而不能使指针向满刻度时，表示电池已用完，可开启仪器底面盖板，更换电池。装新电池时，注意正负极，切勿装反。这种仪表不宜在高电压、大电流及强磁场下使用。

（三）选用要点

热电阻温度计的准确度比热电偶高，实验条件下精细的程度可达0.001℃。在选用时，要根据实际需要决定精度的等级；在使用时要注意热电阻测温系统的误差及热电阻的校验。

1. 热电阻测温系统的误差

(1) 热电阻分度误差　标准化热电阻分度表是以同一型号热电阻的电阻与温度变化特性进行统计的分析结果。而对具体采用的热电阻往往因材料纯度、制造工艺而有差异，这就形成热电阻分度误差。误差大小不能超过表 1-8 及表 1-9 的规定值。

(2) 自热误差　这是由于电流流过电阻回路，使电阻体产生温升而引起的误差。误差大小与电流量值和传热介质有关。自热误差一般不超过 0.1℃。

(3) 显示仪表基本误差　当温度指示仪精度为Ⅰ级，一般基本误差为量程范围的 1%。

(4) 线路电阻变化误差　如果温度指示仪有二线制与三线制两种接线方式。当环境温度变化 10℃时，导线电阻为 5Ω，则二线制误差为 2℃，三线制为 0.1℃，可见应采用三线制。

2. 热电阻的校验

对于标准铂电阻温度计需做三定点（即水三相点，水沸点和锌凝固点）分度。工业用铂或铜电阻温度计校验可用Ⅰ级温度计与标准仪表比较的方法测出 R_0 和 R_{100}/R_0 值。要注意的是测 R_{100} 时，要修正当地大气压力对水沸点影响，修正公式为

$$t=\left[100+28.0216\left(\frac{p}{p_0}-1\right)-11.642\left(\frac{p}{p_0}-1\right)^2+7.1\left(\frac{p}{p_0}-1\right)^3\right] \tag{1-12}$$

式中　t——当大气压力为 p 时水沸点温度（℃）。

p_0——标准大气压。

四、双金属温度自记仪

利用两片温度线膨胀系数相差很大的金属可以制成温度计。虽然它的精度不高，但利用简单的机械装置就能自动记录温度。这种双金属温度自记仪，多用来测量室内温度随时间的变化关系。

(一) 基本原理

已知固体长度随温度变化的关系可用下式表示：

$$L_t=L_0(1+at) \tag{1-13}$$

式中　L_t 与 L_0——分别表示固体在温度 t℃及 0℃时的长度（m）；

t——温度（℃）；

a——固体由 0℃至 t℃范围内平均线膨胀系数 K^{-1}。

图 1-7（a）是双金属温度计的构造原理图。两片线膨胀系数 a 值相差很大的金属弹性片焊（或铆）接在一起作为温度敏感元件。双金属片一端被固定，而另一端与指示设备相连。金属片 1 的 a 值大于金属片 $1'$，当温度升高时，又金属片会向膨胀系数 a 值小的金属片 2 一方弯曲，并且在指示设备的刻度盘上读出温度。

(二) 仪表构造

双金属温度计的构造形式有很多种，图 1-7（b）表示了其中一种的构造。图中 1 为双金属片，温度变化后，能使其自由端左右移动。它将推动水平杆 4 并转动立柱 5 的角度，并能使连杆 9 随之转动，带动笔尖 12 在转筒 17 的表面上上下移动。带钟表机器的转筒表

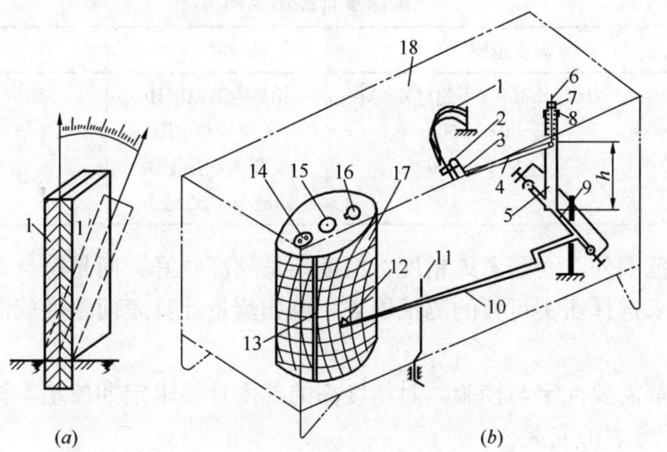

图 1-7　双金属温度自记仪

(a) 原理图；(b) 仪表构造简图

1—双金属片；2—定位旋钮；3—簧片；4—水平杆；5—立柱；6—螺杆；7—调节螺母；8 帽盖；9—连杆；10—笔杆；11—搬动杆；12—笔尖；13—卡子；14—钥匙；15—连接螺母；16—盖片；17—转筒；18—外壳

面上有印温度刻度线的记录纸，从而自动画出了温度随时间变化的曲线。然后转动定位旋钮 2，靠簧片 3 的作用可转动、调节立柱 5 的角度，使笔尖 12 指任意温度，对笔尖起着定位作用。转动调节螺母 7 可使螺杆 6 上下移动，以调节 a 点的高度 h，改变杠杆的比例，进而控制单位温度变化引起笔尖上下移动的幅度。这样就能够使笔尖随温度变化的幅度值与转筒上记录纸上的温度刻度相对应。

转筒 17 内有一套钟表机器，可使转筒等速旋转，7 天或 24 小时转一圈，分别称为周记或日记温度计。用钥匙 14 可将转筒上的发条上紧，当发现时间转得有误差时，可以拨开盖片 16 来调节。拧下连接螺母，可把转筒拿下来，取下卡子 13 即可更换记录纸。

（三）选用要点

双金属温度自记仪构造简单，操作方便，不耗电能，但它的精度不高，再加上双金属片体积大，热惰性也大，滞后现象严重。所以它只宜于测量随时间变化不大的空气温度。在选用这种仪表时，除了考虑测温范围与精度级别外，尚应根据测试工作要求决定选用日记还是周记。

在平时使用仪器时，不要轻易转动调节螺母 7，当发现温度变比 1℃而笔尖在记录纸上变动不是 1℃时，则应用调节螺母 7 来校正。每次在使用仪器前，应用标准温度记校对，发现误差时，可用定位旋钮 2 调节（必要时还需调整调节螺母 7）。转筒 17 的转速也要校正，一般要求一周内误差不超过半小时。

这类仪器要求每两年擦一次油泥，每年点一次油，以保证其正常工作。

五、测量温度注意事项

（一）温度计的选择

温度计有许多种，在选择温度计时首先根据需要决定温度的范围。一般温度计的测温范围见表 1-11。

一般温度计测温范围　　表 1-11

温 度 计	温度范围（℃）	温 度 计	温度范围（℃）
玻璃液体温度计	－100～＋400（不超过 600℃）	铂热电阻温度计	－200～＋500
双金属温度计	－80～＋600	铜-康铜热电阻	0～400
热敏电阻温度计	－80～＋600	镍铬-考铜热电偶	0～400
铜热电阻温度计	－50～＋100	铂铑-铂铑热电偶	0～1800

除确定温度范围外，尚需考虑精度。精度不是越高越好，而是符合要求即可。此外还要根据具体情况来选择切实可行的测试仪表，例如测量灶具表面温度就需要用热偶表面温度计或点温度计。

各种温度计都需要标定与校验，对精度高的温度计要求定期校正。详见第五节。

（二）温度计分表的安装

为了使温度计敏感元件与被测物质相同，在安装温度计时应注意以下几点：

1. 防止温度计周围表面的辐射

在测量管道中或容器内气体温度时，如果周围各表面温度高于气体温度，就会向温度计的敏感零件进行辐射，结果使测得的温度大于气体真实温度；反之，测得的温度小于气体真实温度。另外，在测空气温度时，也要防止太阳及其他冷或热表面对温度计的辐射。因此，应在温度计的敏感元件处加一个防辐射罩。图 1-8（*a*）所示是测量高温气流时，在热电偶温度计热端处装防辐射罩的情况，防辐射罩的开口应迎向气流以增加对流传热。当气流温度高于 700℃时，尚应采用防辐射能力更强的防辐射罩，详见本章第三节。当被测介质温度不太高时，也可以用普通的锡纸做成透风的防辐射罩。

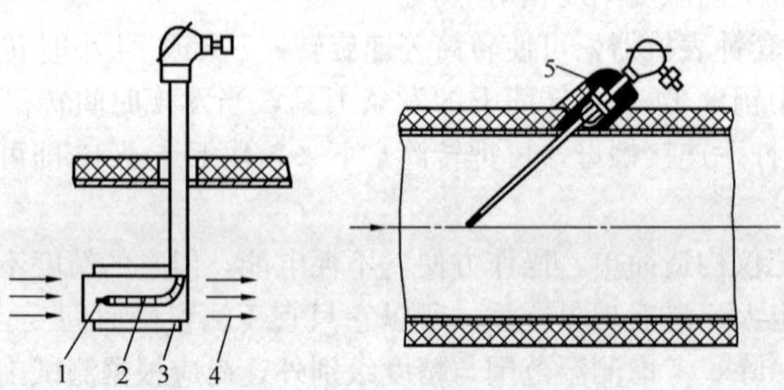

图 1-8　温度计的安装

（*a*）防止壁面辐射措施；（*b*）防止热量传出措施

1—热电偶温度计热端；2—保护瓷环；3—防辐射罩；4—高温气流；5—保温材料

2. 防止热量从温度计传出

在测量时，往往有一部分热量通过温度计流出，这就会使测量值偏低。为此要求尽量把温度计插入得深些，并做好保温。例如，测量管道内气流温度时，应该把温度计斜插入管道并迎向气流（图 1-8（*b*）），外面做好保温，防止热量散失。当管道直径大于 200mm 时，也可以将温度计垂直插入管道，要注意把温度计的敏感零件插到管道中心。

3. 表面温度的测量

如果要测设备或墙的表面温度，最好是把热电偶的热端埋在被测表面，并不使表面有凸起之处。

用热电偶热端直接在被测表面测温的方法（图 1-9（*a*））不好，因有不少的热量要从热电偶的电极传出去，使测量结果低于真实温度。如果在热端上焊上块小铁板，将小铁板与被测表面接触（图 1-9（*b*）），这种方法由于与被测表面的接触面积增大，会使测量值接近实际值。

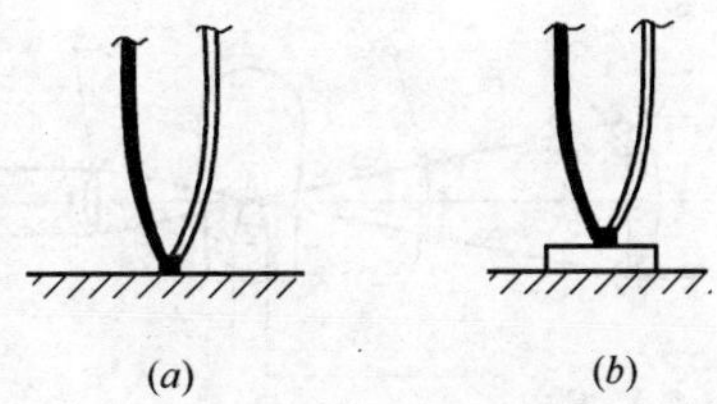

图 1-9 表面温度测量
（*a*）直接测量；（*b*）加小铁板测

（三）气流速度的影响

在测量高速气流温度时，由于温度计对气流有制动作用，气流动能转为热能而影响测量结果。能量转换可以用伯努利方程式算出：

$$\frac{W^2}{2} = c_p T_1 - c_p T_0 \tag{1-14}$$

式中 W——气流速度（m/s）；

c_p——定压比热，c_p=1004～1045［J/（kg·K）］；

T_0——气流真实温度（K）；

T_1——温度计指示温度（K）。

所以

$$T_0 = T_1 - \frac{W^2}{2c_p} \tag{1-15}$$

实际上只有一部分动能转化为热能，所以上式应乘一个转化系数 r（一般 r=0.6～0.85），因此

$$T_0 = T_1 - \frac{rW^2}{2c_p} \tag{1-16}$$

第三节 高 温 测 量

在测量火焰温度或高温烟气或燃烧室的温度场时，需用高温测量仪表。

在工业燃气窑炉的燃烧室中，火焰有不同形式。对于不透明的发光火焰可以用简单光学高温计测其温度；对于高温烟气或透明的火焰就不能采用光学高温计。如果把普通的热电偶温度计的热端直接插到燃烧室中来测量温度时，会发生较大的误差，因为它没有消除燃烧室壁对热电偶温度计热端的影响。

为了解决上述问题，近年来发展了多种不同原理的高温测量仪表，下面就是介绍几种适用的高温仪表，作为测试工作的参考。

一、光学高温计

光学高温计便于携带，操作简易，但是精度较低，并且不能用于测量不发光的物质。

（一）基本原理

根据辐射传热的机理，黑体辐射强度受波长与温度两个因素的影响。这样只要在可见光辐射波段内选取某一固定波长，辐射强度就仅与黑体温度有关。由于辐射体射出光线的

高亮度与辐射强度成正比，故辐射黑体的温度可用该波长的光线亮度来表示。如果用一个标准辐射体亮度与其比较，就可以用标准辐射体的已知的亮度与温度关系曲线求得被测辐射黑体的温度，一般采用红光的波长为固定波长，$\lambda=0.65\mu m$。

（二）仪表构造

图 1-10 表示的是一种称之为隐丝式光学高温计，它是由望远镜与电测系统组成。物镜 1 和目镜 4 均可沿轴向移动，调节物镜的位置可使被测物体的像正好聚焦到灯丝上，调节目镜位置可以清楚地看清灯丝和被测物体。红色滤光片 5 的作用是，只允许有效波长为 $0.65\pm0.01\mu m$ 的光线通过。吸收玻璃 2 可以减弱辐射源亮度。在使用高温量程时，将它移入视场中即可。由高温灯泡 3、滑线电阻 10 及电源 8 组成光学高温汁的电测系统。毫伏计 9 用来测量灯丝在不同亮度下的电压降，但其表盘上直接标以温度刻度。

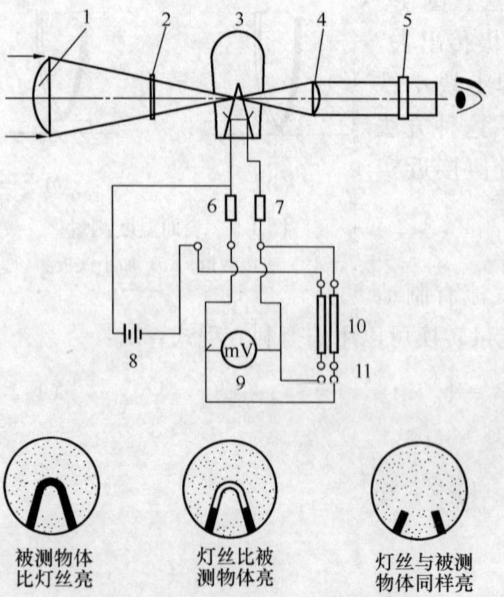

图 1-10　隐丝式光学高温计示意图

1—物镜；2—吸收玻璃；3—高温灯泡；4—目镜；5—红色滤光片；6、7—附加电阻；8—电源；9—毫伏计；10—滑线电阻；11—短路触点

在测量时，先将物镜对准被测物体（辐射体），调好物镜与目镜后，将红色滤光片移入视场。慢慢转动滑线电阻的电刷以接通灯泡电路，并逐步加大电流使灯丝亮度增加。通过红色滤光片可以直接比较灯丝与被测物体发光亮度，直到两者相等时为准，参见图 1-10。当灯丝的弧线影像隐灭在辐射的背景里，这时毫伏计指示的温度即为被测物体的温度值。光学高温计在不使用时，应切断电源，并使滑线电阻 10 的电刷脱离电阻线以断开灯泡线路，同时电刷把短路触点 11 接通，以便在仪器摆动时，起阻尼作用。

（三）选用要点

经常用隐丝式光学高温计测量高温固体表面温度，例如测量红外线燃烧器的高温陶瓷表面温度、燃烧室高温内壁温度以及燃烧室内的不透明发光火焰的局部温度。由于周围火焰层的温度与其相差不大，可以认为该局部辐射源是趋近于黑体，但是此时测出的温度只能认为是沿着被测方向某一深度的火焰平均温度。这是因为在被测方向上，火焰的最高温度区与看火孔都有一定距离，其辐射线通过这一距离内的较低温度的火焰层和烟气层时，都会部分被吸收而降低亮度。这种高温计精度欠高的原因也在于此。

对于不发光的火焰，因为它缺乏可见光波段的辐射，所以不能用此种温度计测量。也就是说，当由看火孔可以看到对面炉壁时，就不能用光学高温计测火焰或烟气温度。

当被测物体不是黑体时，还应当进行校正计算，可采用以下公式。

$$\frac{1}{T'}-\frac{1}{T}=\frac{\lambda}{1.44\times10^{-2}}\ln\frac{1}{\varepsilon_\lambda} \tag{1-17}$$

式中 T'——光学高温计测得的绝对温度（K）；

T——被测物体绝对温度（K）；

λ——光学高温计使用的固定波长，一般情况下，$\lambda=0.65\times10^{-6}$（m）；

ε_λ——被测物低成本在λ波长下的辐射率。

物体的ε_λ值不仅与其成分和温度有关，而且与其表面性质及光的波长有关。有时也会因为ε_λ选用不当而引起误差（当$\Delta\varepsilon_\lambda/\varepsilon_\lambda=10\%$，$T=1000\sim2000$K时，$\Delta T\approx5\sim18$℃）。一些常用材料的$\varepsilon_\lambda$值列于表1-12。

几种材料的单色辐射率ε_λ值

（$\lambda=0.65\mu$m）　**表1-12**

材料名称	温度（℃）	ε_λ
碳素钢（氧化的）	800～1200	0.80
生铁（氧化的）		0.70
铁（氧化的）	800～1200	0.95
碳		0.85
液态炉渣	1300～1500	0.65
炉渣		0.90
陶瓷		0.25～0.50
耐火泥		0.70～0.80

为了避免校正计算的麻烦，有条件时可以把被测物体表面钻一个空穴，只要空穴的深度比直径大10倍时，其深部可以近似地当做黑体，将光学高温计对准空穴底部，即可测得物体真实温度。

此外在使用隐丝式光学高温计时，尚应注意以下事项：

（1）光学高温计的环境温度应为20±5℃，环境温度的变化给测量数值带来很大误差，所以光学高温计不能离热源太近。一般保持仪器与看火孔的距离稍大于1m。

（2）仪器周围不应有磁场和铁磁性物质存在。

（3）仪器应保持规定工作位置，倾斜度不允许超过45°。

（4）仪器应保持充足的电源。

（5）因为灯丝亮度变化滞后于电流，所以应慢慢转动滑线电阻。

（6）在测1400℃以上温度时，应使用高温量程（利用吸收玻璃减弱亮度），以延长灯泡寿命。

（7）要保持看火孔与仪器物镜面的清洁度，有灰尘将会加大测量误差。要用专门擦镜头的纸，擦仪器物镜。

（8）为防止烧伤事故，应适当加大燃烧室的负压，对于正压燃烧室内，应在看火孔上安置耐热并且透明的玻璃。

二、组合热电偶温度计

将几支具有不同直径热端的热电偶组合起来使用，称为组合热电偶温度计。由于各热电偶的热端直径不同，测得的结果也不相同，可以利用传热学的知识求出真正被测介质的温度（高温烟气火焰的温度），这种测量方法简单，可以消除热端向四周的冷壁辐射的影响，在精度要求不高的情况下使用。

（一）基本原理

根据传热学原理热电偶热端直径d与对流放热系数α的关系为：

$$\alpha=Ad^{n-1} \tag{1-18}$$

式中　α——对流放热系数（W/（$m^2\cdot$K））；

d——热电偶热端直径（mm）；

A——常数；

n——与雷诺数Re有关的幂指数（<1）。

如果忽略火焰或烟气对热电偶热端的辐射放热以及电极线的导热，热电偶热端处接受的对流传热应该等于辐射放出热量。取热平衡方程式如下：

$$\alpha(T-T_r)=\sigma\varepsilon(T_r^4-T_s^4) \tag{1-19}$$

式中 T——火焰或烟气真实的绝对温度（K）；

T_r——热电偶热端绝对温度（K）；

T_s——热端周围的冷表面绝对温度（K）；

σ——波尔兹曼常数（W/（m^2·K^4））；

ε——热电偶热端辐射率；

α——热端的对流放热系数（W/（m^2·K））。

由式（1-18）可知，当 $d\to 0$ 时，$\alpha\to\infty$；而式（1-19）又指出：当 $\alpha\to\infty$时，$T_r\to T$ 这就是说热电偶指示温度趋近火焰或高温烟气的真实温度。根据以上分析可以说明，由于各热电偶热端直径 d 不同，虽然同处在同一介质中，其指示温度也不一样，并且 d 越小，越接近真实温度。根据这条规律，就可以利用几个热端直径 d 不同的热电偶测得的温度值推算出真实的温度值。

（二）仪表构造

组合热电偶温度计的构造要注意以下几点：

（1）热电偶的热端应该伸出保护管，伸出的长度应保持热端直径的 25 倍。

（2）热电偶裸露部分最好呈∩布置，热端在中央，各只热电偶的∩形线应互相平行。

（3）热电偶的热端应保持球形且表面光洁，需要精确地测出其直径。

（三）选用要点

可以用两个或两个以上热电偶温度计测量，其测量方法如下：

1. 双热电偶测定法

采用热端直径分别为 d_1 与 d_2 的双热电偶温度计测温时，由式（1-18）与式（1-19）可得出下列关系式：

$$t=t_1+\frac{t_2-t_1}{1-(d_2/d_1)^{1-n}} \tag{1-20}$$

式中 t——介质真实温度（℃）；

d_1与 d_2——分别为两个热电偶的热端直径（mm）；

t_1与 t_2——分别为两个热电偶的指示温度（℃）；

n——系数，在烟道内测量时，n=0.37～0.41。

2. 零直径推算法

如果采用几个热端直径不同的热电偶组时，靠计算来解真实温度是困难的，可以根据它们所示的温度值用图解的方法来推算。图 1-11 是这种推算法的示例，延长实验曲线，在 d=0 处的温度值即为真实温度。

组合热电偶的优点是简单方便，不需要特殊设备。但是，几个热电偶的热端彼此有辐射传热的干扰，另外裸露的热端也易被污染、损坏，再加上每个热电偶本身都有一定的误差，都使这种测量方法的误差加大，所以它不宜用于精密测量。

三、抽气热电偶温度计

可以在高温热电偶温度计的基础上，附加一些防止热端四周冷壁辐射影响的措施，即组成抽气热电偶温度计。

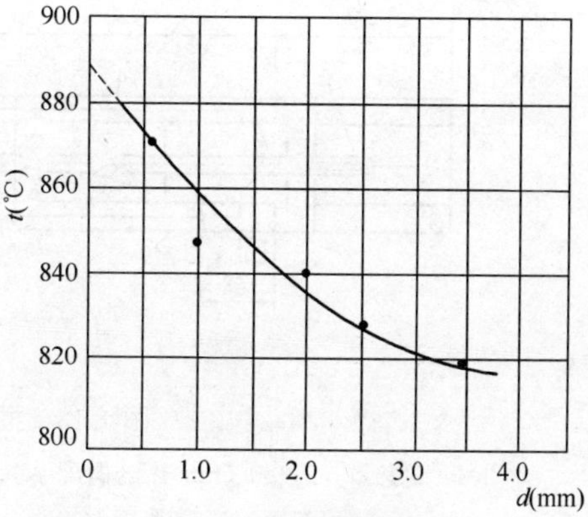

图 1-11 零直径图解推算法示例

(一) 基本原理

为了防止热电偶温度计热端向四周冷壁辐射，可以在热端处附加单层或多层的“遮热罩”，并且用抽烟气的方法提高烟气冲刷遮热罩及热端的速度，以提高其对流传热系数，从而测量值接近真实的烟气温度。

提高抽气速度能使热端温度接近烟气温度，但是，抽气速度也不能过高。因为过高的流速具有很大的动能，碰到热端后，动能也转化为热能而影响测量结果。另外，抽气速度大于200m/s时，气流产生热膨胀，反使测量结果偏低。适当的抽气速度决定于遮热的形式、被测介质的温度及测点环境，应根据试验结果求出。图 1-12 是以采用四层遮热钢罩为例，根据试验求出的最低抽气质量速度与温度的关系曲线。

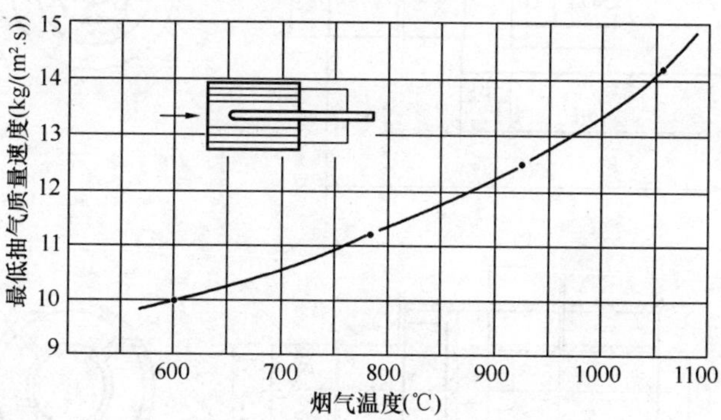

图 1-12 四层遮热罩最低抽气速度

(二) 仪表构造

图 1-13 是抽气热电偶温度计的构造示意图。温度计的最外边是水冷却装置 5，多用三层同心钢管焊接制成。长度应根据需要而定，最长可达 4～5m；水套管直径根据抽气截面和水冷截面决定，其外径一般为 45～57mm 冷却水的阻力损失不应超过 0.5MPa，冷却水的回路最好由外到内。而被测量介质温度低于 600℃时，也可以用空气冷却。

图 1-13 所示的结构中，采用了封闭的热电偶保护管，其材料可据表 1-6 选择。由于有水冷套的作用，耐热保护管长度只需 300mm，后面可接钢管。如果保护管是非金属的，在其与钢管连接处，应用石棉丝塞紧，钢管要妥善固定。

测高温的热电极线直径通常为 0.5mm，但应有充足富裕量，以备热端用坏时，剪去其损坏段后仍能重新焊接热端来使用。多余的线可以绕在接线盒内的绕线滚轴上。遮热罩可以用耐火材料制造，也可以用耐热钢制造。当所测温度低于 1100℃时，采用耐热钢还是合适的，因为其机械强度较大。图 1-14 中 (*a*) 即为 1Cr18Ni9Ti 遮热罩的示例图，其流通面积 $f=15.5\times10^{-4}\text{m}^2$，可以配合图 1-13 所示的抽气热电偶温度计使用。当所测温度大于 1100℃时，应采用耐火材料的遮热罩，图 1-14 中 (*b*) 所示是耐火材料粘在耐热钢

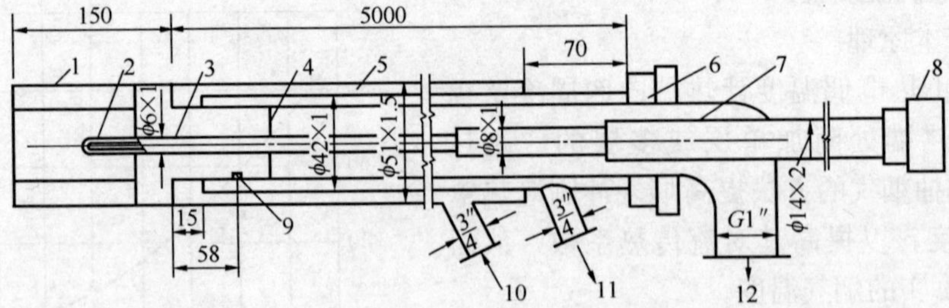

图 1-13 抽气热电偶构造示意图

1—遮热罩；2—ϕ0.5mm 热电偶配 $\phi3.2\times2.6\times50$ 双孔陶瓷管；3—刚玉保护管；4—罩座；5—水冷却管；6—膨胀密封接头；7—耐热钢保护管；8—接线盒；9—榫销（装遮热罩用）；10—冷却水入口；11—冷却水出口；12—抽气出口

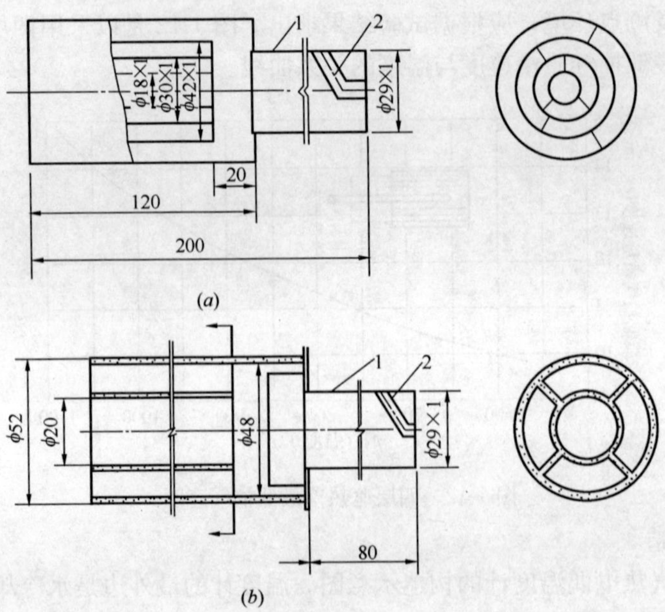

图 1-14 耐热遮热罩

（a）耐热钢遮热罩；（b）耐火材料遮热罩

1—罩座；2—榫销槽

上烧结而成的遮热罩，其流通面积 $f=10.4\times10^{-4}\mathrm{m}^2$，它也能配合图 1-13 的抽气热电偶温度计使用。

（三）选用要点

在选用抽气热电偶时，首先要考虑选用遮热罩的层数。在理论上，遮热层数越多越好，但是层数多，构造复杂，占空间大，实际上超过 4～5 层效益也就不再增加，所以一般只做成 2～3 层。层与层间隔不宜过小，否则增加抽气阻力，容易阻塞。

热电偶的热端在遮热罩内的位置，对测量的准确度有很大影响，一般热端与热介质（烟气等）入口端的距离要保持在内层直径的 2～3 倍之间，有条件时，可以通过实验决定。

最后，还要考虑抽气热电偶效率值 η，通过计算求得真实温度。抽气热电偶效率的定义为

$$\eta = \frac{t_r - t_0}{t - t_0} \times 100 \tag{1-21}$$

式中 η——抽气热电偶效率（%）；

t——真实温度（℃）；

t_r——抽气热电偶指示温度（℃）；

t_0——无遮热罩、不带抽气构造的该热电偶的指示温度（℃）。

当已知 η 值时，真实温度

$$t = \frac{t_r - \left(1 - \frac{\eta}{100}\right)t_0}{\frac{\eta}{100}} \tag{1-22}$$

η 值要通过实验手段来确定，下面介绍一种比较简便的方法。

在实测条件下，首先测得 t_0 值，然后根据合适的抽气速度，测得指示温度为 t_m，再把抽气速度降低到原来合适的抽气速度的 1/4，并测出此时的指示温度 $t_{1/4}$，由比值 $\frac{t_m - t_0}{t_m - t_{1/4}}$ 的查图 1-15 的曲线，可求得 η 值。

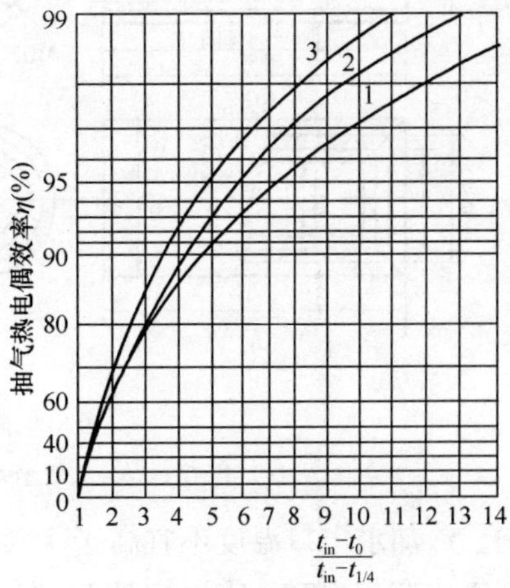

图 1-15 抽气热电偶效率曲线

1—单层遮热罩；2—双层遮热罩；3—多层遮热罩

如果有条件通过某种方法能求出真实温度 t 时，这样就可以利用式（1-21）算出 η 值。

表 1-13 列出在热态试验台上对装有各种遮热罩（图 1-16）的抽气热电偶标定得到的 η 值。标定条件为：无尘的烟气温度在 900～1300℃范围内，烟气抽气速度等于 10～7m/s，四周冷表面温度为 450～700℃。

各种耐火遮热罩的抽气热电偶效率 η 值（%） **表 1-13**

耐火遮热罩形式	烟气温度（℃）							
	800	900	1000	1100	1150	1200	1300	1400
4R 型			(99)	98	98	(97)	98	(92)
细管型				98	98	96	94	
4M 型	(99)	97 (98.5)	97 (98.5)	96	96			
4Z 型		94	94	94 (91)	94 (91)	89		(85)
防堵型		91	91	91	91			
四孔型		89 (90)	89 (90)	85	85			
单层耐火						(90)		(84)
双层耐火						(92)		(84)

注：1. 括号内为国外文献数字；

2. 各种耐火遮热罩的形式见图 1-16。

使用抽气热电偶时，需注意以下事项：抽气时，烟气出口温度应高于烟气的露点温度，否则会在抽气管中结露。为了提高出口烟气温度，宜采用带有空气夹层的抽气管结

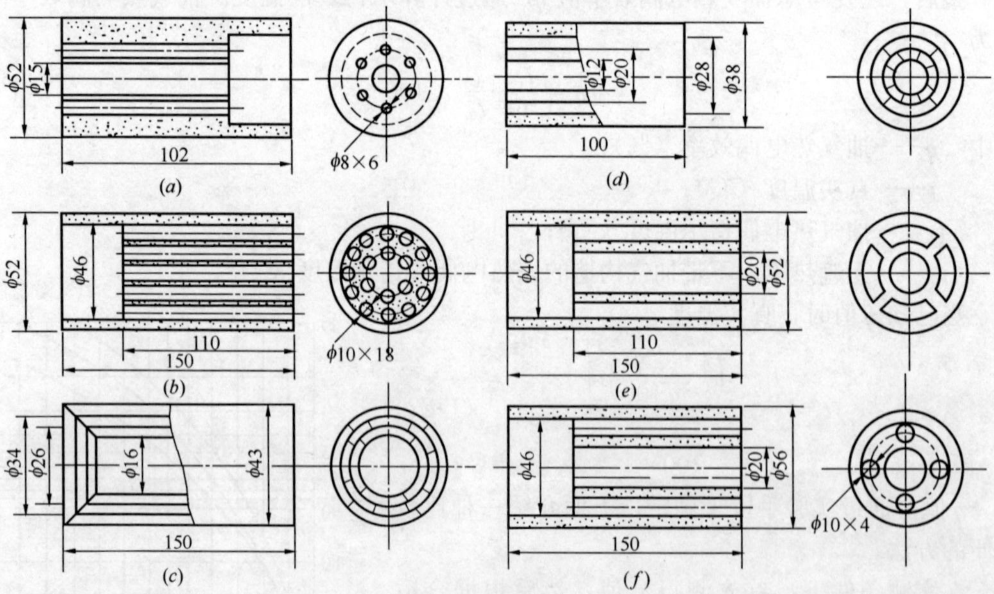

图 1-16 各种耐火遮热罩的形式

(a) 4Z 型；(b) 细管型；(c) 4M 型；(d) 4R 型；(e) 防堵型；(f) 四孔型

构。冷却水出口温度不宜高于 70℃，并且保证冷却水不能中断，保证抽气速度稳定。当烟气中有灰尘时，需要定期吹扫，抽气热电偶有较好的遮热罩，并且保证足够的抽气速度。这样能使介质与热电偶热端充分热交换。所以它是一种比较可靠的测高温气体的温度测量仪表。

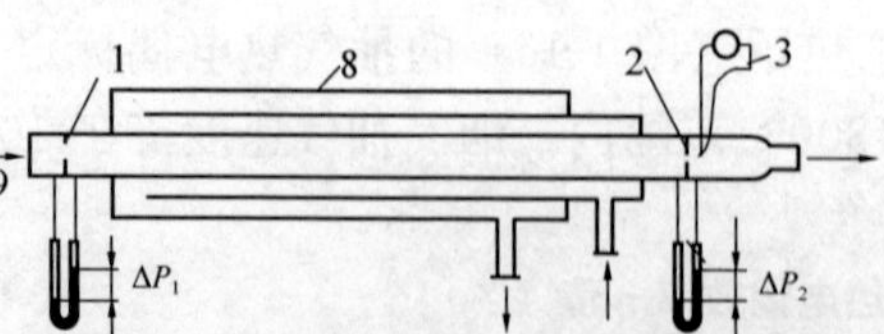

图 1-17 气力式高温计原理

1—热端节流元件；2—冷端节流元件；3—冷端测温仪表；4—冷端压差计；5—冷却水入口温度；6—冷却水出口温度；7—热端压差计；8—水冷套；9—高温气流

四、气力式高温计

这是利用气体流过孔口后，压力降与温度之间的关系，用间接测量的方法来求高温半导体温度的仪器。它能测的温度上限约 2500℃。

（一）基本原理

根据流体力学的原理只要在测量系统内气体没有化学变化，没有渗漏的冷凝现象，则流过热端与冷端节流元件的质量流应该相等，参考图 1-17，可以写出下面恒等式：

$$\alpha_1\varepsilon_1 F_1\sqrt{2\rho_0\left(\frac{273}{T_1}\right)\left(\frac{p_1}{p_0}\right)\Delta p_1} = \alpha_2\varepsilon_2 F_2\sqrt{2\rho_0\left(\frac{273}{T_2}\right)\left(\frac{p_2}{p_0}\right)\Delta p_2} \tag{1-23}$$

式中 Δp_1 与 Δp_2——分别为热与冷端节流元件压力降（Pa）；

T_1 与 T_2——分别为热与冷端高温气流绝对温度（K）；

α_1 与 α_2——分别为热与冷端节流元件的流量系数；

F_1 与 F_2——分别为热与冷端节流元件流过面积（mm^2）；

p_1 与 p_2——分别为热与冷端节流元件绝对压力（Pa）；

ε_1与ε_2——分别为热与冷端节流元件处气体膨胀校正系数；

ρ_0——流过气体在标准状态下密度（kg/m^3）；

p_0——标准状态下的压力，即 101.3kPa。

很明显，式（1-23）的左边为流过热端节流元件的质量流，右边为流过冷端节流元件的质量流。一般条件下，系统阻力不大，可以认为 p_1、p_2 相等，另外还可以假设 ε_1、ε_2 相等，这样公式可化简为

$$a_1^2F_1^2\left(\frac{1}{T_1}\right)\Delta p_1=a_2^2F_2^2\left(\frac{1}{T_2}\right)\Delta p_2$$

∴
$$T_1=\left(\frac{a_1F_1}{a_2F_2}\right)^2\frac{\Delta p_1}{\Delta p_2}T_2 \tag{1-24}$$

设 K 为仪器特性常数，$K=\left(\frac{a_1F_1}{a_2F_2}\right)^2$，

则
$$T_1=K\frac{\Delta p_1}{\Delta p_2}T_2 \tag{1-25}$$

当流体的雷诺数达到某一极限值时，一般节流装置的流量系数 α 值是个常数，则可认为 K 等于常数。

可以用水或空气标定 K 值，令 $T_1=T_2$，所以 $K=\Delta P_2/\Delta P_1$。改变标定工质（空气或水）的流速，可以得到 K 与雷诺数 Re 的关系，从而得到仪器的雷诺数极限值 Re_k和相应的 K 值。在计算雷诺值时，其定性直径可取低温节流元件前的抽气管内径。

在利用此仪器测高温气体温度时，保要保证抽气速度适当地超过仪器雷诺数极限值 Re_k时，就能保持仪器特性常数 K 为已知常数，这时只要测出 Δp_1、Δp_2及 T_2值后，就可用式（1-25）算出气体温度 T_1。

（二）仪表构造

实际使用的气力高温计，多采用文丘里管为节流装置元件，故名文丘里高温汁。热端文丘里管要用耐热材料制成；冷端文丘里管也应采用不锈钢为材质，以防锈蚀。图 1-18 所示为冷、热端节流元件的结构。冷端的测量装置应采用具有高热电势的热电偶温度计，以提高了 T_2值的精度，因为 T_2值的精度直接影响 T_1的精度，参见式（1-25）。另外测 T_2值的热电偶温度计也应采用遮热罩。

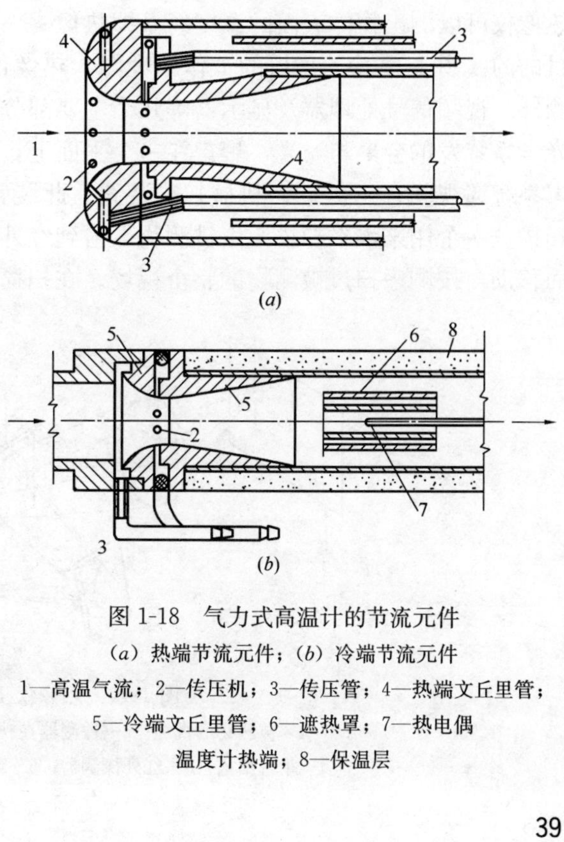

图 1-18 气力式高温计的节流元件

（a）热端节流元件；（b）冷端节流元件

1—高温气流；2—传压机；3—传压管；4—热端文丘里管；5—冷端文丘里管；6—遮热罩；7—热电偶温度计热端；8—保温层

（三）选用要点

气力式高温计的测温上限主要取决于热端文丘里管的耐热程度，据有关资料介绍可达 2500℃，并且温度越高，准确度也越高，可以认为它与抽气热电偶的准确度相近。不过其抽气

量比较小。气力式高温计灵敏度较高，如果配上自动测量及电子计算装置，它能记录出温度随时间的变化曲线。

在选用与设计气力高温计时，尚应注意以下事项：设计文丘里管时，一般取热端文丘里喷嘴流速为150m/s左右。冷端文丘里喷嘴的流速应在20m/s以上，烟气抽出量约为5～12kg/h，此时冷却水量在2～3t/h范围内；流经冷端文丘里喷嘴气流的温度不应低于气体的露点温度，一般应维持在120～200℃。测定时可以调节高温气流抽气量与中心管插入深度以防止产生冷凝水。在标定仪器特性常数K值时，要多重复几次，以提高精度。有条件时，在每次使用前重新标定K值；严格防止漏气，并且保持抽气量稳定。

第四节 红外线温度场测量

当物体的温度高于绝对温度时，都会由于分子的热运动而发射出红外热射线，并且发出的热射线能量与物体的温度有一定关系，红外热像仪就是根据此物理现象设计的。

用热像仪测温度场属于非接触式测温技术，不会破坏温度场从而得到更精确的测量结果。热像仪的测温范围很大，既可测3000℃的高温，也可测0℃以下的低温。此外，热像仪还可以测物体表面上各点的温度分布（温度场），为热工分析，提供更全面的实测数据。

一、工作原理

由于具有高于绝对温度的物体发出的红外热射线能量与其温度有直接关系，所以可以利用红外探测器直接测出物体发出的红外热射线的能量，经过转换就可测得物体的温度。热像仪可以测出物体表面的温度场（即热像）。它是利用对红外热射线进行扫描而达到此目的的。图1-19为热像仪的工作原理图。热像仪是由光学会聚系统、扫描系统、红外探测器、视频信号处理器及显示器等几个主要部分组成[3]。被测物体发出的红外热射线经过光学系统发的会聚与滤光，聚集在一个平面上，在此平面设红外探测器。探测器与光学会聚系统巡视间有一套光学-机械扫描装置。此装置由两个扫描反射镜组成：一个用来垂直扫描；一个用来水平扫描。由被测物入射到红外探测器上的红外热射线随着扫描系统转动而移动，按顺序扫过被测物的整个视场。在扫描过程中，红外探测器将入物体表面温度分

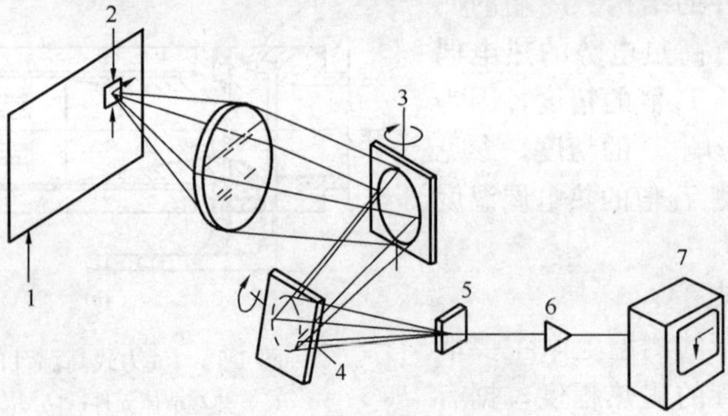

图1-19 热像仪工作原理图

1—被测物的视场；2—探测器在视场的投影；3—水平扫描；
4—垂直扫描；5—红外探测器；6—信号处理器；7—视频显示器

布转化为一维的模拟电压序列。此电压信号经过放大、处理后，由视频监视系统实现一幅反映温度分布的热像显示图。

二、热像仪的基本部件性能

热像仪是近代发展起来的新型热工仪表，并且随着科技进步，其特性不断地改进与提高，功能也逐步增多，不仅能测温度场而且可以自动记录、储存及热像分析以满足各种热工测试要求。热像仪的特性及功能与其采用的基本部件的性质有关。

（一）光学扫描系统

最简单的扫描是沿着一个坐标轴方向扫描，另一维根据被测物体本身的移动来实现，这种扫描系统只适于测量运动着物体的温度分布。对于静止物体扫描可分物扫描与像扫描两种方式：

1. 物扫描方式

扫描系统放在聚光光学系统之外，摆或转动扫描光学系统实现物扫描。这种物扫描方式，必须提高聚光后的光强度，光束需要加大，因而扫描反射镜也随之增大，使扫描速度受到限制。图 1-20（*a*）为物扫描原理图。

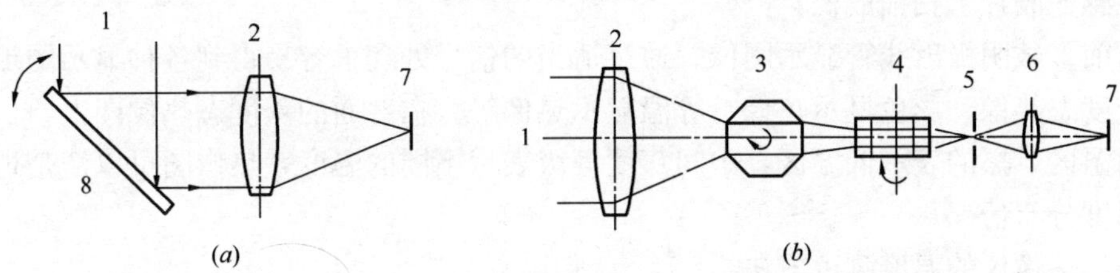

图 1-20　扫描系统原理图

（*a*）物扫描原理图；（*b*）像扫描原理图

1—进入光束；2—聚光镜；3—垂直扫描棱镜；4—水平扫描棱镜；5—光栅；6—接受透镜；7—探测器；8—扫描反射镜

2. 像扫描方式

扫描系统插在聚光系统和探测器之间，摆或转动扫描系统，实现像扫描。该方式扫描速度高，但扫描角度有限制。图 1-20（*b*）为像扫描原理图。

AGA-780 热像仪采用的就是像扫描方式。在其聚光光学系统中插入两个扫描棱镜。来自被测物的红外热射线由红外透镜聚集后，进入垂直棱镜，其以 180r/min 的速度旋转进行垂直扫描。水平棱镜以 18000r/min 的速度旋转进行水平扫描。从水平棱镜输出的光通过透镜被聚焦在红外探测器上进行检测。

（二）红外探测器

红外探测器的任务是将感受到的红外热射线的能量转变为便于测量和接受的物理量（如电压）。探测器的光谱响应特性、时间常数及探测率直接影响热像仪的性能。设计热像仪时，要根据被测物体的辐射特性和大气传输特性选择红外探测器的元件。要争取高的探测率与小的时间常数，使热像仪具有高的灵敏度及短的帧时。凡对红外热射线具有效应的材料都可用来制造红外探测器。比较实用的是热探测器与光子探测器两种。光子探测器应用的范围更广。主要材料为光伏锑化铟、光伏锑锡铅、光导锑镉汞以及锗、硅掺杂等。光子探测器比热探测器更为灵敏，时间常数小，能适应高速扫描要求，缺点是光谱范围不大，并且需要致冷才能得到更高的灵敏度。例如：AGA-780 型热像仪中使用锑化铟的探测器，它需要冷却到液氮温度（77K），使响应时间小于高速扫描的 1μm 要求，为此需配有液氮的低温瓶。由于锑化铟对信号波长的响应限制在 5.6μm，故只能用于 3～5.6μm 的短波测量。当采用锑镉汞探测器时，在液氮温度下，对 8～14μm 光谱范围有很好的响应。AGA-780 型长波（8～14μm）热像仪就是采用这种检测器。最近研制发展的多元列阵探测器具有自扫描、动态范围大、噪声低的优势。热像仪如配以该探测器必将进一步提高温差分辨率，缩短帧时，提高精度[2][3]。

（三）视频监视与记录

视频监视的任务是将红外探测器提供的按顺序的变化电信号转换成表示温度分布的图像。如用阴极射线管（CRT）显示图像，探测器输出的顺序电信号要经过放大处理作为显示器的视频信号。显示器的扫描系统用同步脉冲保持与被测物的扫描系统同步，产生全部水平扫描线。所有水平扫描线的起点都在同一垂直线上，并在垂直方向上依次下移，荧光屏上即显示出被测物的温度分布图像。此外，另一种方法是把探测器输出信号放大，去调剂光源（如发光二极管等）的辉度，利用摄像头光学扫描同步的第二光学扫描系统，可直接在感光胶片上扫描成像。

目前多数阴极射线管显示图像。通过适当的信号处理很容易得到各种显示图形，如普通的灰度态热像、彩色显示热像、等温显示热像等。在普通的灰度态热像图上，白的地方表示高温区，黑的表示低温区，中间灰度等级表示不同的温度，热像图可以清楚地描绘被测物温度分布情况。

三、热像仪的温度测试方法

（一）定性描述

根据斯蒂芬-波耳兹曼辐射定律可知，红外辐射线的功率与其本身温度之间的关系为：

$$E = \varepsilon C_{10}\left(\frac{T}{100}\right)^4 \tag{1-26}$$

式中 E——红外线热射线能量（W/m^2）；

T——被测物绝对温度（K）；

C_{10}——绝对黑体的辐射系数［$W/(m^2 \cdot K^4)$］；

ε——被测物黑度。

因为热像仪接受的红外热射线与温度呈非线性关系，同时还要受到被测物 ε 值、大气衰减及被测物环境反射等因素影响，所以如不经过严格的标定，热像仪只能对被测物温度分布情况做定性描述。

（二）定量分析

为了通过热像仪测得物体的定量温度值，必须采用基准黑体温度相比较的方法来标定绝对温度值。用热像仪接受并检测到的热射线能量的数值量度被称为热度值。它可用一个等温单位来表示，等温单位是一个任选的计量单位。热像图上某点的测量热度值是由等温标尺上标记读数和预先确定的温度范围以及等温标尺零点所对应的热度值决定的。此热度值与接受的辐射能量成正比。但是，热度值与温度之间的关系却是非线性的，此非线性关系即为标定函数，用曲线表示即为标定曲线，当然也可以用计量程序形式给出。进行定量分析时，必须利用标定函数求得绝对温度。

（1）直接标定法

直接标定是利用热像仪内部基准黑体，在不使用外界温度参考体的条件下，标定出被测物的温度值。如果被测物是绝对黑体，在理想条件下，热像仪测得的热度值可直接利用标定曲线求得被测物的温度值。例如从图 1-21 可以看到，在得到热像仪输出的热度值 I_0 后，即可从曲线上查得被测温度值。这种方法简单，但不够精确。

（2）间接标定

如果条件允许并且可以得到外界温度的参考体，即可采用间接对比的标定法得到更精确的温度值。选择外界参考体时要考虑实际测量条件与精度。理想的参考体的温度及 ε 值应尽量地接近被测物的温度及 ε 值，并且最好在被测物的周围。如果在被测物体的表面上某一点温度已准确地知道时，用它作为外界温度参考体是最好的方案。在进行间接对比标定时，可从热像仪输出中得到与被测物与温度参考体的热度值差值 ΔI，此 ΔI 可正可负。参考体温度高于被测温度时，ΔI 为正；反之，ΔI 值为负。根据参考体的温度 t_r 与热度值 I_r 及 ΔI，可在标定曲线上查得被测温度值 t_0（见图 1-22）。

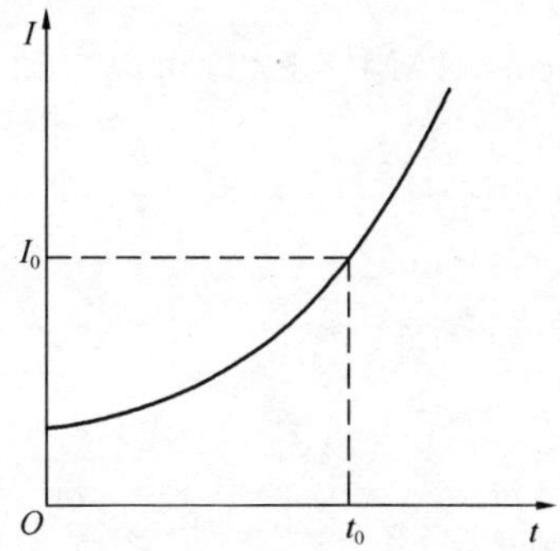

图 1-21　直接标定图示

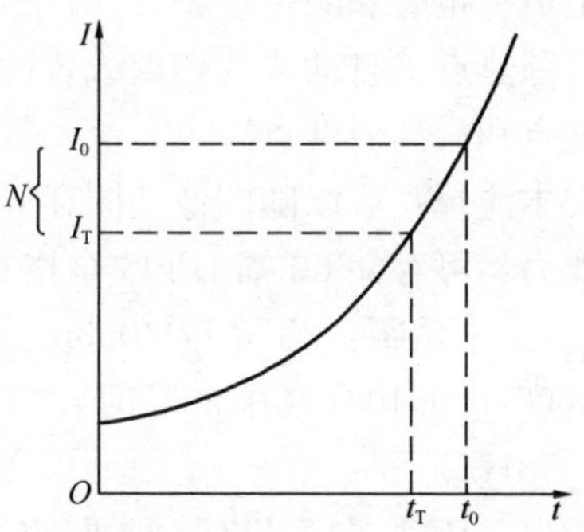

图 1-22　间接标定图示

（3）外界干扰因素影响

在实际的定量分析中，被测物的 ε 值小于 1，并且在测试过程中总会存在一些外界因素干扰，因此，在根据热度值 I_0 或 ΔI 在标定曲线查被测物温度时，必须首先考虑被测物的非黑体性质与实际情况的干扰因素，并进行修正。干扰因素有以下几方面。

①被测物透明度影响　被测物如有一定透明度时，从被测物接受的红外热射线将包括来自被测物背后无关热射线。

②被测物周围环境影响　对非黑体的被测物，来自周围环境的干扰热射线，会因被测物反射进入热像仪的扫描器，影响程度与周围环境温度有关。

③大气传输影响　大气中某些成分对红外热射线有吸收作用，这样就会减弱被测物到热像仪的辐射能量，另外，大气本身的发射率也将对测量产生影响，需加以修正。大气修正系数可以测定也可以采用某种大气模型计算。

从以上影响因素可见，在进行定量分析时，要经过严格的标定及比较复杂的校正，也可以根据不同型号热像仪的要求及有关资料进行计算。

四、近代热像仪产品

目前国外已经开发了不同型号，不同测温范围的热像仪的产品，并且有固定式与便携式两大类。下面介绍几种实用的热像仪。

图 1-23 傅立叶红外热像仪

（一）傅立叶红外热像仪

图 1-23 是 Therma CAM™ E300 是美国的便携式红外热像仪。它能够生成全格式红外图像，并能够精确测量目标物体的温度。Therma CAM™ E300 是专门为要求快速进行红外诊断的那些应用领域的红外热像仪系列。其成像质量达到 320×240 像素。它可以掌中操作，进行非接触温度测量。其中的 E320 可以拍摄热像图、现场图像分析和存储，并能够定量定性地完成后处理分析和生成检测报告。

产品特性如下：

重量：800g（含电池）。

温度范围：－20～500℃（2 种量程），可选 250～1200℃。

变焦：4 倍。

声音报警：可以在仪器内设定一个最高温度，一旦被测物体的温度超过设定值，仪器会自动发出声音报警和颜色报警。

自动追踪热点：自动寻找热点或者冷点：Therma CAM™ E320 可以自动寻找图像内的最低温度点和最高温度点。

现场文本注释：可以随图像一同存储文本注释。

存储能力：可存储 80 幅 JPEG 全格式图像。

视场角/最小焦距：23°×17°/0.3m。

热灵敏度;；0.10℃（在 30℃时）。

帧频：50Hz。

视频输出：PAL 或 NTSC，标准 RCA 复合视频。

外部显示：16K 彩色 2.5 英寸液晶显示器。

精度；±2℃，2%。

重复性：±1℃，1%。

闪存存储量：80 幅。

图像格式：标准 JPEG 格式，包括 14 位测量数据。

此外室内室外均适用，适应各种天气状况。

（二）A40V 红外热像仪

A40V 红外热像仪为工业生产和过程监测提供精确测温的固定式红外热像仪（图 1-24）。它是特别为要求高品质图像而不要求精确测温的应用领域设计生产的。A40-V 可提供灵敏度极高的优质红外图像。红外图像清晰优异，多种连接方式，迅速发现热故障。产品特性如下。

重量：1.4kg

体积：207mm×92mm×109mm

温度范围：－40℃至＋500℃ 2 种范围可选：至＋1500℃，至＋2000℃

视场角/最小焦距：24°×18°/0.3m（35mm 镜头）

焦距：内置调焦电动机，手动或自动调焦

图 1-24 A40V 红外热像仪

热灵敏度：0.08℃（在30℃时）

帧频：50/60Hz

图像输出：RS170EIA/NTSC或CCIR/PAL复合视频

IEEE-1394火线输出（可选）

RJ-45以太网输出（可选）

（三）A40M红外热像仪

它比A40V红外热像仪精度高（可达±2℃，读数的±2%）。内置逻辑性的菜单配置，多个十字光标，能自动报警，实时输出颜色声音信号，具有多种连接方式和即插即用的网络配置。提供多种可更换镜头及附件，A40M是一款完美的适用于机械监测的可遥控的装置。

第五节　温度校正及温度变送器

一、温度的校正

在理论上，温度的基准应是国际单位制的热力学温标，但在实际应用技术中，可以采用国际实用温标作为参考温标。

（一）点温度值的确定

热力学温标所定义的水的三相点为273.16K，比水点高0.01℃。三相点可以利用三相点管子和水罐获得（图1-25）[5]。在三相点管中注入一部分纯水，然后抽空，使其中压力达到三相点处的压力（611.2Pa），并将其密封。将制备好的三相点管子插入存水的罐中，如果该管被水包裹得很好时，平衡温度可以维持一个星期或者更长。把不同类型需要校正的温度计放在该管中央的套管内进行校准，准确度可达±0.0001℃以内。

液体沸点恒温器是用于校核（或标定）液体沸点温度的设备（图1-26）。在容器1中加入2/3深度的蒸馏水，用电热器加热至沸腾，水蒸气通过2、3及4进入冷却器6，冷凝成水后流回容器1。水位计8显示容器1中水位，圆筒3中的剩余压力可用压力计读出。液体的沸点温度与压力有关。水沸腾温度与压力的关系见表1-14。

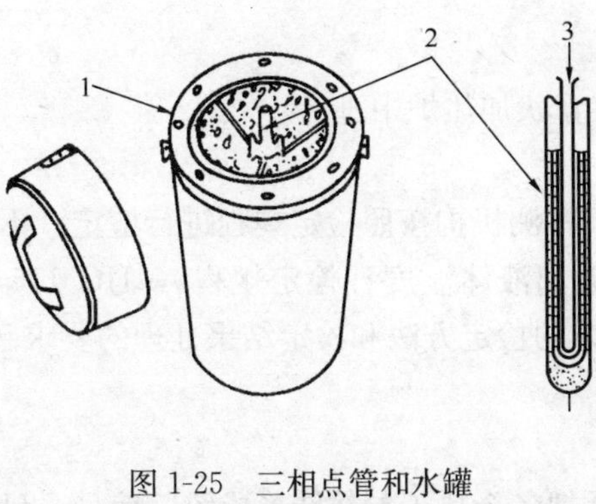

图1-25　三相点管和水罐

1—水罐；2—三相点管温度计；3—套管

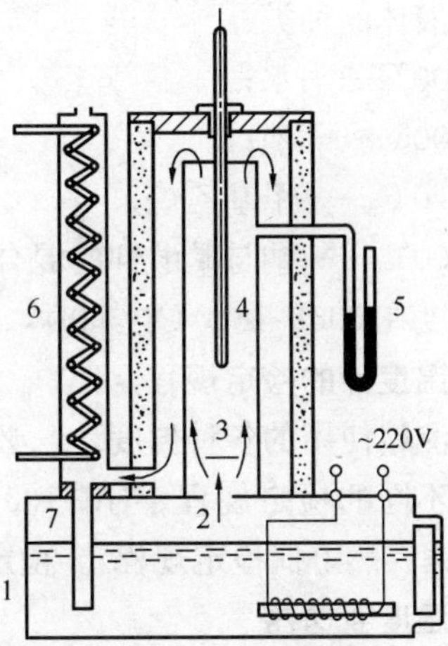

图1-26　沸点恒温器

1—容器；2—气孔；3—圆筒；4—温度计；5—压力计；6—冷却器；7—竖管；8—水位计

水沸腾温度与压力关系表 表 1-14

压力（kPa）	温度（℃）	压力（kPa）	温度（℃）	压力（kPa）	温度（℃）	压力（kPa）	温度（℃）
93.325	97.71	97.992	98.49	98.658	99.26	101.324	100.00
93.459	97.75	96.125	98.53	98.792	99.29	101.458	100.04
93.592	97.79	96.258	98.57	98.925	99.33	101.592	100.07
93.725	97.83	96.392	98.61	99.058	99.37	101.725	100.11
93.859	97.87	96.525	98.65	99.192	99.41	101.858	100.15
93.992	97.91	96.658	98.68	99.325	99.44	101.992	100.18
94.125	97.99	96.792	98.72	99.458	99.48	102.125	100.22
94.259	97.99	96.925	98.76	99.592	99.52	102.259	100.26
94.393	98.03	97.058	98.80	99.725	99.56	102.392	100.29
94.526	98.07	97.192	8.84	99.858	99.59	102.525	100.33
94.659	98.11	97.325	98.88	99.992	99.63	102.658	100.37
94.792	98.15	97.459	99.92	99.125	99.67	102.792	100.40
94.925	98.18	97.592	99.95	99.259	99.70	102.925	100.44
95.059	98.22	97.725	98.99	99.392	99.74	103.058	100.48
95.192	98.26	97.858	99.03	99.525	99.78	103.192	100.51
95.325	98.30	97.992	99.07	99.658	99.82	103.324	100.55
95.458	98.34	98.125	99.11	99.792	99.85	103.458	100.58
95.592	98.38	98.259	99.14	99.925	99.89	103.592	100.62
95.726	98.42	98.392	99.18	100.058	99.93	103.725	100.66
95.859	98.46	98.525	99.22	100.192	99.96	103.858	100.69

注：气压计的指示数为已换算到0℃和标准重力加速度的数值。

（二）温度计的对比

国际实用温标规定的固定点（表 1-1）及其准温度计适用于对所有温度仪表进行点校准。固定点温度范围的中间温度对比法，是把标准温度计和被校准的温度计同时浸入一个加热或冷却并被搅拌恒温液体槽中进行对比标定。不同液体沸点不同。所以根据以下温度决定采用液体的种类：

0～100℃——水；

80～300℃——油；

−150～0℃——甲基乙烷；

200～600℃——钠与硝酸钾的混合液体。

当温度在 600～1850℃之间时，对比法需要在管状加热炉中进行。

二、温度计的检定规程

各监测站使用的各种温度计，必须定期交上级检测机构按照检定规程进行检定。不同的仪表有不同的检定规程。JJG 130 为《工作用玻璃液体温度计检定规程》，JJG 115 为《标准铜-铜镍热电偶检定规程》。检定规程中有具体的检定方法和检定结果处理的要求。

三、温度变送器

温度变送器分电动、气动及电气混合三种。

为了统一检测和自动控制信号，工业生产中常把各个热工参数转换成统一信号。目前最常使用的是“电动单元组合仪表”。

我国电动单元组合仪表主要分为晶体管型和集成电路型。晶体管型代号为DDZ-Ⅱ，统一标准信号0～10mA（DC）；集成电路型代号为DDZ-Ⅱ，统一标准信号为4～20mA。本节以DDZ-Ⅱ系列的DBW为例介绍温度变送器的原理。

温度变送器可以与热电偶或热电阻连用，把输入的热电势 *Es* 或热电偶信号 *Rs* 转换为0～100mA（DC）输出，作为后继仪表的输入信号，以实际对被测温度的显示、记录或控制。温度变送器的原理见图1-27。统一设计的温度变送器由输入回路1、自激调制式直流放大器2和反馈回路三部分组成。由图可见，被测温度信号 *Es* 或（*Rs*）经输入回路转换为直流毫伏信号 e，与反馈信号 e_f 进行比较，其差值 ε 送入直流放大器。在放大器内，先自激调制，将 ε 转换成交流信号，后经交流信号放大，再还原成直流电流信号Isc，成为0～10mA（DC）的输出。同时，放大器输出中的交流分量经反馈回路变成大小与输出信号Isc成比例的直流电压信号 e_f，反馈到放大器的输入端，以保证放大器的输入 e 和输出Isc呈线性关系。

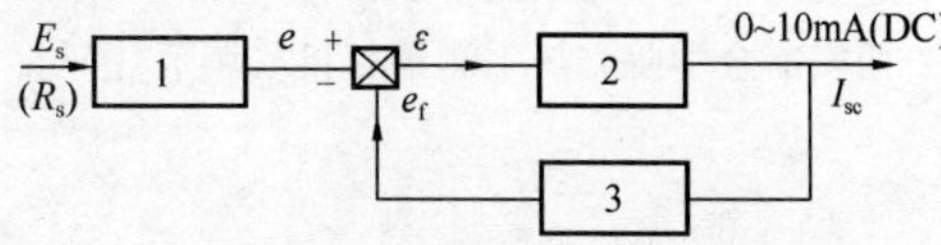

图1-27　温度变送器的原理图

1—输入回路；2—自激调制式直流放大器；3—负反馈电路

随着科技的发展与生产自动化的要求，世界选进国家已生产出各种类型的温度变送器，并且向多功能方向发展。例如SMAR系统的TT301智能温度、毫伏欧姆多功能变送器的技术性能指标如表1-15。

多功能变送器的技术性能指标　　表1-15

适用输入信号		量　程	相对误差或允许误差
毫伏		−6～22mV	0.02%或2μV
		−10～100mV	0.02%或10μV
热电偶	B分度	+100～1800℃	0.50℃
	E分度	−100～1000℃	0.20℃
	J分度	−150～750℃	0.30℃
	K分度	−200～1350℃	0.60℃
	N分度	−100～1300℃	0.50℃
	R分度	0～1750℃	0.40℃
	S分度	0～1750℃	0.40℃
	T分度	−200～400℃	0.15℃
热电阻	Cu10	−20～250℃	1.00
	Ni120	−50～270℃	0.10℃
	Pt50	−200～850℃	0.25℃
	Pt100	−200～850℃	0.20℃
	Pt500	−200～450℃	0.25℃
欧　姆		0～400Ω	±0.02%或0.04Ω
		0～2000Ω	±0.02%或0.2Ω

参考文献

[1] 刘常满．热工检测技术［M］．北京：中国计量出版社，2005.
[2] 张华等．热工测量仪表（第3版）［M］．北京：冶金工业出版社，2006.
[3] 吕崇德．热工参数测量与处理（第2版）［M］．北京：清华大学出版社，2001.
[4] 金志刚．燃气测试技术手册［M］．天津：天津大学出版社，1994.
[5] 西安冶金学院．热工测量与自动调节［M］. 北京：中国建筑工业出版社，1983.

第二章　湿　度　测　量

在燃气行业中，常以干燃气体积作为计量单位以免去湿度的影响。在实践中遇到的多是湿燃气和湿空气。燃气、空气的湿度都会影响测量结果（例如燃气热值测量），为此测量燃气湿度有实际意义。此外，在生活、工作及检测过程中需要控制环境空气的湿度，所以掌握空气湿度测量也非常必要。

第一节　概　　述

一、气体湿度及其计量单位

水蒸气是一种无色无味的透明体。一般情况下，在空气、燃气及烟气中都含有一定量的水蒸气。表示气体中水蒸气含量的多少，称为气体湿度，分为绝对湿度、相对湿度及气体中水分的体积百分数三种表示方式。

（一）绝对湿度

（1）湿空气中水蒸气量

标准状态（101.325kPa，273.15K）下，$1m^3$湿空气所含有的水蒸气量 ρ_v（kg/m^3）。

根据气体状态方程式

$$p_v v = RT \tag{2-1}$$

式中　p_v——空气中水蒸气分压力（Pa）；

T——空气干球温度（K）；

R——水蒸气气体常数（J/（kg·K））；

v——水蒸气比容（m^3/kg）。

因为 $\rho_v=\frac{1}{v}$，可得：

$$\rho_v = \frac{p_v}{RT} \tag{2-2}$$

（2）含湿量

在燃气工程中，需要对燃气湿度进行计量，在计量过程中，干燃气的质量不变，而燃气中水蒸气量可多可少，为此采用含湿量的概念，以每单位干气体中含有水蒸气的量来计量。

①质量含湿量：空调设备也要处理空气的湿度，习惯以含有 1kg 干空气的湿空气中含有的水蒸气量来表示含湿量，其计算式为：

$$d_1 = 622 \times \frac{p_v}{p_{atm} - p_v} \tag{2-3}$$

式中　d_1——1kg 干空气的含湿量（g/kg）；

p_v——湿空气中水蒸气分压力（Pa）；

p_{atm}——大气压力（Pa）。

根据 Avogadro 定律可以推得，各种气体在同温同压下，其摩尔容积相等，并由实验得出，在标准状态（101.325kPa，0℃）条件下，各种理想气体的摩尔体积等于 22.43m³。如水蒸气的摩尔体积以 22.43m³计，当水蒸气的分子量等于 18.0154 时，标准状态下的气体密度 $\rho_0=\frac{m}{22.43}=\frac{18.0154}{22.43}=0.804\text{kg/m}^3$，当空气在标准状态下的密度 $\rho_0=1.2913\text{kg/m}^3$时，理想气体水蒸气在标准状态下的相对密度 $d_v=\frac{0.804}{1.2931}=0.622$。

如果水蒸气不是理想气体时，也就是说真实气体水蒸气的摩尔体积为 21.629m³时，则真实气体水蒸气的密度 $\rho_0=\frac{18.0154}{21.629}=0.833\text{kg/m}^3$[1]。

②体积含湿量：燃气专业习惯将含有 1m³干燃气的湿燃气中含有的水蒸气量来表示含湿量（g），对于低压燃气可以采用下式计算：

$$d_2 = 833\times\frac{p_v}{(p_{atm}+p_g)-p_v} \tag{2-4}$$

式中 d_2——燃气的体积含湿量（g/m³）；

p_v——湿燃气中水蒸气分压力（Pa）；

p_g——燃气的相对压力（Pa）；

其他符号同前。

在计算低压烟气时，也可以采用上式。

（二）相对湿度

1. 空气的相对湿度

完全依靠绝对湿度有时不能描述空气的干湿程度对生活及生产的影响，为此提出相对湿度的概念。在一定温度下，空气中所含的水蒸气不能超过某一最大值，否则超过的部分就要凝结为水并从空气中分离出来。空气中水蒸气含量达到最大值时，称为饱和空气，相应的水蒸气分压力及含湿量称为该温度下的饱和水蒸气分压力和饱和含湿量（以 p_{vb}及 d_b 表示）。空气的温度越高，饱和水蒸气分压力 p_{vb}也越大，空气中所含水蒸气也就越多。表 2-1 中给出不同温度下的 p_{vb}及 d_b 值。

空气的相对湿度 φ 的定义为，湿空气中水蒸气分压力 p_b 与同温度下饱和水蒸气分压力 p_{vb}的比值，并用百分数表示，其数学表达式为：

$$\varphi = \frac{p_v}{p_{vb}}\times 100 \tag{2-5}$$

式中 φ——空气的相对湿度，%。

空气中的饱和水蒸气分压力 p_{vb}与空气的温度 t（干球温度）的关系在表 2-1 中已表达出来，这时空气的相对湿度是 100%。相对湿度为 φ 的空气的水蒸气分压力 p_v 与湿球温度 t_s的关系可用下式表示：

$$p_b = p_{sb} - A(t-t_s)p_{atm} \tag{2-6}$$

式中 p_{sb}——与湿球温度 t_s对应的饱和水蒸气分压力（Pa）；

p_{atm}——大气压力（Pa）；

A——与湿球温度计周围风速有关的常数。

A 与风速 C 的关系可用下式表示：

$$A = 0.00001 \times \left(65 + \frac{6.75}{C}\right)$$

式中 C——风速（m/s）。

所以

$$\varphi = \frac{p_b}{p_{vb}} \approx \frac{p_{sb} - A(t - t_s)p_{atm}}{p_{vb}} \times 100 \tag{2-7}$$

上式中的 p_{vb} 与 p_{sb} 可根据干球温度 t 与湿球温度 t_s 查得，所以在实际测量空气的 φ 值时，只要测得干、湿球温度，即可查表 2-2 求得空气的相对湿度 φ 值。

2. 燃气及烟气的相对湿度。

对于低压燃气或烟气，可以与空气一样查表或计算求得燃气或烟气的相对湿度。

压力为 101.3kPa 时，气体的饱和水蒸气分压力与含湿量 表 2-1

温度（℃）	饱和水蒸气分压力 p_{vb}（Pa）	饱和含湿量 d_b（g/m³）	温度（℃）	饱和水蒸气分压力 p_{vb}（Pa）	饱和含湿量 d_b（g/m³）
−10	259	2.22	15	1705	13.70
−9	283	2.45	16	1818	14.60
−8	309	2.58	17	1938	15.80
−7	338	2.84	18	2064	16.70
−6	368	3.10	19	2198	17.80
−5	401	3.36	20	2339	18.90
−4	437	3.62	21	2487	20.10
−3	475	3.87	22	2644	21.40
−2	517	4.13	23	2810	22.80
−1	562	4.51	24	2985	24.30
0	611	4.92	25	3169	25.70
1	657	5.30	26	3363	27.40
2	706	5.56	27	3567	29.10
3	758	6.06	28	3783	31.00
4	814	6.45	29	4008	33.00
5	873	6.99	30	4245	35.00
6	935	7.52	35	5627	47.00
7	1002	7.96	40	7381	62.60
8	1073	8.63	45	9582	83.80
9	1148	9.21	50	12335	111.20
10	1228	9.85	55	15741	148.00
11	1313	10.04	60	19917	197.00
12	1403	11.20	80	47360	703.00
13	1498	12.00	100	101300	∞
14	1559	12.90			

（三）水分体积百分数

燃气与烟气也可用水分体积百分数来表示湿度，其计算式如下：

$$r = \frac{V_s}{V} \times 100 \tag{2-8}$$

相对湿度表（表中所列数值均为百分数） **表 2-2**

干球温度	干湿球温差																																			饱和蒸汽压 (Pa)
	0	0.2	0.4	0.6	0.8	1.0	1.2	1.4	1.6	1.8	2.0	2.2	2.4	2.6	2.8	3.0	3.2	3.4	3.6	3.8	4.0	4.5	5.0	5.5	6.0	6.5	7.0	7.5	8.0	8.5	9.0	9.5	10.0	10.5	11.0	
	相对湿度																																			
−10	100	93	87	80	74	67	61	54	48	41	35	28	22	16	9	…	…	…	…	…	…	…	…	…	…	…	…	…	…	…	…	…	…	…	…	259.3
−9	100	94	88	81	75	69	63	57	51	45	39	33	27	21	15	9	…	…	…	…	…	…	…	…	…	…	…	…	…	…	…	…	…	…	…	283.3
−8	100	94	88	83	77	71	65	60	54	48	43	37	32	26	20	15	10	…	…	…	…	…	…	…	…	…	…	…	…	…	…	…	…	…	…	309.4
−7	100	95	89	84	78	73	67	62	57	52	46	41	32	31	25	20	15	10	5	…	…	…	…	…	…	…	…	…	…	…	…	…	…	…	…	337.6
−6	100	95	90	85	79	74	69	64	59	54	49	45	40	35	30	25	20	15	10	5	…	…	…	…	…	…	…	…	…	…	…	…	…	…	…	368.1
−5	100	95	90	86	81	76	71	66	62	57	52	48	43	39	34	29	25	20	16	11	7	…	…	…	…	…	…	…	…	…	…	…	…	…	…	401.0
−4	100	95	91	86	82	77	73	68	64	59	55	51	46	42	38	33	29	25	21	17	12	…	…	…	…	…	…	…	…	…	…	…	…	…	…	436.8
−3	100	96	91	87	82	78	74	70	66	62	57	53	49	45	41	37	33	29	25	21	17	8	…	…	…	…	…	…	…	…	…	…	…	…	…	475.4
−2	100	96	92	88	84	79	75	71	68	64	60	56	52	48	44	40	37	33	29	25	22	12	…	…	…	…	…	…	…	…	…	…	…	…	…	517.2
−1	100	96	92	88	84	81	77	73	69	66	62	58	54	51	47	43	40	36	33	29	26	17	8	…	…	…	…	…	…	…	…	…	…	…	…	562.1
0	100	96	93	89	85	81	78	74	71	67	64	60	57	53	50	46	43	40	36	33	29	21	13	5	…	…	…	…	…	…	…	…	…	…	…	610.5
1	100	97	93	90	86	83	80	76	73	70	66	63	59	56	53	49	46	43	40	36	33	25	17	10	…	…	…	…	…	…	…	…	…	…	…	657.3
2	100	97	93	90	87	84	81	78	74	71	68	65	62	59	55	52	49	46	43	40	37	29	22	14	7	…	…	…	…	…	…	…	…	…	…	705.3
3	100	97	94	91	88	84	82	78	76	72	70	67	64	61	58	55	52	49	46	43	40	33	23	19	12	5	…	…	…	…	…	…	…	…	…	758.6
4	100	97	94	91	88	85	82	79	77	74	71	68	65	62	60	57	54	51	48	46	43	36	29	22	16	9	…	…	…	…	…	…	…	…	…	813.3
5	100	97	94	91	88	86	83	80	77	75	72	69	67	64	61	58	56	53	51	48	45	39	33	26	20	13	7	…	…	…	…	…	…	…	…	871.9
6	100	97	94	92	89	86	84	81	78	76	73	70	68	65	63	60	58	55	53	50	48	41	35	29	24	17	11	5	…	…	…	…	…	…	…	934.6
7	100	97	95	92	89	87	84	82	79	77	74	72	69	67	64	62	59	57	54	52	50	44	38	32	26	21	15	10	…	…	…	…	…	…	…	1001.0
8	100	97	95	92	90	87	85	82	80	77	75	73	70	68	65	63	61	58	56	54	51	46	40	35	29	24	19	14	8	…	…	…	…	…	…	1073.0
9	100	98	95	93	90	88	85	83	81	78	76	74	71	69	67	64	62	60	58	55	53	48	42	37	32	27	22	17	12	7	…	…	…	…	…	1148.0
10	100	98	95	93	90	88	86	83	81	79	77	74	72	70	68	66	63	61	59	57	55	50	44	39	34	29	24	20	15	10	6	…	…	…	…	1228.0
11	100	98	95	93	91	89	86	84	82	80	78	75	73	71	69	67	65	62	60	58	56	51	46	41	36	32	27	22	18	13	9	5	…	…	…	1312.0
12	100	98	96	93	91	89	87	85	82	80	78	76	74	72	70	68	66	64	62	60	58	53	48	43	39	34	29	25	21	16	12	8	…	…	…	1403.0
13	100	98	96	93	91	89	87	85	83	81	79	77	75	73	71	69	67	65	63	61	59	54	50	45	41	36	32	28	23	19	15	11	7	…	…	1497.0
14	100	98	96	94	92	90	88	86	84	82	79	78	76	74	72	70	68	66	64	62	60	56	51	47	42	38	34	30	26	22	18	14	10	6	…	1598.0
15	100	89	96	94	92	90	88	86	84	82	80	78	76	74	73	71	69	67	65	63	61	57	53	48	42	40	36	32	27	24	20	16	13	9	6	1705.0

续表

干球温度	干湿球温差																																				饱和蒸汽压(Pa)
	0	0.5	1.0	1.5	2.0	2.5	3.0	3.5	4.0	4.5	5.0	5.5	6.0	6.5	7.0	7.5	8.0	8.5	9.0	9.5	10.0	10.5	11.0	11.5	12.0	12.5	13.0	13.5	14.0	14.5	15.0	16.0	17.0	18.0	19.0		
	相对湿度																																				
16	100	95	90	85	81	76	71	67	63	58	54	50	46	42	38	34	30	26	23	19	15	12	8	5	…	…	…	…	…	…	…	…	…	…	…	…	1817
17	100	95	90	86	81	76	72	68	64	60	55	51	47	43	40	36	32	28	25	21	18	11	11	8	…	…	…	…	…	…	…	…	…	…	…	…	1937
18	100	95	91	86	82	77	73	69	65	61	57	53	49	45	41	38	34	30	27	23	20	17	14	10	7	…	…	…	…	…	…	…	…	…	…	…	2064
19	100	95	91	87	82	78	74	70	65	62	58	54	50	46	43	39	36	32	29	26	22	19	16	13	10	7	…	…	…	…	…	…	…	…	…	…	2197
20	100	96	91	87	83	78	74	70	66	63	59	55	51	48	44	41	37	34	31	28	23	21	18	15	12	9	6	…	…	…	…	…	…	…	…	…	2338
21	100	96	91	87	83	72	75	71	67	64	60	56	53	49	46	42	39	36	32	29	26	23	20	17	14	12	9	6	…	…	…	…	…	…	…	…	2486
22	100	96	92	87	83	80	76	72	68	64	61	57	54	50	47	44	40	37	34	31	28	25	22	19	17	14	11	8	6	…	…	…	…	…	…	…	2644
23	100	96	92	88	84	80	76	72	69	65	62	58	55	52	48	45	42	39	36	33	30	27	24	21	19	16	13	11	8	6	…	…	…	…	…	…	2809
24	100	96	92	88	84	80	77	73	69	66	62	59	56	53	49	46	43	40	37	34	31	29	26	23	20	18	15	13	10	8	5	…	…	…	…	…	2984
25	100	96	92	88	84	81	77	74	70	67	63	60	57	54	50	47	44	41	39	36	33	30	28	25	22	20	17	15	12	10	8	…	…	…	…	…	3168
26	100	96	92	88	85	81	78	74	71	67	64	61	58	54	51	49	46	43	40	37	34	32	29	26	24	21	19	17	14	12	10	5	…	…	…	…	4694
27	100	96	92	89	85	82	78	75	71	68	65	62	58	56	52	50	47	44	41	38	36	33	31	28	26	23	21	18	16	14	12	7	…	…	…	…	3565
28	100	96	93	89	85	82	78	75	72	69	65	62	59	56	53	51	48	45	42	40	37	34	32	29	27	25	22	20	18	16	13	9	5	…	…	…	3780
29	100	96	93	89	86	82	79	76	72	69	66	63	60	57	54	52	49	46	43	41	38	36	33	31	28	26	24	22	19	17	15	11	7	…	…	…	4005
30	100	96	93	89	86	83	79	76	73	70	67	64	61	58	55	52	50	47	44	42	39	37	35	32	30	28	25	23	21	19	17	13	9	5	…	…	4242
31	100	96	93	90	86	83	80	77	73	70	67	64	61	59	56	53	51	48	45	43	40	38	36	33	31	29	27	25	22	20	18	14	11	7	…	…	4493
32	100	96	93	90	86	83	80	77	74	71	68	65	62	60	57	54	51	49	46	44	41	39	37	35	32	30	28	26	24	22	20	16	12	9	5	…	4754
33	100	96	93	90	87	83	80	77	74	71	68	66	63	60	57	55	52	50	47	45	42	40	38	36	33	31	29	27	25	23	21	17	14	10	7	…	5030
34	100	97	93	90	87	84	81	78	75	72	69	66	63	61	58	56	53	51	48	46	43	41	39	37	35	32	30	28	26	24	23	19	15	12	8	5	5320
35	100	97	94	90	87	84	81	78	75	72	69	67	64	61	59	56	54	51	49	47	44	42	40	38	36	34	32	30	28	26	24	20	17	13	10	7	5623
36	100	97	94	90	87	84	81	78	75	73	70	67	64	62	59	57	54	52	50	48	45	43	41	39	37	35	33	31	29	27	25	21	18	15	11	8	5941
37	100	97	94	91	87	84	82	79	76	73	70	68	65	63	60	58	55	53	51	48	46	44	42	40	38	36	34	32	30	28	26	23	19	16	13	10	6275
38	100	97	94	91	88	84	82	79	76	74	71	68	66	63	61	58	56	54	51	49	47	45	43	41	39	37	35	33	31	29	27	24	20	17	14	11	6625
39	100	97	94	91	88	85	82	79	77	74	71	69	66	64	61	59	57	54	52	50	48	46	43	42	39	38	36	34	32	30	28	25	22	18	15	12	6991
40	100	97	94	91	88	85	82	80	77	74	72	69	67	64	62	52	57	54	53	51	48	46	44	42	40	38	36	35	33	31	29	26	23	20	16	14	7375

式中 r——水分体积百分数（%）；

V_s——燃气或烟气中水蒸气体积（m^3）；

V——燃气或烟气的总体积（m^3）。

水分体积百分数与体积含湿量的关系为：

$$r=\frac{d_2}{833+d_2}\times 100 \tag{2-9}$$

式中 d_2——干燃气或烟气的体积含湿量［g/m^2（干）］。

二、气体湿度测量方法

测量气体湿度的常用方法有以下几种：

（一）干、湿球温度法

用两支相同的温度计，一支温度计直接测气体温度，称为干球温度；另一支温度计的温包处包有被水润湿的纱布，可测水蒸发时的温度，称为湿球温度。气体湿度越大，干、湿球温度相差越小，利用这种关系测量气体湿度的方法称为干、湿球温度法。

常用的仪表有简单干湿表与通风干湿表。

（二）毛发测量法

脱脂的人发，在周围空气湿度变化时，本身长度会发生变化，利用这种性质测量空气的湿度的方法称为毛发测湿法，用此法制成的仪表称为毛发湿度计。这种方法主要用来测量空气湿度，有的毛发湿度计还带有自动记录装置。毛发湿度计构造简单，但是准确度较低。

（三）称量测湿法

利用化学吸收剂或其他干燥剂，吸收湿气体中的水蒸气直到其完全干燥，然后测出水分的量即可直接求得气体的绝对温度。

这种方法可用来测量空气、燃气与烟气的湿度。对于高温烟气还要附加冷却装置来帮助分离水分。称量测湿法的原理简单，但要求把气体中的水分全部吸收，并且准确测量水分的质量。

（四）露点测湿法

将湿气体在定压下冷却，当达到露点温度时，则会有凝结水出现。气体的湿度越大，则其露点温度温度高，利用露点的方法测量气体湿度称为露点测湿法。

这种方法也可以用来测燃气、空气及烟气的湿度，但主要用来测燃气湿度。近来采用自动控制装置，用此法可较准确地测出燃气的湿度。

（五）很多物质吸收湿气体中水蒸气后，随着含湿量的增加，导电能力也相应提高。利用这种关系。只要测出置于气体中某物质（常用氯化锂）的导电能力，即可求出气体的湿度。这种方法常用于测量空气的湿度。为了防止氯化锂产生电解现象，应使用交流电。

第二节 空气湿度测量仪表

为了保证人们有适宜的生活与工作的条件，要求室内空气的温度与湿度保持在一定范围内。在测试带有电器的燃气用具时，对周围环境湿度也有具体要求。因此准确地测量空气湿度是测试技术中不可少的内容之一。

一、简易干湿球湿度表

用两只相同的玻璃体温度计，安置在同一个盘面上，其中一只温度计的温包缠有一块纱布，纱布一端浸入装有蒸馏水的小杯中（图 2-1），中间有一个相对湿度换算尺从干、湿球温度计上可以读出干球温度 t_g 与湿球温度 t_s，其温差 $\Delta t=t_g-t_s$。根据 t_g 与 Δt 可在换算尺上查得相对湿度 φ 值（也可由表 2-2 查得）。

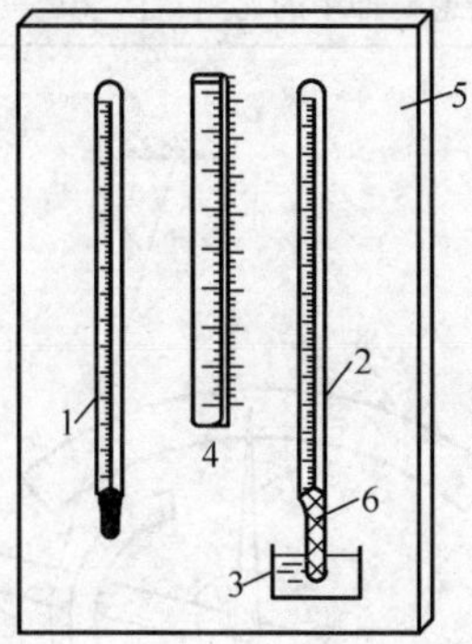

图 2-1　简易干湿球湿度表

1—干球温度计；2—湿球温度计；3—水杯；4—换算尺；5—木板；6—纱布

湿球温度计的温包不能浸入水中，如浸入水中测量的是水的温度，它不等于湿球温度。另外，温包距水杯上沿应有 20～30mm 的距离，以防止水杯上沿妨碍空气的对流。要保持纱布的清洁与湿润，防止污物侵入水杯中。

二、通风干湿表

通风干湿表是一种容易携带并且比较准确的湿度测量仪表。它由两只具有 1/5℃刻度的水银温度计组成(图 2-2)。在仪器的上方有一个通风器 8，内有转动的叶轮将空气自下方吸进，并通过通道 6 自空气孔 7 流出。它能保证在湿球温度计的温包处，空气流速为 2m/s。由于控制了气流速度不变，所以排除了气流速度对湿球温度的影响，有一定的相对准确性。钥匙 9 可以拧紧发条，使叶轮旋转而吸进空气。通风干湿表的温度计外面有内、外套管两个，可以防止四周辐射热的影响，所以它能在露天下安置，而不受太阳辐射的影响。

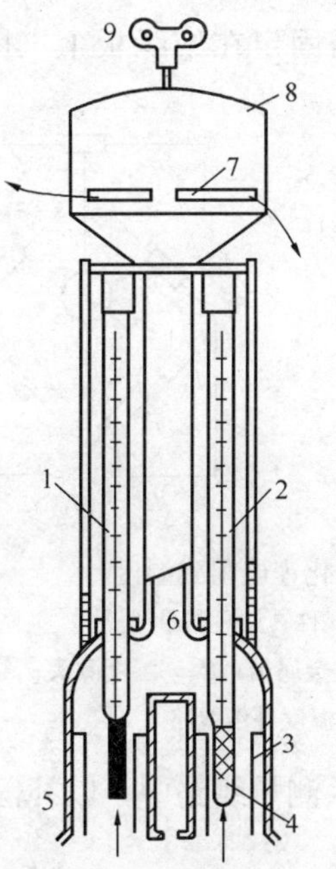

图 2-2　通风干湿表

1—干球温度计；2—湿球温度计；3—内管；4—纱布；5—外管；6—通道；7—空气口；8—通风器；9—钥匙

在使用通风干湿表时，要注意以下事项：（1）提前将仪器安置在现场；冬季提前半小时（因为室内外温差大），夏季提前 15min。（2）湿润纱布时，不要让水流入其他部分。测量时要把发条上紧，使叶轮全速工作，这样才能保证湿度计的温包处风速为 2m/s。（3）读温度计时看小数后看整数，并且尽量做到同时读出干球与湿球温度值。

三、毛发湿度计

经过脱脂处理后的人发的长度与周围空气湿度有一定的关系。空气相对湿度由 0%增加到 100%时，毛发的总延伸量达到其长度的 2.5%。但是长度与相对湿度的关系不完全是线性的。两者的关系见表 2-3。

由表 2-3 可见，空气相对湿度达 28%时，毛发伸长量就达到总延伸量的一半。湿度再增加毛发的伸长量就大大地减小了，这是毛发湿度计的缺点之一。

常见的毛发湿度计有指示式与自动记录式两种形式。图 2-3 为指示式毛发湿度计的示意图。当燃气相对湿度增加时，毛发 2 便伸长，此时，重球 5 以轴 6 的圆心为轴转动，因而带动轴 6 上的指针 7 向右摆动，指针便指示出相对湿度的数值。由于指计 7 和轴 6 之间有摩擦及毛发本身灵敏度的变化都会影响湿度测量的精度，所以毛发湿度计的准确度都比较低，需要用通风干湿表来校正。

毛发延伸量与空气相对湿度的关系　　表 2-3

相对湿度（%）	0	10	30	40	50	60	70	80	90	100
在总延伸中的比例	0	20.9	52.8	63.7	72.2	79.2	85.2	90.5	95.4	100

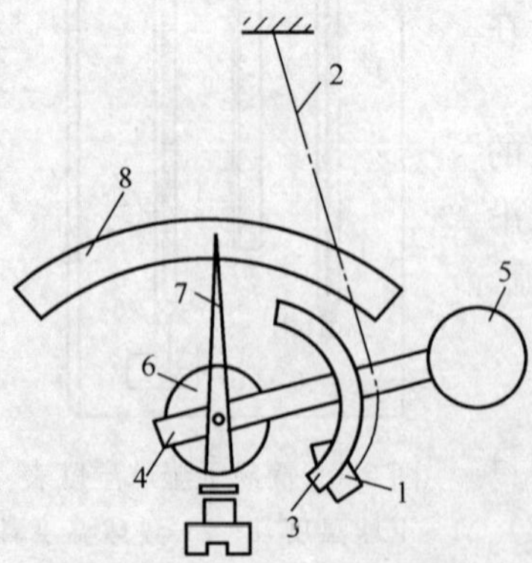

图 2-3　指示式毛发湿度计

1—固定块；2—毛发；3—金属杯；4—金属杆；5—重球；6—轴；7—指针；8—刻度盘

当温度超过 70℃时，不宜使用毛发湿度计，否则毛发变质，造成错误的记录。毛发切忌用手摸，可以用毛笔蘸些蒸馏水轻轻洗刷弄脏的毛发。目前除了用脱脂人发作为湿度敏感元件外，还可以用特殊的尼龙薄膜做温度敏感元件。

四、氯化锂电阻式湿度计

氯化锂在空气中不分解、不挥发、不会变质，是一种稳定的离子型结构的无机盐。它的饱和水蒸气压很低。在相同温度下为水的饱和蒸气压的 1/10 左右。当空气相对湿度低于 12%时，氯化锂呈固相，电阻率很高，相当于绝缘体。当空气相对湿度大于 12%时，氯化锂会吸收空气中的水分而潮解，只有当吸水后的氯化锂的水蒸气压力与周围空气水蒸气分压力相等时，才处于平衡状态。由此可见，空气的相对湿度增加时，氯化锂的吸湿量也随之加大，并导致氯化锂的电阻减小，反之，电阻加大。这样就可以根据氯化锂的电阻值随空气相对湿度变化的特性制成氯化锂电阻式湿度计。

氯化锂电阻式湿度计的敏感元件是把梳状的箔或镀金的箔固定在绝缘板上（图 2-4(*a*)）。利用聚乙烯醇作为胶粘剂，把氯化锂溶液均匀地附在绝缘板的表面，保证水蒸气和氯化锂溶液之间有良好的接触。两个平行的金属箔本身不接触，但可依靠氯化锂盐溶液层使它们导电，构成回路，其电阻的变化可显示空气温度的变化。将此电阻接入不平衡交流电桥作为一个桥臂，于是不平衡电桥的电位差输出也就反映了空气的温度值。

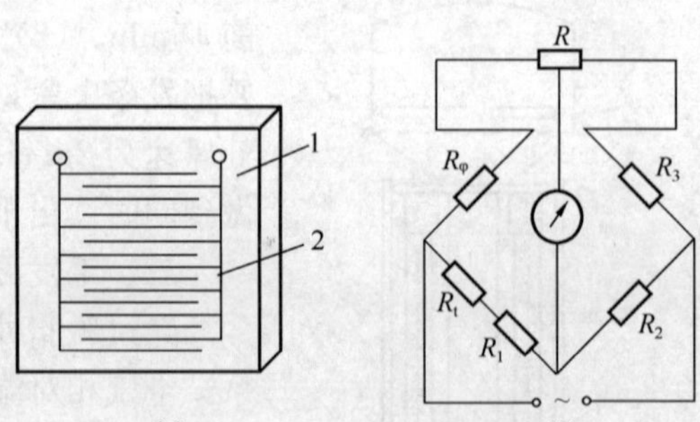

图 2-4　氯化锂电阻式湿度计

(*a*) 敏感元件；(*b*) 测量线路

1—绝缘板；2—金属箔；R_φ—湿度测头；R_t—温度补偿线路

由于氯化锂的电阻值不只与空气相对湿度有关，同时还与空气的温度有关。为此，氯化锂电阻湿度计的敏感元件要做成不同规格以满足温度的变化范围。此外为减少空气温度变化对湿度测量的影响，可选择适当的补偿电阻（R_t）接入测量线路中，以补偿温度的影响。

这种湿度计的优点是体积小、反应快、灵敏度高。其缺点为每个敏感元件（测头）的量程比较窄，互换性差，易老化，使用寿命短。

氯化锂的单片测头，感湿范围小（约 15%～20%），如果把多片测头并联在一起（图 2-5），就可以组合成一个宽量程的氯化锂电阻式湿度计。图中 $R_{\varphi1}$、$R_{\varphi2}$ 等分别为适应不同湿度范围的涂有不同氯化锂浓度的湿度感应元件。当空气相对湿度处于低湿范围 φ_1 时，低湿测头 R_{φ_1} 投入工作，该支路的电导显示该湿度范围的湿度变化。此时的高湿测头 $R_{\varphi2}$、$R_{\varphi3}$ 等的电阻很高，所在支路电导几乎没有。当空气相对湿度达到 φ_2 时，$R_{\varphi1}$ 支路电导呈最大值，$R_{\varphi2}$ 投入工作，而 $R_{\varphi3}$ 与 $R_{\varphi4}$ 等的电阻值仍很高，电导为零。这样以此类推，当空气湿度增加到高湿度范围时，其余支路的感湿测头 $R_{\varphi3}$、$R_{\varphi4}$ 将依次投入工作，并随空气湿度的改变而变化。可以根据实际需要，选择不同片数的感湿测头，得到不同湿度范围的氯化锂电阻或湿度计。

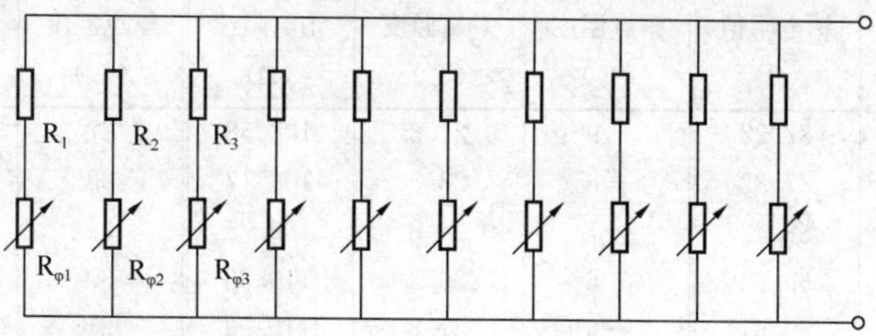

图 2-5　多片感湿测头的并联

五、氯化锂露点湿度计

该湿度计的测头与电阻式湿度计相似，测头上绕有两根平行的金属丝并涂有氯化锂溶液，此外测头上还有一个铂电阻温度计。露点式湿度计不测两根金属丝之间的氯化锂电阻，而是在两根平行金属丝间外加 24V 交流电源加热测头，见图 2-6（*a*）。当空气的相对湿度超过 12%时，氯化锂吸湿后，电阻变小，金属丝间在外加电源的作用下产生电流，使测头温度升高。随着测头温度升高，氯化锂的饱和水蒸气压也逐渐提高，吸湿量随之减小，电阻加大。当氯化锂的饱和水蒸气压与空气水汽分压达到平衡时，温度为 t_2，称为测头平衡温度，此温度由测头上的铂电阻温度计测得。如图 2-6（*b*）所示，*A* 点为被测空气状态点，其温度为 t_1，水蒸气分压力为 p_1，露点温度为 t_3，相对湿度为 φ。*A* 点在氯化锂饱和水蒸气压力曲线之上，说明 $\varphi>12\%$，p_1 高于在 t_1 温度下氯化锂的饱和水蒸气压力 p_2，这时氯化锂吸湿而潮解，使平行金属铂丝之间的电阻减小。在外接电源条件下，电流加大使测头温度从 t_1 升至 t_2，这时氯化锂的饱和水蒸气压力也由 p_2 沿曲线上升到 p_1。在此过程中氯化锂的吸湿量却逐步降低，并向空气中放出水蒸气，同时氯化锂溶液中水分的减小，使导电的离子数下降，从而致使金属丝之间电阻增大，电流相对减小，测头的温

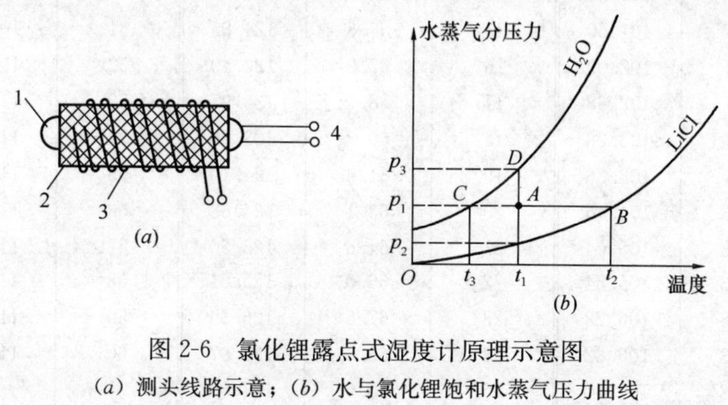

图 2-6　氯化锂露点式湿度计原理示意图

（*a*）测头线路示意；（*b*）水与氯化锂饱和水蒸气压力曲线

1—铂电阻；2—玻璃丝布套；3—铂丝；4—接显示仪表

度上升速度减缓，当达到温度 t_2时，相当于图上 B 点。氯化锂中水蒸气完全蒸发完毕，使氯化锂变成不导电的固态，停止加热。这时测头温度不仅不能上升可能还会下降，结果又使氯化锂吸湿导电，又继续加热。为此反复作用，最后达到平衡，此时为平衡温度 t_2。因为水与氯化锂的饱和水蒸气压力与温度之间关系是固定不变的，所以测头的平衡温度 t_2 与空气的露点温度 t_3也保持对应的关系。这样测得 t_2值后就可以从图 2-6 或表 2-4 中查得露点温度 t_3，然后根据空气的焓湿图求得空气的相对湿度。

露点温度与测量头平衡温度及铂电阻值关系表 **表 2-4**

露点温度（℃）	平衡温度（℃）	铂电阻值（Ω）	露点温度（℃）	平衡温度（℃）	铂电阻值（Ω）	露点温度（℃）	平衡温度（℃）	铂电阻值（Ω）
−45	−32.2	87.22	−9	21.8	108.58	27	73.5	128.71
−44	−30.7	87.82	−8	23.3	109.17	28	75.0	129.28
−43	−29.2	88.42	−7	24.8	109.75	29	76.6	129.90
−42	−27.7	89.02	−6	26.3	110.35	30	78.2	130.52
−41	−26.2	89.61	−5	27.8	110.93	31	79.8	131.13
−40	−24.7	90.21	−4	29.3	111.52	32	81.5	131.79
−39	−23.2	90.81	−3	30.8	112.06	33	83.2	132.45
−38	−21.7	91.40	−2	32.3	112.70	34	84.9	133.10
−37	20.2	92.00	−1	33.8	113.28	35	86.7	133.79
−36	18.7	92.60	0	35.3	113.87	36	88.3	134.41
−35	17.2	93.19	+1	36.6	114.40	37	89.9	135.02
−34	15.7	93.79	+2	37.8	114.85	38	91.4	135.60
−33	14.2	94.38	3	39.2	115.39	39	92.8	136.14
−32	12.7	94.98	4	40.4	115.86	40	94.1	136.64
−31	11.2	95.57	5	41.7	116.36	41	95.4	137.14
−30	9.7	96.17	6	43.0	116.87	42	96.7	137.64
−29	8.2	96.76	7	44.4	117.42	43	99.0	138.12
−28	−6.7	97.35	8	45.7	117.92	44	99.3	138.63
−27	−5.2	97.94	9	47.1	118.47	45	100.6	139.13
−26	−3.7	98.54	10	48.5	119.02	46	101.8	139.59
−25	−2.2	99.12	11	50.0	119.60	47	103.1	140.09
−24	−0.7	99.73	12	51.4	120.14	48	104.4	140.58
−23	0.8	100.31	13	52.8	120.68	49	105.6	141.04
−22	2.3	100.91	14	54.3	121.27	50	106.8	141.50
−21	3.8	101.50	15	55.8	121.85	51	108.1	142.00
−20	5.3	102.09	16	57.2	122.40	52	109.3	142.46
−19	6.8	102.68	17	58.7	122.97	53	110.5	142.92
−18	8.3	103.28	18	60.2	123.56	54	111.8	143.41
−17	9.8	103.86	19	61.6	124.10	55	113.1	143.91
−16	11.3	104.46	20	63.1	124.68	56	114.3	144.36
−15	12.8	105.04	21	64.6	125.26	57	115.6	144.86
−14	14.3	105.64	22	66.0	125.81	58	116.9	145.36
−13	15.8	106.22	23	67.5	126.39	59	118.2	145.86
−12	17.3	106.82	24	69.0	126.97	60	119.6	146.39
−11	18.8	107.40	25	70.5	127.55			
−10	20.3	107.99	26	72.0	128.13			

当利用图 2-6（b）求空气相对湿度时，可通过 A 点作垂直线得 D，并查得 p_3，这就是饱和水蒸气压力。这样根据 p_1 与 p_3 可得相对湿度 φ（%）。

$$\varphi=\frac{p_1}{p_3}\times 100$$

露点式湿度计的优点是精度比较高，缺点是不能直接读出 φ 值，使用麻烦。在使用露点湿度计时，还要注意空气温度的范围、平衡温度的范围、电源电压波动及气流速度等因素的影响。

空气温度范围：空气温度必须在空气的饱和温度（露点温度）与平衡温度之间适合使用此种湿度计。当空气温度超出此范围，则仪表指示不代表露点温度。例如被测空气的露点温度为 0℃时，查表 2-4 得平衡温度为 35.3℃，则测头周围的温度应在 0～35.3℃之间。最好与两端的温度相差 5℃以上。

平衡点温度范围：由于测头温度上升到 120℃时，两极间性能变差，故平衡温度应控制在－40～120℃之间。

其他因素影响：露点湿度计出厂时，露点温度测头误差小于±0.6℃，空气温度测头小于±0.3℃。在使用时，电源电压波动±20%时，会引起露点温度±0.4℃变化。当气流速度由 0.1m/s 增加到 0.3m/s 时，露点温度指示值降低 0.3℃左右。

第三节　燃气与烟气湿度测量[1]

燃气中的水分对燃气的性质及计量有一定影响。在实际工作中常发生生产与销售燃气单位之间计量方面的纠纷，有时需要用测量燃气含湿量的方法仲裁。这一节主要介绍测量燃气及烟气含湿量的方法及其仪表、设备。

一、燃气称量测湿计

如果燃气湿度较大时，可以采用图 2-7 所示称量测湿计。含有水分的燃气经过 2～3 个干燥管进入气体流量计，经过计量后排至大气或烧掉，如果燃气中含有灰尘，则应在干燥前加除尘器。

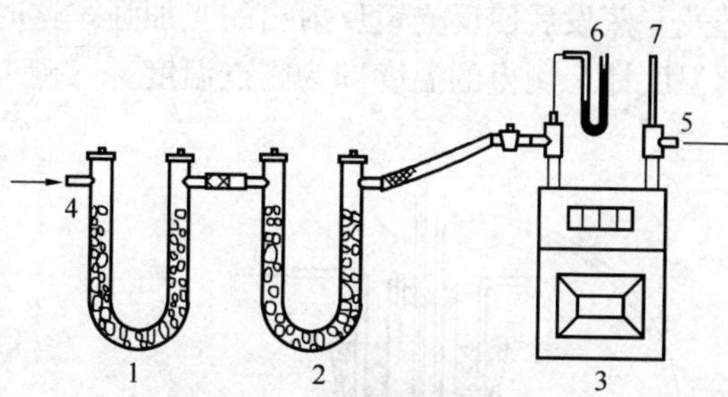

图 2-7　称量测湿计

1、2—干燥管；3—气体流量计；4—燃气入口；5—排至大气或烧掉；6—压力计；7—温度计

干燥管可以采用质量比较小的 U 形管，内装不吸收燃气成分的干燥剂。干燥后的燃气用气体流量计计量。当测出干燥管吸收水分前后的质量与流过的燃气体积后，就可用下式计算出燃气的绝对湿度 d。

$$d=\frac{m_2-m_1}{V}\left(\frac{273+t}{273}\right)\left(\frac{101.3}{p_{\text{atm}}+p_{\text{g}}}\right) \tag{2-10}$$

式中　d——燃气绝对湿度（含湿量）[g/m³（干）]；

m_1、m_2——分别为干燥管吸收水分前后的质量（g）；

t——燃气温度（℃）；

p_{g}——燃气表压力（kPa）；

p_{atm}——大气压力（kPa）；

V——燃气流过体积（m^3）。

在测定时，首先要选用不吸收燃气成分的干燥剂（一般情况下，可用氯化钙或五氧化二磷等）。气流速度控制在1L/min左右，并且保证燃气完全被干燥。最后仔细称量干燥管质量，使（m_2-m_1）值具有一定精度。

当燃气中水分较少，燃气通过量不大时，会产生较大误差。再者没有一种简单而又准确的方法，判断气体流量计前的燃气是否完全干燥。由于这些缺点，这种方法虽然简单，只适用于精度要求不高的情况下采用。

二、燃气露点湿度计

这种湿度计的基本原理是测出带有水分的燃气露点温度，从而推算出其绝对湿度。

图2-8表示一个简单测燃气露点温度的设备。燃气自入口1进入500mL的玻璃瓶6中，然后从出口2流出。用皮老虎4向镀镍的薄铜管3中鼓空气，管中装有易挥发液体(醚苯)。蒸发后使铜管温度下降。当铜管壁温度低到燃气露点温度时，在镀镍的管壁上结有露珠，这时即可测得结露温度t_1。停止鼓空气后，铜管表面露珠又被蒸发。当露珠蒸发完了后，可测出蒸发温度t_2。t_1与t_2的平均值即为露点温度。据此温度查表2-1可得水蒸气分压力，这样根据式（2-4）可算出燃气绝对湿度。

由于人眼观察结露有一定误差，为此采用光电设备来代替。图2-9是露点温度光电计的原理图。气样由入口1进入气室11，从出口2流出。反光镜6后面有冷源8，其表面有热电偶温度计7计量温度。光源4从窗口3将光线射入反光镜表面，反射光射入光电管5，另外光源的光还直接射入光电管5′，两个光电管的信号同时送入放大器10，并且控制热源9。当反光镜表面刚刚结露时，反射光减弱，就被光电管发现，并使热源9加热，露珠蒸发，蒸发后使反光镜反射出的光加强，这时放大器又会指使热源减少加热。这样由热电偶温度计7测得的温度即为露点温度。

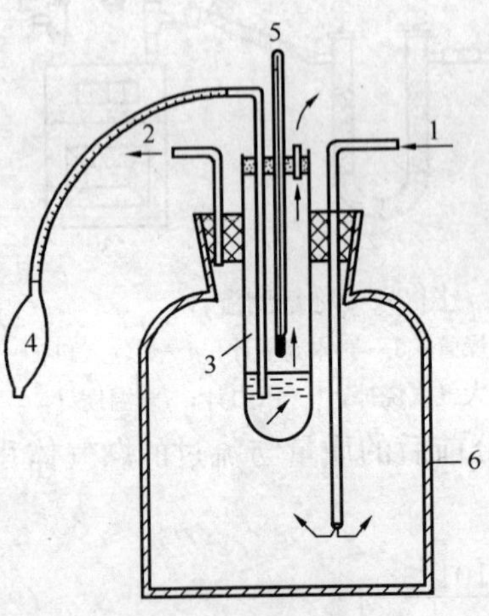

图2-8　露点湿度计

1—燃气入口；2—燃气出口；
3—镀镍薄铜管；4—皮老虎；
5—温度计；6—玻璃容器瓶

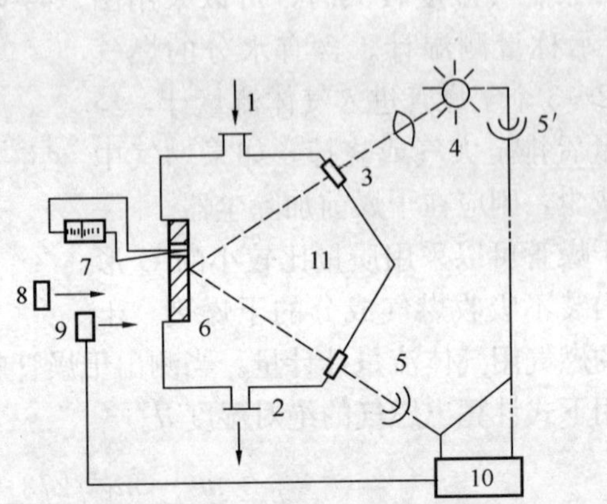

图2-9　露点温度光电计原理图

1—入口；2—出口；3—窗口；4—光源；5、5′—光电管；
6—反光镜表面；7—热电偶温度计；8—冷源；9—热源；
10—放大器；11—气室

三、干湿球燃气湿度测量计（燃气干湿表）

通风干湿表（图 2-10）适于测空气湿度。对于低压燃气也可按图 2-9 所示，制成燃气干湿表。燃气经过入口 10 进入联箱 8，从出口 11 流出。玻璃杯 7 内存蒸馏水，可以通过铜管 5 将纱布 3 湿润。压力计 9 可测得燃气压力。测量时，在出口 11 处接流量计，控制湿球温度计处燃气流速在 2～2.5m/s 之间。如果燃气中含有灰尘，应在入口前加除尘器。在使用时，先通燃气吹扫，把联箱中原有气体赶走，然后润湿纱布，过 3～4min 即可测量干、湿球温度。对于低压燃气可以查表 1-12 求得相对湿度。应该注意，两支温度计的精度、灵敏度应一致，刻度可取 1/10 或 1/5℃。

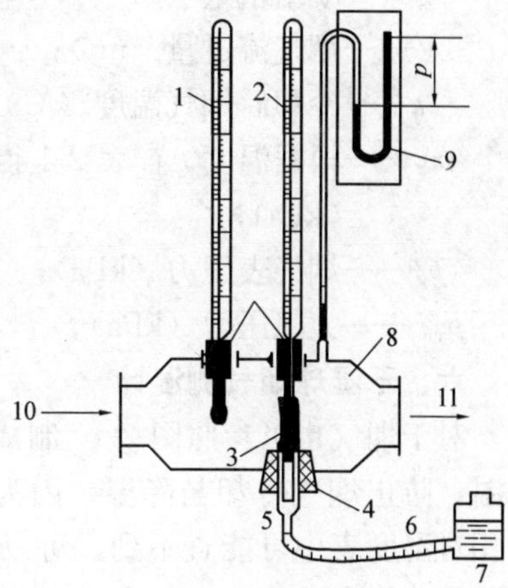

图 2-10　燃气干湿表

1—干球温度计；2—湿球温度计；3—纱布；4—胶塞；5—铜管；6—胶管；7—玻璃杯；8—联箱；9—压力表；10—入口；11—出口

四、烟气称量测湿计

烟气湿度测量仪表基本上与燃气称量测湿计相似，但是因为烟气湿度高，故有特殊之处。与测燃气湿度方法相同，参照图 2-11 即可装成烟气称量测湿计。因为大多数烟气没有压力，所以需要一个抽气泵 8。测量流量不宜采用湿式流量计；当湿度较高时，可以采用孔板流量计 10（使用方法见第四章）；当烟气湿度不高时，可采用干式燃气表。抽气速度控制在 1L/min 左右。在烟道出口处要加保温层 3，可以防止烟气因冷却而产生凝结水所造成的误差。在干烟管 4 和 5 周围加冷却器 11，是为了降低烟气湿度，加强分离烟气中的水分。

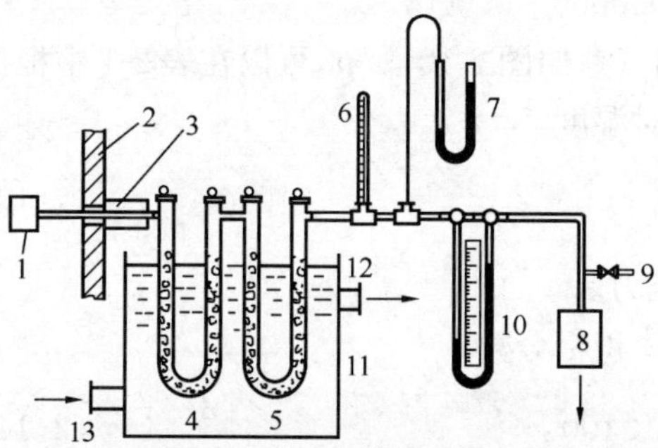

图 2-11　烟气称量湿度计

1—过滤器；2—烟道墙；3—保温层；4、5—干燥管；6—温度计；7—压力计；8—抽气泵；9—气阀；10—孔口流量计；11—冷却器；12—冷却器出口；13—冷却器入口

式（2-11）求得的是烟气绝对湿度（即体积含湿量），如果换算成烟气常用的单位——水分体积百分数时，可用式（2-9）计算。

五、烟气冷凝测湿计

把高温烟气冷却，使其中部分水蒸气凝结下来，这时被冷却后的烟气的绝对湿度相当于饱和含湿量，它可以根据冷却后的烟气温度来决定。饱和含湿量与凝结水量相加，即可得到烟气中总的含湿量（绝对湿度）。冷凝器可采用图 2-12 所示设备，用它代替图 2-10 中的干燥管 5 与 4 和冷却器 11。抽气速度可以提高到 2～20L/min，所抽取烟气总量应保证冷凝器中水量超过 20mL。测量时，测出同一时间内烟气流过量及凝结水量以及烟气温度，即可用下式计算烟气绝对湿度。

$$d=\frac{g}{Vf}+833\times\frac{p_{\mathrm{vb}}}{p_{\mathrm{atm}}+p_{\mathrm{g}}+p_{\mathrm{vb}}} \tag{2-11}$$

$$f=\frac{p_{\mathrm{atm}}+p_{\mathrm{g}}+p_{\mathrm{vb}}}{101.3}\times\frac{273}{273+t}$$

式中　d——烟气绝对湿度（含湿量）[g/m^3（干）]；

f——折算系数；

g——凝结水量（g）；

V——烟气流过量（m^3）；

t——冷却后烟气温度（℃）；

p_{vb}——根据温度 t 查表 2-1 得的饱和水蒸气分压力（kPa）；

p_g——烟气表压力（kPa）；

p_{atm}——大气压力（kPa）。

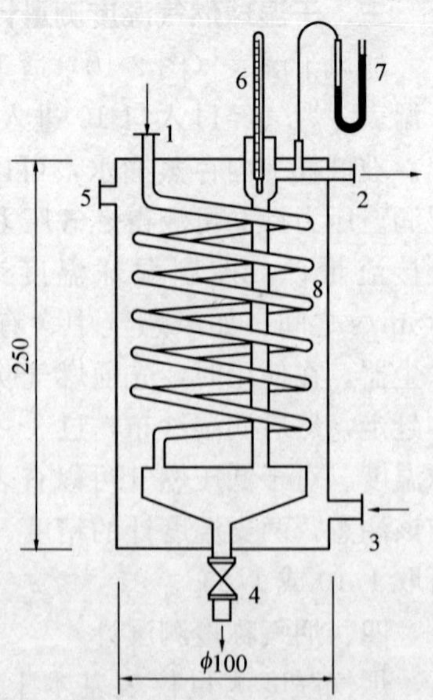

图 2-12　烟气冷凝器

1—烟气入口；2—烟气出口；3—冷却水入口；4—冷凝水出口；5—冷却水出口；6—温度计；7—压力计；8—冷凝盘管

六、干湿球烟气测湿计

对于烟气也可参照图 2-10 制成烟气干湿表，但要求保温，防止烟气冷却与降温。因为烟气温度较高，在一般相对湿度表中可能查不到，可以参照（2-6）式计算出水蒸气分压力 p_v。

$$p_v = p_{sb} - A(t_g - t_s)(p_{atm} + p_g) \tag{2-12}$$

式中　p_v——烟气水蒸气分压力（Pa）；

p_{atm}——大气压力（Pa）；

p_g——烟气表压力（Pa）；

p_{sb}——与烟气湿球温度 t_s 对应的饱和水蒸气分压力（Pa）；

t_g、t_s——分别为烟气的干、湿球温度（℃）；

A——与烟气流速有关的常数，一般 A＝0.0006～0.0007。

公式（2-12）中 t_g、t_s、p_g 及 p_{atm} 可直接测出（参照图 2-10）。p_{sb}可以在表 2-1 中根据 t_s 查得，p_v 即可據式（2-12）计算出来。这样相对湿度

$$\varphi = \frac{p_v}{p_{vb}} \times 100 \tag{2-13}$$

式中的 p_{vb}可查表 2-1 求得 t_g 下的饱和水蒸气分压力。

有了 p_v 与 p_g 还可以用下式求出烟气的水分体积百分数。

$$r = \frac{p_v}{p_{atm} + p_g} \times 100 \tag{2-14}$$

七、气体微量水分仪[2]

当需要测量气体中微量水分，并且要求低到质量分数为 1×10^{-6}时，普通的测湿仪表已不能胜任，这时应采用库伦电解湿度计。

库伦电解湿度计的基本原理从被测气体中吸出水分，并将其电解。水的电解过程为：

$$2H_2O \xrightarrow{\text{电解}} 2H_2\uparrow + O_2\uparrow$$

根据法拉第定律，电解 1 克分子当量的物质所需的电量为 96500 库伦。

当含有质量分数为 10^{-6} 水分的气体，流量为 100mL/min，在 20℃与 101.3kPa 大气压力下，电解电流为 13.4μA。并且水分越大，电流也越大，这样测得电流即可换算 10^{-6} 级的微量水分含量。

气体微量水分仪是将被测气体通过一个特殊结构的电解池（图 2-13）被吸水并电解。

电解池池壁上绕有两根平行的铑丝作为电极。在电极间通以直流电源。铑丝之间涂有水化五氧化磷(P_2O_5)。薄膜 P_2O_5 有强烈的吸水能力，被测气体流过电解池时，水分被 P_2O_5 完全吸收，产生磷酸溶液。

$$P_2O_5 + H_2O \longrightarrow 2HPO_3$$

生成的 $2HPO_3$ 溶液又被电解成 H_2 及 O_2，并且随被测气体一起排出，并使 P_2O_5 复原。

$$2HPO_3 \xrightarrow{\text{电解}} H_2 \uparrow + \frac{1}{2}O_2 \uparrow + P_2O_5$$

在连续测量时，电解池内的吸收与电解过程同时发生。当气流的速度不变时，电解电流 I 与水分含量 C 呈线性关系。当被测气体的温度与压力不变时，I 与 C 成正比。

$$I = KC \tag{2-15}$$

式中　I——电流（μA）；

C——气体中水分含量（10^{-6}）；

K——常数，在20℃，101.3kPa条件下，被测气体流量为100mL/min时，$K=13.4$（$\mu A/10^{-6}$）。当被测气体的温度与压力不等于20℃及101.3kPa时，应进行温度、压力修正。

为了保证精度，仪器设有温度控制、压力调节与流量调节装置。

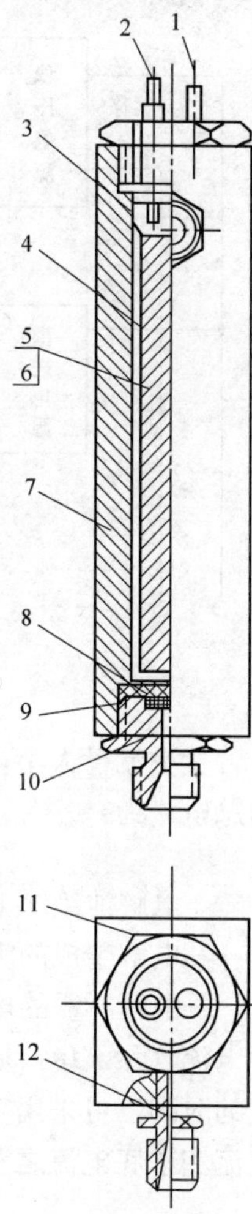

图 2-13　气体微量水分仪用特殊结构电解池

1—甲电极；2—乙电极；3—绝缘柱；4—铑丝；5—P_2O_5 薄膜；6—玻璃丝；7—电解池外壳；8—过滤器；9—过滤网；10—下压圈；11—上压圈；12—气路接头

图 2-14 为气体微量水分仪示意图。它由电解池、恒温器、气路系统、指示记录仪、温控及测量电源等部分组成。除记录仪外全部装在一个外壳内，读数可由指示表读出。当测氢气中的水分时，由于电解所生成的氧被被测气体中氢再次结合为水，此时称为“氢效应”，结合的水再次被电解，会使仪器读值偏高。采用铑池测量氢气中水分时，当被测水含量$<200\times10^{-6}$时，应从读值中减去8×10^{-6}；水含量$>200\times10^{-6}$时，此“氢效应”影响可忽略。

气体微量水分仪的测量范围有数挡；$0\sim10\times10^{-6}$水质量分数，$0\sim30\times10^{-6}$水质量分数，$0\sim100\times10^{-6}$水质量分数，$0\sim300\times10^{-6}$水质量分数。适用于不与 P_2O_5 及铑丝起作用的各种气体（如空气、N_2、O_2、H_2、Ar、He、CO 及 CO_2、SO_2 等）。不适用于 NH_3 类等气体。有灰、油雾的气体必须过滤，进气压力为0.05～0.25MPa。

仪器在使用前应对电解池进行脱水处理，使其中残留的 HPO_3 复原为 P_2O_5。可用经过0.5mm分子筛干燥过的 N_2 气或空气连续通入电解池，且在电机上接电解电压(图 2-15)。连接管应用吸水性低的 $\phi3\times0.5$mm 不锈钢管，不允许用橡皮及塑料管，并且要求有良好的密闭性。在脱水过程中电解电流逐渐下降，最后只剩下几个微安的时候，不

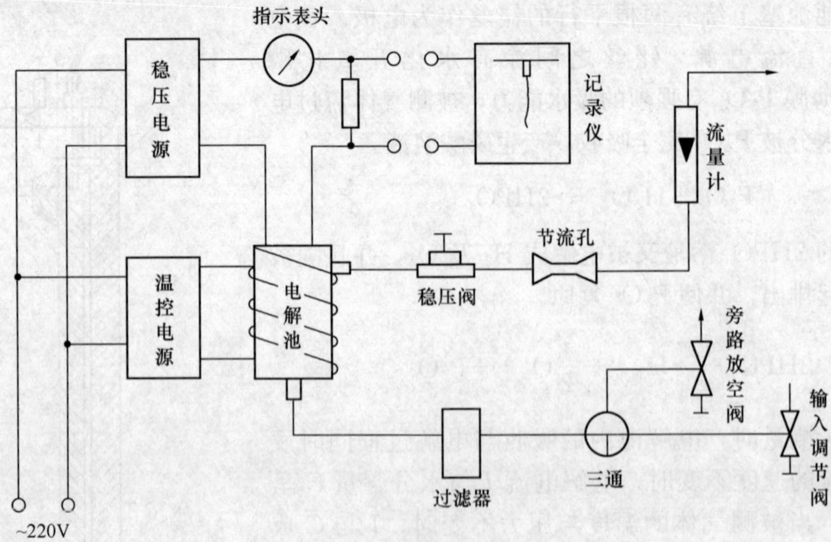

图 2-14 气体微量水分仪示意图

再下降。若变更流量大小，电流指示也不变化即表明脱水完成。剩余电流称为本底电流。电解池的总电流为：

$$I_r = I_H + I_B + I_R$$

式中 I_B——电解池绝缘电阻造成的电流（由 P_2O_5 决定）；

I_R——电解生成的 H_2 和 O_2 复合成水造成的电流（脱水完成后此可忽略）；

I_H——电解所需的电流。

本底电流（$I_B + I_R$）是电解池的重要参数，它决定电解池的测量极限。为了节省测量本底电流的时间，可采用变更流量法测定。设流量为 q_1（mL/min）时，电流为 I_1，它等于电解电流和本底电流之和（I_R 可忽略）；当流量增加到 q_2 时，电流为 I_2，则

$$\frac{\Delta I}{\Delta q} = \frac{I_2 - I_1}{q_2 - q_1}$$

$$I_B = I_1 - \left(\frac{I_2 - I_1}{q_2 - q_1}\right) q_1 \tag{2-16}$$

图 2-15 电解池脱水流程图

1—氮气源；2—预干燥器；3—5×10^{-10}m 分子筛；4—电解池；5—流量计

利用式（2-16）式可以计算出本底电流 I_B。在变更流量时，要求气体的湿度不变。

在使用仪器前，所有阀和开关均处于“关”的位置。先将量程选择开关置于“1000×10^{-6}质量分数”一挡，测量开关先向下（指短路），当加温指示灯第一次熄灭时，表示电解池已达恒定温度（40℃）。此时即可操作气路部分。注意此时仪表有一读数，其大小取决于仪表各部分吸附水分的多少。操作气路部分时，首先打开输入调节

阀，调节输入压力到 0.05～0.25MPa。打开放空阀，以 300～2000mL/min 流量放空约 30min，然后调节流量至 100mL/min，待仪表基本稳定后（约半小时）即可读数。必要时应对读数进行人工标定。如果仪表指针超过满刻度时，应立即降低流量，开大放空阀，继续吹扫，直到经过电解池流量调到 100mL/min，仪表指示不超过满刻度为止。

第四节　湿度校正与湿度变送器

一、湿度计标定方法

湿度计的标定与校正需要一个恒定湿度的空间，并且用一种可作为基准的方法去测量其中的湿度，再将被校正的湿度计放入此空间进行标定。

水的饱和蒸汽压决定于空气温度。温度高则饱和蒸汽压大。当在水中加入盐类后，溶液中水分蒸发受限制，而使其饱和蒸汽压降低。降低的程度与盐类的浓度有关。当溶液达到饱和时，蒸汽压就不再降低，此值即为饱和盐溶液的饱和蒸汽压。在相同温度条件下，各种盐类饱和蒸汽压是不相等的。表 2-5 给出了温度在 26.7℃左右下不同盐类的饱和蒸汽压所对应的空气相对湿度值。

各种盐类饱和溶液对应的相对湿度表　　　　**表 2-5**

盐　类	相对湿度（%）	室温（℃）	盐　类	相对湿度（%）	室温（℃）
$LiCl \cdot H_2O$	11.7	26.68	$NaBr \cdot 2H_2O$	57.0	26.67
$KC_2H_3O_2$	22.5	26.57	$NaNO_3$	72.6	26.67
$MgCl_2 \cdot 6H_2O$	33.2	26.68	$NaCl$	75.3	26.68
$K_2CO_3 \cdot 2H_2O$	43.6	26.67	$(NH_4)_2SO_4$	79.5	26.67
$Na_2Cr_2O_7 \cdot 2H_2O$	52.9	26.67	$KNO_3 \cdot H_2O$	92.1	26.68

从表 2-6 可见，氯化锂，（$LiCl \cdot H_2O$）的 $\varphi=11.7\%$，硝酸钾（$KNO_3 \cdot H_2O$）的 $\varphi=92.1\%$。两者之间几乎每隔 10%有一挡，可满足标定要求。

用盐溶液法标定湿度计比较简单，盐溶液价格低，容易控制，只要有两相存在，看得见盐固体就是饱和溶液，所以不必测其饱和度。在一定温度下，每种盐溶液决定一个固定的相对湿度。这样也可免去饱和溶液浓度的测量工作。具体的标定装置可自行设计。但要注意以下几个问题：

①用纯净蒸馏水与纯净的盐类来制备溶液；

②要从低相对湿度开始；

③利用风机的在标定空间与盐溶液表面空间之间进行再循环，保证标定空间为饱和相对湿度；

④用一支符合精度要求的湿度计来标定或校正被标定的湿度计；

⑤要保证装置在稳定的温度下工作。

二、湿度变送器

湿度变送器利用氯化锂在吸收水分后其电阻发生变化之特性，将 0～100%的湿度转换成 0～10mA 统一信号供显示的记录，并同调节器和执行机构配合实现对气体湿度的自动调节。对于能同氯化锂起化学变化的有机物蒸气、氨蒸气、酸蒸气，以及带有离子的蒸气不适合此种方法。

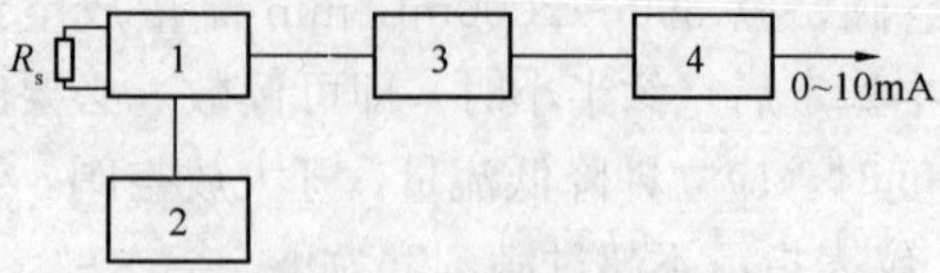

图 2-16　湿度变送器原理方框图

1—桥路；2—多谐振荡器；3—交流放大器；4—高电平直流放大器

（一）工作原理

仪器由振荡器、输入电桥、交流毫伏放大器、高电平直流放大器组成。图 2-16 表示出原理方框图。R_s 为代表湿度的电阻，通过电路转换后，转化为 0～10mA 符合 DDZ-Ⅱ要求的信号。

（二）多谐振荡器

振荡器见图 2-17（*a*），它是用来供给桥路电源的。由于氯化锂是导体，为避免电解和极化作用，不能用直流电源。为了改善输出波形上升沿，电路中增加了隔离二极管。这样电路的输出波形上升沿变陡，但恢复时间增长，工作频率降低。然而根据湿敏电阻 R_s 特性的要求，工作频率本来就可以较低，因此振荡器的振荡频率为 160Hz 左右，输出幅度 $U_{DD}=6V$（交流峰-峰值）。

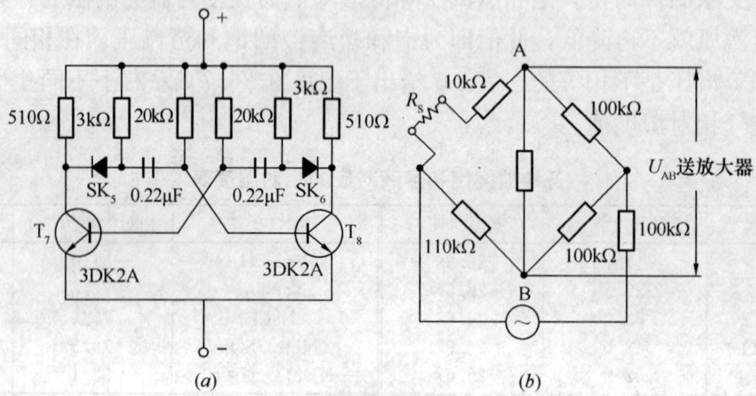

图 2-17　振荡器与桥路

（*a*）多谐振荡器；（*b*）输入桥路

（三）输入电桥

输入电桥见图 2-17（*b*），它是一个第二对称式的不平衡电桥，它是把湿敏元件随湿度变化而产生的电阻 R_s 的变化转换成交流电压 0～10mV 的输出，送交流放大器进行放大，流过湿敏元件的最大电流 $I_{D.max}=34\mu A$（当 $R_s=0$ 时），最小电流 $I_{D.min}=15\mu A$（当 $R_s=100k\Omega$ 时）。在桥路两输出端 AB 上并接 2kΩ 电阻，这样可以减小桥路的输出阻抗，使交流毫伏放大器的漂移减小。当 $R_s=0$ 时，相当于 $\varphi=100\%$，桥路不平衡输出 U_{AB} 最大；当 $R_s=100k\Omega$ 时，相当 $\varphi=0\%$，桥路平衡，$U_{AB}=0$。

（四）交流毫伏放大器与高电平直流放大器

放大器的电路与采用的集成线路有关，详见有关资料[2]。

参考文献

[1]　同济大学等. 燃气燃烧与应用［M］. 北京：中国建筑工业出版社，2000.

[2]　何孙寅. 工业成分分析器的使用与维护［M］. 北京：化学工业出版社，1993.

第三章 压力及流速测量

燃气测试中压力及流速测量是对流体的静压与动压的测量。在实际工作中测量燃气压力是经常的。测试燃气燃烧设备时，也需要测量周围的风速。可见压力与流速的测量是燃气测试技术中不可缺少的一部分。

第一节 概 述

一、压力与流速的计量单位

（一）流体压力计量单位

流体的压力是用垂直作用在单位面积上的力来度量的，有两种表示方法：一为绝对压力；一为相对压力（指示压力或表压力）。

绝对压力是指包括大气压力在内的全部作用于流体上的压力；相对压力，即表压力，是指把大气压力除外的作用于流体上的压力。它们之间的关系为：

$$p = p_{atm} + p_c \tag{3-1}$$

式中 p——绝对压力；

p_{atm}——大气压力；

p_c——表压力（或相对压力）。

国际上从 1978 年开始实行新单位制。国际单位制规定流体的压力单位是帕（Pa），是牛顿每平方米的专用名称，即 $1Pa=1N/m^2$。

我国国家标准规定采用帕为压力单位。在实际工作中使用的仪表还经常遇到毫米水柱、工程大气压（公斤力每平方厘米）、毫米汞柱及毫巴等单位，它们之间的换算见表 3-1[1]。

压力单位换算表 **表 3-1**

毫米水柱 (mmH_2O)	工程大气压 (kgf/cm^2)	物理大气压 (标准大气压)	毫米水银柱 (mmHg)	磅力/英寸^2 (lb/in^2)	毫巴 (mbar)	帕 (Pa)
10000.0	1.0	0.9678	735.53	14.224	981.0	98100
10332.0	1.0332	1.0	760.00	14.696	1013.25	101325
13.6	0.00136	0.00131	1.0	1.934×10^{-2}	1.3332	133.322
7.0307×10^2	7.0307×10^{-2}	6.8949×10^{-2}	51.745	1.0	68.949	6.8949×10^3
10.2	0.00102	0.000981	0.749	1.450442×10^{-2}	1.0	100.0
0.102	0.0000102	0.00000981	0.0075	1.450442×10^{-4}	0.01	1.0

由表 1 可见 1 标准大气压（物理大气压）分别等于 101325Pa（0.101325MPa 或 101.325kPa）、1013.25mbar、$14.696lb/in^2$、760mmHg、$10332.0mmH_2O$ 及 1.0332 工程大气压。

（二）流体速度及计量单位

流体速度是液体中质点的流动速度，与流体的动压力有一定的关系，并且有方向性。

流体速度的计量单位比较简单，国际单位制与我们过去的习惯相同，以米每秒（m/s）计。燃气测试中大多数测量气体流速。气体的体积又受温度及压力的影响，有时以在标准状态下的气流速度为准，这时单位以 m/s（标准状态）计。在燃气工程中的标准状态，应以国际单位为依据，即 101.3kPa 大气压力及 0℃气温的条件。另外使用基准状态时，大气压力不变，温度可采取 15℃、20℃等。

二、压力测量方法

测量压力的方法有许多种，并且不断引进新技术。现介绍几种常用的方法。

（一）液柱测压法

根据流体静力学的原理，当液柱与所测流体压力相平衡时，这样液柱高度即为流体的压力。根据这种方法制成压力计，有 U 形管压力计和斜管微压计。

常用 U 形管压力计测量液柱高度为 10～1000mm 的范围内的流体压力，用斜管微压计测量 100Pa 以下（最低 0.2Pa）的流体压力。

（二）弹性测压法

利用弹性管或弹性膜压缩后的变化特性也可以制成测压仪表，常见的有弹簧压力计和薄膜弹性压力计。

弹簧管压力计常用来测量 100kPa 以上的气体压力；薄膜弹性压力计一般用来测量较低的气体压力。

（三）活塞测压法

利用被测流体的压力与活塞上力的平衡方法也可以测量流体压力。利用这种方法制成的测压仪表称为活塞压力计。

活塞压力计所测压力值可以砝码表示，也可以根据活塞的位移来判断。活塞压力计的灵敏度与精确度都很高，因此可作标准压力计对其他压力计进行校验；此外还可作自动控制和调节系统中的指挥器。在一般测试工作中使用较少。

（四）电气测压法

用电气测压法制成的压力计有低压电容式压力计、压电式压力计和电阻式压力计等。

低压电容式压力计是利用流体压力增大后，使金属膜移向电极从而减小电容量的方法测量低压流体的压力，一般可用来测低压。

压电式压力计是利用晶体发生的压电效应来测量高压流体的压力，它可以测量 98MPa 以上的压力。

电阻式压力计是利用导体受外界压力作用后，电阻发生变化的特性来测量高压流体压力。目前采用的导体多为锰铜合金，实验证明，压力在 3000MPa 以下时，锰铜合金电阻与压力之间为直线关系。它是测量超高压力的仪表。

三、流速测量方法

测量气流速度的方法很多，近年来发展也很快，现简介几种常用的测速方法。

（一）动压测速法

气流速度与动压力有一定的比例关系，利用压力计测出气流的动压力就可求出气流速度。

这种测速方法所用设备简单，只需一个动压测定管（或称比托管）与一个压力计，仪器的精度主要由压力计决定。管道内的流速测量主要采用此法。需要测量空间气流速度时应采用特制的五孔或四孔动压测定管。

（二）叶轮测速法

利用气流推动叶轮旋转，气流速度越高，叶轮转速越快，根据叶轮的转速即可求出气流速度。利用这种方法制成的测速仪表称为叶轮风速仪。叶轮风速仪适用于测量室内、外气流速度，有时也可测量管口处气流速度。

（三）热电测速法

利用热电效应来测量气流速度的方法，测量范围比较大，精度也比较高。目前经常使用的有热球式电风速仪、热敏电阻风速仪、热线风速仪等，它们是比较先进的测速仪表。热线风速仪通过不同方位的测量，还能测出三维空间流速。在科研工作中需要使用这类仪表。

（四）激光测速法

随着激光技术的发展，我国在 20 世纪已试制出激光流速仪。它的最大特点是不干扰气流速度场。因此能测非常小的空间的气流速度。但是在测量管道内流速时，要解决管壁透光问题。此外还可用它来测量火焰传播速度，这部分内容在第七章中介绍。

第二节　压　力　测　量

一、大气压力计

地球表面的大气是有重量的，因此它具有压力，这就是大气压力。由于不同情况下大气密度不一样，所以一般不用计算法求大气压力，只有通过仪表来测量，这种测大气压力的仪表称为大气压力计。测量大气压力的原理很简单，只要把 1m 长左右盛满水银的玻璃管倒放在水银槽内，玻璃管的上端处于真空状态，这时水银柱的高度 H 即为大气压力（图 3-1a）。图 3-1b 表示的是通常使用的“福廷式水银大气压力计”。图中 1 是盛有水银的皮囊，转动下旋钮 2 使水银面正好与牙尖 3 接触，然后即可调整游标旋钮 7 使标尺的高度与管中水银柱的凸面相切，这时即可自刻度尺上读出大气压力的刻度值 H。

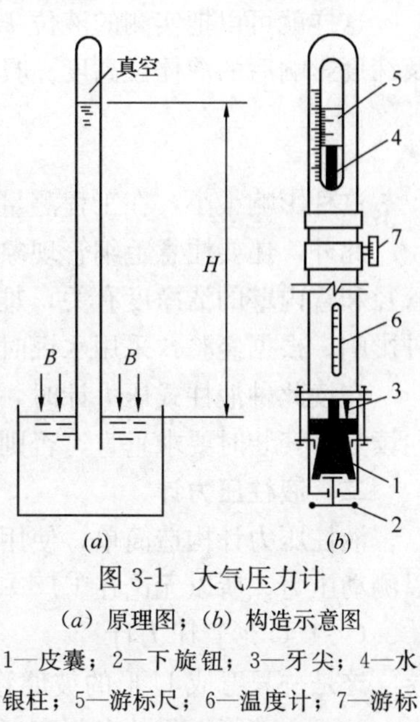

图 3-1　大气压力计

（a）原理图；（b）构造示意图

1—皮囊；2—下旋钮；3—牙尖；4—水银柱；5—游标尺；6—温度计；7—游标旋钮

H 代表水银柱的高度。如采用毫米水银柱为大气压的单位时，H 的毫米读数即为大气压的读数。当采用国际单位帕斯卡时，还应用下式换算

$$p_{atm} = H\rho g \tag{3-2}$$

式中　p_{atm}——大气压力（Pa）；

ρ——水银的密度（kg/m^3）；

g——9.81（m/s^2）。

实际上大气压力是经常变化的，它不仅随海拔高度

的增加而稍有减少，并且还随当地气候变化。例如大气中水蒸气增多时，大气压力将会减小，这也就是晴天大气压力比阴雨天高的原因。通常规定温度为0℃时，在纬度为45°的海平面上的大气压力为标准大气压力，相当于101.3kPa，760mmHg。

为了提高精度，对读出的大气压力值应进行两项校正。

一为温度校正，由于水银因温度升高而膨胀，所以在测大气压力时，应该将其折算为0℃的水银高度，综合考虑了水银体积膨胀系数与黄铜标尺的线膨胀系数可写出下列关系式：

$$H_0 = H_t(1-\beta t) \tag{3-3}$$

式中　H_0——0℃时液柱高度；

H_t——t℃时液柱高度；

β——考虑液体与铜标尺综合膨胀的系数；

t——实测时的温度。

当液体是水银时，并将 $H_t=760$mm 代入得

$$H_0 = H_t + t/8 \tag{3-4}$$

读得 H_0后再用（3-2）式换算成 Pa。

由于测量地点的海拔高度及纬度不同，其实际的重力加速度也不一样，这样也会影响实测的高度。

仪器使用地点的重力加速度 g_φ 可用下式计算[2]：

$$g_\varphi = \frac{g_n[1-0.00265\cos(2\varphi)]}{1+\dfrac{2H'}{R}} \tag{3-5}$$

式中　H'、φ——分别表示使用地点海拔高度（m）和纬度（°）；

g_n——标准重力加速度（m/s^2），$g_n=9.80665$（m/s^2）；

R——地球公称半径6356766m。

这样就可以把实测的液位 H_φ 折算成标准地点的液位高度 H_n，也就是考虑了海拔高及纬度影响后的液体位高度。具体可用下式计算：

$$H_n = H_\varphi \frac{g_\varphi}{g_n} \tag{3-6}$$

这种影响很小，在工程测量中一般可以不考虑。

此外，还要注意毛细管现象使液体表面形成弯月面的影响。此影响与液体表面张力、管径和管内壁的洁净度有关，难以精确计算。在实际工作中，用加大管径的方法来减小此种影响。根据经验：采用水银时，管子内径≥8mm；采用酒精时，内径≥3mm。

在读此种液柱式压力计时，眼睛应与液体弯月面的最高点或最低点持平，并沿切线方向读数。安装时要求垂直，否则会造成误差。

二、液柱压力计

液柱压力计构造简单，使用方便，可以测正压，也可以测负压；可以测压力降，也可以测动压力，所以无论在工厂车间还是在实验室中都广泛使用这种压力计。

（一）U形管压力计

这是一只弯成U形的玻璃管，管内注入一半的工作液体，玻璃U形管安装在一块木板上，两个直管中间装有刻度标尺（图3-2）。

U形管压力计应装在垂直位置上，测量时管子一端与被测气体压力空间相连通，而另一端与大气相通。当管内液柱高差形成的压力与被测压力平衡时，则有下列关系式：

$$p = p_{atm} + p_c = p_{atm} + h\rho g \qquad (3\text{-}7)$$
$$p_c = p - p_{atm} = h\rho g$$

式中　p_{atm}——大气压力（Pa）；

p——被测气体绝对压力（Pa）；

p_c——被测气体表压力（Pa）；

h——实测液柱高（m）；

g——重力加速度，g=9.81（m/s^2）；

ρ——工作液体密度（kg/m^3）。

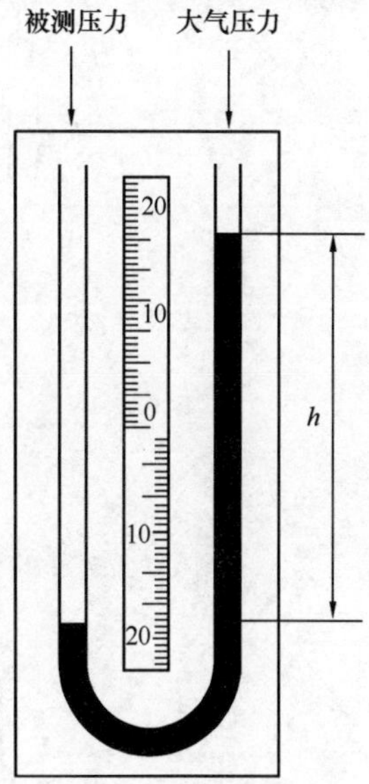

图 3-2　U形管压力计

通常工作液体为水，其密度为 $1000kg/m^3$，代入上式后，1m 水柱高度相当 9810Pa，也就是 $1mmH_2O$ 等于 9.81Pa。可见如果采用帕（Pa）单位时，标尺不能用米尺，需要将其换算成“帕”的刻度。

当所测压力为负值时，液柱向相反方向升起。如果U形管两端同时与两个压力不等的空间相接通时，$h\rho g$ 即为此两个空间的压力差。

U形管内的工作液体采用水银时，这样只要读出高度 h 的毫米值，此时表压力即为 mmHg，也可换算成 Pa。

根据被测压力可能达到的最大值为确定U形管的高度和工作液体。测压上限一般为 0.1MPa 左右。如果压力再大，则需要很长的U形管，工作起来就不方便了。这种压力计的误差为 1～2mm 液柱。所以压力小于 100Pa 时，就很难满足测量精度，这时需要采用微压计。

（二）斜管微压计

在测量较小的气体压力时，多采用斜管微压计，其工作原理见图 3-3（a）。

当所测压力的空间与贮液器上方接通时，在压力作用下，倾斜测量管内的液体在垂直方向上升一个高度 h_1，贮液器的液面下降了 h_2，这时所测压力为：

$$p_c = (h_1 + h_2)\rho g \qquad (3\text{-}8)$$

又因为 $h_1 = n\sin\alpha$，$h_2F_2 = nF$，所以

$$p_c = n\left(\sin\alpha + \frac{F_1}{F_2}\right)\rho g \qquad (3\text{-}9)$$

式中　p_c——所测压力（Pa）；

ρ——工作液体密度（g/cm^3）；

n——测量斜管读数（mm）；

α——倾斜角（°）；

g=9.81（m/s^2）；

F_1——测量管的截面积（mm^2）；

F_2——贮液器的截面积（mm^2）。

当 $F_2 \gg F_1$，F_1/F_2 可略去，这样式（3-7）即为 $p_c = n\rho g\sin\alpha$。

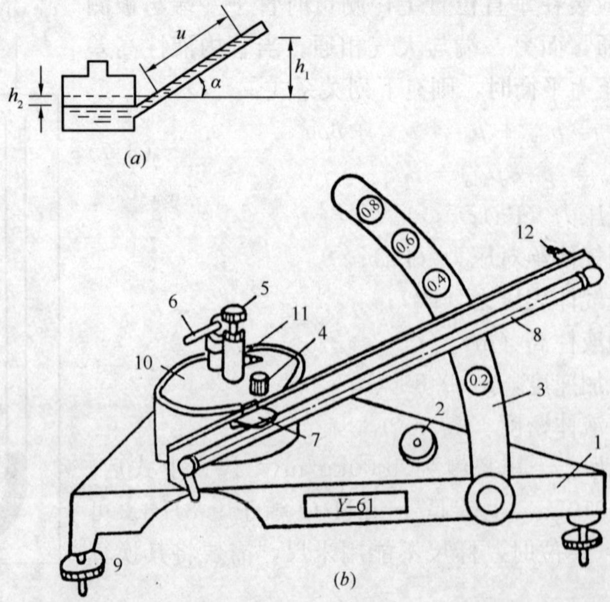

图 3-3　斜管微压计

(a) 工作原理图；(b) 构造示意图

1—底板；2—水准泡；3—支架；4—加液盖；5—零位旋钮；6—阀门柄；7—游标；8—测量管；9—调节螺钉；10—贮液器；11—多向阀；12—接口

可见 n 比 h 大$\frac{1}{\sin\alpha}$倍，也就是说 α 越小，放大倍数越大。图 3-3 (b) 是一种典型的斜管微压计的构造示意图。在贮液器 10 中充有工作液体（酒精），与它相连的是倾斜的测量管 8，其上标有 250mm 长的刻度。贮液器固定在底板 1 上，底板上有水准泡 2，可利用调节螺钉 9 将底板调成水平位置。底板上还装有弧形的支架 3，它可使测量管固定在五种不同位置，刻在支架上数字 0.2、0.3、0.4、0.6、0.8 表示比例常数 $\rho g\left(\sin\alpha+\frac{F_1}{F_2}\right)$的数值。

贮液器的上面有多向阀 11，用它可使被测压力与贮液器相通或与测量管相通。调节零位旋钮 5 可以改变贮液器内液面高度，从而可将测量管内的液面调到零点。该仪器的主要技术数据如表 3-2：

斜管微压计测量上限值及最小分度值　　**表 3-2**

测量上限（p_a）	标尺上最小分度值（p_a）	比例常数	测量上限 p_a	标尺上最小分度值（p_a）	比例常数
500	2	0.2	1500	6	0.6
750	3	0.3			
1000	4	0.4	2000	8	0.8

精度等级：0.5～1.0 级两种；

最大工作压力：10kPa；

标称工作液体：酒精，密度为 810kg/m^3；

工作温度：20±3℃（0.5级）和20±5℃（1.0级）；

外形尺寸：390mm×235mm×290mm（长×宽×高）；

重量：约3.5kg。

在使用该仪器时，还应注意以下事项：

仪器应安放在无振动影响的工作台上，随时注意水准泡，保持仪器处于水平位置；

加入的酒精的密度应为810kg/m^3，否则应对读数进行修正；

应该将正压引入贮液器，负压引入测量管，并且经常将阀门的柄6转向“校准”处，以检验零点是否正确；

在读数时，必须把测量管上的读数乘以支架上标出之比例常数。

（三）补偿式微压计[3]

补偿式微压计是装有光学设备的液柱压力计（图3-4）。在实验室中，经常用它测量精度要求高的微小压力。该仪器包括两个由橡胶管连接起来的盛有蒸馏水的容器7与8。在容器7的中心装有螺帽，这个螺帽套在微动螺杆4上。微动螺杆下端与底座以铰链方式相连，其上端牢固地连接在可测微读数的旋转帽1上。这样，转动旋转帽1时，容器7可沿着微动螺杆4的轴线，上下移动。移动容器7直到使容器8内的液面停在视察针9的尖锋上为止。这时引进的被测压力h值可由指针10在度标尺11上指出。其中整数部分由度标尺11的格数读出，标尺中每一格为2mmH$_2$O；而小数部分则由刻度盘2读出，此盘共分200等份，每一等份相当于0.01mmH$_2$O。

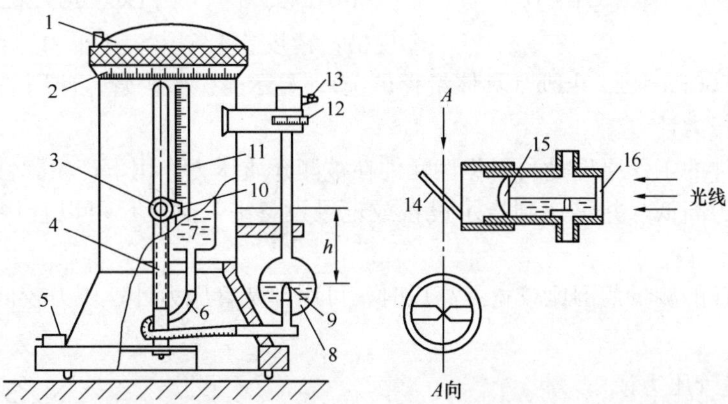

图3-4 补偿式微压计

（a）立面图；（b）光学设备

1—旋转帽；2—刻度盘；3—负压接头；4—螺杆；5—水准泡；6—橡胶管；

7、8—连通容器；9—观察孔；10—指针；11—度标尺；12—旋钮；

13—正压接头；14—反射镜；15—透镜；16—玻璃片

为了确认容器8内的液面停在视察针9的尖锋上，仪器带有光学设备（图3-4b）。光线由玻璃片16射入，通过透镜与反射镜将尖锋和它在水面上的影像反映出来，当看到两个尖锋正好针尖相对时，表示容器8的液面位置适当。

这种仪器的工作液体是蒸馏水，所以读数即为mmH$_2$O，不需仪器中液体密度的校正。测压前，要根据水准泡5把仪器调成水平位置。然后把指针10和旋转帽1都指在刻度标尺的零点位置。这时再注入蒸馏水，使在反射镜内看到两个尖锋正好针尖相对时为止。如果稍有差别，可转动旋钮12调节。当零点对好后，即可将被测的压力通过接头引入仪器。被测压力为正压时可从正压接头13引进；被测压力为负压时，可从负压接头3引进。

不同等级的标准补偿式微压计的允许基本误差（Pa）如表3-3。

补偿式微压计的基本误差　　**表3-3**

测量范围	一等	二等	测量范围	一等	二等
0～1500Pa	±0.4	±0.8	0～2500Pa	±0.5	±1.3

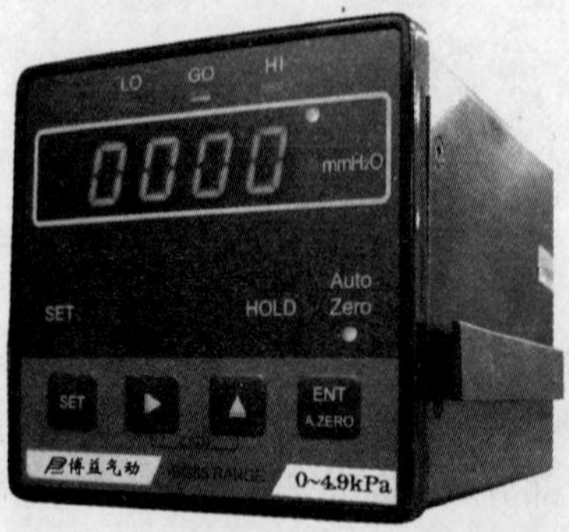

图3-5　半导体压力传感式压力计

（四）半导体压力传感式压力计

半导体压力传感式压力计是博益（天津）气动技术研究所公司针对燃气具等行业微压测试的需求，采用高精度半导体压力传感器而开发的产品（图3-5）。该产品适用于实验室、生产线等对微压测试有较高要求的场合。高精度数字压力表BG80系列产品介绍如下：

①特征：上下限报警；自动调零；显示单位选择（Pa、mmH_2O）；多种输出方式可供选择（继电器接点、4～20mADC、0～±5VDC、RS-232）。

②规格：精度±1%F.S.；压力范围0～200Pa～20kPa，0～±200Pa～±20kPa（具体量程可选）；显示4位数码管；使用环境0～40℃。

三、弹性压力计

弹性压力计的工作原理是利用弹性元件在被测介质压力作用下产生弹性变形，其变形大小取决于压力高低，并传递到指示设备或记录设备上，刻度尺可以直接按照压力单位标定。

弹性压力计的测量范围比较宽。高压时，可用弹簧管压力计；压力较低时，可以用薄膜弹性压力计。

（一）弹簧管压力计

弹簧管压力计是把被测介质的压力变为弹簧管自由端的角位移的压力测量仪表。其压力敏感元件可以采用单圈弹簧管或螺旋弹簧管等。图3-6为单圈弹簧管压力计。图中1是扁圆或椭圆截面的圆形弯管，通常用磷铜、黄铜或钢制成。椭圆的长轴应和指针2轴心的轴线相平行。弹簧管一端固定在与仪表壳连接牢固的支座6上，另一端是封闭的自由端，并与拉杆3与扇形齿轮4相连接。扇形齿轮与轴心上安装指针的小齿轮7连接，小齿轮7的转轴上装有游丝5。在被测压力作用下，弹簧管伸长，同时可以带动指针2转动，从而在刻度盘8上读出压力值。因为弹簧管的自由端伸长量的大小，能代表指针旋转角度的大小，并且与被测压力成正比，所以刻度盘上的刻度是均匀的。

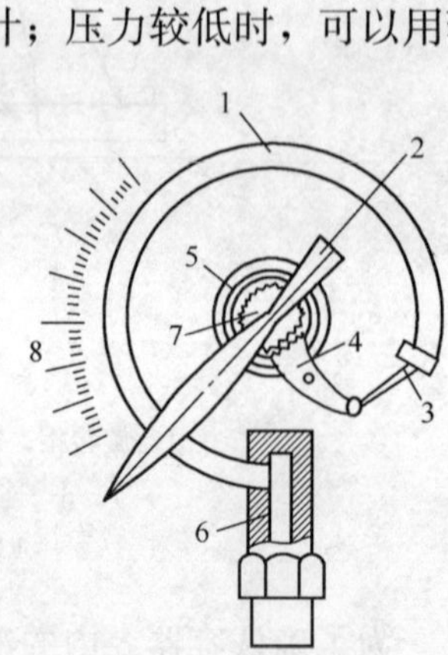

图3-6　弹簧管压力计

1—单圈簧管；2—指针；3—拉杆；4—扇形齿轮；5—游丝；6—支座；7—小齿轮；8—刻度盘

这种压力计测量范围很大（0.03～250MPa），并且可制成测真空度的仪表。另外，其构造简单、价格便宜，所以在工业上广泛采用。在实验室中测高压时，也经常采用这种仪表。

压力敏感元件采用螺旋弹簧管的压力计多用于自动记录仪表。因为螺旋弹簧管是由几个串联的弹簧管组成，所以自由端有较大的位移，并有较大的推动能力。当刻度盘可以按时间均匀旋转，把指针改成记录笔时，就可制成自动记录的压力计。另外，这种压力计还能做成触点式仪表。在指针下面装有带电气触点的特殊指针，此指针能够根据需要来调节，当达到预定压力时，两针接触，电路接通即可发出电信号。

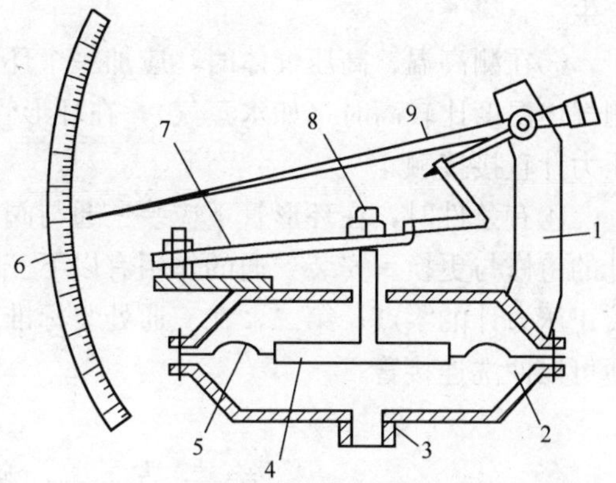

图 3-7　薄膜弹性压力计

1—支架；2—皮膜室；3—测压入口；4—金属圆片；5—皮膜；6—刻度盘；7—板形弹簧；8—梢钉；9—指针

（二）薄膜弹性压力计

当所测压力比较低时，可以采用薄膜弹性压力计。它是通过薄膜把压力传递到杠杆，从而使指针转动，在刻度盘上即可读出压力值。图 3-7 所示即为这类压力计的一种。被测压力经过入口 3 进入皮膜室 2，皮膜 5 被两片金属圆片 4 夹紧，它将压力传递给销钉 8 而推动板形弹簧 7，再经过杠杆作用使指针 9 转动。刻度盘 6 上标定的是压力值，可以直接读数。其压力测量范围为 160～25000Pa。它还可以做成触点式仪表或自动记录式仪表。

四、压力测量一般技术

（一）压力计的选择

当气体压力在 100～5000Pa 范围内，多采用装水的 U 形管压力计；当压力在 5000～100000Pa 时，则采用装水银的 U 形管压力计；当压力计在 0～100Pa 范围内时，应采用半导体压力传感式压力计、斜管微压计或补偿式微压计。压力大于 0.1MPa 时，一般采用弹簧压力计。当需要把压力变成电信号或要求自动记录时，就要考虑采用薄膜及螺旋弹簧管压力计或其他电气测压法。

在选用弹簧压力计时，最好使被测压力值接近选用仪表测量上限的 2/3 读数，因为这样可以得到较高的精度。不要用压力上限高的压力表去测较低压力，例如用压力上限为 5MPa 的压力表去测 0.1～1.0MPa 的压力时，误差肯定是很大的。

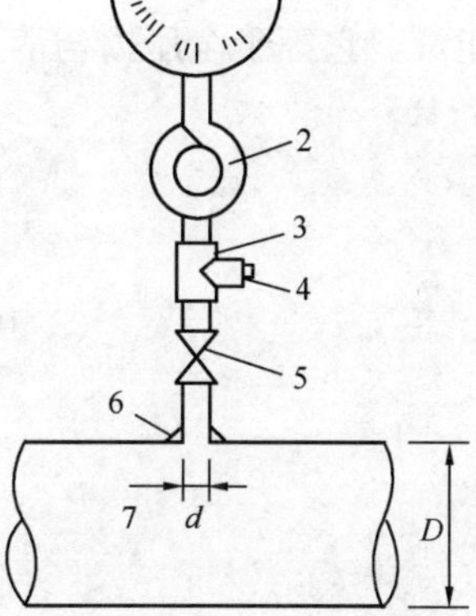

图 3-8　压力计安装图

1—压力计；2—环形管；3—三通；4—丝堵；5—阀门；6—测压孔；7—管道

（二）压力计的安装

在安装压力计时，要注意以下几点（图 3-8）。

①在选择测压孔时，需要考虑管道上局部阻力造成涡流的影响。为此测压孔应远离局部阻力（如阀门、三通、孔板等）的地方，最小距离约 5～10 倍管道直径 D。测压孔的直

径不易过大，但一般不小于 3mm。

②在使用 U 形管压力计时，要保持压力计的垂直位置，防止倾斜；在使用斜管微压计与补偿微压计时，要首先利用水准泡把仪器调平。另外还要注意，管中不允许有气泡产生。

③在测高温、高压气体时，应加一个环形管（图 3-8 中 2），它可以起缓冲作用。当被测气体温度比较高时（如水蒸气），在环形管中应充满冷凝水，这样可以防止高温气体与压力计直接接触。

④有条件时，在环形管下应装三通与阀门（图 3-8 中 3 及 5）。安装阀门 5 有利于压力计的检修与更换。安装三通的作用有以下三方面：第一，关闭阀门 5，利用三通 3，可以校正压力计的零点；第二，在三通处装标准压力计可以校正压力计的读数；第三，通过三通可以冲洗连接管。

第三节　一般流速测量

本节介绍的内容，仅限于对流动方向已知的气流速度——一般流速的测量仪表及其使用方法。

一、动压测定管

动压测定管是最简单的气流速度测量仪表，应用范围比较广泛。

（一）基本原理

流体在管道中流动时，产生静压力、动压力与全压力。静压力 H 代表流体的势能，它沿法向作用于气流周围的壁面，所以静压力只能在平行气流的周围壁面上的孔洞处测定（图 3-9）。全压 H_q 代表流体动能与势能的总和，它是由管口正对着流动方向的直角弯管来测定的，因为此时流体到达 A 处，流速变为零，动能转化为压头，所以测出来的压力除静压力外，还包括动压力，故为全压力。动压力 H_d 代表流体流动的能量，它等于全压力与静压力之差，$H_d=H_q-H$。图 3-9 表示了各种压力与速度的关系。

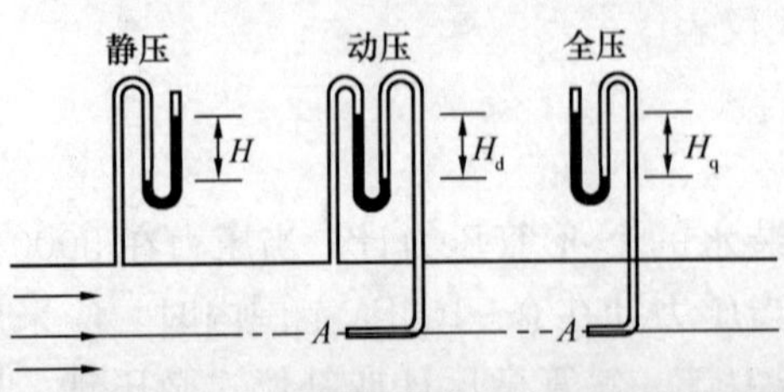

图 3-9　表示了各种压力的测量方法

动压力与流速的关系如下：

$$H_d=\frac{W^2}{2}\rho \qquad W=\sqrt{2\frac{H_d}{\rho}} \tag{3-10}$$

式中　W——流体流动速度（m/s）；

H_d——流体动压力（Pa）；

ρ——流体密度（kg/m^3）。

由于不是所有动能转化为压力，所以应加一个校正系数 ζ，即

$$W=\zeta\sqrt{\frac{2\Delta H}{\rho}} \tag{3-11}$$

式中　ΔH——实测的动压值（Pa）；

ζ——校正系数。

不同的测试仪表，有不同的ζ值。

式（3-10）式与（3-11）只能用于低压气体。当测定高压气体管道内流速时，还需要考虑气体的可压缩性，应采用下式计算：

$$W=\zeta\sqrt{2\frac{k}{k-1}\frac{p_q}{\rho}\left[1-\left(\frac{p}{p_q}\right)^{(k-1)/k}\right]} \tag{3-12}$$

式中　p_q——气体全压力（绝对压力）（Pa）；

p——气体静压力（绝对压力）（Pa）；

ρ——全压下的气体密度（kg/m^3）；

k——气体等熵指数；

其他符号意义同前。

不同性质气体等熵指数不同：对液化石油气 $k\approx1.12$；对天然气 $k\approx1.13$；对焦炉气 $k\approx1.14$。

（二）动压力测定管构造

最简单的动压力测定管是一根特制的直角弯管，通常称为比托管。图 3-10 所示是一个标准比托管，它是一个有 90°弯头的双层同心管，外管 3 的端部有一圈“静压测孔”5，它们与静压接头 2 相连通。“全压测孔”开在半球 4 的顶端，它与全压接头 1 相连通。

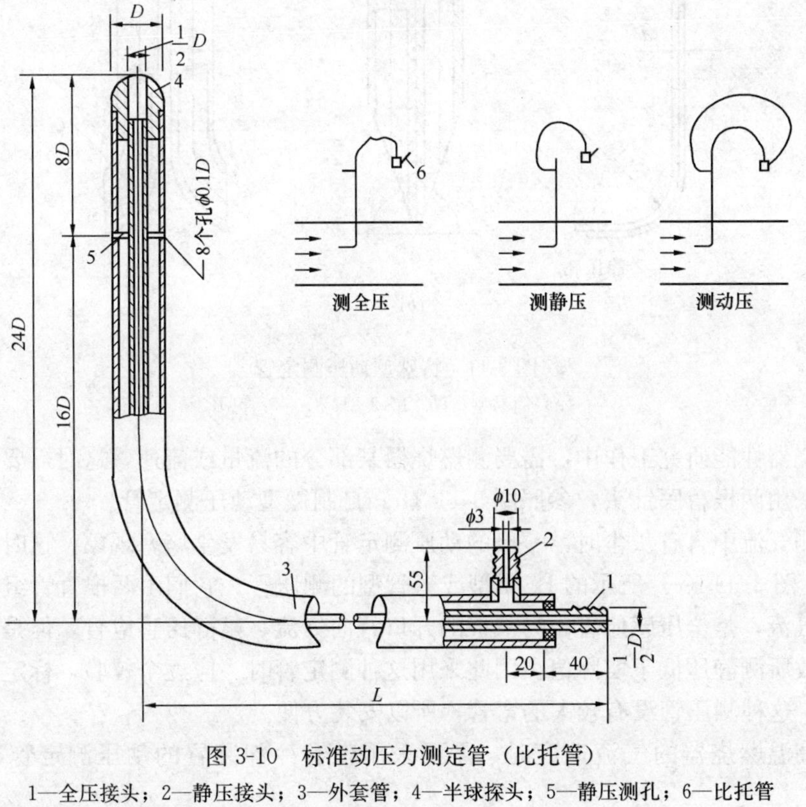

图 3-10　标准动压力测定管（比托管）

1—全压接头；2—静压接头；3—外套管；4—半球探头；5—静压测孔；6—比托管

比托管通常与微压计配合工作（测高速气流时，需用其他形式压力计），图 3-10 还表示了测量各种压力的连接图。

按照规定的结构尺寸，精细加工的标准比托管，可以把流体的动能全部转变为压头，其校正系数 $\zeta \approx 1.0$。精密度高的比托管应该经过严格的校正，并标定出 ζ 值。

（三）选用要点

在选用动压测定管时，其长度 L（图 3-10）决定于被测管径，其直径 D 应小于被测管径的 4%，因为 D 值过大会干扰流体的速度场。

在测量时，使动压测定管管身垂直于气流方向，并使半球探头迎向气流，这时如把全压接头 1 与压力计相接，则可测出全压，把静压接头 2 与压力计相接，则可测出静压；把静压接头与全压接头同时与压力计的两端相接，则可测出动压。

在测管内流速时，要在动压测定管的管身上标上长度标尺，根据它可以确定半球探头在管道截面上的位置。

在被测管道截面的尺寸非常小时，一般动压测定管的直径，不能满足小于 4% 被测管径要求，也可以自己制造小型简易比托管。

图 3-11（a）是用两根细管组成的简易型动压测定管，其中一根比较长的是全压感应管，其开口直接迎向气流方向，另一根管端头封死，在测面开一个槽形孔，用来传递静压。两根管并列焊在一起即可使用。

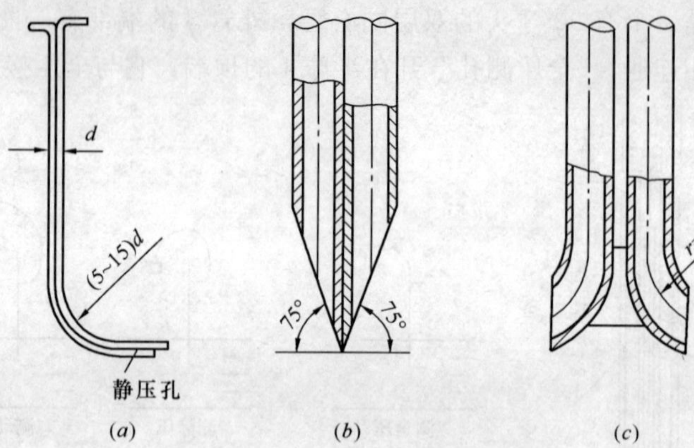

图 3-11　特殊型动压测定管

（a）简易型；（b）BS-1 型；（c）弯管型

在燃烧器性能研究工作中，需要测燃烧器某部分的流量或流速，这时需要更小的测压管，可以采用两根兽医针头，参照图 3-11（a）自制微型动压测定管。

当被测气流中含有灰尘时，一般的动压测定管中容易发生堵塞现象。这时可以采用图 3-11（b）、图 3-11（c）所示的 BS-1 型或弯管型的测压管。它们由两根直管组成，一根的开口迎向气流，是全压感应管，另一根的开口背向气流，是静压感应管。但是由于后者背向气流，故所测静压低于实际值。因此采用这种测定管时．应逐个校验，标定出每根校正系数 ζ 值。这种测压管没有较大的弯管，所以安装方便。

在测高温燃烧器的气流速度时，需要采用带有冷却装置的动压测定管，以防被火烧坏。

二、热球式电风速仪

热球式电风速仪是利用热、电效应的最简单的测气流速度的仪器。其原理见图3-12（*a*）。图中1是一个玻璃球体，内有加热线圈2和热电偶温度计的热端4。用电源3将球体加热，使温度升到某一定值。当有气流流过球体时，会使温度下降，热电偶的热电压的（毫伏数）也随之下降，其下降程度与气流速度有关。流速的大小直接可以在热电偶的二次仪表上表示出来。

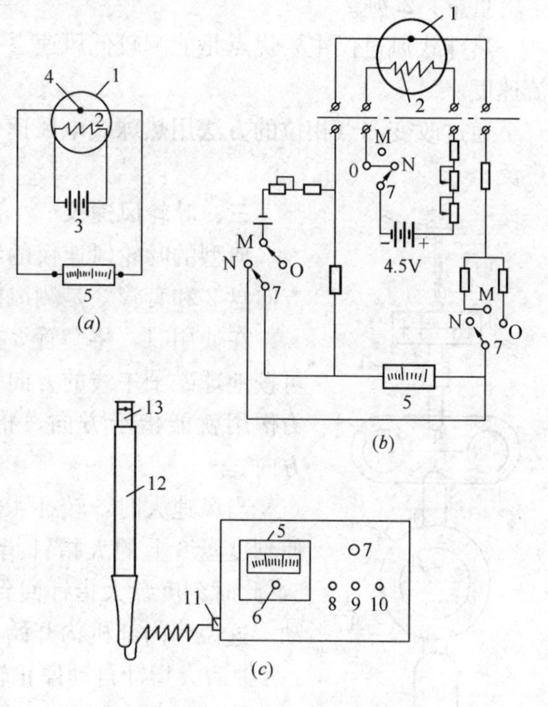

图3-12 热球式电风速仪

（*a*）原理图；（*b*）电路简图；（*c*）外形图

1—热球；2—加热线圈；3—加热电源；4—热电偶热端；5—二次仪表；6—调零螺钉；7—校正开关；8—满刻度旋钮；9—粗调旋钮；10—细调旋钮；11—测杆插头；12—测杆；13—探头；M—满度位；N—断位；O—零度位

典型热球式热电风速仪的电路示意图如图3-12（*b*）所示。当校正开关7指满刻度M时（此时加热线圈不通电，热球1的温度最低），二次仪表5指针读数被认为是风速达到无限大的情况。当校正开关指向零位时，加热线圈通电，如果这时球体被封闭，周围气流速度为零时，热电偶的二次仪表上的风速读数应为零。当把球体处于气流中后，可以从二次仪表中直接读出风速值。

使用时的具体步骤如下，参见图3-12（*c*）：

首先，观察二次仪表的指针是否指零，如有偏差，可调表上的机械调零螺钉6，使指针回至零点（这时校正开关应在断的位置）。

接着，将测杆12取出，并把测杆插头11插在插座上，测杆垂直向上放置。把探头13塞进测杆12，这时探头上的球体被封闭。

再将校正开关指向满到度位置，并调节满刻度旋钮8，使指针指在满刻度位置。

然后，将校正开关指向零位置，调整粗调与细调（9及10）旋钮，使指针指零。此时，将探头13轻轻拉出，使红点迎向风速，根据指针所指风速，再查仪器附带图表即可得到实际风速。

这种热球式电风速计的主要技术性能如下：

风速范围：0.05～10m/s；

使用条件：温度为15～55℃，相对湿度小于85％时，其指数误差不大于被测量的±5％；

测头的方向偏差在±5°时，指示误差不大于被测量的±5％；

探头的时间常数小于1～3s；

外形尺寸：270mm×185mm×122mm；

重量：2.4kg。

热球式风速仪主要优点是能测较低风速。它可以测室内空气流速，也可以测管道内气流速度。

通过改变测点相位的方法用热球式电风速仪可以测三维空间流速，所以应用范围比较广泛。

三、叶轮风速仪

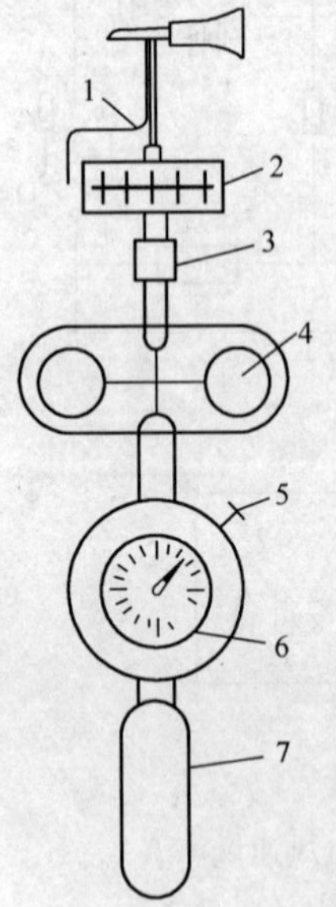

图 3-13　叶轮风速仪
1—风向指针；2—方向盘；3—套管；4—转杯；5—启动杆；6—刻度盘；7—手柄

典型的叶轮风速仪的结构原理如图 3-13 所示。其中风向指针 1、方向盘 2 和套管 3 是测风向的，而转杯 4 与刻度盘 6 是测风速的。

在使用时，将套管 3 拉下后再向右转一个角度，此时方向盘 2 就可按地球磁子午线的方向稳定下来。当风吹过时，风向指针由于受风力作用就能指示方向，指针对准方向盘的读数即为具体的风力和方向。

当风速大时，转杯 4 转速就快，并带动齿轮及蜗杆等传动机构，使刻度盘 6 上的大指针指出相应的转速。使用时用手指压下启动杆 5，此时刻度盘大指针回到零位。放开启动杆后度盘上红色小针就启动，这说明内部机构开始工作，同时度盘上大指针也开始走动，经过 1 分钟后大指针自动停止转动，根据大指针所示读数查仪器附带的校正曲线图即得实际风速。

该风速仪主要技术性能为：

测量范围：风速 1～30m/s；风向 0～360°；启动风速 0.8m/s。

测量误差：风速误差校正后小于 0.4m/s；风向误差±10°；外形尺寸 360mm×70mm×75mm；重量 1.5kg。

叶轮风速仪有许多种。有的采用风翼片代替转动杯，可以提高精度，但是容易损坏。在测量时还要注意仪表在气流中的方位，防止叶轮倒转，另外不允许气流的实际流速超过仪表测量上限。

这种风速仪的使用方法简单，携带方便，最适合测量室内、外空气流速，另外也可测量风管排风口或吸风口处的气流速度。

第四节　空间流速及脉动流速测量

在某些情况下，如在研究燃烧室及燃烧器出口气流速度场时，需要测量三维空间的气流速度，既要测出流速的大小，还要确定流速的方向。这时必须采用特殊的测量仪表。

一、五孔球形测速管[4]

（一）基本原理

五孔球形测速管是由球形探测头、干管及测角器三个主要部分组成，图 3-14 是此五孔球头测速管的测量原理图。

球形探测头 9 由两个半球壳合成，迎向气流半球上钻五个孔，分别为 a、b、c、d、e，它们位于两个互相垂直的平面上，孔 b 位于球体正中心。如果以干管 3 的轴线转动为基准，孔 a、b、c 在球体子午面上，孔 d、b、e 在球体赤道上。孔 a、c 和孔 e、d 与中心

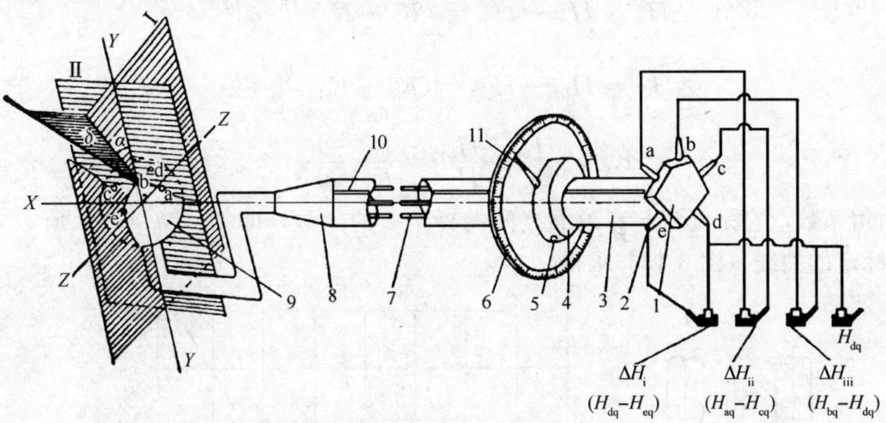

图 3-14　五孔球头测速管原理图

Ⅰ—赤道面；Ⅱ—子午面

1—分配器；2—接头；3—干管；4—导向套管；5—锁紧螺母；6—测角器；

7—传压管；8—过度接管；9—球形探测头；10—键槽；11—指针

孔 b 对称，并成 45°。为了减少过渡接管 7 对气流产生干扰作用，将其做成弯曲的 U 形与干管相接。干管中心线通过球体的正中心，干管的另一端，与带五个接头的分配器 1 相接，分配器上的每一个接头都刻有和测孔相对应的标志。

当空间气流流向球形探头时，对球面不同方位产生不同压力，各测孔的感受压力值为；

$$\left.\begin{aligned} H_{aq} &= H + K_a \frac{W^2}{2}\rho \\ H_{bq} &= H + K_b \frac{W^2}{2}\rho \\ H_{cq} &= H + K_c \frac{W^2}{2}\rho \\ H_{dq} &= H + K_d \frac{W^2}{2}\rho \\ H_{eq} &= H + K_e \frac{W^2}{2}\rho \end{aligned}\right\} \tag{3-13}$$

式中　$H_{aq} \sim H_{eq}$——对应于各测孔的全压（Pa）；

H——测点处静压（Pa）；

W——流向测点的气流绝对速度（m/s）；

ρ——流体密度（kg/m^3）；

$K_a \sim K_e$——对应于各测孔的系数。

转动测速管，使 $H_{dq}=H_{eq}$（$\Delta H_i=0$），这时球形探测头的子午面必迎向气流（气流流速矢量在子午面内）。因为指针 11 与干管 3 是连在一起的，所以通过指针在测角器 6 上的转动，可测得 α 角，即气流与某一基准子午面间的角度。这样，只要再测得 δ 角就可以把气流速度的方位定下来（图 3-14），读出 ΔH_{ii} 与 ΔH_{iii} 值。又因

$$\left.\begin{aligned}\Delta H_{ii} &= H_{aq} - H_{cq} = (K_a - K_c)\frac{W^2}{2}\rho \\ \Delta H_{iii} &= H_{bq} - H_{dq} = (K_b - K_d)\frac{W^2}{2}\rho\end{aligned}\right\} \tag{3-14}$$

$$K_\delta = \frac{H_{aq} - H_{cq}}{H_{bq} - H_{dq}} = \frac{K_a - K_c}{K_b - K_d} \tag{3-15}$$

K_δ 为角系数，它是气流与赤道面之间的夹角 δ 的函数，即 $K_\delta = f(\delta)$，所以 δ 角可以由预先标定的曲线（图 3-15）求得。

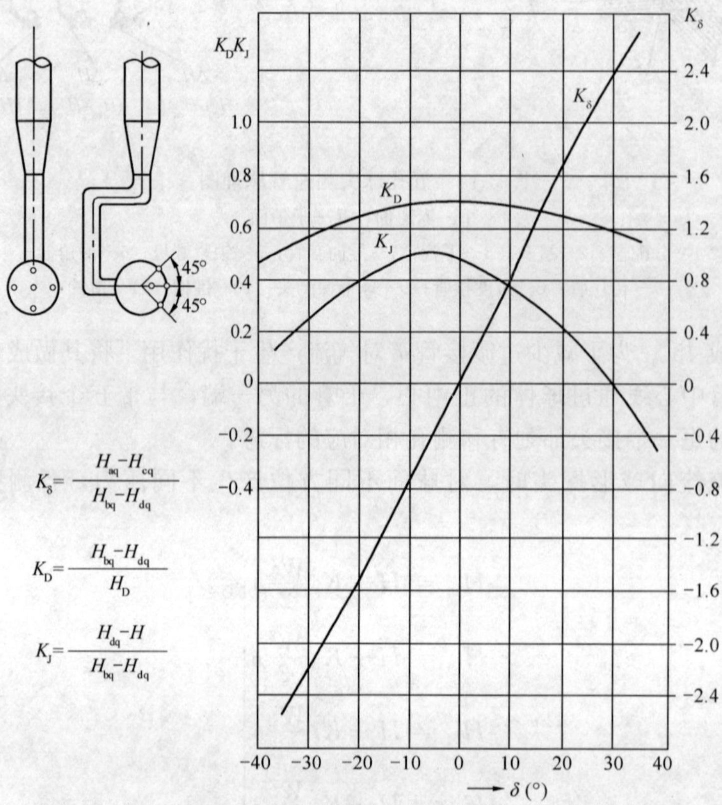

图 3-15　五孔球形测速管特性曲线

根据式（3-14），可求得测点的动压

$$H_D = \frac{W^2}{2}\rho = \frac{H_{bq} - H_{dq}}{K_b - K_d} \tag{3-16}$$

式中　H_D——测点动压（Pa）；

W——测点流速绝对值（m/s）；

H_{dq}及 H_{bq}——孔 d 及 b 的全压（Pa）；

K_d及 K_b——孔 d 及 b 的系数。

令 $K_b - K_d = K_D$，K_D称为动压系数，它也是角 δ 的函数，也可以预先标定出来。在固定几个 δ 角的条件下，测出 $H_{bq} - H_{dq}$及 H_D就可以得到 $K_D = \frac{H_{bq} - H_{dq}}{H_D} = f(\delta)$ 关系曲线（图 3-15）。

根据式（3-16）可得

$$\frac{\rho W^2}{2}=\frac{H_{bq}-H_{dq}}{K_b-K_d}=\frac{H_{bq}-H_{dq}}{K_D} \tag{3-17}$$

已知 K_D 与 H_{bq} 与 H_{dq} 后，就可求得流速绝对值（m/s）

$$W=\sqrt{\frac{2(H_{bq}-H_{dq})}{K_D\rho}} \tag{3-18}$$

最后可以按照下式计算各个分速度：

$$\left.\begin{aligned}\text{轴向分速度 } W_y &= W\cos\alpha\cos\delta\\ \text{切向分速度 } W_z &= W\sin\alpha\cos\delta\\ \text{径向分速度 } W_x &= W\sin\delta\end{aligned}\right\} \tag{3-19}$$

再令

$$K_J=\frac{H_{dq}-H}{H_{bq}-H_{dq}}$$

K_J 称为静压系数，它也是 δ 角的函数，也可以预先标定出此关系曲线（图 3-15）。在实际测量时，可根据上述特性曲线查得 K_J 值，再用下式即可算出测点的静压

$$H=H_{dq}-K_J(H_{bq}-H_{dq}) \tag{3-20}$$

式中　H——测点流体静压（Pa）；

H_{dq}——d 孔的全压（Pa）；

H_{bq}——b 孔的全压（Pa）；

K_J——静压系数。

（二）仪表构造

可以自己设计、制造五孔球形测速管，其主要构造如图 3-16 所示。

球形探测头用两个半圆铜或不锈钢体焊接而成。压力传递管可采用 $\phi1.2$mm 的紫铜管或不锈钢管，这些管穿过球形探头并且胀牢。球头的子午面应与干管上的键槽及指针的

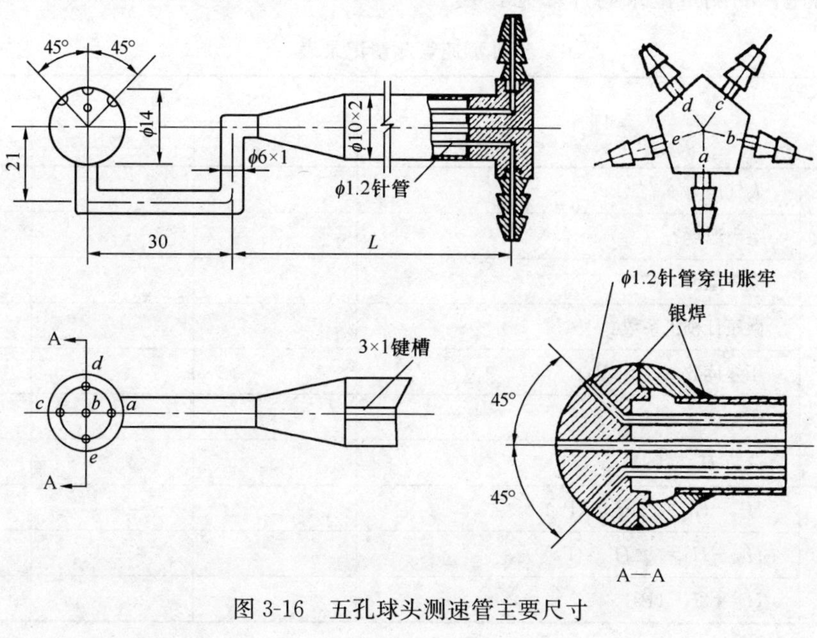

图 3-16　五孔球头测速管主要尺寸

中心线确保在同一平面内。要严格保证测速管的严密性，各个压力传递管之间的压力不能互相干扰。测速管的尺寸可以参考图 3-15 中数字，其中 L 值应根据实际测试要求决定。

（三）选用要点

自制五孔球形测速管应在风洞试验台上标定其特性曲线，特性曲线共有三条，即 $K_\delta=f_1(\delta), K_D=f_2(\delta), K_J=f_3(\delta)$。

在测量前，应预先准备一个固定支架，以便把测速管稳固地安装在支架上。在测量时，需用四台微压计，也可以采用三台微压计与一个切换阀（利用切换阀，使其中一台微压计读两个读数），但是这样做，使测量时间延长，并且增加了漏气的可能性。

首先调整测角器，使指针对 0°并用锁紧螺母（图 3-13 中 5）固定。将球形探头送到测量点，同时将测速管固定在支架上。

按照图 3-13 将微压计装好，松开锁紧螺母，慢慢将干管左右旋转，使 $H_{dq}=H_{eq}$ ($\Delta H_1=0$)，这时即可读出 α 角，同时可得 $H_{bq}-H_{aq}-H_{qc}$ 及 H_{dq}。测出以上参数后，可据式（3-15）算出 K_δ，并可据特性曲线查得 δ 角。然后根据 δ 角，查得有关持性曲线，可得 K_D 与 K_J。最后根据式（3-20）算出静压 H，根据式（3-18）及（3-19）算出气流绝对速度 W 及各向分速度 W_x、W_y 及 W_z。

在计算流体密度时，应根据流体的实测温度与压力进行换算，即：

$$\rho=\frac{273}{273+t}\times\frac{p_{atm}+H}{101325}\rho_0 \tag{3-21}$$

式中 ρ——流体密度（kg/m³）；

t——流体温度（℃）；

p_{atm}——大气压力（Pa）；

H——测点静压（Pa）；

ρ_0——流体在标准状态下密度（kg/m³）。

五孔测速管的测量记录与计算见 3-4。

五孔测速管测量记录表 **表 3-4**

项目		测量点 1	测量点 2	测量点 3
室内参数	大气压力 p_{atm}（Pa）			
	室内温度 t_B（℃）			
	流体温度 t（℃）			
微压计读数	微压计校正系数 ζ			
	压差读数 $\Delta H'_{ii}$（Pa）			
	压差读数 $\Delta H'_{iii}$（Pa）			
	读数 H_{dq}（Pa）			
压力值	$H_{aq}-H_{cq}=\zeta\Delta H'_{iii}$（Pa）			
	$H_{bq}-H_{dq}=\zeta\Delta H'_{iii}$（Pa）			
	$H_{dq}=\zeta H'$（Pa）			

续表

项目		测量点 1	2	3
	角 α（度）			
	$K_5=(H_{aq}-H_{cq})/(H_{bq}-H_{dq})$			
	角 δ（度）			
	动压头系数 K_D			
	静压头系数 K_J			
查曲线与计算 查曲线与计算	$H=H_{dq}-K_J(H_{bq}-H_{dq})$Pa			
	流体密度（kg/m^3）			
	流体绝对速度 W（m/s）			
	$W_x=W\sin\delta$（m/s）			
	$W_y=W\cos\alpha\cos\delta$（m/s）			
	$W_z=W\sin\alpha\cos\delta$（m/s）			

二、四孔斜头测速管

四孔斜头测速管的基本原理与五孔球形测速管相同，但其结构比较简单，容易制作，也容易安装。图 3-17 所示即为这种测速管的示意图。

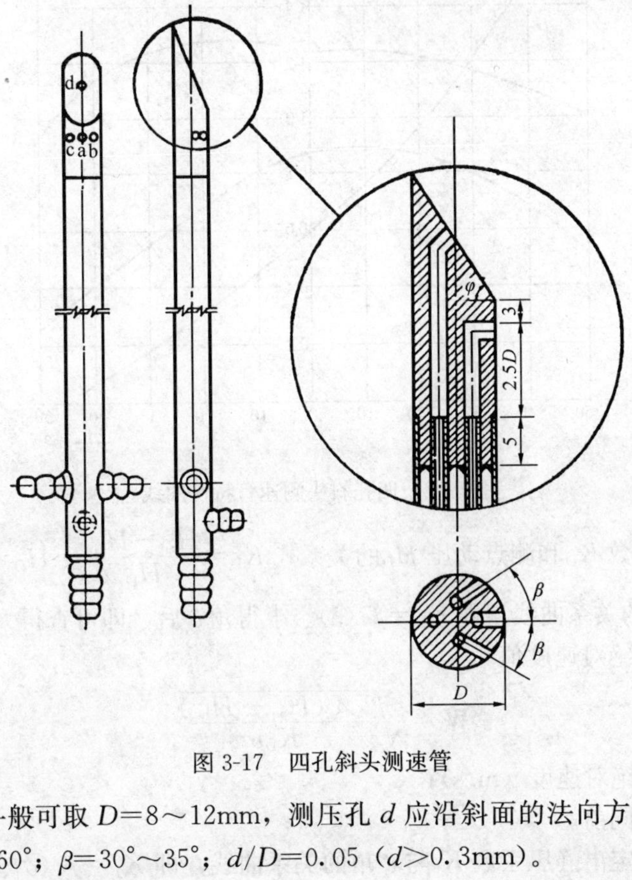

图 3-17 四孔斜头测速管

测速管直径一般可取 $D=8\sim12$mm，测压孔 d 应沿斜面的法向方向，其他尺寸可参考下列数字：$\varphi=60°$；$\beta=30°\sim35°$；$d/D=0.05$（$d>0.3$mm）。

这种测速管也要求配有测角器，它的使用方法与五孔球形测速管基本相同。在测量时，转动测速管，根据 $H_{bq}=H_{cq}$ 的条件测出被测气流与基准面（通过测速管轴线的某一指定平面）的夹角 α。被测气流与垂直测速管轴线的法线夹角 δ 也可以根据预先标定的特性曲线 $K_{\delta}=f(\delta)$ 查得（见图 3-18）。δ 角系数 K_{δ} 可由下式求得：

$$K_{\delta}=\frac{H_{dq}-H_{bq}}{H_{aq}-H_{bq}} \tag{3-22}$$

式中　　　K_{δ}——δ 角系数；

H_{dq}、H_{bq} 与 H_{aq}——分别为测压孔 d、b 与 a 的全压（Pa）。

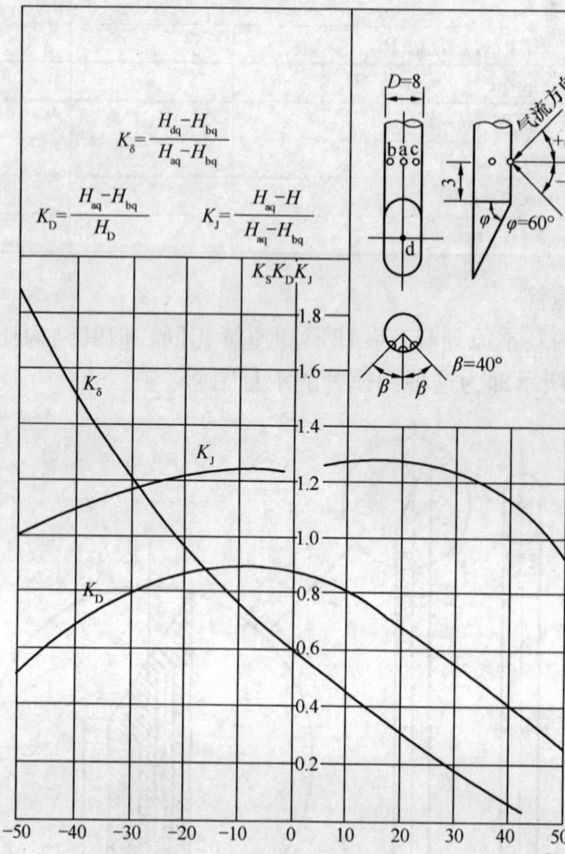

图 3-18　四孔斜头测速管特性曲线

根据动压头系数 K_D 和测点动压 H_D 的关系式 $K_D=\frac{H_{aq}-H_{bq}}{H_D}$ 及 $H_D=H_D=\frac{\rho W^2}{2}$，还可以标定出 K_D 与角的关系曲线，即 $K_D=f\ (\delta)$。求得角 δ 后，即可查得 K_D 值，利用下式即可算出被测流体的绝对速度值。

$$W=\sqrt{\frac{2\times(H_{aq}-H_{bq})}{K_D\rho}} \tag{3-23}$$

式中　W——流体绝对速度（m/s）；

其他符号意义同前。

此外还可以标定出静压系数 K_J 与 δ 角的关系曲线，即 $K_J=f\ (\delta)$。求得 δ 角后，也可查 K_J 值，并用下式算出测点的流体静压。

$$H = H_{aq} - K_J(H_{aq} - H_{bq}) \tag{3-24}$$

式中　H——测点流体静压（Pa）；

K_J——静压系数。

每只四孔斜头测速管都需要在风洞试验台上标定其特性曲线，即 $K_\delta = f(\delta)$、$K_D = f(\delta)$ 及 $K_J = f(\delta)$（图 3-18）。

对于斜面倾角 $\varphi = 60°$ 的四孔斜头测速管，当被测气流偏角在 $-25° \sim 30°$ 范围内时，绝对速度的相对误差 $\frac{\Delta W}{W} \leqslant 4\%$，角度误差 $\Delta\delta \leqslant 2.5°$。

在转动测速管寻找 $H_{bq} = H_{cq}$ 时，要根据气流工况灵活掌握。当（$H_{aq} - H_{bq}$）与（$H_{dq} - H_{bq}$）的绝对值比较大时，也就是说 δ 角在 $-30° \sim 30°$ 以外时，H_{bq} 与 H_{cq} 可不必严格要求相等，以减少测量时间[4]。

三、热线风速仪[2]

由于惰性大，读数滞后，测压管不能用于测量不稳定气流的速度。热线风速仪的探头尺寸小，惰性小，响应快，能满足动态测量要求。热线风速仪由热线探头和伺服控制系统组成，如果配上微机数据处理系统，可简化数据整理工作，对燃气事业的研究工作有现实意义。

（一）基本原理

热线风速仪的探头是一根很细的金属丝，通电后会产生一定的热量。通电的热线在流场中受到气流的冲刷会产生热损失，此热损失直接受气流流速的影响。

设流过热线的电流为 I，热线电阻为 R，热线产生的热量为 Q_1，则

$$Q_1 = I^2 R \tag{3-25}$$

热线探头在流场中的散热以对流为主，略去辐射散热后，根据牛顿公式热线散热

$$Q_2 = \alpha F(t_\omega - t_f) \tag{3-26}$$

式中　t_ω——热线温度；

t_f——气流温度；

α——对流换热系数；

F——热线散热面积。

当 $Q_1 = Q_2$ 时，有

$$I^2 R = \alpha F(t_\omega - t_f) \tag{3-27}$$

电阻 R 是热线温度 t_ω 的函数。在固定的探头与流体条件下，α 与气流速度有关。当气流温度 t_f 不变时，气流速度 W 只与电流 I 及热线温度 t_ω 有关，即

$$W = f(I, t_\omega) \tag{3-28}$$

恒流工作方式：当保持 I 为常数时，$W = f$（t_ω）。可根据热线温度 t_ω 测得气流速度 W。

恒温工作方式：当保持 t_ω 为常数时，$W = f$（I）。可根据电流 I 测得气流速度 W。

恒加热工作方式：也可以保持 $t_\omega - t_f$ 为常数，这时 $W = (f)I$。也可以根据电流 I 测得气流速度。

无论哪种工作方式都需要对气流实际温度偏离热线标定时的气流温度 t_0 进行修正，这种修正可以通过温度补偿电路自动实现。

热线的方向性：热线输出信号的强弱与气流方向有关，当热线的轴线与气流速度的方向垂直时，气流对热线的冷却能力达到最大，热线输出信号最强。如果热线轴线与气流速度方向的交角逐渐减小，输出信号也相应降低。根据此现象，原则上可以确定气流速度的方向。

（二）热线探头与工作线路

热线探头有热线与热膜两种（图 3-19）。热线通常用铂丝或钨丝，直径可细到 3μm，典型直径为 3.8～5μm，长度约 1～2mm。为了减小气流绕流支杆带来的干扰，热线两端镀有合金，起敏感元件作用的只有中间部分。热膜是用铂或铬制成的金属薄膜，用熔焊的方法将它固定在楔形或圆柱形石英骨架上。热线的体积比热膜小，响应频率高，但其机械强度低，不适用于液体或带颗粒的气流中工作，而热膜的优缺点正好与热线相反。

热线探头还可分为一元、二元及三元热线探头。一元热线探头用来测量平面（单向）气流速度；二元探头用来测量平面气流速度；三元探头用来测量空间气流速度。由图3-19可见一元热线探头只有一根热线，而三元热线探头是由三根互相垂直的热线组成。

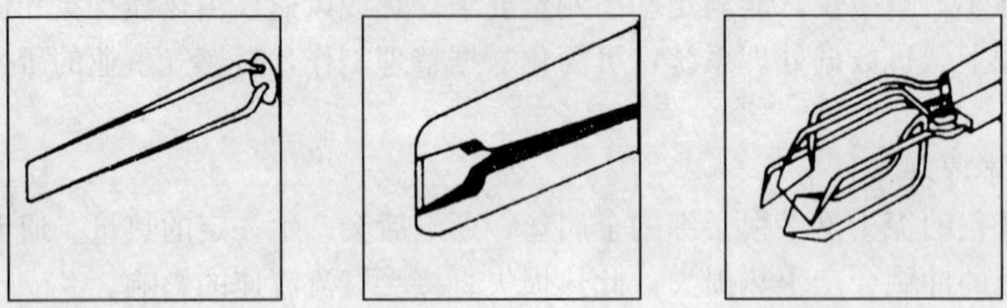

(*a*)　　(*b*)　　(*c*)

图 3-19　热线探头

(*a*) 一元热线探头；(*b*) 热膜探头；(*c*) 三元热线探头

在测量线路中，热线是惠斯顿电桥的一臂。在实际测量时，测量的不是流过热线的电流 I 而是测量电桥的桥顶电压 E（图 3-20）。

（三）测量方法

1. 热线方程[2]

热线风速仪的基本原理是基于热线对气流的对流换热。假定热线无限长并且是表面光滑的圆柱体，流体流动方向垂直于热线，由传热学可知，对流换热系数 α 为：

$$\alpha = \frac{Nu\lambda}{d} \tag{3-29}$$

式中　Nu——努塞尔数；

λ——流体热导率；

d——热线直径。

因为热线直径 d 非常小，雷诺数 Re 值不会太小，属于层流对流换热，故根据经验公式，

$$Nu = a + bRe^{n} \tag{3-30}$$

$$Re = \frac{Wd}{\nu}$$

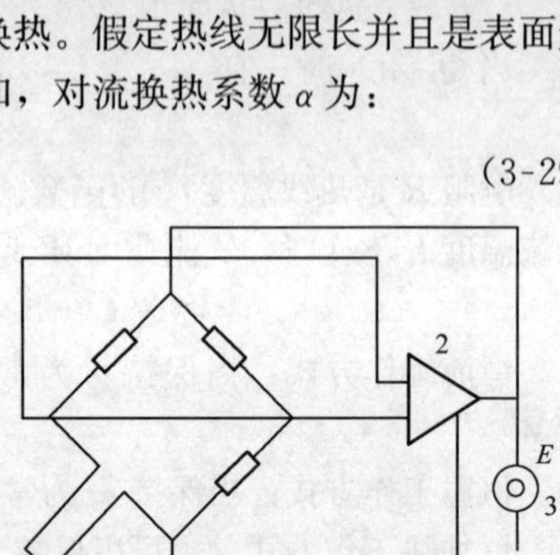

图 3-20　恒温式热线风速仪测量线路示意图

1—热线探头；2—伺服放大器；3—电桥电压表

式中　a、b——与流体特性有关常数；

W——流体速度；

n——与流速有关常数；

ν——流体运动黏度。

将式（3-30）代入式（3-29），可得

$$\alpha = a\frac{\lambda}{d} + b\frac{\lambda d^{n-1}}{\nu^{n}}W^{n}$$

将 α 值代入式（3-27）得，

$$I^2R = \left(aF\frac{\lambda}{d} + bF\frac{\lambda b^{n-1}}{\nu^{n}}W^{n}\right)(t_{\omega} - t_{f})$$

因为热线已确定，流体的 λ 与 v 已知，则上式可简化为热线方程：

$$I^2R = (a' + b'W^{n})(t_{\omega} - t_{f}) \tag{3-31}$$

式中 $a' = aF\frac{\lambda}{d}$，$b' = bF\frac{\lambda d^{n-1}}{\nu^{n}}$。

又因热线的电阻 R 随温度变化，其规律为：

$$R = R_0[1 + \beta(t_{\omega} - t_0)]$$

式中　t_0——校正热线风速仪时的流体温度；

R_0——热线在 t_0时的电阻；

β——电阻温度系数。

这样可得

$$I^2 = \frac{(a' + b'W^{n})(t_{\omega} - t_{f})}{R_0[1 + \beta(t_{\omega} - t_0)]} \tag{3-32}$$

在恒流工作方式下，电流 I 为常数，这样根据热线温度 t_{ω} 可求得流速 W。但是由于热线本身是有一定的热惰性，目前还没有找到对此热惰性的简易可行的补偿办法，所以恒流工作方式很少用于流速的测量。

恒温工作方式（包括恒加热工作方式）的控制线路简单（图 3-20），精度高，使用方便，广泛地用于测量平均流速、空间流速及脉动气流速度的测量。

在恒温工作方式下，要对气流温度 t_f 偏离热线标定时的气流温度 t_0进行修正。电流 I 与气流速度 W 的关系为

$$I^2 = a'' + b''W^{n}$$

式中　a''及b''就是在t_f 不同于 t_0 下的修正系数。在实测量中，不测 I 而是测量电桥的桥顶电压 E)（图 3-20）。这时有

$$E^2 = A + BW^{n} \tag{3-33}$$

式中 A 及 B 是和a''及b''性质相似的常数。此式称为金氏定理[2]；指数 n 推荐值为 0.5。金氏定理是热线探头在恒温工作方式下测速原理的一种近似描述。

2. 平均流速的测量

在实际测量中，热线的长度、支杆的导热和对流气的影响都会造成误差，故金氏定理不能直接应用。一般采用下式计算 E。

$$E^2 = E_0^2 + BW_R^{n} + CW_R \tag{3-34}$$

式中　E_0——当气流速度为零时，热线电桥的桥顶电压；

B、C 及 n——根据实验数据处理后的常数，n=0.5～0.9；

W_R——当量冷却速度，简称冷速度。

冷却速度 W_R 的定义为：如果速度为 W 的气流对热线的冷却作用与在支杆平面内且垂直于热线的气流速度 W_R 的冷却作用相同时，则 W_R 叫做气流速度 W 的冷速度。要注意的是，W_R 不是流速 W 在支杆平面内垂直于热线方向的投影。如果气流速度 W 在空间直角坐标系的 xyz 三个轴上的分量分别为 W_x，W_y、W_z，支杆平面与 xoy 平面重合，此气流速度对平行于 ox 轴的热线的冷却作用与 W_R 相同时，则

$$W_R^2 = K_1^2 W_x^2 + W_y^2 + K_2^2 W_z^2 \tag{3-35}$$

式中的 K_1 与 K_2 是通过在风洞中校准得到的常数，其大小由支杆的结构与尺寸决定。一般情况下，$K_1 \approx 0.15$；$K_2 \approx 1.02$。K_1 很小，表明 W_x 与热线平行且受支杆影响的缘故。当气流方向正好落在支杆平面上并垂直于热线时，则，$W_x = W_z = 0$，$W_R = W_Y = W$，此属于特定情况。

热线探头的实际特性曲线必须通过风洞校准试验求得。图 3-21（a）是热线探头速度校正曲线示意图。它给出了流速 W 在支杆平面上且垂直时，桥顶电压 E 与 W_R 的关系，此处的 W_R 就是当流速 $W = W_R$ 的特定情况。图 3-21（b）表示了热线方向性的特性曲线，它给出了桥顶电压 E 与气流对热线的冲角 θ 之间的关系。

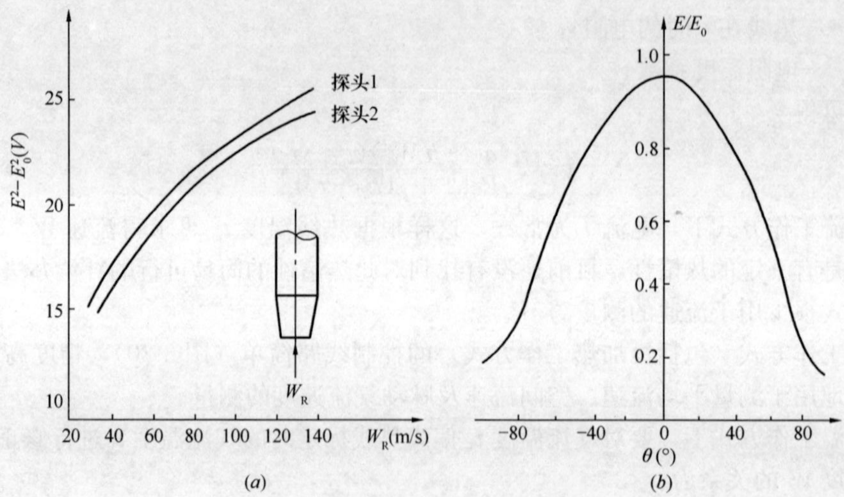

图 3-21　典型的热线探头标准曲线

（a）速度特性；（b）方向特性

从热线探头的速度特性与温度特性中发现，在一定的流速范围内有这样的关系：当冲角为 θ 时，桥顶电压为 E（θ），用 E（θ）查得的流速为 W_R（θ）时，

$$\frac{W_R(\theta)}{W_B(\theta = 0)} = X + Y\cos\theta \tag{3-36}$$

式中的 X 与 Y 为常数，与热线探头结构及尺寸有关。通常 $X = 0.15 \sim 0.20$；$Y = 0.80 \sim 0.85$。

直接测量法测平面气流：转动热线探头改变冲角 θ，直到桥顶电压 E 达到最大值，此时气流方向与热线垂直，速度 W 值可以根据特性曲线用 E 值查得。由于当 θ 值较小时，方向性不灵敏，故用此法确定气流方向有一定误差。

间接测量法测平面气流：将热线探头放入气流中可得桥顶电压 E_1，将探头转动 $\Delta\theta$ 后，再测得 E_2。据特性曲线查得 W_{R1} 与 W_{R2}，由式（3-36）可得

$$\left.\begin{aligned} W_{R1} &= W(X + Y\cos\theta) \\ W_{R2} &= W[X + Y\cos(\theta + \Delta\theta)] \end{aligned}\right. \tag{3-37}$$

由于 $\Delta\theta$、W_{R1} 与 W_{R2} 已知，解联立方程可得 W 及 θ，此时 W 为平均流速。

无论是直接还是间接测量法，都要始终保持气流速度 W 和支杆平面重合。

3. 空间流速的测量

测量空间流速要使用三元热线探头（见图 3-19）。它是由三根互相垂直的热线组成。每根热线有各自的校准特性曲线。测量时将探头放在测点上，并使三根热线都面对气流以减小支杆对热线的影响。记录各热线的桥顶电压，分别为 E_1、E_2、E_3，根据各自的曲线查得相应的冷速度为 W_{R1}，W_{R2}，W_{R3}，解下列方程组：

$$\left.\begin{aligned} W_{R1}^2 &= K_1^2 W_x^2 + W_y^2 + K_2^2 W_z^2 \\ W_{R2}^2 &= K_2^2 W_x^2 + K_1^2 W_y^2 + W_z^2 \\ W_{R3}^2 &= W_x^2 + K_2^2 W_y^2 + K_1^2 W_z^2 \end{aligned}\right\} \tag{3-38}$$

得到的 W_x，W_y，W_z 即为平均流速的大小及方向。

三元探头中各热线的 K_1、K_2 值，必须经过风洞校准确定。利用此法求得的气流方向可能与实际相差 180°，为此在测量前应对气流方向有所估计。

4. 脉动流速的测量

热线风速仪不仅能测量气流的平均流速，而且能测紊流气流中的脉动速度，因此热线风速仪在研究紊流气体的流动有非常现实的意义。

当气流在平均流速 $\overline{W}_R$ 上迭加一个脉动速度 $\dot{W}_R$ 后，热线风速仪的桥顶电压 $\overline{E}$ 含有两个分量：直流电压 $\overline{E}$ 及交流电压 e。因为热线风速仪的校准特性曲线是在稳定气流中得到的，不能直接用于测量脉动速度。为了简化测量脉动速度的讨论，利用金氏定理并取 $n=0.5$，这时桥顶电压与流速的关系为

$$(\overline{E} + e)^2 = A + B\sqrt{\overline{W}_R + \dot{W}_R}$$

展开后得

$$\overline{E}^2 + 2\overline{E}e + e^2 = A + B\sqrt{\overline{W}_R} + \frac{1}{2}B\frac{\dot{W}_R}{\sqrt{\overline{W}_R}} + \cdots \tag{3-39}$$

对平均流速，

$$\overline{E}^2 = A + B\sqrt{\overline{W}_R} \tag{3-40}$$

式（3-39）减式（3-40），并忽略无穷小量 e^2 可得

$$\dot{W}_R = \frac{4\overline{E}\sqrt{\overline{W}_R}}{B}e \tag{3-41}$$

令 $c = \dfrac{4\overline{E}\sqrt{\overline{W}_R}}{B}$

则 $\dot{W}_R = c\dot{e}$ 有 (3-42)

测得 $\dot{e}$ 后可很方便地求得脉动速度 $\dot{W}_R$。

脉动速度的均方根 ω：由于在热线风速仪上读出的是交流电压 e 的时间均方根 $\bar{e}$。令脉动速度 W_R 的时间均方根值为 ω，则

$$\omega^2 = c^2 e^{-2}$$

测量脉动速度一般系用三元热线探头，对于三根热线应有三个 c 值：

$$\begin{cases} \omega_1^2 = c_1^2 e_1^2 \\ \omega_2^2 = c_2^2 e_2^2 \\ \omega_3^2 = c_3^2 e_3^2 \end{cases}$$

分别求得 ω_1^2、ω_2^2、ω_3^2 后，可写出

$$\begin{cases} \omega_1^2 = K_1^2\omega_x^2 + \omega_y^2 + K_2^2\omega_z^2 \\ \omega_2^2 = K_2^2\omega_x^2 + K_1^2\omega_y^2 + \omega_z^2 \\ \omega_3^2 = \omega_x^2 + K_2^2\omega_y^2 + K_1^2\omega_z^2 \end{cases}$$

解方程式组得脉动速度各分量的均方值 ω_x^2、ω_y^2、ω_z^2，从而求得脉动速度的时间均方根值

$$\omega = \sqrt{\omega_x^2 + \omega_y^2 + \omega_z^2} \tag{3-43}$$

5. 热线风速仪的频率特性

采用恒温工作型的热线风速仪，不需要进行复杂的电子补偿就能使仪器具有良好的频率特性。在保持热线温度 t_ω 不变的条件下，速度脉动引起的测量桥路不平衡误差信号，经过放大并按一定相位关系反馈到桥路顶端，调整桥路供电电压，使测量桥路自动平衡，这种负反馈作用使整个系统的时间常数仅为热线的时间常数的 1/500，从而大大地拓宽了测量气流脉动的频率范围。

第五节 压力校验及压力传感器

燃气输配管网中各级管网与压力调节装置上各点压力的遥测是管网监检系统非常重要部分。为了把压力信号传送到中心调度室就首先需要把当地压力仪表弹性元件的位移转变为电信号，这就是压力传感器。一般来说压力传感器发出的电信号比较微弱，故需要将其放大到需要的强度，这就成为压力变送器。此外，目前发展很快的压电式仪表能将转变为电信号。被测压力直接显示出来，并且是数字显示。

此节还介绍压力计的校准装置——标准活塞式压力计。

一、压力传感器[2]

（一）压阻式压力传感器

物质在外力作用下，其电阻率会发变化，这种现象叫做压阻效应，利用压阻效应测量压力的传感器称为“压阻式压力传感器”。在自然界中有许多物质都具有这种压阻效应。半导体晶体的压阻效应非常明显，故常用硅或锗作为压阻材料。

压阻式压力传感器有两种类型：①应变式压力传感器：此类传感器是利用半导体材料

的体电阻做成粘贴式应变片，此应变片作为测量中的变换元件与弹性敏感元件一起组成粘贴型压阻式压力传感器。②扩散型压阻式压力传感器：这是在单晶硅基片上用集成电路工艺制成扩散电阻，此基片既是压力敏感元件又是变换元件。这类传感器被称为扩散型压阻式压力传感器，也可简称为压阻式压力传感器或固态压力传感器。

图 3-22 为电阻应变式压力传感器。它是通过粘在弹性元件悬臂梁上的 4 个应变片的阻值变化来反应被测压力值的。被测压力 p 或压差（$p'-p$）牵动连杆 2，使弹性元件悬臂梁 3 受力，从而改变应变片的阻值。通过不平衡电桥把阻值变化转换为电流或电压信号。这种压力传感器的应变片的电阻值受温度影响。应变敏感元件电阻随着温度变化而变化，弹性元件和应变片的线膨胀系数很难完全一致，但它们是粘在一起的，温度变化就产生附加应变。因此电阻应变式压力传感器需要采取各种温度补偿措施。

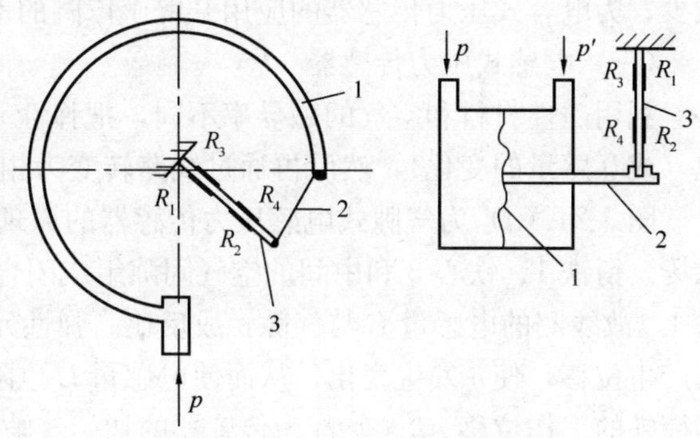

图 3-22　电阻应变式压力传感器

1—弹性元件；2—连杆；3—悬臂梁；R_1，R_2，R_3，R_4—应变片

（二）电容式压力传感器

电容器的电容量是由其两个极板的大小、形状、相对位置和电介质的介电常数决定的。图 3-23（a）为电容式压力传感器的原理图，图 3-23（b）为电容式压力传感器的差动式电容。当一个固定极板不动，另一个感受压力的是带一个膜的极板，并随着压力变化而改变极板间的相对位置时，电容量的变化就反映了被测压力的变化。为了提高传感器的灵敏度和改善其输出的非线性，实际多采用差动式电容。将感受压力的动极板放在两个静极板之间，当压力改变时，一个电容的电容量增加，另一个电容量减小，这样灵敏度可提高一倍，非线性也可大大降低。

把电容式压力传感器的输出电容转换为电压、电流或频率信号并加以放大的常用测量线路有：交流不平衡线路、自动平衡电桥线路、差动脉冲宽度调制线路、运算放大器式线路。

电容式压力传感器具有结构简单，所需输入能量小，没有摩擦，灵敏度高，动态响应

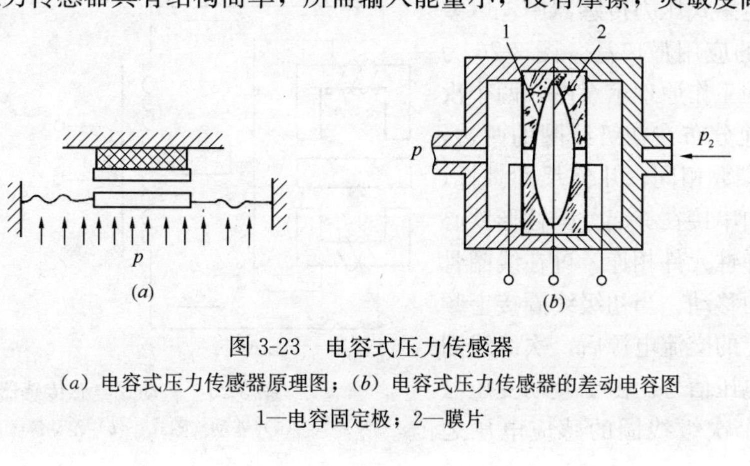

图 3-23　电容式压力传感器

（a）电容式压力传感器原理图；（b）电容式压力传感器的差动电容图

1—电容固定极；2—膜片

好，过载能力强，自热影响极小，能在恶劣环境下工作等优点，近年来受到了重视。影响电容式压力传感器测量精度的主要因素是线路寄生电容、电缆电容和温度湿度等外界干扰。没有极良好的绝缘和屏蔽，它将无法正常工作。这正是过去长时间限制了它的应用的原因。集成电路技术的发展和新材料新工艺的进步，已使上述因素对测量精度的影响大大减少，为电容式压力传感器的应用开辟了广阔的前景。

（三）电感式压力传感器

利用磁性材料和空气的磁导率不同，把弹性元件受力后的位移转换为电路中电感的变化（或互感量的变化），然后再通过线路转变为相应的电流或电压信号。

图 3-24（*a*）为气隙式电感压力传感器的原理图。线圈 2 由恒定交流电源供电后产生磁场。衔铁 1、铁心 3 和中间的空气间隙组成闭合磁路。由于气隙的磁阻大于铁心 3 与衔铁 1，故线圈的电感量 L 与气隙 δ 成反比。弹性元件与衔铁相连，弹性元件感受被测压力而产生位移，使 δ 发生变化，从而使电感量 L 也随之改变。为了得到较好的线性关系要限制衔铁的工作位移 $\Delta\delta$。令 δ_0 为传感器的初始气隙，则

$$\Delta\delta=(0.1\sim0.2)\delta_0$$

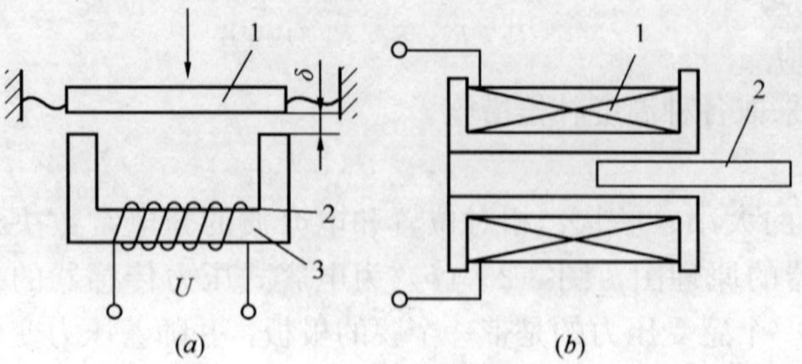

图 3-24　电感式传感器原理
（*a*）气隙式；（*b*）螺管式
1—衔铁；2—线圈；3—铁心

当弹性元件的位移较大时，可采用图 3-24（*b*）所示的螺管式电感传感器。它由绕在骨架上的线圈 1 和可以沿线圈轴向移动并和弹性元件相连的铁心 2 组成。它实质上是个调感线圈。

上述传感器虽然结构简单，但存在驱动衔铁或铁心的力较大、线圈电阻的温度误差不易补偿等缺点，所以实际应用较少，而往往采用如图 3-25 所示的差动式电感传感器。其中图（*a*）为差动气隙式，（*b*）为差动螺管式，它们实际上是由共用一个衔铁或铁心的两个简单传感器组合而成的。它们不但克服了上述简单传感器的缺点，而且增大了线性工作范围。

在各种电感式压力传感器中，以差动变压器式的应用最广泛。图 3-26 为差动变压器的工作原理示意图，两个次级线圈对称地分布在初级线圈的两边，它们的电气参数相同，几何尺寸一样，并按电势反向串接在一起。圆柱形铁心一端和感压弹性元件相连。可在线圈骨架中心沿轴向移动。当初级线圈接上频率、幅度一定的交流电源后，次级线圈即产生感应电压信号。由于差动变压器输出的是两个次级线圈的感应电压之

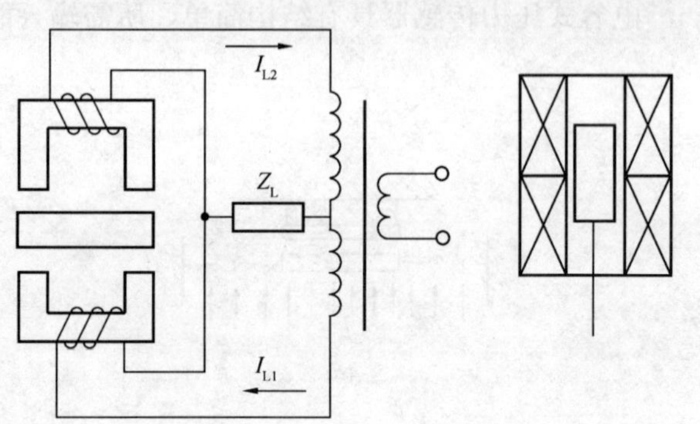

图 3-25　差动式电感传感器
（*a*）差动气隙式；（*b*）差动螺管式

差，输出电压的大小和正负反映了被测压力的大小和正负。被测压力为零时，铁心处于中间位置，输出为零；当弹性元件感受压力产生位移，引起铁心位置改变，进而使互感变化时，两个次级线圈的感应电压也发生相应变化，它们之间的差值有效地反映了被测压力的大小和正负。

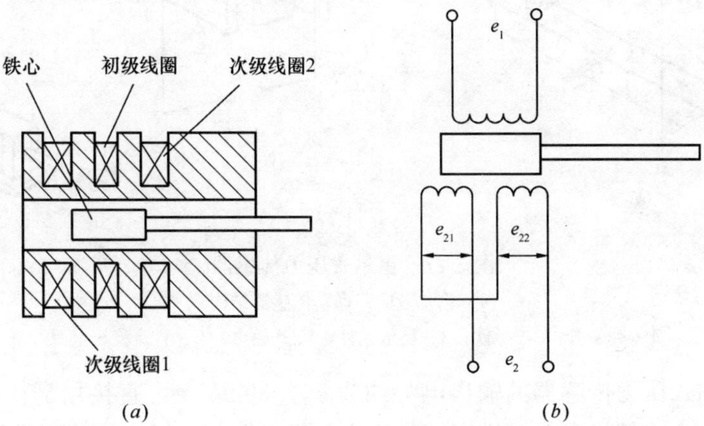

图 3-26　差动变压器原理图

(*a*) 差动变压器；(*b*) 电路简图

电感式压力传感器的特点是灵敏度高、输出功率大、结构简单、工作可靠。但不适合测量高频脉动压力，且较笨重。精度一般为 0.5～1 级。

其二次仪表为毫伏计或自动平衡电子差动仪，也可把输出信号转换为统一的电流或电压信号，与电动单元组合仪表联用。

外界工作条件的变化和内部结构特性的影响，如环境温度变化，电源电压和频率的波动，线圈的电气参数、几何参数不对称，导磁的不对称和不均质等，都是电感式压力传感器产生测量误差的主要原因。

（四）霍尔式压力传感器

将一片金属导体或半导体（例如锗等）薄片放在一个磁场 B 中，并在薄片两端通以电流 I（图 3-27（*a*））。这时薄片的另外两端会产生一个电动势 U_H。电动势的大小与电流 I 及磁场的磁感应度 B 成正比。这种现象称为霍尔效应，所加的电流 I 被称为控制电流，产生电势是霍尔电势，薄片为霍尔元件。

金属的霍尔效应很小。锗（Ge）、锑化铟（InSb）、砷化铟（InAs）等半导体材料和化合物半导体的霍尔效应显著，是很好的霍尔元件材料。

图 3-27（*b*）为霍尔效应压力传感器结构图。此压力传感器的主要部件由两部分组成。一为感受被测压力的弹性元件，另一为固定在此弹性元件上的霍尔元件。霍尔元件放在一个非均匀的磁场中，该磁场是由一对永久磁钢构成。这对磁钢的磁场强度相同而异极相对，形成一个磁感应强度呈线性变化的不均匀磁场。当被测压力通入弹性管，使霍尔元件在不均匀磁场中形成位移，则穿过霍尔元件的磁感应强度产生变化。由于控制电流 I 不变，故霍尔电势随磁感强度的变化而改变。当霍尔元件处于非均匀磁场的中间时，霍尔电势为零，此时压力也应为零。当压力改变使霍尔元件偏离中间位置时，则输出霍尔电势，此电势与被测压力成正比。

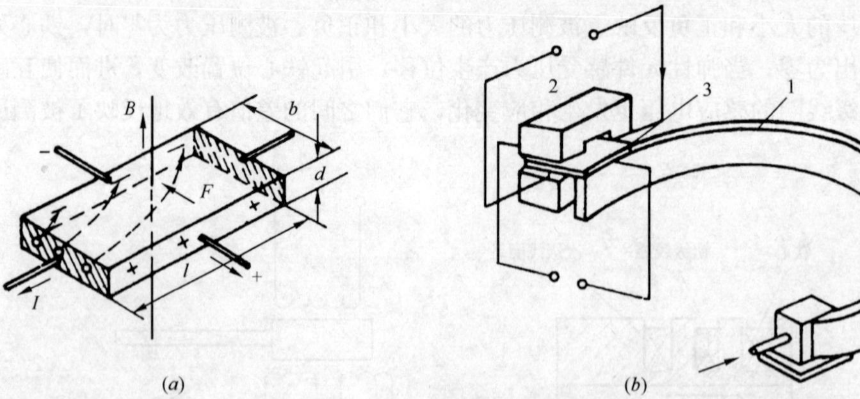

图 3-27　霍尔式压力传感器

(a) 霍尔效应；(b) 传感器结构

1—弹簧管；2—磁铁；3—霍尔元件；V_n—输出；E—直流稳压电源

常用的霍尔式压力传感器的输出电势约为 20～30mV，可直接用毫伏计作指示仪表，测量精度 1.5 级。它的优点是灵敏度较高，测量仪表简单，但测量精度温度影响较大。在实际应用中应对霍尔元件采取恒温或其他温度补偿措施。

二、压力校验及标准活塞式压力计

（一）压力校验

除了 U 形管压力计外，一般的测压仪表都需要定期校验，防止在测量时产生较大误差。校验压力计的项目有零点校验、工作点校验及标尺全面校验等。国家标准计量局对各种压力表都规定有具体的校验规程及标准的压力校验器。在日常的测试工作中，通常用精度较高的压力计做校验器。工作点与零点校验应定期进行，具体检验方法应根据具体仪表的检定规程的规定，例如：MV—RR—CNG—0011 弹簧管式一般压力表压力真空表检定规程；

MV—RR—CNG—0042 气象用水银气压表检定规程。

校验微压计时，环境温度有很大影响，并且被校验的微压计精度越高，要求环境温度波动值越小。具体可参考表 3-5。

微压计校正时环境温度允许波动值　　**表 3-5**

精度等级	环境温度（℃）	校验时允许温度波动值（℃）
0.5 级		1
1 级	15～25	2
1.5 级		3

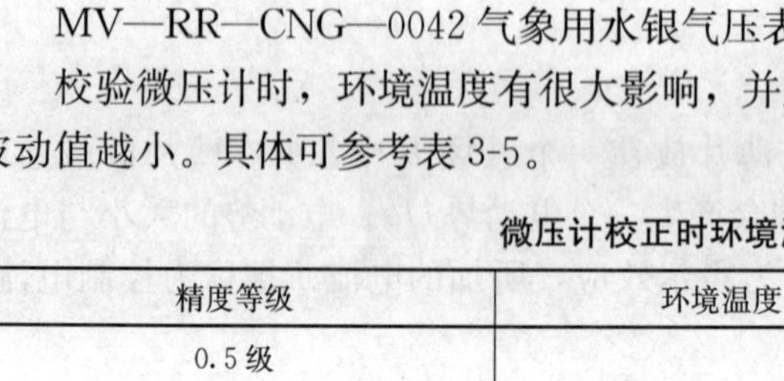

图 3-28　活塞式压力计

1—手动泵；2—活塞及砝码；3—油杯；4—被检压力计

一般的压力计可以用标准活塞式压力计进行校验。

（二）标准活塞式压力计

活塞式压力计见图 3-28。作为中高低范围的压力标准器，可对各种计量表的压力仪器进行校准或标定。

活塞式压力计主要由活塞、活塞筒

和砝码组成（图 3-28）。通过工作液体对活塞下端与被检仪器同时加压，设活塞受压的有效面积为 A（m^2），活塞与砝码的合计重量为 Z（N）则压力（Pa）可由下式决定：

$$p=\frac{Z}{A} \tag{3-44}$$

试验时，首先打开油杯阀门，用手动泵，使管路内充满油之后，关闭阀门。接着推动手动泵，在活塞与被检仪器处产生同样的压力，并根据式（3-44）决定产生的压力 p，然后把这个压力值与被检仪器指示值进行比较。

所用的工作液体可见表 3-6。

活塞压力计的工作液体 **表 3-6**

最高压力（MPa）	工作液体	最高压力（MPa）	工作液体
＜2	润滑油	60～200	汽轮机油
2～5	润滑油 70％＋机油 30％	200～400	蓖麻油
5～60	机油	＞400	特殊高压油

参考文献

[1] 张华等. 热工测量仪表（第 3 版）[M]. 北京：冶金工业出版社，2006.

[2] 吕崇德. 热工参数测量与处理 [M]. 北京：清华大学出版社，2001.

[3] 金志刚. 燃气燃烧与输配技术 [M]. 北京：中国建筑工业出版社，1981.

[4] 西安热工研究所 . 燃煤锅炉燃烧调整试验方法 [M]. 北京：水利电力出版社，1981.

第四章　流　量　测　量

流量测量在燃气测试中非常重要。正确的流量测量不仅可以避免生产与销售的矛盾，同时对提高燃气事业管理水平有重要意义。

第一节　概　述

一、流量及计量单位

气体的流量是单位时间通过的气体体积，也称体积流量。因为体积受温度压力影响。所以有标准体积与基准体积之分。

标准状态与基准状态：ISO 7504-84 规定 273.15K 和 101.325kPa 为标准状态（Standard Condition），还推荐压力为 101.325kPa 和温度为 15、20、23、25、27℃为基准状态（Normal Condition）。我国燃气行业标准 GB 13611 中采用（101.325kPa 与 15℃）为基准状态。

标准状态（101.325kPa，0℃）下的体积（m^3）为标准体积，非标准状态的体积要注明状态，m^3（20℃）代表（101.325kPa，20℃）状态的体积。

气体流量还分瞬时流量与累积流量。瞬时流量的读数只代表测量瞬时的流量，而累积流量的读数表示在一定时间范围内流过的总体积。

二、流量测量方法

（一）容积式测流量方法

这种流量计相当于一个具有固定容积的容器，它连续地对气流进行度量，单位时间内度量的次数越多，流量越大。

这种流量计多数可以读出累积流量值。用这种方法制成的流量计很多，主要有湿式、干式及罗茨式流量计三种。

湿式流量计一般用于小于 $6m^3/h$ 气体流量的计量，多在实验室中使用；干式流量计多用来计量民用与工业用燃气流量；罗茨式可测量较大用户的燃气流量。此外，还有一种“皂膜流量计”，也属于容积式测流量方法，多用于实验室中测量微小的流量。

（二）速度式测流量方法

测得截面上的气流速度及截面面积后即可求出流量，所以上面介绍的各种测流速的方法均可用来测量流量。

（三）其他测流量方法

在实际使用中，还有不少用其他方法测量流量的流量计，常用的有下面几种。

节流流量计（孔板流量计），是利用流量与孔板前后压差的特性关系制成的流量计。它可以制成大流量计用于工业上，也可以制成小流量计用于实验室中。这种流量计直接读数为瞬时流量，附加计量装置（二次仪表）后也可记录累积流量。

转子流量计（浮子流量计），是利用流量与转子在带锥度的玻璃管中的高度的关系制成的流量计。这种流量计前后的压力差不变，所以又称为固定压降式流量计，它既可用于工业设备上，也可用于实验室中。

涡街流量计，是利用流体中放入一个柱体后，在柱体两侧产生两列旋涡的特性而制成的流量计。它适用于测量管径大于 50mm 的流体流量。

超声波流量计，利用声波在流体内的传播速度与流体的速度有关的原理可制成一种无节流的新型流量计，其测量范围大，适合天然气输配管道的供销计量。

第二节 气体流量测量

气体流量测量仪表的种类很多，流量测量范围也很宽，有的每小时高达数百万立方米，有的每分钟仅几毫升。本节重点介绍中、小型气体流量测量仪表。

一、湿式气体流量计（俗称湿式煤气表）[1]

（一）基本原理与构造

图 4-1 所示为湿式气体流量计的结构示意图。该流量计外部有一个圆筒形外壳 2，内部是一个分成四室的叶轮转子 10，气体由后面的入口 1 进入流量计。气体进入后，推动叶轮转子转动，转子转动一周，气体流过体积等于 5L。叶轮转子还带动指针 6 在刻度盘 5 上转动，同时还通过齿轮 7 带动一套计数机构，在窗口 11 上直接给出气体流过的累积体积数。

流量计内应放入一定量的水，由水位检查器控制水位，当水量过多，水位稍高时，从此可以放出一部分多余的水。调平螺钉 4 与水准泡 8 是用来调整流量计呈水平状态。当流量计长时间不使用时，可以打开放水旋塞 3，将水全部放出。在气体出口 9 处，安置温度计 13 与压力计 14，是用来测量被测气体的温度与压力。另外，可以由注水口 15 向流量

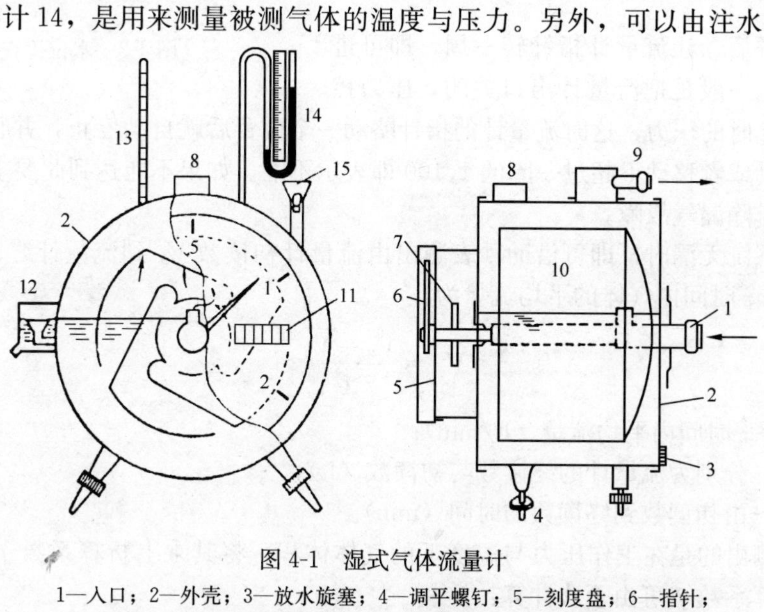

图 4-1 湿式气体流量计

1—入口；2—外壳；3—放水旋塞；4—调平螺钉；5—刻度盘；6—指针；7—齿轮；8—水准泡；9—出口；10—叶轮转子；11—累计数字窗口；12—水位检查器；13—温度计；14—压力表；15—注水口

计内注水。

（二）选用要点

当压力小于 5000Pa，流量小于 $0.75m^3/h$ 时，使用湿式流量计是比较方便与准确的。在流量计上读数时，要根据累积窗口数字与指针所指示的数字共同读出。例如图 4-2 中左图所示，累积数字窗口上读数为 12345 时，则总流过量就应为 12345.3L；如图 4-2 中右图所示，累积数字为 12349 时，则总流过量为 12349.8L。

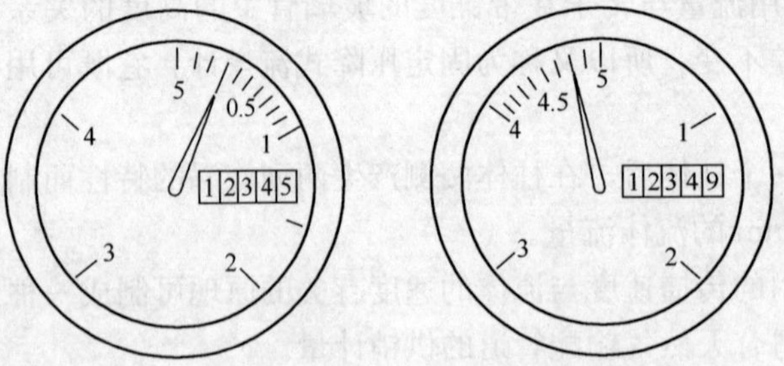

读数为12345.3　　读数为12349.8

图 4-2　湿式气体流量计读数示例

．在使用时，首先把流量计气路接通，注意不要把进口与出口接头接错。然后用调平螺钉 4，根据水准泡 8 的指示将流量计调成水平。打开温度计或压力计的胶塞，由注水口 15 向流量计内注入清洁的水，水位高低对流量计的准确度有很大影响，所以必须用水位检查器 12 检查水位。用一块白的硬纸放在水位检查器上 1mm 处，当发现水杯水面凹下或凸出时，则表示水位过低或过高（见图 4-3），只有当水面平行纸片底边时，才表示水位适当。

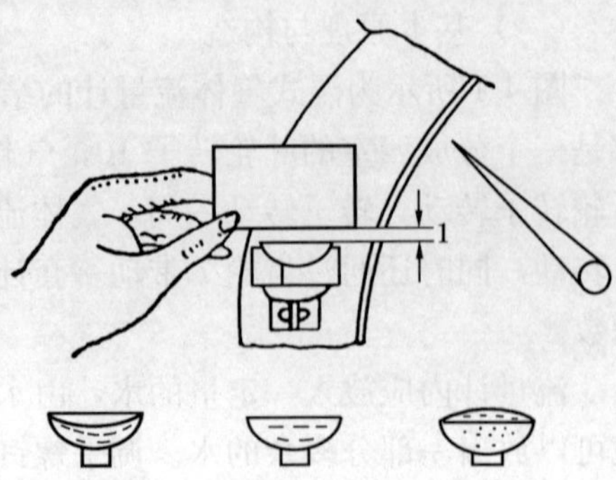

水位过低　　水位适当　　水位过高

图 4-3　水位检查

水位对准后，装紧温度计与压力计的胶塞，并关紧水位检查器下的旋塞及注水口外旋塞。检查流量计的入口与出口橡胶管是否接紧，防止漏气。

接通气源后，让流量计指针转一周，即可进行漏气检查。一般是把流量计出口关闭，压力控制为正常工作时的压力，这时流量计的指针略动一个位置后就自动停止，并且经过 10min 后，指针不动或者移动不超过一圈的 1/100 即表示不漏。如果不能达到此要求时，应检查各个接口，排除漏气故障。

当确认系统无漏时，即可借助秒表测出由流量计初读数 V_1 到流量计终读数 V_2 的时间 τ，这样在 τ 时间内气体的平均流量为：

$$V_\tau = \frac{V_2 - V_1}{\tau} \tag{4-1}$$

式中　V_τ——τ 时间内平均流量（L/min）；

V_2、V_1——分别为流量计的终读数与初读数（L）；

τ——由初读数到终读数的时间（min）。

流量计测出的是在工作压力与温度下的气体体积，将其乘上折算系数 f 即得标准体积流量。折算系数 f 可由下式计算：

$$f = \frac{273}{273 + t} \times \frac{p_{atm} + H}{101.325} \tag{4-2}$$

式中 t——工作时流量计上的温度（℃）；

H——工作时流量计上的压力（kPa）；

p_{atm}——工作时大气压力（kPa）。

要注意的是当压力计 14 的读数为 mmH_2O 时，应把 mmH_2O 换算成 kPa。

湿式流量计构造简单，使用方便，读数精确，是燃气实验室中必不可少的仪表。我国最初上海煤气公司生产，后来长春市仪表厂等单位也生产 0.5m^3 湿式流量计。过去我国生产的 0.5m^3 湿式流量计的性能指标如下：

额定流量　　0.5m^3/h

最大流量　　0.75m^3/h

灵敏度　　0.025m^3/h

指针转一周　　5L

最高流量记录　　100m^3

最小刻度　　0.02L

出厂检查进口压力　　1000Pa

出厂检验时室温　　20±5℃

额定流量时误差　　±1%

额定流量时压力降　　80Pa

当进行比较精细的检测时，根据精度要求选用带指针的流量计。品川 DC 型实验、环境检测用湿式流量计的技术资料如下：

压力损失：320Pa；

最高使用压力：10kPa；

使用温度范围：−10～50℃；

精度（重复性）：0.3%（标准偏差值）。

检测用湿式流量计规格见表 4-1。

检测用湿式流量计规格　　表 4-1

型号	测量范围 (L/min)	计量室容积 (L)	指针 1 周 (L)	最小刻度 (mL)	标准脉冲当量 (mL/p)	连接管内径 (mm)	质量 (kg)
DC-1	0.2～18.3	0.7	1	5	10	9	2.8
DC-2	0.2～33.3	0.7	1	5	10	13	2.8
DC-3	0.2～83.3	1.2	10	50	100	19	4.2

二、干式气体流量计（俗称干式煤气表）

当需要测量大流量时，一般的湿式流量计已经不能胜任，这时可采用干式气体流量计。这种流量计在城市燃气事业中使用非常广泛，所以通常称其为干式煤气表（或称燃气表）。

（一）基本原理与构造

图 4-4 为干式气体流量计原理图。它的外壳是用薄铁板焊成，分上下两层。上层有滑

阀 4、连通管 6、连杆传动机构以及齿轮记数机构等；下层主要是由皮膜 5 及皮膜板 3 组成的皮囊室（共分 A、B、C、D 四室）。气体自入口进入表内，经过连通管 6 及出口 2 流出，其动作共分 4 个步骤：

位置（*a*），右滑阀把 C、D 于室封闭，左滑阀打开 A 室引入气体，气体推动左边皮膜板右移，压缩 B 室并把 B 室内气体通过左滑阀挤入连通管，然后从出口 2 流出。

位置（*b*），当左边皮膜板右移到尽头，这时左滑阀把 A、B 二室封闭，右滑阀打开 D 室引入气体，气体推动右边皮膜板左移，压缩 C 室并把 C 室内气体通过右滑阀挤入连通管，然后从出口 2 流出。

位置（*c*），当右边皮膜板左移到尽头，这时右滑阀把 C、D 两室封闭，左滑阀打开 B 室引入气体，气体推动左边皮膜板左移，压缩 A 室并把 A 室内气体通过左滑阀挤入出口连通管，然后从出口 2 流出。

位置（*d*），当左边皮膜板左移到尽头，这时左滑阀把 A、B 两室封闭，右滑阀打开 C 室引入气体，气体推动右边皮膜板右移，压缩 D 室并把 D 室内气体通过右滑阀挤入连通管，然后从出口 2 流出。当右边皮膜板右移至尽头时，又达到位置（*a*），这样循环往复不止。

利用皮膜的往复运动，带动连杆使滑阀按上述步骤动作，并且带动齿轮记数机构记录流过的气体体积。

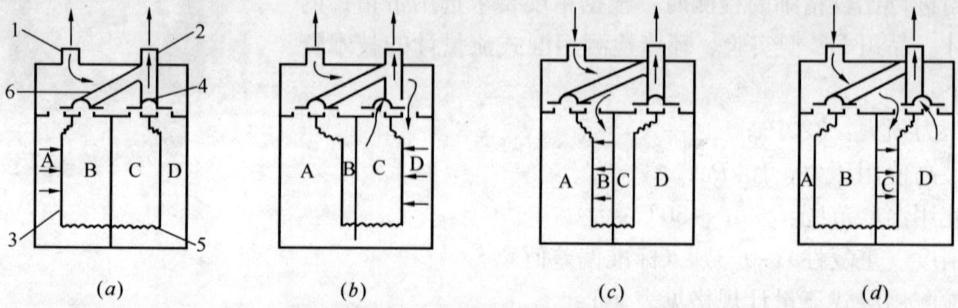

图 4-4　干式气体流量计原理图

1—入口；2—出口；3—皮膜板；4—滑阀；5—皮膜；6—出口连接管

（二）选用要点

干式气体流量计有大型的也有小型的。我国目前已经系列化生产。过去生产定型的 3m³/h 干式煤气表的技术指标如下：

额定流量	3m³/h
短时间允许超负荷	50%（即 4.5m³/h）
红针每转一圈	0.05m³
最高流量记录	1000m³
额定流量时压力降	90Pa 以下
额定流量时压力跳动	30Pa 以下
额定流量时的误差	±2%以下
校漏压力	5000Pa

灵敏度　　在 500Pa 压力和 25L/h 流量下，能连续运转

外形尺寸（高×宽×深）　　252mm×208mm×172mm

总重　　4.25kg

使用压力　　500～3000Pa

使用温度　　0～35℃

此外，过去生产的干式煤气表规格见表 4-2。

干式煤气表规格表　　表 4-2

压力	额定流量 (m^3/h)	外形尺寸（mm）				重量 (kg)	进出口径 (in)
		长	宽	高	法兰高度		
低压	3	20.9	168	275	—	3.4	3/4、1/2
	单管 3	20.9	172	252	—	4.25	1/2
	6	26.8	215	410	—	5.6	11/4
	10	340	315	510	—	12.9	11/2
	20	442	390	640	—	24.7	2
	34	502	430	730	—	32.0	2
	57	820	575	940	666	90.0	3
	100	960	760	1130	825	147.0	4
	170	1200	940	1410	1000	235.0	6
	260	1300	1030	1550	1080	285.0	6
中压	20	585	380	600	415	—	2
	34	630	435	695	495	—	21/2
	57	820	560	103	675	—	3
	100	975	800	120	840	—	4

干式煤气表结构简单，使用方便，并且不容易出现大的差错。但是，大流量表的体积过于庞大，此外它还不适合高压气体，这些缺点就限制了它的应用范围。

小型干式煤气表主要用于家庭燃气计量。我国已引进几条生产线，例如天津与英国合作，生产 U3 型家用煤气表及丹东引进法国的煤气表制造技术等。1997 年颁布的国家标准 GB/T 6968《膜式煤气表》对煤气表的性能及检验方法都有明确的规定。

根据社会对安全的要求，国内外还开发了一些带有智能的家用煤气表。例如日本的带有安全功能的家用煤气表，在漏气、流量过大以及有地震等情况下都能自动停气。

为了减少到用户处抄表的烦琐劳动，可在煤气表中附加技术措施，使其能够将流量信息用脉冲信号发出。用一个自动读表的装置，将各用户的流量脉冲信号收集、储存，供燃气公司查抄、统计。另外还有插卡式煤气表，用户先交款记录在卡内，然后将卡插入煤气表用户才能使用。

在检测工作中经常要使用指针式流量计。如品川 W-NK 和 W-NT 型的技术资料如图 4-5。

W-NK型……………实验·环境测量用

For experiment, environmental measurement

标准型A（实验用）

计量鼓：不锈钢（SUS304） 切削加工零件：黄铜（C3604BD） 连接部位：焊锡连接

耐腐蚀型B（环境测量用）

计量鼓、切削加工零件：不锈钢（SUS304） 连接部位：焊锡连接

Standard Type A (For experiment)

Casing, Measurement Drum: Stainless Steel (SUS 304)
Other Parts: Brass(C3604BD) Soldering

Anti Corrosion Type B (For environmental measurement)

Casing, Measurement Drum, Other Parts: Stainless Steel(SUS 304) Soldering

压力损失	Pressure Loss	300Pa
使用压力范围	Operating Pressure Limits	-5kPa ～ 10kPa
使用温度范围	Operating Temperature Limits	-10℃ ～ 50℃

精度（重复性）：1/2Qmax以上 0.15%（标准偏差值）
1/2Qmax以下 0.1%（标准偏差值）

Accuracy (reproducibility limit of error):
More than 1/2 Qmax 0.15%(Standard deviation average in more than 6 times measurement.)
Less than 1/2 Qmax 0.1%(Standard deviation average in more than 6 times measurement.)

型号 Model	测量范围 Measuring Range	计量鼓容积 Drum Capacity (L)	指针1周 One Revolution (L)	最小刻度 Minimum Scale (mL)	标准脉冲当量 Pulse Rate (mL/p)	连接管内径 Connecter	外形尺寸 Dimensions (mm)	重量(装满水时) Mass(kg) (Filled Water)
W-NK-0.5	0.016~5L/min(1~300L/h)	0.5	0.5	1	10	φ9.5	W288 D198 H435	5.0(7.4)
W-NK-1	0.033~10L/min(2~600L/h)	1	1	1	10	φ9.5	W318 D218 H484	5.6(9.3)
W-NK-2	0.066~20L/min(4~1200L/h)	2	2	5	100	φ13	W360 D262 H510	9.0(14.7)
W-NK-2.5	0.083~25L/min(5~1500L/h)	2.5	5	20	100	φ13	W360 D262 H510	9.5(15.2)
W-NK-5	0.16~50L/min(10~3000L/h)	5	5	10	100	φ19	W448 D305 H590	16.5(31)
W-NK-10	0.33~100L/min(20~6000L/h)	10	10	20	100	φ25	W537 D372 H678	29.5(57.2)

●环境测量时选用W-NK-1B、W-NK-2.5B ●Please choose W-NK-1B or W-NK-2.5B to do enviromental measurement.
●脉冲信号发生器为选购品 ●如果使用非标准脉冲时，请与我公司联系。
●The pulse transreceiver is option. ●If use a nonstandard pulse resolution,please contact us first.

W-NT型……………………大流量用

For large quantities flow

标准型A 计量鼓：不锈钢（SUS304） 切削加工零件：黄铜（C3604BD）
连接部位：焊锡连接

耐腐蚀型B 外壳、计量鼓、切削加工零件：不锈钢（SUS304） 连接部位：焊锡连接

Standard Type A

Casing, Measurement Drum: Stainless Steel (SUS 304)
Other Parts: Brass(C3604BD) Soldering

Anti Corrosion Type B

Casing, Measurement Drum, Other Parts: Stainless Steel(SUS 304) Soldering

压力损失	Pressure Loss	300Pa
使用压力范围	Operating Pressure Limits	-5kPa ～ 20kPa
使用温度范围	Operating Temperature Limits	-10℃ ～ 50℃

精度（重复性）：1/2Qmax以上 0.15%（标准偏差值）
1/2Qmax以下 0.1%（标准偏差值）

Accuracy (reproducibility limit of error):
More than 1/2 Qmax 0.15%(Standard deviation average in more than 6 times measurement.)
Less than 1/2 Qmax 0.1%(Standard deviation average in more than 6 times measurement.)

型号 Model	测量范围 Measuring Range	计量鼓容积 Drum Capacity (L)	指针1周 One Revolution (L)	最小刻度 Minimum Scale (mL)	标准脉冲当量 Pulse Rate (mL/p)	接管口径 Gas Tube (inch)	外形尺寸 Dimensions (mm)	重量(装满水时) Mass(kg) (Filled Water)
W-NT-20	0.83~166L/min(50~10000L/h)	20	20	100	100	1 1/4B	W576 D561 H695	90(132.6)
W-NT-25	1.6~200L/min(100~12000L/h)	25	50	200	100	1 1/2B	W576 D611 H695	100(146.5)
W-NT-50	2.5~383L/min(150~23000L/h)	50	50	200	100	2B	W720 D712 H871	150(255.2)
W-NT-100	5~750L/min(300~45000L/h)	100	100	500	100	2 1/2B	W908 D895 H1099	305(521)

●脉冲信号发生器为选购品 ●如果使用非标准脉冲时，请与我公司联系。
●The pulse transreceiver is option. ●If use a nonstandard pulse resolution,please contact us first.

图 4-5 指针式流量计

三、罗茨式流量计

在压力高、流量大的条件下，多采用罗茨式流量计，习惯称其为罗茨式煤气表。

（一）基本原理与构造

图 4-6 所示是罗茨式煤气表原理图。它由一个外壳 2 与两个 8 字轮 1 组成。两个 8 字轮互相啮合，并且在前后压差（p_1-p_2）的作用下，分别在两个轴上作相对旋转，从而不断交替地把阴影线所包括的流体排向出口，设阴影线所包括的体积为 qL，则 8 字轮转一周流过的流量为 $4q$L。设 8 字轮的转速为 nr/min，则流量可用下式算出：

$$V = 4qn \tag{4-3}$$

式中　V——气体流量（L/min）；

q——8 字轮扫过的体积（L/r）；

n——8 字轮的转速（r/min）。

因为 $4q$ 是一个常数，所以由式（4-3）可知，流量 V 与转速 n 成正比，这样只要测得瞬时的转速 n 就可以得到瞬时流量 V。如果采用计数机构将转数累积起来，就可以测得流过罗茨式煤气表的累积流量。

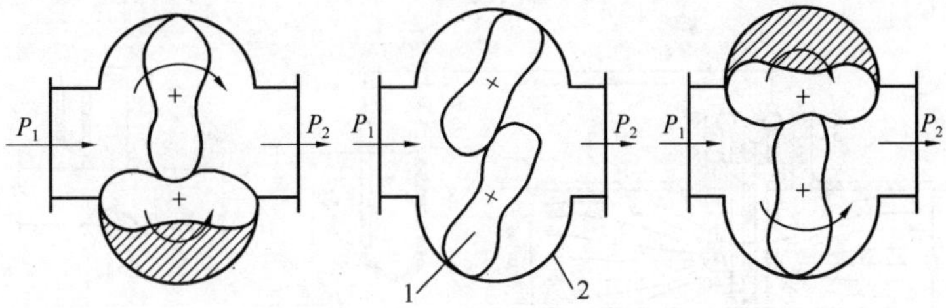

图 4-6　罗茨式煤气表原理

1—8 字轮；2—外壳

由于 8 字轮与外壳之间有很小的间隙，在 p_1 与 p_2 的压差下，有少量的泄流量通过。因此实际流量要比 $4qn$ 值略大些。当流量大到一定数值后，此泄流量经常维持在一个稳定的数量，采用特殊的装置后，能使指针读数与实际流量相同。

有的仪表在 8 字轮的转轴上装置一套齿轮传动机构，可用指针指示瞬时流量，同时带动计数机构，可读出累积流量；有的只带累积流量读数而没有瞬时流量指示机构。

为了防止转动轴与外壳间隙漏气，可以采用“磁性密封联轴装置”将 8 字轮的转动传到流量指示机构，从而提高了密封性能。

（二）选用要点

罗茨式煤气表体积比较小，与干式煤气表相比，所测流量比较大，能适应较高燃气压力，既可用于工业生产系统，也可用于城市燃气计量装置中。20 世纪我国生产的罗茨式煤气表有 300、600 及 3000m^3/h 三种规格。目前国内外生产的罗茨式流量计的规格很多，最大流量可达 30000m^3/h。

另外，用罗茨式煤气表也可以发出远距离传送信号。在 8 字轮上装一块磁铁，该磁铁与 8 字轮一起转动，然后在壳体盖上，对着磁铁再装一个干簧继电器，磁铁转一周使干簧继电器吸合两次。这个与流量成正比的脉冲电信号可在二次仪表上直接显示，这样就能达到遥测目的。

此外，旋叶流量计在燃气工程中也经常使用，8字轮由刮板代替。其工作原理基本与罗茨表相似，均属容积式流量计。型号以 LQR 表示。例如 LQR-50 代表直径 50mm，其最大流量、最小流量分别为 100 及 8.3m^3/h。铸铝与铸铁的耐压力分别为 1 及 2.5MPa[4]。

四、孔板流量计[2]

孔板流量计是一种用途很广泛的流量测量仪表，主要是测瞬时流量，加上辅助装置后也可以测累积流量。

（一）基本原理与构造

气流通过孔板后，截面突然减小而产生压力降，此压力降与流量有一定关系，因此测出压力降后就可求得流量（见图 4-7）。

实际上气流在孔板以前就开始收缩，一直到经过孔板一定距离后才缩到最小截面，以后又逐步扩张到整个管道截面。图中实际表示沿管道侧壁纵向的压力曲线，而虚线表示沿管道中心线压力分布情况。图中 $\Delta p = p_1 - p_2$ 是由环压室 3，通过环形取压管 4 引出的压力降。图中的 δp 代表孔板的阻力损失。为了计算流量，希望得到较大的 Δp 测量值，但是又不希望阻力 δp 过大，为此目的可以采用喷嘴或者文丘里管节流（见图 4-7 中（a）与（b））。

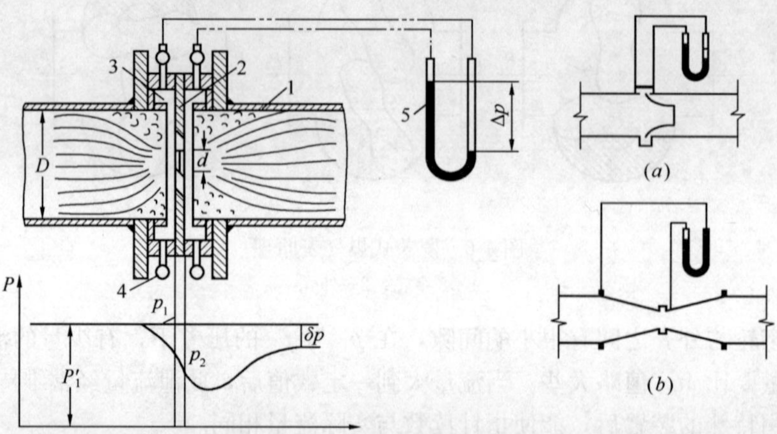

图 4-7　孔板流量计

（a）喷嘴节流；（b）文丘里节流

1—管道；2—孔板；3—环压室；4—环形取压管；5—压差计

根据流体力学的推导，气流流过节流孔板后，压力降 Δp 与流量 V 之间的关系式为：

$$V = k'\alpha\varepsilon m F_D \sqrt{\frac{\Delta p}{\rho}} \tag{4-4}$$

式中　V——气流体积流量（m^3/h）；

α——流量系数；

ε——被测气流膨胀校正系数；

m——孔板截面 F_d 与管道截面 F_D 的比值，即 $m = F_d/F_D = (d/D)^2$（d，D 为孔板与管道直径）；

F_D——管道内截面面积（mm^2）；

ρ——孔板前气流密度（kg/m^3）；

Δp——压力降（Pa）；

k'——单位折算系数。

流量系数 α 与孔板形式及截面比 m 有关，并且需要考虑管道粗糙度及孔板入口边缘不尖锐度的校正。表 4-3 给出了不同条件下标准孔板的 α 值，表中 αm 值是流量系数 α 与截面比值 m 的乘积，表中 Re_c 为界限雷诺数，当实际雷诺数小于界限雷诺数 Re_c 时，则查得流量系数 α 后还应乘以黏度校正系数 k_1。图 4-8 给出了 k_1 与 m 及 Re 的关系曲线。

标准孔板流量系数表　　**表 4-3**

截面比	孔板直径（mm）								Re_c
	50mm		100mm		200mm		≥300mm		
m	α	αm	α	αm	α	αm	α	αm	
0.05	0.6128	0.0306	0.6092	0.0305	0.6043	0.0302	0.6010	0.0300	2.3×10^4
0.10	0.6162	0.0616	0.6117	0.0612	0.6069	0.0607	0.6034	0.0630	3.0×10^4
0.15	0.6220	0.0933	0.6171	0.0926	0.6119	0.0918	0.6086	0.0913	4.5×10^4
0.20	0.6293	0.1259	0.6238	0.1248	0.6183	0.1237	0.6150	0.1230	5.7×10^4
0.25	0.6387	0.1597	0.6327	0.1582	0.6269	0.1567	0.6240	0.1560	7.5×10^4
0.30	0.6492	0.1948	0.6428	0.1928	0.6368	0.1910	0.6340	0.1902	9.3×10^4
0.35	0.6607	0.2312	0.6541	0.2289	0.6479	0.2268	0.6450	0.2257	11.0×10^4
0.40	0.6764	0.2706	0.6695	0.2678	0.6631	0.2652	0.6600	0.2640	13.0×10^4
0.45	0.6934	0.3120	0.6859	0.3086	0.6794	0.3057	0.6760	0.3042	16.0×10^4
0.50	0.7134	0.3567	0.7056	0.3528	0.6987	0.3493	0.6950	0.3475	18.5×10^4
0.55	0.7355	0.5045	0.7272	0.4000	0.7201	0.3960	0.7160	0.3938	21.0×10^4
0.60	0.7610	0.4566	0.7523	0.4514	0.7447	0.4468	0.7400	0.4440	24.0×10^4
0.65	0.7909	0.5141	0.7815	0.5080	0.7733	0.5026	0.7680	0.4992	27.0×10^4
0.70	0.8270	0.5789	0.8170	0.5719	0.8079	0.5655	0.8020	0.5614	30.1×10^4

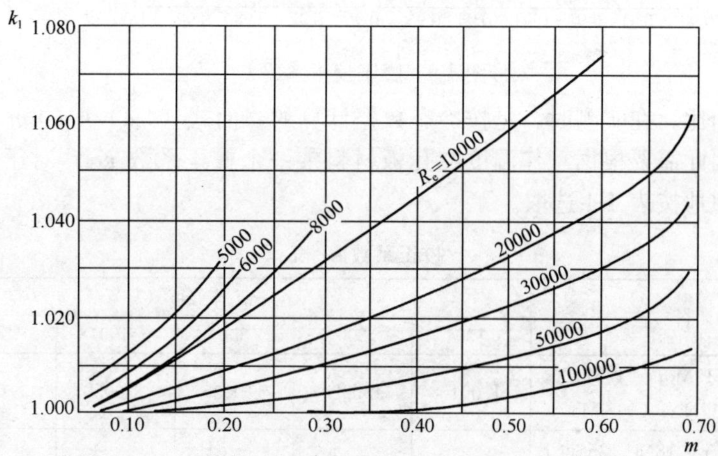

图 4-8　孔板黏度校正系数

气流膨胀校正系数 ε 取决于流体性质。对于水，$\varepsilon=1$；对于其他气体可根据截面比 m、绝热指数 k 及气体的 $\Delta p/p$ 值，查图 4-9 即可得到。在算 $\Delta p/p$ 时，p 值是气流的绝对压力。

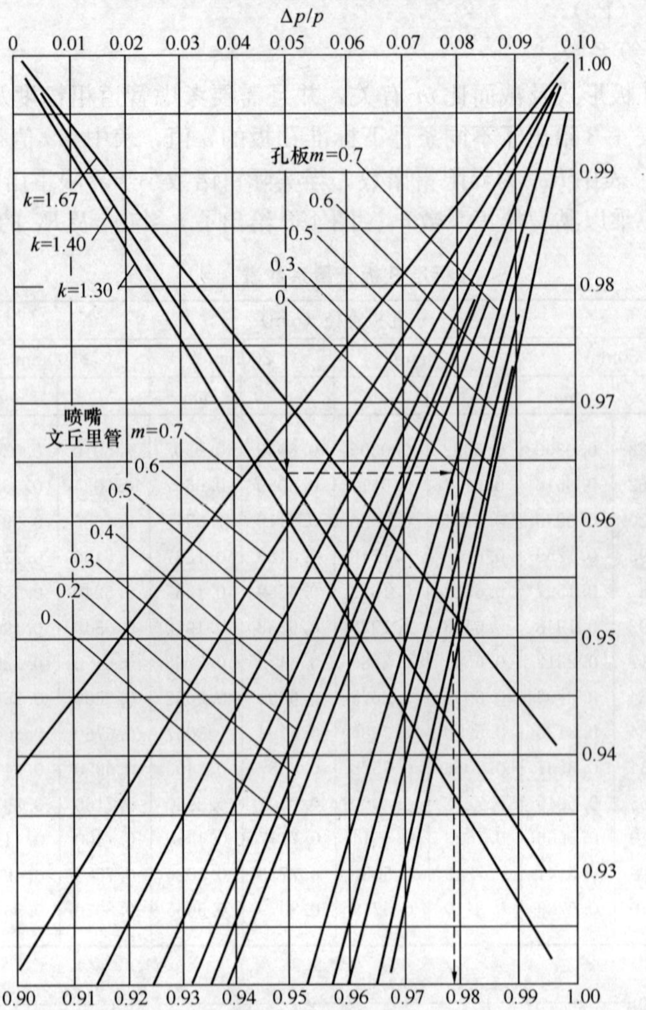

图 4-9　膨胀校正系数 ε

孔板的截面比，在实测时，是按冷态数据计算的，而式（4-4）中的 m 是指在工作状态下的数值，因此需要根据工作温度在孔板材料乘一个校正系数 K_1，对于一般常用金属材料，可以近似地按表 4-4 选取。

校正系数 K_1 表　　表 4-4

材　料	工作温度（℃）					
	100	200	300	400	500	600
20；20Mo；15Mo；12MoCr；Cr5Mo；铸铁；Cr17Ni2；Cr6SiMo	1.0010	1.0020	1.0035	1.0050	1.0065	1.0080
Cr23Ni 13；Cr 18Ni 25SilCr 18Ni9Ti；青铜	1.0015	1.0030	1.0050	1.0070	1.0085	1.0095

由于长期对孔板的应用与研究，已经使孔板标准化。当管道直径 $D>50$mm，并且在 $0.05\leqslant m\leqslant 0.7$ 条件下，允许根据式（4-4）及表 4-3、图 4-8 及图 4-9 计算，而不必再做校正实验。为此要严格加工制造孔板，严格安装测量装置，否则会造成较大误差。标准孔板

的结构尺寸可参考图 4-10。

在制造标准孔板时，使气流入口一端的圆孔具有尖锐的直角边缘。孔板厚度约等于管道直径 D 的 1/10，如机械强度不够可以适当增厚。当 $D\leqslant$ 400mm 时，特别是压力降 Δp 比较小的情况下，最好采用环室取压，此时环形缝隙可以是完整的，也可以是断续的，或是均匀分布的开孔（一般不少于 6 个）。对 $D<200$mm 的管道。环室截面 $a\times b$ 应大于环形缝隙的截面；而 $D>200$mm 的管道，环室截面可以等于缝隙截面的 1/2。对于大直径管道，则可以利用均布在管道圆周上的钻孔取压。单独钻孔取压时，钻孔直径最好小于 $0.03D$，但不应小于 4mm（测量湿气体流量时，不小于 8mm），不大于 15mm。当不能满足标准孔板要求时，则需要进行校正实验，标定出 $V=f(\Delta p)$ 曲线。

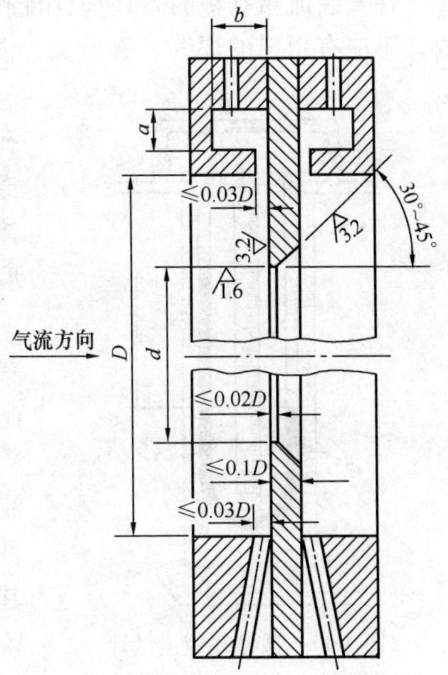

图 4-10　标准孔板（上部分环室取压，下部分钻孔取压）

（二）选用要点

每块固定的流量孔板，都有一定的适用的流量范围，以为用一块流量孔板可以测任意流量的概念是不对的。因此当需要测量范围很大的流量时，就应该选用几块孔板。

当流体的压力不大时，可以用普通的 U 形管压力计测 Δp 值；当流体压力比较高时，则必须选用专门的压差计。

任何局部阻力如弯头、三通及阀门等，都会引起气流速度场的改变。如果孔板位于其影响区域内，就要使流量系数 α 值改变，而造成一定的附加误差，并且难以校正。故流量孔板前、后必须有一段直管段，这个直管段长度与管径及局部阻力性质有关具体见表 4-5。

环室取压孔板前最小直管段长度 L/D 值　　**表 4-5**

局部阻力情况		节流形式	$m=\left(\frac{d}{D}\right)^2$					
			0.1	0.2	0.3	0.4	0.5	0.6
位于不能形成旋涡运动的局部阻力		孔板喷嘴、	5	9	15	22	30	38
		文丘里管	4	6	10	17	28	40
位于能形成旋涡运动的局部阻力		孔板、喷嘴 文丘里管	35	35	36	38	40	43
阀门	$f/F=0.1\sim0.3$	孔板	10	15	20	23	26	30
		喷嘴	15	20	25	28	28	28
	$f/F=0.3\sim0.8$	孔板	10	10	12	12	15	15
		喷嘴	10	10	10	10	10	10

注：1. 当不是环室取压，而是单独钻孔取压时，应取表中数值的 2 倍。

2. 经环室取压，在 $m\leqslant0.5$ 情况下，当直管段长度是表中数值的一半时，因此而产生的均方误差为±0.5%。

3. 一般情况下，孔板后面的直管段长度不小于 $5D$。

在安装流量孔板时，还应保证孔板与管道同心，并且在孔板前后长度为 $2D$ 的直管段内，不应有粗糙的焊缝、铆接头、温度计套等突出部分。

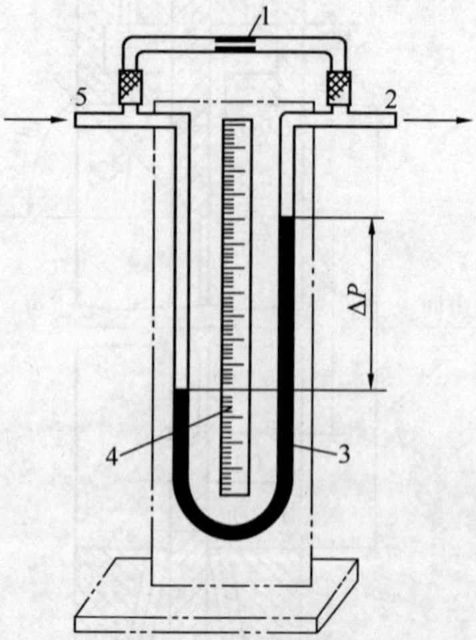

图 4-11　微型孔板流量计
1—毛细管；2—出口；3—U 形管；4—标尺；5—入口

对于水平的气体管道，与压差计连接的孔板的传压孔的位置应在管道的上半圆周处；对于水管则应放在管道的下半圆周处，但不希望在最低部分。另外，在测气体流量时，压差计的位置应高于孔板装置，否则应该采取措施防止冷凝水流入压差计。

由压差计测得的 Δp 值代表瞬时流量的大小，当需要测量累积流量时，还必须装有累积计数等装置。我国制造的各种孔板流量计在化学工业中已较普遍使用。

微型孔板流量计。在实验室中，经常要测比较小的流量，这时可以采用微型孔板流量计（见图 4-11）。这种流量计多用玻璃制造，气体通过毛细管孔口 1 时，使其前后造成压力差 Δp，Δp 可由标尺 4 读出。气体流量 V 越大，Δp 越大。Δp 与 V 的关系不宜采用计算方法而是通过校正实验，标定出 $V=f(\Delta p)$ 特性曲线。在使用时，可以根据实测 Δp 值，查特性曲线而得到流量 V。

这种微型孔板流量计可以在实验室中自制，关键是选用合适的毛细管孔口尺寸（相当于孔板直径），以适应需要测的流量范围。表 4-6 给出不同条件下流量与毛细管孔口直径的关系。

不同介质毛细管孔口直径与流量的关系　　**表 4-6**

压力计内液体	密度与液体水密度的比值	不同毛细管孔口直径（mm），压力计液柱高差为 20～30mm 时的空气流量（L/h）		
		0.2	0.4	1.0
石蜡油	0.88	0.04～0.28	0.32～5.0	5.3～80.0
水	1.00	0.04～0.32	0.36～5.7	6.0～90.0
硫酸	1.84	0.08～0.58	0.66～10.4	11.0～168.0
水银	13.60	0.57～43.20	2.64～77.4	81.6～1260.0

五、转子流量计

转子流量计也是一种在实验室中或生产现场经常使用的流量测量仪表。它的特点是具有恒定的阻力损失。

（一）基本原理与构造

图 4-12（*b*）所示是转子流量计的原理图。流体自锥形玻璃管 5 下方进入，自上方流出。玻璃管 5 中有一浮子 4，由于流体作用于浮子的力与其本身重量平衡，所以当流量恒定时，浮子可以停在某一高度不动。流量越大，浮子上升越高，因此浮子的高度能代表流量的大小。玻璃管上刻有刻度，一般是以浮子直径最大处的锐边为读数边。

转子流量计所测流量可用下式计算：

$$V = F\alpha\sqrt{\frac{2gM(\rho_{\circ}-\rho)}{f_{\circ}\rho}} \tag{4-5}$$

式中　V——被测流体流量（m^3/s）；

F——由浮子高度决定的环形孔隙面积（m^2）；

α——流量系数；

M——浮子体积（m^3）；

ρ——被测流体密度（kg/m^3）；

$\rho_{\circ}$——浮子材料的密度（kg/m^3）；

$f_{\circ}$——浮子最大截面积（m^2）；

g——重力加速度（m/s^2）。

由浮子本身力的平衡 $f_{\circ}\Delta p=M(\rho_0-\rho)g$，可得出：$\Delta p=M(\rho_0-\rho)g/f_{\circ}$将此式代入式（4-5），可得：

$$V = F\alpha\sqrt{\frac{2\Delta p}{\rho}} = KF\sqrt{\frac{\Delta p}{\rho}} \tag{4-6}$$

式中 $K=\sqrt{2}\alpha$，并可近似地认为是常数。

由以上公式推导，可以推论出：浮子在同样高度时（F 为常数），浮子越重流量越大；通过流量计的压力降 Δp 主要与浮子重量有关，而与浮子的高度无关，也就是说与流量大小无关；体积流量与被测的流体的密度的开方成反比。

转子流量计在我国已经系列化生产，图 4-12（*a*）所示为一般转子流量计的结构示意图。

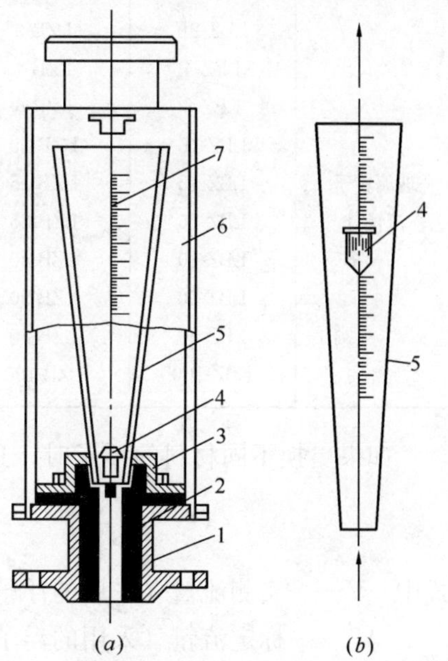

图 4-12　转子流量计

（*a*）构造图；（*b*）原理图

1—基座；2—密封垫；3—压盖；4—浮子；5—锥形玻璃管；6—罩壳；7—刻度

（二）选用要点

转子流量计可以做得很小，例如在气相色谱仪器上的转子流量计小到 30～100mL/min；而工业上使用的转子流量计可达数百到数千 m^3/h。另外，同一根锥形玻璃管，用不同重量的浮子就可以得到不同流量的量程。在选用时可以参考表 4-7 给出的 LBZ 系列转子流量计规格[3]。

转子流量计的正式产品都附带有浮子高度刻度与流量的关系曲线，如果没有此曲线则必须自己重新标定。如果测定时的流体的密度与标定时的流体的密度不相同时，可用下式校正：

$$V = V'\sqrt{\frac{\rho'}{\rho}} \tag{4-7}$$

式中　V 与 V'——分别表示测定与标定时流体的流量（m^3/h）；

ρ 与 ρ'——分别表示测定与标定时流体的密度（kg/m^3）。

如果需要进行温度与压力的修正，可采用下式：

$$V_0 = V\sqrt{\frac{p}{p_0}} \times \sqrt{\frac{T_0}{T}} = K_f V \tag{4-8}$$

式中　V_0、p_0、T_0——分别表示标准状态下的体积流量、绝对压力与绝对温度；

V、p、T——分别表示工作状态下的体积流量、绝对压力与绝对温度；

K_f——校正系数。

LBZ 系列转子流量计规格　　**表 4-7**

产品名称	型号		规格和主要技术数据			主要用途和使用要求
	现用	原用	通径 (mm)	测量液体范围 (L/h)	测量气体范围 (m^3/h)	
玻璃转子流量计	LBZ-2F	LZB-2	2	0.2～0.4	0.002～0.006	测量液体和气体流量
	LBZ-4	LZB-4	4	1～2.5	0.016～0.4	
	LBZ-6	LZB-6	6	2.5～60	0.04～1	
	LBZ-10	LZB-10	10	6～160	0.1～2.5	
	LBZ-15	LZB-15	15	16～400	0.25～10	
	LBZ-25	LZB-25	25	40～1000	1～25	
	LBZ-40	LZB-40	40	160～2500	4～60	
	LBZ-50	LZB-50	50	400～6000	10～160	
	LBZ-80	LZB-80	80	1000～16000	50～400	
	LBZ-100	LZB-100	100	5000～40000	120～1000	

如果更换不同材料的浮子时，只要其几何形状与尺寸完全一样时，就可用下式校正：

$$V = V'\sqrt{\frac{G}{G'}} \tag{4-9}$$

式中　V——实测流量（采用的浮子质量为 G）（m^3/h）；

V'——标定流量（采用的浮子质量为 G'）（m^3/h）；

G'与G——分别为标定与实测时的浮子质量（g）。

在安装转子流量计时，要注意以下事项：转子流量计要垂直地安装在没有振动的地方，不允许有倾斜现象，转子由下升到顶时，不允许有碰壁现象；安装高度应以测试人员平视为准；为了保证测量精度，防止局部阻力影响气流，要求仪表上游位置处应有五倍管径长的直线管段；如果发现浮子上下窜动激烈时，可以稍稍关闭下游处的控制阀门，当此法不能排除故障时，应检查管路系统是否有其他故障。

六、涡街流量计

涡街流量计是一种新型流量计，随着电子技术的发展，其使用范围正逐渐扩大。

（一）基本原理与构造[4]

在流动的流体中，插入一个非流线型截面的柱体，这时柱体两侧将会形成两列旋涡，此两列旋涡顺流向平行排列（图 4-13），故称其为（涡街）。根据流速与产生旋涡频率的关系可制成测量流量的仪表，称为涡街流量计。

图 4-13（*a*）所示，在圆管中插入一个直径为 d 的圆柱体检测棒，棒上面有一些垂直轴线的通孔，当流体从圆柱两边流过圆柱直径后，产生旋涡，并逐渐加大，大到一定程度

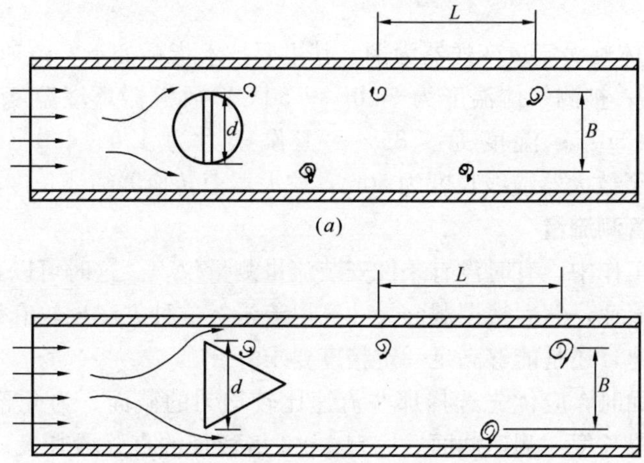

图 4-13　涡街流量计原理图

(*a*) 圆柱体检测棒；(*b*) 三角柱检测棒

则脱落，随流体流失。根据卡门原理，旋涡只可能两边交替产生。

由于旋涡上下交替产生，柱体上下两侧压力就交替脉动，通孔内流体流动方向也随之上下交替变化，如果在通孔内安置用适当电源加热的铂丝，就可以感觉出流体流动方向变化次数，也就可测出旋涡产生的次数。一侧产生旋涡的频率与流体流速成正比（当管道截面固定时，流速正比于流量）

$$f_v = S_t \frac{W}{d} \tag{4-10}$$

式中　f_v——产生旋涡的频率；

W——流体流速；

d——圆柱体检测棒直径；

S_t——斯特罗哈尔常数，对于圆柱体，$S_t=0.20$。

S_t 值除与检测棒的形状有关外，还与雷诺数 Re 有关，但是 Re 在一定范围内时，S_t 值几乎不变。

图 4-13 (*b*) 所示，在圆管内插入一个底面宽度为 d 的三角柱，底面迎向气流。在底面上安装两个用适当电源加热的热敏电阻，安放的位置与速度脉动的相位正好差 180°，也就是说一个温度升高时，另一个温度正好降低，所以阻值也相差 180°。通过差动放大器把两个信号反向叠加，而得到旋涡频率的信号。同样用式（4-10）也可以表示旋涡频率与流体流速的关系，对于三角柱检测棒，$S_t=0.16$。

根据卡门理论，旋涡的距离 B 与其间隔 L（图 4-13）的比例符合$\frac{B}{L}=0.28$ 的关系时，涡街最强烈与最稳定，因此适合于流量计的正常工作。

涡街流量计主要由检测棒、放大器与转换器组成，放大器将检测棒传来的信号放大送到转换器，信号在此被处理后就可以显示读数[1]。

（二）选用要点

涡街流量计的压力损失小，除检测棒外没有活动部件，维护比较方便，适合于高压大流量的计量。

以 LU-01 型气体旋涡流量变送器为例，其主要技术指标如下：流速范围为 2～4m/s；相对误差为±1.5%；被测气体温度为－20～＋50℃；放大器环境温度为－20～＋50℃，转换器温度为 0～50℃；湿度为≤85%；工作压力为 1.0、4.0、6.4MPa；管径为≥300mm；检测棒至放大器缆线长度为 50m；放大器至转换器缆线长度为 1000m。

七、动压测定管测流量

在实际的测试工作中，有时没有条件安装流量测量仪表。这时可以利用动压测定管测出管道截面上各点流速，然后根据截面尺寸算出流量。这种方法比较麻烦一些，但是只要选点正确与细心测速，还是能够满足一定精度要求。

在选择测量截面时，应优先选择那些流速比较均匀的截面，为此希望测速截面前有 4～7倍管径的直管段长度，测速截面后应有 1～2 倍管径的直管段长度。对于矩形管道还需要适当加大。矩形管道可以用当量直径计其管径，当量直径 $D_p=\dfrac{2AB}{A+B}$，A 及 B 为矩形的边长。

因为管道截面处流速不相等，所以需要将管道截面分为面积相等的若干等分，并且认为每等份的小截面上速度是均匀的，在其中选择适当的点用动压管测出流速，然后求得整个截面的平均流速。有了平均流速，乘截面积可得流体流量。

对于矩形管道截面，为求平均流速，先把截面分成若干面积相等的小矩形，小矩形的中心点即为动压的测定点［见图 4-14（*a*）］小矩形的数量取决于管道的边长，每一边长的小矩形数量（测点排数）不应少于表 4-8 中所列数值。

矩形管道沿边长测点排数　　**表 4-8**

矩形管道边长（mm）	≤500	500～1000	1000～1500	1500～2000	2000～2500	＞2500
测点排数	3	4	5	6	7	8

对于圆形管道截面，通常是把截面分成若干个面积相等的同心圆环，再把圆环分成两个面积相等的部分，测点就在这两部分的分界线上（图 4-14（*b*））。

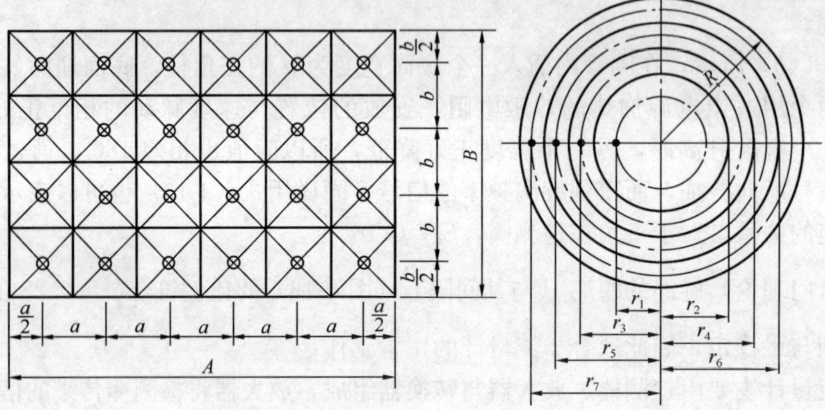

（*a*）　　（*b*）

图 4-14　管道截面测定分布

（*a*）矩形管道；（*b*）圆形管道

设管道内半径为 R，把截面划分成 n 个面积相等的同心圆环，这些圆环周边的半径分别为 r_2、r_4、r_6…，测压点距管道中心的距离（称为测点圆半径）分别为 r_1、r_3、r_5…，根据以上原则可得各测压点距中心距离的公式为：

$$\left.\begin{aligned} r_1 &= R\sqrt{\frac{1}{2n}} \\ r_3 &= R\sqrt{\frac{3}{2n}} \\ r_5 &= R\sqrt{\frac{5}{2n}} \\ r_{2n-1} &= R\sqrt{\frac{2n-1}{2n}} \end{aligned}\right\} \tag{4-11}$$

式中　r_1、r_3、r_5、r_{2n-1}——各测点圆的半径（mm）；

R——管道内半径（mm）；

n——管道截面上划分的圆环数量。

划分等面积圆环的数目 n 与管道直径有关，不应少于表 4-9 中列出的数字。为了方便计算，表 4-10 给出了不同 n 值下的各测点圆半径 r 与管道半径 R 的比值 r/R。

等面积圆环数与测量直径数　　**表 4-9**

管道直径 D（mm）	300	400	600	800	1000	1200	1400	1600	1800	2000
等面积圆环数 n	3	4	5	6	7	8	9	10	11	12
测量直径数	1	1	2	2	2	2	2	2	2	2
总测点数	6	8	20	24	28	36	36	40	44	48

测点圆半径与管道半径比值 r/R　　**表 4-10**

r/R	等面积圆环数 n									
	3	4	5	6	7	8	9	10	11	12
$r_1/R=\sqrt{\frac{1}{2n}}$	0.408	0.354	0.316	0.289	0.267	0.250	0.236	0.224	0.213	0.204
$r_3/R=\sqrt{\frac{3}{2n}}$	0.707	0.612	0.584	0.500	0.463	0.433	0.407	0.387	0.369	0.364
$r_5/R=\sqrt{\frac{5}{2n}}$	0.913	0.791	0.707	0.646	0.598	0.559	0.527.	0.500	0.476	0.456
$r_7/R=\sqrt{\frac{7}{2n}}$		0.935	0.837	0.764	0.707	0.662	0.624	0.592	0.564	0.540
$r_9/R=\sqrt{\frac{9}{2n}}$			0.949	0.866	0.802	0.750	0.707	0.671	0.640	0.613
$r_{11}/R=\sqrt{\frac{11}{2n}}$				0.958	0.886	0.829	0.781	0.742	0.707	0.677
$r_{13}/R=\sqrt{\frac{13}{2n}}$					0.964	0.901	0.850	0.806	0.768	0.736
$r_{15}/R=\sqrt{\frac{15}{2n}}$						0.968	0.913	0.866	0.825	0.791

续表

r/R	等面积圆环数 n									
	3	4	5	6	7	8	9	10	11	12
$r_{17}/R=\sqrt{\frac{17}{2n}}$							0.972	0.922	0.879	0.842
$r_{19}/R=\sqrt{\frac{19}{2n}}$								0.975	0.977	0.935
$r_{21}/R=\sqrt{\frac{21}{2n}}$									0.977	0.935
$r_{23}/R=\sqrt{\frac{23}{2n}}$										0.979

圆形截面管道上布置测压点的直径数量称为测量直径数。一般情况下，取两条测量直径，并且彼此垂直。当测量截面前后的直管段比较小时，速度场就不均匀，为此需加多测量直径数以增加测点。

最后可将测量结果进行如下计算：

设 $H_{d,1}$、$H_{d,2}$、$H_{d,3}\cdots H_{d,n}$ 为测量截面上 n 个测点的动压，则该截面的平均动压 $\overline{H}_d$ 可用下式计算：

$$\overline{H}_d=\left[\frac{\Sigma\sqrt{H_{d,i}}}{n}\right]^2 \tag{4-12}$$

算出 $\overline{H}_d$ 后，就可以计算平均流速，并且可求出流量 V。

在实际测量时，测量截面有可能处于气流不稳定区域，某些测点上的动压头可能是零，甚至于可能是负数，这是由于旋涡造成的。在计算平均动压头时，可以设负值为零。

管道测量截面的平均静压或全压应取算术平均值，管道测量截面平均静压 $\overline{H}_J$ 的计算式为：

$$\overline{H}_J=\frac{\Sigma H_{J,i}}{n} \tag{4-13}$$

应注意的是静压与动压应在同一测点上测量。

八、笛形动压流量计

用动压测定管流量的优点是装置简单，安装要求的条件不高，在多数场合下都可应用，但是，这种方法比较麻烦，在管道截面上需要测若干个点的动压，消耗很多人力与时间。笛形动压管是把截面上需要测的若干个测点综合在一根管上，从而简化测量手续。图4-15是这种笛形动压测定管的一种形式。它是由一根横跨测量截面的铜管（也可用不锈钢管）来传递截面上各点的全压，而静压是由同一截面侧壁上的小孔传递。横跨截面的铜管在迎气流方向开有若干小孔，孔的位置是按等面积圆面积环的概念决定的。这样可以认为笛形管测出的动压 H_d 即为该截面的平均动压。

在保证一定刚度的条件下，笛形管的管径 d 越细越好，其与管径 D 的比值控制为 $\frac{d}{D}=0.04\sim0.09$。测全压的孔 d_0 也是小些为好，孔总面积不宜超过笛形管内截面的

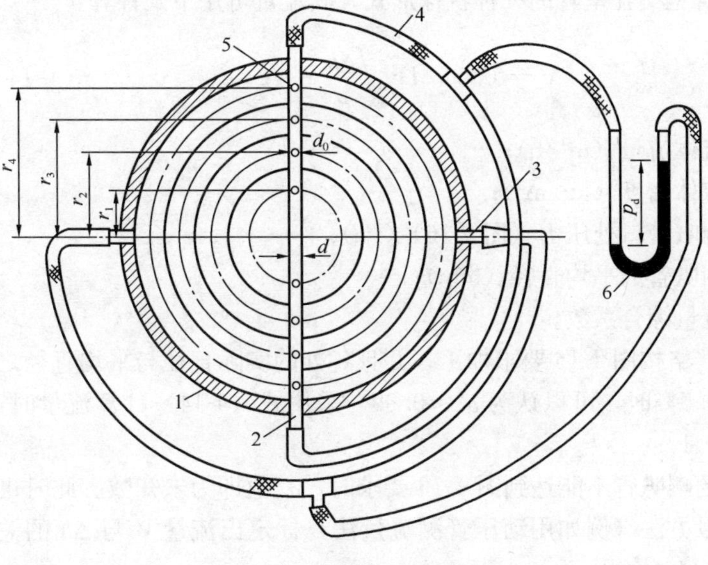

图 4-15 笛形动压管示意图

1—管壁；2—笛形动压管；3—静压感孔；4—胶皮管；5—金属感孔；6—压差计

30%。测静压的孔可设 2～4 个。在管径 D 比较小的情况下，也可取 1 个测静压的孔。

单笛形管上的测全压的孔的方向必须严格迎向气流，当偏离气流方向 9°～10°时，会产生±3%的误差。

使用笛形管时，测量截面前应保持 $6D$，截面后应保持 $3D$ 的直管段，这样测量值波动不会超过±1%。

笛形管结构简单，可以自行设计制作。但是，在使用前应该进行标定，以求出仪器常数 K_ζ。K_ζ 值为实际平均动压 $\overline{H}_d$ 与笛形管测得动压 H_d 之比值，即 $K_\zeta=\frac{\overline{H}_d}{H_d}$。$\overline{H}_d$可以用动压测定管（比托管）按前述方法测得。另外，也可以直接建立流量 V 与 H_d 的函数关系为 $V=f(H_d)$。

笛形管上测全压的孔的位置也可以采用均匀分布办法布置。这时应该根据具体情况标定出 $V=f(H_d)$ 曲线备用。

九、吸风喇叭管流量计

当需要测量吸风口处，例如鼓风机吸入口或管道吸风口处的流量时，用吸风喇叭管还是比较方便的。图 4-16 所示是这种吸风喇叭管构造示意图。此喇叭口安装在鼓风机吸入口或管道吸风口处。图中 D 值应根据实际的吸风口直径决定。在测量时，还要求对已制成的喇叭管内径 D 进行实测，并且取 4 处以上的 D 值的平均值。

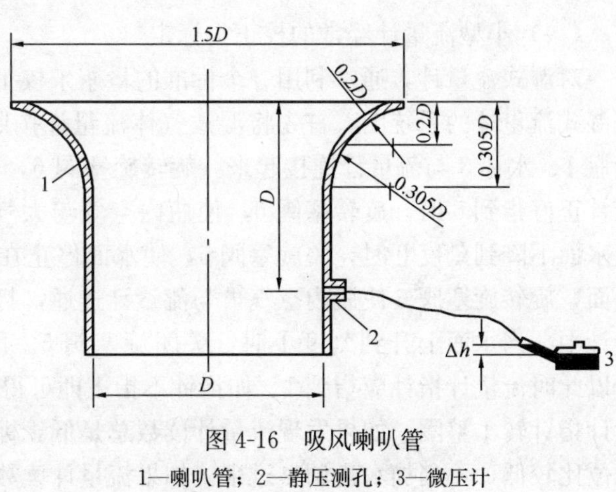

图 4-16 吸风喇叭管

1—喇叭管；2—静压测孔；3—微压计

吸风喇叭管是文丘里管的一种特殊形式，其流量可用下式计算：

$$V = 0.04\alpha_s D^2 \sqrt{\frac{\Delta h}{\rho}} \tag{4-14}$$

式中 V——流体流量（m^3/h）；

ρ——流体密度（kg/m^3）；

Δh——喇叭管口处压力（图 4-16）（Pa）；

D——喇叭管的平均直径（mm）；

α_s——流量综合系数。

当喇叭管严格按图 4-16 要求加工，并且各处的实际直径与平均直径之间误差小于±0.5%时，可以认为 $\alpha_s \approx 0.99$，采用式（4-14）计算流量时，均方根偏差为±1%。

如果制作的喇叭管不能达到图 4-16 要求时，α_s 值即为未知数。此时也可用其他测流量方法（例如用动压管测流量法）标定出流量 V 与 Δh 的关系曲线 $V=f(\Delta h)$ 备用。

十、皂膜流量计

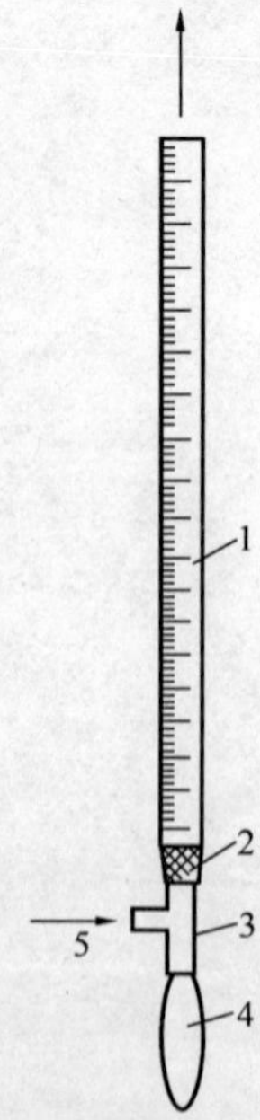

图 4-17 皂膜流量计
1—滴定管；2—胶皮管；3—三通；4—带肥皂水的胶囊；5—气流入口

在实验室中需要测每分钟数十毫升的小流量时，用湿式煤气表已经不能满足要求，用微型孔口流量计又难以标定，这时可以采用皂膜流量计(图 4-17)。

皂膜流量计由带刻度的滴定管及装有肥皂水的胶皮囊组成。气体从下端的三通引入，利用胶皮囊鼓入一些肥皂膜，此肥皂膜可以随气流上升，利用秒表与滴定管上的刻度可测量出流量。

第三节 流量校正及流量变送器

一、流量计的校正

任何一种流量计经过一段时间后，都要进行校正，自制的流量计在使用前更需要进行标定。

（一）小型流量计经常的校正与标定

对湿式流量计，通常利用一个标准的量瓶来校正。图 4-18 是用容积为 1L 的量瓶来校正湿式流量计的系统图。首先将湿式气体流量计按照规定要求安置好，然后按图 4-18 将量瓶 1、水杯 3 与流量计连接起来。旋转旋塞阀 6，使瓶内空气通入流量计内，当流量计指针正好指到 5 时，旋转塞阀 6，使瓶内空气与大气相通。放低水杯位置，使水面下降，当水面下降到刻度Ⅱ时，关旋塞阀 5，使水面停止在刻度Ⅱ上。这时再把水杯放在支架 4 上面，旋转旋塞阀 6 使瓶内空气再与流量计连通，打开旋塞阀 5 后，瓶内空气再次流入流量计中。当水面上升到刻度Ⅰ时，关闭旋塞阀 5。因为刻度Ⅰ、Ⅱ之间容积正好是 1L，所以此时流量计指针应指到 1。如指针不指 1 即可得到偏差值。这样连续校正下去，使流量计指针转 1 整圈。如果发现流量计读数总是低于标准量瓶的体积，这说明湿式流量计内水位比较低，可稍加水量调整过来。如果流量计读数有时低有时高于标准瓶体积，则表示叶轮不均匀，此时应画出较正曲线备用。

对于速度流量计，例如微型孔板流量计，需要标定流量 V 与压差 Δp 之间的关系曲线，这时可以采用图 4-19 所示系统图比较方便。将玻璃管插入到容量瓶 1 中是为了使流量比较均匀。在保持 Δp 不变情况下，测出排出到量筒 3 内的水量和需要的时间，即可算出流量。调节旋塞阀 4 可以控制不同大小的 Δp 值，相应也测出流量后，就可绘出 $V=f$ (Δp)曲线，以备测量时使用。

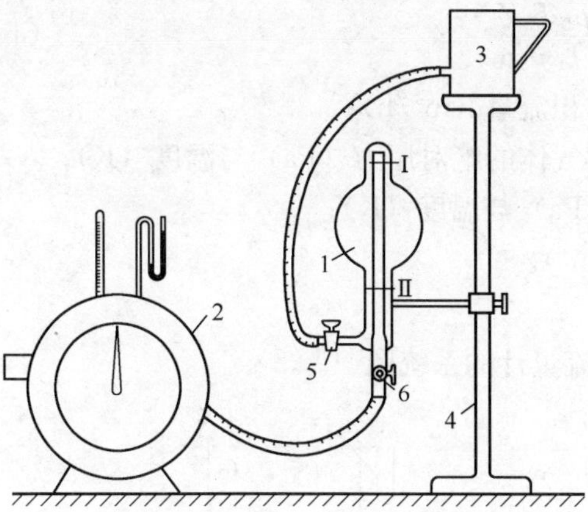

图 4-18　湿式流量计校正系统图

1—标准量瓶；2—湿式流量计；3—水杯；

4—支架；5—两通旋塞阀；6—三通旋塞阀

Ⅰ、Ⅱ—刻度线

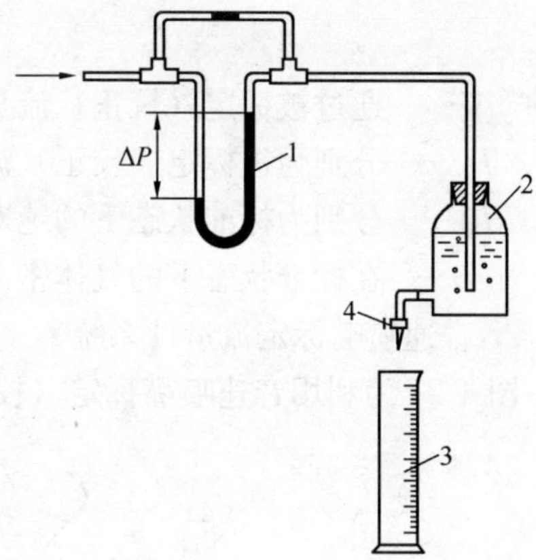

图 4-19　小型湿式流量计标定系统

1—微型孔口流量计；2—容量瓶；

3—量筒；4—旋塞阀

（二）皮膜式流量计（家用煤气表）的校正

城市家用煤气表主要采用皮膜式流量计的形式。在《家用煤气表》（GB 6968）中对这种流量计的基本性能及试验方法有详细的规定，在此不再赘述。

（三）音速喷嘴对气体流量计的标定

用钟罩标定气体流量计的方法（见 GB 6968）只能用于小或中等流量的流量计。由于流量计的流量越大，要求钟罩的体积也越大，否则很难满足精度。但是，做精度高的大容量钟罩是很困难的，这时就需要用音速喷嘴的方法来标定大流量的流量计。

1. 基本原理

从流体力学已知，当气体通过喷嘴喉部截面时，在喷嘴后压力 p_2 与喷嘴前压力 p_1 的比值 p_2/p_1 达到临界压力比时，则通过喷嘴的速度达到最大值。这时再降低此压力比时，速度不会改变（图 4-20*b*）。

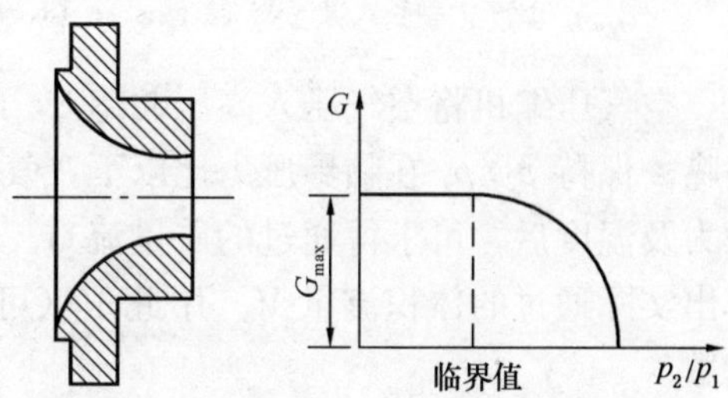

(*a*)　(*b*)

图 4-20　音速喷嘴

(*a*) 喷嘴截面；(*b*) 流量变化

因此只要保持 p_1 不变，p_2/p_1 达到临界压力比时，流量即为一个已知的标准值。即

$$G=k\frac{p_1}{\sqrt{Z_1T_1}} \tag{4-15}$$

式中　G——通过音速喷嘴的质量流（kg/s）；

p_1——音速喷嘴前绝对滞止压力（Pa）；

T_1——音速喷嘴前绝对滞止温度（K）；

k——音速喷嘴流量系数；

Z_1——气体可压系数。

当被标定流量计与音速喷嘴串联时，可将式（4-15）改写成

$$V = G\frac{p_0 T_2 Z_2}{T_0 p_2 \rho_0} \tag{4-16}$$

式中　V——通过被标定（校正）流量计的体积流量（m^3/h）；

p_2、T_2——分别为被标定（校正）流量计前气体的绝对压力（Pa）与温度（K）；

p_0、T_0——分别为标准状态下的绝对压力（Pa）与温度（K）；

ρ_0——在标准状态下的气体密度（kg/m^3）。

2. 音速喷嘴标定流量计系统

图 4-21 为利用音速喷嘴标定（校正）大流量计的系统图[3]。

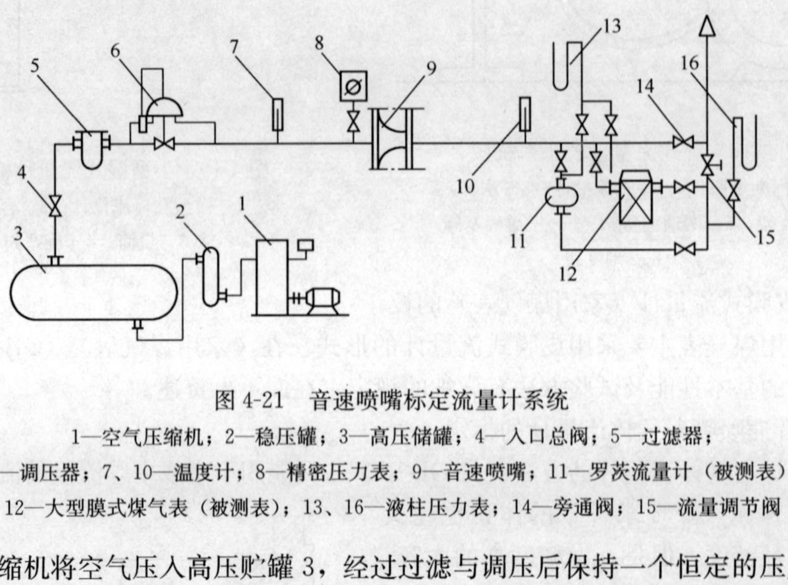

图 4-21　音速喷嘴标定流量计系统

1—空气压缩机；2—稳压罐；3—高压储罐；4—入口总阀；5—过滤器；
6—调压器；7、10—温度计；8—精密压力表；9—音速喷嘴；11—罗茨流量计（被测表）；
12—大型膜式煤气表（被测表）；13、16—液柱压力表；14—旁通阀；15—流量调节阀

空气压缩机将空气压入高压贮罐 3，经过过滤与调压后保持一个恒定的压力进入音速喷嘴。保持 p_2/p_1 在临界压力比以下，气体全部进入被标定流量计。在精确测得喷嘴前的压力及温度后，可求得通过的质量流 G。这时再测出被标定流量计前的压力与温度，即可算出实际通过的体积流量 V。用此 V（可认为是标准值）来标定或校正被标定流量计的读数。

在实际的系统中，可能要并联几个不同直径的音速喷嘴，每单个喷嘴流量是固定的，这样可以组合一系列流量数据，满足标定或校正被标流量计刻度的要求。

这种校正流量计的系统，只要音速喷嘴加工精度高，调压器工作稳定可靠，喷嘴前压力测量精确，即可得到满意结果，因此特别适合校正罗茨流量计等大流量的煤气表。

天然气流量大，国外进出口或国内上下游贸易量很大。因此流量尤其是大流量计的校正更为重要。我国北京东郊南部门站、中原油田的配气站建了以音速喷嘴组作为二级标准（或工作标准）的在线校准装置。表 4-11 是国内外典型的一级气体流量标准装置的参考

资料。

国内外典型一级气体流量标准装置的参考资料　　　　**表 4-11**

国家及机构	装置类型	介质	压力及流量范围	准确度
美国家标准技术研究院 NIST	低压钟罩、活塞	空气	常压 $Q_{max}=84m^3/h$	±0.11%
	压力、容积、温度、时间法	空气	0.86MPa$Q_{max}=600kg/h$	±0.11%
英国家工程实验室 NEL	质量、时间法	天然气	$p_{max}=5MPa$；$Q_{max}=1800kg/h$	±0.01kg
英国天然气公司 BGC	临界流喷嘴	天然气	$p_{max}=7MPa$；$Q_{max}100\times10^4kg/h$	±0.5%
法国天然气公司 GdF	压力、容积、温度、时间法法	天然气	$p_{max}=6MPa$；$Q_{max}=6500kg/h$	±0.25%
中国成都天然气计量检测站	质量、时间法	天然气	$p_{max}=4MPa$，$Q_{max}=8640kg/h$	±0.1%
中国国家原油大流量计量站	低压钟罩法	空气	$Q_{max}=1500m^3/h$	±0.1%

对于一般检测站的各种流量仪表都需要根据规定的检定方法定期检定。例如《标准煤气表鉴定方法》（JJG 267—1996）、《钟罩式气体流量标准装置鉴定规程》（JJG 165—1989）等。

二、流量变送器

流量变送器与其他变送器一样，首先将流量信号变成电信号，然后将电信号放大到满足要求的数据。例如流量通过压差来表示的，则可用压差变送器。但是，由于流量已受温度与压力影响，为此还需要温度与压力的信号，最后通过计算求得标准的体积流量。流量变送的方式很多，下面介绍几种常见的具有远传动能的流量计。

（一）孔板流量计及其变送器

孔板流量计是用压差来表示流量的大小的，故用压差变送器可直接将流量信号送出。考虑到温度与压力的影响，需要同时利用温度与压力变送器将气流的温度与压力信号同时送出。最后通过乘除器折算为标准体积流量，同时还可以算出累积流量（图 4-22）。这种

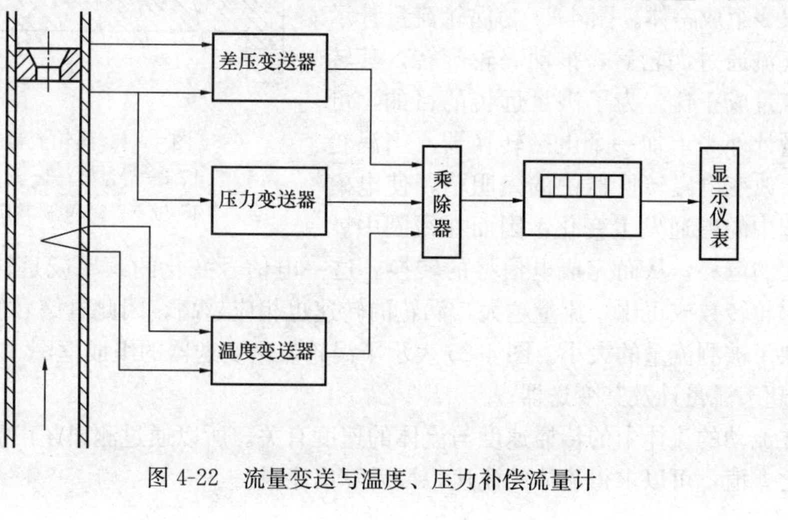

图 4-22　流量变送与温度、压力补偿流量计

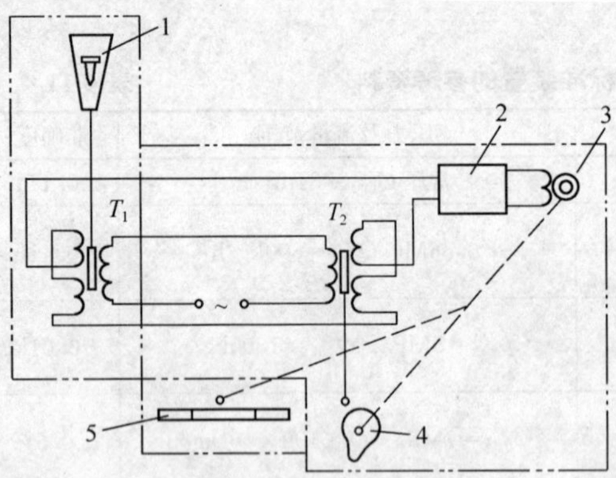

图 4-23　电远传转子流量计
1—转子流量计；2—放大器；3—可逆电机；4—凸轮；5—显示刻盘

仪表可称为压差—温度、压力补偿式流量计，具有遥测功能。

（二）转子流量的远传

图 4-23 为电远传式转子流量计的原理图。由于流量变化引起的转子流量计 1 中转子的位移，带动了发送差动变压器 T_1 中的铁心上下运动，从而引起电压改变，实现流量信号转换为电信号。发送差动变压器 T_1 与接收差动变压器 T_2 通过放大器 2 及凸轮 4 等组成一个自平衡线路，完成信号显示与记录的功能。其原理为：T_1 与 T_2 的次线圈的电压 e_1 与 e_2 之差，经过放大器 2 后输出 0～20mA 直流电流。用此电流驱动可逆电机 3 动作，再由凸轮 4 传动使 T_2 内铁心位置与 T_1 内铁心位置相对应时为止，这时 $e_1=e_2$，放大器输入输出信号电压均为零，可逆电机停止工作。这样通过与可逆电机传动相连的测量指示仪表指示出和记录了相应的被测流量的数值。

以上介绍的是电远转子流量计的工作原理，它是利用与可逆电机相连的测量指示仪表来显示流量数值。除此以外，也可以将取得的电流信号，通过标定后可直接读出流量数值，或者通过 A/D 转换完成数字显示。

（三）涡轮流量计及其变送器

涡轮流量计的核心计量元件是涡轮。其作用是将流体的动能转换成机械能。涡轮与壳体同轴，叶片数根据口径决定。通常为 2～8 片[4]。叶片有直板叶片、螺旋叶片和丁字形叶片等几种。在天然气事业中使用广泛，需要根据流量范围与流体性质选用。另外涡轮流量计一般与涡轮变送器和显示仪表组成一体。图 4-24 为涡轮流量计示意图。当气流通过涡轮后，推动涡轮旋转，其转速与气体流量成正比。为了满足远传的目的，可在涡轮流量计外壳上加一个电磁转换器。当涡轮旋转时，会改变电磁转换器中的磁阻值，使电磁转换器线圈中的磁通发生变化，因而在线圈中就感应出交变的电势，从而完成电信号的转换。这一电信号变化的频率就是转过叶片的频率，它与涡轮转数成正比。流量越大，涡轮的转速也相应越高，因此电信号的变化的频率大小就反映了被测流量的大小。图 4-25 表示了涡轮流量变送器的组成框图。

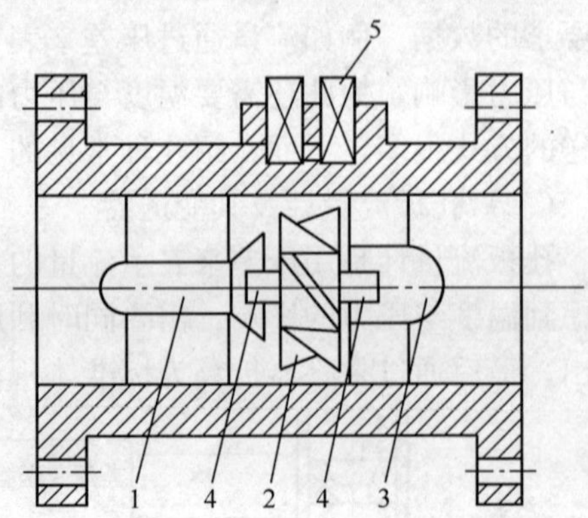

图 4-24　涡轮流量计
1、3—导流器；2—涡轮；4—轴承；5—电磁转换器

（四）超声流量计及其变送器[5]

声波在流动的流体中的传播速度与流体的速度有关。所以通过测出超声波向上、下游传播速度之差值，可以求得流体的流速，最后算出流量。

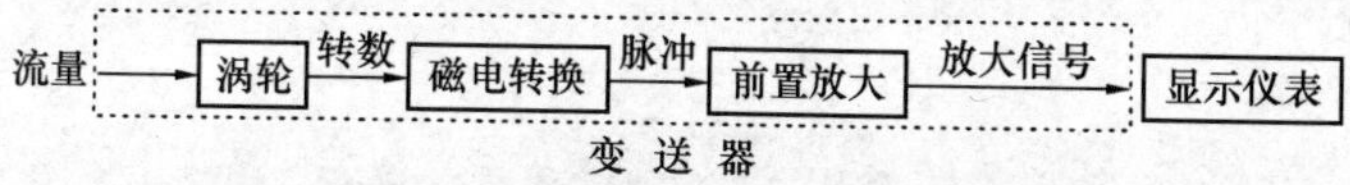

图 4-25　涡轮流量计变送器组成框图

由于天然气事业的发展，20 世纪中叶西方工业发达国家开始开发超声流量计。我国在 2001 年制定了《用气体超声流量计测量天然气流量》(GB/T 18604—2001)，虽然起步较晚，但发展较快。其主要优点为：不干扰气流、无压损、属节能仪表、量程宽、流速比达 30：1、可以测脉动流量。它也有不足之处：只能测干净的 CO_2 含量低于 10%的天然气。另外，我国尚在总结开发与使用的经验阶段。

这种流量计可以排除机械检测机构对气流的影响，它与激光测速一样可以不干扰气流，但它不用透光的玻璃窗，所以更为简单易行，适用于大管道天然气的计量。这种流量计的超声波换能器可以插入管壁内侧，也可置于管壁外侧，不破坏流场，没有压力损失。它能直接测得被测流体的瞬时流量的累积流量，并能以模拟量或数字量输出，实现远传，遥测或自动控制。但是，测量结果与流体中的声速有关，故当被测流体的温度、黏度、浓度等因素变化时，会影响测量的准确度，因此需要对某种有影响的因素给以定值限制。

参考文献

[1]　金志刚. 燃气燃烧与输配测试技术 [M]. 北京：中国建筑工业出版社，1981.
[2]　西安热工研究所. 燃煤锅炉燃烧调整试验方法 [M]. 北京：水利电力出版社，1981.
[3]　王乐然. 检测控制仪表实用手册 [M]. 北京：中国建筑工业出版社，1989.
[4]　张华. 热工测量仪表 (第 3 版) [M]. 北京：冶金工业出版社，2006.
[5]　宋德琦. 天然气输送与储存工程 [M]. 北京：石油出版社，2006.

第五章 燃气成分分析

燃气是由多种单一气体组成的混合气体，包括氢气、甲烷、丙烷、丁烷等可燃气体和氮气、二氧化碳等非可燃气体。燃气成分分析就是要分析出燃气的各种单一气体成分的质量分数或体积分数。燃气成分分析目前基本都采用气相色谱分析法，比较简便快速。人工燃气因其重碳氢化合物成分比较少，也可采用化学吸收法进行燃气成分分析。燃气中含有的硫化氢、氨和萘等杂质成分一般采用化学法进行分析。

第一节 概述

一、燃气成分表示方式

燃气是由几种单一可燃气体及较少量非可燃气体组成的混合气体。第八章表 8-11 给出了各类燃气的典型成分的体积百分数。由表中数值可见，不同种类的燃气的成分有很大差异，表中的数值是在一般情况下的典型成分百分数。

燃气成分的单位有两种表示方法：一为容积百分数，另一为容积百分比。百分数以%表示，各种成分百分数之和应为 100。百分比无量纲，是一个比值，其和应为 1。

二、气体成分分析方法

气体成分分析方法很多，并且随着科技的进步，不断地涌现新方法、新技术，并且已成为一门独立的气体分析学科。每种成分分析方法都有其优点和缺点。测试工作者必须根据测试的对象及测试工作的各方面要求，选择简单、可靠、经济并且能满足要求的方法。

燃气燃烧与输配测试工作中，主要是要求对燃气及烟气成分进行分析。其分析方法可分为化学分析方法、物理分析方法、色谱分析方法及质谱分析方法等。

（一）化学分析方法

利用化学反应对混合气体进行分析的方法叫化学分析方法，其具体方法有以下几种。

（1）化学吸收法

利用化学溶液吸收混合气体中某一种成分，根据吸收前后体积的变化就可以求得被吸收成分的体积分数。例如 532 型燃气成分分析仪及 491 型烟气成分分析仪，就是用这种方法的分析仪器。这种方法简单可靠，虽然操作麻烦，但至今仍用于含量大于 1%的成分分析。

（2）化学滴定法

对于含量甚微的气体成分，被化学溶液吸收前后体积变化很小，难于分辨，这时可以对吸收液进行滴定，以确定被吸收成分的量。例如混合气中微量的 CO_2 用氢氧化钡溶液去吸收，然后用酸来滴定多余的氢氧化钡溶液，从而算出 CO_2 含量。这种方法适用于含量为 0.001%～2%的成分分析。

（3）化学电导法

利用溶液吸收某种成分后电导率的变化，也可以求出被吸收成分的含量，这种方法操作比较简单，并且可以直接显示读数，免去一些计算工作量。900型电导电桥式测量CO、CO_2气体分析仪就是利用这种方法设计的分析仪器，其测量范围为$20\times10^{-6}\sim200\times10^{-6}$。

（4）化学比色法

化学溶液（或涂有溶液的担体）与混合气体中某种成分起化学变化后会发生颜色变化，根据此颜色变化程度可以确定该成分的含量。例如CO比色检测管及NO_x的盐酸萘乙二胺比色法均属此类。这类方法有的可以用来微量分析（10^{-6}级），有的可用来常量分析。

（5）热化学法

利用化学试剂与混合气体中某种成分起化学放热反应的原理，可以测量该成分的含量。例如德雷格尔CO分析仪、RH-21A型热化学式氧分析仪与RH－31可燃气体测爆仪均属于此类仪器。这类仪器中有的可测常量，有的可测微量，有些仪器还能发出信号报警。

（6）化学发光法

利用混合气体中某种成分化学反应生成被激发的分子能辐射光子的现象，也可以确定该成分含量。此法多用来测NO，因为NO与O_3起化学反应能产生被激发的NO_2而发出光，根据光强度来决定NO含量。这种方法可用来做微量分析，例如HGS-802型NO_x分析仪。

（二）物理分析方法

利用混合气体各种成分物理性质不同，可以对混合气体进行分析，具体方法有以下几类。

（1）热导法

由于混合气体中各成分的热导率相差很多，所以可根据热导率的大小确定热导率较大的成分含量。QRD-1102型热导式氢分析仪，RD-002型二氧化碳分析仪，均属此类仪器。这种分析仪器多带自动记录，通常是常量分析。

（2）导磁法

因为各种单一气体中，氧气的磁化率最大，大部分混合气体的磁化率是由氧决定的，所以根据混合气体的磁化率，即可确定氧含量。

（3）红外线法

混合气体中各成分对红外线的吸收光谱不相同，根据这种特性可以分析其中某一成分的含量。这是一种新型分析方法，可以用来分析CO、CO_2、NO_x、CH_4、C_2H_2及NH_3等。例如QGS型红外线分析仪就属于这类仪器。

（4）紫外线法

各种单一气体对紫外线吸收的物理过程比对红外线吸收过程要复杂，又由于紫外线光子能量比红外线大得多，因此会导致光化学反应与分子的分解。这些反应使一部分入射辐射能量被吸收。在紫外区中，很多气体的吸收谱是重叠的，因此限制了紫外线分析范围，但在紫外区有带状吸收谱，积分吸收强度大，因而灵敏度高。所以通常用紫外线分析一些特殊的气体，如汞蒸气、臭氧、苯及氯等。

（5）光干涉法

利用光在不同气体中折射率改变而引起干涉条纹变化的现象，能够分析混合气体中的某一成分。AQG-1型瓦斯检定器属于这类仪器，它是用来测定矿井中的甲烷及二氧化碳浓度的。这种仪器使用方便，便于携带，但精度较低。

（三）色谱分析法

混合气体经过特殊处理过的色谱柱后，各个成分能够自动分离，并且按规律依次流出，从而分析出各个成分的含量。它可以常量分析，也可以微量分析，不但能定量，而且能定性，这是它的主要优点。

（四）质谱分析

质谱分析是根据具有一定能量的不同荷质比的正离子通过均匀横向磁场时，将以不同圆弧轨迹的原理，使被分析物质按照荷质比分离开，从而得到各种成分的性质与含量。具体的方法是将被分析物质的分子或原子在处于高真空状态的离子源中被电离，并使正离子在离子光学系统的作用下，形成具有一定能量及几何形状的离子束，聚焦后进入高真空状态的分析室，在磁偏离系统的作用下按照荷质比大小而分散开来。借助磁场扫描，将被分析物质同位素的正离子按一定次序逐个移向接收极。再利用电子学方法测出接收到的各个离子流强的谱峰，就可以确定被分析物质的同位素成分。质谱仪的特点是能够直接分析出未知成分的性质。目前已成为原子能工业、地质学、化学医学等领域内研究工作的有力工具。同时也是各个科学技术领域需要引进与利用的分析仪器。

除了以上各种分析方法外，还有不少其他方法，例如燃烧爆炸法、荧光分析法以及燃料电池法等。

第二节　气相色谱分析原理

一、气相色谱分析原理

（一）气相色谱仪工作流程

气相色谱法是一种物理化学分离分析方法。载气由高压气瓶流出，由减压阀和调节阀控制压力与流量，再经净化干燥管净化脱水，由压力表指示压力、流量计指示流量，经分配器分为两路。一路载气不经过色谱柱直接进入检测器的参考臂。另一路载气流经进样口时，将由进样口进入的气样一起携带进入色谱柱。燃气样品在色谱柱内被分离，此后随载气进入热导检测器的测量臂。

（二）气相色谱中的固定相和流动相

在气相色谱中有两相，一相是固定相，另一相是流动相（气相）。固定相指填充在色谱柱中的固体吸附剂，或在惰性固体颗粒（载体）表面涂有一层高沸点有机化合物（固定液）。流动相是不与被测成分和固定液起化学反应，也不能被固定相吸附或溶解的气体（载气），它在色谱柱中与固定相作相对运动。

（三）气相色谱中的分离原理

当燃气通过色谱柱时，色谱柱中的固定相对气体中不同成分有不同的吸附和溶解能力，也称为气样中各成分在固定相和流动相中有不同的分配系数。当气样被载气带入色谱柱中并不断向前移动时，分配系数较小的成分移动速度快，而分配系数较大的成分移动速度慢。这样分配系数较小的成分先流出色谱柱，分配系数较大的成分后流出色谱柱，从而达到分离目的。

（四）燃气成分气相色谱法分析原理

用气相色谱仪，使用氦气和氮气做载气，通过气相色谱柱来分离试样中的主要常量成分，并在积分仪或微处理机上记下各成分的色谱峰峰面积数值。

在同样操作条件下，采用外标法分析已知成分含量的标准气体，把测得的试样色谱峰峰面积数值与标准气色谱峰峰面积数值相比较来计算各成分的含量。

如果试样中全部成分都显示出色谱峰时，也可采用校正面积归一法计算各成分的含量，但应验证其结果的准确性。

二、色谱柱的固定相和制备

色谱填充柱是填充了色谱填料的内部抛光不锈钢柱管或塑料柱管，是实现分离的核心部件，其内径通常在 4～8mm，柱长通常在 1～10m。色谱毛细管柱的内径一般小于 1mm，通常用于高灵敏的微量成分分离。

（一）固体吸附剂固定相

因为气相色谱的载气种类少，分离选择性主要依靠选择固定相。燃气成分能否分离，首先取决于固定相，迄今已有数百上千种气相色谱固定相，常用的不过十几种，主要有非极性的活性炭、弱极性的氧化铝、极性的分子筛和氢键型硅胶等。

气固色谱适合于分析永久气体和低沸点烃类的分析，热稳定性好，柱温上限高；但一般情况下，吸附等温线不呈线性，峰不对称；由于固定相表面结构不均匀，所以重现性不好。

虽然固定相的种类很多，但是在气固色谱中作为固定相的却不多，一般仅限于活性炭、石墨化炭黑、碳多孔小球、硅胶、氧化铝、分子筛等。由于固定相的性能与制备、活化条件等有很大关系，所以，不同来源的同种固定相，甚至于同一来源的非同批产品，其色谱分离效能均不重复。

(1) 活性炭

非极性，有较大的比表面积，吸附性较强。可用于惰性气体、永久气体，气态烃等分析。由于活性炭表面活性大而不均匀，会造成色谱峰拖尾，现在已很少使用。

(2) 石墨化炭黑（Cabopack 系列）

非极性，表面均匀，活性点大为减少。所以大大改善了色谱峰形，提高了分析重现性。

(3) 碳分子筛（碳多孔小球；TDX 系列）

非极性，是用偏聚氯乙烯小球进行热裂解而得到的固体多孔状的炭。碳多孔小球的国外商品名为 Carbosieve，国内叫 TDX，具体牌号有 TDX-01、TDX-02。碳多孔小球特点是非极性很强，表面活性点少，疏水性强，可使水分在甲烷前或后洗脱出；柱效高；耐腐蚀、耐辐射；寿命长。TDX 可用于分析 H_2、O_2、N_2、CO、CO_2、CH_4、C_2H_2、C_2H_4、C_2H_6 及 C_3 的烃类和 SO_2 等气体的分析以及氮肥厂的半水煤气分析、金属热处理气氛的分析和低碳烃中水分的分析等。

(4) 活性氧化铝

有较大的极性，热稳定性好，机械强度高，适用于常温下 O_2、N_2、CO、CH_4、C_2H_6、C_2H_4 等气体的分离。CO_2 能被活性氧化铝强烈吸附，因此不能用这种固定相进行分析。

(5) 硅胶 (Porasil 系列等)

强极性，分离能力决定于孔径大小及含水量，一般用来分离 C_2～C_4 烃类及某些含硫气体 H_2S、CO_2、N_2O、NO、NO_2、SO_2，其有与活性氧化铝大致相同的分离性能，且能够分离臭氧。

(6) 分子筛

有特殊吸附活性，是碱及碱土金属的硅铝酸盐（沸石），多孔性。人工合成的泡沸石加热时，结构水就从空隙中逸出，留下一定大小均匀的孔穴。当样品分子经过分子筛时，比孔径小的分子被吸进去，比孔径大的分子通过分子筛出来，故分子筛实际是个反筛子。分子筛的种类很多，分析用的有 4A、5A、13X 等，其中前面的数字代表孔径，A、X 表示类型，A、X 化学组成不同。用于分析气样中 N_2 和 O_2 有特效。分子筛可用来分离永久气体、H_2、H_2S、O_2、CH_4、CO、气态烃分析等。特点是能在高温下使用，但重复性好的很难制备，往往使峰拖尾。

分子筛遇到硫化合物、二氧化碳时，因这些成分被吸附后很难再析出而使色谱柱失去活性，故在分析含有这些成分的样品时必须在进样阀后、色谱柱前加一段碱石棉管来吸收、除去样品中的这些成分。水分是影响分子筛柱寿命的主要因素。测量含水分高的气样时，可在进样阀前加脱水装置。常用脱水剂有硅胶、五氧化二磷、无水高氯酸镁等。在色谱柱前使用碱石棉管或脱水剂时，要注意其不能吸收样品中的成分。

当分子筛柱失效时，一般表现为色谱图上氧、氮色谱峰分不开、一氧化碳保留时间缩短甚至在甲烷峰前出峰等现象。此时应对分子筛柱作活化处理。可把分子筛从柱内倒出，将其在 500～550℃高温下灼烧 2h 以使其活化，或在 350℃下真空话化 2h 后立即装柱。

(7) 高分子多孔微球 (Porapak，Chropmosorb 等)

高分子多孔微球是新型的有机合成固定相，是用苯乙烯与二乙烯苯共聚所得到的交联多孔共聚物。美国研究的 Porapak 高分子多孔微球是一种色谱分离性能很好的气-固色谱固定相。我国天津化学试剂二厂的 GDX 系列与其相当，型号有 GDX-101、GDX-102、GDX-103、GDX-104、GDX-105、GDX-201、GDX-301、GDX-501 等，适用于水、气体及低级醇的分析。

高分子多孔微球的特点是：表面积大，机械强度好；疏水性很强，可快速测定有机物中的微量水分；耐腐性好，可分析 HCl、NH_3、HCN、Cl_2、SO_2 等活性气体，有机溶剂和氯化氢中的微量水分可用 GDX-104 色谱柱测定；不存在固定液流失问题。

(二) 固定液-载体固定相

这种固定相是固定液均匀地涂在载体上，载体是化学惰性的固体微粒，用来支持固定液的，色谱毛细管柱的载体就是其柱体内壁。固定液大多数是高沸点的有机化合物，在气相色谱工作条件下呈液态，所以叫固定液。在色谱柱内，被测物质中各成分的分离是基于各成分在固定液中溶解度的不同。当载气携带被测物质进入色谱柱，和固定液接触时，气相中的被测成分就溶解到固定液中去。载气连续进入色谱柱，溶解在固定液中的被测成分会从固定液中挥发到气相中去。随着载气的流动，挥发到气相中的被测成分分子又会溶解到固定液中。这样反复多次溶解、挥发、再溶解、再挥发。由于各成分在固定液中溶解能力不同。溶解度大的成分就较难挥发，停留在柱中的时间长些，往前移动得就慢些。而溶解度小的成分，往前移动得快些，停留在柱中的时间就短些。经过一定时间后，各成分就彼此分离。

固定液配比指固定液在固定相中所占重量，色谱柱起分离决定作用的是固定液。载体作用是提供一个大的惰性表面，以便涂上固定液。

(1) 载体

载体（担体）是一种化学惰性、多孔性的颗粒，它的作用是提供一个大的惰性表面，用以承载固定液，使固定液以薄膜状态分布在其表面上。

1) 对载体的要求

① 载体表面应是化学惰性的，即表面没有吸附性或吸附性很弱，更不能与被测物质起化学反应。

②足够大的表面积。多孔性，即表面积较大，使固定液与试样的接触面较大。

③热稳定性好，有一定的机械强度，不易破碎。

④形状规则、大小均匀。对粒度的要求，一般希望均匀、细小，这样有利于提高柱效。

2) 载体的分类

① 硅藻土类载体

由天然硅藻土煅烧而成的。常用此类载体的主要成分为无机盐。根据制造工艺和助剂不同，又可分为红色载体和白色载体两种：

红色载体：孔径较小，表面孔穴密集，比表面积较大，机械强度好。适宜分离非极性或弱极性化合物。缺点是表面存有活性吸附中心点。常见的有 201、202 系列、6201 系列等。

白色载体：白色载体是在煅烧时加 Na_2CO_3 之类的助熔剂，使氧化铁转化为白色的铁硅酸钠。白色载体颗粒疏松，孔径较大，表面积较小，机械强度较差。但吸附性显著减小，适宜分离极性化合物。常见的有 101、102 系列。

②非硅藻土载体

玻璃微球：是小玻璃珠，颗粒规则，涂渍困难。

聚四氟乙烯：吸附性小，耐腐蚀，分析 SO_2、Cl_2、HCl 等气体。

高分子多孔微球 GDX 既可用作固定相，又可用作载体。

③硅藻土类载体的表面处理

普通硅藻土类载体表面并非惰性，含有≡Si－OH，Si－O－Si，＝Al－O－，＝Fe－O－等基团，故既有吸附活性又有催化活性。若涂渍上极性固定液，会造成固定液分布不均匀；分析极性试样时，由于活性中心的存在，会造成色谱峰拖尾，甚至发生化学反应。因此，载体使用前应进行钝化处理。钝化处理方法如下：

酸洗、碱洗（除去酸性基团）：用浓 HCl、KOH 的甲醇溶液分别浸泡，以除去铁等金属氧化物及表面的氧化铝等酸性作用点。

硅烷化：（消除氢键结合力）用硅烷化试剂（二甲基二氯硅烷等）与载体表面的硅醇、硅醚基团反应，以消除担体表面的氢键结合力。处理后，性能好，但试剂昂贵。

釉化（表面玻璃化、堵微孔）：以碳酸钠、碳酸钾等处理后，在担体表面形成一层玻璃化釉质。

3) 载体的选择

① 红色硅藻土载体用于烷烃、芳烃等非极性、弱极性物的分析。

②白色硅藻土载体用于醇、胺、酮等极性物的分析。

③固定液含量大于5%，一般选用的红色、白色载体。

④固定液含量小于5%，一般选用处理过的载体。

⑤高沸点化合物的分析要选玻璃微球；强腐蚀的物质的分析选氟载体。

(2) 固定液

气液色谱固定液的特点是可得较对称的色谱峰；可供选择的固定液很多；谱图重现性好；可在一定范围内调节液膜厚度。

1) 对固定液的要求

① 选择性好；

②化学稳定性和热稳定性好（每种固定液都有一个“最高使用温度”），固定液的蒸汽压要低，固定液流失要少；

③对成分要有一定的溶解度，即对成分有一定的滞留性；

④凝固点低，黏度适当（因为凝固点以下，固定液凝固，只起吸附作用，所以凝固点就是固定液的“最低使用温度”）。

2) 固定液的分类

① 烃类极性最弱，有角鲨烷、石蜡油、聚乙烯等，适用于非极性物分析，基本上按沸点顺序出峰。

②聚硅氧烷类应用最广，使用温度范围宽（50～350℃），并引入不同的取代基以使极性不同，如甲基聚硅氧烷，苯基聚硅氧烷等。

③醇、醚类易形成氢键，选择性取决于氢键作用力。聚乙二醇固定液应用最多。种类有PEG-200、300、400、1000、1500、6000、20M。PEG-后面的数字代表平均分子量。

④酯类为中等极性，含有极性和非极性基团。例如邻苯二甲酸二壬酯（DNP）、丁二酸二乙二醇聚酯（DEGS）。

3) 固定液的选择

固定液的分离特征是选择固定液的基础。固定液的选择，一般根据“相似相溶”原则进行。在气相色谱中，常用“极性”来说明固定液和被测成分的性质。如果成分与固定液分子性质（极性）相似，固定液和被测成分两种分子间的作用力就强，被测成分在固定液中的溶解度就大，分配系数就大，也就是说，被测成分在固定液中溶解度或分配系数的大小与被测成分和固定液两种分子之间相互作用的大小有关。

① 分离非极性物质，一般选用非极性固定液，这时试样中各成分按沸点次序先后流出色谱柱，沸点低的成分先出峰，沸点高的成分后出峰。

②分离极性物质，选用极性固定液，这时试样中各成分主要按极性顺序分离，极性小的先流出色谱柱，极性大的后流出色谱柱。

③分离非极性和极性混合物时，一般选用极性固定液，这时非极性成分先出峰，极性成分或易被极化的成分后出峰。

④对于能形成氢键的试样，如醇、酚、胺和水等的分离，一般选择极性的或是氢键型的固定液。这时试样中各成分按与固定液分子形成氢键的能力大小先后流出，不易形成氢键的先流出，最易形成氢键的最后流出。

⑤按成分之间的沸点差别或极性差别选择：如果主要差别是沸点差别，选非极性固定液；如果主要差别是极性差别，则选极性固定液。

⑥特殊样品选特殊固定液：例如分离醇、水可选 GDX；分离 N_2、O_2 可选分子筛。

⑦ 选择混合固定液：对于复杂的样品的分离，单一固定液分不开，可选混合固定液。

（三）色谱柱的制备

(1) 根据样品选择固定液、载体

(2) 根据固定液选择溶剂

(3) 根据配比和所需固定相的量，计算所需固定液的量、载体的量。例如固定相 20 克，固定液 DNP 含量为 10%，用 101 白色载体制备气液色谱填充柱。计算得出所需 DNP 固定液是 2g，101 白色载体是 18g

(4) 涂渍

将称好的固定液放在一个烧杯中，加入适量的溶剂溶解。将称好的载体，倒入溶解好固定液的烧杯中，在适当的温度下，轻轻摇动烧杯，让溶剂均匀挥发。如果溶剂沸点高，可在红外灯泡下烘干，直至载体呈颗粒状、没有溶剂气味为止。

(5) 柱的填充

① 柱的清洗：依次用自来水－5%NaOH—蒸馏水—丙酮—蒸馏水清洗，然后烘干。

②柱的填充：用玻璃棉将柱的一端（接检测器的一端）塞牢，经缓冲瓶与真空抽气机连接，柱的另一端接一漏斗，徐徐倒入涂有固定液的载体，边抽真空边轻敲柱管，直至装满为止。用玻璃棉塞紧柱的另一端口。

(6) 柱的老化

① 目的：彻底除去填充物中的残留溶剂和某些挥发性的物质；也促使固定液均匀牢固地分布在载体的表面上。

②方法：在常温下使用的柱子，可直接装在色谱仪上，接通载气，至基线平稳即可使用；如果新装填好的色谱柱要在高温操作条件下应用，则要将装填好的色谱柱接入色谱仪中，但柱出口不与检测器相连，以防止加热时从柱内挥发出的杂质污染检测器。在操作温度低于最高使用温度下，通入载气，将柱加热几小时至几十小时，这一过程为老化。老化时，升温要缓慢，老化后，将色谱柱与检测器连接上，待基线平直后就可进样分析。

（四）色谱柱的性能要求

组分在色谱柱上的分离必须符合下列要求（见图 5-1）：当成分含量大于等于 5%时，A/B 大于 0.8；成分含量小于 5%时，A/B 大于 0.4。在小成分相邻于大成分时，取小峰的斜率作为基线。

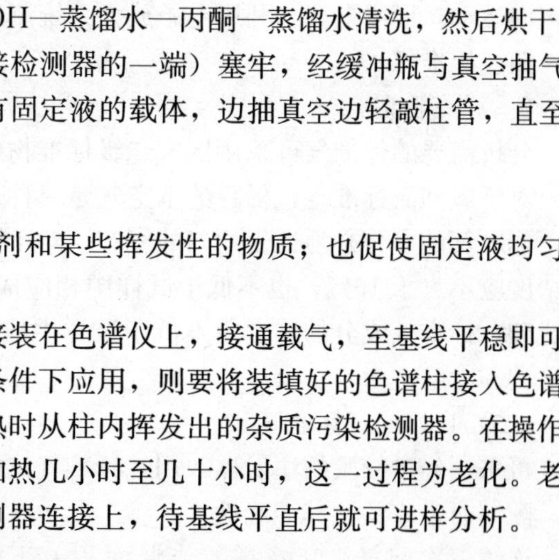

图 5-1　组分在色谱柱上的分离效果

A—两峰间峰谷深；B—两相邻峰高于基线的较小峰的高

三、检测器的结构和工作原理

用于燃气分析的检测器很多，最常用的有热导检测器（TCD）和火焰离子化检测器（FID）。

(1) 热导检测器

热导检测器结构比较简单，灵敏度和稳定性较好，线性范围广，适用于常量无机气体和有机物的分析。

热导检测器的金属池体中有两个腔体，分别称为测量臂和参考臂，各固定一根相同的、电阻温度系数较大的金属丝。金属丝温度的变化会产生电阻的变化，可以用惠斯特电桥测量出来。腔体有气体的进出口，参考臂只流过载气，测量臂流过载气与气样成分的混合气体。

不同成分气体具有同载气不同的导热系数。当测量臂没有气样成分通过时，测量臂与参考臂通过的都是相同的载气，其导热性能也是相同的，在测量臂和参考臂之间不存在因导热不同而产生的电阻差，所测量的电信号为零。当测量臂通过载气与气样成分的混合气体时，由于混合气体与纯载气不同的导热性能，在测量臂和参考臂之间就会因导热性能不同而产生电阻差，从而产生可测量的电信号。电信号的强弱就直接反映了成分含量的多少。

(2) 火焰离子化检测器。

火焰离子化检测器对绝大多数有机物有较高灵敏度，而且构造简单，响应快，稳定性好，所以也是一种常用检测器。已经分离了的气样成分由载气携带与纯氢气混合进入检测器的喷嘴，同时由检测器侧面引入空气。当点火电热丝通电后即把载有气样成分的氢气在喷嘴出口点燃。气样中有机物在燃烧时被电离，这些离子在发射极和收集极电场的作用下作定向运动，形成电流。利用电子放大系统测定离子流的强度，即可得到成分含量信号。

四、标准气

(一) 一般要求

分析需要的标准气可采用国家二级标准物质，或按 GB/T 5274 制备。

对于氧和氮标准气，稀释的干空气是一种适用的标准物。

标准气的成分必须处于均匀的气态。对于试样中浓度不大于5%的成分，标准气成分的浓度应不大于10%，也不低于试样中相应成分浓度的50%。对于试样中浓度大于5%的成分，标准气成分的浓度应不低于试样中成分浓度的50%，也不大于试样中相应成分浓度的50%。

(二) 自行配制标准气

可采用经过校验的注射器，用纯标准气体配制成与试样中成分浓度尽可能接近的标准气。配制时，应关注其准确性。

连续三次配气，其峰高差或峰面积差不能大于1%，取三次峰值的平均值作为标准值。

氢标准气宜在使用前配制。

采用注射器配制标准气时，应关注其准确性。

第三节 人工燃气气相色谱分析

人工燃气中主要有氢、氧、氮、一氧化碳、二氧化碳、甲烷、乙烯、乙烷、丙烯、丙烷等常量成分。

一、取样

(一) 从高压气源处取样

当需要从压力很高的制气厂出气口或高压点取样时，应按《天然气取样导则》GB/T

13609 中的规定执行。

（二）从低压管道取样

(1) 直接采取试样

根据实际情况，如果气源离分析装置距离较近，可以直接采取试样，使试样通过取样管或导管直接进入气相色谱仪。应使用对所取燃气不产生吸附作用的不锈钢等材质的导管。

(2) 使用试样容器采取试样

① 使用对所取燃气不产生吸附作用的铝箔取样袋取样。取样前应用所取样气体反复洗涤以排除袋中残留的其他气体。

②如果气源离分析装置距离较近，并且取样后可立即分析，可以采用玻璃注射器取样法采取试样。可用图 5-2 所示的玻璃注射器，通过内针管的抽吸，把试样导入后取样。

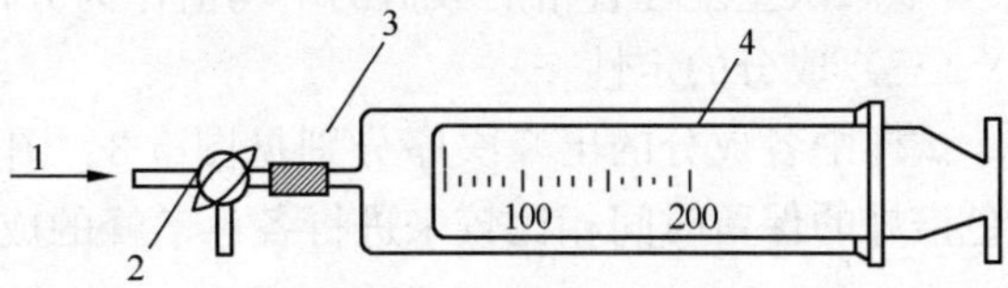

图 5-2　玻璃注射器

1—试样；2—三通旋塞；3—塑料管；4—100mL 玻璃注射器

使用试样容器取样，由于容器会产生一些吸附或吸收现象，为防止试样成分发生变化，不能长时间放置，应尽快进行分析。

二、典型色谱工作条件

所选择的色谱工作条件应保证试样中的各成分都能被有效分离，反映在色谱图上就是试样中各成分的色谱峰与相邻成分色谱峰的分离度能满足定量要求。表 5-1 给出了分析人工煤气中成分的气相色谱典型工作条件。

典型色谱工作条件　　**表 5-1**

工作条件	A	B	C
检测器类型	热导检测器（TCD）		
载气	氮气，浓度不低于 99.99%	氦气，浓度不低于 99.99%	
色谱柱类型	分子筛填充柱，5A 或 13X，0.23～0.18mm（60～80 目）	分子筛填充柱，5A 或 13X，0.23～0.18mm（60～80 目）	GDX-104 或 407 等有机载体填充柱，0.23～0.18mm（60～80 目）
柱长度/内径	1～2m/3～5mm	1～2m/3～5mm	2～4m/3～5mm
气体六通阀进样量	进样量为 1mL		
汽化室温度	100℃		
柱箱温度	室温～40℃		
检测器温度	100℃		
载气流量	30～60mL/min		
分析成分	H_2	O_2，N_2，CH_4，CO	C_2H_4，C_2H_6，CO_2，C_3H_6，C_3H_8

注：也可采用能达到同等或更高分析效果的其他色谱工作条件。

三、分析方法

（一）标准气的导入

在进样定量管采取标准气体，切换六通阀进样装置使之导入色谱柱，使记录器记录下色谱图，或使积分仪、微处理机等数据处理装置记录下色谱峰数据。重复操作两次，二次峰高或峰面积的相对偏差不能大于1%，取两次重复性合格的数值的平均值作为标准值。

（二）试样的导入

将试样容器或导管接到六通阀进样装置，把试样通入进样定量管反复吹洗，然后切换六通阀进样装置使试样导入色谱柱，使记录器记录下色谱图，或使积分仪、微处理机等数据处理装置记录下色谱峰数据。重复操作两次，二次峰高或峰面积的相对偏差不能大于1%，取两次重复性合格的数值的平均值作为分析值。

（三）成分的定性

试样中各成分的出峰次序分别见图5-3、图5-4。可把试样的色谱图同已知成分气样的色谱峰的保留时间相比较来进行各色谱峰的成分定性。

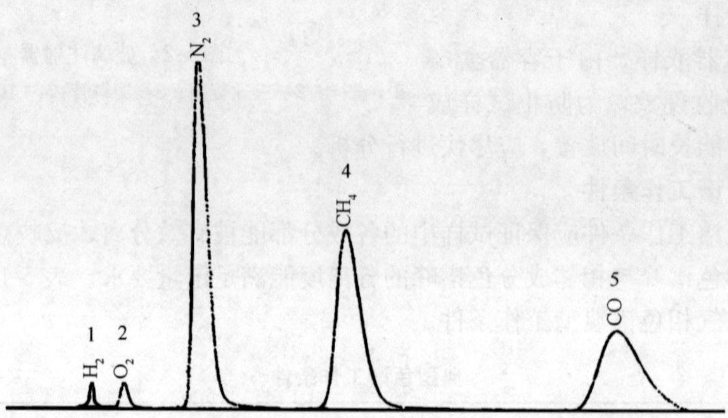

图5-3　5A分子筛柱色谱图（色谱工作条件见表5-1中的B）

1—氢气色谱峰；2—氧气色谱峰；3—氮气色谱峰；4—甲烷色谱峰；5—一氧化碳色谱峰

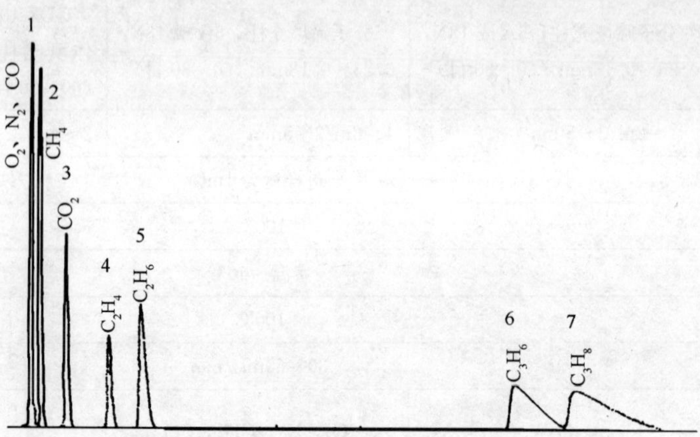

图5-4　GDX-104柱色谱图（色谱工作条件见表5-1中的C）

1—氧气、氮气和一氧化碳混合色谱峰；2—甲烷色谱峰；3—二氧化碳色谱峰；4—乙烯色谱峰；5—乙烷色谱峰；6—丙烯色谱峰；7—丙烷色谱峰

四、成分的定量

（一）外标法

(1) 应尽可能使用标准气外标法分析试样中各成分的含量，用公式（5-1）计算。

$$X_i' = E_i \times \frac{A_i}{A_E} \tag{5-1}$$

式中　X_i'——试样中成分 i 的计算含量的数值（%）；

A_i——试样中成分 i 的色谱峰峰面积的数值；

A_E——标准气成分 i 的色谱峰峰面积的数值；

E_i——标准气成分 i 的含量的数值（%）。

(2) 成分浓度的归一化

计算出试样中各成分的计算含量后，再计算各成分的计算含量之和，以检查其是否为100%。当试样中各成分计算含量之和达到 98.00%～102.00%时，可用式（5-2）计算出各成分含量的归一化值：

$$X_i = \frac{X_i'}{\sum X_i'} \times 100 \tag{5-2}$$

式中　X_i——试样中成分 i 的归一化计算含量的数值（%）；

X_i'——试样中成分 i 的计算含量的数（%）；

$\sum X_i'$——试样中各成分的计算含量之和的数值（%）。

如果试样中各成分计算含量之和在 98.00%～102.00%之外，则应检查仪器装置和分析操作是否存在问题，或者检查有无分析成分以外的其他成分被遗漏。

（二）也可采用修正法，使用表 5-2 中的校正因子分析试样中各成分的含量，用式(5-3) 计算。

$$X_i' = \frac{A_i \times f_i}{\sum A_i \times f_i} \times 100 \tag{5-3}$$

式中　X_i'——试样中成分 i 的计算含量的数值（%）；

A_i——试样中成分 i 的色谱峰峰面积的数值；

f_i——试样中成分 i 的校正因子。

各成分体积校正因子　　**表 5-2**

成分名称	氧	氮	一氧化碳	二氧化碳	甲烷	乙烷
校正因子	2.50	2.38	2.38	2.08	2.80	1.96
成分名称	乙烯	丙烷	丙烯	异丁烷	正丁烷	正丁烯
校正因子	2.08	1.55	1.54	1.22	1.18	1.23
成分名称	异丁烯	反丁烯	顺丁烯	异戊烷	正戊烷	1,3 丁二烯
校正因子	1.22	1.18	1.15	0.98	0.95	1.25

第四节　天然气气相色谱分析

天然气中主要有氮气、甲烷、乙烷、二氧化碳、丙烷、异丁烷、正丁烷、异戊烷、正戊烷等常量成分。

一、取样

见本章第三节“一、”。

二、典型色谱工作条件

所选择的色谱工作条件应保证试样中的各成分都能被有效分离，反映在色谱图上就是试样中各成分的色谱峰与相邻成分色谱峰的分离度能满足定量要求。表 5-3 给出了分析人工煤气中成分的气相色谱典型工作条件。

典型色谱工作条件 **表 5-3**

工作条件	A		B	
检测器类型	热导检测器（TCD）			
载气	氢气或氦气，浓度不低于 99.99%			
色谱柱类型	硅油 DC-200 固定液，用量为固定相的 28%，60～80 目 6201 红色载体，氯仿溶剂	407 有机载体或 GDX-104，60～80 目	DBP-ODPN 混合固定液（DBP 为 64%，ODPN 为 36%），用量为固定相的 33.3%，60～80 目 6201 红色载体，丙酮溶剂	分子筛填充柱，5A 或 13X，60～80 目
柱长度/内径	3～5m/3～4mm	3m/3～4mm	8～10m/3～4mm	2m/3～4mm
气体六通阀进样量	进样量为 1mL			
汽化室温度	100℃			
柱箱温度	室温～40℃			
检测器温度	100℃			
载气流量	30～60mL/min			
分析成分	$CH_4+N_2+CO_2$，C_2H_6，C_3H_8，$i-C_4H_{10}$，$n-C_4H_{10}$，$i-C_5H_{12}$，$n-C_5H_{12}$	N_2，CH_4，CO_2	$CH_4+N_2+O_2$，C_2H_6，CO_2，C_3H_8，$i-C_4H_{10}$，$n-C_4H_{10}$，$i-C_5H_{12}$，$n-C_5H_{12}$	O_2，CH_4，N_2

注：1. DBP 为邻苯二甲酸二丁酯，ODPN 为 β、β′氧二丙腈

2. 也可采用能达到同等或更高分析效果的其他色谱工作条件。

三、分析方法

（一）标准气的导入

见本章第三节“三、（一）”

（二）试样的导入

见本章第三节“三、（二）”

（三）成分的定性

试样中各成分的出峰次序分别见图 5-5、图 5-6。可把试样的色谱图同已知成分气样的色谱峰的保留时间相比较来进行各色谱峰的成分定性。

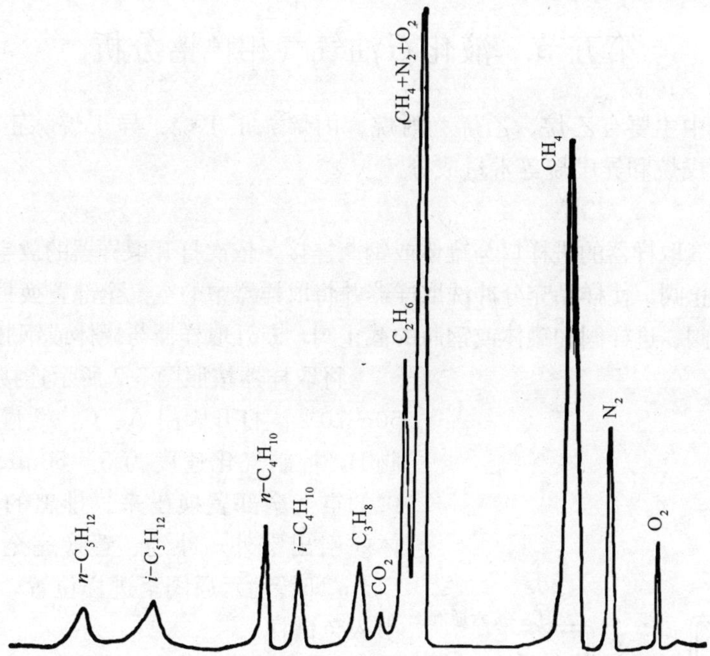

图 5-5 DBP-ODPN 和分子筛柱的色谱图（色谱工作条件见表 5-3 中 B）

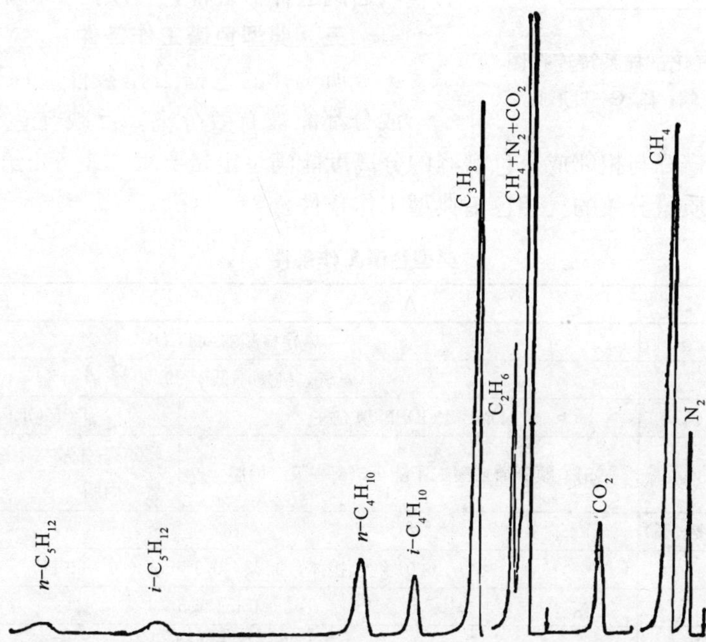

图 5-6 DC-200 和 407 柱的色谱图（色谱工作条件见表 5-3 中 A）

四、成分的定量

见本章第三节“四、成分的定量”。

第五节 液化石油气气相色谱分析

液化石油气中主要有乙烷、乙烯、丙烷、丙烯、正丁烷、异丁烷、正异丁烯、反丁烯、顺丁烯、正戊烷和异戊烷等常量成分。

一、取样

将液化石油气取样器的进样口与罐体或钢瓶连接，依次打开取样器的放空阀、进样阀和罐体或钢瓶的截止阀，使样品充分冲洗取样器并将取样器中的空气全部置换掉。然后依次关闭取样器的放空阀、进样阀和罐体或钢瓶的截止阀，断开取样器与罐体或钢瓶的连接。

将取样器按照图 5-7 所示连接，恒温水浴为 50～70℃。打开阀门 A、C，缓慢打开流量调节阀 B，控制气化速度为 5～50mL/min，使管路中的空气全部置换出来。排出的冲洗管路的气体应引出室外。冲洗、置换完全后，关闭阀门 C，立即转动六通阀至进样位置，将采集的试样引入色谱柱。

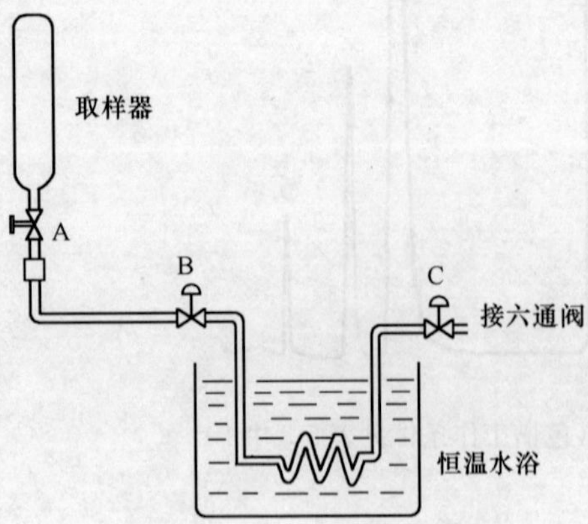

图 5-7 气化试样系统连接图
A—截止阀；B、C—针形阀

二、气相色谱仪

配有热导检测器的气相色谱仪。采用气体六通阀进样器进样，材质为不锈钢。

三、典型色谱工作条件

所选择的色谱工作条件应保证试样中的各成分都能被有效分离，反映在色谱图上就是试样中各成分的色谱峰与相邻成分色谱峰的分离度能满足定量要求。表 5-4 给出了分析液化石油气中各成分质量分数的气相色谱典型工作条件。

典型色谱工作条件 **表 5-4**

工作条件	A	B
检测器类型	热导检测器（TCD）	
载气	氦气，纯度不低于 99.99%	
色谱柱类型	DNBM-ODPN 填充柱	DBP-ODPN 填充柱
混合固定液	95% 顺丁烯二酸二丁酯+5% 一氧二丙腈	95% 邻苯二甲酸二丁酯+5% 一氧二丙腈
液相载荷量（质量分数，%）	26	
载体	6201 红色担体，0.23～0.18mm（60～80 目）	
柱长度/内径	8～10m/3mm	
气体六通阀进样量	进样量为 1mL	
气化室温度	100℃	
柱箱温度	室温～40℃	
检测器温度	100℃	
载气流量	30～60mL/min	

注：也可采用能达到同等或更高分析效果的其他色谱工作条件

四、分析方法

（一）标准气的导入

见本章第三节“三、（一）”

（二）试样的导入

见本章第三节“三、（二）”

（三）成分的定性

试样中各成分的出峰次序见图 5-8、图 5-9。可把试样的色谱图同已知成分气样的色谱峰的保留时间相各色谱峰的成分定性。

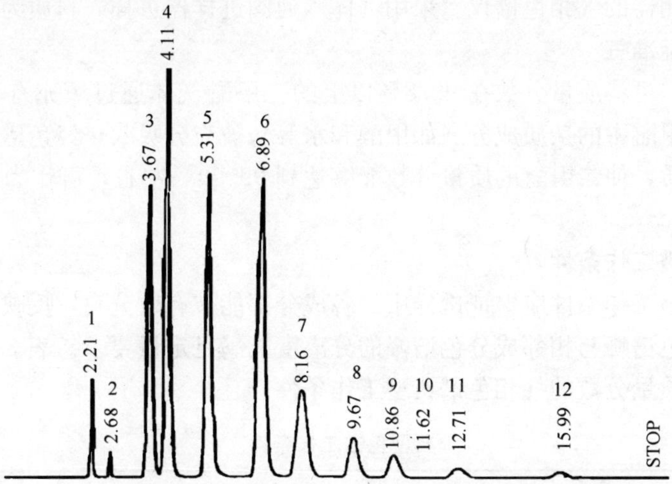

图 5-8　DNBM-ODPN 混合固定液柱色谱图（色谱工作条件见表 5-4 中 A）

1—空气、甲烷混合色谱峰；2—乙烷、乙烯混合色谱峰；3—丙烷色谱峰；4—丙烯色谱峰；5—异丁烷色谱峰；6—正丁烷色谱峰；7—正异丁烯色谱峰；8—反丁烯色谱峰；9—顺丁烯色谱峰；10—1，3 丁二烯色谱峰；11—异戊烷色谱峰；12—正戊烷色谱峰

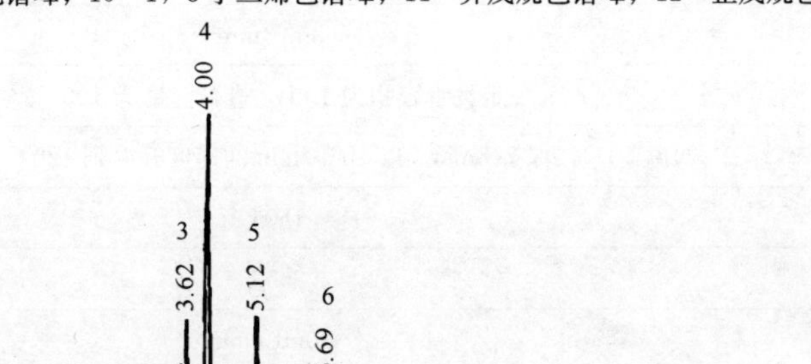

图 5-9　DBP-ODPN 混合固定液柱色谱图（色谱工作条件见表 5-4 中 B）

1—空气、甲烷混合色谱峰；2—乙烷、乙烯混合色谱峰；3—丙烷色谱峰；4—丙烯色谱峰；5—异丁烷色谱峰；6—正丁烷色谱峰；7—正异丁烯色谱峰；8—反丁烯色谱峰；9—顺丁烯色谱峰；10—异戊烷色谱峰；11—正戊烷色谱峰

五、成分的定量

见本章第三节“四、成分的定量”。

第六节 城镇燃气用二甲醚气相色谱分析

一、取样

见本章第五节“一”。

二、气相色谱仪

配有热导检测器的气相色谱仪。采用气体六通阀进样器进样，材质为不锈钢。

三、自制纯标准气

自行制备时，可将质量分数在99.8%以上的二甲醚气体通过填充有分子筛和硅胶的净化装置，使二甲醚中的杂质成分（如甲醇和水等）被充分吸收，经色谱分析未检测出甲醇、水等其他杂质，使二甲醚的质量分数能够达到99.99%左右，可作为纯二甲醚标准气体使用。

四、典型色谱工作条件

所选择的色谱工作条件应保证试样中的各成分都能被有效分离，反映在色谱图上就是试样中各成分的色谱峰与相邻成分色谱峰的分离度能满足定量要求。表5-5给出了分析城镇燃气用二甲醚质量分数的气相色谱典型工作条件。

典型色谱工作条件 **表5-5**

检测器类型	热导检测器（TCD）
载气	氦气或氢气，浓度不低于99.99%
色谱柱类型	GDX-105填充柱
柱长度/内径	3m/3mm
气体六通阀进样器	定量管容积为1mL，进样温度为100℃
程序升温	初温50℃，保持8min，以10℃/min的速度升温到120℃，保持10min
气化室温度	150℃
检测器温度	360℃
载气流量	30mL/min

第七节 液化石油气中二甲醚的气相色谱分析方法

一、取样

见本章第五节“一”。

二、气相色谱仪

配有热导检测器的气相色谱仪。采用气体六通阀进样器进样，材质为不锈钢。

三、标准气

（一）纯二甲醚标准气

纯二甲醚标准气可采用国家二级标准物质，或自行制备。自行制备时，可将质量分数在99.8%以上的二甲醚气体通过填充有分子筛和硅胶的净化装置，使二甲醚中的杂质成分（如甲醇和水等）被充分吸收，经色谱分析未检测出甲醇、水等其他杂质，使二甲醚的质量分数能够达到99.99%左右，可作为纯二甲醚标准气体使用。

（二）外标法分析用二甲醚标准气

可采用经过校准的100mL玻璃注射器，用纯二甲醚标准气配制成与试样中二甲醚质量分数尽可能接近的分析用二甲醚标准气。

连续三次配气，其峰高差或峰面积相对偏差不能大于1%，取三次峰值的平均值作为标准值。

四、典型色谱工作条件

所选择的色谱工作条件应保证试样中的二甲醚与液化石油气成分能被有效分离。反映在色谱图上就是试样中的二甲醚色谱峰与相邻液化石油气成分色谱峰的分离度能满足定量要求。表5-6给出了分析二甲醚与液化石油气掺混气中二甲醚质量分数的气相色谱典型工作条件。

典型色谱工作条件　　**表5-6**

检测器类型	热导检测器（TCD）	
载气	氦气或氢气，浓度不低于99.99%	
色谱柱类型	Al_2O_3 毛细管柱 （石英）	角沙烷填充柱 （角沙烷固定液与6201担体质量比为25%）
柱长度/内径	50m/0.53mm，膜厚15μm	6m/3mm
气体六通阀进样器	进样量为0.05mL，进样温度为100℃	进样量为1mL，进样温度为100℃
程序升温	初温80℃，保持5min；以10℃/min的速度先升温到120℃，保持10min；再升温到200℃，保持10min	恒温50℃
气化室温度	250℃	150℃
检测器温度	360℃	360℃
载气流量	10mL/min	30mL/min

五、分析方法

试样中各成分的出峰次序见图5-10、图5-11。

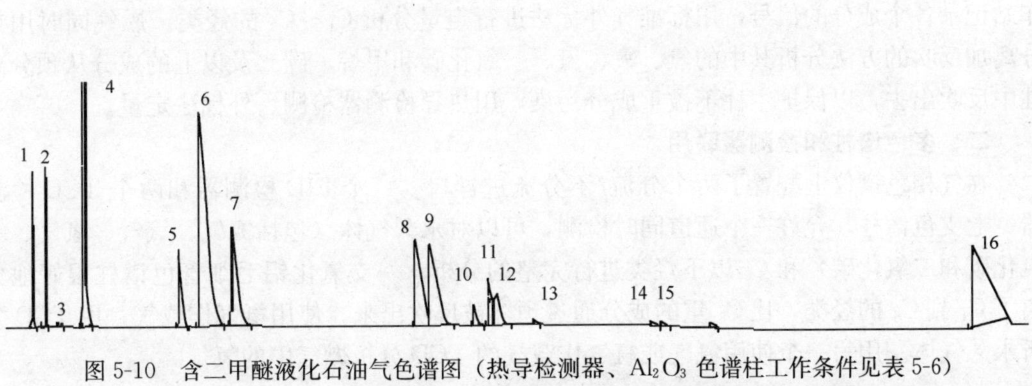

图5-10　含二甲醚液化石油气色谱图（热导检测器、Al_2O_3 色谱柱工作条件见表5-6）

1—甲烷；2—乙烷；3—乙烯；4—丙烷；5—丙烯；6—异丁烷；7—正丁烷；8—反丁烯；9—正丁烯；10—异丁烯；11—顺丁烯；12—异戊烷；13—正戊烷；14—1,3-丁二烯；15—丙炔；16—二甲醚

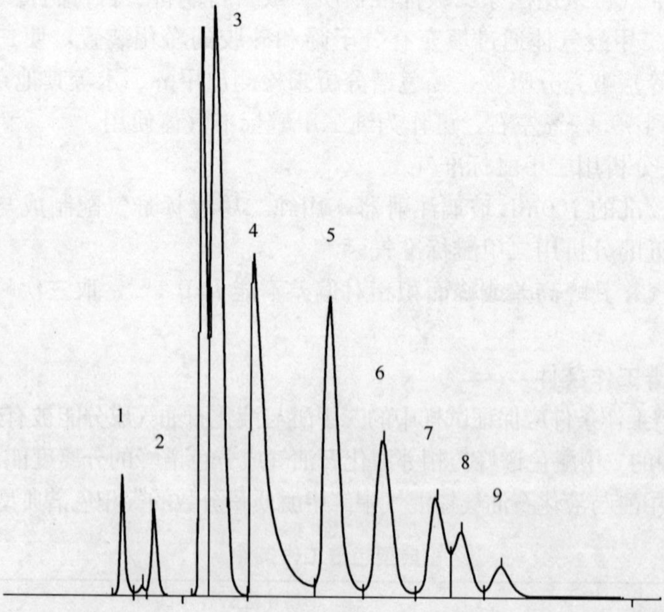

图 5-11　含二甲醚液化石油气色谱图（热导检测器、角沙烷色谱柱工作条件详见表 5-6）
1—甲烷；2—乙烷乙烯；3—丙烷丙烯；4—二甲醚；5—正、异丁烷；
6—正、异丁烯；7—反丁烯；8—顺丁烯；9—异戊烷

第八节　城镇燃气成分气相色谱分析方法的发展

本章第一节介绍了气相色谱分析的原理和仪器构造等基础知识，并且在第二至第六节中分别介绍了人工燃气、天然气、液化石油气和二甲醚等燃气成分的基本气相色谱分析方法，这些方法只是提供了一个基本的参考方法。近年来，随着气相色谱技术的发展和城镇燃气行业的进步，城镇燃气成分气相色谱分析的方法也得到了迅速发展。

一、使用双检测器色谱仪分析人工燃气、天然气、液化石油气成分

燃气进入三氧化二铝毛细管柱，在一定温度下分离，用 FID 检测器检测，用色谱工作站记录各个成分的信号，用标准气外标法进行定量分析 C_1～C_8 的烃类。燃气同时用预分离加反吹的方法分析其中的氢、氧、氮、一氧化碳和甲烷，碳二及以上的成分从预分离柱中反吹出去，以保护主柱不被重成分污染，用热导检测器检测、外标法定量。

二、多色谱柱和检测器联用

在气相色谱仪上配置了两个分流/不分流进样口、一个 FID 检测器和两个 TCD 检测器、七支色谱柱，允许三个通道同时检测，可以对永久气体（包括氮气、氧气、氢气、一氧化碳和二氧化碳）和 C_6 以下烃类进行完整的分析。一支氧化铝毛细管色谱柱很好地分离了 C_1 到 C_6 的烃类，比 C_6 重的成分通过预柱被反吹出来。使用氦气作载气，用 TCD 分析永久气体。用另一个使用氮气或氩气作载气的 TCD 分析燃气中的氢气。

附录 5-1　单一气体特性表

单一气体特性表

序号	成分	分子量	相对密度	高位热值 (MJ/m³)	低位热值 (MJ/m³)
1	氢气	2.0159	0.0695	12.0947	10.2169
2	氧气	31.9988	1.1053	0.0000	0.0000
3	氮气	28.0135	0.9671	0.0000	0.0000
4	一氧化碳	28.0100	0.9672	11.9660	11.9660
5	二氧化碳	44.0100	1.5275	0.0000	0.0000
6	甲烷	16.0430	0.5548	37.7816	34.0160
7	乙烷	30.0700	1.0467	66.6364	60.9481
8	乙烯	28.0540	0.9745	60.1047	56.3205
9	丙烷	44.0970	1.5496	95.6522	87.9951
10	丙烯	42.0810	1.4759	88.5163	82.7846
11	正丁烷	58.1230	2.0787	126.2073	116.4767
12	异丁烷	58.1230	2.0723	125.4132	115.7128
13	正丁烯	56.1080	1.9963	118.5361	110.7835
14	异丁烯	56.1080	1.9943	117.6828	109.9485
15	反丁烯	56.1080	2.0005	118.3264	110.5579
16	顺丁烯	56.1080	2.0025	118.6039	110.8376
17	1,3-丁二烯	54.0920	1.9226	110.7209	104.9125
18	异戊烷	72.1500	2.6575	159.4023	147.3639
19	正戊烷	72.1500	2.6267	157.8692	145.9705
20	二甲醚	46.0690	1.5920	64.2400	58.4000

第六章　相对密度与热值测量

密度与热值是燃气的重要特性参数。密度是衡量燃气本身质量的参数。热值是燃气燃烧后产生热量多少的标志。这两个参数都直接影响燃气管道输送能力及燃烧设备的热负荷（热流量）。因为热负荷与燃气的热值成正比，与密度的开方成反比，这样就导出一个热负荷指数，即华白数。正确地测量与控制华白数（即测量热值与密度）是燃气生产、供应中的一个重要环节[1]。

第一节　概　述

一、密度和相对密度

在工程上衡量燃气体积质量的参数有两个：一为密度；另为相对密度。

燃气密度是指燃气的单位体积的质量，以 kg/m^3 计。燃气的密度与空气的密度的比值，称其为燃气的相对密度。因为空气的密度是固定值，故求得相对密度后，可立即换算成密度。相对密度的确定方法如下。

（一）根据成分计算法

一般简单的计算可以根据测出的燃气的成分百分比乘以各个成分的相对密度（见表 6-1）之和，即为燃气相对密度。此法只限于一般计算，不宜用于正规检测。

常用的单一气体特性值（15℃、101.325kPa，干）　　表 6-1

成　分	相对密度	热值（MJ/m^3）		理论干烟气中 CO_2 体积分数（%）
		H_i	H_s	
空气（air）	1.0000	—	—	—
氧（O_2）	1.1053	—	—	—
氮（N_2）	0.9671	—	—	—
二氧化碳（CO_2）	1.5275	—	—	—
一氧化碳（CO）	0.9672	11.9660	11.9660	34.72
氢（H_2）	0.0695	10.2169	12.0947	—
甲烷（CH_4）	0.5548	34.0160	37.7816	11.74
乙烯（C_2H_4）	0.9745	56.3205	60.1047	15.06
乙烷（C_2H_6）	1.0467	60.9481	66.6364	13.19
丙烯（C_3H_6）	1.4759	82.7846	88.5163	15.06
丙烷（C_3H_8）	1.5496	87.9951	95.6522	13.76
1-丁烯（C_4H_8）	1.9663	110.7835	118.5361	15.06

续表

成 分	相对密度	热值（MJ/m^3）		理论干烟气中 CO_2 体积分数（%）
		H_i	H_s	
异丁烷（i-C_4H_{10}）	2.0722	115.9540	125.6409	14.06
正丁烷（n-C_4H_{10}）	2.0852	116.9995	126.7737	14.06
丁烷（C_4H_{10}）	2.0787	116.4767	126.2073	14.06
戊烷（C_5H_{12}）	2.6575	147.6841	159.7225	14.25

注：1. 气体的 d、H_i、H_s 均按真实气体计算。

2. C_4H_{10} 的体积分数：i-C_4H_{10}＝50%，n-C_4H_{10}＝50%。

3. 干空气的真实气体密度：ρ_{air}（288.15K，101.325kPa）＝1.2254kg/m^3。

4. 干空气的体积分数：O_2＝21%，N_2＝79%。

5. 燃烧和计量的参比条件均为 15℃、101.325kPa。

在测量天然气密度和热值时，国家标准 GB/T 11062 有具体规定，在天然气交易和有精度要求的场合，必须执行 GB/T 11062（见附录 6-1）。

（二）称量法

利用天平称出同温同压下等体积干燃气与干空气的质量，二者的比值即为燃气的相对密度。这种方法很直接，但是因为燃气很轻，不易测准，另外，精密天平操作也很麻烦。

（三）本生-希林法

两种气体，用同一压力，从同一孔口流出时，密度比较大的气体的流速必然小于密度比较小的气体。利用这种方法可以较准确地测出燃气的相对密度。

这种方法操作简单，所用的仪器也不复杂，是目前通用的测量燃气密度的方法。

二、燃气热值[2]

燃气的热值，也可称为燃气的燃烧热或燃气的发热量。热值的单位以 MJ/m^3 计。

（一）定容与定压热值

在生产实践中最常用的有以下两种：

（1）定容热值

在定温-定容的反应情况下，没有容积变化功。如果反应过程中，没有其他形式的功交换时，则热力学第一定律的表达式为

$$\delta Q = \mathrm{d}U$$

$$Q_V = U_2 - U_1 \tag{6-1}$$

式中 U_2 与 U_1——分别为化学反应后与前体系的内能；

Q_V——定容热值。

（2）定压热值

在定温-定压的反应情况下，有容积变化功。如果反应过程中，没有其他形式的功交换时，则热力学第一定律的表达式为

$$\delta Q = \mathrm{d}U + p\mathrm{d}V = \mathrm{d}U + \mathrm{d}(pv)$$

或

$$Q_p = U_2 - U_1 + pV_2 - pV_1 = H_2 - H_1 \tag{6-2}$$

式中　H_2 与 H_1——分别为化学反应后与前体系的焓；

Q_p——定压热值。

（二）热值与燃烧过程压力与温度的关系

从定容与定压热值的定义可见，热值的数值与燃烧过程的压力和温度有关。对于稳定流动的开口体系，当体系与外界没有功的交换，并忽略动能与势能的变化，则热力学第一定律的表达式为

$$\delta Q = \mathrm{d}H \text{ 或 } Q_s = H_2 - H_1 \tag{6-3}$$

式中　H_2 与 H_1——化学反应后与前、流出与流进体系物流的焓，也就是生成物与反应物的焓；

Q_s——反应过程中，由于体系与外界的温差而传递的热量。

当反应物与生成物是在同一温度相同一压力下的燃烧过程，体系向外界传出的热量就是燃气的热值。

燃气热值的工程定义为：当反应物和生成物在同样的温度和压力条件下，燃气燃烧过程向外界传出的热量，或者说从燃气燃烧中得到的热量。对于闭口体系，是指定温-定压燃烧过程，且体系与外界没有其他形式的功的交换。对于稳定流动的开口体系，燃烧过程中体系与外界没有功的交换。图 6-1 可以简单明了地表示燃气热值的概念。

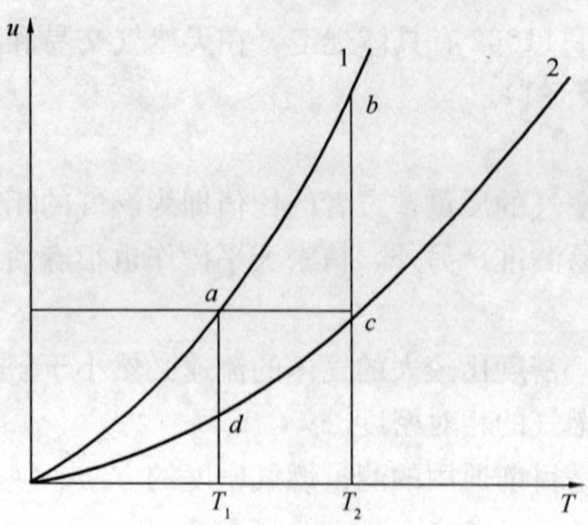

图 6-1　焓温图

1—反应物焓曲线；2—生成物焓曲线

反应物与生成物的焓值的基准都是以 0K 时，焓为零。图中 1 与 2 线分别表示在某一压力下，反应物与生成物焓与温度的关系。据热值的定义，燃烧过程是在恒温 T_1 下进行，即由 a 点到 d 点，d 点与 a 点的焓差就是热值。因为燃烧过程中是由体系向外界传热，故为负值，如果燃烧过程是在 T_2 下进行，则为由 b 点到 c 点。可见 $bc \neq ad$。所以，在不同温度条件下，燃气的热值并不相同，这样就需要定一个燃烧参比温度与压力。当燃气热值的单位有气体体积的因素时，还要标出体积的参比条件。

在绝热条件下的燃烧过程中，体系与外界没有热交换。式（6-2）与式（6-3）中左边均为零，则燃烧前后的焓是相等的，即图 6-1 中的等焓线 ac。这时生成物温度为 T_2，比反应物温度 T_1 要高，这相当于燃烧温度，即燃烧产生的热量均用来加热燃烧产物。

（三）高位热值与低位热值

热值有高位热值与低位热值之分。燃气中有 H_2 成分时，燃烧后会产生 H_2O。当燃烧产物中 H_2O 以液相出现时，燃气热值为高位热值；当燃烧产物中 H_2O 以气相出现时，燃气热值为低位热值。高位热值与低位热值之差是燃烧产物中 H_2O 的汽化热。在我国燃气界，一般常用低位热值，有些地方和国家却常用高位热值，在做分析比较时要注意区别。

第二节 相对密度的测量

一、本生-希林法测燃气相对密度

（一）基本原理

根据流体力学已知，在气体压力不大的情况下，气体从孔口流出的速度 W 可用下式表示：

$$W=\mu\sqrt{\frac{2p}{\rho}} \tag{6-4}$$

式中 W——孔口流出速度（m/s）；

p——气体表压力（Pa）；

ρ——气体密度（kg/m^3）；

μ——流速系数。

设有面积为 f 的孔口，空气在一定压力作用下，经过一段时间后，流过孔口的气流体积可用下式表示：

$$V=\tau_a f\mu\sqrt{\frac{2p}{\rho_a}} \tag{6-5}$$

式中 V——流过孔口的空气体积（m^3）；

p——空气表压力（Pa）；

ρ_a——空气密度（kg/m^3）；

f——孔口面积（m^2）；

τ_a——空气流过体积 V 需要的时间（s）。

在同样条件下，燃气通过的时间为 τ_g，则：

$$V=\tau_g f\mu\sqrt{\frac{2p}{\rho_g}} \tag{6-6}$$

式中 ρ_g——燃气密度（kg/m^3）；

τ_g——燃气流过 V 体积需要的时间（s）。

因为燃气与空气流过的体积相等，故式（6-5）与式（6-6）相等，由此可求出燃气的相对密度：

$$d_g=\frac{\rho_g}{\rho_a}=\left(\frac{\tau_g}{\tau_a}\right)^2 \tag{6-7}$$

在求 d_g 值时，要求是在同样的状态参数下的 ρ_g 与 ρ_a 的比值，因此除了压力条件外，还应使温度条件相同。如果温度条件不同时，应进行温度修正。

$$d_g=\frac{\rho_g}{\rho_a}=\left(\frac{\tau_g}{\tau_a}\right)^2\frac{T_a}{T_g} \tag{6-8}$$

式中 T_g 与 T_a——分别表示燃气与空气的绝对温度（K）。

（二）仪器构造

图 6-2 是 SK-1128 型燃气密度仪的构造示意图。其主体是一个浸在水槽中的罐筒，燃气或空气通过盘管 7 进入罐筒 1，使之升起。罐筒上面有一个泄流孔 13 和一个置换孔 14。

泄流孔是在一块薄白金片上面钻的一个直径小于 1mm 的孔。泄流孔上面有一个弹簧盖。用手按弹簧扣后，弹簧盖立即打开，气体在罐筒的本身重量压力下，自孔口流出。置换孔有较大的孔径，它的上面也有一个弹簧盖，用它可以置换罐筒内的气体。

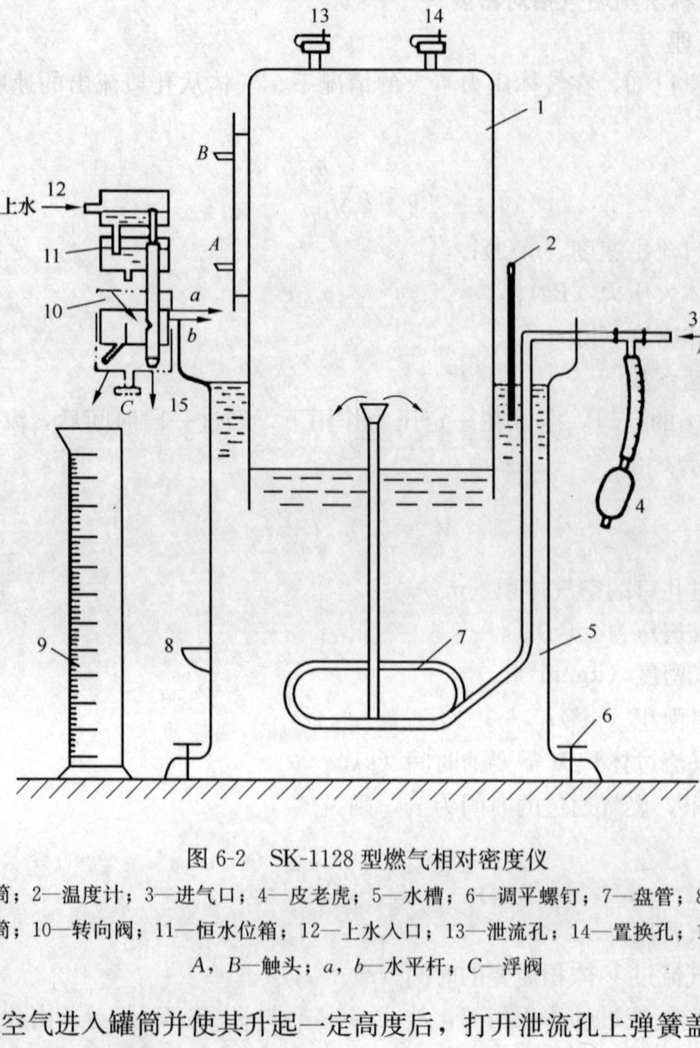

图 6-2　SK-1128 型燃气相对密度仪

1—罐筒；2—温度计；3—进气口；4—皮老虎；5—水槽；6—调平螺钉；7—盘管；8—水准泡；9—量筒；10—转向阀；11—恒水位箱；12—上水入口；13—泄流孔；14—置换孔；15—排水口

A，B—触头；a，b—水平杆；C—浮阀

当燃气或空气进入罐筒并使其升起一定高度后，打开泄流孔上弹簧盖，气体即可从孔口流出。因此，可以分别量出燃气及空气自 A 至 B 之间的体积 V 流出孔口所需要的时间 τ_g 与 τ_a。根据式（6-7）即可算出燃气相对密度 d_g。

在仪器旁边，设有量水装置。在罐筒下落的过程中，当触头 A 与水平杆 a 相触时，转向阀 10 即转动，使水流入量筒 9；当触头 B 与水平杆 b 相触时，转向阀转回，水不再流入量筒，而通过排水口 15 流进下水道。自来水自上水入口 12 进入恒水位水箱 11，水箱将多余的水通过排水口 15 流到下水道，保证恒定的水位，使水流量不变。利用水流量不变的条件，可以认为量筒测得的水量 G 与 τ 是成正比的，故

$$\frac{G_g}{G_a}=\frac{\tau_g}{\tau_a}$$

代入式（6-7）后，得

$$d_w = \left(\frac{G_g}{G_a}\right)^2 \tag{6-9}$$

因为空气与燃气都是经过浸在水中的盘管进入罐筒的，所以燃气与空气的温度几乎都等于水温，并且与水接触而被湿润，其相对湿度达到100%。式（6-9）不需要作温度修正，但算得的结果是湿燃气的相对密度 d_w。如果要求干燃气的相对密度 d 尚需进行换算。

经过公式推导可得 d 与 d_w 的关系如下：

$$d = d_w + a$$

$$a = \frac{d_{w,t}S}{B + p_{ave} - S} \times (d_w - 1) \tag{6-10}$$

$$p_{ave} = \frac{9.81 \times h}{2}$$

式中 d——干燃气真实气体的相对密度；

$d_{w,t}$——在温度 t 下水蒸气真实气体的相对密度；

B——测定环境大气压力（Pa）；

p_{ave}——测定过程中气体的平均压力（Pa）；

h——密度计的水位差（mm）；

S——测定环境温度下饱和水蒸气压（Pa）；

a——换算为干燃气相对密度的修正值。

（三）测定方法

以SK-1128型燃气相对密度仪为例，说明燃气相对密度的测定方法（参考图6-2）。

（1）准备工作

① 根据水准泡8，调节调平螺钉6使仪器保持水平；

②向仪器外壳注入清洁的水（自来水即可）；

③先用皮老虎4将空气注入罐筒内，使筒上升，并检验是否有漏气现象。当停止进气并关断空气进口时，罐筒停在一定位置不下降，即表示仪器不漏气；

④引进自来水，检查恒水位水箱水位是否稳定正常；

⑤安置好量筒后，托起浮阀 C，试验 a、b 水平杆对转向阀10的控制是否正确（a、b 杆，控制转向阀的机构图从略，只用虚线表示其轮廓）；

⑥将燃气入口与燃气气样源连接好。

（2）测定步骤

①用皮老虎将空气注入罐筒，罐筒升起后，打开置换孔上弹簧盖使筒较快地落下，再关闭置换孔注入空气，如此往复数次，当确认筒内为纯空气时，再将筒升到必要的高度。在进行罐筒内气体置换时，把进入恒水位水箱的水流引向下水道。

②将量筒内水倒净，托起浮阀 C。

③打开泄流孔13上弹簧盖使筒慢慢落下，利用 A、B 触头与水平杆 a、b 的接触，量筒内接收的水量即为 G_a。这样连续计量3～5次。最后读出水温 t_a。

④通过进气三通，将燃气引入罐筒，并用前法进行置换，直到认为筒内为纯燃气时为止，并升起罐筒。

⑤托起浮阀 C，将量筒存水倒净，打开泄流孔上弹簧盖，使筒慢慢落下，此时量筒内接收的水量为 G_g。同样连续计量3～5次。最后读出水温 t_g。一般情况下 $t_a = t_g$。

(3) 注意事项

①要保证罐筒上下灵活地升降，不允许筒与筒壁间有碰磨的地方。

②当空气注入筒内，筒上升并达到不必要的高度时，会有气泡鼓出，表示向仪器外壳内注入的水量不够，应补充必要的水。

③触头 A 与 B 的位置可以调整。A、B 相对位置近，测量时间短，相对误差比较大；反之相对误差小，测量的时间长。

④保持孔口清洁。

⑤在泄流过程中，气体温度不应有变化。并且在测 G_g 与 G_a 时大气压力应相等。如发现某次测定时不能保证上述情况，应舍去该值。

SK-1128 型燃气相对密度仪的优点是体积大，气体流过孔口的时间长，所以测量结果比较稳定。其缺点是要求加工精确，不允许罐筒上浮与下沉时有任何碰磨现象（俗称爬行）。如果采用靠液位差将气体压出孔口的玻璃相对密度计（见附录 6-1）将会避免这种碰磨现象，但是这种仪器气体容量小，流过孔口时间短。过短的时间也会引起较大的误差。为此 GB/T 12206—2006 规定用纯度达 99.99%的氮气来标定燃气相对密度计。详见附录。

二、称量法测燃气相对密度

利用高精度天平可以通过称重，测出燃气相对密度，详细方法见参考文献 [1]。

用天平测出燃气的质量是最直接而且比较简单的方法，但是操作却很麻烦。因为它不需要专用的仪器，所以在一般实验室条件厂都可以测定。有两种测量方法，可以根据实验室条件选择。

(一) 方法Ⅰ

将干燥的空气及燃气分别通入已知质量的密度瓶中，在相同的温度与压力条件下，称出它们的质量。最后算出燃气相对密度。

(1) 测量装置

测量装置见图 6-3。其中的密度瓶 1 是一个直径为 60～130mm、容积约 100～400mL 的圆球状玻璃瓶，其质量大约 150g。恒温箱 3 是一个能控制±0.05℃的恒温装置。真空泵 5 能造成 136Pa 以下的绝对压力。干燥过滤器 4 内装碱石棉与氯化钙，可以除掉空气中的水分和二氧化碳。称量时，采用称量为 200g 的精密天平。

(2) 操作步骤

①按照图 6-3 连接密度瓶，用真空泵排气，利用阀门控制，先把密度瓶抽成负压，然后再吸入干燥空气，这样重复进行几次，直到瓶内置换为干燥空气时，再将密度瓶内绝对压力抽成 136Pa 以下，然后关闭密度瓶上阀门，摘下密度瓶，用天平称量之，此质量以 W_V 表示，单位以 g 计。

②在天平室内。慢慢打开密度瓶上阀门，吸入室内空气。在阀门打开的条件下称量之，此质量以 W_B 表示，单位以 g 计。

③再将密度瓶按图 6-3 连接起来、与以前一样将密度瓶内置换成干燥空气。然后将密度瓶的球部放入恒温箱。当温度达到平衡时，打开密度瓶上阀门，使瓶内压力与大气压力一致后，关闭阀门，取下密度瓶，擦去由恒温箱取出时带出的水滴，称量之，此质量以 W_A 表示，单位以 g 计。

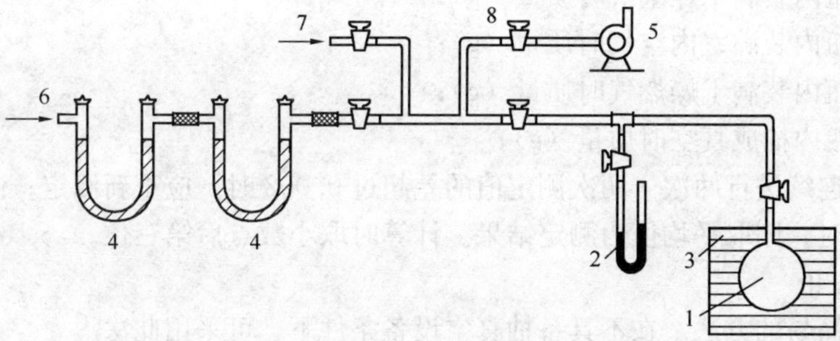

图 6-3　称量系统

1—密度瓶；2—水银压力计；3—恒温箱；4—干燥过滤器；5—真空泵；
6—空气入口；7—干燥燃气入口；8—阀门

④将密度瓶按图 6-3 再连接起来。用以前方法，使密度瓶内吸入干燥的燃气。将密度瓶浸入恒温箱中（恒温箱仍保持原来的温度）。当温度平衡后，使密度瓶内压力与大气压力一致后，关闭密度瓶上阀门，摘下密度瓶，清除水滴后，称量之，此质量以 W_G 表示，单位以 g 计。

⑤分别计量测定时的室内大气压力与温度，并记录之。

操作时应注意以下事项：

在用纱布擦去瓶外面的水滴后，要使表面摩擦静电完全消除，然后放在天平室内，经过一段时间（10～20min）后再称量；

当燃气中有水分时，应加干燥剂除掉其中水分，要选用不与燃气中各种成分起化学作用的干燥剂（如氯化钙与五氧化二磷等）。

（3）计算过程

1）排除空气后的密度瓶的体积 V_r（mL）

$$V_r = \frac{W_B}{\rho_s} + \frac{W_A - W_V}{0.0012} \tag{6-11}$$

2）密度瓶在真空中的质量 w_B（g）

$$w_B = W_B\left\{1 + 0.0012\left(\frac{1}{\rho_s} - \frac{1}{\rho_w}\right)\right\} \tag{6-12}$$

3）充满干空气的密度瓶在真空中的质量 w_A（g）

$$w_A = W_A\left\{1 + 0.0012\left(\frac{V_r}{W_A} - \frac{1}{\rho_w}\right)\right\} \tag{6-13}$$

（4）充满干燃气的密度瓶在真空中的质量 w_G（g）

$$w_G = W_G\left\{1 + 0.0012\left(\frac{V_r}{W_G} - \frac{1}{\rho_w}\right)\right\} \tag{6-14}$$

（5）燃气相对密度 d

$$d = \frac{w_G - w_B}{w_A - w_B} \tag{6-15}$$

式中　ρ_s——天平砝码密度，黄铜取 8.40，不锈钢取 7.70（g/cm^3）；

ρ_w——密度瓶的玻璃材质的密度，一般为 2.3（g/cm^3）；

0.0012——空气密度（g/cm^3）；

W_A——瓶内装满干燥空气时质量（g）；

W_B——瓶内装满室内空气时质量（g）；

W_G——瓶内装满干燥燃气时质量（g）；

W_V——瓶内抽成真空时质量（g）。

测定时要连续进行两次。两次测定值的差超过 0.002 时，应重新测定；两次测定值的差小于 0.002 时，则取平均值为测定结果。计算时取小数点后第三位。

（二）方法Ⅱ

这是一种简易的方法。在不具备抽真空设备条件下，可采用此法[3]。

（1）密度瓶采用一个容积为 130～150mL 薄壁玻璃密度瓶（见图 6-3）。由于其中一个口下面接一段长管直插瓶底。所以可以用正压进气来置换瓶中气体，这样与方法 I 比较，可省去一个真空泵。

（2）操作步骤

①将密度瓶内装满用沸腾法事先脱气的蒸馏水。经过 30min 后称重，此质量以 W_H 表示，单位以 g 计。

②倒掉蒸馏水，并把密度瓶烘干。向瓶中通已经干燥过的空气（通过体积应大于 20 倍密度瓶容积），当瓶中已经完全是干空气后，关上阀门。将密度瓶放在天平旁 20min 后，很快旋转阀门。使瓶内压力与大气压力相等，并称量，此质量以 W_A 表示，单位以 g 计。

③向密度瓶内通已经干燥过的燃气（通过体积应大于 20 倍密度瓶容积），当瓶中已经完全是干燥燃气后，关上阀门。在天平旁放置 20min 后，打开阀门，使瓶内压力等于大气压力时，称量，此质量以 W_G 表示，单位以 g 计。

（3）计算过程

①求除掉空气后密度瓶的质量 W_C（g）

$$W_C = W_A - \frac{W_H - W_A}{\rho_H - \rho_1} \times \rho_1 \tag{6-16}$$

②燃气相对密度

$$d = \frac{W_G - W_C}{W_A - W_C} \tag{6-17}$$

式中　ρ_H——水的密度，根据温度查表 6-2 可得（g/mL）；

ρ_1——干空气密度，根据温度与大气压力查表 6-3 可得（g/mL）；

W_H——瓶内装满蒸馏水时质量（g）；

W_A——瓶内装满干空气时质量（g）；

W_G——瓶内装满干燃气时质量（g）。

不同温度下水密度　　　　**表 6-2**

温度（℃）	ρ_{H_2O}（g/mL）	温度（℃）	ρ_{H_2O}（g/mL）
10	0.99973	22	0.99780
12	0.99952	24	0.99732
14	0.99927	26	0.99681
16	0.99897	28	0.99626
18	0.99862	30	0.99567
20	0.99823		

在测 W_A 与 W_H 时，室内温度与大气压力如有变化时，尚需做温度、压力校正。在测量时，精度要求达到 2/10000g。

从以上方法看来，称重法操作麻烦，精度决定于天平精度，要求熟练的操作技术，为此有条件时，应首先考虑采用本生-希林法测燃气相对密度。

不同温度与压力下干空气密度 ρ_1 (g/mL)　　**表 6-3**

温度（℃）	压力（kPa）			
	98.63	99.96	101.3	102.6
10	0.001214	0.001231	0.001247	0.001263
12	0.001206	0.001222	0.001238	0.001255
14	0.001197	0.001213	0.001230	0.001246
16	0.001189	0.001205	0.001221	0.001237
18	0.001181	0.001197	0.001213	0.001229
20	0.001173	0.001189	0.001204	0.001220
22	0.001165	0.001180	0.001196	0.001212
24	0.001157	0.001173	0.001188	0.001204
26	0.001149	0.001165	0.001180	0.001196
28	0.001141	0.001157	0.001172	0.001188
30	0.001134	0.001149	0.001165	0.001180

第三节　燃气热值的测量

一、燃气热值测量方法

燃气热值的确定方法有计算法和实测法。实测法主要有水流吸热法、烟气吸热法和金属膨胀法等。

（一）根据成分计算法

一般简单的计算可以根据测出的燃气的成分百分比乘以各个成分的热值（见表 6-1）之和，即为燃气热值。表 6-1 是第 12 届世界燃气会议制定的数据。在精度有要求的场合，必须执行 GB/T 11062。

在天然气交易时，燃气的热值和密度应根据 GB/T 11062（见附录 6-1）要求的计算热值和密度，具体方法参考文献［4］。在检测燃具时，应以水流吸热法的热量计实测的热值为准。

（二）水流吸热法

利用水流将燃气燃烧产生的热量完全吸收。这样根据水量与水温的升高即可以求出燃气的热值。这种方法确切可靠，受外界因素干扰也比较小，所以是最通用的测量燃气热值的方法。水流吸热法有间歇测量和连续测量两种。

（三）烟气吸热法

利用烟气将燃气燃烧产生的热量完全吸收。根据烟气的温度变化就可以推算出燃气热值。此方法也能准确地测出燃气热值的变化，但是需要用水流吸热法来标定。这种方法的优点是反应快，滞后时间比较短。

(四) 金属膨胀法

利用燃气燃烧产生的热量加热两个同心金属制成的膨胀管，两管的相互位置因温度改变而变化，而此温度又受燃气热值的大小所影响，将两管的相互位置变化量放大并记录，即可自动测量燃气热值的变化。用此法制成的热量计称为"西格马"记录式热量计（Sigma Recording Calorimeter）。

二、水流式热量计热值间歇测定法

水流吸热法测燃气热值是公认的最基本的测量方法。我国及多数工业发达国家均采用此法作为测量燃气热值的国家标准。

(一) 基本原理

水流吸热测量燃气热值的方法亦称为容克式热值测量方法。它是由热量计本体 A，燃气表 B 与湿式燃气调压器 C 等部件组成的量热系统（见图 6-4）。燃气经过调压、计量后进入热量计本体内的本生灯燃烧器进行完全燃烧。燃烧产生的热量被热量计中的水流吸收，被加热的水量可用量筒量得。这样热平衡方程式可近似地写成：

$$FVH = Wc\Delta t \tag{6-18}$$

式中 H——燃气热量计热值（MJ/m^3）；

V——燃气在一定时间内流过的体积（m^3）；

F——由实测 V 折算为标准状态干燃气体积的折算系数；

W——与 V 相对应的在相同时间内流过的水量（kg）；

c——水的比热容［MJ/（kg·K）］；

Δt——水被加热的温升（℃）。

热量计热值既非高位热值，更不是低位热值。如果量出在同一时间内流出热量计的冷凝水，并计算出单位燃气体积的凝结水潜热 q_w，可根据定义求得低位热值

$$H_i = H - q_w = \frac{Wc\Delta t}{FV} - q_w \tag{6-19}$$

式中 q_w——每标准立方米燃气的凝结水潜热（MJ/m^3）。

(二) 测量仪器的构造

(1) 湿式燃气调压器

湿式燃气调压器的作用是保证进入热量计中的燃气压力稳定，从而使燃气流量恒定。当燃气的压力升高时，气体托起钟罩，阀口关小；相反，压力降低时，钟罩下沉，开大阀口。这样可使燃气压力稳定。钟罩上的重块重量越重，则燃气压力越高，流量越大。可见，通过重块可调节燃气流量。

这种湿式调压器适用于出口压力小于 1 kPa 的情况，当本生灯前压力要求大于 1kPa 时，应采用其他形式调压器。

(2) 流量计

这里采用的是湿式气体流量计，它的使用方法与校正步骤可见第四章。

(3) 电子秤

电子秤用来测量水量，其标量约为 8kg，感量为 2g 以下。

(4) 热量计本体

热量计本体是一个具有足够换热面积的热水器（也可以说是一个热效率接近100%的小锅炉）。燃气通过本生灯燃烧器完全燃烧，水经过恒水位水箱L进入热量计本体。由于多余水流出下水道口，故水流稳定不变。流入热量计本体中的水吸收了燃气燃烧产生的热量后，温度升高，用测冷水与测热水的两支温度计J分别计量进、出口水温，并可算出温升Δt。通过转向阀，可把水注入水桶，通过电子秤测得水量W。调节水量阀，可以控制进入热量计本体的水流量。水流量减小，可提高温升Δt、但是Δt过高会增加量热计与周围空气的散热。为了略去这部分散热，可以调节适当的水流量使$\Delta t=10\sim12$℃之间。调节烟气蝶阀可调节、控制烟气温度。应该控制烟气温度接近室温，这样可以近似地认为，进入热量计的燃气与空气的物理热与排出量热计的烟气的物理热相抵消，从而保证方程式(6-18)的平衡关系。

烟气中的水分凝结后．从冷凝水出口流出，用量筒I可测出冷凝水量。

通过放水阀，可以把热量计本体中的水全部放出。

(三) 高位热值的测量

上述测定的H值是低位热值，这是因为它没有表明进入热量计的水分与排出热量计的水分是否平衡。为了考虑燃气中水蒸气冷凝所放出的热量，就要测量燃气的高位热值，测量方法有以下两种方法。

(1) 控制空气湿度法

新型的水流式热量计都在热量计本体的空气入口处增设一空气加湿器，利用它可以控制进入热量计空气的湿度，进入热量计的燃气的相对湿度一般可控制为100%。由于已有凝结水出现，所以排出热量计的烟气的相对湿度也是100%。根据热量计水分平衡的计算，在保持燃气与空气带进热量计的水分等于烟气排出热量计的水分的要求下，根据不同燃气空气的相对湿度应控制在：天然气为81%；焦炉气为73%；液化石油气为85%。

为此日本工业标准（JISK 2301）、中国计量科学研究院编制的国家计量检定规程《水流型气体热量计》（JJG 412—2005）及《城镇燃气热值和相对密度测定方法》（GB/T 12206—2006）都规定控制空气湿度为80%±5%。

当进入热量计的空气相对湿度为80%±5%时，式(6-18)中的H值即为高位热值H_S。

(2) 根据空气湿度计算法

当热量计没有空气加湿器时，可以根据测出的进入热量计空气相对湿度，通过计算求得高位热值。

设由燃气与空气带进热量计中的水分为g_1+g_2，而随烟气排出的水分为g_3。这样被烟气带出的多余水分为Δg。它们可分别用以下公式计算：

$$\begin{aligned}\Delta g &= g_3-(g_1+g_2)\\ g_2 &= \alpha_a V_0 d_2\\ g_3 &= [V_g+(\alpha_a-1)V_0]d_3\\ g_1 &= d_1\end{aligned}\tag{6-20}$$

式中　Δg——被烟气带出的多余水分（g/m^{3}干燃气）；

g_1与g_2——分别为燃气与空气带进热量计中之水分（g/m^{3}干燃气）；

g_3——烟气从热量计中带出之水分（g/m^{3}干燃气）；

d_1——燃气含湿量（g/m^3 干燃气）；

d_2——空气含湿量（g/m^3 干空气）；

d_3——烟气含湿量（g/m^3 干烟气）；

α_a——空气系数；

V_0——理论空气需要量（m^3/m^3 干燃气）；

V_g——理论烟气产生量（m^3/m^3 干燃气）。

已知烟气和燃气的相对湿度 $\phi \approx 1$，故可根据烟气与燃气的温度查表，求得 d_3 与 d_1。根据室内空气的相对湿度及温度，同样也可以求得 d_2。这样，高位热值 H_s 可由下式计算：

$$H_s = \frac{FW\Delta t}{V} + \Delta g \cdot q \tag{6-21}$$

式中　q——凝结水的汽化潜热。

（四）液化石油气热值的测量

液化石油气的主要成分为丙、丁烷。在不同的气化方法条件下，其成分有所区别，当然热值也不一样，现分别叙述如下：

（1）自然气化条件下的热值

液化石油气在自然气化条件下，气相成分受温度、压力及液相成分的影响。因此自然气化的液化石油气成分随着时间在变化，当然热值也在变化，不是一个定值。热值的间歇测量需要一定的时间，所以只能测出在一定时间内的平均热值。

具体的做法可将液化石油气瓶上的调压器代替湿式调压器，并把压力调到 2.8kPa 后通向本生灯燃烧器。燃烧器的喷嘴要缩小（可取 0.5～0.6mm），并保持热负荷（热流量）接近 1.16kW。其他步骤均按 GB/T 12206（见附录 6-1）要求执行。

（2）液相气化条件的热值

液化石油气在液相强制气体条件下，气相成分不变，其热值也是个固定值。但是，此时如果引到热量计的本生灯中，容易产生液化。为此，日本工业标准提出用空气与其掺混，将热值混到 37～42MJ/m^3 后，再通向热量计进行测量。当然掺混的方法不仅设备复杂、步骤麻烦，同时还会引起误差。目前我国没有液化石油气热值测量方法的标准，本手册提出方法只供参考。

（五）影响热值测量的因素

（1）进水温度的影响

进入热量计的水温如果与周围环境温度相差过大时，会引起热量计外表面与周围空气进行热交换，从而引起误差。为此 GB/T 12206 要求设一个容量不低于 0.3m^3 的水箱贮水，使水箱温度接近空气温度。将此水箱的水引入热量计、空气湿润器及燃气湿润器，满足水温、燃气温度与空气温度都接近空气温度。

（2）烟气温度影响

调节烟气蝶阀，使烟气温度接近环境温度。如果烟气温度过高，表明烟气带去较多热量，使测出的热值偏低。

（3）保证适当的热负荷（热流量）

热量计本体实际上是一个有足够热交换面积的热水器，其设计热流量为 1.16kW 左右。为此，首先要选择好本生灯的喷嘴直径并在试验过程中，调节本生灯前燃气压力，使热流量为1.16kW左右。过大与过小的热流量都会引起误差超过标准。

（4）热量计修正系数

不是所有的热量计都100％地将燃气燃烧产生的热量全部被水吸收。因此热量计在出厂前应根据《水流型气体热量计》JJG 412用已知热值的甲烷进行标定，确定热量计的修正系数 f_2。此 f_2 值应在0.99～1.01之间，一般为0.993。热量计运行一段时间后（检定周期为一年），应通过计量单位重新标定。在测量燃气热值时，测试条件很重要，表6-4给出部分国家标准规定的条件。

部分国家标准规定的燃气热值测量条件　　表6-4

项　目		日本 JIS K2301—2008	JJG 412—2005	GB/T 12206—2006
进水温度（℃）		比室温低2±0.5	比室温低1.5～2.5℃	比室温低2±0.5
进、出水温差（℃）		10～12	10～12	10～12
燃烧器热负荷（热流量）（kW）		1.05～1.16	1.0～1.16	1.05～1.16
烟气温度（℃）		比室温低0.5	—	与进水温差0～0.5
实验室温度（℃）		—	（18～28）±0.5	20±5
燃气耗量（L）	$H\leqslant 31.5$（MJ/m^3）	10	—	10
	$H>31.5$（MJ/m^3）	5	5	5

（5）水流温度计

热量计进出水口温度计应采用双层玻璃管的精密水银温度计。在水温读取过程中，不但要考虑计量部门给出的“仪器差修正值”，还应注意温度计的露出修正值 θ：

$$\theta=\frac{n(t_1-t_r)}{6000} \tag{6-22}$$

式中　n——露杆段的温度（即温度计根部没有刻度线部分的长度相当于温度值）（℃）；

t_1——水流温度（℃）；

t_r——室温（℃）。

（6）测量步骤与注意事项

热值测量方法与步骤应严格执行GB/T 12206（见附录6-1）。热值测定时注意事项如下：

1）本生灯在热量计本体内应连续不断地燃烧，不应灭火。当发现灭火时，应马上关闭燃气阀门。本生灯灭火可以通过反光镜观察出，也可以根据热水温度的下降发现。

2）在发现灭火时应立即把燃气阀门关闭，并把本生灯取出，重新点燃后不要马上装进热量计中。因为本生灯灭火后，使热量计内存有未燃烧的燃气。如不排除而立即放入点燃的本生灯，有可能发生爆鸣。为排除热量计内漏出的燃气，可用空气吹扫，也可把手伸入热量计内以驱散其中燃气。

3）必须保证先向热量计内注水，然后再装进点燃的本生灯。

4）要防止燃气被测量系统中的水及橡胶管吸收或吸附而影响测量精度，在正式测定前，应使燃气与胶管充分接触（有5～6h即可），并让60L以上燃气通过燃气表后再正式测定。

5）冷水温度最好等于室温并保持不变，当冷水温度与室温相差较大时，要考虑热量计与室内空气的热交换。

6）GB/T 12206—2006 标准中规定计量参比条件为 0℃，101.325kPa，实际使用中若想获得 15℃，101.325kPa 计量参比条件下的热值，只需把标准 4.7.1.1 燃气体积修正系数 f_1 计算公式中 273.15 用 288.15 代替即可。

三、水流式热量计燃气热值的连续测量方法

在燃气的生产、输配及使用中，常常需要连续测量燃气热值，以控制燃气生产与燃烧设备的正常运行。

（一）基本原理

图 6-4 是水流吸热式（容克式）燃气热值测量系统图，各路系统工作情况介绍如下。

（1）气路系统（图 6-4）

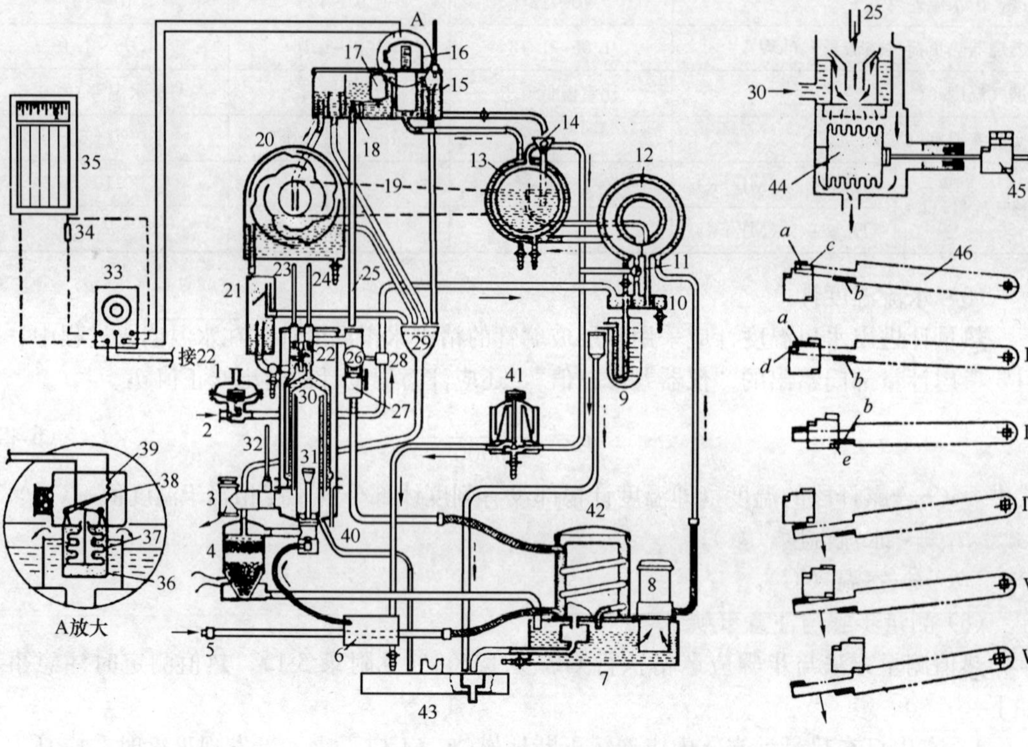

图 6-4　水流式吸热法热值测量系统（右侧为保险器 26 的放大图）

1—预调压器；2—燃气入口；3—排烟管；4—空气加湿器；5—冷却水入口；6—集水罐；7—集水箱；8—水泵；9—压力计；10—燃气加湿器；11—三通阀；12—冷却器；13—湿式流量计；14—进水旋塞阀；15—上水箱；16—折算设备；17—浮筒；18—水阀；19—链条；20—量水器；21—水量调节器；22—热电偶；23—冷水温度计；24—热水温度计；25—下水管；26—保险器；27—转换器；28—气阀；29—集水漏斗；30—热量计；31—本生灯；32—烟气温度计；33—变换开关；34—固定电阻；35—自动记录器；36—外筒；37—弹性管；38—指针；39—滑线电阻；40—冷凝水管；41—湿式调压器；42—回冷器；43—集水槽；44—膨胀管；45—触头；46—杠杆

燃气自入口 2 进入预调压器 1，降压稳压后进入燃气加湿器 10，在这里燃气被加湿后进入冷却器 12，冷却后的燃气通过湿式流量计 13 计量，随后又经过湿式调压器 4l 进入集水罐 6。燃气中被凝结的水在集水罐中被集聚，经过一段时间后可从下面的排水阀排出。排除水分后的燃气进入本生灯 31，进行完全燃烧。

（2）水循环系统

集水箱 7 中的水被水泵 8 吸出并送到冷却器 12，经过湿式流量计 13 的外壳进入上水箱 15。上水箱可保持固定的水位，将水稳定地送到量水器 20 中。量水器中有叶轮，随着叶轮的转动，水被注入水量调节器 21，并通过流入热量计 30。水在热量计中吸收燃气燃烧放出的热量后，经过转换器 27 进入回冷器 42，水在此处被冷却后又回到集水箱 7。

（3）冷却水系统

冷水自冷水入口 5 经过集水罐 6 进入回冷器 42，在此处吸收被燃气加热的热水的热量，并从回冷器的四周溢入中间筒内，最后经过集水槽 43 流入下水道。冷却水的流量不宜过大，否则会在集水槽处溢出而进入集水箱 7。

（4）空气加湿与排烟系统

燃烧燃气所需要的空气从空气加湿器 4 进入系统，空气加湿器中合作多磁环。由集水漏斗 29 把各处多余之水，集中起来，并流到此处．洒向磁环以加大水与空气的接触面积。空气在加湿器 4 中进行热、湿交换；使空气温度接近室温，相对湿度达到 80％左右后进入热量计 30。燃烧后的烟气从排烟管 3 排出，烟气中的冷凝水从冷凝水管 40 流出，烟气温度用温度计 32 计量。

（5）燃气量与水量的连锁

为了保证进入热量计的水量 W 与燃烧的燃气量 V 的比值不变，将量水计轴上的齿轮与燃气流量计轴上的齿轮用链条 19 连接起来。这样$\frac{W}{V}$即可保持为常数。通过改变量水计与燃气流量计轴上的齿轮的齿数，可以根据需要调整$\frac{W}{V}$值。

（6）自动记录装置

通过以上措施，保持了燃气、空气与烟气的温度都等于水温；并且进入热量计的水分等于排出热量计的水分。如前所述，此时$\frac{Wc}{V}\Delta t$ 即等于高位热值（f_1 与 f_2 均为 1）。又因为保证了$\frac{W}{V}$等于常数，所以 Δt 与高位热值成正比。将热电偶 22 的冷端与热端，分别插入冷水与热水中。其热电势信号可用自动记录装置（自动记录毫伏计）记录。通过标定，可以直接指出具体的高位热值。

（7）手动计量的校正

被动转换器 27 上的手轮，可以将自热量计排出的热水引出系统以外，并用量筒测出水量 W，同时再测出相应的燃气量 V。用温度计 23 与 24 测出冷、热水温度，得到温差 Δt。这时就可以算出$\frac{Wc}{FV}\Delta t$，此值可认为是高位热值，可用它来校正自动记录装置的读数。

（8）标准体积的计算

$\frac{Wc}{V}\Delta t$ 的单位为 MJ/m^3，如果换算为标准状态的单位时，应除以折算体积修正系数

F（见式（6-18））。

因为有调压器，燃气压力 b 变化不大，可认为是常数，所以影响 F 值的因素只有大气压力 p_{atm} 与燃气温度 t_g。图 6-3 中的折算设备 16 就是反应 p_{atm} 与 t_g 两因素的计算装置。折算设备的外筒 36 与弹性管 37 之间，密封了具有一定压力的空气，并残留少量的水以保持适当的水蒸气压力。弹性管的内部（中心部）与大气相通。折算设备的上部有一滑线电阻 39 及一可移动指针 38，并把它串联在热电偶送出的信号线路之中。外筒浸泡在温度与燃气温度相等的上水箱中，当水温升高时（相当燃气温度升高），弹性管被压缩，指针 38 向上移动，使电阻值减小，可增大热电势信号，其效果等于由于燃气温度 t 值增大，使 f 值减小，从而加大高位热值。当大气压力增加时，弹性管被向下压，指针向下移动，使滑线电阻增加。减弱了热电势信号，其效果等于由于大气压力值增大，使 F 值增加，从而减小高位热值。

热电势的信号是通过变换开关 33 送到自动记录器 35 的。当变换开关 33 左转、热电势信号经过固定电阻 34，送入自动记录器，这时的读数是没有经过折算的高位热值 $\frac{Wc}{V}\Delta t$；当变换开关右转，热电势信号经过折算设备的滑线电阻，送入自动记录器，这时的读数是经过折算为标准体积的高位热值 $\frac{Wc}{FV}\Delta t$。

（9）计算低位热值

在图 6-4 中的冷凝水管 40 出口装一个量筒，由量筒测得冷凝水量，用式（6-19）可计算低位热值 H_i。

（二）安全设备

自动测量系统必须设有安全设备。图 6-4 中的 26 是保险器原理图。保险器中有一个内装易胀缩物质的膨胀管 44，触头 45 与膨胀管相连接。图 6-4 中的气阀 28 是靠杠杆 46 开关的。开始启动时，将杠杆 46 抬起。架在触头 45 上，杠杆凸檐 a 与触头 45 的凸檐 c 相接触，这时燃气通路。当本生灯点燃后，自热量计 30 来的水的温度逐渐升高，使弹性管膨胀，触头右移，这时杠杆的 a 与触头 d 接触（位置Ⅱ）。水温再升高即达到位置Ⅲ，b 与 e 接触，这时正常工作。当遇到以下几种情况时，杠杆 46 能自动落下，关闭气阀 28，切断燃气，防止事故。

（1）系统断水过热情况

当系统中的水泵因故停止工作时，或者水量明显下降时，上水箱 15 中的浮筒 17 下降，打开上水箱处水阀 18（图 6-4），未被加热的冷水经下水管 25 直接洒在膨胀管 44 上（图 6-5）。弹件管收缩，触头左移，使杠杆落下，切断燃气（位置Ⅳ或Ⅴ）。

（2）系统断气或缺气情况

如因事故，气源停气或供气量显著减少时，来自热量计的水的温度降低。使弹性管收缩，杠杆落下，切断燃气（位置Ⅳ或Ⅴ）。

（3）系统中断冷却水情况

当冷却水因故中断后，被燃气加热的水，在回冷器 42（见图 6-4）不能被冷却，于是水温越来越高，使弹性管膨胀，触头右移，杠杆落下，切断燃气（位置Ⅳ）。

（三）仪器的运行与管理

容克式燃气热值连续自动测量系统的主要设备都装在一个柜子内（图 6-5）。自动记录器可以安装在距柜子有一定距离之处，中间用导线连接。此导线要绝缘良好，并且其截面积要根据敷设长度决定，具体可参考以下数据：

距离（m）：	0～35	35～60	60～100	100～150
导线截面积（mm^2）：	1.5	2.5	4.0	6.0

柜子应安装在恒温、明亮没有过堂风的房间内，并且要有防潮和防冻措施，室内应有上下水道、连续供气的燃气源及相应的电源。

（1）初次运行前的准备工作（图 6-4）

①旋紧各处接头，关闭所有排泄阀门。装好温度计，将湿式流量计调平，接通上、下水道，燃气源及电源。

②用蒸馏水或其他纯净的水，把集水箱 7 灌满。开启水泵 8 使其他地方充水，这时还需要继续补充纯净水（此时转换器 27 应把水送到回冷器）。直到水自热量计 30 流出并流到回冷器 42 中时，说明热量计中也充满了水。

③打开湿式流量计的进水旋塞 14 及其上方的进水阀注水，并根据水面检查器将水面升至适当位置。

④向湿式调压器 41、燃气加湿器 10、压力计 9 内注入适量的水。

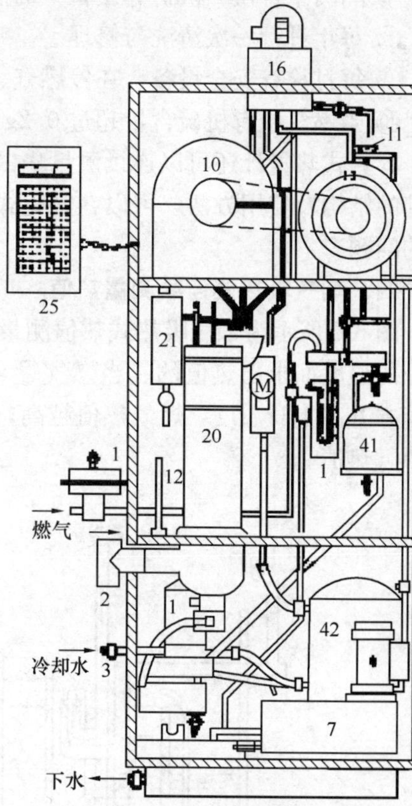

图 6-5 容克式自动热量计外形图（图注与图 6-4 同）

（2）运行步骤

①将本生灯取出、进行气密性检查，拧紧整个系统的接头，使其严密不漏气。

②点燃本生灯，调节一次空气量，达到没有光焰的双层火焰时为止。将本生灯装进热量计内，并用反光镜观察火焰，证明燃气在热量计内正常燃烧。

③当热水温度逐渐上升，记录器上有读数时，调整湿式调压器上的重块，使燃气压力达到说明书上给出的数值。校验湿式流量计与量水器轴的转速，如果符合说明书中要求时，即可安装链条。注意，要使湿式调压器上的浮筒处于漂浮状态。

④装链条时，应使弯的一头向外。先将几节链条放在量水器的轮上，然后再将几节放在湿式流量计的轮上，此时随着轮子的转动，即可使链条走上预定轨道。

（3）停止运行的步骤

①下链条，拿出本生灯。

②关闭燃气源。

③关闭循环水泵。

④关闭冷却水源，并放净回冷器中的水。

（4）操作注意事项

①每日检查湿式流量计水位及本生灯的火焰情况。

②每日放一次集水箱 7 中积水。

③每日检查记录器的零点。

④每半月用手动测量一次并与自动记录数值对比。

⑤隔两个月换一次循环水。

⑥每月做一次严密性检查。

⑦ 隔两个月换一次折算设备中的活性炭。

⑧ 每年进行一次清洗与修理。

⑨ 每月检查安全设备，在停燃气、停冷却水即停止水泵运行时，都应关闭气阀 28。

⑩ 当燃气中有机硫含量超过 0.2g/m^3 时，应加过滤。

容克式热量计还可以连续测量华白数，具体方法见参考文献［3］。根据容克式自动热量计的结构及使用方法，可以在容克式热量计基础上加以改进，可以解决生产实际需要解决的问题。

四、烟气吸热法连续测量热值

图 6-6 所示为烟气吸热式热值测量系统图。此测量系统是直接测量燃气燃烧产物（烟气）的温度而求出热值的。当燃气量与空气量不变时，烟气吸收燃气完全燃烧产生的热量，并升高本身温度，燃气热值越高，烟气温度也越高，所以测出烟气温度后，即可标定为燃气热值。

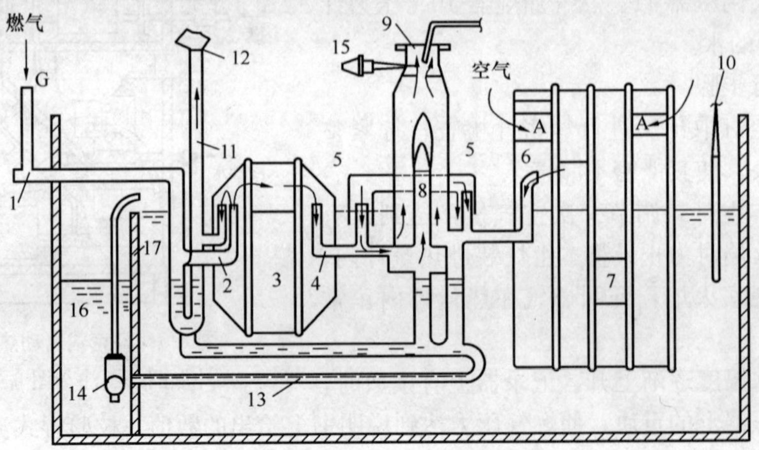

图 6-6　烟气吸热式热值测量系统

A—空气入口；G—燃气入口

1—孔板；2—燃气出口管；3—燃气流量计；4—燃气引入管；5—一次空气管；6—空气引入管；7—空气流量计；8—燃烧器；9—热电偶热端；10—热电偶冷端；11—燃气排放管；12—排放燃烧器；13—排水管；14—水泵；15—点火器；16—低位水槽；17—水槽

燃气自入口 G 进入，经过孔板 1，由燃气出口管 2 流出。在进入流量计 3 以前分为两部分：其中一部分通过燃气排放管 11，在排放燃烧器 12 燃烧；其余一部分经过流量计 3，通过燃气引入口管 4，与从一次空气管流过来的一次空气混合进入燃烧器 8，并在其上部燃烧。一次空气与二次空气同时由 A 处流入，经空气流量计 7 计量，通过空气引入管分成两路：一路经一次空气管与燃气混合进入燃烧器 8 燃烧；另一路作为二次空气进入燃烧室助燃。用点火器 15 可以点燃燃气。热电偶的热端 9 安放在火焰的上端，而冷端浸泡在水槽内。热电偶的热电势信号输出到自动记录仪器，经过标定后可以直接读出燃气热值。这种测量设备全部浸在水槽里，以保证温度均匀。冷却凝水可通过排水管 13 排到低位水槽 16。水泵 14 可把水补充进入水槽 17，多余的水可自功流入低位水槽。这种测量系统的优点是热惰性小，反应迅速，但需要用水流吸热式测量方法标定。

参考文献

[1] 同济大学等．燃气燃烧及应用［M］．北京：中国建筑工业出版社，2000.

[2] 沈维道．工程热力学［M］．北京：高等教育出版社，2007.

[3] 金志刚．燃气燃烧与输配测试技术［M］．北京：中国建筑工业出版社，1981.

[4] 金志刚．天然气热值与密度的计算［M］．Gasshow. com 金志刚论文集 2009.

附录 6-1

《城镇燃气热值和相对密度测定方法》 GB/T 12206—2006

1 范围

本标准规定了用“容克式水流式热量计”测定城镇燃气热值、用“本生-希林式气体相对密度计”测定气体相对密度的方法。

本标准适用于高位热值低于 62800kJ/m^3 的城镇燃气。

2 规范性引用文件

下列文件中的条款通过本标准的引用而成为本标准的条款。凡是注日期的引用文件，其随后所有的修改单（不包括勘误的内容）或修订版均不适用于本标准，然而，鼓励根据本标准达成协议的各方研究是否可使用这些文件的最新版本。凡是不注日期的引用文件，其最新版本适用于本标准。

GB/T 11062 天然气发热量、密度、相对密度和沃泊指数的计算方法（GB/T 11062：1998，neq ISO 6976：1995）

3 术语和定义

下列术语和定义适用于本标准。

3.1

高位热值 superior calorific value

规定量的燃气在空气中完全燃烧时所释放出的热量。在燃烧反应发生时，压力 P_1 保持恒定，所有燃烧产物的温度降至与规定的反应物温度 t_1 相同的温度，除燃烧中生成的水在温度 t_1 下全部冷凝为液态外，其余所有燃烧产物均为气态。此时单位体积燃气释放出的热量即为该燃气的高位热值，以符号 H_s 表示，量纲为 kJ/m³。

3.2

低位热值　inferior calorific value

规定量的燃气在空气中完全燃烧时所释放出的热量。在燃烧反应发生时，压力 P_1 保持恒定，所有燃烧产物的温度降至与规定的反应物温度 t_1 相同的温度，所有的燃烧产物均为气态。此时单位体积燃气释放出的热量即为该燃气的低位热值，以符号 H_i 表示，量纲为 kJ/m³。

3.3

燃烧参比条件　combustion reference condition

规定的燃气燃烧时的温度 t_1 与压力 P_1，本标准控制的实验室温度与大气压力，近似燃烧参比条件。

3.4

计量参比条件　metering reference condition

规定的燃气燃烧时，计量的温度 t_s 和压力 P_2。本标准的计量参比条件为 0℃，101.325kPa，干。计量体积量纲为 m³。

3.5

燃气相对密度　specific gravity of a gas

一定体积干燃气的质量与同温度同压力下等体积的干空气质量的比值。无量纲，以符号 d 表示。

3.6

湿燃气相对密度　specific gravity of a wet gas

一定体积的湿燃气的质量与同温度同压力下等体积的湿空气质量的比值。无量纲，以符号 d_w 表示。d_w 受测定时温度与压力的影响，需要通过计算将其换算成相对密度 d。

4　城镇燃气热值测定方法

4.1　测定方法原理

在“容克式水流式热量计”中，用流量不变的连续水流，吸收燃气完全燃烧释放出的热量，根据达到稳定状态时的各个参数，计算计量参比条件下的燃气的热值。

4.2　实验室条件

实验室应满足下列条件。

4.2.1　按照图 1 及 4.3 的各项规定将测定装置配置好，保证正常工作。

4.2.2　采取措施防止测定装置受日光或其他热源的直接照射或辐射。

4.2.3　采取措施防止室内温度受到气流的影响。

4.2.4　为了满足 4.3 的要求，应采用空调及缓慢扰动室内空气的措施，保证室温均匀。

4.2.5　实验室应设置有效排除烟气的设施。

4.2.6　实验室的温度应为 20℃±5℃。

4.3　测定装置

测定装置由下列设备组成。

——热量计；

——空气加湿器；

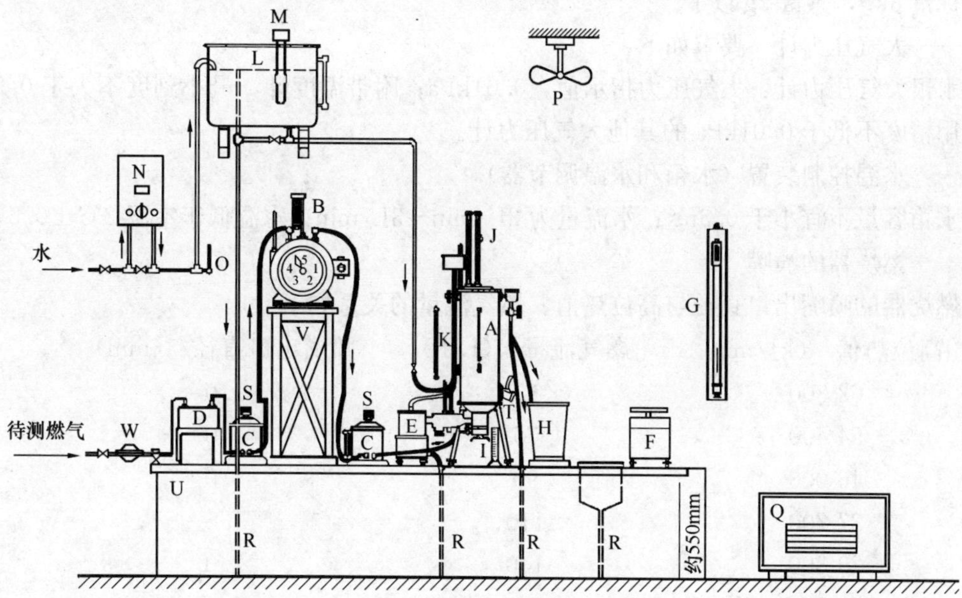

A——热量计；
B——燃气表；
C——湿式燃气调压器；
D——燃气加湿器
E——空气加湿器；
F——电子秤；
G——大气压力计；
H——水桶；
I——量筒；
J——测水流温度用温度计；
K——测室温用温度计；
L——水箱；
M——搅拌机；
N——水温调节器；
O——水温调节用温度计；
P——风扇；
Q——室温调节器；
R——排水口；
S——砝码；
T——排烟口；
U——测试台；
V——燃气表支架；
W——一次压力调节器。

图 1 热值测定装置配置图

——湿式燃气表

湿式燃气表的量程与最小刻度要求如下：

流量 20L/h～1000L/h；

最小刻度 0.02L。

——湿式燃气调压器

用砝码调节出口燃气压力，调压范围为 0.20kPa～0.60kPa。

——燃气加湿器

——温度计

热量计进口与出口温度计采用双层玻璃管的精密水银温度计；

温度范围 0～50℃，最小刻度 0.1℃；

其他温度计，温度范围 0～50℃，最小刻度 0.2℃。

——电子秤 要求如下：

标量 8kg，感量 2g 以下。

——大气压力计　要求如下：

水银大气压力计：大气压力指示值，0.01kPa；附带温度计，最小刻度不大于 0.2℃。也可用精度不低于 0.01kPa 的其他大气压力计。

——水温控制装置（水箱和水温调节器）

水箱容量不宜小于 0.3m³；水流量为 2L/min～3L/min；水温低于室温 2℃±0.5℃。

——燃烧器的喷嘴

燃烧器的喷嘴出口直径与高位热值、燃气流量的关系如下：

高位热值/（kJ/m³）	燃气流量/（L/h）	喷嘴出口直径/（mm）
62 800	65	1.0
54 400	75	1.0
46 000	90	1.0
37 700	110	1.5
29 300	140	2.0
21 900	200	2.0
16 700	250	2.0
12 600	330	2.5
8 400	500	4.0

——水桶

盛水容量 8kg。

——冷凝水量筒

容量 50mL，最小刻度不大于 0.5mL。

——秒表

最小刻度不大于 0.1s。

各种测量仪表必须根据我国对计量仪表的要求定期标定，在使用时必须作相应的修正。

4.4　测定条件

4.4.1　控制燃气热量计的热流量为 3800kJ/h～4200kJ/h。

4.4.2　测定系统中各个仪表（如湿式燃气表等）内的水温与室温相差在±0.5℃范围内。

4.4.3　供给热量计的水温比室温低（2±0.5)℃，并且每次测定时的温度变化保持在 0.05℃以下。

4.4.4　调节进入热量计的水量，使热量计的进出口温差在 10℃～12℃范围内。

4.4.5　调节进入热量计的空气的湿度在（80±5)%的范围内。

4.4.6　控制读 10 次热量计进出口温度时所用的燃气量如下：

高位热值小于 31 400kJ/m³ 时，所用燃气量大于 10L，并且是燃气表的整圈数的燃气量。

高位热值大于 31 400kJ/m³ 时，所用燃气量大于 5L，并且是燃气表的整圈数的燃气量。

4.5 测定前准备

4.5.1 热量计安装应垂直；温度计安装位置应正确；燃烧器喷嘴的出口直径应符合 4.3 要求。

4.5.2 应将温度与室温相同的水分别注入湿式调压器、湿式燃气表、燃气加湿器。

4.5.3 调整湿式燃气表的水位高度，用标准容量瓶求出体积校正系数 f_1。

4.5.4 将燃烧器从热量计中取出并关闭一次空气门。打开燃气阀门，使燃气与空气自燃烧器排出，直至可以点燃燃烧器，并且出口呈现扩散火焰。

4.5.5 关闭燃烧器阀门，当燃气管内压力达到 1.5 倍工作压力时，将燃气入口阀门关闭。5min 后，目测燃气压力无压降，即为气密性合格。

4.5.6 点燃燃烧器，调节燃烧器的一次空气门，当火焰呈清晰的双层火焰时，将燃烧器装入热量计。

4.5.7 调节进入热量计入口水的温度，使其达到 4.4.3 的要求。

4.5.8 调节热量计进水阀，使进出口水的温差及水流量达到 4.4.4 的要求。

4.5.9 缓慢调节热量计排烟口的开度，使排烟温度比室温低 0℃～0.5℃。

4.5.10 将水桶的内表面沾湿，在测量水桶的质量后放在热量计水流出口的下面。

4.6 操作步骤

4.6.1 系统运行约 10min 后，各种参数均应达到 4.4 的各项要求，并且热量计出口水温度变化范围应小于 0.2℃。当冷凝水均匀滴下时，可开始测定。当燃气表的指针指到某整数时，将冷凝水量筒放在热量计冷凝水出口的下面，并记录燃气表读数。

4.6.2 当燃气表指针指到某整数刻度的瞬时，迅速拨动热量计的水流切换阀，并确认水流向水桶的一侧。应在拨动切换阀的同时，读出热量计的进出口水温。温度值应估读到小数点后第二位。

4.6.3 根据 4.4.6 要求的燃气量，分 10 次读出热量计的进出口水的温度，并按照附录 A 表 A 填写热值测定表。

4.6.4 当燃气表累计读数达到 4.4.6 要求时，拨动切换阀，并确认水流向排水的一侧。

4.6.5 当水流出口无水滴下时，称量水桶内的水的质量，并记录。第一回测定结束。

4.6.6 按以上方法重复 2 回。共记录 3 回结果。

4.6.7 当燃气表指针经过某整数时，拿开凝结水量筒，并记录接冷凝水期间的燃气量。

4.6.8 记录热值测定表中其他数据

4.6.8.1 记录湿式燃气表上的燃气温度计的读数，读至 0.1℃。

4.6.8.2 记录室内空气温度（读至 0.1℃）及大气压力（读至 0.01kPa）。

4.6.8.3 记录热量计上的烟气温度，读至 0.1℃。

4.7 计算

4.7.1 换算系数

4.7.1.1 燃气体积修正系数

$$f_1 = \frac{273.15}{273.15 + t_g} \times \frac{B_0 + P - S}{101.325} \times f$$

$$B_0 = B - a$$

式中 f_1——计量参比条件下干燃气的体积换算系数；

t_g——燃气温度的数值，单位为摄氏度（℃）；

B_0——换算到0℃时的大气压力的数值，单位为千帕（kPa）；

a——大气压力温度修正值的数值，单位为千帕（kPa）；

B——实验室内大气压力的数值，单位为千帕（kPa）；

P——燃气压力的数值，单位为千帕（kPa）；

S——在燃气温度 t_g 条件下的水蒸气饱和蒸汽压的数值，单位为千帕（kPa）；

f——湿式燃气表的校正系数，根据标准计量瓶对燃气表读数的校正，标准值与测得值的比值。

4.7.1.2 换算系数

$$F = f_1 \times f_2$$

式中 f_2——燃气热量计的修正系数。可用已知热值的纯燃气（应使用由计量行政部门批准的有证标准纯物质），按本标准的方法求得的纯燃气的热值。测得热值与已知热值之比值即为 f_2，已知热值应根据GB/T 11062—1998要求，计算成真实气体的热值。f_2 值应由计量管理单位验证。

4.7.2 热值计算 每一次测得的热值，可按下式计算：

$$H_i = 4.1868\frac{W \times \Delta t}{V}$$

式中 H_i——每一次测得的热值的数值，单位为千焦［耳］每立方米（kJ/m^3）；

W——每一次测得的水量的数值，单位为克（g）；

V——每一次测得的燃气量的数值，单位为升（L）；

Δt——每一次测得的热量计进出口水温度的平均温差。要求对每个温度计做本身误差校正及温度计露出校正的数值，单位为摄氏度（℃）。

4.7.3 热值数据处理 同一个人连续进行测定3回，如果不能满足下式要求，测定值无效，需重新测试。

$$\frac{H_{i,\max} - H_{i,\min}}{\sum_{i=1}^{3}\frac{H_i}{3}} \leqslant 0.010$$

式中 H_i——某回测定的热值的数值，单位为千焦［耳］每立方米（kJ/m^3）；

$H_{i,\max}$——测定热值中的最大值的数值，单位为千焦［耳］每立方米（kJ/m^3）；

$H_{i,\min}$——测定热值中的最小值的数值，单位为千焦［耳］每立方米（kJ/m^3）。

4.7.4 燃气高位热值计算

$$H_s = \frac{\sum_{i=1}^{3} H_i}{3} \times \frac{1}{F}$$

式中 H_s——燃气高位热值的数值，单位为千焦［耳］每立方米（kJ/m^3）；

其他符号同前。

4.7.5 燃气低位热值计算

$$H_i = H_s - \frac{l_Q \times W' \times 1000}{V' \times f_1}$$

式中 H_i——燃气低位热值的数值，单位为千焦［耳］每立方米（kJ/m^3）；

W'——燃烧 V'（L）燃气生成的冷凝水量的数值，单位为毫升（mL）；

V'——与 W' 对应的燃气耗量的数值，单位为升（L）；

l_Q——冷凝水的凝结潜热的数值，单位为 2.5 千焦［耳］每克（2.5kJ/g）；

其他符号同前。

5 城镇燃气相对密度测定方法

5.1 测定方法原理

在相同的温度与压力下，在等体积的不同种类的气体流过某固定直径的锐孔所需要的时间的平方与气体的密度成正比。

5.2 实验室条件

实验室应满足下列条件。

5.2.1 采取措施防止测定装置受日光或其他热源的直接照射或辐射。

5.2.2 采取措施防止室内温度受到气流的影响。

5.2.3 实验室应设置有效排除燃气的设施。

5.3 测定装置

测定装置由下列设备组成。

——燃气相对密度计

燃气相对密度计的结构参见图 2，也可以采用其他具有同等或同等以上精度的气体相对密度计。使用的密度计需要根据注 1 的要求校验。

注 1：各种燃气相对密度计均应用纯度不低于 99.99%的氮气按本标准进行校验。测出的数据与氮气的相对密度值 0.967 的相对误差不应超过±2%。

——温度计

量程 0℃～50℃；

最小刻度 0.2℃。

——秒表

最小刻度 0.1s。

——大气压力计的要求如下：

水银大气压力计：大气压力指示值，0.01kPa；附带温度计，最小刻度不大于 0.2℃。也可以用精度不低于 0.01kPa 的其他大气压力计。

5.4 操作步骤

5.4.1 将密度计摆正调平，并装满温度与室温相同的水。测试时燃气与空气的温度应等于室温。

5.4.2 向密度计的内筒中，注入空气，使内筒中水位降至最低。维持 5min 后，水位位置目测无变化，表示达到气密性要求。

5.4.3 打开放气孔阀，放出湿空气后，再注入湿空气。直到确认密度计的内筒中充满纯的湿空气为止。

5.4.4 打开测试孔阀，使湿空气自测试孔流出，用秒表记录水位由下部刻线到上部刻线所需的时间，要求读到 0.05s。

5.4.5 再次注入湿空气。按 5.4.4 重复两次。当 3 次记录值相对偏差 $\Delta\tau$ 值超过 1%时，

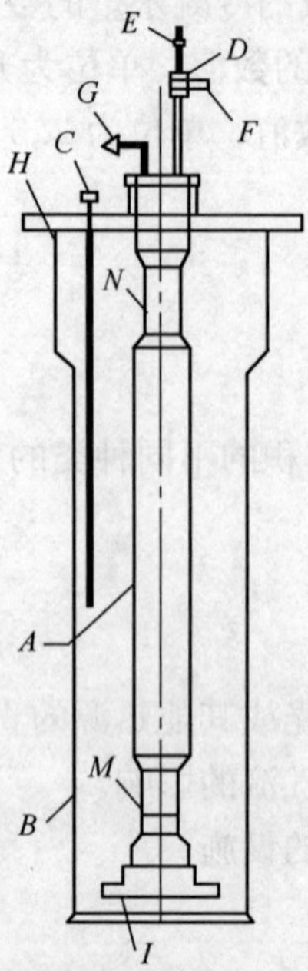

A——玻璃内筒；
B——玻璃外筒；
C——温度计；
D——三向阀（空气及燃气出口）；
E——测试孔；
F——放气孔；
G——气体入口；
H——上部支架；
I——下部支架；
M，*N*——标线。

图 2　相对密度计结构图

应重测。相对偏差按下式计算：

$$\Delta\tau=\frac{\tau_{\max}-\tau_{\min}}{\bar{\tau}}\times 100(\%)$$

$$\bar{\tau}=\frac{\tau_1+\tau_2+\tau_3}{3}$$

式中　τ_1、τ_2、τ_3——分别为 3 次记录的时间的数值，单位为秒（s）；

$\bar{\tau}$——平均时间的数值，单位为秒（s）；

$\tau_{\max}$，$\tau_{\min}$——分别为 3 次记录的时间中的最大值与最小值的数值，单位为秒（s）。

5.4.6　向密度计的内筒中，注入湿燃气。打开三通阀放气孔阀，放出湿燃气后，再注入湿燃气。直到确认密度计内筒中充满湿燃气为止。

5.4.7　按 5.4.4 与 5.4.5 步骤求出湿燃气通过测试孔的平均时间。

5.5 计算

5.5.1 湿燃气相对密度计算

$$d_w = \left(\frac{\bar{\tau}_g}{\tau_a}\right)^2$$

式中 d_w——湿燃气的相对密度；

$\bar{\tau}_g$——燃气通过锐孔的平均时间的数值，单位为秒（s）；

$\bar{\tau}_a$——空气通过锐孔的平均时间的数值，单位为秒（s）。

5.5.2 干燃气相对密度计算

当测定时燃气与空气都被水蒸气饱和时，干燃气的相对密度按下式计算：

$$d = d_w + a$$

$$a = \frac{d_s^t S}{B + P_p - S}(d_w - 1)$$

$$P_p = \frac{9.81 \times h}{2}$$

式中 d——干燃气真实气体的相对密度；

d_s^t——在温度 t 下水蒸气真实气体的相对密度（根据 GB/T 11062 计算）；

B——测定环境大气压力的数值，单位为帕［斯卡］（Pa）；

P_p——测定过程中气体的平均压力的数值，单位为帕［斯卡］（Pa）；

h——密度计的水位差的数值，单位为毫米（mm）；

S——测定环境温度下，饱和水蒸气压的数值，单位为帕［斯卡］（Pa）；

a——换算为干燃气相对密度的修正值。

5.6 干燃气相对密度数据处理

当 2 次平行的测定结果 d_1 与 d_2 的相对偏差 Δd 不大于 1%时，d_1 与 d_2 的平均值 $\bar{d}$ 即为测定结果。相对偏差按下式计算：

$$\Delta d = \frac{d_1 - d_2}{\bar{d}} \times 100(\%)$$

$$\bar{d} = \frac{d_1 + d_2}{2}$$

式中 d_1 与 d_2——分别为第一次与第二次的测试值。

附　录　A
（规范性附录）
水流式燃气热量计测试记录表

表 A.1　水流式燃气热量计测试记录表

<table>
<tr><td colspan="2">燃气　　喷嘴尺寸　　mm 测定地点</td><td colspan="7">测试时间　　年　　月　　日始　　终</td></tr>
<tr><td colspan="2">热量计编号　　燃气流量计编号</td><td colspan="7">流水温度计编号（进水　　出水　　）</td></tr>
<tr><td colspan="2">燃气流量计内的燃气温度 t_g　℃</td><td colspan="7">t_g 时饱和水蒸气压 $S=$　kPa</td></tr>
<tr><td colspan="2">室温　℃</td><td colspan="7">燃烧废气温度　℃</td></tr>
<tr><td rowspan="3">空气加湿器</td><td>干球温度　℃</td><td rowspan="3">大气压力
温度（℃）</td><td colspan="6">大气压力 $B=$　kPa</td></tr>
<tr><td>湿球温度　℃</td><td colspan="6">温度修正值 $a=$　kPa</td></tr>
<tr><td>相对湿度　%</td><td colspan="6">换算到 0℃时大气压力 $B_0=B-a=$　kPa</td></tr>
<tr><td colspan="2">燃气流量计内的燃气压力 $p=$　kPa</td><td colspan="7">燃气流量计的修正系数 $f=$</td></tr>
<tr><td colspan="2">燃气热量计修正系数 $f_2=$</td><td colspan="7">热值换算系数 $F=f_1\times f_2=$</td></tr>
<tr><td colspan="9">体积换算系数 $f_1=\frac{273.15}{273.15+t_g}\times\frac{B_0+P-S}{101.325}\times f=$</td></tr>
<tr><td colspan="2" rowspan="4">一次测试中消耗的燃气量　$V=$____L
与 W' 对应的燃气耗量　$V'=$____L
燃烧 V'（L）燃气生成的冷凝水量　$W'=$____g</td><td colspan="7">流水温度</td></tr>
<tr><td rowspan="2">次数</td><td colspan="2">Ⅰ</td><td colspan="2">Ⅱ</td><td colspan="2">Ⅲ</td></tr>
<tr><td>进水</td><td>出水</td><td>进水</td><td>出水</td><td>进水</td><td>出水</td></tr>
<tr><td>1</td><td></td><td></td><td></td><td></td><td></td><td></td></tr>
<tr><td colspan="2" rowspan="4">高热值 $H_i=4.1868\times\frac{W\times\Delta t}{V}$</td><td>2</td><td></td><td></td><td></td><td></td><td></td><td></td></tr>
<tr><td>3</td><td></td><td></td><td></td><td></td><td></td><td></td></tr>
<tr><td>4</td><td></td><td></td><td></td><td></td><td></td><td></td></tr>
<tr><td>5</td><td></td><td></td><td></td><td></td><td></td><td></td></tr>
<tr><td colspan="2" rowspan="5">三次测试相对极差
$\frac{H_{i,\max}-H_{i,\min}}{\sum_{i=1}^{3}\frac{H_i}{3}}\leqslant 0.010$</td><td>6</td><td></td><td></td><td></td><td></td><td></td><td></td></tr>
<tr><td>7</td><td></td><td></td><td></td><td></td><td></td><td></td></tr>
<tr><td>8</td><td></td><td></td><td></td><td></td><td></td><td></td></tr>
<tr><td>9</td><td></td><td></td><td></td><td></td><td></td><td></td></tr>
<tr><td>10</td><td></td><td></td><td></td><td></td><td></td><td></td></tr>
<tr><td colspan="3">平均温度 t_i（℃）</td><td></td><td></td><td></td><td></td><td></td><td></td></tr>
<tr><td colspan="3">温度计的仪器差修正值 δ（℃）</td><td></td><td></td><td></td><td></td><td></td><td></td></tr>
<tr><td colspan="3">温度计的露出修正值 θ_i（℃）</td><td></td><td></td><td></td><td></td><td></td><td></td></tr>
<tr><td colspan="3">修正后温度 t（℃），$t=t_i+\delta+\theta_i$</td><td></td><td></td><td></td><td></td><td></td><td></td></tr>
<tr><td colspan="3">流水温度差 Δt（℃）</td><td colspan="2"></td><td colspan="2"></td><td colspan="2"></td></tr>
<tr><td colspan="3">一次测试流水量 W（g）</td><td colspan="2"></td><td colspan="2"></td><td colspan="2"></td></tr>
<tr><td colspan="3">高热值 $\overline{H}_i$（kJ/m³）</td><td colspan="2"></td><td colspan="2"></td><td colspan="2"></td></tr>
<tr><td colspan="3">平均值 $\overline{H}$（kJ/m³），$\overline{H}=\frac{\sum H_i}{3}$</td><td colspan="6"></td></tr>
<tr><td colspan="3">相对极差</td><td colspan="6"></td></tr>
<tr><td colspan="3">标准状态下干燃气高热值 H_s（kJ/m³），$H_s=\frac{H}{F}$</td><td colspan="6"></td></tr>
<tr><td colspan="3">低热值 H_i（kJ/m³），$H_i=H_s-\frac{2.5\times W'\times 1000}{V'\times f_t}$</td><td colspan="6"></td></tr>
<tr><td colspan="9">注：如采用盒式大气压力计时应按盒式大气压力计要求修正。</td></tr>
</table>

附 录 B
（资料性附录）
有关技术参数表

表 B.1 饱和蒸汽压（*S*） Pa

温度（℃）	0.0	0.1	0.2	0.3	0.4	0.5	0.6	0.7	0.8	0.9
0	611	616	620	625	629	634	638	643	648	652
1	657	662	667	671	676	681	685	691	696	701
2	706	711	716	721	726	732	737	742	747	753
3	758	763	769	774	780	785	791	797	802	808
4	814	819	825	831	837	843	848	854	860	866
5	873	879	885	891	897	903	910	916	922	929
6	935	942	948	955	961	958	975	982	988	995
7	1002	1009	1016	1023	1030	1037	1044	1051	1058	1066
8	1073	1089	1088	1095	1102	1110	1117	1125	1133	1140
9	1148	1156	1164	1172	1180	1187	1195	1204	1212	1220
10	1228	1236	1245	1253	1261	1270	1278	1287	1295	1304
11	1313	1321	1330	1339	1348	1357	1367	1375	1384	1393
12	1403	1412	1421	1431	1440	1449	1459	1469	1478	1488
13	1498	1508	1517	1527	1537	1547	1558	1568	1578	1588
14	1599	1609	1619	1630	1641	1651	1662	1673	1684	1694
15	1705	1716	1727	1739	1750	1761	1772	1784	1795	1807
16	1818	1830	1842	1853	1855	1877	1889	1901	1913	1926
17	1938	1950	1963	1975	1988	2000	2013	2026	2038	2051
18	2064	2077	2090	2103	2117	2130	2143	2157	2170	2184
19	2198	2211	2225	2239	2253	2267	2281	2295	2310	2324
20	2339	2353	2368	2382	2397	2412	2427	2442	2457	2472
21	2487	2503	2518	2534	2549	2565	2581	2596	2612	2628
22	2644	2660	2677	2693	2710	2726	2743	2760	2776	2793
23	2810	2827	2844	2862	2879	2896	2914	2931	2949	2968
24	2985	3003	3021	3039	3057	3076	3094	3113	3131	3150
25	3169	3188	3207	3226	3245	3264	3284	3303	3323	3343
26	3363	3383	3403	3423	3443	3463	3484	3504	3525	3546
27	3567	3588	3609	3630	3651	3673	3694	3716	3738	3760
28	3782	3804	3826	3848	3871	3893	3916	3939	3961	3984
29	4008	4031	4054	4078	4101	4125	4149	4173	4197	4221
30	4245	4270	4294	4319	4344	4369	4394	4419	4444	4470
31	4495	4521	4547	4572	4599	4625	4651	4677	4704	4731
32	4758	4785	4812	4839	4866	4894	4921	4949	4977	5005
33	5033	5062	5090	5119	5147	5176	5205	5234	5264	5293
34	5323	5352	5382	5412	5442	5473	5503	5534	5565	5595
35	5627	5658	5689	5721	5752	5784	5816	5848	5880	5913
36	5945	5978	6011	6044	6077	6110	6144	6177	6211	6245
37	6279	6314	6348	6383	6418	6452	6488	6523	6558	6594
38	6630	6666	6702	6738	6774	6811	6848	6885	6922	6959
39	6997	7034	7072	7110	7148	7187	7225	7264	7303	7342
40	7381	7420	7460	7500	7540	7580	7621	7661	7702	7743

表 B.2　温度计露出修正值（θ）　℃

露出部度数 n	水温（t_1）—室温（t_2）（℃）													
	1.0	1.5	2.0	2.5	3.0	4.0	5.0	6.0	7.0	8.0	9.0	10.0	11.0	12.0
1	0.000	000	000	000	001	001	001	001	001	001	002	002	002	002
2	0.000	001	001	001	001	001	002	002	002	003	003	003	004	004
3	0.001	001	001	001	002	002	003	003	004	004	005	005	006	006
4	0.001	001	001	002	002	003	003	004	005	005	006	007	007	008
5	0.001	001	002	002	003	003	004	005	006	007	008	008	009	010
6	0.001	002	002	003	003	004	005	006	007	008	009	010	011	012
7	0.001	002	002	003	004	005	006	007	008	009	011	012	013	014
8	0.001	002	003	003	004	005	007	008	009	011	012	013	015	016
9	0.002	002	003	004	005	006	008	009	011	012	014	015	017	018
10	0.002	003	003	004	005	007	008	010	012	013	015	017	018	020
11	0.002	003	004	005	006	007	009	011	013	015	017	018	020	022
12	0.002	003	004	005	006	008	010	012	014	016	018	020	022	024
13	0.002	003	004	005	007	009	011	013	015	017	020	022	024	026
14	0.002	004	005	006	007	009	012	014	016	019	021	023	026	028
15	0.003	004	005	006	008	010	013	015	018	020	023	025	028	030
16	0.003	004	005	007	008	011	013	016	019	021	024	027	029	032
17	0.003	004	006	007	009	011	014	017	020	023	026	028	031	034
18	0.003	005	006	008	009	012	015	018	021	024	027	030	033	036
19	0.003	005	006	008	010	013	016	019	022	025	029	032	035	038
20	0.003	005	007	008	010	013	017	020	023	027	030	033	037	040
21	0.004	005	007	009	011	014	018	021	025	028	032	035	039	042
22	0.004	006	007	009	011	015	018	022	026	029	033	037	040	044
23	0.004	006	008	010	012	015	019	023	027	031	035	038	042	046
24	0.004	006	008	010	012	016	020	024	028	032	036	040	044	048
25	0.004	006	008	010	013	017	021	025	029	033	038	042	046	050
26	0.004	007	009	011	013	017	022	026	030	035	039	043	048	052
27	0.005	007	009	011	014	018	023	027	032	036	041	045	050	054
28	0.005	007	009	012	014	019	023	028	033	037	042	047	051	056
29	0.005	007	010	012	015	019	024	029	034	039	043	048	053	058
30	0.005	008	010	013	015	020	025	030	035	040	045	050	055	060
31	0.005	008	010	013	016	021	026	031	036	041	047	052	057	062
32	0.005	008	011	013	016	021	027	032	037	043	048	053	059	064
33	0.006	008	011	014	017	022	028	033	039	044	050	055	061	066
34	0.006	009	011	014	017	023	028	034	040	045	051	057	062	068
35	0.006	009	012	015	018	023	029	035	041	047	053	058	064	070
36	0.006	009	012	015	018	024	030	036	042	048	054	060	066	072
37	0.006	009	012	015	019	025	031	037	043	049	056	062	068	074
38	0.006	010	013	016	019	025	032	038	044	051	057	063	070	076
39	0.007	010	013	016	020	026	033	039	046	052	059	065	072	078
40	0.007	010	013	017	020	027	033	040	047	053	060	067	073	080
41	0.007	010	014	017	021	027	034	041	048	055	062	068	075	082
42	0.007	011	014	018	021	028	035	042	049	056	063	070	077	084
43	0.007	011	014	018	022	029	036	043	050	057	065	072	079	086
44	0.007	011	015	018	022	029	037	044	051	059	066	073	081	088
45	0.008	011	015	019	023	030	038	045	053	060	068	075	083	090
46	0.008	012	015	019	023	031	038	046	054	061	069	077	084	092
47	0.008	012	016	020	024	031	039	047	055	063	071	078	086	094
48	0.008	012	016	020	024	032	040	048	056	064	072	080	088	096
49	0.008	012	016	020	025	033	041	049	057	065	074	082	090	098
50	0.008	013	017	021	025	033	042	050	058	067	075	083	092	100

$$\theta=\frac{n\ (t_1-t_2)}{6000}$$

式中：t_1——读取温度（℃）；t_2——室温（℃）；n——露出的度数（℃）。

表 B.3 大气压力温度修正值（a）

Pa

P（Pa） / t（℃）	88000	89000	90000	91000	92000	93000	94000	95000	96000	97000	98000	99000	100000	101000	102000	103000	104000	105000
1	14	15	15	15	15	15	15	16	16	16	16	16	16	17	17	17	17	17
2	29	29	29	30	30	30	31	31	31	32	32	32	33	33	33	34	34	34
3	43	44	44	45	45	46	46	47	47	48	48	49	49	49	50	50	51	51
4	57	58	59	59	60	61	61	62	63	63	64	65	65	66	67	67	68	69
5	72	73	73	74	75	76	77	78	78	79	80	81	82	82	83	84	85	86
6	86	87	88	89	90	91	92	93	94	95	96	97	98	99	100	101	102	103
7	101	102	103	104	105	106	107	109	110	111	112	113	114	115	117	118	119	120
8	115	116	117	119	120	121	123	124	125	127	128	129	131	132	133	134	136	137
9	129	131	132	134	135	137	138	139	141	142	144	145	147	148	150	151	153	154
10	144	145	147	148	150	152	153	155	157	158	160	161	163	165	166	168	170	171
11	158	160	161	163	165	167	169	170	172	174	176	178	179	181	183	185	187	188
12	172	174	176	178	180	182	184	186	188	190	192	194	196	198	200	202	203	205
13	186	189	191	193	195	197	199	201	203	206	208	210	212	214	216	218	220	223
14	201	203	205	208	210	212	214	217	219	221	224	226	228	230	233	235	237	240
15	215	218	220	222	225	227	230	232	235	237	240	242	244	247	249	252	254	257
16	229	232	235	237	240	242	245	248	250	253	255	258	261	263	266	269	271	274
17	244	246	249	252	255	258	260	263	266	269	271	274	277	280	282	285	288	291
18	258	261	264	267	270	273	276	279	281	284	287	290	293	296	299	302	305	308
19	272	275	278	282	285	288	291	294	297	300	303	306	309	312	316	319	322	325
20	287	290	293	296	300	303	306	309	313	316	319	322	326	329	332	335	339	342

续表

P (Pa) / t (℃)	88000	89000	90000	91000	92000	93000	94000	95000	96000	97000	98000	99000	100000	101000	102000	103000	104000	105000
21	301	304	308	311	314	318	321	325	328	332	335	338	342	345	349	352	356	359
22	315	319	322	326	329	333	337	340	344	347	351	354	358	362	365	369	372	376
23	329	333	337	341	344	348	352	356	359	363	367	371	374	378	382	385	389	393
24	344	348	351	355	359	363	367	371	375	379	383	387	390	394	398	402	406	410
25	358	362	366	370	374	378	382	386	390	394	399	403	407	411	415	419	423	427
26	372	376	381	385	389	393	397	402	406	410	414	419	423	427	431	436	440	444
27	386	391	395	400	404	408	413	417	421	426	430	435	439	443	448	452	457	461
28	401	405	410	414	419	423	428	432	437	442	446	451	455	460	464	469	473	478
29	415	420	424	429	434	438	443	448	453	457	462	467	471	476	481	486	490	495
30	429	434	439	444	449	453	458	463	468	473	478	483	488	492	497	502	507	512
31	443	448	453	458	463	468	473	479	484	489	494	499	504	509	514	519	524	529
32	457	463	468	473	478	483	489	494	499	504	509	515	520	525	530	535	541	546
33	472	477	482	488	493	498	504	509	515	520	525	531	586	541	547	552	557	563
34	486	491	497	502	508	513	519	525	530	536	541	547	552	558	563	569	574	580
35	500	506	511	517	523	529	534	540	546	551	557	561	568	574	580	585	591	597
36	514	520	526	532	538	544	549	555	561	567	573	579	584	590	596	602	608	614
37	528	534	540	546	552	559	565	571	577	583	589	595	601	607	813	619	625	631
38	543	549	555	561	567	573	580	586	592	598	604	610	617	623	629	635	641	647
39	557	563	569	576	582	588	595	601	607	614	620	626	633	639	645	652	658	664
40	571	578	584	590	597	603	610	616	623	629	636	642	649	655	662	668	675	681

表 B.4 相对湿度表

%

干球温度（℃）	干湿温差（℃）																														
	0.0	0.5	1.0	1.5	2.0	2.5	3.0	3.5	4.0	4.5	5.0	5.5	6.0	6.5	7.0	7.5	8.0	8.5	9.0	9.5	10.0	10.5	11.0	11.5	12.0	12.5	13	13.5	14	14.5	15	16
16	100	95	90	85	81	76	71	67	63	58	54	50	46	42	38	34	30	26	23	19	15	12	8	5								
17	100	95	90	86	81	76	72	68	64	60	55	51	47	43	40	36	32	28	25	21	18	14	11	8								
18	100	95	91	86	82	77	73	69	65	61	57	53	49	45	41	38	34	30	27	23	20	17	14	10	7							
19	100	95	91	87	82	78	74	70	65	62	58	54	50	46	43	39	36	32	29	26	22	19	16	13	10	7						
20	100	96	91	87	83	78	74	70	66	63	59	55	51	48	44	41	37	34	31	28	24	21	18	15	12	9	6					
21	100	96	91	87	83	79	75	71	67	64	60	56	53	49	46	42	39	36	32	29	26	23	20	17	14	12	9	6				
22	100	96	92	87	83	80	76	72	68	64	61	57	54	50	47	44	40	37	34	31	28	25	22	19	17	14	11	8	6			
23	100	96	92	88	84	80	76	72	69	65	62	58	55	52	48	45	42	39	36	33	30	27	24	21	19	16	13	11	8	6		
24	100	96	92	88	84	80	77	73	69	66	62	59	56	53	49	46	43	40	37	34	31	29	26	23	20	18	15	13	10	8	5	
25	100	96	92	88	84	81	77	74	70	67	63	60	57	54	50	47	44	41	39	36	33	30	28	25	22	20	17	15	12	10	8	
26	100	96	92	88	85	81	78	74	71	67	64	61	58	54	51	49	46	43	40	37	34	32	29	26	24	21	19	17	14	12	10	
27	100	96	92	89	85	82	78	75	71	68	65	62	58	56	52	50	47	44	41	38	36	33	31	28	26	23	21	18	16	14	12	7
28	100	96	93	89	85	82	78	75	72	69	65	62	59	56	53	51	48	45	42	40	37	34	32	29	27	25	22	20	18	16	13	9
29	100	96	93	89	86	82	79	76	72	69	66	63	60	57	54	52	49	46	43	41	38	36	33	31	28	26	24	22	19	17	15	11
30	100	96	93	89	86	83	79	76	73	70	67	64	61	58	55	52	50	47	44	42	39	37	35	32	30	28	25	23	21	19	17	13
31	100	96	93	90	86	83	80	77	73	70	67	64	61	59	56	53	51	48	45	43	40	38	36	33	31	29	27	25	22	20	18	14
32	100	96	93	90	86	83	80	77	74	71	68	65	62	60	57	54	51	49	46	44	41	39	37	35	32	30	28	26	24	22	20	16
33	100	97	93	90	87	83	80	77	74	71	68	66	63	60	57	55	52	50	47	45	42	40	38	36	33	31	29	27	25	23	21	17
34	100	97	93	90	87	84	81	78	75	72	69	66	63	61	58	56	53	51	48	46	43	41	39	37	35	32	30	28	26	24	23	19
35	100	97	94	90	87	84	81	78	75	72	69	67	64	61	59	56	54	51	49	47	44	42	40	38	36	34	32	30	28	26	24	20
36	100	97	94	90	87	84	81	78	75	73	70	67	64	62	59	57	54	52	50	48	45	43	41	39	37	35	33	31	29	27	25	21
37	100	97	94	91	87	84	82	79	76	73	70	68	65	63	60	58	55	53	51	48	46	44	42	40	38	36	34	32	30	28	26	23
38	100	97	94	91	88	84	82	79	76	74	71	68	66	63	61	58	56	54	51	49	47	45	43	41	39	37	35	33	31	29	27	24
39	100	97	94	91	88	85	82	79	77	74	71	69	66	64	61	59	57	54	52	50	48	46	43	42	39	38	36	34	32	30	28	25
40	100	97	94	91	88	85	82	80	77	74	72	69	67	64	62	59	57	54	53	51	48	46	44	43	40	38	36	35	33	31	29	26

附 录 C

（资料性附录）

换算为干燃气相对密度的修正值（a）

表 C.1 换算为干燃气相对密度的修正值（a）

水温（℃） \ $\left(\frac{\tau_g}{\tau_a}\right)^2$	0.3	0.4	0.5	0.6	0.7	0.8	0.9	1.0	1.1	1.2	1.3	1.4	1.5	1.6	1.7	1.8	1.9	2.0
1	−0.003	−0.002	−0.002	−0.002	−0.001	−0.001	−0.000	0	+0.000	+0.001	+0.001	+0.002	+0.002	+0.002	+0.003	+0.003	+0.004	+0.004
2	−0.003	−0.003	−0.002	−0.002	−0.001	−0.001	−0.000	0	+0.000	+0.001	+0.001	+0.002	+0.002	+0.003	+0.003	+0.003	+0.004	+0.004
3	−0.003	−0.003	−0.002	−0.002	−0.001	−0.001	−0.000	0	+0.000	+0.001	+0.001	+0.002	+0.002	+0.003	+0.003	+0.004	+0.004	+0.005
4	−0.003	−0.003	−0.002	−0.002	−0.001	−0.001	−0.000	0	+0.000	+0.001	+0.001	+0.002	+0.002	+0.003	+0.003	+0.004	+0.004	+0.005
5	−0.004	−0.003	−0.003	−0.002	−0.002	−0.001	−0.001	0	+0.001	+0.001	+0.002	+0.002	+0.003	+0.003	+0.004	+0.004	+0.005	+0.005
6	−0.004	−0.003	−0.003	−0.002	−0.002	−0.001	−0.001	0	+0.001	+0.001	+0.002	+0.002	+0.003	+0.003	+0.004	+0.004	+0.005	+0.006
7	−0.004	−0.004	−0.003	−0.002	−0.002	−0.001	−0.001	0	+0.001	+0.001	+0.002	+0.002	+0.003	+0.004	+0.004	+0.005	+0.005	+0.006
8	−0.004	−0.004	−0.003	−0.003	−0.002	−0.001	−0.001	0	+0.001	+0.001	+0.002	+0.003	+0.003	+0.004	+0.004	+0.005	+0.006	+0.006
9	−0.005	−0.004	−0.003	−0.003	−0.002	−0.001	−0.001	0	+0.001	+0.001	+0.002	+0.003	+0.003	+0.004	+0.005	+0.005	+0.006	+0.007
10	−0.005	−0.004	−0.004	−0.003	−0.002	−0.001	−0.001	0	+0.001	+0.001	+0.002	+0.003	+0.004	+0.004	+0.005	+0.006	+0.007	+0.007
11	−0.005	−0.005	−0.004	−0.003	−0.002	−0.002	−0.001	0	+0.001	+0.002	+0.002	+0.003	+0.004	+0.005	+0.005	+0.006	+0.007	+0.008
12	−0.006	−0.005	−0.004	−0.003	−0.003	−0.002	−0.001	0	+0.001	+0.002	+0.003	+0.003	+0.004	+0.005	+0.006	+0.007	+0.008	+0.008
13	−0.006	−0.005	−0.004	−0.004	−0.003	−0.002	−0.001	0	+0.001	+0.002	+0.003	+0.004	+0.004	+0.005	+0.006	+0.007	+0.008	+0.009
14	−0.007	−0.006	−0.005	−0.004	−0.003	−0.002	−0.001	0	+0.001	+0.002	+0.003	+0.004	+0.005	+0.006	+0.007	+0.008	+0.009	+0.010
15	−0.007	−0.006	−0.005	−0.004	−0.003	−0.002	−0.001	0	+0.001	+0.002	+0.003	+0.004	+0.005	+0.006	+0.007	+0.008	+0.009	+0.010

续表

水温（℃） \ $\left(\frac{\tau_g}{\tau_a}\right)^2$	0.3	0.4	0.5	0.6	0.7	0.8	0.9	1.0	1.1	1.2	1.3	1.4	1.5	1.6	1.7	1.8	1.9	2.0
16	−0.008	−0.007	−0.005	−0.004	−0.003	−0.002	−0.001	0	+0.001	+0.002	+0.003	+0.004	+0.005	+0.007	+0.008	+0.009	+0.010	+0.011
17	−0.008	−0.007	−0.006	−0.005	−0.003	−0.002	−0.001	0	+0.001	+0.002	+0.003	+0.005	+0.006	+0.007	+0.008	+0.009	+0.010	+0.012
18	−0.009	−0.007	−0.006	−0.005	−0.004	−0.002	−0.001	0	+0.001	+0.002	+0.004	+0.005	+0.006	+0.007	+0.009	+0.010	+0.011	+0.012
19	−0.009	−0.008	−0.007	−0.005	−0.004	−0.003	−0.001	0	+0.001	+0.003	+0.004	+0.005	+0.007	+0.008	+0.009	+0.011	+0.012	+0.013
20	−0.010	−0.009	−0.007	−0.006	−0.004	−0.003	−0.001	0	+0.001	+0.003	+0.004	+0.006	+0.007	+0.009	+0.010	+0.011	+0.013	+0.014
21	−0.010	−0.009	−0.008	−0.006	−0.005	−0.003	−0.002	0	+0.002	+0.003	+0.005	+0.006	+0.008	+0.009	+0.010	+0.012	+0.014	+0.015
22	−0.011	−0.010	−0.008	−0.006	−0.005	−0.003	−0.002	0	+0.002	+0.003	+0.005	+0.006	+0.008	+0.010	+0.011	+0.013	+0.014	+0.016
23	−0.012	−0.010	−0.009	−0.007	−0.005	−0.003	−0.002	0	+0.002	+0.003	+0.005	+0.007	+0.009	+0.010	+0.012	+0.014	+0.015	+0.017
24	−0.013	−0.011	−0.009	−0.007	−0.005	−0.004	−0.002	0	+0.002	+0.004	+0.005	+0.007	+0.009	+0.011	+0.013	+0.014	+0.016	+0.018
25	−0.013	−0.012	−0.010	−0.008	−0.006	−0.004	−0.002	0	+0.002	+0.004	+0.006	+0.008	+0.010	+0.012	+0.013	+0.015	+0.017	+0.019
26	−0.014	−0.012	−0.010	−0.008	−0.006	−0.004	−0.002	0	+0.002	+0.004	+0.006	+0.008	+0.010	+0.012	+0.014	+0.016	+0.018	+0.020
27	−0.015	−0.013	−0.011	−0.009	−0.007	−0.004	−0.002	0	+0.002	+0.004	+0.007	+0.009	+0.011	+0.013	+0.015	+0.017	+0.020	+0.022
28	−0.016	−0.014	−0.012	−0.009	−0.007	−0.005	−0.002	0	+0.002	+0.005	+0.007	+0.009	+0.012	+0.014	+0.016	+0.018	+0.021	+0.023
29	−0.017	−0.015	−0.012	−0.010	−0.007	−0.005	−0.002	0	+0.002	+0.005	+0.007	+0.010	+0.012	+0.015	+0.017	+0.020	+0.022	+0.025
30	−0.018	−0.016	−0.013	−0.010	−0.008	−0.005	−0.003	0	+0.003	+0.005	+0.008	+0.010	+0.013	+0.016	+0.018	+0.021	+0.023	+0.026
31	−0.019	−0.017	−0.014	−0.011	−0.008	−0.006	−0.003	0	+0.003	+0.006	+0.008	+0.011	+0.014	+0.017	+0.019	+0.022	+0.025	+0.028
32	−0.021	−0.018	−0.015	−0.012	−0.009	−0.006	−0.003	0	+0.003	+0.006	+0.009	+0.012	+0.015	+0.018	+0.021	+0.023	+0.026	+0.029
33	−0.022	−0.019	−0.016	−0.012	−0.009	−0.006	−0.003	0	+0.003	+0.006	+0.009	+0.012	+0.016	+0.019	+0.022	+0.025	+0.028	+0.031
34	−0.023	−0.020	−0.017	−0.013	−0.010	−0.006	−0.003	0	+0.003	+0.007	+0.010	+0.013	+0.017	+0.020	+0.023	+0.026	+0.030	+0.033
35	−0.025	−0.021	−0.018	−0.014	−0.011	−0.007	−0.004	0	+0.004	+0.007	+0.010	+0.014	+0.018	+0.021	+0.025	+0.028	+0.032	+0.035

第七章　火焰传播速度测量

火焰传播速度亦称燃烧速度，是衡量燃气燃烧快慢的参数。它与燃烧工况有很大的关系，是稳定火焰的重要影响因素，是设计燃气燃烧器及燃烧设备的主要根据，也是判定燃气互换性的基本参数之一。

测量火焰传播速度有很多方法，随着科学技术的发展也在不断更新。这里主要介绍测量火焰传播速度的基本原理及方法。

第一节　概　　述

火焰是指燃气与空气混合物（简称可燃混合气体）燃烧时的燃烧反应带。

火焰传播速度是指火焰前沿面沿着其法线方向朝邻近未燃气体移动的速度。在绝热与层流条件下，它是可燃混合气体的一个基本的物理化学参数。

一、火焰传播方式

（一）在静止气流中的火焰传播

为了观察火焰的传播，可在一根玻璃管内输入燃气与空气的混合气体。当一端点燃后，形成一个火焰面，此面就从一端传播到另一端。

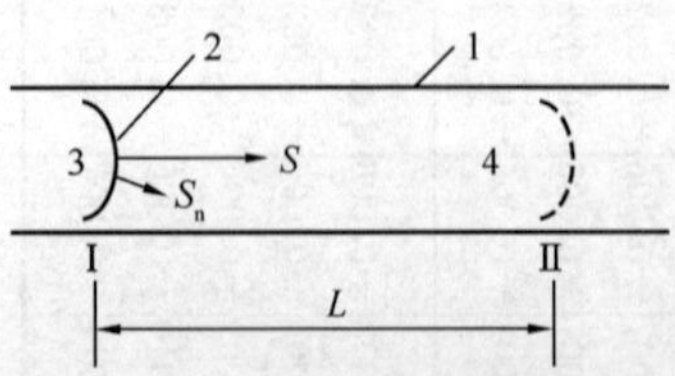

图 7-1　在静止气流中火焰面的移动
1—玻璃管；2—火焰前沿面；3—燃烧产物；4—未燃烧混合气体

图 7-1 是在静止气流中火焰传播的示意图。火焰前沿面 2 在位置 I，依靠热传导的作用把热量传给邻近的可燃混合气体，并使其温度上升到着火温度而燃烧，这样火焰面就向可燃混合气体方向移动。经过 τ 秒钟后，移到位置 II。测得位置 I 与 II 之间的距离 L 与时间 τ 后，就容易求得火焰移动的速度 S，计算式为：

$$S=\frac{L}{\tau} \tag{7-1}$$

S 值是沿管道纵向的火焰移动速度，并且受火焰面形状与面积的影响，而垂直于火焰面的法向移动速度（即火焰法向传播速度）可用下式求得，

$$S_n=\frac{L}{\tau}\times\frac{F_d}{F_s} \tag{7-2}$$

式中　S_n——火焰法向传播速度；

F_d——玻璃管截面积；

F_s——火焰前沿面的面积。

根据层流火焰传播的理论可知：密度小、热导率大的气体的火焰传播速度快。另外，当燃气与空气的比例接近理论燃烧需要的比例时，火焰传播速度达到最大。此外，火焰面在静止的可燃混合气流中的移动速度还受管径影响。管径大时，相对散热量比较小，会使

移动速度加快。当管径大到一定程度后，增加了对流传热因素，又会进一步加大火焰传播速度。这种在静止气流中测量火焰传播速度的方法称为静力法。

由于静力法的影响因素比较多，而且火焰的表面积需要通过摄像的方法来测量，并且不易测量准。所以，实际上很少用此法测量火焰传播速度。但是，在教学中，多用它做示范，以帮助建立火焰传播的概念。

（二）在运动气流中火焰的传播

火焰能在静止的可燃混合气流中移动，并具有一定速度。当气流流动的速度等于火焰移动速度时，火焰面就能静止在某一个固定位置上。本生火焰就是一个典型的例子。可燃混合气体流速越高，火焰的面积也越大。当测得流量与火焰面积后，即可算出火焰传播速度。由于本生火焰在管口以外，故管径对法向火焰传播速度影响比较小。

利用本生火焰测量火焰传播速度的方法称为动力法。在实际工作中，常用此法测量燃气的火焰传播速度。

当可燃混合气体处于层流运动时，火焰主要是靠热传导来传递热量的，此时火焰传播速度称为层流火焰传播速度。在紊流条件下，由于有横向扰动，增加了热、质交换，所以使火焰传播速度大幅度提高，称为紊流火焰传播速度，影响因素更加复杂。

（三）火焰传播速度的物理概念

火焰传播速度的量纲是单位时间传递的距离，m/s。也可写成 m^3/（m^2·s），故其物理意义为单位时间单位火焰面积燃烧的可燃气体积。

二、火焰传播速度测量方法

（一）火焰面积法

由于火焰传播速度与火焰锥的面积有一定关系，所以测出火焰面积及可燃混合气流量就可以算出火焰传播速度。测量火焰面积的方法有以下几种。

（1）火焰高度法

本生火焰的内锥结构受气流影响，比较复杂[1]。为了计算简单，可以近似地被认为是一个规则的几何锥体，测出其高度就可以算出火焰面积。这种方法简单但误差较大。

（2）摄影法

实际上火焰是一个不规则的锥体。通过摄影的方法，根据火焰锥的照片，可较精确地算出火焰面积。摄影方法分直接摄影与施利尔摄影[6]两种。直接摄影拍出的是火焰发光区的锥体影片。施利尔摄影拍出的是在发光区的内侧、气流温度开始变化、因折射关系而得到的锥体（称为施利尔火焰锥）的照片。此法比火焰高度法精确，但计算面积工作很烦琐。

（二）颗粒示踪法

在可燃混合气流中，人为地加一些微小细颗粒，它们与气流同步流动。如果通过摄影方法测出颗粒的轨迹，此轨迹可以代表气流流线，这样就可以测出火焰传播速度。这是一种比较可靠的测量方法，但是它没有定型设备，需要比较复杂的摄影与闪频摄影装置，并且计算方法也很麻烦。

（三）气流速度法

根据火焰稳定平衡的原理，可以推导出气流速度、火焰锥的顶角角度及火焰传播速度之间的固定关系。只要测出气流速度与火焰锥的顶角角度，就可以算出火焰传播速度。利用这种方法，通常采用带有“渐缩出口”的燃烧管，以保证出口流速均匀。

测量流速与火焰锥的顶角的具体方法有以下几种。

(1) 颗粒示踪测流速[2]

此法颗粒示踪只用来测流速，而不必去求管口处各点的流线，所以这法稍为简单，但仍需要有比较复杂的闪频摄影装置。

(2) 激光测流速[3]

这是一种比较先进的方法，只要有定型的激光测速仪，使用起来还是方便的。

(3) 摄影测火焰锥的顶角

实践证明只要燃烧管出口流速均匀，此时点着的本生火焰的施利尔火焰锥和直接摄影的发光火焰锥彼此平行。所以用施利尔与用直接摄影测火焰锥的顶角结果相同[6]。

(四) 肥皂泡法

把可燃混合气体吹到肥皂泡中，在其中央点火。可燃混合气体燃烧时，肥皂泡表面自由膨胀，而压力保持不变，可以直接测出火焰传播速度。将火焰的空间速度除以肥皂泡的膨胀率，即得到火焰传播速度[5]。

这种方法的优点是外界影响因素比较小。但在燃烧过程中，肥皂泡中水分要蒸发，将可燃混合气体弄湿，从而影响火焰传播速度，尤其是对 CO 影响较大。另外肥皂泡法的开始与终了时的直径也很难测准。

(五) 压力瓶测量法

在整个球形压力瓶中，充满可燃混合气体。点燃后，瓶内压力提高，测出压力瓶半径及压力随时间变化后，可以推算出火焰传播速度。

由于存在热损失的影响，这种方法测量的结果偏低。

(六) 反压力法

当可燃混合气体通过燃烧反应区时，由于气体的加速引起反压力与火焰传播速度有关，故可用测量反压力的方法求得火焰传播速度[4]。但是，对于火焰传播速度很低的燃气，反压力很低，不宜采用此法。此外，用此法时，必须知道燃烧前后气体的密度，这也是比较困难的。

第二节 面积测量法

用面积测量测燃气的火焰传播速度是一种比较简单的方法。但是精度比较低。

一、火焰面积间歇测量法[5]

(一) 基本原理

本生火焰由内焰与外焰两部分组成。当燃烧稳定时，内焰是一个静止的火焰面，火焰面上任一点的火焰传播速度 S_n 必然与气流速度的法向分量 W_u 相等（图 7-2)。假定整个火焰面上 S_n 值不变时，可以写出下列等式：

$$S_nF = W\pi R^2 \tag{7-3}$$

式中 S_n——火焰传播速度（cm/s)；

F——内焰面积（cm²)；

W——管口处气流平均流速（cm/s)；

R——燃烧管口半径（cm）。

内焰面积值不易测得，但可以近似地认为它等于高度为火焰内锥高 h、半径 R 的圆锥表面积（图 7-2）。这样式（7-3）可写成：

$$S_n \frac{\pi R^2}{\sin\theta} = W\pi R^2 \tag{7-4}$$

又因 $W = \frac{V_m}{\pi R^2}$

$$\sin\theta = \frac{R}{\sqrt{h^2 + R^2}}$$

代入式（7-4）后，

$$S_n = \frac{V_m}{\pi R\sqrt{h^2 + R^2}} = W\sin\theta \tag{7-5}$$

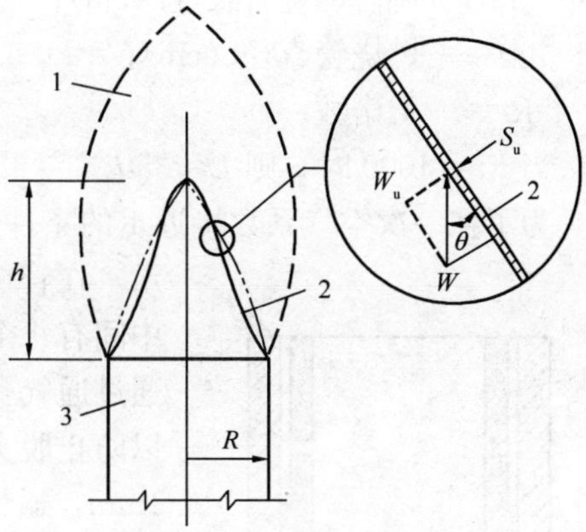

图 7-2　火焰高度法示意图

1—外焰面；2—内焰面；3—燃烧管；h—内锥高；θ—圆锥顶半径

式中　θ——圆锥顶半角（rad）；

h——火焰内锥高（cm）；

R——燃烧管口半径（cm）；

V_m——可燃混合气体流量（cm^3/s）；

S_n——火焰传播速度（cm/s）。

当 V_m 采用“L/s”，R 与 h 采用“cm”为单位时，计算式为：

$$S_n = 318\frac{V_m}{R\sqrt{h^2 + R^2}} \tag{7-6}$$

（二）测量系统

火焰高度法测量系统见图 7-3，燃气与空气分别经过计量设备（流量计）进入燃烧管 3，根据燃气与空气的流量以及燃气理论空气需要量可以算出一次空气系数 α，并可利用空气阀 4 与燃气阀 1 调节出任意的 α 值。

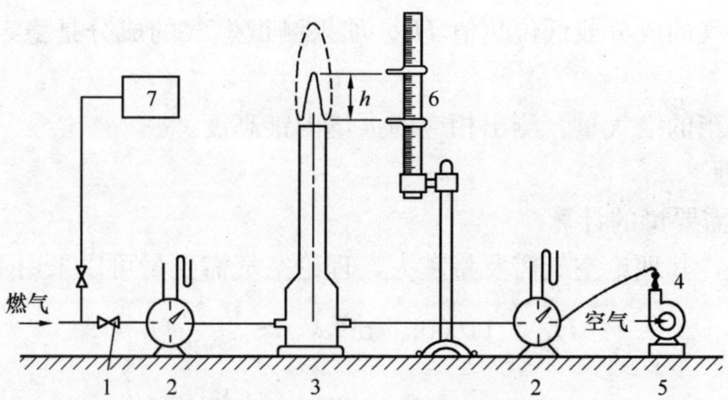

图 7-3　火焰高度法测量系统

1—燃气阀；2—湿式流量计；3—燃烧管；4—空气阀；5—空气泵；6—游标卡尺；7—成分分析仪、热量计

为了保证达到层流状态，要求燃烧管应有足够的长度，有时要大于几十倍的管径。具体计算可用下式：

$$L = 0.035dRe \tag{7-7}$$

式中　L——所需燃烧管长度（cm）；

d——燃烧管直径（cm）；

Re——雷诺数。

当 $Re=1000$ 时，则 $L\approx 35d$。

为了在一次空气系数接近 1 的条件下，使火焰稳定，应加“稳焰装置”，如图 7-4 所示。在管口处加一个带有通气孔的圆筒。圆筒 1 与燃烧管 2 中间有一个 0.5mm 左右宽的“稳焰缝”3。可燃混合气体可通过通气孔进入“稳焰缝”，从而形成圆环形辅助火焰，可以防止脱火。对于燃烧管径为 4～8mm 时，圆筒的壁厚约 1mm，通气孔径约 2mm，孔数 2～4 个。圆筒的高度大致是管口内径的 1.5 倍。以上尺寸只是参考值，在测试时，应适当地调整，达到可以稳焰的效果即可。通过“稳焰缝”的气体流量很小，计算时可以忽略不计，但它对稳定火焰有效果，有利于测试工作。

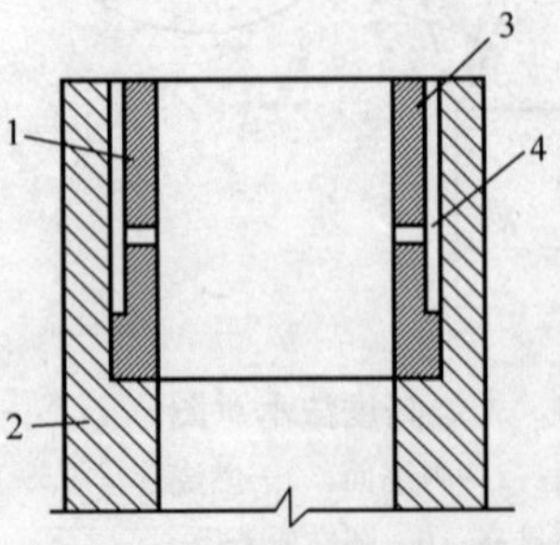

图 7-4　稳焰装置

1—圆筒；2—燃烧管；3—稳焰缝；4—通气孔

（三）测量方法

（1）准备工作

①校正燃气与空气的流量计，详见第四章。

②进行气密性试验，打开气源阀门，关燃烧管阀，5min 流量计指针不动。

（2）测试步骤（图 7-3）

①用卡尺测量燃烧管的管口内半径 R，单位以 cm 计。

②先打开燃气阀，点燃火焰，这时呈扩散式燃烧。

③慢慢开启空气泵调节阀，送入空气。当开始呈现火焰内锥时，即可测量燃气空气的流量，同时记录空气与燃气流量计上的压力与温度。

④用卡尺测得火焰内锥的高度 h 值，单位以 cm 计。

⑤同时测量燃气的成分或低位热值 H_i。如果测试燃气的成分是稳定值时，可不进行此项测定。

⑥多次增加适当的空气量，测出相应的火焰内锥高度。

（四）数据整理

（1）理论空气需要量的计算

燃气热值越高，其理论空气需要量越大，理论空气需要量可以采用下公式估算：

$$\left.\begin{aligned} &\text{当 } H_i < 11000\text{kJ/m}^3, V_0 \approx \frac{0.21}{1000}H_i \\ &\text{当 } H_i > 11000\text{kJ/m}^3, V_0 \approx \frac{0.26}{1000}H_i \end{aligned}\right\} \tag{7-8}$$

式中　V_0——理论空气需要量（m^3/m^3）；

H_i——燃气低位热值（kJ/m^3）。

另外，也可以根据燃气中各种成分的百分数，用下式直接算出理论空气需要量，

$$V_0 = \frac{4.76}{100}\times\left[0.5CO + 0.5H_2 + 1.5H_2S + \sum\left(m+\frac{n}{4}\right)C_mH_n - O_2\right] \tag{7-9}$$

式中 CO、H_2、C_mH_n、H_2S、O_2——体积分数（%），其他符号意义同前。

（2）一次空气系数的计算

一次空气系数是实际混入燃气中的空气量与理论空气需要量的比值，其值为

$$\alpha = \frac{V_a}{V_g V_0} \tag{7-10}$$

式中 α——一次空气系数；

V_a——空气流量（m^3/h）；

V_g——燃气流量（m^3/h）。

（3）火焰传播速度的计算

火焰传播速度，可以根据可燃混合气体流量 V_m 及火焰内锥高 h 等测量值，用式(7-6)计算。

（4）绘制 S_n-α 曲线

根据测试结果，以横坐标为 α，纵坐标为 S_n，可绘出 S_n-α 曲线。由此可以得出最大火焰传播速度 S_n^{max} 和相应的一次空气系数值。

（5）记录表格

按照测试步骤，可将测得数据填入测试表（表 7-1）中，并进行整理计算。

火焰传播速度测试表 **表 7-1**

日　期：　　　　　　　　　　　　　气样来源：

人　员：　　　　　　　　　　　　　性　质：

	燃烧管内半径（cm）				
	序号	1	2	3	4
室内参数	温度（℃）				
	大气压力（Pa）				
燃气参数	压力（Pa）				
	温度（℃）				
	折算系数 f				
	流量计终读数 V_2（L）				
	流量计初读数 V_1（L）				
	V_2-V_1（L）				
	时间 τ（s）				
	流量 V_g（L/s）				
空气参数	压力（Pa）				
	温度（℃）				
	折算系数 f'				
	流量计终读数 $V_{a,2}$（L）				
	流量计初读数 $V_{a,1}$（L）				
	$V_{a,2}-V_{a,1}$（L）				
	时间 τ（s）				
	流量 V_a（L/s）				

续表

日　期：		气样来源：			
人　员：		性　质：			
燃烧管内半径（cm）					
序 号		1	2	3	4
燃气性质	热值 H_i（kJ/m^3）				
	理论空气需要 V_0（m^3/m^3）				
火焰传播速度	一次空气系数 α				
	火焰内锥高 h（cm）				
	混合气体流量 $V_m=V_a+V_g$（L/s）				
	传播速度 S_n（cm/s）				

利用火焰高度法测量火焰传播速度的结果是不精确的。因为，该法假定火焰面积等于高度为 h 的圆锥体表面积，此外还假设火焰面上各处的传播速度相等忽略了孔口边缘冷却作用的影响。这些假设虽然使测试工作简化，但是误差较大。

二、火焰高度连续测量法

为了研究一次空气系数 α 对火焰传播速度的影响，希望随着燃气与空气混合比例的改变，连续测量火焰传播速度。

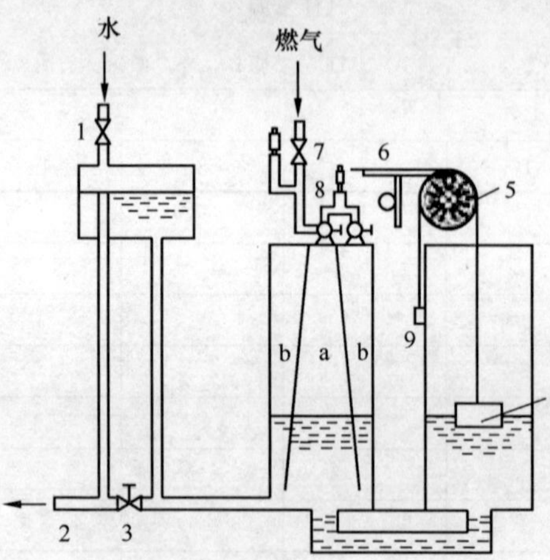

图 7-5　火焰高度连续测定装置

1—进水阀；2—排水口；3—放水阀；4—浮子；5—记录纸；6—记录笔；7—燃气阀；8—燃烧管；9—平衡锤

图 7-5 是一种连续测量装置示意图。图中 a 空间充满待测燃气，b 空间中充满空气。燃气与空气被上升水面从燃烧管 8 排出，点燃后即得一本生火焰。因为左边水箱水位很高，并且水位基本不变，所以可以近似地认为通过燃烧管 8 的可燃混合气体流量稳定。火焰的内锥高度可以用记录笔 6 对准，并画在记录纸 5 上。由于随着水面上升空间 a 和 b 在截面在变化，所以燃气与空气的比例也随之变化，又因为浮子 4 处的水面与 a、b 空间内水面永远在同一水平面上，这样在记录纸上就能画出火焰内锥高度随混合比例变化而变化的曲线。根据式（7-6）即可换算为火焰传播速度随燃气与空气混合比例而变化的曲线。

这种方法的优点是速度快，能自动画出曲线，缺点是精度不高。

第三节　颗 粒 示 踪 法

为了进一步精确地测量火焰传播速度，提出了颗粒示踪法，用它可以测出火焰面上各点的火焰传播速度。

第三节　颗粒示踪法

一、单纯颗粒示踪法

测量火焰传播速度的关键在于准确地测量可燃混合气体流速与火焰的形状。这里介绍的是一种早期用颗粒示踪的方法测量火焰传播速度的方案[2]。

（一）基本原理

在可燃混合气流中，混入一些直径很小的颗粒，这些颗粒与气流一起同速前进，故颗粒速度可以代表气流的流速。利用光学系统测出这些颗粒的轨迹，并算出它们的流速和它们的转折的情况。根据流速 W 与火焰传播速度 S_n 之间的关系，就可以求得管口截面上各处的火焰传播速度。

（二）测量系统

(1) 气路系统

Lewis 与 Von Elbe 曾提出用颗粒示踪的方法测量层流火焰传播速度的方案系统。图 7-6 是表示这种系统的示意图。图中（*b*）是气路系统，天然气与空气分别由 1、2 经过流量计 3 进入混合室 4 进行混合，然后分成两路：一路经过支管 5 进入燃烧管 10；另一路通过支管 6 及细管 9 进入燃烧管 10。把颗粒很细的氧化镁通过颗粒管 8 送到支管 6 的气流中，氧化镁颗粒跟随气流一起同速流动。支管 6 的气流可用调节阀 7 调节。燃烧管的截面尺寸取 21.9mm×7.75mm。因为圆形燃烧管上锥形火焰的焰面是弯曲的，会引起与三维空间有关的困难问题，所以 Lewis 采用了矩形截面管。燃烧管长取 1m，以保证气流处于层流状态。可燃混合气体自燃烧管 10 流出后，经过点火即得本生火焰。

(2) 光学摄影系统

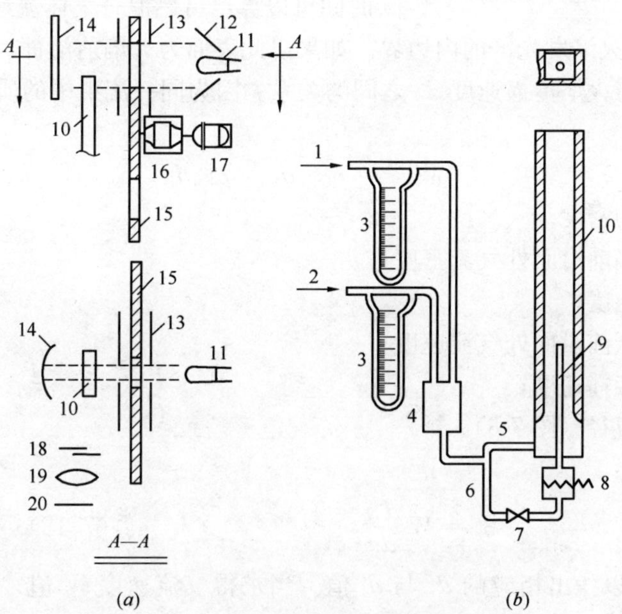

图 7-6　单纯颗粒示踪法测量系统

（*a*）光学摄影系统；（*b*）气路系统

1—天然气入口；2—空气入口；3—流量计；4—混合室；5、6—支管；7—调节阀；8—颗粒管；9—细管；10—燃烧管；11—闪光源；12—辐射板；13—遮板；14—反光镜；15—闪频观测盘；16—马达；17—速度计；18—快门；19—透镜；20—底片

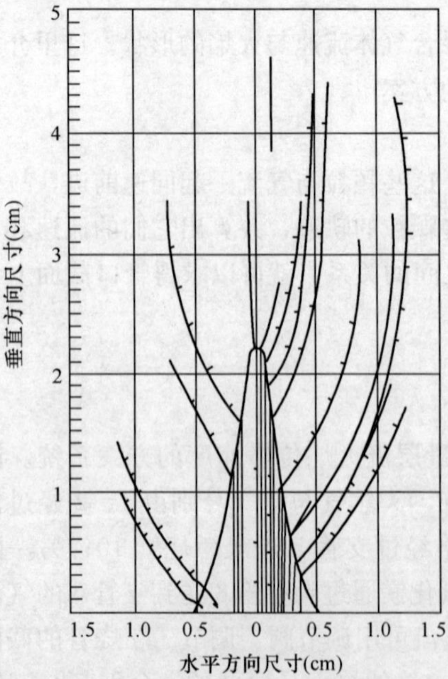

图 7-7　天然气和空气火焰流线图

颗粒每 1.436×10^{-3}s 被照射一次，孔口尺寸为 21.9mm×7.55mm，天然气在混合气中占 7.5%，流量为 204mL/s

光学摄影系统见图 7-6 中（*a*），闪光源 11 的光通量最高能达 4.5×10^6(lm)（流明），并在 1/100s 内不小于 2.5×10^6lm。马达 16 带动闪频观测盘 15 以 1740r/min 的速度旋转，并用速度计 17 监测转速。闪频观测盘上开 24 个扇形孔，相当于隔 1.436×10^{-3}s 内遮挡一次。光源发出的光经过辐射板 12 反射后平行射出，通过两块带有宽为 2mm，高为 10mm 缝隙的遮板 13 射向反光镜 14，这样火焰与气流中的颗粒被两个方向光源照射。为了防止观测盘转动而带动气流流动影响火焰，将观测盘密封在一个壳体中。壳体内充有氦气，可减小摩擦阻力。摄影机构放在垂直于光线的位置。快门尺寸取 10cm，在 0.05s 内开闭一次，最大开度占此时间的 40%，快门动作与光源之间有电气连锁装置。摄影机构的透镜 19 的直径为 5.7cm 相对孔径 1∶2.5，底片采用高速感光底片。

（三）数据整理

图 7-7 就是利用这种方法测得的火焰、颗粒轨迹及流线方向图。根据轨迹的长度与闪光之间的时间可以算出可燃混合气体流速。

锥形的线代表火焰发光区的内边界。如果以此表面为火焰前沿面。则根据图 7-8 即可建立气流速度 W 与火焰传播速度 S_n 之间的关系。因为同一流束中的质量流量不变，则可得到下式：

$$\rho W d_r = \rho_1 S_1 d_1 = \rho S_n d_1 \tag{7-11}$$

式中　ρ——气流的密度；

ρ_1——在火焰前沿面处气流密度；

W——气流速度；

S_1——垂直于前沿面处气流速度；

S_n——火焰传播速度；

d_r、d_1——流束直径（图 7-8）。

进而可以得到：

$$S_n = W\frac{d_r}{d_1} \tag{7-12}$$

在图 7-8 中可以找出相应的 d_r 与 d_1 值。当求得气流速度 W 值后，就可以用式（7-12）算出火焰传播速度 S_n，并且可以求出，距燃烧管中心不同距离处的 S_n 值。Lewis 通过此实验证明除了火焰中心和四周的边界外，S_n 值等于常数，并不受外界干扰。

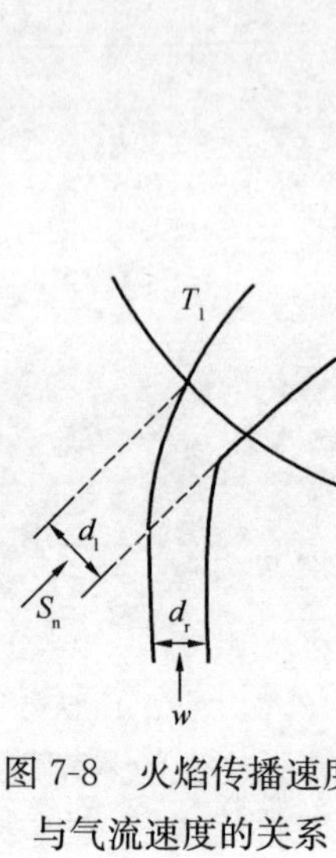

图 7-8　火焰传播速度与气流速度的关系

颗粒示踪法是比较准确的方法，但测试设备复杂是其主要缺点。

二、颗粒示踪与施利尔摄影法

由于大部分火焰面各点火焰传播速度等于常数，所以只要确定不受干扰处的 θ 角与气流速度 W，据式（7-5）即可算出火焰传播速度。这样测试工作就简化了。

通常需要用摄影方法来确定 θ 值。

（一）基本原理

(1) 施利尔摄影法

施利尔是德文 Schliere 的译音，它能显示均匀物质中的一个不均匀区域。一般说来，任何使光线在一个较小面积上发生不规则偏射的因素都可以称为施利尔。这种因素可能是由于厚度的改变，也可能是因为密度的变化。施利尔的摄影法还可以用简单的实验来说明。在点光源与屏幕之间放置一块质量不均匀的玻璃片，这样在屏幕上就会出现一些亮度不同的区域（亮区与暗区）。应当指出，只有暗区才处于从点光源到不均匀体之间所连的直线上，而亮区却受到其他区域中偏射过来的光线的照射，所以很难在亮区和产生亮区的不均匀体之间建立联系。

施利尔摄影装置有多种，现介绍其中典型的一种说明基本原理。

图 7-9 所示，是一种施利尔摄影系统。将强度很大的点光源 1 聚集到一个狭缝 2 上。狭缝位于透镜 3 的焦平面中。透镜 $3'$与 3 之间为平行光。需要研究的火焰位于 $3'$与 3 的平行光中。在透镜 $3'$的焦平面中，安置刀口 5，刀口的平面与狭缝的像平行。沿着 K 方向移动刀口。由于衍射等现象的关系，当刀口穿过光焦点（弥散圆）时，光线不是一瞬间就消失，而是沿着整个图形逐渐地并且均匀地变暗，最后消失。当火焰存在不均匀性时，光线的一部分会偏斜，在刀口上面通过，并在屏幕 7 上形成一个不均匀的像。用这种方法看到的是沿着刀口边缘方向走的光线，为了把整个不均匀区的情况都记录下来，需要将刀口转 90°角。

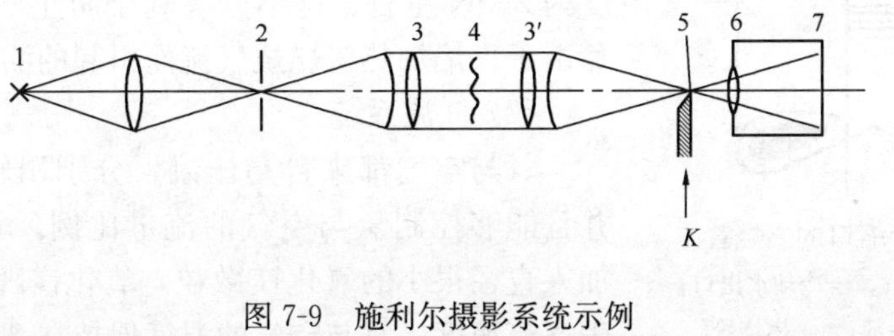

图 7-9 施利尔摄影系统示例

1—点光源；2—狭缝；3、$3'$—透镜；4—火焰（施利尔）；5—刀口；6—透镜；7—屏幕

透镜的质量要求很高，必须是消色差的，否则必须利用单色光作光源。

施利尔摄影比一般摄影的优点是：曝光时间短（通常可以用 10^{-3}s 的速度拍照），所以用它可拍一般摄影不能拍到的瞬时火焰照片；另外，用施利尔摄影法确定火焰前沿面较为实际。

施利尔摄影表现的是火焰不均匀区的焦点影响，所以有利于用来确定折射指数发生变化的位置。其屏幕上的照度与不均匀介质（火焰）中密度变化的一阶导数成正比。

Von der Poll 和 Wasterdijk 在 1941 年首先发现施利尔锥体是位于火焰发光锥体（直接摄影得到的火焰锥）之内。现在已经明确，这是因为施利尔偏斜是由于反应区（发光区）之前温度升高所致。如果忽略混合物成分变化的影响，折射指数是随温度（T）的倒数而变化的。举例来说，温度由 373K 升到 573K 时，折射指数的变化要比温度从 1773K 升高到 1973K 时大得多。Klaukens 和 Wolfard 在 1948 年指出：最大施利尔偏斜出现在 473K（即 200℃）左右的温度区内[6]。这样看来，用施利尔摄影法确定火焰前沿面是比较合适的。Canan 和 Linnett 在 1951 年发现，流线恰好在施利尔出现的地方开始发生偏斜，这就进一步证明，用施利尔火焰锥确定火焰前沿面的正确性。

(2) 出口速度均匀化

从燃烧管流出的气流速度场比较复杂，这不仅给测速工作带来麻烦，并且能引起各种误差。如果在燃烧管的出口加一个渐缩燃烧管头部，就能得到均匀的出口气流速度场，这样能使情况大大简化。在这种条件下，可以不必测出口各点的速度场，而是只需测一个速度值。另外，火焰锥边缘也会是一条直线，所以很容易用摄影法测出火焰锥顶半角 θ 值，用式（7-5）即可求得火焰传播速度 S_n。

(二) 测量系统及方法

1971 年英国索尔福德大学的 Harry Edmondson 采用颗粒示踪与施利尔摄影方法，测得氢-空气混合燃气的火焰传播速度[4]。下面介绍其测量系统的主要内容。

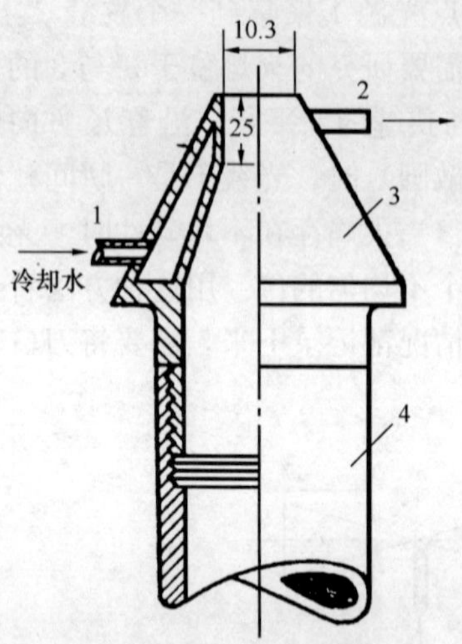

图 7-10　带缩口的燃烧管
1—冷却水入口；2—冷却水出口；3—带缩口头部；4—燃烧管

(1) 燃烧管结构

如图 7-10 所示，在直径为 20mm、长度为 1m 的燃烧管的出口处，装置一个黄铜制成并带有渐缩的出口的头部。头部与燃烧管连续处要平滑，防止气流扰动。头部出口直径为 10.3mm，并保持有 25mm 长的直管段，渐缩的角度约 22°。这样，可以确保均匀的出口速度场。但是，这种措施加大了阻力，为此要考虑防止回火的措施。在头部还设计了冷却水装置，以控制未燃烧气流温度为 295K 左右。这不但有利于防止回火，而且可以避免由于火焰加热未燃烧气流而引起的测量误差。

(2) 气流系统

氢与空气都来自高压罐，分别用转子流量计计量，并且能够控制氢与空气的流量比例。氢与空气混合后，加入直径很小的氧化镁微粒。氧化镁随气流流动并能代表气流速度。氢与空气的温度保持在 295±5K。

(3) 施利尔摄影系统（测 θ 角）

采用水银蒸气灯为点光源，再用两块直径为 13.97cm，焦距为 91.44cm 的高质量透镜组成平行光，照射火焰内锥。施利尔影像显示在 10.16cm×12.70cm 的平面底片上，得到施利尔火焰内锥的照片后，可以用光学测角器测量施利尔火焰锥顶平角 θ。

(4) 颗粒示踪闪光系统（测 W 速度）

光源采用高压水银蒸气电弧灯，并用组合透镜聚焦，照射火焰及气流中的颗粒。光线用可变速的闪频观测盘间断地遮挡，并用光电管及数字转速计，记录观测盘的转速。用具有 1∶2.8/50 的透镜摄影机拍照火焰的颗粒。底片尺寸为 10.16cm×12.70cm。颗粒轨迹在放大的底片上用可移动显微镜测量，精度保持在 2μm 以内。

(5) 实验过程中注意事项

实验过程中应注意的事项如下。

①颗粒示踪测速系统要经过校准。通常有两种校准措施。一种是以颗粒示踪法测量从长直圆管(长度应比直径大50倍以上)流出的层流冷气流的速度场,用理论计算值与测量值对比。因为流量是可以准确地测出的,同时层流速度场可以从理论上计算出来。当测量值与计算值相符合时,表示颗粒示踪测速系统可以使用。

②要采取措施防止回火,预先估算出在实验条件下可能发生回火的气流速度,并且在测量时,控制气流速度永远不小于该速度值。另外,在头部与燃烧管之间加一个防止回火的网格。

③在测量时,要保证氢气与空气的比例不变,并且要使气流处于层流状态,这样就可以得到光滑的层流火焰。

④氧化镁颗粒的浓度要控制得很低,以防止对火焰的干扰。对颗粒轨迹的拍照要进行若干次,这样可以排除有干扰的情况,并且能提高测量的精度。

⑤火焰锥顶半角θ值,也可以根据颗粒轨迹求得,此测量结果应与施利尔火焰锥顶半角值相符。

⑥求得θ与W后,即可算出火焰传播速度S_n。适当地改变氢与空气的比例,就可以测出在不同燃气与空气的比例下的S_n值,同时可以求得最大的S_n值及其相应的燃气与空气的比例。

第四节 激光测速法

自从激光技术问世以来,各个科学领域都迅速引进并广泛应用。激光测速仪能很快地测量火焰内部的气流速度。由于用激光测速仪测流体速度场可以丝毫不破坏流体的组织,所以对测量与研究火焰传播速度提供了有力的武器。本节主要介绍双光束激光多普勒测速方法的基本原理及其在动力法测量层流火焰传播速度中的应用实例。因为激光测速还是一门较新的科学技术,所以本节还简单介绍了有关激光方面的基本概念。

一、激光多普勒效应测速方法

(一) 基本原理

(1) 激光的特性

自从赫兹应用电磁振荡电路的方法产生电磁波,同时证明电磁波的性质与光波的性质完全相同之后,人们做了许多实验。这些实验不仅证明光波是电磁波,而且证明伦琴射线与γ射线也都是电磁波。就它们都是在空间传播的交变电磁场这一点来说,所有这些电磁波本质是没有区别的,只是波长或频率有所差别。一般通过天线发射的无线电波的波长由几千米到几厘米,而可见光的波长在0.76~0.4μm的范围内。

一般的光波与无线电波之间除了波长不同之外,还有一个很重要的差别。这就是,用电磁波振荡器产生出来的无线电波,它们的频率相同,振动方向相同,位相也相同(或保持恒定的位相差),故称其为有较好的相干性,而一般的热光源发出的光则是非相干波。因为发射源的分子和原子的运动变化是没有规则的,所以它们发出的光具有不同的频率、不同的振动方向和不同的位相关系。正是因为如此，一般的光波不能被当做无线电波来利用。

激光是光波的一种，但又不同于一般光波。它具有颜色纯、能量高度集中等宝贵特性。所以得到广泛的应用下面将其主要特性分述如下。

①具有很高的亮度及方向性。普通光源发光时，内部大量的发光中心基本上是互相独立的。但是经过激光技术的加工，造成一种具有高度方向性与高亮度的一种光即激光。激光的亮度比高压脉冲氙灯的亮度还要高。现在除了氢弹以外，还没有找到像激光这样高度集中的能量。当然激光的总能量是不大的，但它能把能量在空间和时间上高度地集中起来，发挥巨大的威力。

②它具有很好的单色性。人们感觉到的不同颜色，是由于不同波长的光作用在眼睛的视网膜所引起的不同的反映。但是单色光也不是单一波长的光，而是一个波长范围内的光。这个范围叫做单色的光的谱线宽度。波长范围越小，即谱线宽度越窄，单色性也就越好。除激光以外，86 氪灯的单色性最好，国际上以它作为长度计量标准，但是氦-氖气体激光器的单色性比氪灯还高很多倍。目前仅就气体激光器，已发现有几千条单色性好、单色亮度很高的谱线。它们分布在从紫外线到远红外线的十分广阔的波段内，为各种精密测量和科学实验，提供了有利条件。

③它具有很好的相干性。前面已经讲过，普通热光源发出的光是一种非相干的波。但是，激光却有很好的相干性，它遵守叠加原理并且有明显的光干涉现象，这样就为利用多普勒效应测速度的方法提供了有利条件。

(2) 双光束激光多普勒效应

所谓多普勒效应通常是指声学中的一种现象。当声源与观察者有相对运动时，如果两者靠近，则声源的频率变高。彼此远离时，声源的频率变低。根据声源频率变化的大小可以反映相对速度的快慢。声学中这种多普勒效应推广到光学中，也可以认为，当光源与观察者存在相对移动时，光源的频率也会改变。由于激光单色性好，所以用激光的多普勒效应来测量速度，鉴别率高，并能得到相当高的精度。

利用激光多普勒效应测速的基本原理是：当激光照射到跟随流体一起运动的微粒上时，激光被运动着的微粒所散射，散射光的频率和入射光的频率相比较就会产生一个与微粒速度成正比的频率偏移。如果把这个散射光的频率偏移测量出来，就可以得到微粒的速度。因为微粒速度与流体速度相同，即可得到流体速度。

激光测速仪器的光学系统有许多种，下面介绍一种信噪比比较好的双光束激光系统。

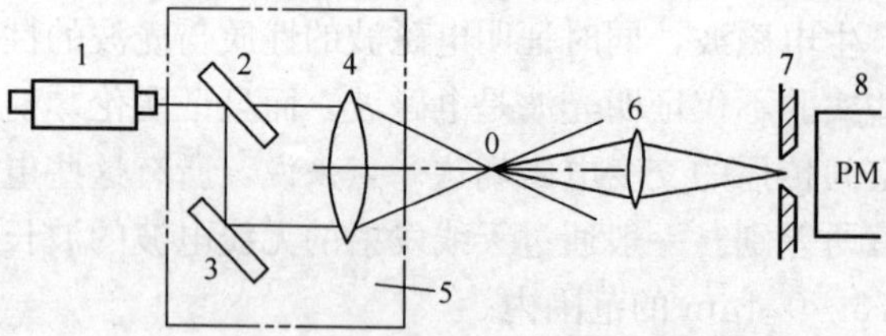

图 7-11　双光束激光系统原理

1—氦氖激光器；2—半反介质膜镜；3—全反介质膜镜；4、6—聚焦透镜；5—分光器；7—光阑；8—光电倍增管；0—测量点

图 7-11 是双光束激光系统的原理图。激光射向半反介质膜镜 2 时，一部分光透过去，而另一部分经全反介质膜镜 3 反射。这样就把单光束变为双光束。双光束激光经过聚焦透镜 4，交于测量点 0。由于激光的特性这是两支频率相同、振动方向相同、周期相同（或周相差恒定）的波的叠加。因而产生某些地方振动加强和某些地

方振动减弱的现象，即干涉条纹（图 7-12）。

图 7-12 是光束交叉点（测量点）产生明暗相间隔的干涉条纹的情况，干涉条纹与两条光束交叉角平分线平行。颗粒在此干涉条纹区经过时，当通过亮区的时候，散射光加强；通过暗区的时候，散射光减弱。设 W_n 是颗粒速度 W 在干涉条纹垂直方向的分量，D_F 为条纹间距。

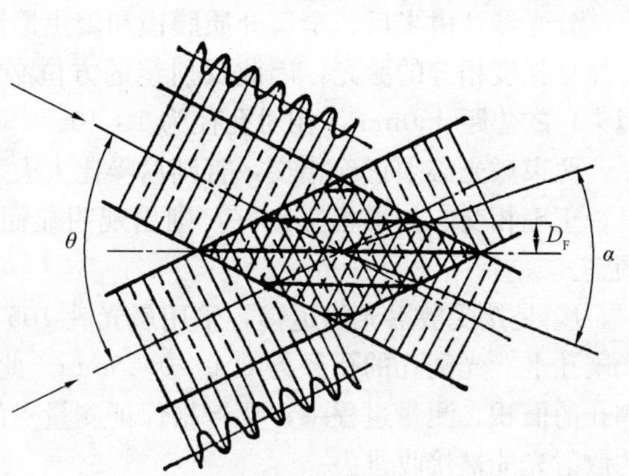

图 7-12 干涉条纹

θ—入射光交叉角；α—受光角

这样，散射光的强度在单位时间内的变化频率

$$f_D = \frac{W_n}{D_F} \tag{7-13}$$

如果光束交叉角为 θ，波长为 λ，则根据物理光学双缝干涉可知，干涉条纹间距

$$D_F = \frac{\lambda}{2\sin\theta/2} \tag{7-14}$$

根据式（7-13）及式（7-14）可得

$$W_n = f_D D_F = \frac{f_D \lambda}{2\sin\theta/2} \tag{7-15}$$

λ 与 θ 是常数，所以 f_D 与 W_n 成正比，并且测得 f_D 后，即可算出 W_n。图 7-13 中的光电倍增管 5 与频率跟踪器 6 就是用来测量 f_D 的。

（二）测量系统

（1）双光束激光流速仪的光学系统

以下用国内研制的激光流速仪来介绍双光束激光流速仪的光学系统，图 7-13 是仪器的原理图。

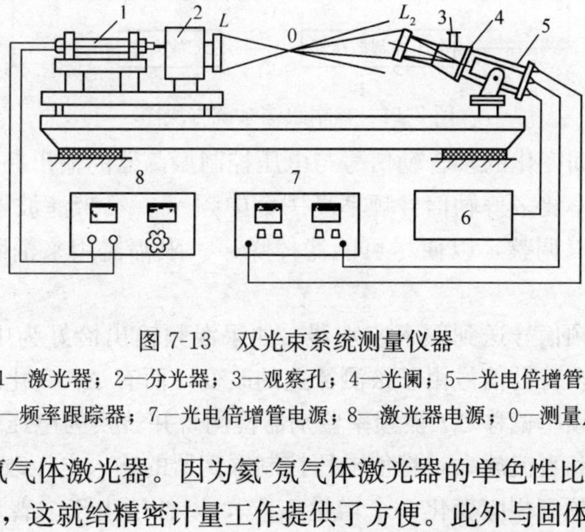

图 7-13 双光束系统测量仪器

1—激光器；2—分光器；3—观察孔；4—光阑；5—光电倍增管；6—频率跟踪器；7—光电倍增管电源；8—激光器电源；0—测量点

激光器 1 是氦-氖气体激光器。因为氦-氖气体激光器的单色性比其他激光器好，而且能长时间稳定地工作，这就给精密计量工作提供了方便。此外与固体激光器相比，气体激光器结构简单，造价低廉，操作也较方便。采用氦-氖气体激光器的功率约为 5mW。

分光器 2 由半反、全反介质膜镜和聚焦透镜组成。它的任务是将一束激光变为两束相交并且强度相等的激光，因此反射镜的方位必须能调整。聚焦透镜 L_1（采用晨光牌制版镜头）的焦距 450mm，相对孔径为 1∶10。

两束激光必须正确相交，否则信噪比大大下降。为此在观察孔 3 处用显微物镜来检查是否正确相交。如果相交良好，则出现明显而又清晰的干涉条纹，否则需要进行必要的调整。

L_2 是接受散射光的透镜，采用晨光牌 105 放大机镜头。L_2 把测量点（体积）成像于光阑孔上。光阑孔的孔径为 0.1～0.25mm。此成像系统的设计必须使测量点的像大于光阑孔的面积。测量过程中，要严格保证测量点的像永远位于光阑孔上。这样才能保证微粒的散射光能被接收进去。

光阑孔后是接收散射光的光电倍增管 5，型号是 GDB-23，光谱响应范围为 300～850nm。使用时，在光阴极板上加以负高压，并用分压器给各倍增极提供合适的电压。阴极的负高压需用稳定性较高的电源供给。由于光电倍增管的工作电流很小，因此可用高压电池串联供电，总电压以 600～700V 为宜。为了避免外界磁场的干扰，在光电倍增管外加了金属外壳的屏蔽。

为了保证测量点体积内干涉条纹清晰与稳定，并使测量点严格成像于光阑孔上，所以要求把整个光学系统置于一个刚性较好的防振台上，以隔绝外界振动的干扰。如果防振不好，会使干涉条纹不清晰。

当光学系统按以上要求反复调整后，就可以得到高质量的多普勒信号。最后由频率自动跟踪器从光电倍增管输出的信号中测出它的频率值 f_D。

（2）频率跟踪器（多普勒信号处理装置）

多普勒信号经过前置放大后，输入到频率跟踪器进行处理。频率跟踪器的任务是滤去与多普勒信号无关的信号，并且把频率信号转换成电压。图 7-14 是频率跟踪系统的方块图。

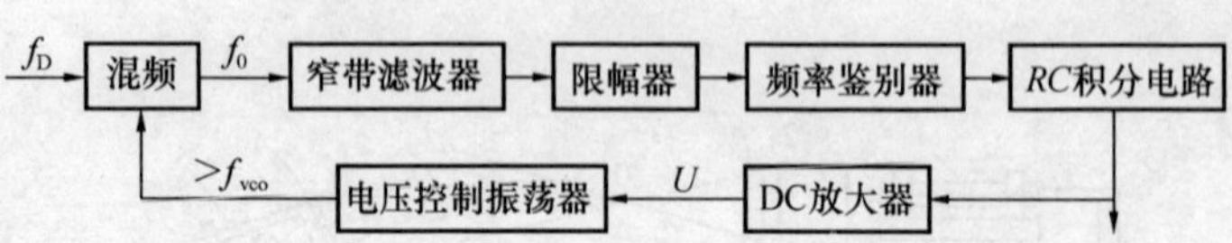

图 7-14　频率跟踪系统方块图

在混频中，随时间变化的多普勒信号与电压控制振荡器的输出频率信号相混合。电压控制振荡器的输出频率比多普勒信号频率高一个中频 f_0。窄带滤波器调谐在 f_0。其通过频率可以根据需要加以调整，以便尽可能滤掉噪声。限幅器用来消除多普勒信号的振幅脉动。

经过限幅器的中频信号送到频率鉴别器。如果混频输出恰好为中频频率 f_0，则频率鉴别器输出为零。当多普勒信号由于被测流速的改变，而有 Δf 变化时，混频级的输出将偏离中频频率，这个频率偏移 Δf 被频率鉴别器检测，并转换为电压信号 U。这个电压增量经过积分电路滤波和直流放大，将使电压控制振荡器的输入电压改变为 U。随之，使电压控制振荡器的输出频率相应变化一个增量 Δf_{vco}，以补偿由于多普勒信号引起的频率偏移，使系统重新靠近中频频率，而再次稳定下来。电压 U 反映了多普勒频率的瞬时变化值，而作为系统的模拟量输出。表 7-2 列出了频率 f_D 与模拟电压 U 的关系。

根据测量得到的 U 值，查表 7-2 可求出 f_D，然后根据式（7-15）可算出速度 W_n。

f_D 和 U 的关系 **表 7-2**

U（V） \ f_D	2.25～15kHz (kHz)	7.5～50kHz (kHz)	75～500kHz (kHz)	2.25～15MHz (MHz)
1.5	2.25	7.5	75	2.25
2.0	3.00	10.0	100	3.00
2.5	3.75	12.5	125	3.75
3.0	4.50	15.0	150	4.50
3.5	5.25	17.5	175	5.25
4.0	6.00	20.0	200	6.00
4.5	6.75	22.5	225	6.75
5.0	7.50	25.0	250	7.50
5.5	8.25	27.5	275	8.25
6.0	9.00	30.0	300	9.00
6.5	9.75	32.5	325	9.75
7.0	10.50	35.0	350	10.50
7.5	11.25	37.5	375	11.25
8.0	12.00	40.0	400	12.00
8.5	12.75	42.5	425	12.75
9.0	13.50	45.0	450	13.50
9.5	14.25	47.5	475	14.25
10.0	15.00	50.0	500	15.00

（三）激光测速的优缺点

（1）优点

①因为是用一个光点（光斑）射入气流之中，所以不会干扰气流组织，测得数据比较切合实际情况。

②能迅速测出瞬时流速，惰性小，能随时反映气流速度变化，具有很高的时间分辨率。

③可用聚焦方法使测量点的几何尺寸缩得比较小，故其空间分辨能力很高。

④激光测速属于绝对测量，故不需要任何校正。

（2）缺点

①需要在气流中加入一定数量的颗粒。颗粒的直径与密度要适当，使其能跟随流体运动，并且与气流速度相等。

②测高速时，需要提高激光输出功率。由于信号频率高，使信号处理困难。

③需要使光点（光斑）射入气流之中，所以要求有透光条件，例如测管道内流速时，需要有一段透光管。

④设备比较复杂、庞大，价格也比较昂贵。

（四）近代激光流速仪

丹麦开发的激光多普勒测速仪系统可对液体流动或气体流动中的一到三维速度场进行实时测量。它可以对以超音速、几乎静止不动或环流湍流中作反向流动的特性进行测量（图 7-15）。

近代激光流速仪的特点有：

（1）可迅速安装和进行设置；

（2）无接触实时测量；

（3）一维到三维速度测量；

（4）信号处理技术可保证在噪声比较强的情况下，如燃烧方面的研究、发动机内流的测量、旋转机械和大型风洞及水洞（包括水下）中的流动进行精确测量；

（5）回流及边界层内的流动测量；

（6）可在粒子浓度很高的情况下，如燃油喷嘴、雾化及喷射流动等方面进行测量；

（7）可自动进行测量过程监测。

近代激光流速仪可用于以下领域：

（1）喷射特性的研究；

（2）喷嘴的研究；

（3）燃烧系统的研究；

（4）燃油喷射器的研究；

（5）气泡的动态特性研究；

（6）旋转流体机械或周期性流动研究；

（7）水洞内包括水下的流动特性研究；

（8）粒子输运方面的研究；

（9）一至三维速度场的测量；

（10）湍流的研究；

（11）边界层的研究；

（12）空穴流的研究；

（13）超音速流动特性的研究；

（14）风洞内的流动特性研究。

二、激光测速与直接摄影测量系

因为激光流速仪已经有定型的仪器，用它来代替颗粒示踪法求气流速度，不但能保持一定的精度，而且操作与计算都比较方便。下面就介绍一种激光测速与直接摄影测火焰锥顶半角的方法测量火焰传播速度[4]。

（一）测量装置

图 7-15 是激光测火焰传播速度系统的示意图。系统中采用氦-氖激光器 1。发出的激光经过分光器 2 后，变成两束激光并相交于火焰前沿面的预测气流速度处，形成明暗相间的干涉条纹。当气流中的固体颗粒经过干涉条纹区后，产生多普勒信号。此信号经过光电倍增管 4 并送入窄带滤波器 5，最后由频率跟踪器 6 测出频率 f_D。示波器 7 主要在各装置调整时使用。它在滤波器 5 的前面可以测得光电倍增管输出的交流信号及直流信号，其中交流为多普勒信号，直流信号是无关的信号。示波器在滤波器后面则可测得经过滤波后的多普勒信号，这时应该只有交流信号，并且已经滤去了以外的各个频率。用示波器直接测得准确的信号频率是比较困难的，但是用它能够很快地知道频率的概况有利于装置的调整。

测得频率 f_D 后，即可用式（7-15）直接算出气流速度。

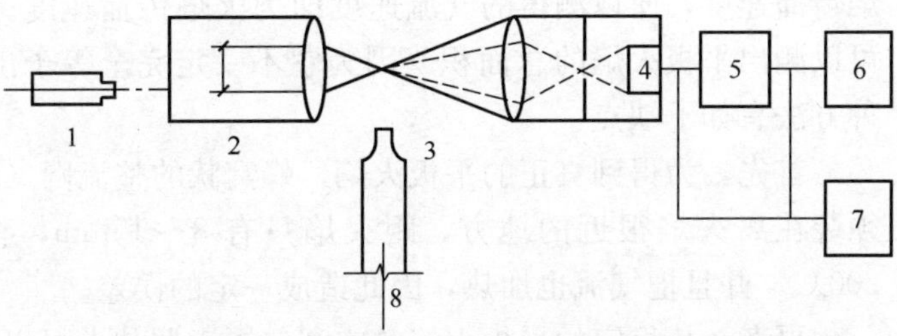

图 7-15 激光测火焰传播速度系统图

1—氦-氖激光器；2—分光器；3—燃烧喷管；4—光电倍增管；
5—窄带滤波器；6—频率跟踪器；7—示波器；8—燃气-空气气流

（二）气流系统

燃气和空气通过各自的管道在一定压力下互相混合，最后通过燃烧喷管 3 流出。由于激光测速的要求，需要在气流中加入一定量的固体颗粒。根据国外有关资料介绍[3]，可以采用二氧化钛作为固体颗粒，直径控制在 1μm 左右时。采用这种固体颗粒的原因主要是：二氧化钛没有毒性；不会升华并且直径在 1μm 左右时，它可以随气流一起流动，并且与气流速度相等。但是，由于有颗粒存在，穿过火焰时，多少会吸收一些热量，所以能使火焰传播速度稍有下降。为此应尽量少加颗粒。向气流中添加颗粒可参考文献[4]。

（三）直接影响测火焰顶夹角

在燃烧喷管的出口处，采取渐缩措施，从而得到了均匀出口气流速度场。因此可以用直接摄影法拍摄得到火焰照片，再利用光学测角器或者带测角目镜的显微镜即可量出火焰锥顶的夹角 2θ。

（四）数据整理

采用激光流速仪测得气流速度 W（cm/s），再用直接摄影法求得火焰锥顶半角 θ（度），最后用公式 $S_n = W\sin\theta$ 算出火焰传播速度 S_n（cm/s）。同样，改变燃气与空气的比例后，可以得到不同比例下的火焰传播速度。

激光流速仪的精度不低于颗粒示踪法，并且测量方法简单。在具有激光流速仪的条件下，利用以上方法测量火焰传播速度还是比较可靠的。

第五节 其他测量方法

除上述方法外，在适当的条件下，还可用其他方法求得火焰传播速度。

一、平板火焰法

对于本生火焰来说，气流流速越小，火焰锥的高度也就越低。当气流速度场非常均匀，而且正好等于火焰传播速度时，就可以得到一个平板形的火焰也就是说，火焰锥的高度等于零。图 7-16 就是这种平板火焰烧嘴。

烧嘴直径为 60mm，可燃混合气体自 1 送入烧嘴，经过两个蜂窝状的整流网 3，使气流速度场均匀。氮气自 2 引入烧嘴，使火焰周围由惰性气体包围，不受外界影响。

可燃混合气体在出口被点燃后，火焰呈平板状。因为气流速度在此条件下非常接近火

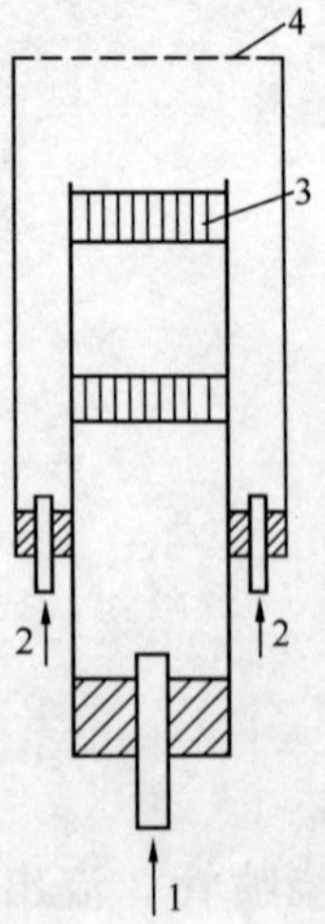

图 7-16　平板火焰烧嘴
1—可燃混合气体入口；2—氮气入口；3—整流网；4—金属网

焰传播速度，所以测得的气流速度即为火焰传播速度。为了提高精度，可以测出平板火焰的总面积（因为它不一定完全等于出口截面积）。这种方法有如下缺点：

首先，为得到真正的平板火焰，蜂窝状的整流网（图 7-16 中 3）必须装在离火焰很近的地方，距火焰只有 8～15mm，整流网可以达到 200℃，并且把气流也加热，因此造成一定的误差。

再者，从稳定的平板火焰的施利尔摄影照片上可以看出，烧嘴的出口处流线有轻微的偏斜，如不加以校正，也会引起误差。

最后这种方法只适于测量 5～9cm/s 范围内的火焰传播速度，可用来测量和研究接近着火浓度极限的可燃混合物的火焰传播速度。如果欲用此法测量较高的火焰传播速度，还需要再加一个多孔板来稳定火焰。这会使测试条件复杂化，并引入一系列误差。

二、根据成分计算法

在没有条件直接测量燃气的火焰传播速度时，也可以通过燃气成分分析，先测出燃气中各成分的体积分数 x_i，然后根据各单一成分的火焰传播速度 S_n（表 7-3），再利用下式算出混合燃气的火焰传播速度

$$S_n=\frac{\sum S_{n,i}\alpha_i V_{0,i}x_i}{\sum \alpha_i V_{0,i}x_i}\times[1-F\times(K_1+K_1^2+2.5\times K_2)] \quad (7\text{-}16)$$

$$F=\frac{\sum x_i}{\sum \frac{x_i}{f_i}}$$

$$K_1=\frac{x_{N_2}-3.76\times x_{O_2}}{100-4.76\times x_{O_2}}$$

$$K_2=\frac{x_{CO_2}}{100-4.76\times x_{O_2}}$$

式中　S_n——混合燃气的火焰传播速度（cm/s）；

$S_{n,i}$——i 可燃成分的火焰传播速度（表 7-3）（cm/s）；

$V_{0,i}$——i 可燃成分的理论空气需要量（表 7-3）（m^3/m^3）；

α_i——i 可燃成分的最适合燃烧反应的空气系数（表 7-3）；

x_i——i 可燃成分或非可燃成分的体积分数（%）；

F——可燃成分受惰性气体影响的系数；

K_1——N_2 与 O_2 的综合影响系数；

K_2——CO_2 与 O_2 的综合影响系数；

f_i——i 可燃成分受惰性气体影响的系数（表 7-3）。

火焰传播速度计算用参数　　**表 7-3**

成　分	H_2	CO	CH_4	C_2H_4	C_2H_6	C_3H_6	C_3H_8	C_4H_{10}
S_n（cm/s）	280	100	38	67	43	50	42	38
α	0.50	0.40	1.10	0.85	1.15	1.10	1.13	1.15
V_0（m^3/m^3）	2.38	2.38	9.52	14.28	16.66	21.42	23.80	30.94
f	0.75	1.00	0.50	0.25	0.22	0.22	0.22	0.18

注：表中数据源于日本东京瓦斯综合研究所的研究报告。其中 CO 的 $S_{n,i}$，值考虑了水蒸气的影响。

使用式（7-16）时，应满足下列要求：CO 的成分小于 20%（对可燃成分总和而言）；N_2 与 CO_2 成分之和小于 50%（扣除燃气中 O_2 所对应的空气）。

参考文献

［1］ 金志刚．预混空气燃烧方法特征之-预混空气燃烧火焰结构．［J］．家用燃气具，2003（3）：43-47.

［2］ Lewis & Von Elbe. Combustion，Flame &. Explosion of Gas［M］. Mew York：Academic Press，1961.

［3］ D. H. France. Laminar burning velocity measurement using a Laser-Doppler anemometer，Journal of the institute of Fuel. 1976，（No6）.

［4］ 金志刚等．用激光多普勒流速仪燃烧速度研究［J］．天津大学学报，1981，No2.

［5］ 同济大学等．燃气燃烧及应用［M］．北京：中国建筑工业出版社，2000.

［6］ A. G. Gaydon，H. G. Wolfard. Flame their Structure，Radiation and Temperature（Fourth Edition）［M］. London：Chapman and Hall. 1979.

第八章　城镇燃气互换性、分类及配气

城镇燃气分类和燃具的燃烧稳定性、适应性及燃气互换性有密切关系，正确地执行燃气分类标准，对燃气应用、生产以及输配都能产生较好的经济效益与社会效益。根据分类要求提出的配气技术也是燃具检测单位与生产单位非常重视的问题。

第一节　概　述

一、燃气互换性和分类的技术背景

在设计燃具时，应依据城市供应的主要燃气（基准气）为基础，因此当供应基准气时，燃具处于最佳工作状态。但是一个城市的燃气负荷变化很大，不可能保证每时每刻燃气成分不变，也就是说在高峰负荷时，城市需要启动辅助气源补充基准气源，因此供气成分就会有所改变，称之为置换气。为了保证全市的燃具工况不恶化，要求城市供给燃气成分的变化必须控制在一定的范围内。燃气分类目的在于将具有相同性质的燃气归拢在一起，使基准气规范化，并要求燃具规范化，提高城市燃气互换性能，充分发挥燃气的社会效益和经济效益。这就是研究互换性和燃气分类的技术背景。

二、燃具工况的稳定性

（一）燃具工况在 α -q_p 坐标上的稳定范围

城市燃具绝大多数为城市居民及公用事业的炊事、热水、采暖等。在这些燃具中大都采用引射式大气燃烧器。它们正常稳定工况的条件为：不发生黄焰；不回火；不离焰；不析炭；烟气中 CO 含量不超标等。为了使燃具稳定工作，需要限制其工作参数，主要是控制一次空气系数与热负荷。当燃具的结构已定时，燃具的热负荷等于火孔总面积 F_p（mm^2）与火孔热强度 q_p ［$kJ/(mm^2 \cdot h)$］的乘积，F_p 值固定，故火孔热强度可代表热负荷。图 8-1 为在火孔热强度与一次空气系数的坐标上某种燃具的稳定曲线。由图可知：O 点为设计工作点。当燃气成分固定后，黄焰、回火、离焰及 CO 超标各条曲线，可以根据已有的燃具实测求得。很明显，在此四条线的中间面积 A 是该燃具的稳定工作范围（稳定工作域）；也就是说，火孔热强度 q_p 应限制在 q_1～q_2 之间；一次空气系数 α 限制在 α_1～α_2 之间。

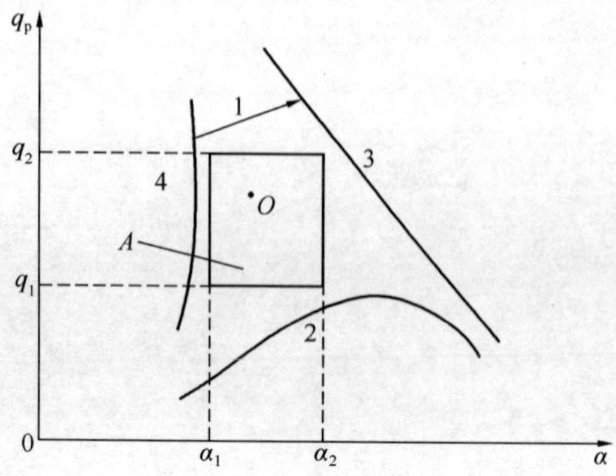

图 8-1　大气式燃具稳定工作曲线图
1—CO 超标曲线；2—回火临界曲线；
3—离焰临界曲线；4—黄焰临界曲线；
A—燃具稳定工作域

（二）燃气成分改变后燃具工作点的漂移

（1）当基准气中 CH_4 成分逐步增加时

燃烧基准气时，工作点在 O 点。当基准气中 CH_4 成分增加，会使火焰长度增加，CO 超标线 1 下移。由于 CH_4 的热值高，故 CH_4 成分增加使燃气的 q_p 增大，α 减少，工作点 O 向左上方漂移。当 CH_4 增加到某种程度时，与 CO 超标线相交于一点 a，使燃具烟气中 CO 含量超标，发生不完全的燃烧状态，说明 CH_4 增加到燃具稳定工作域的极限，见图 8-2（a）。

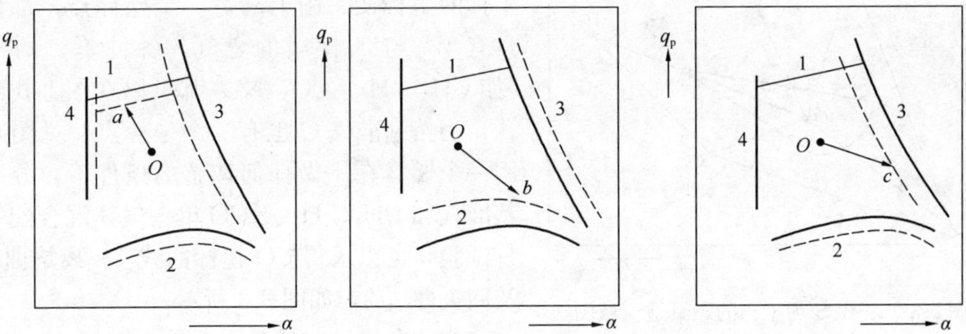

（a）　（b）　（c）

图 8-2　燃气成分改变后燃具工作点的漂移

（2）当基准气中 CO 成分逐步增加时

当基准气中 CO 成分增加时，由于 CO 的燃烧速度比较快，故使回火极限曲线 2 上移，由于 CO 的热值很低，故 CO 增加使 q 下降，工作点 O 向右下方漂移。当 CO 增加到某种程度时，会与回火线相交于一点 b，使燃具发生回火，不能稳定燃烧，说明 CO 增加到燃具稳定工作域的极限，见图 8-2（b）。

（3）当基准气中 N_2 成分逐步增加时

由于 N_2 的热值与燃烧速度均为 0。当基准气中 N_2 成分增加时，其离焰曲线 3 必然下移，而工作点会因热值减少而向右下方漂移，当 N_2 成分增加到某种程度时。会与离焰曲线交于一点 c，燃具发生离焰，说明 N_2 增加到燃具稳定工作域的极限，见图 8-2（c）。

（4）利用 q_p-α 图不便之处

根据以上在 q_p-α 图上分析燃具工况对成分变化的适应范围，在概念上很清楚，但是比较麻烦，不能同时看出燃具正常工作允许的燃气变化范围。为解决这问题，各国研究人员在 20 世纪中后期对衡量互换性的方法进行了大量的研究。

第二节　燃具适应性与燃气互换性

一、燃具的适应性和适应域

（1）燃具适应性

当燃气性质（成分）发生变化时，燃具工作状态必然改变。如果燃气成分变化在某一界限范围内，它仍能保持正常工作。这就是燃具对燃气成分变化的适应能力，称其为燃具的适应性。所谓正常工作即“当燃气性质有某些改变时燃具不加任何调整，其热负荷、一次空气系数和火焰特性的改变必须不超过某一极限，以保证燃具仍能保持令人满意的工作状态”[1]。

（2）燃具适应域[2]：每个燃具都有一定的适应能力。量化这个适应能力，可以用燃具适应燃气成分变化的范围来表示。适应燃气成分变化的范围称其为燃具适应域。适应域的范围越宽，表示燃具的适应能力越强[3]。

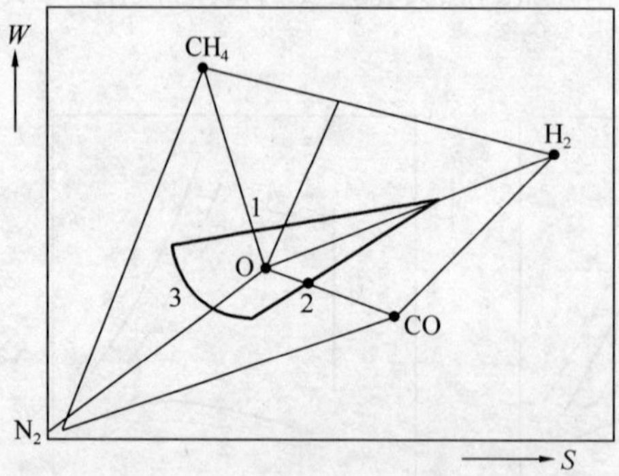

图 8-3　以 *W-S* 为坐标的燃具适应域图

为了更具体的显示燃具适应域，最初是取华白数 W 为纵坐标，燃气火焰传播速度 S 为横坐标的坐标图。图上的每一个坐标点，都代表具有 W_i 与 S_i 性质的燃气。各种单一的气体（如 CH_4、H_2、CO、N_2）都可以在图上找到位置，当然基准气 O 也有一个坐标点，见图 8-3。用一个燃具在不做任何调整的条件下，分别用基准气和 CH_4、H_2 及 CO 单一气体混合配气进行试验，可以求得 CO 超标曲线 1、离焰曲线 3 及回火曲线 2，如图 8-3 所示。

（3）曲线围成的范围就是该燃具的适应域。燃具的适应域是代表燃具性能的重要指标。严格地说燃具正常工作还包括无黄焰、不积炭等要求，需要用相应的指标来验证。但是一般来说，对于大气式燃具，只要 CO 过关，就很少产生黄焰和积炭的现象。不过天然气需要关注积炭。液化石油气要注意黄焰现象。特别要指出的是各种燃具结构不一样，适应域也有所不同。

二、城市燃气互换性与互换域

（1）城市燃气互换性

当置换气代替基准气时，如果城市内的各种燃具不加任何调整而能保证正常工作，则表示置换气对基准气而言有互换性。所谓正常工作条件基本内容与上述相同，当置换气是暂时性的，可适当降低正常工作的要求，称为非正常工作界限。

（2）城市燃气互换域

一个城市有多种不同用途的燃具。每种燃具都有自己的燃具适应域。将这些适应域，集中在一个坐标图上（图 8-4），就可以得到中间斜线的燃气互换域。城市供应的燃气必须在这些燃具的适应域的范围内。可见燃气互换域是受燃具适应域制约的。其实互换性和适应性的目的都是保证燃具正常工作，是一个事物的两个方面。互换性是对城市燃气说的；适应性是对燃具说的。

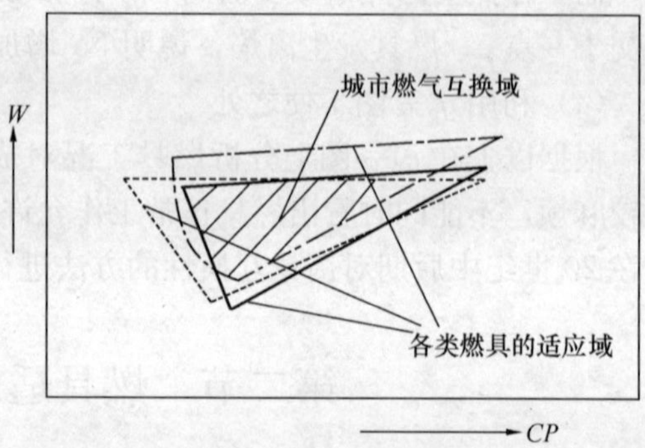

图 8-4　燃具的适应域与城市燃气互换域的关系

（3）传统互换性规定的燃具范围

一个城镇使用的燃具不止一种，应该规定几种有代表性的燃具，根据这些燃具的适应域，确定燃气互换域。传统确定互换域的做法，是只考虑大气式燃烧的民用燃具。因为工厂企业有技术力量，可以采取措施解决其他类型燃具的适应性问题。例如法国的互换域，就是用 9 个热水器、9 个灶具、8 个采暖器和一个洗涤器进行试验得到的[3]。这些燃具均采用大气式燃烧器。

每个国家使用的燃具是不一样的；每个国家，甚至每个城市都应有自己的燃气互换域。

当城市燃气种类增加时，单纯用 W-S 坐标难以做出 CO 超标曲线。在客观上提出改换坐标的要求。

三、燃具适应域和燃气互换域的关系[4]

燃具适应域和燃气互换域之间有密切的不可分割的关系：

（1）燃气互换域是根据燃具适应域决定的，互换域中的燃气应可以满足供气范围中各种燃具要求。任何一种燃具的适应域必须覆盖城市燃气互换域，否则燃具就不能进入该燃气互换域的市场。

（2）燃气供应单位应掌握本地区的燃气互换域。拒绝使用不符合互换性要求的燃具。应该用互换域的边界检验燃具，合格后才允许其进入市场。

（3）在设计与调试燃具时，生产厂家有很多技术措施拓宽燃具的适应域。适应域宽的燃具不仅可以扩大销路，还有利于城市供气的调节。

（4）假设一个小城镇（或某区）使用单一的燃气源和单一类型的燃具，这样就有可能使燃气互换性和燃具适应性变成一个问题。

（5）生产燃具的性能标准化（适应域标准化），有利于确定燃气互换域，两者配合好，将使整个燃气系统获得很大的经济效益与社会效益。

一个城市一旦确定主气源后，燃具的适应性应该符合主气源的要求。另一方面，一个城市一旦选定了燃具后，供应的燃气对于现有的典型燃具应具有互换性。生产厂家在设计与调试的基础上可以拓宽燃具的适应域，从而加宽燃气互换性的范围。

四、衡量燃气互换性的方法

（一）德尔布图解法

法国博士德尔布认为应以校正华白数 W' 为纵坐标，燃烧势 CP 为横坐标才能得到光滑的 CO 超标曲线。德尔布及其同事做了大量试验，经过整理后得到了 W' 和 CP 的计算公式。

（1）校正华白数 W'

已知燃具的热负荷可以由下式计算：

$$Q = 0.25 \times n\pi d^2 v H_s \tag{8-1}$$

式中 Q——燃具的热负荷（kW）；

n——燃具的燃气喷嘴数；

d——燃气喷嘴直径（m）；

v——燃气从喷嘴流出的速度（m/s）；

H_s——燃气的高位热值（kJ/m^3）。

由流体力学可知，燃气从喷嘴流出的速度与燃气流过的速度和喷嘴前后的压差有关，燃气流出的速度可用下式计算：

$$v = \sqrt{\frac{2\Delta p}{\rho_g}} \tag{8-2}$$

式中 v——气流速度（m/s）；

Δp——燃气从喷嘴流出前后的压差（Pa）；

ρ_g——燃气的密度（kg/m³）。

将式（8-2）代入式（8-1）得：

$$Q = 0.25 \times n\pi d^2 \sqrt{\frac{2\Delta p}{\rho_g}} H_s = 0.25 \times n\pi d^2 \sqrt{\frac{2\Delta p}{\rho_a}} \times \frac{H_s}{\sqrt{\rho_g / \rho_a}}$$

式中　ρ_g——燃气密度（kg/m³）；

ρ_a——空气密度（kg/m³）。

意大利人华白（Wobbe）提出将$\frac{H_s}{\sqrt{\rho_g/\rho_a}}$作为一个特征数，则得到

$$W = \frac{H_s}{\sqrt{\rho_g / \rho_a}} = \frac{H_s}{\sqrt{d_g}} \tag{8-3}$$

式中　W——华白数（kJ/m³）；

d_g——燃气相对密度（空气相对密度为1）。

则热负荷可用下式计算：

$$Q = 0.25 \times n\pi d^2 \sqrt{\frac{2\Delta p}{\rho_a}} \times W \tag{8-4}$$

由式（8-3）可知，华白数是取决于燃气性质的参数。由式（8-4）可知，对于一台燃具而言，喷嘴数、喷嘴直径、空气的密度以及喷嘴前后压差保持不变，如果需要更换燃气时，只要燃气的华白数不变，燃具的热负荷就能保持不变。

当置换气与基准气的成分相差不太大时，用W值可满足要求。当相差很多时，要考虑燃气成分变化引起气流黏度改变的影响，同时还要考虑到燃气中含氧气过高时的影响。另外，燃具的喷嘴形状并非锐孔会对华白数产生影响。由于考虑黏度非常麻烦，故法国德尔布提出用系数校正。同时由于实际燃气组分的变化，燃气性质会发生改变。考虑到燃气中的各个气体成分，对式（8-3）进行修正，得到校正华白数W'：

$$W' = KW = K_1 K_2 \frac{H_s}{\sqrt{d_g}} \tag{8-5}$$

式中　K_1——考虑燃气中H_2、C_mH_n（CH_4除外）及CO_2体积分数影响的修正系数（图8-5）；

K_2——考虑燃气中O_2成分体积分数影响的修正系数（图8-6）。

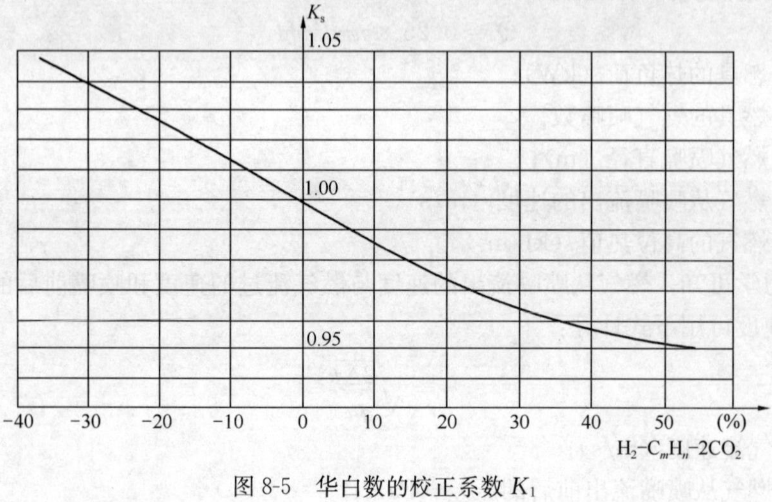

图8-5　华白数的校正系数K_1

对于天然气，由于天然气中 O_2、CO 与 CO_2 的含量很少，干天然气中 C_mH_n 的含量也很低，一般可认为 $K_1 \approx K_2 \approx 1$。

（2）燃烧势

燃烧势 CP（Combustion Potential）是法国德尔布提出的。开始时是以华白数为纵坐标，燃气火焰传播速度为横坐标的坐标图，经过试验在此坐标图上点出回火、离焰和 CO/CO_2 超标曲线（简称 CO 曲线）。因为燃气火焰传播速度对互换域中的离焰、回火曲线有密切的关系，但对燃具的 CO 曲线影响相对较小。CO 曲线除受华白数影响外，火焰高度对其影响很大。火焰高度受燃气火焰传播速度与孔口气流流速影响，气流速度受气流密度制约，即火焰高度 $h=\varphi$（燃气火焰传播速度 S_n，相对密度 d 等）[3]。当气源发展到使用油制气后，以火焰传播速度为横坐标的坐标图上得不到光滑的 CO 曲线。这是由于火焰传播速度不能全面反映 CO 曲线的结果。为此需要一个能反映离焰、回火及 CO 曲线的参数（或指数）来代替火焰传播速度 S_n。于是整理出燃烧势 CP 的计算式：

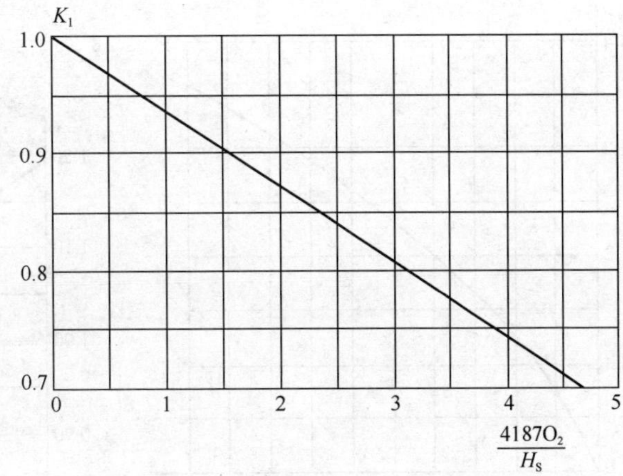

图 8-6　华白数的校正系数 K_2

O_2—燃气中 O_2 体积含量，%；H_S—燃气高热值，kJ/m³

$$CP = u\frac{H_2 + 0.3CH_4 + 0.6CO + v\sum eC_mH_n}{\sqrt{d}} \tag{8-6}$$

式中　C_mH_n——甲烷以外碳氢化合物的体积分数（%）；

e、u、v——校正系数（见表 8-1 及图 8-7～图 8-10）；

d——燃气相对密度；

H_2、CH_4、CO——燃气中的各相应组分的体积百分数，%。

单一燃气的燃烧势计算系数 e　　**表 8-1**

气体名称	一氧化碳	氢	甲烷	乙烷	丙烷	丁烷	乙炔	乙烯	丙烯	丁烯	苯
分子式	CO	H_2	CH_4	C_2H_6	C_3H_8	C_4H_{10}	C_2H_2	C_2H_4	C_3H_6	C_4H_8	C_6H_6
e	—	—	—	0.95	0.95	1.10	3	1.75	1.25	1.50	0.90

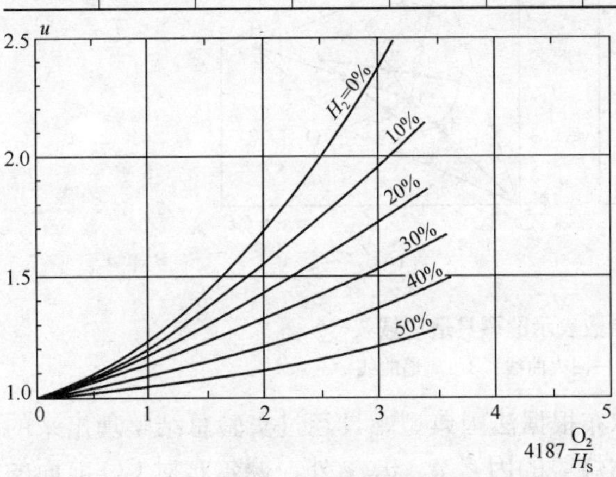

图 8-7　第一族燃气燃烧势修正系数 u

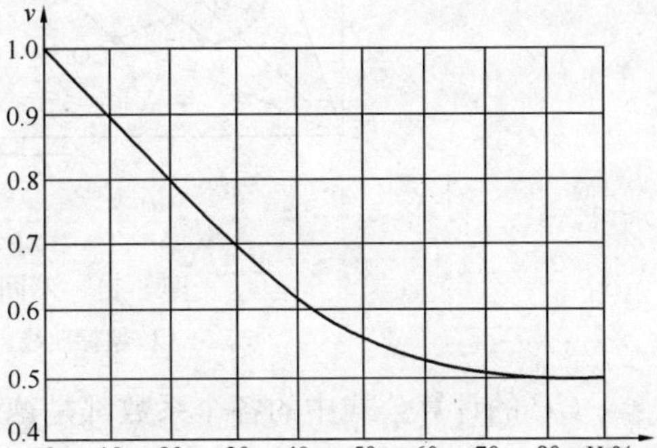

图 8-8　第一族燃气燃烧势修正系数 v

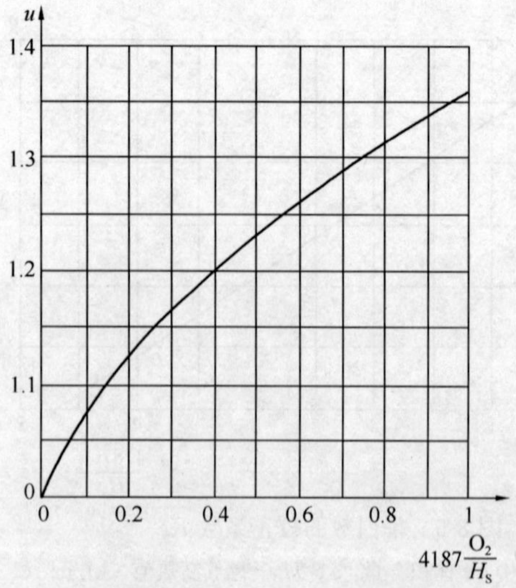

图 8-9　第二族燃气燃烧势修正系数 u

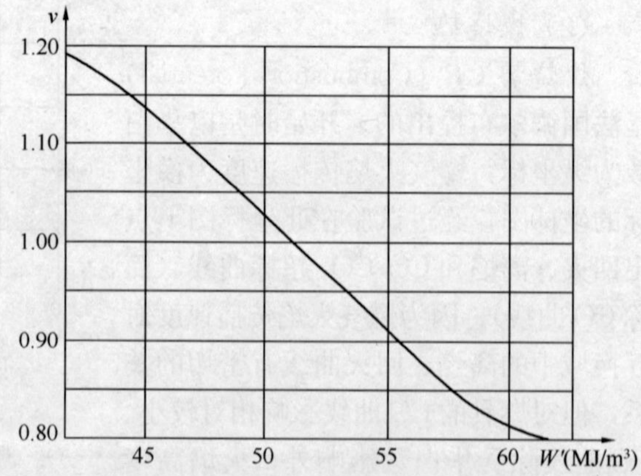

图 8-10　第二族燃气燃烧势修正系数 v

对于人工燃气，u 值是考虑 H_2 的燃烧特征决定的。一般可燃成分的一次空气系数越大，燃烧速度越快，只有在一次空气系数达到 1 时达到最大，以后才逐渐变小。但是，只有 H_2，当一次空气系数接近 0.6 时，燃烧速度达到最大，当一次空气系数大于 0.6 时，燃烧速度逐渐变小。根据人工燃气中的 O_2 与 H_2 求得校正值 u。对于天然气，H_2 含量很少，可略去不计。v 值主要是考虑 H_2 的影响。

对于天然气或当天然气中混有其他气体时，H_2 含量很小，故只考虑其华白数 W 的影响。CP 值中的 u、v 值与人工燃气的 u、v 值有所区别，纯天然气主要成分为 CH_4，受 O_2 及其他成分影响较小，可令 $u=1$，$v=1$。

将 W' 代替 W，CP 代替 S 后，在 W'-CP 的图中，a 值落在曲线 1 上［见图 8-11 (b)］，说明燃烧势不仅反映了离焰、回火，同时还反映了 CO 曲线，这就是燃烧势的技术背景。

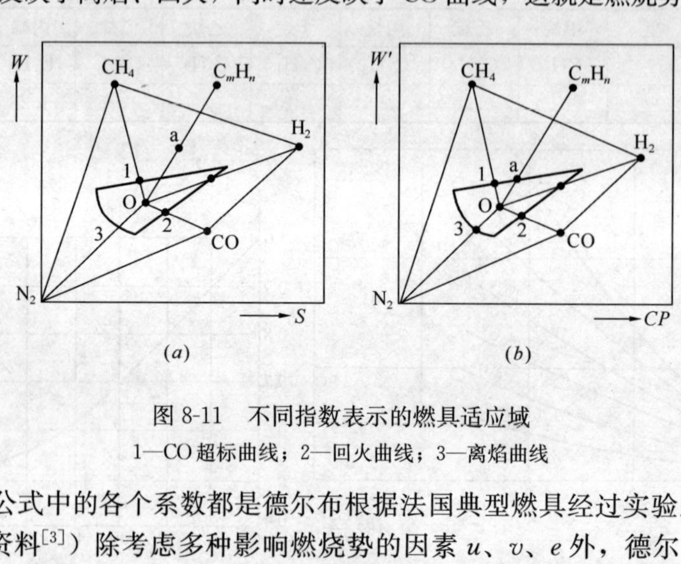

图 8-11　不同指数表示的燃具适应域

1—CO 超标曲线；2—回火曲线；3—离焰曲线

CP 的计算公式中的各个系数都是德尔布根据法国典型燃具经过实验总结整理出来的（具体做法参考资料[3]）除考虑多种影响燃烧势的因素 u、v、e 外，德尔布对 CO 前面的系数还有说明：当燃气中 CO 含量大于 30%时取 0.7；一般情况下取 0.6。

综上所述，燃烧势有以下几个特点：

①燃烧势 CP 是反映燃具燃烧状态的燃气特性参数。它既反映燃气火焰传播速度对离焰、回火的影响，同时还反映火焰高度对烟气中CO含量的影响。

②燃烧势是一个无量纲参数。

③燃烧势不仅与燃气的成分有关，还受燃具的结构影响。应该用我国使用的燃具来确定燃烧势公式中的各个系数。

具体在 W'-CP 坐标图上做燃具适应域的方法参见[2]。

图8-12是法国拉克气田的天然气互换图。图中表示了压力变化后对互换域的影响[5]。

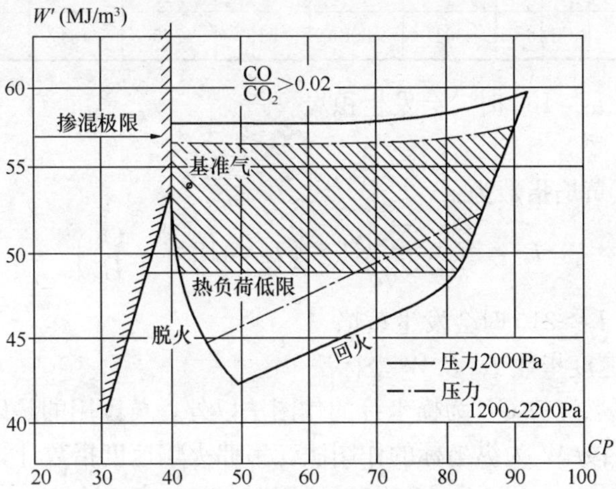

图8-12　法国天然气互换范围

（3）黄焰指数与积炭指数

W'-CP 坐标图上的互换域没有包括黄焰及积炭因素。为此应补充限制黄焰及积炭的指数。

1）人工燃气

黄焰指数：黄焰是燃气中 C_mH_n 裂解的现象，并受一次空气系数的影响。黄焰指数为：

$$I_y = K \times \frac{\sum a_i y_i}{\sqrt{d}} \times \left(1 - 314 \times \frac{O_2}{H_s}\right) \tag{8-7}$$

式中　I_y——黄焰指数；

a_i——燃气中 i 碳氢化合物的系数（CH_4 为1；C_2H_6 为2.85；C_3H_8 为4.8；C_4H_{10} 为6.8），见表8-2；

y_i——燃气中 i 碳氢化合物的体积分数（%）；

d——燃气相对密度；

O_2——燃气中 O_2 体积分数（%）。

根据试验结果，$I_y>85$ 时会发生黄焰[5]。

积炭指数：只对人工燃气的扩散火焰，当 $\alpha=0$ 时，火焰与加热体接触会产生游离碳。积炭指数为：

$$I_C = \frac{\sum b_i y_i}{\sqrt{d}} \tag{8-8}$$

式中　I_C——积炭指数；

b_i——燃气中 i 碳氢化合物的系数（CH_4 为 1；C_2H_6 为 2；C_3H_8 为 3.6；C_4H_{10} 为 4.7），见表 8-2。

单一燃气的系数 a_i，b_i，B_i　　表 8-2

气体名称	一氧化碳	氢	甲烷	乙烷	丙烷	丁烷	乙炔	乙烯	丙烯	丁烯	苯
分子式	CO	H_2	CH_4	C_2H_6	C_3H_8	C_4H_{10}	C_2H_2	C_2H_4	C_3H_6	C_4H_8	C_6H_6
a_i	0	0	1	2.85	4.80	6.80	2.40	2.65	4.80	6.80	20
b_i	—	—	1	2	3.60	4.70	1.20	2.80	6	7	16
B_i	61	339	148	301	398	513	776	454	674	—	920

根据试验结果，$I_C>160$ 时，会发生积炭[5]。

2）天然气

对于天然气，其黄焰指数为：

$$I_y = K\times\frac{\sum a_i y_i}{\sqrt{d}}\times\left(1-418.7\times\frac{O_2}{H_s}\right) \tag{8-9}$$

根据试验结果，$I_y>210$ 时会发生黄焰[5]。

（二）韦弗火焰速度指数 I_W 及 W 坐标法

除了德尔布的以燃烧势 CP 为横坐标的作图法以外，英国用的是以韦弗火焰速度指数 I_W 为横坐标，以华白数 W 为纵坐标的作图法。韦弗火焰速度指数计算式为[6]：

$$I_W = \frac{\sum B_i y_i}{V_0+5\times y_{inert}-18.8\times O_2+1} \tag{8-10}$$

式中　I_W——韦弗火焰速度指数，以氢气为 100 计；

B_i——燃气中 i 可燃组分的系数，见表 8-2。

y_i——燃气中 i 可燃组分的体积分数，$\sum y_i+y_{inert}+O_2=1$；

V_0——理论空气量（m^3/m^3）；

O_2——燃气中 O_2 体积分数；

y_{inert}——燃气中惰性组分（CO_2、N_2 等）的体积分数。

除韦弗坐标法外，韦弗还提出热负荷、引射、回火、离焰（脱火）、黄焰、CO 超标等一系列指数[5]。

（三）判定燃气互换性的指标法

采用图解法判定燃具适应域或燃气互换域，其优点是比较明显的表示出燃气适应燃具的变化范围。不足之处在于此范围不能囊括所有不稳定的超标现象，还需要用指标法衡量其他不稳定现象，例如黄焰、积炭等。而指标法可以用数个囊括所有不稳定超标的指标，逐个评价是否达到标准。

美国燃气协会（AGA）的判别法是典型的指标法。此外还有 Schuster、Devechi、C 指数等方法[7]等。国际上对 AGA 法比较推崇[1]，但要强调一点的是各种方法都是根据本国燃具经过大量试验总结出来的。由于各国使用的燃具的结构与性能有所不同，因此这些方法只适用于本国的燃具。用国外公式验证本国的互换性不能只靠计算，需要经过试验验证。

第三节　城镇燃气分类

一、燃气分类概述

全世界的城镇燃气基本上可分为人工燃气、天然气与液化石油气三大类。人工燃气种类繁多，一般有煤制气、油制气之分。煤制气中又有焦炉气、高压发生炉气等种。油制气从制气工艺来讲，有催化裂解与非催化裂解制气之分，从原料来讲还有重油制气与轻油制气之分。天然气中有石油伴生气与干天然气两大类。干天然气中绝大部分都是甲烷，成分比较单一。石油伴生气中主要成分也是甲烷，但含较多的重碳氢化合物，故其热值高于干天然气。液化石油气中有以 C_3H_8 为主的商品丙烷气和以 C_4H_{10} 为主的商品丁烷气。我国目前的液化石油气成分不太稳定，主要以丙、丁烷为主。此外，还有煤层气、生物质气等不同形式的燃气。

世界上各国燃气分类主要按燃气的特性进行分类。

用华白数 W 分类为首选，因为它表征燃气对燃具热负荷的影响。华白数是单纯表示燃气性质的参数，并且与燃具结构关系不大。因此用华白数划分燃气类别是最合适的，是各国都能接受的分类参数。但是只靠 W 不能代表燃烧特性，因为相同 W 的燃气，其燃烧速度与火焰高度可能不一样。为此法国德尔布博士首先提出用华白数和燃烧势两个参数来分类[3][8]。

国际燃气联盟（IGU）不能偏重某个国家的评价方法，另外各个国家使用的方法只适合本国的燃具，并且各有各的优点和缺点。于是提出除了用华白数外，再用“界限试验气”作为燃气分类的方法，即以基准气为中心，周围以各种不利于燃烧的界限试验气为边界的燃气群作为同一类（种或组）燃气的类别标准。也就是在该类（组）燃气，其中心为基准气，外围是最容易离焰、回火等不利燃烧情况的界限试验气的燃气群体。

利用界限试验气（包括压力）来检验燃具适合使用哪类燃气。如果某燃具通过某类燃气的各项界限气检验合格，就可以认为该燃具可以使用此种燃气，并且可以贴上使用此种燃气的标签。这实际上是为各类燃气配备了适应本类燃气的燃具。也可以说按照燃气分类的要求对燃具进行分类。

供气单位按分类标准的要求供气。使用适合本种类燃气的燃具，有利于制定燃气互换性的条件，可以有根据地扩大供气成分的范围。并能保持在供气区域内的燃具处在比较正常的燃烧状态。保证发挥了燃气的节能、减排和降低污染的功效。

二、各国分类标准

（一）国际燃气联盟 IGU 燃气分类方法

IGU 开始没有把天然气进一步分组，只规定了基准气和几种为检验燃具的最不利的界限气。结果没有一种天然气燃具在一个基准气的条件下能满足当时 IGU 提出的界限气要求。1970 年，在莫斯科举行的第 11 届的国际燃气联盟会议上，国际燃气联盟的分类中将天然气分成热值高的天然气 H 与热值低的天然气 L 两个组，给出两个基准气，同时分别给出了不完全燃烧、离焰、回火等的界限气。国际燃气联盟规定每组天然气有一个基准试验气，它代表该组天然气的最基本的燃气，该组的界限气试验代表该组燃气成分变化的最不利的边界条件[9]。

IGU 推荐 6 种城镇燃气标准。这说明国外人工燃气的比例已经很少了。主要是以天然气为主。天然气中还分高位热值 H_s 与低位热值 H_i 两种（见表 8-3、表 8-4）。法国、德国及欧洲标准化组织也采用这种分类方法。

IGU 基准燃气成分和特性（15℃，101325Pa，干气） **表 8-3**

种类	体积分数（%）						相对密度	高热值 H_s（MJ/m³）	华白数 W（MJ/m³）
	H_2	CH_4	N_2	C_3H_8	空气	C_4H_{10}			
G110 城市燃气	50	26	24	—	—	—	0.411	15.87	24.74
G130 丙烷-空气混合气	—	—	—	26.4	73.6	—	1.142	25.25	23.70
G20 天然气 H	—	100	—	—	—	—	0.555	37.78	50.62
G25 天然气 L	—	86	14	—	—	—	0.613	32.49	41.52
G30 丁烷	—	—	—	—	—	100	2.079	126.21	87.68
G31 丙烷	—	—	—	100	—	—	1.550	95.65	76.93

IGU 界限燃气成分与特性（15℃，101325Pa，干气） **表 8-4**

种类			成分（体积%）							W（MJ/m³）	对应的基准气	界限气类型
			H_2	CH_4	N_2	C_3H_8	空气	C_3H_6	C_4H_{10}			
人工燃气		G111	45	32	23	—	—	—	—	26.70	G110	不完全燃烧
		G112	59	17	24	—	—	—	—	22.37	G110	回　火
		G113	32	34	34	—	—	—	—	22.75	G110	脱　火
		G114	45	—	40	—	—	15	—	23.41	G110	黄焰、积炭
天然气	H	G21	—	87	—	13	—	—	—	54.77	G20、G25	不完全燃烧、黄焰积炭
		G22	35	65	—	—	—	—	—	46.40	G20、G25	回　火
		G23	—	92.5	7.5	—	—	—	—	45.66	G20、G25	脱　火
		G24	—	—		60	40	—	—	49.80	G20、G25	黄焰、积炭
	L	G26	—	80	13	7	—	—	—	44.84	G20、G25	不完全燃烧、黄焰积炭
		G27	—	82	18	—	—	—	—	39.06	G20、G25	脱　火
液化石油气		G30	—	—	—	—	—	—	100	87.53	G30、G31	不完全燃烧、黄焰积炭
		G31	—	—	—	100	—	—	—	76.84	G30、G31	脱　火
		G32	—	—	—	—	—	100	—	72.86	G30、G31	回　火

（二）日本城镇燃气的分类

1996 年以前日本城镇燃气分类标准中将人工燃气与天然气合在一起，根据 CP 值的变化范围划分 A、B、C 三类。A 类：CP 值较小（或称燃烧速度较慢），$CP=22\sim70$；B 类：CP 值中等（或称燃烧速度中等），$CP=37\sim87$；C 类：CP 值较大（或称燃烧速度较快），$CP=47\sim112$。A、B、C 前的数字代表 W 值的大小[2]。

表 8-5 选自日本颁布的《家用燃气燃烧器具试验方法》（JIS S 2093）标准附表 4—各燃气组的试验燃气分类及其特性的相关内容。表中的 0 代表该类燃气的范围；1 代表 CO 超标及黄焰界限气；2 代表回火界限气；3 代表离焰（或脱火）界限气。日本将液化石油气单独分类。

日本各类燃气的试验气成分及特性（在 0℃，101.3kPa，干气）

表 8-5

燃气种类	标准华白数	试验燃气种类	成分（体积%）							燃烧特性				理论燃烧干烟气中的 CO_2 浓度/（体积%）
			H_2	CH_4	C_2H_4	C_3H_8	C_4H_{10}	N_2	空气	高位热值（MJ/m^3）	相对密度	华白数 W（MJ/m^3）	MCP	
13A	55.3	0	燃烧速度指数 *MCP*：35.0～47.0，华白数 *W*：52.8～57.8											
		1	—	85.0	—	15.0	—	—	—	49.15	0.705	58.5	37.7	12.37
		2	31.0	60.0	—	9.0	—	—	—	37.05	0.494	52.7	47.3	11.36
		3	—	98.0	—	—	—	2.0	—	39.14	0.563	52.2	35.6	11.70
12A	51.5	0	燃烧速度指数 *MCP*：34.0～47.0，华白数 *W*：49.2～53.8											
		3	—	93.0	—	—	—	7.0	—	37.14	0.584	48.6	34.7	11.63
6A	26.4	0	燃烧速度指数 *MCP*：34.0～45.0，华白数 *W*：24.6～28.2											
		1	—	—	—	—	23.6	—	76.4	31.69	1.258	28.3	38.0	14.06
		3	—	—	—	—	21.5	15.5	63.0	28.87	1.230	26.0	34.0	13.51
1.1（6B，6C，7C）	26.3	0	燃烧速度指数 *MCP*：42.5～78.0，华白数 *W*：23.7～28.9											
		1	49	—	—	16.5	—	34.5	—	22.99	0.624	29.1	52.4	10.18
		2	64.5	—	—	8.5	—	27	—	16.86	0.438	25.5	78.1	7.64
		3	36.0	—	—	15.5	—	48.5	—	20.31	0.735	23.7	42.4	10.24
5C	23.0	0	燃烧速度指数 *MCP*：42.0～68.0，华白数 *W*：21.4～24.6											
		1	37.5	15.0	—	8.5	—	39	—	19.40	0.619	24.7	45.6	9.58
		2	56.5	—	—	8.0	—	35.5	—	15.33	0.507	21.5	68.4	7.59
		3	35.5	—	—	13.5	—	51.0	—	18.23	0.738	21.3	41.9	8.83
1.2（5A，5B，5AN）	20.8	0	燃烧速度指数 *MCP*：29.0～54.0，华白数 *W*：19.0～22.6											
		1	25.0	—	—	17.5	—	57.5	—	20.94	0.846	22.8	35.7	10.80
		2	43.5	—	—	9.5	—	47.0	—	15.19	0.632	19.1	50.3	8.49
		3	—	42.5	—	—	—	5.5	52.0	16.97	0.809	18.9	33.7	10.40
1.3（4A，4B，4C）	17.4	0	燃烧速度指数 *MCP*：35.0～64.0，华白数 *W*：16.2～18.6											
		1	36	—	—	11.0	—	53.0	—	15.75	0.709	18.7	42.3	9.15
		2	49.5	—	—	5.5	—	45.0	—	11.90	0.555	16.0	63.9	6.40
		3	—	36.5	—	—	—	5.0	58.5	14.58	0.836	15.9	33.6	10.06
液化石油气		丙烷	—	—	—	100.0	—	—	—	101.38	1.555	81.3	41.0	13.76
		丁烷	—	—	—	—	100.0	—	—	134.29	2.094	92.8	38.0	14.06
		75P	—	—	—	75.0	25.0	—	—	109.61	1.689	84.3	40.1	13.85

1998年2月8日，日本通商产业省第88号告示关于“燃气热值及燃烧性能测定方法”的规定中，确定了燃烧速度指数 MCP。其计算公式为：

$$MCP = \frac{\sum(S_i f_i A_i)}{\sum(f_i A_i)}(1-K) \tag{8-11}$$

$$K = \frac{\sum A_i}{\sum \alpha_i A_i}\left\{\frac{2.5CO_2 + N_2 - 3.77O_2}{100 - 4.77O_2} + \left(\frac{N_2 - 3.77O_2}{100 - 4.77O_2}\right)^2\right\}$$

式中　MCP——燃烧速度指数（cm/s）；

S_i——各单一气体燃烧速度（见表8-6）（cm/s）；

f_i——与燃气燃烧时的一次空气系数和理论空气量有关的系数（见表8-6）；

A_i——各可燃组分体积分数（%）；

K——各可燃组分考虑惰性组分影响的系数；

α_i——各可燃组分的修正系数（见表8-6）；

CO_2、N_2、O_2——燃气中相应的CO_2、N_2、O_2 组分的体积分数（%）。

计算 *MCP* 的数据　　　　**表8-6**

化学式	H_2	CO	CH_4	C_2H_6	C_2H_4	C_3H_8	C_3H_6	C_4H_{10}	C_4H_8	C_mH_n
S_i	282	100	36	41	66	41	47	38	47	40
f_i	1.00	0.781	8.72	16.6	11.0	24.6	21.8	32.7	28.5	38.3
α_i	1.33	1.00	2.00	4.55	4.00	4.55	4.55	5.56	4.55	4.55

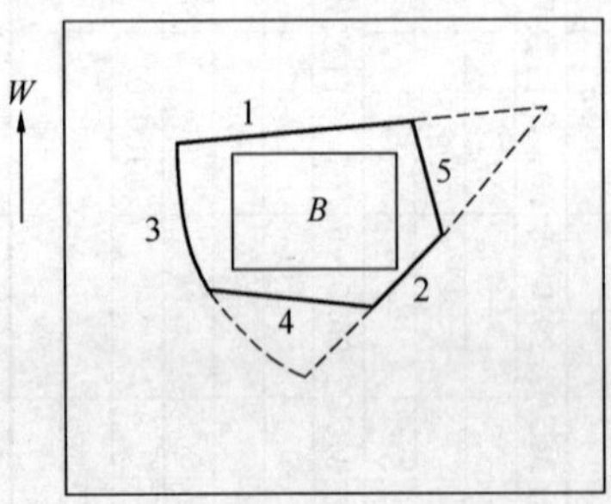

图8-13　日本的燃具适应域与燃气互换域

日本分类标准有两个特点：一为燃气分类范围在互换域之中。图8-13[4]中除了CO超标曲线1、离焰3和回火2以外还补充了红外线燃烧器的高限曲线5与红外燃烧器不够赤热曲线4。说明日本考虑了红外线燃具（欧美国家燃具很少使用红外线燃具），称1、2、3、4和5中间为燃气互换域。在五边形的互换域中根据华白数与燃烧势的上下限作为某类燃气成分的变化范围。此范围在互换域中，这就表明在燃气分类规定的范围属于燃气互换范围，因为燃气分类的燃气范围在燃气互换范围之内。以上是根据日本文献来解释的。可见日本使用的民用燃具必须都符合分类标准对燃具的要求[4]；另一特点，即基准气有两个指标：华白数 W 与 CP（后来改为 MCP）。有利于各地区实际运行的基准气换算。因为华白数相同的燃气，其燃烧性能可能有很大区别。

（三）欧洲标准化委员会城市燃气分类方法

欧洲标准化委员会基本上是按照IGU的分类原则，但是分得比较细，根据EN 437《Test gases—Test pressure—Appliance categories》标准的规定，详见表8-7、表8-8。欧洲标准化委员会（EN）的基准燃气和界限燃气特性，详见我国标准《城镇燃气分类和基本特性》（GB/T 13611—2006）附录C部分之表C.2——燃气分类试验气对比（15℃，101.325kPa，干气）。

EN 标准中 *W* 指数及波动范围（15℃，101325Pa，干气） **表 8-7**

类别		基准气 *W*（MJ/m³）	界限气 *W*（MJ/m³）	*W* 波动范围（MJ/m³）
第一族	a 组	24.75	22.4～24.8	−9.7～+0
第二族	H 组	50.72	45.7～54.7	−9.9～+7.9
	L 组	41.52	39.1～44.8	−5.8～+8.0
	E 组	50.72	40.9～54.7	−19.3～+7.9
第三族	B/P 组	87.33	72.9～87.3	−16.5～0
	P 组	76.84	72.9～76.8	−5.1～0
	B 组	87.33	81.8～87.3	−6.3～0

参加 EN 各国家的正常试验压力 **表 8-8**

燃气种类		代号	额定压力（kPa）	最小压力（kPa）	最大压力（kPa）
第一族	1a	G110 G112	0.80	0.60	1.50
第二族	2H	G20，G21，G222，G23	2.00	1.70	2.50
	2L	G25，G26，G27	2.50	2.00	3.00
	2E	G20，G21，G222，G231	2.00	1.70	2.50
	2N	G20，G21，G222，G231， G25，G26，G27	2.00	1.70	3.00
		G25，G26，G27	2.50	2.00	3.00
第三族	3B/P	G30，G31，G32	2.90	2.50	3.50
		G30，G31，G32	5.00	4.25	5.75
	3P	G31，G32	3.70	2.50	4.50
		G31，G32	5.00	4.25	5.75
	3B	G30，G31，G32	2.90	2.00	3.50

（四）美国城镇燃气分类方法

美国的城镇燃气分类及特性见表 8-9，试验燃气压力见表 8-10[2]。

美国的试验燃气分类及特性（15℃，101.3kPa，干气） **表 8-9**

燃气类别	高位热值（MJ/m³）	相对密度	华白指数（MJ/m³）
A（天然气）	40.05	0.65	49.67
B（人工燃气）	19.92	0.38	32.31
C（混合气）	29.78	0.50	42.11
D（丁烷气）	119.21	2.00	84.29
E（丙烷 HD-5）	93.14	1.55	74.81
F（丙烷-空气）	26.08	1.16	24.21
G（丁烷-空气）	52.16	1.42	43.73
H（丙烷-空气）	52.16	1.30	45.75

美国试验燃气压力（kPa） **表 8-10**

燃气种类	最低压力	额定压力	最高压力
A	0.87	1.74	2.61
B	0.75	1.49	2.24
C	0.75	1.49	2.24
D	1.99	2.74	3.23
E	1.99	2.74	3.23
F	0.75	1.49	2.24
G	0.87	1.74	2.61
H	0.75	1.49	2.24

（五）俄罗斯城市燃气分类方法

根据ГОСТР 51847《A与C型家用燃气快速热水器通用技术条件》，其基准气与界限气种类及特性见表 8-11。

俄罗斯的基准燃气和界限燃气（在 15℃，101.3kPa，干气） **表 8-11**

试验用燃气		代号	燃气热值（MJ/m³）		相对密度	华白数（MJ/m³）	燃气成分（体积）
			高　位	低　位			
基准燃气		Г20	37.78	34.02	0.555	50.73	100%CH_4
界限燃气	试不完全燃烧	Г21	45.30	41.03	0.684	54.78	87%CH_4，13%C_3H_8
	试回火	Г22	28.79	25.68	0.385	46.40	65%CH_4，35%H_2
	试脱火	Г23	34.95	31.46	0.586	45.67	92.5%CH_4，7.5%N_2
	试黄焰	Г24	57.39	52.79	1.330	49.80	60%C_3H_8，40%空气
基准燃气		Г30	99.45	91.53	1.616	78.24	4%CH_4，76%C_3H_8，20%C_4H_{10}
界限燃气	试不完全燃烧	Г31	126.21	116.48	2.079	87.53	100%C_4H_{10}
	试回火	Г32	88.52	82.78	1.476	72.86	100%C_3H_6
	试脱火	Г33	95.65	88.00	1.550	76.84	100%C_3H_8

注：1. 试验时允许用天然气代替基准燃气 Г20；

2. 基准燃气 Г30 与 ГОСТР 20448-75 中牌号为 СЛБТ₃ 的液化石油气的物理化学性质相似；

3. 各种性能检验的燃气压力如下：

燃气名称	最低压力（Pa）	额定压力（Pa）	最高压力（Pa）
基准燃气 Г20、天然气	650、1000	1300、2000	1800、2800
基准燃气 Г30 或液化石油气	2000	3000	3500

（六）我国燃气分类标准

（1）我国燃气源

我国城镇燃气种类很多，有煤制气、重油制气、天然气、液化天然气、液化石油气、煤层气及矿井气。表 8-12 为现在我国常用的主要天然气组分、燃烧特性参数[10]；表 8-13 为 LNG 主要出口国的典型组分（非合同值）及特性参数[11]。

我国人工燃气种类很多，各种燃气成分和性质见参考文献［2］。主要参数见表 8-14。

我国应用的主要天然气组分、燃烧特性参数及类别

（15℃、101.325kPa、干气） **表 8-12**

类别		组分体积分数（%）						高位热值（MJ/m³）	低位热值（MJ/m³）	华白数（MJ/m³）	天然气类别
		CH_4	C_2H_6	C_3H_8	C_4^+	N_2	CO_2				
天然气	陕甘宁	94.70	0.55	0.08	1.01	3.66	0.00	37.49	33.79	48.86	12T
	塔里木	96.27	1.77	0.30	0.27	1.39	0.00	38.22	34.45	50.32	12T
	广西北海	80.38	12.48	1.80	0.25	5.09	0.00	40.74	36.84	50.18	12T
	成　都	96.15	0.25	0.01	0.00	3.59	0.00	36.50	32.87	48.31	12T
	忠武线	97.00	1.50	0.50	0.00	1.00	0.00	38.13	34.35	50.44	12T
	东　海	88.48	6.68	0.35	0.00	4.49	0.00	38.22	34.48	48.94	12T
	青　岛	96.56	1.34	0.30	0.20	1.60	0.00	37.92	34.16	50.04	12T
	昌　邑	98.06	0.22	0.12	0.13	1.47	0.00	37.47	33.75	49.85	12T
	渤　海	83.57	8.08	0.08	0.00	4.14	4.13	37.03	33.42	45.85	12T
	南海东方	77.52	1.50	0.29	0.10	20.59	0.00	30.69	27.65	38.02	10T
	西一线	96.23	1.77	0.30	0.27	1.0	0.43	38.31	34.53	50.40	12T
	进口缅甸	99.07	0.12	0.03	0.09	0.18	0.50	37.68	33.93	50.21	12T
	土库曼斯坦	92.55	3.96	0.34	0.43	0.85	1.89	38.53	34.75	49.45	12T
	哈萨克斯坦	94.87	2.35	0.31	0.15	1.66	0.66	37.94	34.19	49.58	12T
液化天然气	福　建	96.64	1.97	0.34	0.15	0.90	0.00	38.34	34.55	50.61	12T
	广东大鹏	87.33	8.37	3.27	1.00	0.03	0.00	42.97	38.86	53.55	12T
	新　疆	82.42	11.11	4.55	0.00	1.92	0.00	42.90	38.81	52.70	12T
	中　原	95.88	3.36	0.34	0.12	0.30	0.00	38.95	35.11	51.23	12T
	海　南	78.48	19.83	0.46	0.03	1.2	0.00	43.35	39.22	53.26	12T

液化天然气主要出口国的典型组分（非合同值）及特性

参数（15℃，101.325kPa，干） **表 8-13**

产地	组分体积分数（%）					液态密度（kg/m³）	气态密度（kg/m³）	高位热值（MJ/m³）	低位热值（MJ/m³）	相对密度	华白数（MJ/m³）
	CH_4	C_2H_6	C_3H_8	C_4^+	N_2						
印　尼	90.6	7.0	2.0	0.3	0.1	454	0.800	41.19	37.20	0.6142	52.56
马来西亚	89.8	5.2	3.3	1.4	0.3	463	0.822	42.32	38.26	0.6358	53.07
澳大利亚	89.3	7.1	2.5	1.0	0.1	459	0.813	42.13	38.07	0.6303	53.07
文　莱	90.1	4.8	3.4	1.6	0.1	463	0.824	42.52	38.44	0.6371	53.27
阿联酋	85.2	13.2	1.0	0.2	0.4	463	0.820	42.10	38.14	0.6325	52.94
卡塔尔	89.9	6.0	2.2	1.5	0.4	458	0.815	41.97	37.93	0.6308	52.85
利比亚	83.2	11.8	3.5	0.6	0.9	479	0.853	43.40	39.28	0.6605	53.40
尼日利亚	91.6	4.6	2.4	1.3	0.1	456	0.801	41.62	36.88	0.6216	52.79
阿　曼	87.7	7.5	3.0	1.6	0.2	469	0.834	43.03	38.92	0.6469	53.50

我国人工气特性参数（15℃，101.325kPa，干）　　**表 8-14**

燃气种类	组分体积分数（%）							密度 (kg/m³)	高位热值 (MJ/m³)	低位热值 (MJ/m³)	相对密度	华白数 (MJ/m³)
	H_2	CO	CH_4	C_2^+	O_2	N_2	CO_2					
焦炉煤气	59.2	8.6	23.4	2.0	1.2	3.6	2.0	0.4686	19.817	17.615	0.3623	32.923
直立炉煤气	56.0	17.0	18.0	1.7	0.3	2.0	5.0	0.5527	18.042	16.133	0.4276	27.594
水煤气	52.0	34.4	1.2	—	0.2	4.0	8.2	0.7005	11.449	10.381	0.5418	15.550
发生炉煤气	8.4	30.4	1.8	0.4	0.4	56.3	2.2	1.1627	6.003	5.743	0.8992	6.329
催化裂解油煤气	58.1	10.5	16.6	5.0	0.7	2.5	6.6	0.5374	18.469	16.518	0.4156	28.649
热裂解油煤气	31.5	2.7	28.5	32.1	0.6	2.4	2.1	0.7909	37.946	34.774	0.6116	48.520

（2）我国燃气分类标准

我国城镇燃气种类很多，1989 年我国初次制定标准。燃气燃烧性质的关键参数是燃气热值与华白数，后者更有代表性，因此将华白数作为燃气分类第一个参数。当时我国人工燃气种类最多，需要划分得细一些。IGU 的分类中人工燃气的内容少，当时我国的燃具基本与日本灶具和热水器类似。基于以上原因我国分类标准基本上是套用日本标准，又不与 IGU 标准矛盾。燃气分类的第二个参数是燃烧势，其计算采用了日本简化的德尔布公式：

$$CP = k\frac{1.0H_2 + 0.6(C_mH_n + CO) + 0.3CH_4}{\sqrt{d}} \tag{8-12}$$

2006 年，我国颁布的《城镇燃气分类和基本特性》中热值均采用高位热值，要注意的是，我国的各种燃具的国家标准在计算热负荷及热效率时是以低位热值为准。

三、燃气分类标准对燃具适应域、燃气互换域的影响

（一）分类标准限定了各类燃具的适应域

现在的燃气分类标准主要是根据华白数来分类，同时给出离焰、回火与 CO 超标等界限试验气。并且要求燃具必须在规定的压力下，用某类燃气的各种界限气检验通过后，才能证明此燃具适用该类燃气。这实际上是对燃具的适应能力提出要求，限定了各类燃具的适应域，引导燃具走向标准化。我国各种燃具标准都要求根据界限气和相应的压力检验燃具。

（二）界限气给出了互换性的外轮廓

分类标准中的界限试验气实际上也只是给了燃气互换域的外轮廓范围。某个地区或国家可以根据本身的条件与判定互换性的方法确定适合本地情况的燃气互换域。哈里斯和罗佛雷斯以及达顿（Dutton）做的二维与三维互换图，都是把界限气作为互换域的边界点做出的[12]。

但是燃气分类不能完全代替燃气的互换性。燃气分类的界限气主要是针对燃具的，给出燃具的适应域，同时只给出了燃气互换性的外轮廓。实际上燃气互换域，还受气源等其他因素影响。各个地区应该根据本地区具体情况和习惯用的互换性评判方法，来考虑燃气互换性，确定燃气互换域。

例如英国经过流动试验室对 1200 个天然气燃具进行试验，发现华白数每递增 1.5MJ/

m^3，热水器与锅炉烟气中的CO含量大约增加1倍。因此决定燃气互换域的华白数上限为3%，下限为－5%。非正常的界限为上限8%，下限－10%。英国使用SNG（代用天然气），需要用IGU的积炭界限气$G24_B$检验。为了避免积炭，英国要求界限气中H_2含量正常界限为10%，非正常界限为15%。同时利用W-I_W燃气互换图表达了燃气互换域（图8-14），已经把IGU的$G24_B$和欧盟的G222排除在外。图8-14中的斜线为正常互换域。可见英国天然气的互换域小于IGU和欧盟的天然气分类的范围。如果考虑燃气热值不允许变化过大时，燃气互换域还要进一步缩小。实际上，燃气互换域是根据燃具的适应域决定的，当时英国燃具的抗积炭的能力差，缩小了互换域。以上是20世纪英国使用含H_2多的SNG（代用天然气）作为补充气源的情况[4]。

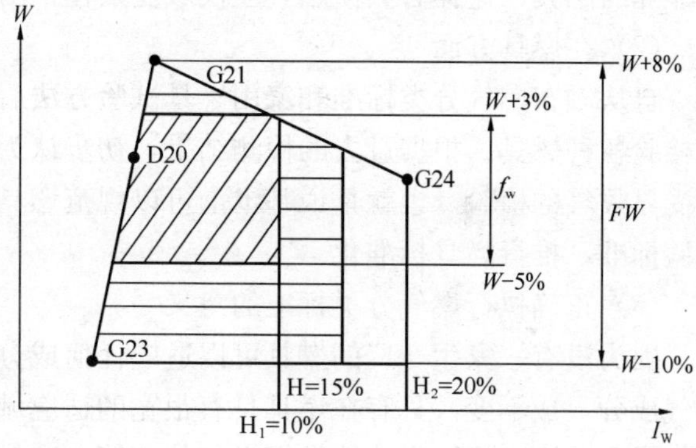

图8-14　英国的燃气互换域

总之，只要采用了用界限气检验合格的燃具，燃气互换域就不能超过界限气的限制。从国外的各种互换图上看，界限试验气都在非正常互换范围的边缘。同时也可以认为，如果在燃气供应区内使用的燃具适应域小于标准要求时，燃气互换域必将缩小，增加混输配气的困难。

在第16届世界燃气会议的燃气互换性分会报告中也报道了各国根据IGU分类考虑本国燃气互换域的情况。除美国、荷兰、英国外，大部分国家采用了IGU的界限气。由这些材料可以看出，IGU只给出各类燃气边界的界限试验气，各个地方可以根据各自的具体情况用自己的互换性判别方法确定燃气互换域。

（三）我国燃气分类标准需要实践验证

（1）在互换性方面

我国采用W与CP两个指标来分类，同时给出界限气。实际上也是只给出了互换域边界的轮廓，不等于互换性已经解决。各个地区、省市需要确定本地的燃气互换域。我国幅员辽阔，燃气种类繁多。各省市无论在气源和用户等方面都有区别，为此针对本地情况确定燃气互换域是非常必要的。

如果对一个小城镇，气源比较单一，使用的燃具经界限气检验都合格。这种情况有可能使燃气互换域和燃具适应域互相接近。因为互换性与适应性本来就是一件事的两个方面。就是在这种情况下，还是要根据具体情况确定燃气的互换域。例如：当气源成分稳定，互换域的范围可能很小（供应燃气成分变化很小）。这不是受燃具适应域的限制造成的，而是因为供气条件好，成分稳定，能使燃具处于良好的工作情况。相反气源成分不稳定时，供气的成分也不允许超过界限气的范围，并且根据当地特点确定燃气互换域。

具有多个气源的大城市在混输时，应把基准气的成分控制在某燃气分类的范围内，使用贴有该类燃气标签的燃具。这样互换域的大轮廓有了，然后根据实际情况和具体的条件，认真地确定正常和非正常的燃气互换域。如果气源（包括补充气源）复杂，城市的基准气又不在分类的范围内，就不能使用市场上通过各类燃气的界限气检验的燃具。只能使用非标的燃具，这样必然使燃气互换域复杂化，增加了投资与管理的费用。

（2）在燃具方面

自从颁布燃气分类标准和家用燃具试验方法后，检测单位应该按照标准要求，用界限气检验各种燃具。根据过去的检测结果，初步认为，我国正规生产的家用燃气灶，多数可接受界限气的检验。也就是说基本上可以规范燃具的适应能力。今后关键是必须严格执行检验标准，推行燃具标准化。

（3）正确执行燃气分类标准的意义

因为没有一家生产厂的燃具可以适应任何成分的燃气；也没有一个供气单位可以保证供气成分一成不变。只有在燃具具有很宽的适应域，供气单位供应的燃气成分都在各个燃具的适应范围内，这样才能发挥燃气的节能、减排和降低污染的经济效益和社会效益。但是燃气互换性和燃具的适应性，还没有被有关单位足够重视。今后技术进步，管理严格，对供气单位不仅要求成分变化在互换域范围内，并且要求热值变化也不允许有较大的偏差。

第四节　配气计算方法及系统

在执行燃气分类标准时，必须根据标准中的基准气和试验气规定的成分进行检测。由于城镇燃气的种类很多。燃具制造工厂与检测站不可能具备各种气源。为此，根据国家标准规定可以用几种单一气体配制与某城市气源性质相同的试验气。

一、配气成分计算

配气成分计算的准确性，直接影响检测结果。对用来配制试验气的单一气体，其纯度不宜低于以下数值：N_2—99%；H_2—99%；CH_4—95%；C_3H_6—90%；C_3H_8—95%；C_4H_{10}—95%。

在 CH_4、C_3H_6、C_3H_8 及 C_4H_{10} 气源中 H_2、CO、O_2、N_2 和 CO_2 的总含量应低于2%。如果以上几种碳氢化合物供应有困难时，也可分别采用天然气或液化石油气代替。但是，由于我国液化石油气成分不稳定，并且在自然气化时，成分受温度影响，故会带来一定误差。尤其是在用液化石油气代替 CH_4 时需要校检黄焰指数，防止用液化石油气配制的试验气发生黄焰。

（1）以 CH_4、H_2 及 N_2 为配气源

配制人工煤气类低热值燃气时，如果以 CH_4、H_2 及 N_2 配气时，试验气的华白数为[2]

$$W=\frac{H_{s,CH_4}\,CH_4+H_{s,H_2}\,H_2}{\sqrt{d_{CH_4}\,CH_4+d_{H_2}\,H_2+d_{N_2}\,N_2}} \tag{8-13}$$

式中　CH_4、H_2、及 N_2——分别为试验中 CH_4、H_2 及 N_2 成分的体积分数；

H_{s,CH_4}、H_{s,H_2}——分别为 CH_4 及 H_2 的高位热值（见表8-15）（MJ/m^3）；

d_{CH_4}、d_{H_2} 及 d_{N_2}——分别为 CH_4、H_2 及 N_2 的相对密度（见表8-15）。

常用的单一气体特性值（15℃、101.325kPa，干）　　**表 8-15**

成　分	相对密度 d	热值（MJ/m^3）		理论干烟气中 CO_2 体积分数（%）
		H_i	H_s	
空气	1.0000			
氧（O_2）	1.1053			
氮（N_2）	0.9671			
二氧化碳（CO_2）	1.5275			
一氧化碳（CO）	0.9672	11.9660	11.9660	34.72
氢（H_2）	0.0695	10.2169	12.0947	—
甲烷（CH_4）	0.5548	34.0160	37.7816	11.74
乙烯（C_2H_4）	0.9745	56.3205	60.1047	15.06
乙烷（C_2H_6）	1.0467	60.9481	66.6364	13.19
丙烯（C_3H_6）	1.4759	82.7846	88.5163	15.06
丙烷（C_3H_8）	1.5496	87.9951	95.6522	13.76
1-丁烯（C_4H_8）	1.9663	110.7835	118.5361	15.06
异丁烷（i-C_4H_{10}）	2.0722	115.9540	125.6409	14.06
正丁烷（n-C_4H_{10}）	2.0852	116.9995	126.7737	14.06
丁烷（C_4H_{10}）	2.0787	116.4767	126.2073	14.06
戊烷（C_5H_{12}）	2.6575	147.6841	159.7225	14.25

注：1. 气体的 d、H_i、H_s 均按真实气体计算。

2. C_4H_{10}的体积分数：i-C_4H_{10}=50%，n-C_4H_{10}=50%。

3. 干空气的真实气体密度：ρ_{air}（288.15K，101.325kPa）=1.2254kg·m^{-3}。

4. 干空气的体积分数：O_2=21%，N_2=79%。

5. 燃烧和计量的参比条件均为 15℃、101.325kPa。

因为 $CH_4+H_2+N_2=1$，所以 $N_2=1-(CH_4+H_2)$，故式（8-13）可写成

$$W=\frac{H_{s,CH_4}CH_4+H_{s,H_2}H_2}{\sqrt{d_{N_2}+(d_{CH_4}-d_{N_2})CH_4+(d_{H_2}-d_{N_2})H_2}} \tag{8-14}$$

如果以 CH_4、H_2 及 N_2 配气时，试验气的燃烧势为[2,13]

$$CP=\frac{100\times(H_2+0.3CH_4)}{\sqrt{d_{N_2}+(d_{CH_4}-d_{N_2})CH_4+(d_{H_2}-d_{N_2})H_2}} \tag{8-15}$$

设 W_0 与 CP_0 分别为准备替代的基准气源的华白数与燃烧势，有 $W=W_0$ 和 $CP=CP_0$，将其代入式（8-14）和式（8-15）中，则式（8-14）和式（8-15）两个联立方程中只有 CH_4 和 H_2 两个未知数。各种气体的 d 与 H_s 可从表 8-15 中查得。这样，解联立方程可求得试验气中 CH_4 及 H_2 的体积分数。此时 $N_2=1-CH_4-H_2$。从表 8-15 查得热值与相对密度后，式（8-14）可写成

$$W=\frac{37.78\times CH_4+12.09\times H_2}{\sqrt{(0.5548-0.967)\times CH_4+(0.0696-0.967)\times H_2+0.967}}$$

$$=\frac{37.78\times CH_4+12.09\times H_2}{\sqrt{0.967-0.4123\times CH_4-0.8975\times H_2}} \tag{8-16}$$

同理式（8-15）可写成

$$CP=\frac{100\times(H_2+0.3\times CH_4)}{\sqrt{0.967-0.4123\times CH_4-0.8975\times H_2}} \tag{8-17}$$

（2）以 C_3H_8、H_2 及 N_2 为配气源

配制高热值燃气时，配气源使用 C_3H_8 代替 CH_4 时，则[13]

$$W=\frac{H_{s,C_3H_8}\times C_3H_8+H_{s,H_2}\times H_2}{\sqrt{d_{N_2}+(d_{C_3H_8}-d_{N_2})\times C_3H_8+(d_{H_2}-d_{N_2})\times H_2}} \tag{8-18}$$

$$CP=\frac{100\times(H_2+0.6\times C_3H_8)}{\sqrt{d_{N_2}+(d_{C_3H_8}-d_{N_2})\times C_3H_8+(d_{H_2}-d_{N_2})\times H_2}} \tag{8-19}$$

将具体的热值及相对密度代入后，得

$$W=\frac{95.65\times C_3H_8+12.09\times H_2}{\sqrt{0.967+0.583\times C_3H_8-0.8975\times H_2}} \tag{8-20}$$

$$CP=\frac{100\times(H_2+0.6C_3H_8)}{\sqrt{0.967+0.583C_3H_8-0.8975H_2}} \tag{8-21}$$

如果选用其他气源代替 CH_4 时（或增加 CO 时），均可根据以上介绍的公式进行推算。

二、计算实例

（1）基准气参数计算

实例：已知焦炉气成分的体积分数为：$H_2=0.592$；$CO=0.086$；$CH_4=0.234$；$C_mH_n=0.020$；$O_2=0.012$；$N_2=0.036$；$CO_2=0.020$。求配气源的成分比例。

解：据表 8-15 的热值计算可得焦炉气的高位热值：

$$H_s=0.592\times12.09+0.086\times11.966+0.234\times37.78+0.02\times67.36=18.37\text{MJ/m}^3$$

同样还可求出焦炉气的相对密度：

$$\begin{aligned}d=&0.592\times0.0695+0.086\times0.9673+0.234\times0.5548+0.02\times1.0758\\&+0.012\times1.1052+0.036\times0.9670+0.02\times1.5275\\=&0.3543\end{aligned}$$

焦炉气的华白数 W_0 为（略去 K_1 及 K_2 值）：

$$W_0=\frac{18.37}{\sqrt{0.3543}}=30.86\text{MJ/m}^3$$

焦炉气的燃烧势 CP_0 可据附录 8-1 式（2）计算（要注意的是式中的 H_2、CH_4 等应以百分数代入）：

$$CP_0=(1+0.0054O_2^2)\times\frac{H_2+0.6\times(C_mH_n+CO)+0.3CH_4}{\sqrt{d}}$$

$$CP_0=(1+0.0054\times1.2^2)\times\frac{59.2+0.6\times(2+8.6)+0.3\times23.4}{\sqrt{0.3543}}=122.9$$

据计算黄焰指数的相关计算公式，得 $K_0=0.98$，C_mH_n 的 α_i 值取 2.85，故

$$I_{y,0}=\frac{0.98\times(23.4+2\times2.85)}{\sqrt{0.3543}}=47.9$$

(2) CH_4、H_2 及 N_2 的配气计算

当以 CH_4、H_2 及 N_2 为配气源时，用式（8-14）及（8-15）计算：

$$W=\frac{37.78\times CH_4+12.09H_2}{\sqrt{0.967-0.4123CH_4-0.8975H_2}}=30.86\text{MJ/m}^3;$$

$$CP=\frac{100\times(H_2+0.3CH_4)}{\sqrt{0.967-0.4123CH_4-0.8975H_2}}=122.9;$$

解此联立方程式，可得 $H_2=2.32CH_4$，将此值再代入 CP 值得：

$$CH_4=0.2623=26.23\%;$$
$$H_2=0.6086=60.86\%;$$
$$N_2=0.1291=12.91\%$$

校验黄焰指数

$$I_y=\frac{26.23\times1}{\sqrt{0.2623\times0.5548+0.6086\times0.0695+0.1291\times0.967}}=46.90$$

与 $I_{y,0}=47.9$ 相接近，可用。

(3) C_3H_8、H_2 及 N_2 的配气计算

当配气源为 C_3H_8、H_2 及 N_2 时，可用式（8-18）及式（8-19）计算，即

$$W=\frac{95.65C_3H_8+12.09H_2}{\sqrt{0.967+0.583C_3H_8-0.8975H_2}}=30.86\text{MJ/m}^3$$

$$CP=\frac{100\times(H_2+0.6C_3H_8)}{\sqrt{0.967+0.583C_3H_8-0.8975H_2}}=122.9$$

解方程得：$H_2=6.189C_3H_8$；故而

$$C_3H_8=0.1143=11.43\%;$$
$$H_2=0.7074=70.74\%;$$
$$N_2=0.1783=17.83\%。$$

校验黄焰指数：

$$I_y=\frac{11.43\times4.8}{\sqrt{0.1143\times1.5496+0.7074\times0.0695+0.1783\times0.967}}=86.89>47.9$$

并且大于 85，说明用 C_3H_8 配制试验气时易发生黄焰。

(4) 配气计算结论

由此例可见，在三组分配制人工燃气时，用 C_3H_8 代替 CH_4 易发生黄焰，不宜代替基准气。

人工燃气中的 C_mH_n 应根据各地制气及混气情况由经验决定。

三、配气系统及方法

根据具体情况，建立与本单位生产与检测规模相适应的配气系统，对控制产品质量具有重要意义。专业检测单位则更是如此。下面介绍几种行之有效的配气系统[2]。

（一）低压湿式贮罐配气

(1) 系统流程

系统流程见图 8-15。湿式贮罐配气系统的出口气体压力一般为 5000Pa 左右。另外，根据测试需要，利用罐体内所设重块数量也可对出口气压进行调节。配气用原料气为高压

瓶装气体，一般为氢气、甲烷和氮气，其中甲烷可以用天然气、丙烷或液化石油气等代替。配气气源按照计算的百分比，按顺序依次从进气管 1 进入罐体的钟罩 6，并在其中混合。随着配气的进行，钟罩浮出水面而上升。混合后的试验气通过出气管 13 去检测室。

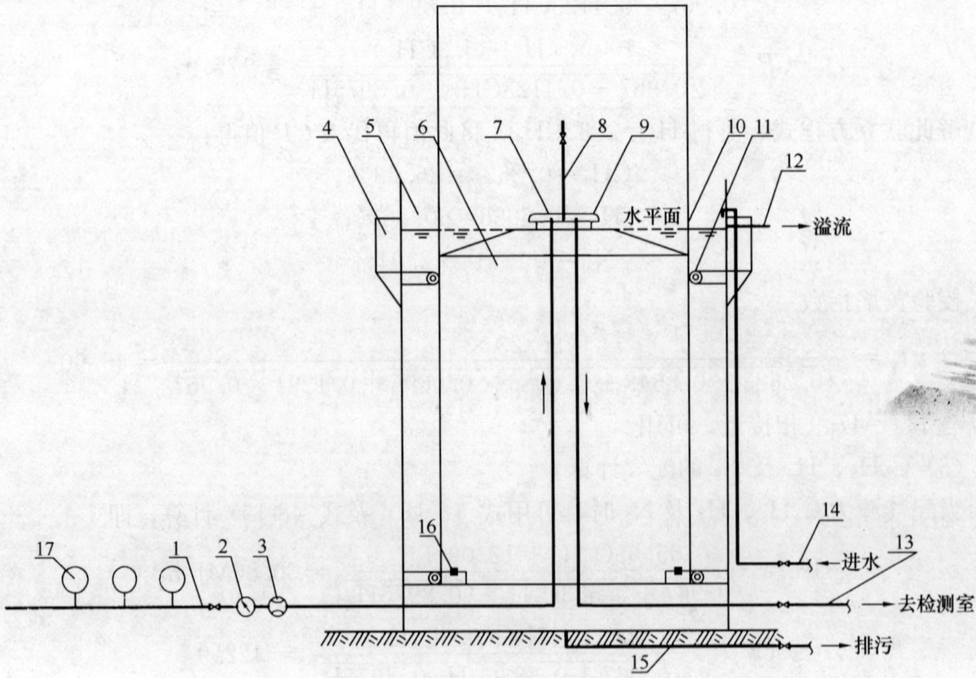

图 8-15　低压湿式罐配气系统图

1—进气管；2—压力计；3—流量计；4—平台；5—水池；6—钟罩；7—人孔；8—放散管；9—分配喷头；10—滑动轨道支架；11—滑轮；12—溢流口；13—出气管；14—进水管；15—排水排污管；16—配重块；17—配气用单一气体钢瓶

贮罐容量根据燃气热值低，燃具热负荷大的测试需要确定。另外，可在进气管上直接接上与配气流量相匹配的流量计，以达到更准确计量的目的。

（2）操作步骤

1）水池充水。打开放散管 8 的阀门，关闭排水排污管 15 的阀门，将进水管 14 阀门打开，向水池 5 内充水，直至人孔 7 上平面全部浸入水中。届时溢流口 12 会有水流出。最后关闭进水管 14 阀门。

2）氮气吹扫。关闭出气管 13 与放散管 8 之阀门，开启进气管 1 之阀门，接通氮气 1～2min后，打开放散管 8 之阀门将气体排出，待罐降至最低位置时，关闭放散管阀门。

3）配气。在进气管 1 上接上配气所用第一种气体钢瓶，高压气体出钢瓶后必须经过减压方可入罐。减压后压力值根据进气管及钟罩阻力确定，并要保持压力稳定，使钟罩 6 缓缓升起，同时以流量计计量第一种气体进气量。当达到计算所需量时．立即关闭进气管阀门。以后按上述方法向罐中分别加入第二种、第三种配气气源，即可完成配气过程。

（3）注意事项

1）准备工作。配气系统应检漏，使其不得产生漏气或漏水现象，否则将影响配气准确度。

2）进气顺序。为使所配气体在罐内较快混合均匀，配气时应先配入密度较小的气体，然后再配入密度较大的气体。其顺序一般为氢气、甲烷、氮气、丙烷、液化石油气。

3）压力控制。切换配气时，各种气体进罐前的压力保持相同。

4）混气时间。除液化石油气混合空气外，配制其他城镇燃气，在几小时后基本混合均匀。配制液化石油气混空气时，必须先使液化石油气进罐，空气后进。由于前者密度大、后者密度小，且两者相差悬殊，所以较难混合均匀，应在配制后24h再使用。混合均匀与否可用成分分析、热值及密度确定。

5）配气分析及调节：配制好的试验气能否交付使用应以实测数据为准。通过成分分析或热值、密度的测定，计算出配制气的华白数与所代替的基准燃气的华白数偏差应小于±2%，燃烧势偏差应小于±5%。

（4）安全问题

要注意的安全问题如下：

1）燃气瓶库内严禁存放氧气瓶。可燃气瓶放在库内时，库内应通风良好。放在室外时应有防晒、防雨、防碰撞等措施。环境温度不得高于45℃。

2）配气所用高压气瓶应按有关规定对不同气种采用不同颜色标志，不得混装，使用后在瓶上做好标记。

3）瓶库内应有消防措施及足够的泄爆面积。

4）严禁高压配气操作，必须用调压器将气瓶内高压降至要求的进罐压力。严禁配气量超过贮罐的容量。

5）配制液化石油气和天然气混空气时必须使可燃气体先进罐，空气后进罐。不允许采用接近爆炸上限的配气成分。可燃气体的含量应大于爆炸上限的1.5倍。

6）在使用配制的试验气时，应将罐出口处至检测室一段管路内的非试验气排净后才能正式使用。配气完毕后，一定要关闭进气管及出气管所有阀门，待气体混合均匀后方可打开出气管阀门。测试完毕后立即关闭所有阀门。

7）罐的钟罩落至最低位置时应停止用气。打开进水阀门进水，同时打开钟罩上的放散管阀门，在有人看管的情况下将余气排到大气中去。当试验完毕而罐中尚有余气时，必须注意夜间气温变化，防止因气温下降罐内出现负压，此时一定要关闭所有进出气阀门，或者将余气排放干净。

8）冬季不配气时，尤其在北方地区，贮罐水池内水应全部放净，以防止低温结冻将罐冻坏。冬季利用液化石油气配气时，气瓶必须放在室外操作。配气要考虑液化石油气的露点，严禁丁烷等高碳氢组分的冷凝液在罐的水池中出现。

9）配气工作人员应掌握有关安全技术知识，并应由专人负责配气系统及瓶库。

（二）高压贮罐配气

低压贮罐配气系统，操作简单，换算方便，但体积庞大。高压罐配气体积小，造价低，只要正确计算与合理操作，用高压罐也能达到配气精度要求。

（1）配气压力

高压罐的容积是固定的。按次序压入配气源的各单一气体。分别用各单一配气压入罐后的罐压数值来计量充气量的大小。

根据气体分压力的规律，混合气的绝对压力应等于各组分的绝对分压力的和，即

$$p = y_1 p + y_2 p + y_3 p = p_1 + p_2 + p_3 \tag{8-22}$$

式中　p——混合后气体绝对压力；

p_1、p_2 及 p_3——分别为 1、2 及 3 气体组分的绝对分压力；

y_1、y_2、y_3——分别为 1、2 及 3 气体组分的体积分数。

由此可见，首先向罐内压入组分 1 时，应在压力达到 p_1 为止；再压入组分 2，在压力达到 p_1+p_2 时为止；最后压入组分 3，使压力达到 p。要指出的是，式（8-22）没有考虑气体的可压缩性。当 $p<1$MPa 时，误差不大，否则应考虑压缩系数。

（2）系统流程

系统流程见图 8-16。系统由高压贮气罐、配气钢瓶及真空泵等部分组成。高压气罐的压力可取 0.8～1.0MPa。当罐容积为 10m³ 时。即有 80～100m³ 试验气贮量，可利用试验气约 70～85m³。

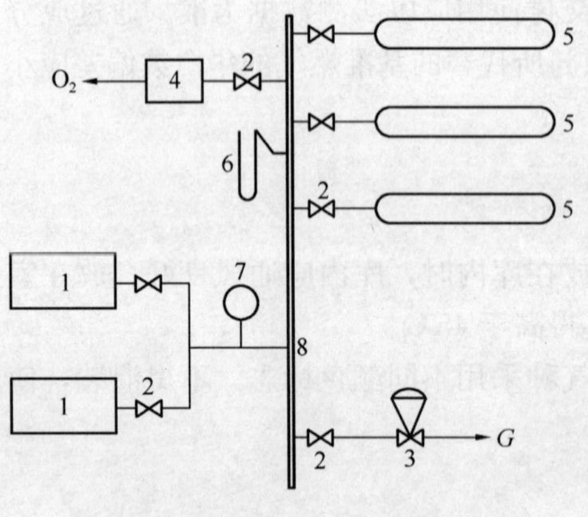

图 8-16　高压配气系统

1—高压贮气罐；2—阀门；3—调压器；4—真空泵；5—配气钢瓶；6—真空压力计；7—压力表；8—连接干管；G—去检测室；O_2—去测 O_2 仪

操作前要进行气密性试验，保证系统不漏气。操作时，首先要利用真空泵将高压贮气罐及连接干管抽成真空。这时应关闭配气钢瓶前的各个阀门，打开高压贮罐的进气阀，启动真空泵，直至真空压力计的读数不再变动，并且抽气泵出口氧含量接近零时为止。关闭真空泵及相应的阀门，按顺序将第一种配气由钢瓶压入高压罐，这时可读压力表 7。当达到计算要求时为止。这样依次再压入第二及第三种配气。在压入第二及第三种配气以前要把连接干管中的余压放掉。

（3）注意事项

①各单一配气钢瓶均应用硬管与干管连接。

②p 值不能超过高压贮罐的允许工作压力。

③在配气时要求高压贮罐与各配气钢瓶的环境温度保持一致，各配气钢瓶要通过降低压力再进入贮气罐。

④当使用液化石油气配气时，在冬期有时需要采用强制气化措施。简单的方法是使用热水（或蒸汽）喷淋。但此时要考虑液化石油气结露问题，要根据配气压力查有关文献[5]得到露点温度，从而确定最低允许工作温度。

⑤高压配气系统也可以采用流量计，直接计量进入高压贮罐的各种单一配气量。但是，这会使系统复杂，增大投资。根据压力来计量配气量也可以达到需要的精度，这时要求选一个具有足够精度的压力计。

⑥高压贮罐具有一定高度时，应在高低两个不同位置装压力计，取其平均值为罐压。

（三）连续配气

当因生产需要连续使用试验气时，应考虑连续配气系统。以前所述的配气方法，都是向某一固定容器（高压或低压）分别注入各种单一配气，从而混合成符合要求的试验气，属间歇配气。当有两个容器时，也可以连续供应试验气，即第一容器供气，第二容器配气。当第一容器用尽后，切换成第二容器供气。这时要求配气系统与供气（试验气）系统分开，构成间歇配气—连续供气系统。这种配气方法的关键是要求每次配制的试验气的性质不允许相差过大，即 W 值偏差小于±2%及 CP 值偏差小于±5%。

图 8-17 给出一个自动连续配气的系统示意图。由配气钢瓶区Ⅰ送来的各单一气体，分别通过混气区Ⅱ的过滤器 1、流量计 2、调压器 3、电磁阀 4 及控制阀 5 流入混合器 6 进行混合后，经过电磁总阀Ⅲ进入低压贮罐Ⅳ。低压贮罐出口以大约 7000Pa 的气压进入检测室。输出的试验气经过成分分析仪Ⅴ进行分析，并将信息送到控制中心的计算机主机。如果成分需要调整，由控制中心发出命令，通过控制装置Ⅶ，调节控制阀 5，使成分得到应有调整。控制装置Ⅶ将配气钢瓶区Ⅰ、混气区Ⅱ及管道的各种参数送到控制中心Ⅵ。当罐的高度达到极限时，控制中心可令电磁总阀Ⅲ关闭或开放。

配气钢瓶区Ⅰ中有 H_2、CH_4、N_2、C_2H_4、C_3H_8、C_4H_{10} 及空气等钢瓶。每种气源分成两组并联供气。一组气用完后立即切换，使第二组投入使用。空气可不用钢瓶以压缩空气代替，保证供给干空气。H_2、CH_4、N_2 气瓶要求两次降压，将压力降至 0.25～0.3MPa 送入混气区Ⅱ，C_3H_8 及 C_4H_{10} 钢瓶压力比较低，可直接降低至 0.15～0.2MPa 进入Ⅱ，而压缩空气可以 0.5～0.7MPa 的压力送入Ⅱ。对于 CH_4 及 C_2H_4 降压时需要部分热量，可由加热装置Ⅷ供给。

整个系统应设有漏气报警、防止回火等安全装置。由计算机对各种参数、信号进行监控与调整。

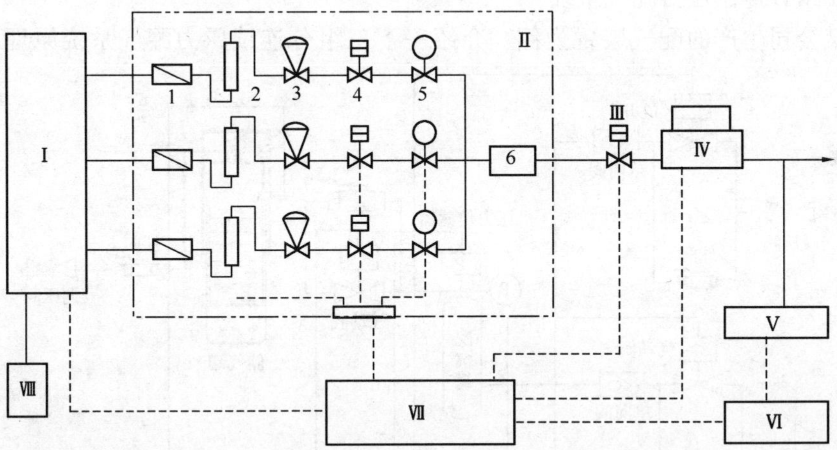

图 8-17　连续配气系统

Ⅰ—配气钢瓶区；Ⅱ—混气区；Ⅲ—电磁总阀；Ⅳ—贮罐；Ⅴ—成分分析仪；Ⅵ—控制中心；Ⅶ—控制装置；Ⅷ—加热装置；1—过滤器；2—流量计；3—调压器；4—电磁阀；5—控制阀；6—混合器

（四）配气车间

当配气设备容量小于 2MPa·m³ 时，可以在生产车间毗邻设附属的或单独的配气车间，并应满足下列要求：

①通风良好，并设有直通室外的门；

②与其他房间相邻的墙应采用防火墙（实体墙）；

③室温不能低于0℃，不超过35℃；

④应有水、电及消防设施；

⑤建筑物的耐火等级按三级设计；

⑥室内净高大于3m，门窗外开并设防护栏；

⑦配气钢瓶的贮瓶间应有防雨、防晒、通风良好的半敞开式结构；并应设护栏和罩棚；

⑧配气瓶的贮瓶间和供气间内的可燃气体的总储量规定：

液化石油气应小于400kg（50kg容量，8瓶）；氢气应小于120m³（4m³容量，30瓶）。

四、当前常用配气系统简介

根据燃气互换性原理，使用配气系统配制出和用户地区燃气相同华白数和燃烧势的替代气源，可用于燃具的检测。配气系统是燃具生产企业和检验机构的必备设备。下面介绍几种常用的配气系统原理。

（1）三组分手动配气系统

三组分手动配气系统相对简单，一般由煤气表、储气罐、燃气管路组成，储气罐的容积应满足检验要求。原料气源为氢气、甲烷（或丙烷）、氮气。配气前需要计算出原料气源的比例。然后根据预先确定的配气量，计算出三种原料气源的需要量。配气时按照三种原料气源的需要量依次输入储气罐中，放置一段时间即可使用。

（2）三组分连续压力配气系统

现以某公司生产的配气装置为例，介绍一下三组分连续压力配气系统原理。图8-18

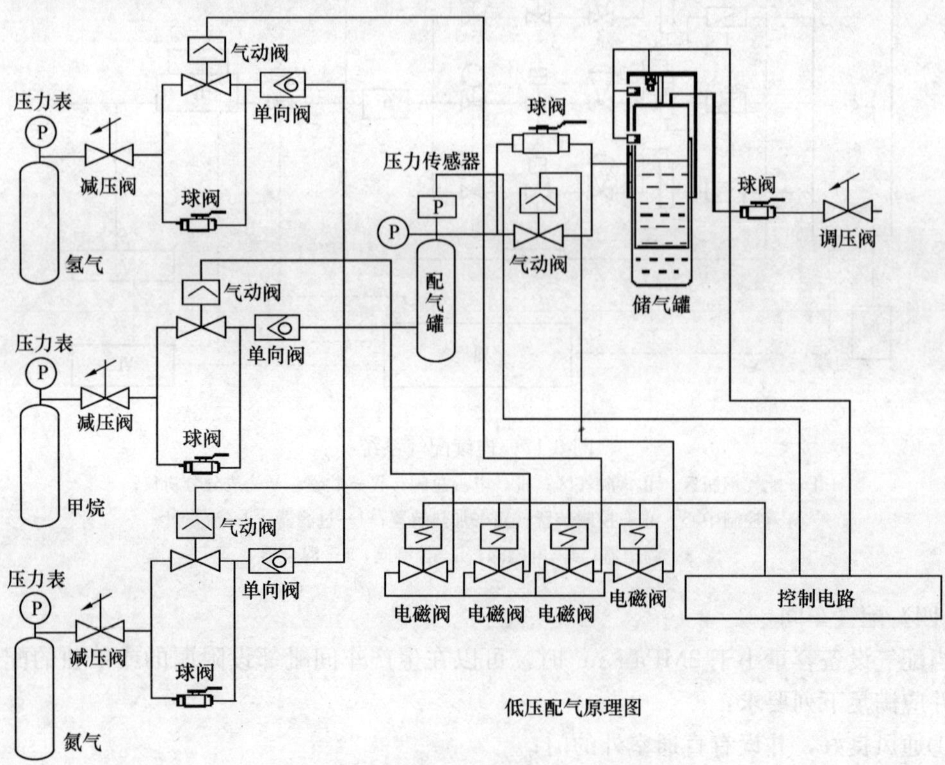

图8-18　三组分连续低压配气原理图

为三组分连续低压配气系统图。该设备由控制柜、配气柜、储气罐等组成。

原料气源通常为氢气、甲烷（或丙烷）、氮气。进行配气时，只需将配制气的华白数和燃烧势输入控制柜，装置自动计算出原料气源的比例。配气装置通过气动阀、精密压力传感器控制原料气源的比例，实现精密自动配气。原料气源在配气罐中混合后进入储气罐中储存，储气罐装有行程开关组件，通过行程开关组件的控制实现连续配气。

（3）三组分连续流量配气系统

现以博益（天津）气动技术研究所生产的配气系统为例，介绍一下三组分流量连续配气系统原理。图 8-19 为连续流量配气系统图。该配气系统分为两个柜体，一个柜体为电气控制柜即控制单元 12，其余为配气柜。两柜体之间通过电路、气路相连。

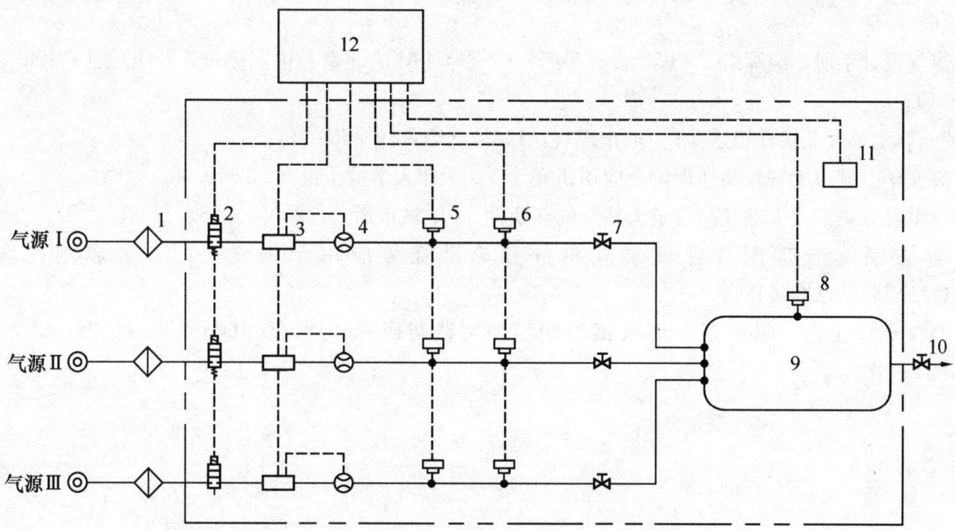

图 8-19　连续配气系统

1—过滤器；2—电磁阀；3—流量控制器；4—流量传感器；5—压力传感器；6—温度传感器；7—球阀；8—压力传感器；9—混气罐；10—球阀；11—燃气报警器；12—控制单元

气源Ⅰ、Ⅱ、Ⅲ为原料气源，一般常用 H_2、CH_4（C_3H_8）、N_2。原料气源经过过滤器 1、电磁阀 2、流量控制器 3、流量传感器 4、压力传感器 5、温度传感器 6、球阀 7 进入混气罐 9。电磁阀 2、流量控制器 3、压力传感器 5、温度传感器 6 分别与控制单元 12 电气相连。进行配气时，只需将配制气的华白数和燃烧势输入控制单元 12，控制单元 12 可自动计算 H_2、CH_4（C_3H_8）、N_2 等原料气的比例，然后通过流量控制器 3 按比例自动控制三种原料气的流量输入到混气罐 9。混气罐 9 内部有自动混气装置，配制的气体可直接使用，不需要静置。流量控制是由控制单元 12 发出指令给流量控制器 3，并与流量传感器 4 形成闭环反馈控制，因此可以精确地控制流量，保证配气精度。压力传感器 5 和温度传感器 6 用于对流量进行压力和温度补偿。燃气报警器 11 用于燃气泄漏报警。配气系统可通过球阀 10 连接湿式罐或干式罐储存配制的气体以供使用。另外配气系统还有加压检漏功能。在不进行配气时，可用此功能进行配气系统的泄漏检测。

参考文献

[1] 同济大学，重庆建筑大学，哈尔滨建筑大学，等编．燃气燃烧与应用（第三版）[M]. 北京：中国建筑工业出版社，2000.

[2] 金志刚主编．燃气测试技术手册 [M]. 天津：天津大学出版社，1994.

[3] 德尔布讲义，同济大学燃气教研室整理．燃气火焰的稳定与燃气互换性 [J]. 1982，(5)：52～60；(6)：44～53.

[4] 金志刚．燃气互换性、燃具适应性与燃气分类 [J]. 家用燃气具，2009，(5)．

[5] 姜正侯主编．燃气工程技术手册 [M]. 上海：同济大学出版社，1993.

[6] Elmer R. Weaver. Formulas and Graphs for Representing the Interchangeability of Fuel Gases [J]. Journal of Research of the National Bureau of Standards，46 (3)，1951，213-245.

[7] 日本煤气协会编，李强霖，蔡玉琢译．煤气应用手册 [M]. 北京：中国建筑工业出版社，1989，48～63.

[8]《煤气设计手册》编写组．《煤气设计手册》(下册) [M]. 北京：中国建筑工业出版社，1987，373～405.

[9] 浦镕修．煤气互换性综述 [J]. 城市煤气，1980，(6)：49～65.

[10] 高文学．城市燃气互换性理论及应用研究 [D]. 天津大学博士论文，2010.06.

[11] 李猷嘉．论液化天然气与管道天然气的互换性 [J]. 城市燃气，2009，(06)：3～14.

[12] 金志刚．合理配气保证供气质量-三论燃烧势应用于供气 [J]．金志刚论文集，GASSHOW.COM 2005.

[13] 高文学，王启，赵自军．燃气试验配气的实践与研究 [J]. 煤气与热力，2008，28 (11)：B31～35.

附录 8-1

《城镇燃气分类和基本特性》
GB/T 13611—2006

1　范围

本标准规定了城镇燃气的术语和定义，分类和技术要求，特性指标计算方法、特性指标要求和民用燃气燃烧器具的试验气。

本标准适用于作城镇燃料使用的各种燃气的分类。

2　规范性引用文件

下列文件中的条款通过本标准的引用而成为本标准的条款。凡是注日期的引用文件，其随后所有的修改单（不包括勘误的内容）或修订版均不适用于本标准，然而，鼓励根据本标准达成协议的各方研究是否可使用这些文件的最新版本。凡是不注日期的引用文件，其最新版本适用于本标准。

天然气发热量、密度、相对密度和沃泊指数的计算方法（GB/T 11062—1998，neq ISO 6976：1995）

3 术语和定义

下列术语和定义适用于本标准。

3.1 城镇燃气 city gas; town gas

符合规范的燃气质量要求，供给居民生活、商业（公共建筑）和工业企业生产作燃料用的公用性质的燃气。城镇燃气一般包括天然气、液化石油气和人工煤气。

3.2 华白数 Wobbe number; Wobbe index

燃气的热值与其相对密度平方根的比值。

3.3 燃烧势 combustion potential

燃烧速度指数。

3.4 基准气（基准燃气） reference gas

代表某种燃气的标准气体。

3.5 界限气（界限燃气） limit gas

根据燃气允许的波动范围配制的标准气体。

4 城镇燃气分类和技术要求

4.1 城镇燃气分类原则

城镇燃气应按燃气类别及其燃烧特性指标（华白数 W 和燃烧势 CP）分类，并应控制其波动范围。

4.2 城镇燃气燃烧特性指标计算方法

4.2.1 华白数 W

华白数 W 可按式（1）计算：

$$W=\frac{H}{\sqrt{d}} \tag{1}$$

式中 W——华白数（分高华白数 W_s 和低华白数 W_i）（MJ/m^3）；

H——燃气热值（分高热值 H_s 和低热值 H_i）（MJ/m^3）；

d——燃气相对密度（空气相对密度为 1）。

4.2.2 燃烧势 CP

燃烧势 CP 可按式（2）计算：

$$CP=K\times\frac{1.0H_2+0.6(C_mH_n+CO)+0.3CH_4}{\sqrt{d}} \tag{2}$$

$$K=1+0.0054\times O_2^2 \tag{3}$$

式中 CP——燃烧势；

H_2——燃气中氢体积分数（%）；

C_mH_n——燃气中除甲烷以外碳氢化合物体积分数（%）；

CO——燃气中一氧化碳体积分数（%）；

CH_4——燃气中甲烷体积分数（%）；

d——燃气相对密度（空气相对密度为 1）；

K——燃气中氧含量修正系数；

O_2——燃气中氧体积分数（%）。

4.3　城镇燃气的类别及特性指标

城镇燃气的类别及特性指标应符合附表 1 的规定。

4.4　城镇燃气的试验气

城镇燃气的试验气宜符合附表 2 的规定。

城镇燃气的类别及特性指标（15℃，101.325kPa，干）　　**附表 1**

类别		高华白数 W_S（MJ/m^3）		燃烧势 CP	
		标准	范围	标准	范围
人工煤气	3R	13.71	12.63～14.66	77.7	46.5～85.5
	4R	17.78	16.38～19.03	107.9	64.7～118.7
	5R	21.57	19.81～23.17	93.9	54.4～95.6
	6R	25.69	23.85～27.95	108.3	63.1～111.4
	7R	31.00	28.57～33.12	120.9	71.5～129.0
天然气	3T	13.28	12.22～14.35	22.0	21.0～50.6
	4T	17.13	15.75～18.54	24.9	24.0～57.3
	6T	23.35	21.76～25.01	18.5	17.3～42.7
	10T	41.52	39.06～44.84	33.0	31.0～34.3
	12T	50.73	45.67～54.78	40.3	36.3～69.3
液化石油气	19Y	76.84	72.86～76.84	48.2	48.2～49.4
	22Y	87.53	81.83～87.53	41.6	41.6～44.9
	20Y	79.64	72.86～87.53	46.3	41.6～49.4

注：1. 3T、4T 为矿井气，6T 为沼气，其燃烧特性接近天然气。

2. 22Y 高华白数 W_S 的下限值 81.83MJ/m^3，为体积分数（%）$C_3H_8=55$，$C_4H_{10}=45$ 时的计算值

城镇燃气的试验气（15℃，101.325kPa，干）　　**附表 2**

类别		试验气	体积分数（%）	相对密度 d	热值（MJ/m^3）		华白数（MJ/m^3）		燃烧势 CP	理论干烟气中 CO_2 体积分数（%）
					H_i	H_s	W_i	W_s		
人工煤气	3R	0	$CH_4=8.7$，$H_2=50.9$，$N_2=40.4$	0.474	8.16	9.44	11.85	13.71	77.7	4.14
		1	$CH_4=12.7$，$H_2=46.1$，$N_2=41.2$	0.501	9.03	10.37	12.74	14.66	70.5	5.38
		2	$CH_4=6.6$，$H_2=55.1$，$N_2=38.3$	0.445	7.87	9.16	11.80	13.72	85.5	3.33
		3	$CH_4=16.1$，$H_2=31.7$，$N_2=52.2$	0.616	8.72	9.92	11.10	12.62	46.5	6.47
	4R	0	$CH_4=8.4$，$H_2=62.9$，$N_2=28.7$	0.368	9.29	10.78	15.31	17.78	107.9	3.84
		1	$CH_4=13.3$，$H_2=57.5$，$N_2=29.2$	0.396	10.40	11.98	16.52	19.03	97.7	5.31
		2	$CH_4=5.9$，$H_2=67.3$，$N_2=26.8$	0.339	8.88	10.37	15.26	17.82	118.7	2.90
		3	$CH_4=18.1$，$H_2=41.3$，$N_2=40.6$	0.522	10.38	11.83	14.37	16.38	64.7	6.64

续表

类别		试验气	体积分数（%）	相对密度 d	热值（MJ/m^3） H_i	热值（MJ/m^3） H_s	华白数（MJ/m^3） W_i	华白数（MJ/m^3） W_s	燃烧势 CP	理论干烟气中 CO_2 体积分数（%）
人工煤气	5R	0	CH_4=19，H_2=54，N_2=27	0.404	11.98	13.71	18.85	21.57	93.9	6.54
		1	CH_4=25，H_2=48，N_2=27	0.433	13.41	15.25	20.37	23.17	84.3	7.57
		2	CH_4=18，H_2=55，N_2=27	0.399	11.74	13.45	18.58	21.29	95.6	6.34
		3	CH_4=29，H_2=32，N_2=39	0.560	13.13	14.83	17.55	19.81	54.4	8.38
	6R	0	CH_4=22，H_2=58，N_2=20	0.356	13.41	15.33	22.48	25.69	108.3	6.95
		1	CH_4=29，H_2=52，N_2=19	0.381	15.18	17.25	24.59	27.95	98.4	7.97
		2	CH_4=22，H_2=59，N_2=19	0.347	13.51	15.45	22.94	26.23	111.4	6.93
		3	CH_4=34，H_2=35，N_2=31	0.513	15.14	17.08	21.14	23.85	63.1	8.80
	7R	0	CH_4=27，H_2=60，N_2=13	0.317	15.31	17.46	27.19	31.00	120.9	7.59
		1	CH_4=34，H_2=54，N_2=12	0.342	17.08	19.38	29.20	33.12	109.7	8.34
		2	CH_4=25，H_2=63，N_2=12	0.299	14.94	17.07	27.34	31.23	129.0	7.28
		3	CH_4=40，H_2=37，N_2=23	0.470	17.39	19.59	25.36	28.57	71.5	9.23
天然气	3T	0	CH_4=32.5，air=67.5	0.855	11.06	12.28	11.95	13.28	22.0	11.74
		1	CH_4=34.9，air=65.1	0.845	11.87	13.19	12.92	14.35	22.9	11.74
		2	CH_4=16.0，H_2=34.2，N_2=49.8	0.594	8.94	10.18	11.59	13.21	50.6	6.27
		3	CH_4=30.1，air=69.9	0.866	10.24	11.37	11.00	12.22	21.00	11.74
	4T	0	CH_4=41，air=59	0.818	13.95	15.49	15.43	17.13	24.9	11.74
		1	CH_4=44，air=56	0.804	14.97	16.62	16.69	18.54	25.7	11.74
		2	CH_4=22，H_2=36，N_2=42	0.553	11.16	12.67	15.01	17.03	57.3	7.40
		3	CH_4=38，air=62	0.831	12.93	14.36	14.19	15.75	24.0	11.74
	6T	0	CH_4=53.4，N_2=46.6	0.747	18.16	20.18	21.01	23.35	18.5	10.65
		1	CH_4=56.7，N_2=43.3	0.733	19.29	21.42	22.53	25.01	19.9	10.77
		2	CH_4=41.3，H_2=20.9，N_2=37.8	0.609	16.18	18.13	20.73	23.23	42.7	9.36
		3	CH_4=50.2，N_2=49.8	0.760	17.08	18.97	19.59	21.76	17.3	10.51
	10T	0，2	CH_4=86，N_2=14	0.613	29.25	32.49	37.38	41.52	33.0	11.52
		1	CH_4=80，C_3H_8=7，N_2=13	0.678	33.37	36.92	40.53	44.84	34.3	11.92
		3	CH_4=82，N_2=18	0.629	27.89	30.98	35.17	39.06	31.0	11.44
	12T	0	CH_4=100	0.555	34.02	37.78	45.67	50.73	40.3	11.74
		1	CH_4=87，G_3H_8=13	0.684	41.03	45.30	49.61	54.78	41.0	11.53
		2	CH_4=77，H_2=23	0.443	28.54	31.87	42.88	47.88	69.3	11.01
		3	CH_4=92.5，N_2=7.5	0.586	31.46	34.95	41.11	45.67	36.3	11.63

续表

<table>
<tr><th rowspan="2" colspan="2">类　别</th><th rowspan="2">试验气</th><th rowspan="2">体积分数（%）</th><th rowspan="2">相对密度 d</th><th colspan="2">热值（MJ/m³）</th><th colspan="2">华白数（MJ/m³）</th><th rowspan="2">燃烧势 CP</th><th rowspan="2">理论干烟气中 CO₂ 体积分数（%）</th></tr>
<tr><th>H_i</th><th>H_s</th><th>W_i</th><th>W_s</th></tr>
<tr><td rowspan="11">液化石油气</td><td rowspan="2">19Y</td><td>0,1,3</td><td>$C_3H_8=100$</td><td>1.550</td><td>88.00</td><td>95.65</td><td>70.69</td><td>76.84</td><td>48.2</td><td>13.76</td></tr>
<tr><td>2，3</td><td>$C_3H_6=100$</td><td>1.476</td><td>82.78</td><td>88.52</td><td>68.14</td><td>72.86</td><td>49.4</td><td>15.06</td></tr>
<tr><td rowspan="3">22Y</td><td>0，1</td><td>$C_4H_{10}=100$</td><td>2.079</td><td>116.48</td><td>126.21</td><td>80.79</td><td>87.53</td><td>41.6</td><td>14.06</td></tr>
<tr><td>2</td><td>$C_3H_6=100$</td><td>1.476</td><td>82.78</td><td>88.52</td><td>68.14</td><td>72.86</td><td>49.4</td><td>15.06</td></tr>
<tr><td>3</td><td>$C_3H_8=100$</td><td>1.550</td><td>88.00</td><td>95.65</td><td>70.69</td><td>76.84</td><td>48.2</td><td>13.76</td></tr>
<tr><td rowspan="4">20Y</td><td>0</td><td>$C_3H_8=75$，$C_4H_{10}=25$</td><td>1.682</td><td>95.12</td><td>103.29</td><td>73.34</td><td>79.64</td><td>46.3</td><td>13.85</td></tr>
<tr><td>1</td><td>$C_4H_{10}=100$</td><td>2.079</td><td>116.48</td><td>126.21</td><td>80.79</td><td>87.53</td><td>41.6</td><td>14.06</td></tr>
<tr><td>2</td><td>$C_3H_6=100$</td><td>1.476</td><td>82.78</td><td>88.52</td><td>68.14</td><td>72.86</td><td>49.4</td><td>15.06</td></tr>
<tr><td>3</td><td>$C_3H_8=100$</td><td>1.550</td><td>88.00</td><td>95.65</td><td>70.69</td><td>76.84</td><td>48.2</td><td>13.76</td></tr>
</table>

注：1. 相对密度 d、热值 H 和华白数 W 按本标准表 B.1 的规定值计算确定。

2. 空气（air）的体积分数：$O_2=21\%$，$N_2=79\%$。

3. 试验气：0—基准气，1—黄焰和不完全燃烧界限气，2—回火界限气，3—脱火界限气。

第九章　烟　　气　　分　　析

燃气燃烧后产生的气体混合物，统称为烟气。烟气成分分析是燃气燃烧测试工作中很重要的一项。根据烟气中氧含量的多少，就可以推算出燃烧所用空气的多少，进而可以调整空气量，使燃烧设备具有较高的热效率。另外分析烟气中未完全燃烧的气体可以评价燃气燃烧的完全程度。为了保护环境，烟气中有些有害物不允许超过一定的限度。因此对有害物的分析也是一项重要的测试工作。

第一节　概　　述

一、烟气主要成分

燃气燃烧后产生的烟气中的成分有二氧化碳、水蒸气、氮气、氧气、一氧化碳、氮氧化物及硫化物等。但是由于燃气成分与燃烧的情况不同，烟气中各种成分会有些变化。

（一）理想情况下的烟气

所谓理想情况，是指燃气中不含杂质，并且与理论空气量混合完全燃烧。在这种情况下，烟气中只有二氧化碳、水蒸气及氮气。因为没有过剩空气，所以烟气中不含有氧气，又由于燃烧完全，所以也不产生一氧化碳及未被完全燃烧的可燃气体（此处略去因化学平衡而产生的微量气体成分）。

虽然上述情况实际上是不存在的，但是在计算中，常以此情况为基准数。

（二）在有过剩空气下正常燃烧的烟气

这是生产实践中的主要情况。为了使燃气与空气很好地燃烧，空气总要稍多一些，也即空气系数要略大于 1。这样烟气中就有一些氧气，而且氧气含量越高表示过剩空气越多，同时二氧化碳含量必然降低。烟气中一氧化碳与氮氧化物等有害气体含量受过剩空气量、燃烧过程等因素影响。各种燃气燃烧设备的烟气中，一氧化碳与氮氧化物的允许含量有明确的规定。

过剩空气过多会损失热量，降低热效率。通过分析烟气中的氧或二氧化碳含量的变化，可以估计热效率的高低。

（三）未完全燃烧的烟气

当烟气中一氧化碳含量过高，并含有一定量的未被完全燃烧的燃气时，表示燃烧不正常，应及时调整燃烧过程，恢复正常燃烧工况。

二、干烟气与湿烟气

烟气中有一定量的水蒸气。但是，随着温度的变化，水蒸气会凝结出来，这样给分析工作带来困难。通常要求先把其中水蒸气除掉，对干烟气进行成分分析。水蒸气含量可以通过烟气温度测量确定，也可以通过计算求得。

三、烟气中单项成分分析与综合分析

在燃气燃烧测试工作中，有时需要测量烟气中多种成分，以便全面了解燃烧过程及各项效果；有时根据某项指标要求，只需要测一种成分。前者称为综合分析，后者属于单项分析。

第二节　烟气成分单项分析

一、红外线分析仪

利用光学原理分析气体的方法已被广泛地用于石油、化工及其他部门。它是根据光波在不同波长区域的辐射和吸收特性分析某种气体的含量。在这里我们着重介绍红外线分析 CO 与 CO_2 的原理及其仪器使用方法。

（一）基本原理

光具有波动和粒子双重特性。红外线、可见光、无线电波以及 γ 射线等都是电磁波。和声波一样，它们都可以用频率 ν 与波长 λ 来描述。可见光的波长比无线电波短得多。在可见光中，以红光波长最长（约 0.65μm）。大于 0.76μm 的光线就叫红外线（0.76～300μm），人眼是看不见它的。

根据光的波粒二象性理论，光（也是一种电磁波）的能量不是在空间连续传播的，而是以一份一份集中的能量在空间传播。而这一份一份集中的光能量，即为光子。因此光的辐射和吸收具有不连续的量子特征。

电磁辐射是由荷电粒子的加速运动产生的。相反，电磁辐射作用于带电粒子上，能使它产生加速运动。原子和分子中电子的能量具有不连续的分立数值，即电子处在不同能级中。当电子从外界吸收辐射能后，可由较低能级跃迁到较高能级；当由高级能向低级能跃迁时，电子就辐射能量。电子吸收或辐射能量时，一定要遵守的频率条件为：

$$|W_f - W_i| = h\nu \tag{9-1}$$

式中　W_f——终态能级中电子具有的能量；

W_i——初态能级中电子具有的能量；

ν——吸收或辐射的频率；

h——普朗克常数。

一定分子的固有能级是一定的，故它有一些特定的频率。当外界辐射的频率与其相符时，就能被分子吸收。因为不同波长的光波在同一介质中传播速度 C 相等（在真空中 $C \approx 3\times10^8$m/s），所以 $\lambda\nu$=常数，即波长 λ 与频率 ν 成反比。这说明电子吸收或辐射的能量与波长有一定关系。烟气中各种成分，由于其固有能级不一样，某一成分只能吸收特定波长的红外线。如在近红外区，CO_2 吸收波长为 2.7μm 和 4.26μm，CO 为 4.65μm，甲烷为 2.4μm、3.3μm 和 7.65μm（见图 9-1）。

光通过含有某种气体的介质时，此种气体根据它自己的固有能级吸收某特定波长的光线，使光线减弱。根据朗伯-贝尔定律，光强变化与气体浓度关系为：

$$I = I_0 e^{-\mu c l} \tag{9-2}$$

式中　I——通过气样后的红外线光强度；

I_0——通过气样前的红外线光强度；

μ——被测气体的吸收系数；

c——被测气体浓度；

l——红外线穿过气样厚度。

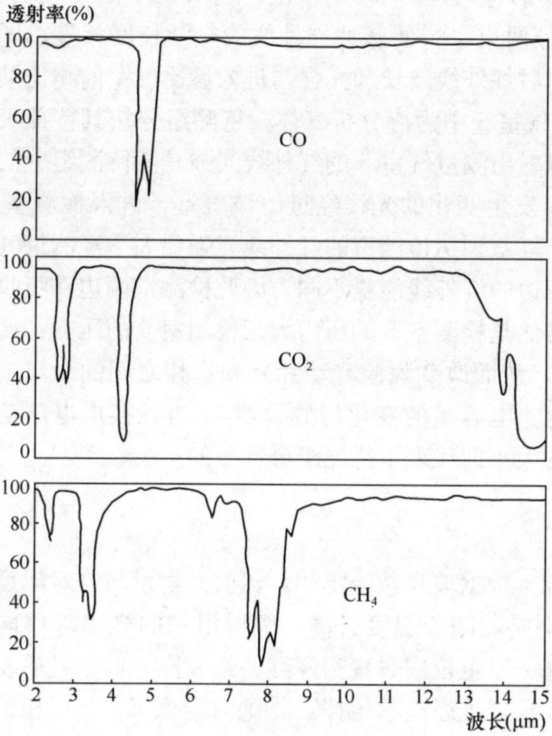

图 9-1　红外线吸收谱

当 I_0、μ 及 l 为常数时，测得 I 值即可推算出浓度 c。

（二）测量仪器的分类

大部分有机和无机物质在红外区域都有特定的吸收峰，但是具有对称结构的无极性双原子分子，如 O_2、N_2、H_2 及单原子气体 He、Ne、Ar 等并不吸收 1～25μm 波长的红外辐射能量，所以红外线气体分析仪不能分析这类气体。不过，这类气体作为仪器的零点气还是很合适的。

红外线气体分析仪器的主要分析对象有 CO、CO_2、NO、CH_4、C_2H_2、C_3H_6、C_3H_8、HC、NH_3 及 H_2O 等。对于烟气来说，主要是 CO、CO_2、NO。

红外线气体分析仪器根据光源的条件还可分为分光式与非分光式两种。

分光式仪器具有分光系统，可以连续改变波长，能够测出气体在各波长的吸收情况。根据被测气体在某波长的最高吸收峰，可以判定气体的性质，所以它可以做定性分析。由于它借分光系统能分出各种单色光，故称为分光式。目前，在工业连续分析中，分光式使用很少。

非分光式的仪器将光源的连续光谱全部射到被测气体中，气体吸收波长具有积分性质。如图 9-1 所示，CO_2 有三个吸收峰，可见非分光式仪器的灵敏度比分光式仪器高得多，并且不需要复杂、精密的分光系统，有较高的信号/噪声比，因此稳定性比较好。但是，它的缺点是只能分析某种固定气体的浓度，不能定性分析。另外，被测气体成分间有重叠的吸收峰时，会给测量带来干扰。为此在结构上要增加抗干扰的滤波器等措施。

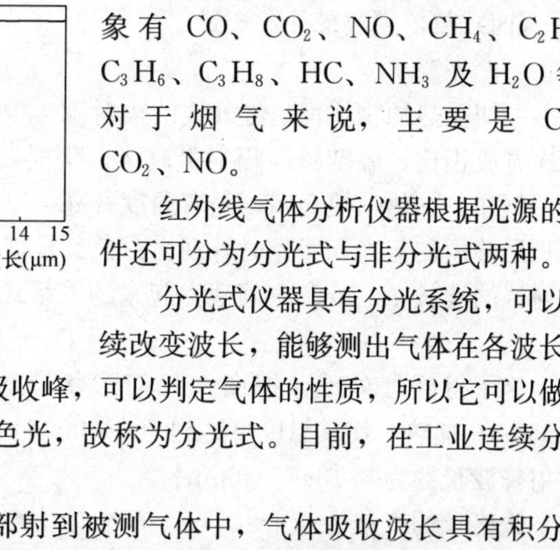

图 9-2　红外气体分析仪的结构原理

1—红外光源；2—反光镜；3—切光片；4—参比气室；5—测量气室；6，7—滤波气室；8，9—检测室；10—测量元件；11—放大器；12—记录仪

（三）非分光式仪器的组成

红外气体分析仪结构原理见图 9-2。由红外光源 1 发射出具有一定波长范围的红外线，经过反光镜 2 后，分成两束平行

的红外线光束，切光片 3 在同步电机带动下作周期性旋转，将两束光线按一定周期切割，使两束红外线变成了脉冲式红外线辐射，其脉冲频率一般在 3～25Hz 之间，要求两束红外线的波长范围与发射能量基本相同。其中一束经过参比气室 4、滤波气室 6 后进入检测室 8。另一束经过测量气室 5、滤波气室 7 后进入检测室 9。参比气室 4 中封入了不吸收红外线的气体，如 N_2，它的作用是为了保证两束平行的脉冲红外线的光学长度相等，即光程加上窗口的数值相等。经过参比气室 4 后红外线波长和光强与进入参比气室前相比基本不变。另一束经过测量气室 5，由于测量气室 5 中为待分析气体，待测组分按其特征吸收波长，吸收了相当一部分的红外线，所以射出测量气室 5 的红外线光强是随待测组分的浓度不同而变化的。从测量气室来的那一束发生变化的光线经过滤波气室，进入检测室 9。进入检测室两边的两束光强不等，经参比气室到达检测室的红外线光强要大于经测量气室到达检测室的红外线光强。由于检测室两边的红外线能量不同，因此检测室两边在吸收上就不同，造成两边的温度变化的不同，必然是检测室 8 的压力大于检测室 9 的压力，使测量元件 10 中的隔膜向检测室 9 方向移动，从而改变隔膜（动片）和定片之间的距离，使隔膜和定片组成的电容的电容量发生变化。电容量的变化经放大器 11 再转换成电压信号输出到记录仪上进行显示输出。此信号的大小即代表了待测组分含量的多少。

（四）仪器主要部件

（1）光源

一切受热的物体都是红外线的辐射源。根据玻耳兹曼定律，辐射发射量与绝对温度的四次方成正比，温度越高辐射量越大。但是，随着温度升高，辐射出来的光谱却移向短波。例如，加热一块金属，随着温度升高。颜色依次表现为深红、红、橙、黄，最后发射波长足够短的蓝光和紫光时外观为白色。根据维恩迁移定律，将绝对温度 T（K）和辐射发射峰的波长 λ（μm）之间建立起来的关系式为：

$$T\lambda = 2893 \tag{9-3}$$

为了得到红外线，把两个几何形状和物理参数相同的镍铬合金丝由稳定的电流（1.35A）加热，使其温度可达到 700～900℃。此时根据式（9-3）可以推算出得到的辐射发射峰波长约为 3.13～2.46μm。

镍铬丝的直径为 0.4～0.7mm，加热功率为 7～8W 左右，太小灵敏度不够．太大加热丝的分子挥发太快，会改变丝的规格，使反射器内室变黑。

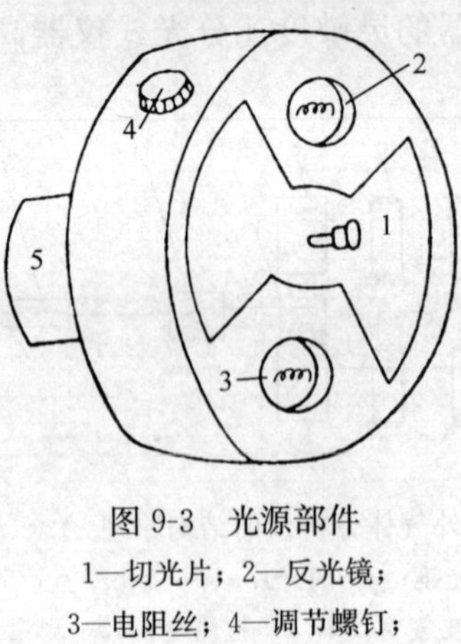

图 9-3　光源部件

1—切光片；2—反光镜；3—电阻丝；4—调节螺钉；5—同步电机

镍铬丝光源是向各方向的。为增强通过气室的光强，可采用反光镜（图 9-2 中 2）。反光镜内壁的光洁度要高，表面不易氧化，反射效率高。一般采用黄铜镀金、玻璃管镀铬或铝合金抛光等方法制成。

（2）切光片

使用电容微音器的检测器，按两路光进入检测器的时间分成单通式和双通式两种。单通式用的切光片是半圆形的，它使两路光线轮流进入检测室。双通式配用的切光片是十字形的，它使两路光同时进入检测室。切光片的形状如图 9-3 所示。切光片调制光束，要求其平直。一般由镀黑的铝合金支撑。由同步电机带动旋转。

（3）气室

气室包括测量气室、参比气室和滤波气室。它们的结构基本相同，都是圆筒形，两端用晶片（或称窗口）密封。测量气室中有气体的进、出口，参比气室和滤波气室都是密封的。它们的结构和特点是内壁光洁，不吸收红外线，不吸附气体，化学性能稳定。制造气室的材料可用黄铜镀金、玻璃管镀金或铝合金，内壁抛光，因为光线的很大部分要经过气室内壁多次反射才能到达检测室，光洁的内壁有很好的反射系数，光强的损失很小。而粗糙的内壁则会吸收很大一部分光强，使光强减弱，造成测量误差。

被测气体的浓度很小时，需要长的气室，所以微量分析仪器的气室长于常量分析仪器的气室。长气室加工困难，可用玻璃管制成，内部再镀金。镀金的气室还可以防止内壁氧化而降低反射系数。气室的内径太大容易增加测量的滞后时间，内径太小又减弱了光强，所以气室内径一般取 20～30mm。由于气室内壁要求具有很高的光洁度，所以必须采取可靠措施防止气室污染。

（4）检测器

检测器又叫接收器，被测气体成分吸收红外线部分能量后，使辐射强度发生微弱变化，并反应于敏感元件，即接收元件上。红外线的接收元件大部分基于热作用，并将热量转化为电信号。检测器有很多种，如热电偶式检测器、光敏电阻、辐射电阻温度计及薄膜电容检测器（微音器）等。其中以薄膜微音器最普遍。其特点是温度变化影响小，选择性好，灵敏度高。

红外气体分仪的检测器有单通道和双通道两种结构形式（见图 9-4、图 9-5）。单通道检测器与双通道检测器不同之处是：单通道检测器的检测室后部的小孔只与膜片的一边相连，两个检测室的压力变化都作用于膜片的一边；双通道检测器两个检测室传递压力的孔道的长度不一样，稳定性不如单通道好，但灵敏度比单通道好。在双通道薄膜电容检测器的支撑器上有一个用于沟通薄膜两侧空间的静平衡小孔，孔径很小，用于迅速消除薄膜空间两侧的压差，使薄膜很快恢复到平衡位置，并自动消除环境温度变化引起的测量误差。

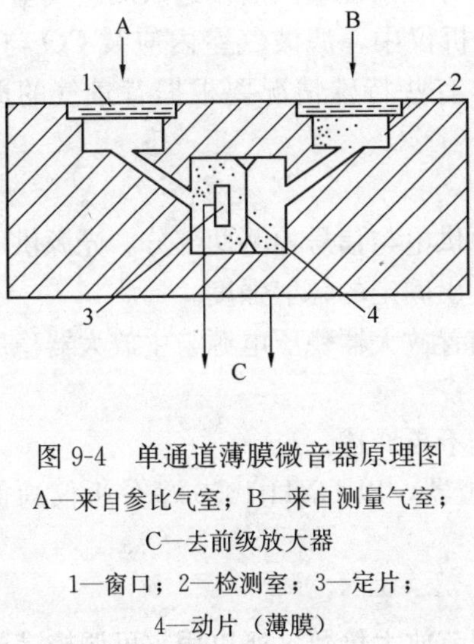

图 9-4　单通道薄膜微音器原理图

A—来自参比气室；B—来自测量气室；

C—去前级放大器

1—窗口；2—检测室；3—定片；

4—动片（薄膜）

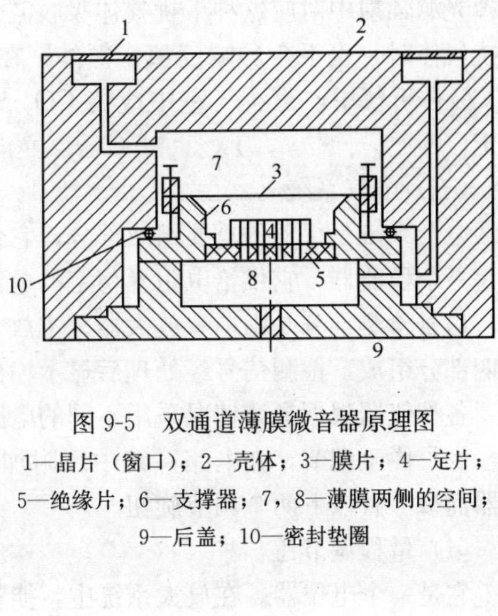

图 9-5　双通道薄膜微音器原理图

1—晶片（窗口）；2—壳体；3—膜片；4—定片；

5—绝缘片；6—支撑器；7，8—薄膜两侧的空间；

9—后盖；10—密封垫圈

以图 9-4 为例，来自参比气室及测量气室的两束红外线 A 和 B 分别射入两个检测室。动片 4 是一块厚约 5～10μm 的铝箔薄膜，而定片是一金属固定电极。动片与定片间距约为 0.05～0.08mm。它们组成电容的两极，电容量约为 50～100μF。检测室由金属制成。窗口由透红外线的材料做密封。两个检测室内的气体被动片薄膜隔开，但在结构上安置一个直径为几十微米的微孔，以使两边的气体静压平衡。当测量气室内通零点气时，来自参比气室及测量气室的红外线能量平衡，动片薄膜两边的压力相等。动片薄膜维持在平稳位置。当来自测量气室的光束一部分能量被测量气室中的被测气体吸收后，进入检测室测量边的能量减弱，致使这边压力减小，于是薄膜偏离定片方向，从而改变了电容量 C。因为电容量 C 与两极之间距离 D 成反比，所以 D 越小灵敏度越高。但是 D 也不能太小，因为 D 过小会造成两极间短路。由于红外线光束被切光片调制，光线按照一定频率（一般为 6.25Hz）间断地送入检测室，所以电容量 C 也按此频率周期变化。在电容极间加一定电压后，就能重复地进行充电和放电。充电放电的电流大小取决于电容量变化的幅度（它可以代表被测气体浓度大小）。此电流经高电阻产生的压降送到放大器放大，最后可在电表中指示出来，经过标定后即得到被测气体的浓度。

（5）窗口材料

红外线气体分析仪中需要有六、七处窗口。普通玻璃能透过可见光，但对红外线的透明度却很低，故不能作为窗口材料。常用的窗口材料有氟化锂 LiF、氟化钙 C_aF_2、蓝宝石 Al_2O_3 及石英等。CO 分析仪多采用氟化钙；而 CO_2 分析仪多采用蓝宝石。

（6）滤波器

为了不受其他气体浓度的干扰，需要在光学系统中设置滤波器。常用滤波器有两种，一为滤波晶片；一为滤波气室。

滤波晶片是在原来晶片表面上喷涂若干涂层，能造出透过很窄的光谱间隔的红外线滤光片。质量好的滤波晶片滤波效果好，能使仪表结构简单，但制造工艺复杂，且只有一、二种干扰组分时，滤波效果不如滤波气室。选用滤波晶片还是滤波气室，主要由气样中是否存在干扰组分和它们的含量多少确定。滤波气室内密封有需要防止其干扰的气体，它能除掉光源辐射中对应这种干扰气体吸收波长的那部分辐射能量。所以进入测量气室中有此干扰气体时，也不会影响读值。例如，在 CO_2 分析仪中，滤波气室内应装 CO 与 CH_4，而 CO 分析仪中，滤波气室中应装 CO_2 与 CH_4。有些特殊情况要根据背景气的成分来决定。

（五）电气系统

电气系统是仪器的重要组成部分，它包括光源供电与信号检测两部分。光源供电实际上是一个稳流器，它供给电阻丝稳定的电流，以发出固定的辐射强度。

信号检测部分是由前置放大器、主放大器、前置放大器稳压电源与主放大器稳压电源等四部分组成。检测信号经处理后显示输出。

各种仪器根据具体情况采用不同的电路，这里不再详述。

为了便于调节，在电路系统中还附加一些电位器，以 GXH-1050 型分析仪为例，控制器面板上有以下两个调节旋钮。

（1）量程调节钮

它是一个电位器，在放大系统中，能精细地调节放大倍数。所以用它可调校满刻度量程。如果要扩大仪器的量程可用之把放大倍数降低。

(2) 零点调节钮

它也是一个电位器，利用它从电源的负压取出一个与仪器不平衡信号方向相反、大小相等的电流，以抵消仪器的不平衡信号，使仪器读值指零。

也有些分析仪控制面板上没有上述的电位器，量程与零点的校准采用自动校准的方式，零点校准的时间间隔可人为设定，到达设定的时间间隔时分析仪自动通入零点气（空气或高纯氮气）校准零点。量程校准通过输入测量范围70%～100%的已知浓度的标准气，并输入已知浓度值，仪器自动调校。

（六）气路系统

进入分析仪器的气样必须保证干燥、无尘、低温，并且要保证气体流速及压力稳定、均匀。接到分析仪器的被测气体管路应尽可能短，以减少滞后时间，取样管路的安装，应使管路内不积累冷凝水。气样在进入分析仪器之前首先通过冷凝器（压缩冷凝器或者半导体热电堆冷凝器）除湿，冷凝液排至溢流罐或经蠕动泵连续排出，除湿后的气体再经过滤除尘，最后进入气体分析仪进行分析。另外，为了保证仪器精度，输入的零点气，满量程气及被测气体的流量均应相等，一般为0.5L/min。利用压力调节器和流量计控制气流，可达此要求。

（七）仪器技术参数

(1) GXH-1050型红外线分析仪（常量分析用）

①测量范围：CO：0～30；0～40；0～50；0～60；0～70；0～100（%）。
　　　　　　CO_2：0～40；0～50；0～70；0～100（%）。

②重复性：≤2%（分辨率：常量为0.01%体积分数，微量为10^{-6}体积分数）。

③稳定性：示值漂移≤±5%F.S/7h。(F.S为满量程)

④线性误差：≤±5%F.S。

⑤相对湿度：≤90%。

⑥仪器响应时间：T0-T90≤45s。

⑦被测气体流量：0.5～3.0L/min；使用环境温度：0～40℃。

⑧供电电源：220V±10%；50±0.5Hz；150W。

⑨输出测量值：0-20mA；0-10mV；4-20mA；1-5V。

(2) GXH-1050型红外线分析仪（微量分析用）

①测量范围：CO：0～100；0～200；0～500；0～1000（10^{-6}体积分数）。
　　　　　　CO_2：0～50；0～100；0～200；0～500（10^{-6}体积分数）。

②重复性：≤2%（分辨率：常量，0.01%体积分数，微量为10^{-6}体积分数）。

③稳定性：示值漂移≤±5%F.S/7h。

④线性误差：≤±5%F.S。

⑤相对湿度：≤90%。

⑥仪器响应时间：T0-T90≤45s。

⑦被测气体流量：0.5～3L/min；使用环境温度：0～40℃。

⑧供电电源：220V±10%；50±0.5Hz；150W。

⑨输出测量值：0～20mA；0～10mV；4～20mA；1～5V。

(八) 红外线气体分析仪的优缺点

红外线气体分析仪器是近几十年才发展起来的，与其他仪器比较有其独特的优点。首先它的测量范围宽、灵敏度高，既能用于常量分析，也能用于微量分析。其次，它可以连续测量。被测气体通过仪器后，其成分与性质不会发生变化，这就为烟气综合分析提供了有利条件；再者，操作比较简单。

但是，这种仪器也有特有的缺点，例如需要零点气、满量程标准气，否则无法调校，这就限制了使用范围。

二、热磁法分析氧气

(一) 基本原理

所有的物质在外磁场作用下，都能被感应磁化，并且在此物质内部产生一个附加磁场。此附加磁场强度与外磁场强度成正比关系。外磁场强度 H 与附加磁场强度 H' 之和称为磁感应强度 B，即

$$B = H + H'$$

又因

$$H' = 4\pi\chi H$$

所以

$$B = H + 4\pi\chi H = (1 + 4\pi\chi)H = \mu H \tag{9-4}$$

式中 χ——物质磁化率；

μ——物质导磁率。

不同物质有不同的磁化率。$\chi>0$ 的物质称为顺磁性物质，在外磁场中被吸引；$\chi<0$ 的物质称为反磁性物质，在外磁场中被排斥。磁化率绝对值大的物质在外磁场中所受的吸引或排斥的力也大。

不同性质气体的磁化率见表 9-1。

各种气体的磁化率 **表 9-1**

气 体	$\chi\times10^9$	气 体	$\chi\times10^9$
O_2	+146.0	N_2O	+3.0
NO	+53.0	CH_4	+1.0
空气	+30.8	N_2 及 H_2O	−0.58
NO_2	+9.0	CO_2 及 NH_3	−0.84

可见氧为顺磁性物质，其磁化率远大于其他气体。一般情况下，根据混合气体磁化率的大小，即可判定其中的氧含量。但是，当混合气中 NO 含量较大时，不宜于采用此法，因为 NO 也是磁化率比较大的气体。不过，在烟气中 NO 含量通常属于 10^{-6} 体积分数级，此外 NO 很容易氧化为磁化率比较小的 NO_2，所以测量烟气中的氧含量完全可以用此仪器。

根据居里定律，气体磁化率 χ 与绝对温度 T 有下列关系：

$$\chi = C \times \frac{\rho}{T} \tag{9-5}$$

式中 ρ——气体密度；

C——居里常数。

又

$$\rho = \frac{pM}{RT} \tag{9-6}$$

式中　M——气体分子量；

R——气体常数；

p——气体压力（绝对压力）。

合并式（9-5）与式（9-6）得，

$$\chi=\frac{CMp}{RT^2} \tag{9-7}$$

由式（9-7）可知，温度升高时，气体磁化率急剧下降。

气体磁化率绝对值很小，很难直接测量。热磁氧分析仪是利用磁化率与温度的关系，通过热磁对流现象，将磁化率的测量转换为对敏感元件温度的测量。其原理见图9-6。热磁氧分析仪的发送器是一个中间有通道的环形气室。在中间通道的外面均匀地绕有电阻丝。电阻丝通过电流后，既起到加热作用，同时又起到测量温度变化的感温作用。电阻丝从中间一分为二，作为两个相邻的桥臂电阻 r_1、r_2 与固定电阻 R_1、R_2 组成测量电桥。在中间通道的左端设置一对小磁极，以形成恒定的不均匀磁场。

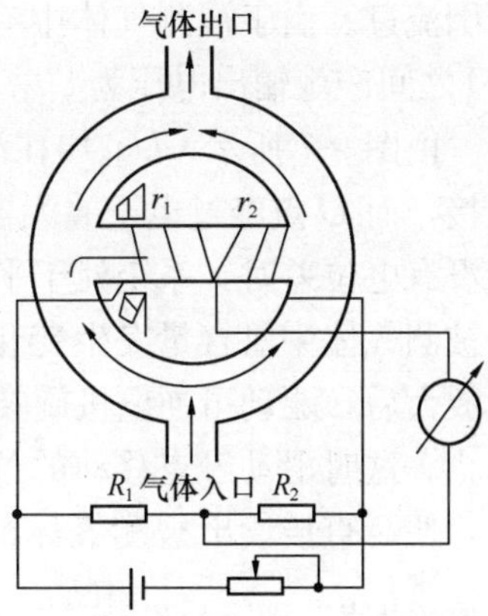

图 9-6　热磁对流原理图

待测气体从底部入口进入环形气室后，沿两侧流向上端出口。如果被测混合气体中没有顺磁性气体存在，这时中间通道内没有气体流过，电阻丝 r_1、r_2 没有热量损失，电阻丝由于流过恒定电流而保持一定的阻值。当被测气体中含有氧气时，左侧支流中的氧受到磁场吸引而进入中间通道，从而形成热磁对流，然后由通道右端排出，随右侧支流流向上端出口。环形气室右侧支流中的氧因远离磁场强度最大的区域，受不到磁场的吸引，加之磁性气流的流动方向是自左向右的，所以不可能由右端口进入中间通道。

由于热磁对流的结果，左半边电阻丝 r_1 的热量有一部分被气流带走而产生热量损失。流经右半边电阻丝 r_2 的气体已经是受热气体，所以 r_2 没有或略有热量损失。这样就造成电阻丝 r_1 和 r_2 因温度不同而产生差异，从而导致测量电桥失去平衡，有输出信号产生。被测气体中氧含量越高，磁性气流的流速就越大，r_1 和 r_2 的阻值相差就越大，测量电桥的输出信号也就越大。由此可以看出，测量电桥输出信号的大小反映了被测气体中氧含量的多少。

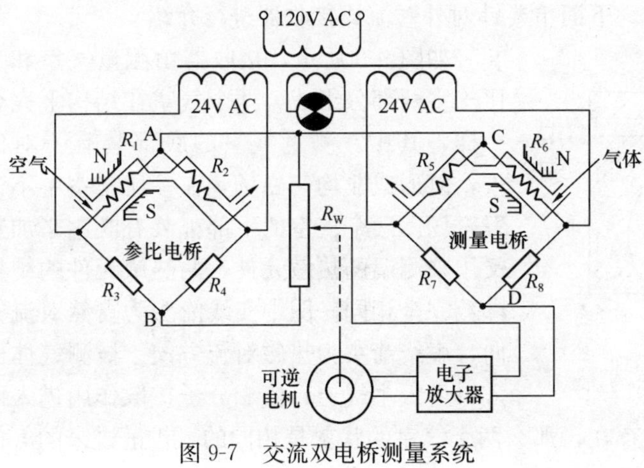

图 9-7　交流双电桥测量系统

（二）分析仪器的测量系统

热磁式氧分析仪的测量系统有许多种类型。下面以交流双电桥测量系统（见图 9-7）为例进行阐述。

该测量系统由测量电桥与参

比电桥组成。两个电桥的结构与性能完全对称。参比电桥由电阻 R_1、R_2、R_3 与 R_4 构成。其中 R_3 与 R_4 是两个固定锰铜电阻，R_1 与 R_2 是两个铂丝热敏元件。R_1 处于磁场中，R_2 周围没有磁场。测定时，使空气从 R_1、R_2 周围流过。由于空气中氧含量约为 21%，因此由于热磁对流的结果，在电桥的输出端 AB 间产生的输出电压是一固定值 U_{AB}。

测量电桥由及 R_5、R_6、R_7 及 R_8 构成。其中只 R_7 及 R_8 为固定锰铜电阻；R_5 及 R_6 是两个铂丝热敏元件；R_6 处于磁场中；R_5 周围没有磁场。使被测的混合气体从 R_5 及 R_6 周围流过。由于被测气体中有一定的氧含量，因此由于热磁对流结果，在电桥的输出端 CD 之间产生输出电压为 U_{CD}。此 U_{CD} 值随着被测气体中的氧含量的大小来变化。

由图 9-7 所示，U_{AB} 加在滑线电阻 R_w 的两端。参比电桥的 A 点与分析电桥的 C 点相连接，而 D 点经过电子放大器与滑线电阻 R_w 的滑动点相连接。很明显，如果 D、B 两点间没有电位差时，系统处于平衡状态，可逆电机停止转动，滑动触点也停止移动。如果由于被测气体中氧含量发生变化，致使 U_{CD} 变化时，则 B、D 两点间发生电位差 U_{BD}。U_{BD} 经放大后，驱动可逆电机旋转，可逆电机又带动滑线电阻的滑动触点移动，一直到平衡时为止。这时滑动触点移动的位置即对应于混合气中的氧含量。如果滑动触点附带一个指针，便可直接读出被测气体的氧含量值了。读数值不仅决定于 U_{CD}，而且取决于 U_{CD} 与 U_{AB} 的比值，即 $x=K\times\frac{U_{CD}}{U_{AB}}$。因此环境温度、环境大气压力、电源电压有变化时，虽然对 U_{CD} 及 U_{AB} 有影响，但是对它们的比值 $\frac{U_{CD}}{U_{AB}}$ 却没有影响，所以此种测量仪器的稳定性良好、精度较高。

显而易见，这种双电桥结构的发送器测量上限将受到参比气中氧含量的限制。例如，选用空气为参比气，仪表的测量上限就不能超过 21% O_2。当然，通过对电路的设计和元件参数的选择，亦可扩大仪表的测量上限。

（三）仪器的主要部件

热磁式氧分析仪主要由接收器、测量记录仪表与电源稳压器三部分组成。

（1）接收器

接收器是仪器的心脏部分。气样的进出口、敏感元件、双桥路电阻以及磁分路等都包括在内。它的作用是把被测量的混合气体中氧含量的变化转变为电压信号输出。接收器有内对流式接收器和外对流式接收器，下面主要针对外对流式接收器进行介绍。

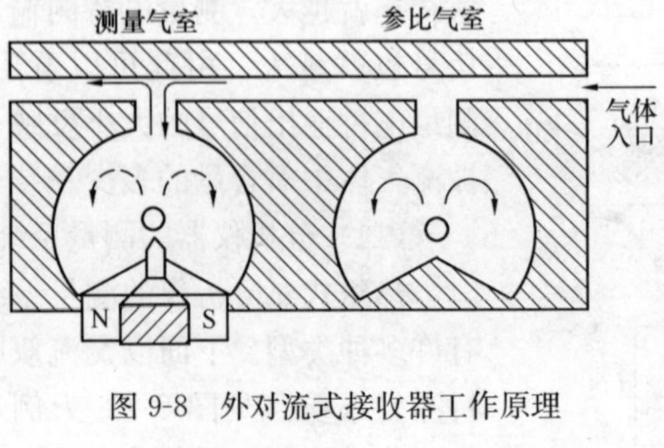

图 9-8 外对流式接收器工作原理

如图 9-8 所示，接收器由测量气室和参比气室两部分组成，两个气室在结构上完全一样，其中，测量气室的底部装有一对磁极，以形成非均匀磁场，在参比气室中不设置磁场。两个气室的下部都装有既用来加热又用来测温的热敏元件，两热敏元件的结构参数完全相同。图中实线箭头为自然对流方向，虚线箭头为热磁对流方向。被测气体由入口进入主气道，依靠分子扩散作用进入两个气室。如果被测气体中没有氧的存在，那么两个气室的状况是相同的，扩散进来的气体与热敏元件直接接触进行热交换，气体温度得以升高，温度升高导致气体相对密度下降而向上运动，主气道中较冷的气体向下运行进入气室填充，冷气体在热敏元件上获得热量，温度升高，又向上运动回到主气道，如此循环不断，形成自然对流。由于两个气室的结构参数完全相同，两气室中形成的自然对流的强度也相同，两个热敏元件单位时间的热量损失也相同，其阻值也就相等。

当被测气体中有氧气存在时，主气道中的氧分子在流经测量气室上端时，受到磁场吸引进入测量气室并向磁极方向运动。在磁极上方安装有加热元件（热敏元件），因此，在氧分子向磁极靠近的同时，必然要吸收加热元件的热量而使其温度升高，导致其体积磁化率下降，受磁场的吸引力减弱，较冷的氧分子不断地被磁场吸引进测量气室，在向磁极方向运动的同时，把先前温度已升高的氧分子排挤出测量气室，于是，在测量气室中形成热磁对流。这样，在测量气室中便存在有自然对流和热磁对流两种对流形式。测量气室中的热敏元件的热量损失，是由这两种形式对流共同造成的。而参比气室由于不存在磁场，所以只有自然对流，其热敏元件的热量损失，也只是自然对流造成的，与被测气体中的氧含量无关。显然，由于测量气室和参比气室中的热敏元件散热状况的不同，两个热敏元件的温度将出现差别，其阻值也就不再相等，两者阻值相差多少取决于被测气体中氧含量的多少。若把两个热敏元件置于测量电桥中作为相邻的两个桥臂，如图 9-9 所示，那么，桥路的输出信号就代表了被测气体中氧含量。在实际应用中，为了更好地补偿由于环境温度变化、电源电压波动、接收器倾斜等因素给测量带来的影响，一般都采用双电桥结构。它的结构和气路连接如图 9-10 和图 9-11 所示，交流双电桥测量系统如图 9-7 所示。

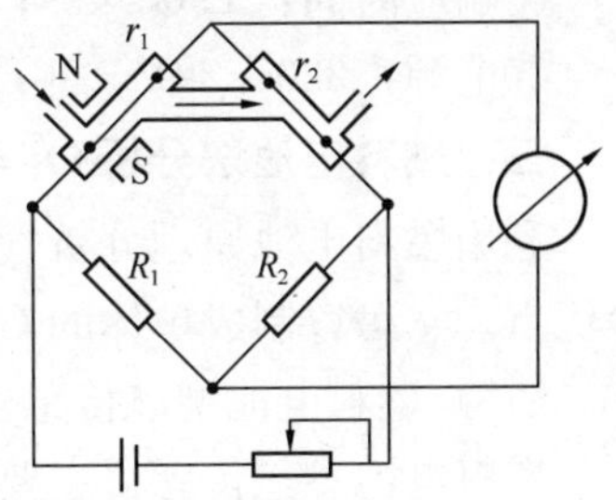

图 9-9　双臂单电桥测量工作原理

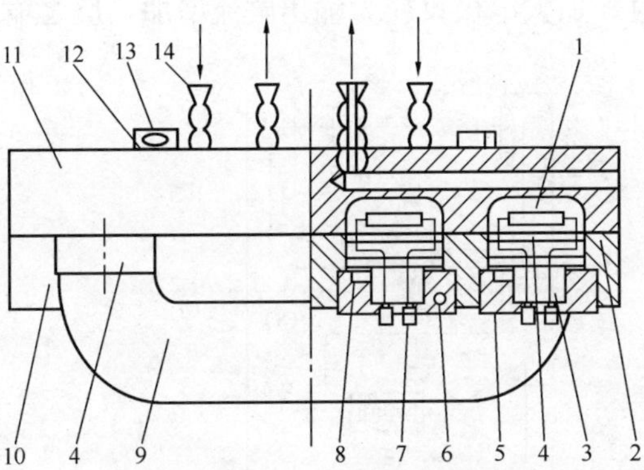

图 9-10　外对流式接收器结构

1—桥臂元件；2—密封环；3—支持器；4—极靴；5—压圈；6—压圈螺母；7—引出线；8，9—磁钢；10—壳体；11—上盖；12—垫圈；13—螺钉；14—接头

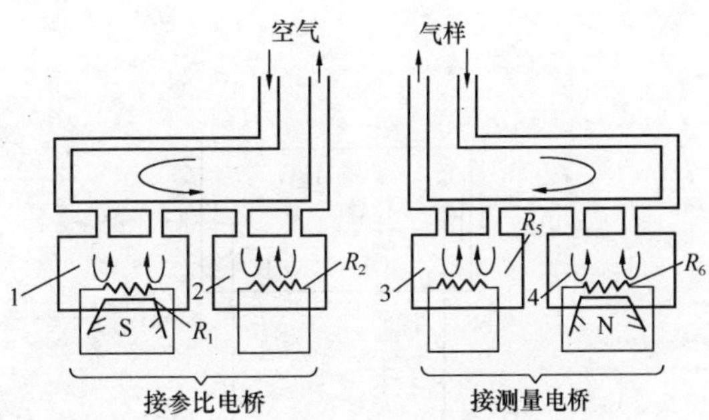

图 9-11　外对流式接收器气路连接

1，2—参比电桥分析室；3，4—测量电桥分析室

（2）电源稳压器

电源稳压器的作用是将 220V 电压降至 24V。作为电桥的电源，并起稳压作用。

（四）气路系统

热磁式氧分析仪的气室及气路管道不能受到灰尘污染或气体腐蚀，所以气样进入仪器前必须经过处理。对被测气体的具体要求，可以参考以下数据：

①含水量：相对湿度小于85%；

②含尘量：小于0.01g/m³；

③腐蚀气体含量（SO_2、H_2S、NH_3 等）：小于0.005%；

④温度；5～50℃；

⑤流量：0.5～1.0L/min。

（五）仪器的技术数据

①重复性：≤1%；

②零点漂移≤±2.5%F.S/48h（F.S为满量程）；

③线性误差：≤±2.5%F.S；

④响应时间：T90≤45s；

⑤电源：220±22V，50Hz；输出：0～2V或0～20mA或4～20mA。

三、燃料电池法分析 O_2 与 CO

利用燃料电池原理分析气体中的 O_2 或CO含量，具有体积小、操作简易、携带方便等优点。它可以制成单体的CO或 O_2 分析仪，也可以配合在一起形成烟气综合分析装置。

（一）燃料电池型氧传感器

燃料电池型氧传感器主要由空气电极（阴极）与燃料电极（阳极）组成。燃料储存在传感器中。空气电极与被测气体相接触并使传感器（燃料电池）的输出电流完全处于氧的扩散控制之下，其电极反应情况（图9-12（*a*））如下：

在阴极上：$0.5O_2+H_2O+2e \longrightarrow 2OH^-$

在阳极上：$Pb+2OH^- -2e \longrightarrow PbO+H_2O$

在与空气电极接触的被测气体中氧含量大时，加大电极反应，输出电流增加，反之输

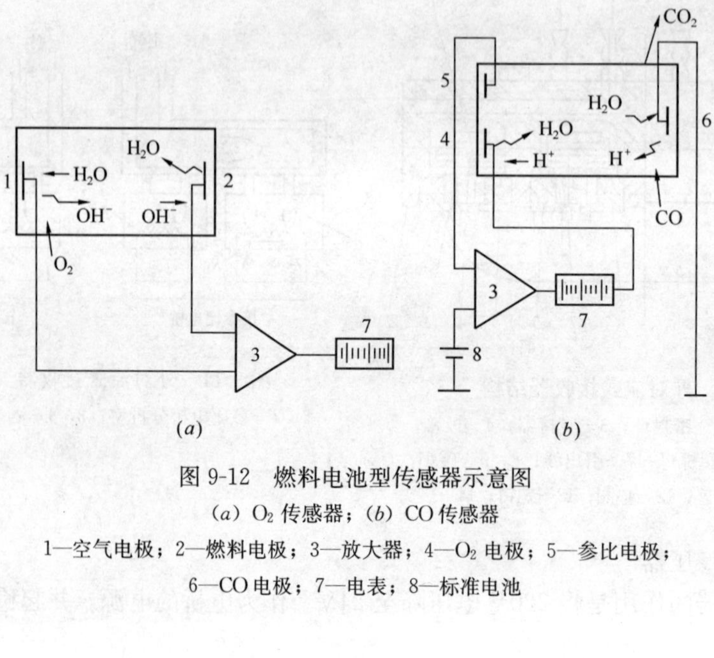

图9-12　燃料电池型传感器示意图

（*a*）O_2 传感器；（*b*）CO传感器

1—空气电极；2—燃料电极；3—放大器；4—O_2 电极；5—参比电极；6—CO电极；7—电表；8—标准电池

出电流减小。这样根据输出电流与被测气体中氧含量的关系曲线和输出电流的大小即可测出被测气体中的氧含量。

电化学反应中，燃料电极参与到氧化反应中，使得这些传感器具有一定的使用期限，一旦所有可利用的燃料电极上的铅完全被氧化，传感器将停止运作。通常氧气传感器的使用寿命为 1～2 年，但也可以通过增加燃料电极上铅的含量或限制接触电极上的氧气量来延长传感器的使用寿命。

（二）燃料电池型一氧化碳传感器

燃料电池型一氧化碳传感器一般采用定电位电解式的燃料电池。该电池有三个电极，分别为 CO 电极、O_2 电极及参比电极（图 9-8（*b*））。CO 电极与被测气体接触。O_2 电极与大气相接。这样，被测气体中的 CO 在 CO 电极上产生反应，并使输出电流反应 CO 浓度大小，具体电极反应式为：

在 CO 电极上：$CO+H_2O \longrightarrow CO_2+2H^++2e$

在 O_2 电极上：$0.5O_2+2H^++2e \longrightarrow H_2O$

为了保证电极反应正常进行，在线路上加一标准电池，使 CO 电极处于正电位，保证 CO 电极反应；同时，O_2 电极处于负电位，使 O_2 电极反应顺利进行。这就是定电位电解式燃料电池的作用原理。当被测气体中 CO 浓度增加时，会强化电极反应，使输出电流增加，反之电流减少。这样可根据电流的大小确定被测气体中的 CO 含量。

四、化学发光法分析 NO_x

20 世纪 70 年代以来，烟气中氮氧化物（NO_x）的含量问题引起国内外普遍重视，现被列为主要公害。我国有关燃气用具的标准中也提出了限制 NO_x 的要求。

烟气中 NO_x 的含量比较低，属于 10^{-6}级的微量分析。根据国外资料，德国对于负荷小于 2000kW 的天然气锅炉和负荷小于 13.5kW 房间有烟道的天然气采暖器，NO_x 的限值为小于 200mg/kWh。如果这两种燃具是用 LPG 时，NO_x 的限值分别提高到小于 300mg/kWh 和 240mg/kWh。可见不同种类的燃气和不同种类的燃具都影响 NO_x 的允许限值[1]。

测量 NO_x 含量的方法有很多种，例如红外线与化学发光法等。由于在检测 NO_x 当中影响因素很多，因此在样品采集、仪表标定与误差分析等方面都有严格的规定[1]。在这一节里，将摘要介绍化学发光法及其仪表。

（一）基本原理

在化学反应中，如果反应产物分子被化学反应释放出来的能量激发，便处于激发状态。这种激发态的分子能够辐射光子，并回到低能态的稳定分子。

在反应室中，NO 被 O_3 分子气相氧化，能产生 NO_2。所生成的 NO_2 中，有一部分成为激发态的 NO_2^*，当 NO_2^* 从激发态恢复到低能态的稳定分子时，发出波长为 600～2500nm 的光线。其化学方程式为：

$$NO+O_3 \longrightarrow NO_2+O_2 \tag{9-8}$$

设 x 为 NO_2 被激发的分数，则 $NO+O_3 \longrightarrow xNO_2^*+(1-x)NO_2+O_2$，而

$$NO_2^* \longrightarrow NO_2+hv \tag{9-9}$$

式中 h——普朗克常数；

v——辐射光的频率。

当臭氧的浓度足够大时，发光强度与 NO 的浓度成正比，测出发光强度就可以得到 NO 的浓度。烟气中 NO_2 与 NO 同时存在，一般记为 NO_x。根据化学发光测量原理，烟气中 NO 与 O_3 作用才能产生激发态的 NO_2^*，并测量其发光强度后可以推算出 NO 的浓度。但是烟气中的 NO_2 浓度就无法测量，NO_2^* 的浓度也无法体现。

为了测量 NO_2^* 的浓度，必须先将 NO_2 转化为 NO，然后再用化学发光法测 NO 的浓度。在 350℃的高温下，NO_2 可以转化为 NO，其反应式为

$$2NO_2 \xrightarrow{350℃} 2NO + O_2 \tag{9-10}$$

由上式可见反应前后的 NO_2 与 NO 体积相等。所以，测量转化后的 NO 含量可以代表转化前的 NO_2 含量。气样首先经过转化炉，气样中的 NO_2 还原为 NO，而气样中的 NO 不发生变化，测得的 NO_x 的浓度等于 NO+NO_2 的浓度。一部分气样不经过反应器，与 O_3 发生反应，可测得 NO 的浓度，测得的 NO_x 的浓度减去 NO 的浓度即为 NO_2 浓度，在实际的仪器中，将气样分别通过两个气路，交替流经反应室可分别测出 NO 和 NO_x 的浓度。

化学发光强度的计算公式为：

$$I = A \times e^{-2097/T} \times p_{NO}/p \times (1-g) \times V_r/(t_r + T_r) \tag{9-11}$$

式中　I——化学发光强度（光子/s）；

p_{NO}——NO 在被测气样中的分压；

p——反应室内的总压力；

t_r——反应室内气体停留的平均时间（s）；

T_r——NO 与 O_3 的反应时间（s）；

A——放大系数；

T——温度（K）；

V_r——反应室的体积；

g——O_3 流量与总流量之比。

由上式可知，发光强度与温度有如下关系：

$$\Delta I/I = 2097 \times \Delta T/T^2 \tag{9-12}$$

由式（9-11）和式（9-12）可见，化学发光强度与反应室的压力、温度、反应室体积及气体流速比等因素有关。为得到稳定的发光强度，需要对仪器反应室抽真空，并通过限流孔控制反应室的气体流速和压力，同时采取恒温方法减小温度影响。当反应温度一定，参加反应的臭氧与 NO 充分反应时，样品中的 NO 浓度与化学发光强度成正比。化学反应发出的光由光电倍增管接收并放大。

化学发光法的灵敏度很高，必须考虑共存组分的影响。降低反应室的工作压力，可以减少分子碰撞引起的激发分子能量的转移，减弱共存分子的消光效应。而共存分子的发光，可以选择滤光片除去。化学发光法测定 NO 在浓度较大时（如大于 0.1%）偏离线性关系比较明显，所以一般只适用于测定微量 NO_x。

（二）测量系统

图 9-13 是化学发光法测 NO_x 系统的示意图，它采用的是负压系统。空气自空气入口 1 进入仪器，通过干燥过滤器 3 后，洁净而又干燥的空气穿过带针阀的流量计 4 进入臭氧

发生器 5。干燥的空气在这里受到紫外线照射，产生臭氧 O_3，同时进入反应室 9 备用。空气流量控制在 750～1000mL/min。被测气体由气样入口 2 进入仪器后分为两路，一路经过干燥过滤器 6 后，通过电磁三通阀 8 进入反应室 9，这时测得的值是 NO；另一路经转换器 7，将 NO_2 转换为 NO 后，再通过电磁三通阀 8 进入反应室 9，这时测得的值是 NO_x。被测气体流量控制在 1L/min 左右。电磁三通阀定时切换，则使仪器间歇地测出 NO 和 NO_x 值并发出信号，经过处理后就可以得到 NO 与 NO_2 的浓度值，反应后的气体经过除 O_3 器 10 后，将其中的 O_3 除去，最后被空气泵 18 排出。这时流量计测得反应后的流量约为 2L/min。

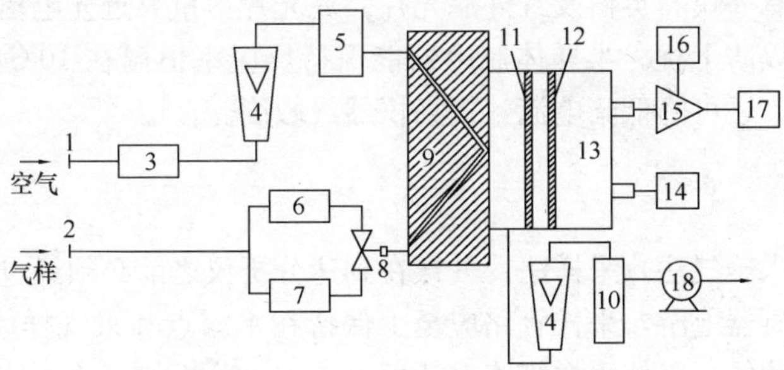

图 9-13 化学发光法测 NO_x 系统

1—空气入口；2—气样入口；3—过滤器；4—流量计；5—臭氧发生器；6—干燥过滤器；7—转换器；8—电磁三通阀；9—反应室；10—除 O_3 器；11—石英窗；12—滤光片；13—光电倍增管；14—高压电源；15—放大器；16—电源；17—显示输出；18—空气泵

（三）主要部件

（1）臭氧发生器

为了保证发光反应，必须有足够的臭氧参加反应。为此，仪器配置了臭氧发生器。有两种形式的臭氧发生器。

第一种形式的臭氧发生器产生臭氧的方法是将干燥的空气用紫外线照射，其反应式为

$$3O_2 \xrightarrow{hv} 2O_3$$

具体的方法是在一个有玻璃衬套的铝制圆筒中，装一个盘形紫外线杀菌灯，无尘干燥的空气通过圆筒时，被紫外线照射后，其中氧气变为臭氧。

第二种形式的臭氧发生器产生臭氧的方法是以高压放电电离干燥空气产生臭氧，其反应式为

$$3O_2 \longrightarrow 2O_3$$

这种形式的臭氧发生器由高压放电电源与发生器两部分组成。高压放电在发生器的不锈钢放电管内进行，放电管的激发电压由专用的脉冲高压电源供给，激发高压为 7500V，进入臭氧发生器的空气必须是经过除尘的干燥空气。通过放电管的空气流量由仪器反应室的节流孔限定。为安全操作，不允许在通电（有高压）时拆下臭氧发生器的盖板；为防止放电管产生电晕，臭氧发生器使用的最大海拔高度是 3048m。

（2）转换器

转换器的任务是把空气中的 NO_2 转变为 NO。具体地做法是用一个石英 U 形管，内装 40～80 目的耐温担体，周围用 2 只 200W 烙铁芯加热，温度控制为 350℃，NO_2 通过此 U 形管后，即转变为 NO，转换效率应在 95%以上，如果转换效率低于 95%时应更换新品。

（3）反应室

反应室包括 NO 与 O_3 反应的反应池、光电倍增管及半导体制冷器等部件。

反应池用聚四氟乙烯（PTFE）制成，内装有漆包康铜加热丝，能加热至 40℃以促使反应。反应池端面有一块石英窗及红外滤光片。滤光片尽量靠近光电倍增管。光电倍增管要用铍莫合金屏蔽以防干扰。半导体制冷器能保持反应室恒温在 10℃左右，可以防止光电倍增管温度过高．还可降低暗电流，提高仪器灵敏度。

（四）气路系统

（1）采样方法

①干式（消除水蒸气法）采样法。气样在到达分析仪之前必须经过除尘、除水和冷却等处理系统。在冷凝器上游，采样管路应至少保持在水露点和采气样体酸露点以上 15K，应有自动温度调节功能，以使采样管路保持恒温。进入分析仪之前，使用冷凝器快速回收冷凝水，以减少冷凝水与试样接触和吸收 NO_2，不应使用干燥剂，冷却能力应与气样的量相匹配，冷却温度应在 2～5℃之间，冷凝器及采样泵与气样接触的部分应使用玻璃、聚四氟乙烯或不锈钢制造。

②湿式采样法。在取样器头部除尘，保持气样处于热态，采样线路上不能安装任何冷凝器，其他的要求与干式采样法相同，分析仪应是专门为这种采样方法设计的。

③稀释法。抽取少量的烟气样品过滤后再用清洁干燥的空气按 1∶100 稀释，使烟气达到常规空气状态（不结露），再用普通环境空气监测仪分析。在燃具定型检验中，不推荐使用稀释法。

（2）采样管线及探头

采样管线应使用不锈钢或聚四氟乙烯管，管路的直径随采样气体所需量而定，但不应小于 4mm（最好在 4～8mm 之间），不能使用橡胶或硅胶材料。采样探头应用不锈钢或玻璃制成。

（五）电气系统

（1）各种供电电源

臭氧发生器高压电源、光电倍增管高压供电、切光电机供电及为检测放大电路供电的稳压直流电源等。

（2）检测放大电路

包括光电倍增管的信号处理（前置放大、同步检波、过滤、放大），数据处理、模式转换、信号输出及量程选择等检测放大电路，并通过微处理器进行数据处理。

①各种控制电路。反应室的加热控制、光电倍增管的制冷控制、NO_x 转换器的温度控制等。

②仪器的输出信号。可直接用仪表或液晶显示，也可以接显示记录仪和通过数据通信接口将信号输出到计算机数据处理系统进行处理。

（六）仪器的调试与使用

整机调试主要包括光学测试、电学测试、零点和量程校准。

采用标准气进行校准，零点气采用干净的压缩空气，量程气采用 80%～90% NO 标准气。通电预热 30min，仪器工作稳定后方可进行光学测试、电学测试、零点和量程校准。光学测试、电学测试依产品说明书进行。校准零点和量程时，先后向仪器通入零点气及量程气，观察仪器指示值并调节零点及量程电位器，使仪器指示值与标气值相同。

化学发光氮氧化物分析器对环境条件和气体的处理要求较高。安装地点环境温度应变化小、湿度低、灰尘量少、振动小。气样应经过除尘、除湿处理。决不允许环境空气未经除尘除湿进入臭氧发生器。

五、化学比色法分析氮氧化物

化学比色法是分析氮氧化物 NO_x 的基本方法，在一般实验室条件下，都能使用此法。这种方法亦称为盐酸萘乙二胺比色法，基本上是在沙尔兹曼分析法基础上加以改进而产生的。

（一）基本方法

烟气中 NO_x 是指 NO 与 NO_2 之和，所以首先需要把 NO 氧化为 NO_2，再去分析。氧化剂采用三氧化铬。

NO_2 遇水后生成亚硝酸，其反应式为

$$2NO_2+H_2O\longrightarrow HNO_2+HNO_3$$

而 HNO_2 与对氨基苯磺酸重氮化，有

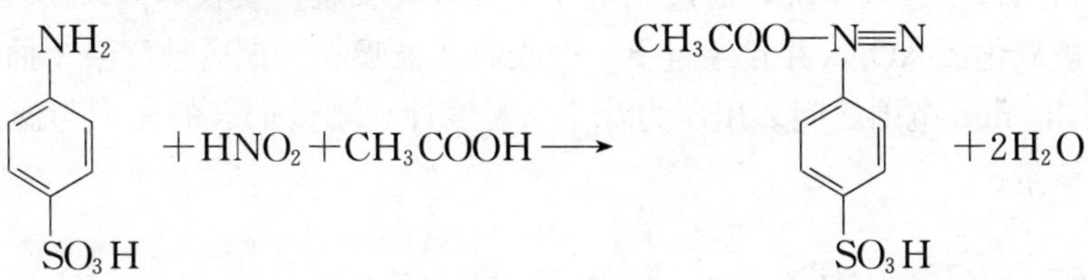

重氮化后化合物再与盐酸萘乙二胺耦合，生成玫瑰红色的偶氮染料，其反应式为

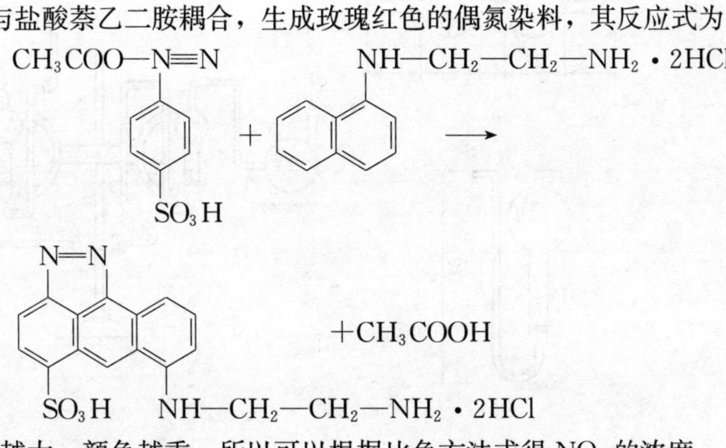

气体中 NO_2 的浓度越大，颜色越重，所以可以根据比色方法求得 NO_2 的浓度。

（二）试剂的配制

（1）浓吸收液

50mL 冰醋酸与 900mL 水混合，加入 5g 对氨基苯磺酸，搅拌至全部溶解，再加入

0.05g 盐酸萘乙二胺，用水稀释至 1000mL，将其存在棕色瓶中，在冰箱中可以保存一个月。

(2) 吸收溶液

用 4 份浓溶液加 1 份水稀释，作为吸收溶液。

(3) 标准溶液

准确地称取 0.15g 干燥的一级亚硝酸钠（精度要求达到 1/10000g），用水溶解在 1000mL 的容量瓶中，最后稀释至刻度。1mL 此溶液相当于 0.1mgNO_2，放在冰箱中，也可保存一个月。使用时，将 1 份此溶液与 19 份蒸馏水混合，稀释成 1mL 含有 5μg 的 NO_2 的标准溶液。

(4) 氧化剂

用 5 份三氧化铬加少量水调成糊状，和 95 份处理过的石英砂相混合。然后在烘箱内烘干，装瓶备用，其颜色为暗红色。

石英砂的处理方法是，用 1∶1 盐酸水溶液浸泡砂子并经常搅动，浸泡过夜，然后用水洗至中性，在 105℃下烘干。将 8g 左右混有三氧化铬的石英砂装入玻璃管［图 9-14 中 (*a*)］中，两端用脱脂棉塞紧，即成为氧化管。氧化管对于大气相对湿度在 35%～80%较为合适。当相对湿度小于 16%时，氧化效率降低。这时将氧化管用通过水面的潮湿空气平衡 1h 后即可使用。当氧化剂变成绿色时，即需更换。

(三) 测量装置

采用两支筛板吸收瓶及一支氧化管组成测试系统（见图 9-14）。吸收瓶内装 5mL 吸收溶液。烟气自入口 6 进入系统，通过流量计 5 进入吸收瓶，吸收 NO_2 后又进入氧化管 3，烟气中 NO 被氧化成 NO_2，并且经过下一个吸收瓶被吸收，最后被气泵 2 抽出。流量控制在 0.25～0.5L/min 范围之间。用压力计 7 与温度计 8 测量烟气的压力与温度，以便折算为标准体积流量。

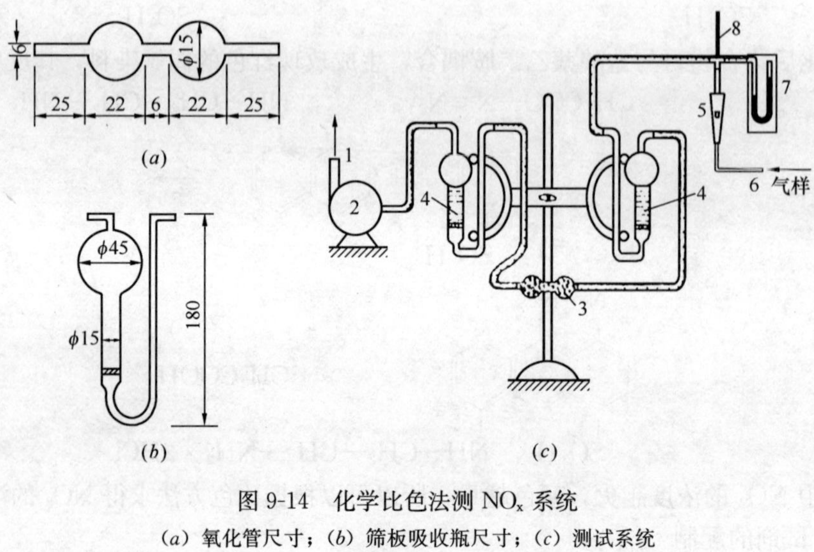

图 9-14 化学比色法测 NO_x 系统

(*a*) 氧化管尺寸；(*b*) 筛板吸收瓶尺寸；(*c*) 测试系统

1—气样出口；2—气泵；3—氧化管；4—筛板吸收瓶；5—转子流量计；

6—气样入口；7—U 形压力计；8—温度计

（四）测量步骤

（1）测定标准曲线

采用 7 个 5mL 的容量瓶，用滴定管按表 9-2 中数字制备溶液。

各容量瓶溶液　　**表 9-2**

管　　号	0	1	2	3	4	5	6
标准溶液（mL）	0	0.05	0.10	0.20	0.30	0.50	0.70
水（mL）	1.00	0.95	0.90	0.80	0.70	0.50	0.30
未稀释的浓吸收液（mL）	4.00	4.00	4.00	4.00	4.00	4.00	4.00
相对 NO_2 含量（μg/mL）	0	0.05	0.10	0.20	0.30	0.50	0.70

将各瓶摇匀，放置 15min。采用 72 型分光光度计，使用光程为 lcm 的比色杯，以 535nm 的波长测光密度。用光密度为横坐标、NO_2 含量为纵坐标绘制标准曲线（此曲线附在仪表中）。

（2）分析气样

参照图 9-14 中（*c*）安装测量系统，在吸收瓶内装 5mL 吸收溶液。控制气流速度为 0.25～0.5L/min。直到吸收溶液呈微红色时为止。记录采气时间（一般为 10～30min）及其流量，从而算出通过的烟气体积，并根据烟气的温度与压力折算为标准体积。

将吸收液倒入光程为 1cm 的比色杯中，以 535nm 的波长，分别测量氧化管前后溶液的光密度，并查标准曲线得到 NO_2 含量。很明显，氧化管前吸收的量为 NO_2 含量，而氧化管后吸收的量为 NO 含量。

（五）计算方法

NO_2 的含量按下式计算：

$$NO_2 = \frac{ab}{0.76 \times V} \tag{9-13}$$

式中　NO_2——气样中 NO_2 含量（μg/L）；

a——从标准曲线上查得的 NO_2 含量（μg/mL）；

b——吸收瓶内吸收溶液的体积（mL）；

V——烟气通过的标准体积（L）；

0.76——气相 NO_2 通过吸收液后转化为 NO_2^-（液）的转化系数。

如果 NO_x 含量以 10^{-6}（体积比）计时，有

$$NO_2 = \frac{22.4}{M} \frac{ab}{0.76 \times V} \tag{9-14}$$

式中　M——NO_2 的相对分子质量。

（六）注意事项

用化学比色法分析烟气中 NO_x 时，应注意以下事项：

①所有试剂均需用不含亚硝酸盐的水配制，检验方法是配制的吸收液不呈淡红色；

②吸收液遇光后会变色，所以需要避光保存；

③此方法的测量范围是 $0.005 \sim 5 \times 10^{-6}$，当实际烟气中 NO_x 浓度较大时，应用装 5mL 的筛板吸收瓶两支串联，以 0.5～1L/min 的流量抽取烟气，直到第二瓶吸收液呈微

红时为止；

④当烟气中含有 5 倍于 NO_2 的 O_3 或 10 倍于 NO_2 的 SO_2 时，对本法有轻微干扰。

（七）盐酸萘乙二胺比色法的标定

用盐酸萘乙二胺比色法测烟气中 NO_x 含量是一种比较方便、可靠并且便宜的测试方法。但是在使用中发现氧化管不能把 NO 全部氧化为 NO_2。这样就会使测试结果偏小。

此外，被测气样的湿度、气样的流量等都会对测试结果产生影响。

由此可见，不同的实验条件对测试结果都会有不同程度的影响。为了保证测试结果的准确度，要求用标准 NO 气进行标定，并且得到仪器常数以消除系统误差。

六、总碳氢化合物（THC）分析仪

总碳氢化合物分析仪采用氢火焰离子化型检测器（FID），以氢气或惰性气体稀释过的氢气为燃气，纯净空气为助燃气。气样中的碳氢化合物在随燃气和助燃气燃烧的过程中被离子化，并由检测器测量。对烟气中存在的各种碳氢化合物进行分析，它具有更一致的响应值。它不仅是灵敏度高，而且体积小，响应快，稳定性能好，定量线性范围也宽，一般可测从百万分之几到 5%浓度的 HC，对烟气成分变化的反应时间（90%满刻度的响应时间）小于 1s。

（一）工作原理

纯氢气与空气燃烧时的离子化作用非常小，因而是不导电的，但是，如果将有机碳氢化合物引入到高温燃烧的氢火焰中参与燃烧，将会产生复杂的电离过程，使部分分子或原子离子化，形成较多具有导电性能的自由移动的电子和正离子。如果将氢火焰放在两个外加适当电场的电极之间，则在两个电极之间就会有离子电流流过，产生一个微弱的电流信号。该电流信号与引入氢火焰的碳原子数成比例．故通过测量离子电流的大小，即可确定气样中所含碳氢化合物的浓度。

FID 检测器的结构有多种形式，但原理是相同的，如图 9-15 所示，它是由感受单元燃烧器组件、微电流放大器和显示记录仪等组成。氢气和清洁空气经过各自通道进入燃烧器。在喷嘴处点火燃烧成扩散火焰，产生高温（约 2000℃）的氢火焰。喷嘴连接到直流电源的正极，收集器接到负极。当含有 HC 的气样通过喷嘴进入氢火焰时便发生离子化。

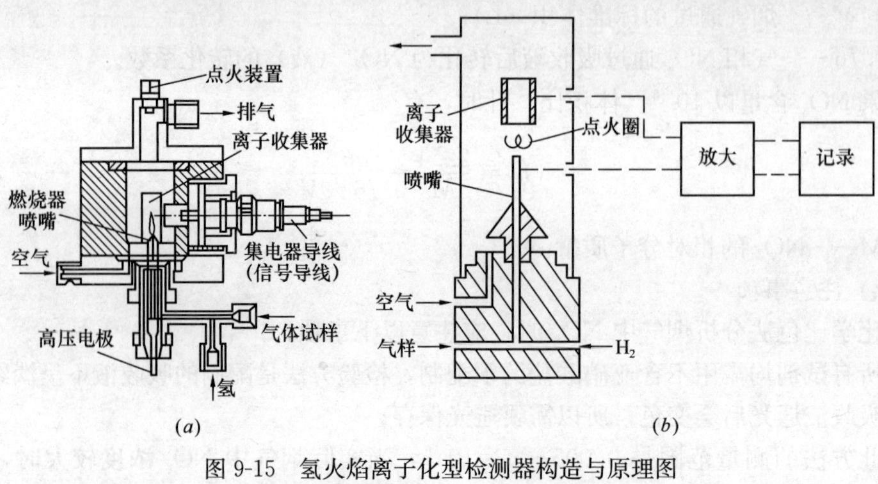

图 9-15　氢火焰离子化型检测器构造与原理图

（a）FID 检测器构造；（b）FID 检测器原理

产生的正离子移向收集器，电子流向燃烧器喷嘴，于是在两者之间产生微小电流，形成闭合电路。输出电信号很微弱，需经放大器放大后送入显示记录仪器。使用 FID 检测器时，由于对水蒸气的敏感性非常低，所以对气样可不需经过冷却除水。

（二）技术数据

型号：MODEL301FID；

量程：0～10/30/100/300/1000/3000/10000/30000$\times10^{-6}$；

分辨率：0.01$\times10^{-6}$碳；

重复性：优于满量程的 0.5%；

线性度：优于满量程的 1%；

噪声：优于满量程的 0.5%；

零漂：优于满量程的 1%/24h。

第三节　烟气快速分析

在现场测试烟气时，需要一种简单、方便并具有一定精度的测试方法。这时可以考虑采用比色检测管或比长检测管。

一、CO 比色检测管

（一）基本原理

利用 CO 能使某种化学试剂（指示剂）变色的现象，并根据变色的深浅可以检测 CO 浓度。

将硅钼酸铵和硫酸钯溶液吸附在担体上，以其作为指示剂，经过 CO 作用后，其反应如下：

（1）CO 还原硫酸钯中钯离子为钯

$$CO+PdSO_4+H_2O\longrightarrow CO_2+Pd+H_2SO_4$$

（2）新生的钯把硅钼酸铵还原成钼蓝

$$4Pd+6H_2SO_4+(NH_4)_4H_4[Si(MO_2O_7)_6]\longrightarrow$$

（黄色）

$$4PdSO_4+2(NH_4)_2SO_4+H_2SiO_3+4Mo_3O_8+7H_2O$$

（蓝色）

这样 CO 将指示剂间接还原成蓝色的化合物，根据 CO 含量的大小指示剂由原来的黄色变成绿色及进一步呈蓝色。变化程度除 CO 浓度外，尚与气样的温度、进气的时间及进气量有关。在一定的温度、进气时间及进气量条件下，可根据指示剂的颜色与标有浓度的比色板比较，就可得到 CO 浓度。对于微量级，测量范围约在 0.0018～0.16%（体积分数）之间。

（二）检测管构造

一般用直径为 6mm 的玻璃管制成（图 9-16）。管中装有以硅胶碎粒为担体的黄色指示剂。它是由硅钼酸铵和硫酸钯溶液吸附在担体上经减压干燥制成。红色胶与黑色胶表示气流方向，气样由红端进入，黑端排出。气样可以用专门的注射器（例如过去生产的 ZS-1 型 CO 检定器）或用 100mL 的医用注射器注入检测管内。

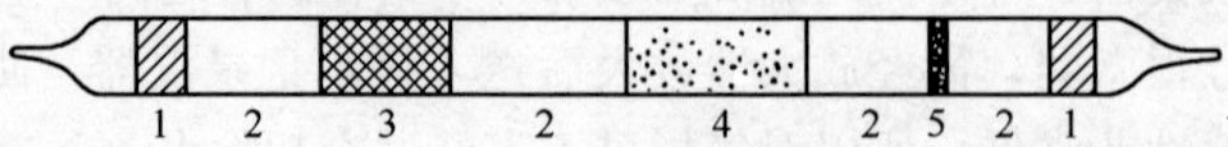

图 9-16　比色检测计

1—玻璃棉；2—白色胶；3—红色胶；4—黄色胶（指示剂）；5—黑色胶

（三）测试方法

（1）检测管的校正

购买的检测管，带有比色板与温度校正表。在测试前，应该用已知浓度的标准气体，按照检测管说明书的要求注入检测管，然后根据温度与进气样量，按照指示剂颜色的变色程度与比色板比较，并查表得到CO浓度。如果测得的浓度与已知浓度相等时，说明检测管工作正常；如果不相等，则应适当地调整进气时间与进气样量，一直达到测得的浓度与已知浓度相等为止。在以后实际测试工作中，均应保持校正的进气时间与进气样量。

（2）测试步骤

①用注射器抽取气样，并用气样充分清扫注射器，保证气样纯度。

②将检测管两端锉开。

③用注射器将气样从红胶端注入检测管。进气时间与进气样量应根据校正要求来控制。

④记录气样温度。

⑤气样进完后，等待 1min，根据指示颜色变化程度与比色板比较，并查表可得气样中CO浓度。

⑥如果需要保存实验结果，可以将玻璃管两端密封保存起来。

（3）注意事项

①检查管要储存在阴暗处，比色板也要防止曝晒。

②检测管与比色板配套使用，不能互换。

③H_2、C_2H_2、NO_2 等气体对检测有干扰作用。

二、比长检测管

比长检测管可以不用比色板，直接根据指示剂颜色变化的长度测出某种成分的含量。

（一）基本原理

现以CO比长检测管为例，说明其基本原理。含CO的混合气体通过比长检测管（外形与比色管类似），其中CO与管中指示剂起反应，产生棕色的变色圈。变色圈的长度与CO的含量成正比。

CO的指示剂可以采用碘酸钾来配制，其反应如下：

$$\left.\begin{aligned} &2KIO_3+H_2SO_4 \longrightarrow 2HIO_3+K_2SO_4 \\ &2HIO_3 \xrightarrow{120℃} I_2O_5+H_2O \end{aligned}\right\}$$

CO与指示剂作用时的反应为：

$$I_2O_5+5CO \longrightarrow 5CO_2+I_2 \text{（棕色）}$$

碘如与三氧化硫作用，会产生绿色物质。

（二）检测管构造

比长检测管由一根直径为 3.0～3.5mm、长度约 180mm 的玻璃管制成。管内装有各种试剂及指示剂（图 9-17）。

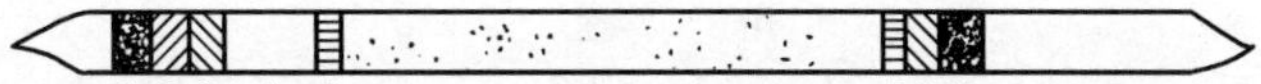

1 2 3 4 5　6　5 3 1

图 9-17　CO 比长检测管

1—玻璃丝堵塞物；2—活性炭；3—活化硅胶；4—除乙烯试剂；5—玻璃粉；6—指示剂

管子两端是用玻璃丝做成的堵塞物 1，其长度约 5mm。在左边玻璃的后面是 24～42 目的活性炭 2，其长度亦为 5mm。用它可以清除气样中的 H_2S。其次是 5mm 长的活化硅胶 3。这种硅胶经过充分地干燥，所以它能吸收气样中的水分。活化硅胶后面是 10mm 长的除乙烯试剂 4。此试剂是用活化硅胶为担体涂以硫酸银溶液，利用乙烯与硫酸作用产生乙烯硫酸的原理，吸收气样中的乙烯。

指示剂 6 是比长检测管中的主要内容。它也是用活化硅胶作为载体。先在活化硅胶上加入碘酸钾 KIO_3，然后加热干燥，冷却后再注入发烟硫酸，最后经过加热与干燥后即可使用。在指示剂的两边加 2mm 的玻璃粉 5 起界限作用。在指示剂的右边还要加 5mm 长的活化硅胶起保护指示剂的作用。

在玻璃管外面标的是 CO 含量的刻度。在测试时，可以直接读出 CO 的含量。

（三）测试方法

（1）检测管的校正

与比色检测管一样，在使用比长检测管以前也应经过校正，校正方法同前所述。

（2）测试步骤

①用医用注射器吸取 50mL 纯气样；

②将检测管两端切开，并与注射器连接；

③将气样在 100s 时间内，均匀地通过检测管（或者根据校正的时间）；

④变色环顶端指示的读数即为气样中 CO 的含量。

（四）比长检测管的其他形式

除了 CO 外，还有其他单一气体的比长检测管。表 9-3 中介绍了几种比长检测管。根据表中说明用途，有许多种可以用于燃气测试工作。

比长检测管结构简单，便于携带，操作方便，特别适合现场测试工作，这是它的最大优点。不过它的精度较差（例如变色环会发生倾斜），但是经过校正还是可以使用的。

除了表 9-3 介绍的几种类型，还有 NO_x 比长检测管。但是，NO_x 检测管不易标定，精度也较差。

比长检测管类型表　　**表 9-3**

检测管名称	型号	用　途	测试范围（%）
CO	一型	适用检查煤矿井下空气中 CO 含量检测实验室内空气中 CO 含量，也可用于燃烧比较完全的烟气分析	0.0005～0.015
	二型	适合测量煤矿井下巷道工作面空气中 CO 含量，也适用于烟气中 CO 含量的测量	0.001～0.05

续表

检测管名称	型号	用　　途	测试范围（%）
CO	三型	适用于煤矿处理井下火灾，管理火区时测量空气中 CO 含量。也适用于烟气中 CO 含量的测量	0.01～0.5
	四型	供实验室灰熔点测定炉内 CO 含量及煤气站测高含量 CO 用	0.5～20
CO_2	A 型	检查测量矿井下采掘工作面及正常巷道空气中 CO_2 含量，也可测量烟气中 CO_2 含量	0.05～2.5
	B 型	适合检查井下密闭火区内及通风不良巷道内空气中 CO_2 含量，也可测量烟气中 CO_2 含量	0.5～15
H_2S		测量煤矿井下及地面化工厂空气中 H_2S 含量	0.0002～0.015
O_2		测量煤矿井下巷道工作面、密闭火区内以及处理火区地点空气中 O_2 含量	1～21

第四节　烟气成分综合分析

烟气成分综合分析要求同时分析出烟气中各种成分。在燃气燃烧测试工作中，通过采用两种仪器来进行烟气成分综合分析，一为 491 型（奥氏）分析仪；一为气相色谱分析仪。

一、奥氏气体分析仪分析烟气

（一）仪器构造

奥氏分析仪是利用化学吸收法测量烟气中各种成分含量。烟气中主要成分是 CO_2、O_2、N_2 及 CO，所以该分析仪中只设置 3～4 个吸收瓶。图 9-18 是奥式烟气分析仪的示意图。它由吸收瓶（共三个）、量气管 5、平衡瓶 6、梳形管 1、干燥管 7 及三通旋塞 8 等组成，并组装在一个木箱内，便于携带。量气管上有刻度线，最小刻度为 1/5mL。为了保证量气管内气体温度变化不大，在其周围加水套并用温度计控制。吸收瓶与第五章介绍的略有不同，它由前后两个瓶子组成，中间用 U 形管连接。

吸收瓶有 3～4 个。其中第 1 个为二氧化碳吸收瓶，内装氢氧化钾溶液，能吸收烟气中的 CO_2 及 SO_2（简写成 RO_2）；第 2 个为氧气吸收瓶，内装有焦性没食子酸的碱溶液，主要用来吸收烟气中的 O_2；第 3 个为一氧化碳吸收瓶，内装氯化亚铜的氨熔液，主要吸收烟气中的 CO，如果有四个吸收瓶，则第 4 个吸收瓶内可装氯化亚铜盐酸溶液，也用来吸收 CO。

（二）分析方法与成分计算

分析的次序是 CO_2、O_2 及 CO，余下的气体主要成分是 N_2。仪器的准备、操作与计算方法与以前章节叙述相同。

在合格的燃气燃烧设备的烟气中，CO 含量很低，奥氏分析仪测不出微量 CO 的含量。但是，如果对 RO_2 与 O_2 分析得足够准确时，可用下式算出 CO 含量（适用于 N_2 含量很少的燃气）：

$$CO' = \frac{21 - \beta RO'_2 - (RO'_2 + O'_2)}{0.605 + \beta} \tag{9-15}$$

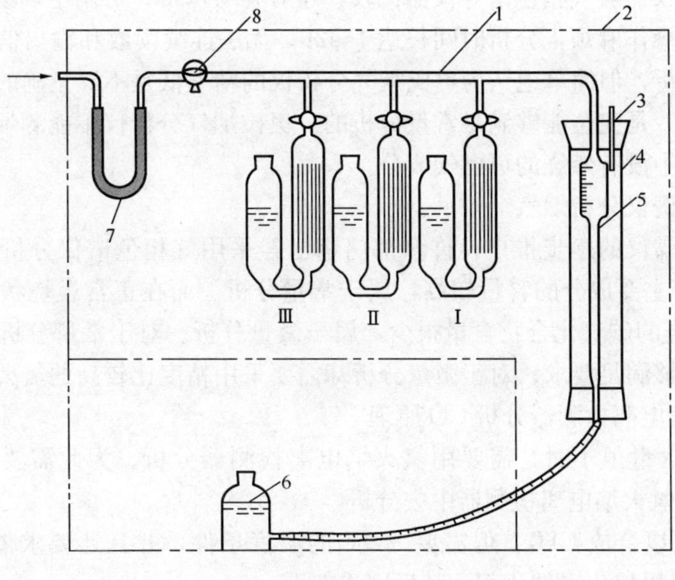

图 9-18　奥氏烟气分析仪

1—梳形管；2—木箱轮廓；3—温度计；4—水套；5—量气管；6—平衡瓶；
7—干燥管；8—三通旋塞；Ⅰ，Ⅱ，Ⅲ—吸收瓶

$$\beta = 2.37 \times \frac{H - 0.126 \times O}{C + 0.375 \times S} \tag{9-16}$$

式中　RO'_2，O'_2，CO'——分别为烟气中各种成分的体积分数，(%)；

β——燃料特性系数；

C、H、O及S可以根据燃气各种成分的体积百分数，用下列公式计算：

$$\left.\begin{aligned} C &= \frac{0.54 \times [CO + CH_4 + CO_2 + mC_mH_n]}{\rho} \\ H &= \frac{0.09 \times H_2 + 0.18 \times CH_4 + 0.045 \times nC_mH_n + 0.09 \times H_2S}{\rho} \\ O &= \frac{0.715 \times CO + 1.43 \times (CO_2 + O_2)}{\rho} \\ S &= \frac{1.43 \times H_2S}{\rho} \end{aligned}\right\} \tag{9-17}$$

式中　CO，CH_4，CO_2，C_mH_n，H_2，H_2S，O_2——燃气中各组分的体积分数（%）；

ρ——燃气的密度（kg/m^3）。

当燃气成分已定时，β为常数。各种燃气的β值如下：

对于天然气　β=0.75～0.80；

对于液化石油气　β=0.4～0.5；

对于焦炉煤气　β=0.2～0.3。

（三）奥氏分析仪的优缺点

奥氏烟气分析仪的化学吸收分析法是分析烟气最原始的也是最基本的方法。它的最大优点是设备简单，属于直接测量，不需要用标准气标定。另外，它可以测出烟气中的各种

主要成分。这种仪器与气相色谱等仪器比较，还有容易携带，可用于现场测试等优点。

它的缺点是操作麻烦，分析时间长达1～2h，无法连续读数和输出信号，也不能进行10^{-6}级的微量分析，但简单地认为奥氏烟气分析仪的精度低是不够正确的。只要严格按照操作规程去分析，是完全能够满足常量分析的。奥氏烟气分析仪不能测烟气中NO_x含量，也不能测出烟气中没有燃烧的可燃气成分。

二、气相色谱仪分析烟气

随着气相色谱仪的逐步推广，许多部门都已经采用气相色谱仪分析烟气。烟气中的N_2、O_2、CO_2等主要成分的含量较高，属于常量分析。而在正常燃烧状态下，烟气中的CO及未完全燃烧的碳氢化合物含量很少，属于微量分析。对于常量分析，采用热导池检测器已经完全能够满足要求；对于微量分析却需要采用精度比较高的氢火焰电离检测器。

（一）氢火焰电离检测器分析CO原理

烟气中CO含量很小时，需要用氢火焰电离检测器分析。为此需要先把CO转化为CH_4后，再送到氢火焰电离检测器中去分析。

CO与H_2可以合成CH_4，但需要380℃的温度条件，并且还要求催化剂协助反应。通常用40～60目甲烷化镍催化剂，其反应式如下：

$$CO+3H_2 \longrightarrow CH_4+H_2O$$

由以上化学反应式可以看出，转化前后的CO与CH_4后体积相等。但是在实际分析时，要根据制备好的已知CO含量的标准气来标定。

转化炉是利用一个U形管，内装镍催化剂，并带有电加热器。为了防止热损失，用石棉保温。CO_2通过转化炉后，同样可以转化为CH_4，其反应式为，

$$CO_2+4H_2 \longrightarrow CH_4+2H_2O$$

所以CO_2与CO一样，也可用氢火焰电离检测器分析。

（二）采用的色谱柱

色谱柱的作用是将烟气中各种成分一一分离出来。为分析烟气，经常采用的色谱柱见表9-4。如果用一种色谱柱不能分离出需要分析的各种成分时，可以采用两组色谱柱。例如，可以用分子筛与活性炭或分子筛与硅胶联合分析。

各色谱柱出峰情况　　**表9-4**

色谱柱	出峰情况	色谱柱	出峰情况
活性炭	O_2+N_2；CO；CH_4；CO_2	分子筛	H_2；O_2；N_2；CO；CH_4；（CO_2被吸附）
硅　胶	H_2；O_2；N_2；CO；CH_4；CO_2	氧化铝	O_2+N_2；CO；CH_4；C_2H_2；（CO_2被吸附）

采用的载气性质也影响分析的灵敏度。如果用N_2作为载气，对H_2的分析精度良好，而对其他成分则灵敏度较差。如果用H_2作为载气，气样中H_2成分不出峰，但对其他成分，灵敏度良好。

（三）成分定量分析方法

当用氢火焰电离检测器测微量CO时，不能采用面积归一法，通常采用根据已知含量的色谱峰来标定的方法。在与分析气样同样的定量管及同样的操作条件下，向柱内送入几种已知CO含量的气体，得出峰谱图。量得峰高与半峰宽后，即可算出相应于各种已知CO含量的峰面积。以CO含量为纵坐标，以峰面积为横坐标，绘出标定曲线（图9-19）。

在分析时，可以根据实际得到的色谱峰面积，查标定曲线求得 CO 含量。当然对其他成分也可以用这种方法做定量分析。

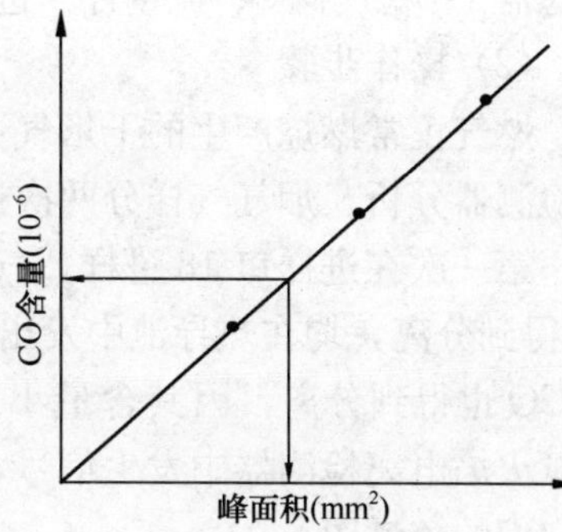

图 9-19　标定曲线图

（四）分析实例

现介绍用 SP2307 气相色谱仪，做烟气分析的方案。

（1）气路系统

SP-2307 型色谱仪是具有双色谱柱、双进样口、双笔记录器，并带有热导池、氢火焰电离检测器及 CO 转化炉的气相色谱装置。图 9-20 是它的气路系统图。H_2 由高压气瓶流出，经过过滤器 1、稳压阀 2、流量计 4 进入热导池检测器 9 的参考臂 (9a)，然后经过六通阀 16、进样口 18、碱石棉柱 13、5A 分子筛柱 11、六通阀 20、进样口 19、碳分子筛柱 10，进入热导池检测器 9 的测量臂 9b。这时从进样口注入的气样已经被分离，并且热导池检测器发出信号，在自动记录仪上出现色谱峰。载气 H_2 携带被分离的气样经过热导池检测器后继续前进，进入转化炉 7，最后自氢火焰电离检测器 6 流出。这时，气样中的 CO 与 CO_2 分别被转化为 CH_4，并在氢火焰电离检测器中发出信号，自动记录仪上即出现 CO 与 CO_2 的色谱峰。N_2 与空气（A）分别由高压气瓶中流出，经过

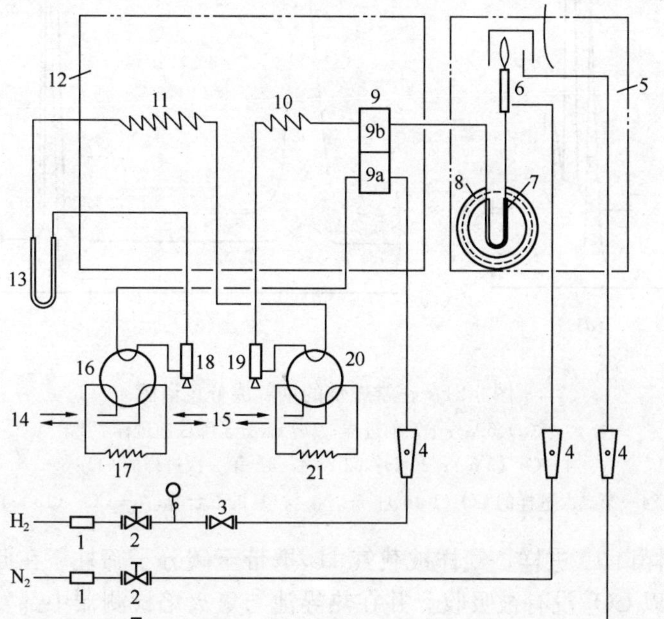

图 9-20　带热导池、氢火焰检测器的气路系统

1—过滤器；2—稳压阀；3—针形阀；4—流量计；5—检测室；6—氢火焰电离检测器；7—转化炉（镍催化剂 U 形管）；8—电加热炉；9—热导池检测器；9a、9b-参考臂与测量臂；10—碳分子筛色谱柱；11—5A 分子筛色谱柱；12—恒温箱；13—碱石棉柱；14、15—气样进出、口；16、20—六通阀；17、21—定量管；18、19—进样口（注射器用）；A—空气

过滤器 1、稳压阀 2、流量计 4 进入氢火焰电离检测器。

(2) 操作步骤

燃气正常燃烧产生的干烟气 CO 含量用氢火焰电离检测器分析，而 CO_2 与 O_2 用热导池检测器分析。烟气气样分两次进样。

第一次在进样口 18 进样，气样经过碱石棉滤去 CO_2，在 5A 分子筛色谱柱中，N_2 与 O_2 得到分离，均在热导池中发出信号，自动记录器中的红笔画出它们的色谱峰。气样中的 CO 也得到分离，因其含量小，在热导池检测器中没有信号，但经过转化为 CH_4 后，在氢火焰电离检测器中发生信号，自动记录器中的蓝笔画出它的色谱峰。图 9-21 (*a*) 即为它们的色谱图。

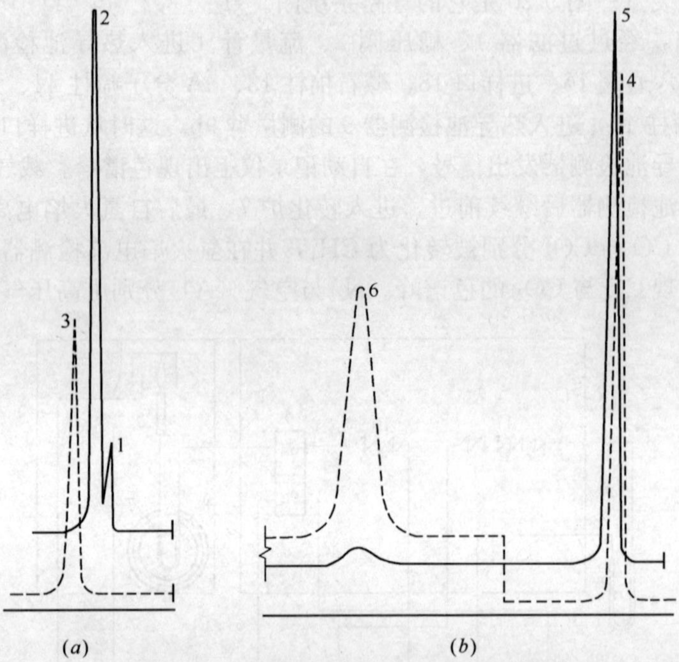

图 9-21 正常燃烧的烟气成分色谱图

(*a*) 5A 分子筛前进样；(*b*) 碳分子筛柱前进样

1—O_2 (2′0″)；2—N_2 (2′28″)；3—第一次进样的 CO；

4—第二次进样的 CO (1′46″)；5—N_2 与 O_2 的混合峰；6—CO_2 (13′8″)

第二次在进样口 19 进样，气样被载气 H_2 携带至碳分子筛柱。在此气路中，没有经过碱石棉柱，所以 CO_2 没有被吸收．并在热导池与氢火焰检测器中部发出信号。图 9-21 (*b*) 所示，热导池检测器的信号弱（实线），而氢火焰电离检测器的信号强（虚线）。另外，CO 在热导池检测器中也不发生信号，而在氢火焰电离检测器中能发生信号。N_2 与 O_2 在碳分子筛中不能分离，所以热导池检测器发出的信号而得到的是 N_2+O_2 的混合峰。

根据以上分析得到的结果，可以用第一次进样得到的色谱图计算气样中的 N_2 与 O_2 的含量（图 9-21 (*a*) 的实线）；用第二次进样得到的色谱图计算气样中的 CO_2 与 CO（图 9-21 (*b*) 的虚线）。

由于采用两个色谱柱、两个检测器得到的色谱图做定量计算，所以不能用面积归一法、而应采用已知含量的色谱峰的标定方法来计算各种成分的含量。色谱峰图如图 9-21 所示。

（3）技术条件

H_2 载气流量　30～40mL/min；

N_2 流量　30mL/min；

空气流量　300～400mL/min；

热导池桥流　200mA；

色谱柱温　40℃；

转化炉温　380℃；

氢焰检测器温　120℃；

进样量　0.1mL；

氢焰检测器衰减度　对 CO 为 1∶1，对 CO_2 为 1∶1/16；

色谱柱尺寸　5A 分子筛，60～80 目，2m 长，内径 3mm；

分子筛，80～100 目，1.5m 长，内径 2.4mm。

第五节　烟气连续自动分析

随着科学与生产现代化的要求，需要对烟气中某些成分（单项或多项）进行连续自动地分析。现根据我国仪器生产情况，介绍一些有关烟气分析自动化的方案。

一、烟气单项成分连续分析的应用

在燃气燃烧测试技术中，根据研究的内容与测试对象，对单项成分连续分析的要求有下几种情况。

（一）O_2 连续分析的应用

用热磁式氧分析仪连续分析烟气中氧含量的方法是比较成熟的，这已为国内外所公认。

（1）空气系数的确定

控制燃气燃烧设备的空气系数是提高热效率、节约燃气的重要措施之一。空气系数 α 与烟气中的氧含量有直接关系，如下式所示（当烟气中未完全燃烧量很小时）：

$$\alpha = \frac{1}{1-\dfrac{O'_2}{20.9}} \tag{9-18}$$

式中　α——空气系数；

O'_2——烟气中氧的体积分数（%）；

20.9——空气中氧的体积分数（%）。

计算得出，α 与 O'_2 的数字关系见表 9-5。

α 与 O'_2 的数字关系　　**表 9-5**

O'_2	0.00	1.88	3.55	6.95	10.50	12.50	14.00	15.70
α	1.0	1.1	1.2	1.5	2.0	2.5	3.0	4.0

可以根据测试对象的具体情况选择合适的测量范围。一般情况下，可以选用0～21%的范围，这样适应性可以大些，并且满量程校正也比较方便。因为空气中氧含量可认为是20.9%，所以可以省去专门用于满量程校正的高压标准样瓶。

(2) 一次空气系数的确定

一次空气系数对于引射型燃烧器是一项很重要的关键参数。在实际测试工作中，可用下式计算

$$\alpha' = \frac{O_2^m + O_2}{V_0 \times (20.9 - O_2^m)} \tag{9-19}$$

式中　O_2^m——燃气与空气混合气体中氧的体积分数（%）；

O_2——燃气中氧的体积分数（%）；

V_0——理论空气需要量（m^3/m^3）；

α'——一次空气系数。

通常 O_2 可由资料查得或用仪器分析测得，V_0 是由燃气性质决定的常数。所以测得 O_2^m 值后，即可用式（9-19）算出 α' 值。如果连续自动测出 O_2^m 的数值，就可以得到不同条件下引射性能的工况，这对研究引射器很有帮助。

要根据燃气的 V_0 值选用仪器的量程。特别指出，对于 V_0 值很高的液化石油气，要求仪器的量程大，灵敏度高，一般仪器满足不了要求。另外，燃气中含有较多的硫化物时，需要通过清洗才能通入仪器，这样会给测试与计算工作带来一定的麻烦，并且由于因清除硫化物对燃气体积的折算，也会增大误差值。

（二）CO连续分析的应用

CO在烟气中的含量是衡量燃烧设备质量的重要指标之一。此外，在实际测试工作中，往往需要在测CO的同时测出 O_2 含量。

不同的燃气燃烧设备的烟气中CO含量有很大差别，所以要求采用测量范围比较大的仪器。为了保证一定的精度，宜采用多档的测量仪器。具体可以考虑：$0\sim200\times10^{-6}$；$0\sim2000\times10^{-6}$与0～1%三挡。

用红外线分析仪测量CO含量是比较通用的办法。由于它能连续自动测量，对调节、控制及研究燃气燃烧设备的燃烧工况很有帮助。

（三）CO_2 连续分析的应用

CO_2 在烟气中的含量也是用于衡量燃烧设备质量的一个指标，实际工作中，有时需要测量 CO_2 代替测量 O_2 含量。

用红外线分析仪测量 CO_2 含量是比较通用的办法。

采用热磁式氧分析仪（或红外线 CO_2 分析仪）与红外线CO分析仪联合工作、可以同时测量烟气中的 O_2（或 CO_2）与CO。因为这些仪器都不会改变气样成分，并且要求气样的流量也相同，所以可以直接串联使用，不会互相干扰。

测量烟气中CO含量的同时，需要测量 O_2（或 CO_2）含量是为了排除过剩空气量对CO含量的影响。计算相当于空气系数为1时（没有过剩空气）的CO含量，

氧稀释法计算公式如下：

$$CO_{\alpha=1} = \frac{CO'}{1 - \frac{O_2'}{20.9}} \tag{9-20}$$

式中　$CO_{\alpha=1}$——空气系数为1时，干烟气中的CO体积分数（%）；

CO'与O_2'——分别为烟气中的CO与O_2的体积分数（%）。

二氧化碳稀释法计算公式如下：

$$CO_{\alpha=1}=CO'\times\frac{CO_{2,max}}{CO_2'} \tag{9-21}$$

式中　$CO_{\alpha=1}$——空气系数为1时，干烟气中的CO体积分数（%）；

CO'与CO_2'——分别为烟气中的CO与CO_2的体积分数（%）；

$CO_{2,max}$——理论干烟气样中的二氧化碳体积百分数（%）。

（四）氮氧化物连续分析的应用

采用化学发光法与红外线分析仪测量NO_x含量是比较通用的方法。

与分析CO一样，在分析烟气中NO_x的同时，也需要分析CO_2或O_2含量，以便折算为没有过剩空气时的NO_x含量。如果采用红外线分析法测量NO_x含量，可以采用与其他分析仪串联的方法。但是，如果采用化学发光法测量NO_x含量则不能串联使用，而应该考虑并联分析。因为采用化学发光法测量NO_x对成分有影响，并且要求的气样流量也与其他分析仪要求的不一样。

二、烟气多项成分连续分析的应用

（一）分析仪器配置方案示例

如果将红外线CO分析仪、红外线CO_2分析仪、热磁式氧分析仪及化学发光法NO_x分析仪联合组成烟气多项成分连续自动分析设备，可以同时连续测量如下几个参数：

空气系数为1时，干烟气中CO含量：$CO_{\alpha=1}$；

空气系数为1时，干烟气中NO_x含量：$NO_{x,\alpha=1}$；

烟气中CO与CO_2含量的比值：CO/CO_2；

空气系数：α等。

根据目前我国仪器的生产情况，该联合设备可以参照图9-22组成。

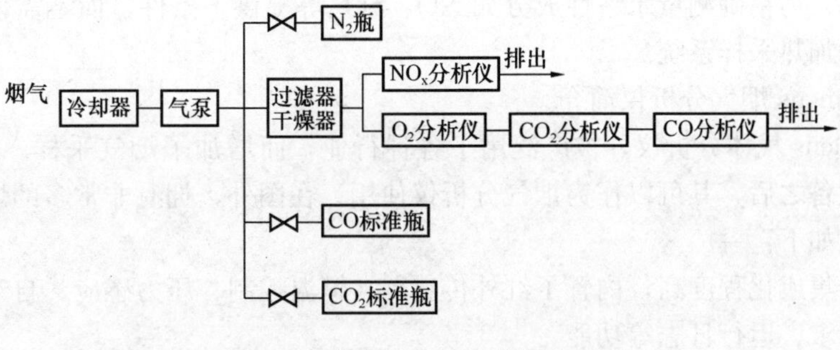

图9-22　烟气连续自动分析方框图

在烟气连续自动分析的基础上，如配以微机控制技术就可以设计出多功能的烟气分析装置。此装置可以根据实际需要自动分析与整理测试数据，定期打印测试结果，烟气中CO超标报警，空气系数过大或过小报警等。

（二）TESTO 350Super烟气分析仪

TESTO 350Super是由广州明烁公司根据国内燃气具实验室的需求，专门为燃气行业订制的一款综合烟气分析仪，结合了德国便携式烟气分析仪专业厂商TESTO的专业和国内燃气具实验室的经验，保持了 TESTO 全球的一贯品质，又符合国内燃具实验室的具体需求。主要特点如下：

（1）用户数量众多，特别是拥有国内燃具行业最广泛的专业用户，许多国家级、省市级质量监督检验机构都是其用户，而国外认证机构、全球性品牌在国内的生产经营机构、国内行业一线品牌对其的使用更为普遍。长时间大量专业用户的使用经验被结合进仪器的设计改进中。

（2）作为便携-台式两用的烟气分析仪，它结合了电化学传感器和非分散红外传感器，既带有电化学传感器的经济性、易用性、灵活性，又有红外传感器的精准性，特别是其内置的可在电池供电条件下稳定工作的非分光红外传感器，带有体积小、耗电低、预热快、精确度高的特点。

（3）仪器拥有较高的扩展能力，在用户需要测量更多烟气种类时，可以很方便地扩展。由于仪器预留了更多的传感器接口，同时仪器的操作系统也被设计为允许增加更多传感器通道，因此用户在扩展仪器时，仅需安装带有升级程序的传感器，仪器即可自动升级扩展，节约了用户扩展的成本。

（4）仪器在 NO_x 测量上，专门开发了适应不同用户需求的组合：单一测量 NO 并自动计算 NO_x 的方案成本更低，适合于对 NO 测量要求不高的用户；同时测量 NO 和 NO_2 并自动计算 NO_x 的方案则更适合于对 NO 测量要求较高的用户，这个方案相比使用 NO_2 转化炉进行 NO_2 转化后合并测量的普通红外 NO 分析仪，数值准确度更高，没有转化率的问题。而且仪器还能提供低量程高精度的 NO 传感器，特别适合于 NO 浓度比一般工业烟气要低得多的燃具行业。

（5）由 TESTO 中国合作伙伴专门开发的“明烁-2 型”双管对冲式前置烟气预除水器，能在无须耗材无须电源的条件下，高效地对烟气进行初级除水，降低仪器内的除水器的负荷，保护仪器和传感器。

（6）其国内合作伙伴还和专业科研机构合作，研发了低吸附取样管、双孔陶瓷取样探针等特有技术，为精确测量水溶性成分如 NO、SO_2 等提供了条件，而不需使用复杂且成本更高的全程加热采样系统。

（三）Siemens 烟气分析仪简介

（1）Siemens 气体分析仪，被广泛用于各种行业，而增加了烟气采样、烟气预处理、标定控制等设备之后，其可以作为烟气分析仪使用。在国外，拥有非常多的燃具实验室用户。主要特点如下：

（2）仪器集成化程度高，内置了红外传感器、恒温控制、压力感应、自动修正、信号输送、维护请求、运行日志等功能。

（3）模块化设计，既可以在一个模块内实现多种气体分析，也可以用多个模块实现更多气体分析。

（4）对 CO、CO_2、NO、SO_2 等气体，以红外光学原理分析，准确度更高，也符合气体分析标准方法的要求。

（5）可以扩展至电化学或者顺磁式 O_2 测量，前者成本更低，后者准确度更高。

（6）对于 NO_x，可以采用 NO_2 转化为 NO 的方式进行合并分析。对于 NO_2 含量并不高的烟气，此种方案成本更低，仅需注意选用性能符合要求的转化器即可。

(7) Winsafety Dr200 系列预处理装置能实现无压缩机冷凝、自动排水、双管换热等工作，一台预处理器即实现了系统全部需求，安装和运行更为容易。

参考文献

[1] 傅忠诚等．天然气燃烧与节能环保新技术［M］．北京：中国建筑工业出版社，2007.

[2] ［日］香日康夫．化学发光法による分析仪［J］．燃料及燃烧，1976，43（1）．

[3] ［日］谷口直三．烟道排ガス用 NO_x 计现状［J］．燃料及燃烧，1974，41（8）．

[4] 金志刚．产生燃气燃烧产物成分分析及单板机数据处理装置研究［J］．天津大学学报，1986，No2.

第十章　民用燃气燃烧器具检测

燃气灶具、烤箱、热水器等民用及公用事业燃气用具是以燃气为燃料进行燃烧与热交换完成其特定功能的设备。这些燃具的工作情况直接体现气体燃料的优越性，对居民的生活、城市环境、能源消耗等都有很大影响。科学的检验和试验工作是搞好燃具的设计研发、燃具产品质量认证和燃具产品生产全面质量管理的基础，所以必须给予足够重视。

第一节　概　　述

一、民用及公用事业燃具的种类

根据燃具的功能可分以下几类。

（1）炊事灶具

食品的烹饪工艺多种多样，服务于烹饪工艺的炊事灶具也是五花八门，一般有以下几种：

①家用燃气灶：这是家用炊事灶具。根据我国目前生活习惯的要求，应有适当的功率（热流量或热负荷），并且能够有足够的流量调节范围，以满足大火炒菜、小火煮饭、烧汤等不同的功能要求。同时还要求既可以稳定地放置平底锅，又可以放置圆底锅。

②炊用燃气大锅灶：这是饭店、餐馆及食堂等公用场所使用的大锅灶，主要用于蒸煮食品。其锅直径一般为600～1000mm。

③中餐炒菜灶：这是适合于中餐爆炒用的灶具，要求具有足够的热流量，并且火力集中。

④烤箱：用于烘烤食品的专用炊具。在家庭中有时与家用灶合为一体，即上为灶，下为烤箱，或者设置在两个灶头之间，也称烘烤器；食堂及大型厨房有专用烤箱，也有与灶结合的烤箱，利用灶的烟气余热烘烤食品。

⑤饭锅（又称饭煲）：用于加工米饭的专用炊具。家庭用饭锅热流量小，食堂用热流量大。

⑥专用炊事用具：专门服务于某种烹饪要求的炊具，如饼炉、烤鸭炉、煲仔炉等。

⑦西餐灶具：是用于加工西餐的燃气灶具，近年来由于涉外宾馆越来越多，加之出口量逐年增加，不同形式的西餐灶具发展较快。

（2）热水器

加热水的设备，有快速式与容积式两种。快速式热水器加热速度快，无储热水能力，容积式热水器的加热速度慢，但有一定储热水能力。半容积式介于以上二者之间，具有快速式的功能，还有较小的容积。它们一般用于洗涤热水，其温度不超过65℃，否则易结水垢。如用于采暖．在采暖系统内，循环水出口热水可达70℃左右，回水为50℃左右。

(3) 沸水器

我国有饮用开水和开水泡茶的习惯，故有专门用于烧开水的沸水器。一般用于饭店、餐馆、食堂及办公室等公用场所。

(4) 采暖器

小型家庭用的采暖器属家用燃具，用于居民单户采暖，目前采暖器主要三种形式：

①采暖/热水炉：将热水器与采暖器合于一体，具有两套独立的水系统，既可以供应生活热水，也可以供应采暖热水的燃具。

②辐射式采暖器：利用高温烟气或者高温陶瓷板的辐射热加热环境温度，目前有家用的户内辐射采暖器和户外辐射采暖器，采用陶瓷板或金属网、陶瓷纤维等辐射板材料，工业厂房或大型公用建筑中大都采用红外线辐射采暖器，用于局部辐射采暖。

③热风式采暖器：利用燃烧烟气与空气热交换，空气作为热媒，加热环境温度，这种采暖器大多用于工业或公共建筑用户的采暖，个别民用户也有使用。美国别墅常用热风采暖。

(5) 燃气冰箱

利用燃气燃烧热量作为热源的属吸收式制冷；利用燃气燃烧膨胀压力做功，推动引擎的属压缩式制冷。我国目前尚无标准，在这里不作介绍。

(6) 燃气空调及燃气冷热机组

利用燃气制冷为冷源的空调设备称为燃气空调（可分为吸收式与压缩式两种）。利用吸收式制冷系统的原理，夏天可以制冷、冬天可以采暖，这种设备称为燃气冷热机组。

(7) 燃气热泵

以燃气作为能源的热泵是燃气热泵。热泵有两种：一为压缩式热泵，一为溴化锂吸收式热泵（俗称直燃机）。压缩式热泵可用于制冷、制热。直燃机主要用于制冷，用于采暖相当于用锅炉加热。

(8) 其他燃具

使用燃气的用具还有很多，例如燃气灯、燃气熨斗、便携式燃气灶、燃气干衣机及一些特殊工艺用途的燃气用具等。

二、燃具质量评价标准

GB/T 19000—2008 对质量有明确的定义，即“一组固有特性满足要求的程度”。因此，燃具质量简单的定义为：燃具满足规定要求的特征和特征总和。在各种燃具产品标准中都规定各项度量质量的要求，归纳起来有以下几个方面：

(一) 使用性

所谓使用性是燃具在规定条件下完成规定功能的能力，对于任何燃具，首先要求燃气能正常燃烧并有稳定的火焰。在规定条件下不允许熄灭，例如，在一定风速下，火焰不会熄灭，不产生回火。此外对不同功能的燃具也有不同的要求。

对于家用燃具，如适应我国烹饪习惯，火力适当加大，还要求能平稳地放置平底锅和圆底锅，锅支架不能倾斜。烤箱除具有足够加热能力外，烘烤食物时要求加热温度、速度和均匀性。中餐炒菜灶要求火力集中。饭煲（即饭锅）煮饭不允许夹生，不能烧焦米饭等。

对于热水器，要求不能漏水，并有一定的热水出率，保证冬季水温正常使用，停火后不能有过高的温升；沸水器应烧出开水等。此外，随着生活水平的提高，恒温的，更舒适、方便，更智能化控制的燃具是发展的方向。

（二）安全性

安全性是指产品在制造、贮存和使用过程中保证人身免遭危害的程度。燃具的安全性是政府强制管理的范围，《产品质量法》第十三条中规定，“可能危及人体健康和人身、财产安全的工业产品，必须符合保障人体健康和人身、财产安全的国家标准、行业标准；未制定国家标准、行业标准的，必须符合保障人体健康和人身、财产安全的要求。”；燃具的安全性也是企业在市场竞争中的关键问题，关系到燃具应用的成败，必须特别注意。首先是气密性问题，再者是各种安全保护装置必须能有效地工作。另外，由燃具工作而引起的各部件及周围木壁的温升也不能超过标准，保证不影响操作及防止火灾。此外，控制烟气中 CO 含量、NO_x 含量及噪声不超标都对保护人身及环境免遭危害也是十分重要的。

（三）节能及环保性

《中华人民共和国节约能源法》第四条规定“节能是国家发展经济的一项长远战略方针。”是关系到我国经济高速发展的可持续性，造福于子孙万代的百年大计。节能要从一点一滴做起，体现在燃具上有两层含义：

一是燃具的热效率。《家用燃气快速热水器和燃气采暖热水炉能效限定值及能效等级》GB 20665—2006（见附录 10-1）就是体现对燃具热效率的强制性的要求的一个特例。也是对燃气工作者在如何提高燃具热效率方面提出了新的更高的要求。此外在设计与选用热水器时，要正确安排排烟系统并考虑用户实际的使用要求。发挥热水器在使用时的实用热效率，同时要考虑节约用水。

二是在完成同样功能的情况下燃具的热负荷尽量降低，达到综合节能的目的。节约能源和环境保护是有机的统一，节能本身就是环保。对于燃具来讲，其主要的污染就是烟气的排放，烟气中的主要污染物有二氧化碳、二氧化硫、一氧化碳、氮氧化物以及未燃尽的甲烷等，其中二氧化硫与燃气的硫含量有关；一氧化碳、氮氧化物以及未燃尽的甲烷等与燃具的质量好坏有直接关系，需要认真控制。

（四）耐用性及可靠性

耐用性指标是对燃具预期寿命的考核，主要是对部件使用次数的要求；而可靠性是指燃具在规定条件下和规定时间内完成规定功能的能力。目前我国燃具产品标准都明文规定各部件的耐用次数，但对可靠性没有统一规定。这也是今后提高燃具质量的过程中所要解决的问题。

（五）经济性

燃具的经济性包括两个概念：一是燃具制造的经济性，就是要用最少的成本制造出符合国家标准的合格产品或者较好的产品，降低了材料消耗，节约了资源，同时也可以提高市场竞争能力，增加生产商的利润；二是使用的经济性，通过第一个经济性可以降低燃具的销售价格，降低用户的费用，制造商可开发体积小、占地少的燃具，“一机多用”的多功能燃具都可以降低用户的经济负担，减低使用成本。另外，提高燃具的实用热效率可以节约能源，提高使用的经济性。

（六）美观协调性

豪华、美观、方便、实用是时代的要求。也是生活水平提高的具体表现。因此，在满足可用性、安全性、耐用性及可靠性的前提下，豪华、美观的外形与包装将成为燃具的主要竞争手段，同时，与周围家具格调协调、与厨房用具配套将是潜在质量要求。

三、试验方法的统一标准

试验方法对试验结果影响很大：为使试验结果有对比性，试验方法必须统一，《家庭用燃气用具的通用试验方法》GB/T 16411 是一份通用性的实验方法标准，各个燃具产品标准中也有具体的实验方法，本章只介绍一些通用的、基本的实验方法及实验条件。

（一）民用燃具额定压力

《城镇燃气设计规范》GB 50028—2006 第十章规定燃气供应压力应根据用户设备燃烧器的额定压力及其允许的压力波动范围确定。民用低压用气设备的燃烧器的额定压力宜按表 10-1 选用。表 10-1 是民用低压用气设备燃烧器设计的主要依据，也是标准工况的基准。在灶前额定压力下的热负荷称为燃具的额定热负荷。

对于工业、工商和特殊工艺要求的燃具要按照燃具燃烧器的额定压力要求进行设计、制造和测试运行。

民用低压用气设备的燃烧器的额定压力（kPa）　　**表 10-1**

	人工煤气	天然气		液化石油气
		矿井气、沼气	天然气、石油伴生气、液化石油气混空气	
民用燃烧器	1.0	1.0	2.0	2.8或5.0

（二）灶前压力波动范围

对于管道输配系统，调压站出口处用户的灶前压力高于远离调压站的用户；管网系统中的燃气压力随着用气量的变换也有所波动，当用气高峰，用气量增大时，管网压力要降低。反之，当用气低谷，用气量减少时，管网中的压力就会升高。因此，要求燃具在任何允许燃气压力波动范围内均能很好地工作。我国国家标准规定，灶前最高压力为 1.5 倍灶前额定压力；最低压力为 0.5 倍灶前额定压力。这一要求已包含了燃气管道的正常压力波动。

对于瓶装液比石油气供应系统，燃具灶前的最大与最小压力取决于调压器的性能：所以瓶装液化石油气灶具的最高与最低灶前压力分别为 1.18 倍与 0.82 倍灶前额定压力。

家用燃具必须能在最高与最低压力范围内正常工作，以满足用户的安全正常使用要求。

（三）试验气与试验压力

在《城镇燃气分类和基本特性》GB/T13611—2006（见附录 8-1）中已经规定不同种类燃气在进行不同性质试验时应采用的基准气和界限试验气的性质。同时在《家庭用燃气用具的通用试验方法》GB/T16411（见附录 10-2）及各产品标准中也明确了在不同试验项目中应采用的试验气及试验的灶前压力（试验压力），详见附录 10-2 的表 1 及表 2 和表 10-2。因此在作某项试验时，首先要根据标准规定采用适当的试验气及其试验压力。确定采用的试验气的性质及其试验压力的原则是选择该项试验的最不利因素。例如试验回火时，采用燃烧速度比较快的 2 号试验气，而压力采用最低压力“3”。这时的试验气条件为“2—3”。其他项目的试验气条件在附录 10-2 的表 2 中都有明确规定。只有通过分类标准中各种试验气在相应的灶具压力下的检验，才能确定该燃具适用于燃气的类别。

不同燃气的试验压力（kPa）　　表 10-2

	19Y、20Y、22Y	12T、10T	4T、6T、5R、6R、7R
1（最高压力）	3.3	3.0	1.5
2（额定压力）	2.8	2.0	1.0
3（最低压力）	2.0	1.0	0.5

（四）燃气用具标准

随着燃气事业发展及市场要求，我国已经颁布了《家用燃气灶具》GB 16410、《家用燃气快速热水器》GB 6932、《便携式丁烷气灶和气瓶》GB 16691、《燃气容积式热水器》GB 18111 及《中餐燃气炒菜灶》CJ/T 28、《燃气沸水器》CJ/T 29、《家用燃气取暖器》CJ/T 113、《炊用燃气大锅灶》CJ/T 3030、《燃气蒸箱》CJ/T 187 等一系列国家标准和行业标准。在实际中，应以近期颁发的标准为根据。随着燃气事业的发展，新技术不断出现，新产品不断的开发，管理工作的不断细化，新的标准也会不断地制定和完善。燃气工作者应及时注意新标准的颁布，始终跟上燃气事业发展的步伐。

（五）生产厂家应开发适应性强的产品，以利于产品的推广，同时还可以拓宽城市燃气互换性，发挥燃气的最大效应。

第二节　燃具燃烧工况试验

目前燃具的燃烧器大部分采用大气式燃烧器（即部分预混式燃烧器），也有一部分采用无焰式燃烧器（即全预混式燃烧器）：大气式火焰分内外两层。内焰应清晰有力，轮廓清楚、呈蓝色。此外还要求在火孔之间有良好的火焰传递性，满足使用要求。对于所有形式燃烧器的燃气用具应有良好的燃烧稳定性，烟气中的 CO 含量与工作噪声不应超过标准等，这些均属燃烧工况范畴。

一、燃烧稳定性测试及判定

燃烧稳定性的内容有火焰传递、火焰均匀性、离焰（脱火）、回火、黄焰与黑烟、接触黄焰及点火燃烧器的稳定性等。这几项基本上靠目测，因此更需要有明确的判定界限。

(1) 火焰传递

要求在点火处点火后火焰能很快传递到整个燃烧器上的所有火孔。《家用燃气快速热水器》GB 6932 要求在 2s 内全部点燃，而《燃气沸水器》CJ/T 29、《家用煤气灶》GB 16410 及《中餐燃气炒菜灶》CJ/T 28 要求不超过 4s。这项检验与安全有关。如果燃气主阀打开后不能及时点燃，有可能在炉膛内积聚可燃气体混合物而造成爆燃（爆鸣）。根据附录 10-2 的表 2 查出试验气条件为“3－2”并要求在燃气量调到最大及最小两种状态下分别检验。如果燃具由几个燃烧器组成，则应对每个燃烧器分别进行检验和判定。

对于红外线燃烧器，此项相当于从点火开始到辐射板全部烧红的时间，此时间不宜超过 10s。

(2) 火焰均匀性

这是用目测方法观察大气式火焰是否有清晰的内、外焰，高度是否均匀，并有无晃动现象；

对于鼓风式燃具要考察整个燃烧器的火焰高低是否一致，各部分的强度是否均匀；

对于红外线燃烧器，这相当于红外线辐射板面的红色是否均匀，有没有黑斑。

此项试验主要是考查从燃烧器火孔逸出可燃气体混合物的速度是否均匀。试验气的条件可参考火焰传递的要求，但只需检验大流量即可。

(3) 离焰和脱火

当可燃气体的混合物在燃烧器火孔出口速度达到离焰极限时，火焰在根部可能部分脱离火孔，这时，部分未燃烧的可燃气体会漏出。当混合物在火孔出口速度再大一点后火焰会马上脱离火孔、这就是脱火。一般情况是先离焰后再脱火，有时也可能开始就是脱火，很难将二者区分。当燃烧器有许多火孔时，有1/3火孔离焰或脱火时，可被判为离焰。离焰在冷态时比较严重，因此在检验时要在冷态（燃烧器没有被加热以前）下，用燃烧速度比较慢易离焰的试验气（离焰界限气“3”）及高的灶前压力“1”、故燃烧工况试验条件为3－1（见附录10-2表2）。灶具在坐锅的热态条件下，任一火孔都不允许离焰。

(4) 回火

当可燃气体混合物在燃烧火孔的出口速度小于回火极限速度时，火焰会缩回火孔，同样可从附录10-3表2中查得要求的试验气条件为“2－3”，每个燃烧器在大、小燃气流量下都应检验。

(5) 熄火

在燃烧过程中（一般标准要求在15s以后），可能因为某种原因发生熄火，这也是不允许的。具体要求可见各燃气用具的标准。

(6) 黄焰与黑烟

当一次空气不足时，火焰中会有黄焰出现。一般情况下先从火焰尖开始变黄，当一次空气进一步减少后，黄焰部分加大，到一定程度时可能会产生黑烟。黄焰的恶果会使烟气中CO含量超过标准，从而污染环境，严重时可使人中毒甚至死亡；另外，会使锅底或热交换器部分积炭，影响传热效果及用具的使用寿命。当黄焰尖很小时. 只要CO含量不超标及无积炭现象，这种情况是允许的，因为有少量的黄焰对于热效率的提高是有帮助的。因此我国燃具标准中规定，要求用光亮冷金属板置于黄焰上部换热器的位置上，目测有无炭黑积聚。如有炭黑，被认为是不允许的黄焰。检验时可从冷态开始点燃主燃烧器。从开始到30min内，用净锅放在灶上（对于热水器可将热交换器间隙擦抹干净），以有无炭黑来判断是否有黄焰甚至黑烟。

(7) 接触黄焰

接触黄焰是判断点火电极、感应电极或热交换器是否与黄焰接触。可在任意1min内观察电极或热交换器连续接触黄焰在30s以上时，就可判为接触黄焰。黄焰造成CO含量超标的危害可在烟气CO含量的检测中判定。

(8) 点火燃烧器的稳定性

这里所讲的点火燃烧器是指独立的、长明火的点火燃烧器，点火燃烧器必须稳定，否则失去点火功能。为此，要求点火燃烧器单独工作时及主燃烧器停止工作后，以及在规定的有风条件下，观察点火燃烧器有无熄火、回火及离焰等现象。交叉点火式点火燃烧器只在主燃烧器停止工作后检查以上性能。

附录 10-2 的表 2 中还给出带有排气筒的燃具，在不同燃烧工况试验项目下的要求。

对于目前大多采用的直接脉冲点火器的燃具，主要考察点火率。

(9) 燃具的小火稳定性

小火稳定性可以检验燃具的调节范围。对于家用燃气灶，根据烹饪要求，希望火力调得很小也不熄火或回火。为此在家用燃气灶具标准中要求的小火性能试验为：

在 30、80 及 120Pa 灶前压力下分别检验人工燃气、天然气及液化石油气家用灶，应无熄火与回火现象。另外，还应要求小火试验时灶具内圈小火燃烧器火焰和外圈燃烧器火焰应保持一致。这一点在灶具标准中虽然没有规定，但要求引起生产企业重视。

对于家用燃气热水器，同样也要求调节范围大，以利于不同季节水温的调节。

在《家用燃气快速热水器》GB 6932 标准中则要求热水器在最小可调流量和最低试验燃气压力下能够稳定燃烧运行。

(10) 燃具的抗风能力

对于家用灶，要求在风速为 1m/s，风向为水平连续吹向灶具，不允许熄火、回火等妨碍正常使用的现象。对于平衡式热水器则要求在不同风速及不同角度的风向条件下检验主火及点火燃烧器是否回火或熄火。容积式燃气热水器还要求在一定的风力下烟气中的 CO 符合标准要求。

燃气热水器的种类很多。不同功能的热水器有不同试验装置与试验方法，我国目前已颁布的各种标准，在进行具体产品测试时要按照各产品标准的实验方法操作。

二、噪声试验

(一) 声学基本知识

(1) 声音

振动是声音的来源。声音是在弹性介质（空气、液体及固体）中传播的波形振动（即声波）。声波传播到人耳，使耳内鼓膜振动，并被听神经所感受，造成声音的感觉。

(2) 声频

不是所有的振动人都能听见。只有当声波振动频率不低于 20Hz 和不高于 18000Hz 时，人才能听见（1Hz 等于 1s 内 1 个完整的振动波）。很显然，低于 20Hz、高于 18000Hz 的声波人都不能听见。高于 18000Hz 的振动波称之为超声波；低于 20Hs 的振动波称之为声下振动。

在可闻声音的频率范围内，频率越高，听到的音调就越高，可根据成因波频率的高低划分声音：低频声 30～400Hz；中频声 400～1000Hz；高频声大于 1000Hz。

(3) 声压与声强

声源使空气微粒交替产生密集与稀疏现象，因而形成声波。空气微粒密集的地方压力增加；稀疏的地方压力减小。声波在瞬间所具有的压力差，称为声压，单位为 μPa。

耳语在 1m 处的空气中造成的声压大约为 1000μPa，普通讲话的声音为 $10^5\mu$Pa，高声喊叫声为 $5\times10^5\sim10^6\mu$Pa。

垂直于声波传播方向的 $1m^2$ 表面上每秒钟通过的声能数量称之为声强，单位为 W/m^2。声强与声压可以互相换算。

(4) 声强级

声强与声压只能衡量声波物理量的大小，但与人的听觉反应却不完全一致。例如，当声压由 $10^4\mu Pa$ 增加到 $10^5\mu Pa$，再从 $10^5\mu Pa$ 增加到 $10^6\mu Pa$ 时，声压都增加10倍，但绝对值增加量相差很多。可是，人却感到两次声音的增加量是一样的。另外，只有声音的声强增加或降低时，人才能够感觉到声音大小有了变化。根据以上情况，直接采用声压或声强单位不能代表人听到声音的大小。因此，声音大小需要根据人的感觉标定。

首先人为规定一个标准基点。由于人对频率为1000Hz、声强为 $1pW/m^2$ 的声波刚刚可以听到。故声学中将 $1pW/m^2$ 的声强定义为基准声强 I_0，基准声强时的声强级为0。声强I相应的声强级 L_I 可用下式来表示：

$$L_I = \lg(I/I_0)$$

式中 L_I——声强级（B）；

I——声强（pW/m^2）。

通常采用的声强级单位为dB（1dB=0.1B）。

（5）响度级

声强级是在1kHz下的声音级别。但人们对不同频率下同样声强声音，感觉到的响度不一样大。为此提出一个响度级 L_N 的概念：

$$L_N = 20\lg(p/p_0)_{1kHz}$$

式中 L_N——响度级（phon）；

p——正常测听条件下，正常听者判断一个声音与1kHz纯音等响的有效声压；

p_0——基准声压，$20\mu Pa$。

声强级是一个纯物理量，响度级考虑了人的听觉对于不同频率声音灵敏度的差别，因此响度级是主观评价量。对于频率1kHz的纯音，其响度级1phon≈1dB。

（二）燃具噪声

人们习惯将不喜欢的声音称为噪声。但是噪声的概念是相对的。在剧场中，除了舞台上的音乐声音以外，其他声音都为噪声；而在课堂上，音乐也可能被认为是噪声。

在工作时，用于加热设备的燃具最好没有声音，但这是不可能的，任何燃具工作都会产生一定的声音。如果产生的声音超过标准规定值，说明燃具本身在设计、制造等方面存在缺陷，或在工作时存在不正常的工况。燃具产生的噪声有以下几种情况：

（1）燃烧噪声

燃烧噪声是燃气在燃烧过程中产生的噪声，有以下几种情况：

①连续噪声。这实际上主要是火焰发出的声音，同时也包含了燃气气流或水流产生的噪声。一般情况自然引风式燃烧器火焰噪声较小；强制鼓风式燃烧器火焰噪声较大。

②熄火噪声。在关闭燃气时，燃烧器头部的混合气体压力突然降低，混合器中空气的比例升高达到了燃气的爆炸极限范围内，火焰通过火孔在燃烧器头内部爆燃时会发出这种声音，尤其是燃烧速度较高的燃气，例如人工燃气的燃具发生这种噪声的可能性最大。

（2）机械噪声

当今的燃具除了家用灶具采用自然引风式燃烧外，大多采用机械鼓风燃烧方式，这就必然会产生鼓风机的机械噪声。对于以水为媒介的采暖器还有水泵的机械噪声。

我国各种燃具标准规定，连续的燃烧噪声要小于65dB；熄火噪声要小于85dB。对于炊用大锅灶其标准规定分别为75dB及95dB。

（三）声级计的使用

燃具噪声试验对声级计（测噪声的仪表）要求不太严格，可选用普通的声级计，精度为±1.5dB。

声级计有A、B、C三档。它们根据所接受的声压信号，按不同程度进行频率加权。在处理声强信号时，A档对低频段的声音有较大的衰减，故A档对高频声音敏感，对低频声音不敏感，这正好与人耳的感觉接近。所以在测燃具噪声时，应用声级计的A档测量。

燃具噪声试验时应注意以下问题。首先是实验室应比较宽阔，除地面外，近处应无其他反射面。其次，要求实验室内风速不应大干6m/s。最后，燃具与放置燃具的台板不应产生共振。

为了测量的准确性，可在规定的噪声测试室进行，这样既可以减少外来噪声的干扰，也可以减少燃具本身噪声的反射带来的测试误差。但对于燃具这样的产品，噪声影响并不十分严重，对于一般的检测并不需要建立专门的噪声测试室。在环境背景噪声与试验噪声接近时，可按《声学　声压法测定噪声源　声功率级　反射面上方采用包络测量表面的简易法》GB/T 3768－1996的要求修正。即当在每个测点上测量A声级时，若与背景噪声的A声级之差小于10dB，则按表10-3所列修正量对所测得的A声级加以修正。

背景噪声的修正　　　　表10-3

声源工作时测得的A声级与背景噪声A声级之差（dB）	应减去的修正量（dB）
3	3
4～5	2
6～8	1
9～10	0.5
＞10	0

三、烟气中CO含量测定

（一）衡量烟气中CO含量的标准

各个国家对燃气用具燃烧烟气中CO的最高允许含量都有明确规定，但是，具体的测试与衡量方法都有所不同。在抽取烟气样时，会有空气混入烟气样中。混入空气越多，烟气样中的CO含量越少。为了排除这一影响，应采用绝对标准$CO_{\alpha=1}$，来衡量烟气中的CO含量。为提高检测准确度，检测时要求烟气中氧含量不能过高。

（二）根据燃气燃烧产物计算空气系数

在燃气燃烧产物（烟气）的计算时，经常遇到空气系数的计算。一般用于以下两方面：一方面在控制燃烧过程中，需要检测燃烧过程的空气系数，防止空气系数变化而引起的热效率的降低以及燃烧工况的恶化。另一方面在检测燃气燃烧设备的烟气中的有害物质时，需要根据烟气样中氧含量或二氧化碳含量确定空气系数，从而折算成空气系数为1时的有害物含量。为了简化计算，通常是采用近似的计算公式。但是这些近似公式都有一定的设定条件。不考虑设定条件，盲目使用近似公式，往往会引起较大的偏差，甚至于出现错误。这也是在检测工作中经常发现数字矛盾的原因之一。在此，对有关公式加以推导，提出两个比较精确的空气系数计算公式，同时也提出使用近似公式的条件及其应考虑的问题。

（1）根据烟气成分计算空气系数

这里所介绍的主要是完全燃烧情况下的空气系数。完全燃烧是指烟气中除 CO_2 和 H_2O 以外，其他成分很低，例如 CO 与 NO_x 含量属于 10^{-6} 级。在计算烟气成分时可以不计入这些未完全燃烧成分。

过剩空气的来源。在完全燃烧条件下，燃烧产物中有过剩空气，来源于两种情况。一是在燃烧过程中混入过多空气，使烟气中有过剩的空气；二是为了分析烟气成分而需要抽取烟气样时，混入了周围的空气。

在燃烧以前混入过多的空气，会增加热损失，降低热效率；混入的空气过少（空气系数小于1）时会恶化燃烧，造成污染环境与能源浪费。为此在运行过程中需要根据烟气样中的成分计算空气系数，从而采取调整燃烧工况的措施。

在燃烧以后混入周围的空气大多数是在抽取烟气样时发生的。为了消除多余空气对烟气样中成分的影响，需要折算到没有多余空气（空气系数=1）时的烟气样成分。这也需要计算空气系数。

虽然在燃烧前混入过多空气会影响燃烧工况，而燃烧后混入空气对燃烧工况没有关系。但是它们对烟气样的成分的影响是相同的，都可以用烟气样中的氧或二氧化碳含量计算空气系数。

①根据干烟气中的 O_2 含量计算空气系数

在燃烧过程中，供给燃烧需要的空气往往会大于燃烧实际需要的空气量。这样，实际的空气量与燃烧理论需要的空气量的比值即为空气系数。空气系数 α 可用下面公式计算，

$$\alpha=\frac{V}{V_0}=\frac{V}{V-(V-V_0)}=\frac{V}{V-\Delta V}=\frac{1}{1-\Delta V/V} \tag{10-1}$$

式中 V——每立方米干燃气的实际空气量（m^3/m^3）；

V_0——每立方米干燃气的理论空气需要量（m^3/m^3）；

ΔV——每立方米干燃气的过剩空气量（m^3/m^3）。

完全燃烧时：$V_{O_2}=\frac{O_2'}{100}\times V_{fd}=0.209\times\Delta V$，则

$$\Delta V=\frac{V_{O_2}}{0.209}=\frac{O_2'}{20.9}V_{fd} \tag{10-2}$$

式中 V_{O_2}——每立方米干燃气的干燃烧产物中的氧气量（m^3/m^3）；

V_{fd}——每立方米干燃气产生的干燃烧产物量（m^3/m^3）；

O_2'——干燃烧产物（或干烟气）中 O_2 含量（%）。

因为 $V_{N_2}=\frac{N'_{2,a}}{100}\times V_{fd}$，则实际参加燃烧的空气量 V 可以由干烟气中 N_2 含量推算出来，

$$V=\frac{V_{N_2}}{0.791}=\frac{N'_{2,a}}{79.1}\times V_{fd} \tag{10-3}$$

式中　$N'_{2,a}$——干烟气中由空气带进的 N_2 含量（设燃气中没有 N_2）（%）；

V_{N_2}——每立方米干燃气的干燃烧产物中的氮气量（m^3/m^3）。

由于实际参加燃烧的空气 V 可以由干烟气中 N_2 含量推算出来。

将式（10-2）与式（10-3）代入式（10-1），可得

$$\alpha=\frac{1}{1-\dfrac{(O'_2/20.9)\times V_{fd}}{(N'_{2,a}/79.1)\times V_{fd}}}=\frac{1}{1-\dfrac{79.1O'_2}{20.9N'_{2,a}}}=\frac{20.9}{20.9-79.1\times\dfrac{O'_2}{N'_{2,a}}}\tag{10-4}$$

燃气完全燃烧时，燃烧产物中未完全燃烧成分含量很低，可以认为燃烧产物中只有 CO_2、O_2 与 N_2。并且

$$N'_2=100-CO'_2-O'_2\tag{10-5}$$

式中　CO'_2——干烟气中 CO_2 的含量（%）。

这样式（10-4）可写成：

$$\alpha=\frac{20.9}{20.9-79.1\times\dfrac{O'_2}{100-(CO'_2+O'_2)}}\tag{10-6}$$

假定干烟气中氮气的容积分数 N'_2 接近 79%，则式（10-6）变为：

$$\alpha\approx\frac{20.9}{20.9-O'_2}\tag{10-7}$$

因此只要测得干烟气中的 O_2 含量就可以用式（10-7）求得空气系数。

根据以上公式推导，可以看出式（10-6）与式（10-7）都是有条件的，要强调指出的是使用这些公式时必须研究其特定的条件。需要经过验算与分析才能确定式（10-7）的使用范围。

②根据干烟气中的 CO_2 含量计算空气系数

在有过剩空气条件下，实际烟气量为理论烟气量与过剩空气量之和，则

$$V_{fd}=V^0_{fd}+\frac{O'_2}{20.9}V_{fd}\tag{10-8}$$

式中　V_{fd}——有过剩空气条件下，每立方米干燃气产生的干烟气量（m^3/m^3）；

V^0_{fd}——没有过剩空气条件下，每立方米干燃气产生的干烟气量（m^3/m^3）；

O'_2——干烟气样中的氧含量（%）。

根据式（10-8）可以导出：$V^0_{fd}=\left(\dfrac{20.9-O'_2}{20.9}\right)\times V_{fd}$，则

$$\frac{100\times V^0_{CO_2}}{CO_{2m}}=\frac{20.9-O'_2}{20.9}\times\frac{100\times V_{CO_2}}{CO'_2}\tag{10-9}$$

式中　CO_{2m}——空气系数为 1 和完全燃烧时干烟气中 CO_2 的体积分数（%）。

因为在有或没有过剩空气的条件下，每立方米干燃气完全燃烧产生的 CO_2 气量是相同的。所以 $V^0_{CO_2}=V_{CO_2}$，因此$\dfrac{20.9}{20.9-O'_2}=\dfrac{CO_{2m}}{CO'_2}$，则得出：

$$a\approx\frac{CO_{2m}}{CO'_2}\tag{10-10}$$

式（10-10）中的 CO_{2m} 可以根据燃气成分计算出来，所以在已知燃气成分条件下，只

要测得干烟气中的 CO_2 含量就可以求得空气系数。

根据以前讨论的前提条件，式（10-10）是一个完全燃烧的关系式。也就是说完全燃烧必然满足式（10-10），式（10-10）也是完全燃烧的判别式。

用式（10-10）计算出空气系数 α，其计算结果应该与式（10-7）所得的结果是一致的。以上结论都是在完全燃烧（CO 含量为 10^{-6}级）条件下成立的。

（2）烟气的成分与燃烧三角图

①城市燃气燃烧产物的成分

由于城市燃气尤其是天然气中基本上没有氮、硫与氧的成分。在完全燃烧的条件下，燃烧产物中主要成分是 CO_2、H_2O 和 N_2。在实际燃烧过程中，燃烧再完全也会有微量不完全燃烧及其他气体，也就是说在烟气样中总会有些 CO、NO_x 等 10^{-6}级的微量的气体。

另外，在燃烧过程中，为了使燃气燃烧完全，要求燃气与空气充分混合，为此混入的空气量略大于燃烧需要的空气量。这就是说完全燃烧条件下，空气系数大于 1，烟气样中还应有氧成分 O_2'。因此，城市燃气完全燃烧下的烟气样中的主要成分为 CO_2、H_2O、O_2 及 N_2。城市燃气完全燃烧下的干烟气样中的主要成分为 CO_2、O_2 及 N_2。下面讨论的主要是干烟气。

$$CO_2' + O_2' + N_2' = 100 \tag{10-11}$$

②燃烧三角图

在理想情况下，空气系数＝1 时，式（10-11）中 $O_2'=0$，$CO_2'=CO_{2m}$。并且随着混入空气的增加，烟气样中的氧含量 O_2' 就会提高，而二氧化碳含量 CO_2' 也会相应降低。当 O_2' 接近 20.9%时，CO_2' 也将接近 0%。这样可以得到燃烧产物三角图（图 10-1）。

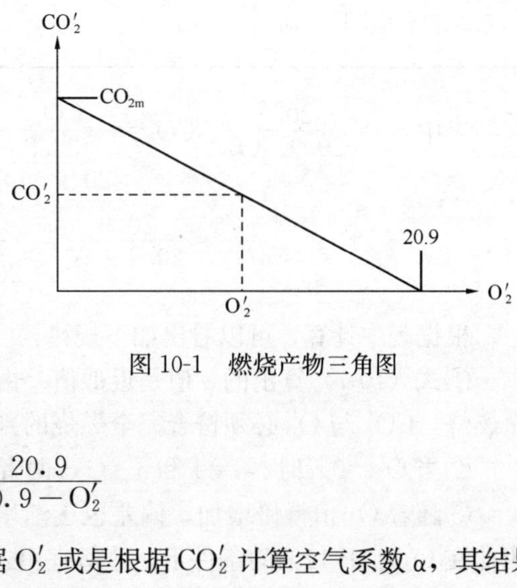

图 10-1　燃烧产物三角图

由图 10-1 可见干烟气样中氧含量与二氧化碳含量应符合三角图的关系。从图 10-1 还可以得到：

$$\frac{CO_{2m}}{CO_2'} = \frac{20.9}{20.9 - O_2'}$$

上式与式（10-10）相同。可见无论是根据 O_2' 或是根据 CO_2' 计算空气系数 α，其结果应该是一样的。都属于近似公式，并具有相同的偏差。

（3）计算实例

为了检验根据 O_2' 或是根据 CO_2' 计算空气系数 α 的准确性。针对一个实例分别用式（10-6）、式（10-7）及式（10-10）计算 α 值。

设燃烧一种天然气，燃烧后燃烧产物中 $CO_{2m}=12\%$，CO 的体积分数 $CO_a=100\times10^{-6}$（相当于空气系数 $\alpha=1$）。由于 CO 含量很低，在烟气样中不考虑 CO 的成分，即认为 CO_2、O_2 及 N_2 含量的和等于 100%。根据以上条件计算在烟气样中不同 O_2 含量（不同的空气系数）O_2' 情况下，用不同公式计算 α 值的结果（表 10-4）。

根据烟气样中成分计算空气系数的结果　　表 10-4

O_2'	α	CO_2'	$CO_2'+O_2'$	X	$O_2'-X$	$\frac{O_2'-X}{X}$	α'	$\alpha-\alpha'$	$\frac{\alpha-\alpha'}{\alpha}$	偏差（%）
0	1.00	12.00	12.00	0	0	0	1.00	0	0	0
1.00	1.05	11.43	12.43	0.90	0.10	0.11	1.05	0.01	0.01	0.48
5.00	1.31	9.13	14.13	4.61	0.40	0.09	1.28	0.03	0.02	2.40
8.00	1.62	7.41	15.41	7.48	0.52	0.07	1.56	0.06	0.04	4.00
10.45	2.00	6.00	16.45	9.89	0.56	0.06	1.90	0.10	0.05	5.30
11.00	2.11	5.68	16，68	10.44	0.56	0.05	2.00	0.11	0.06	5.60
16.00	4.26	2.81	18.81	15.58	0.42	0.03	3.93	0.34	0.09	8.50
17.42	6.01	1.00	19.42	17.11	0.31	0.02	5.51	0.50	0.09	9.00
19.00	11.00	1.09	20.09	18.81	0.19	0.01	10.00	1.00	0.10	10.00

表中：$\alpha=\frac{20.9}{20.9-O_2'}$；$CO_2'=\frac{CO_{2m}}{\frac{20.9}{20.9-O_2'}}=\frac{12}{a}$；$X=\frac{79.1\times O_2'}{100-(CO_2'+O_2')}$

$$\alpha'=\frac{20.9}{20.9-X}=\frac{20.9}{20.9-\frac{79.1\times O_2'}{100-(CO_2'+O_2')}} \tag{10-12}$$

根据表中计算，可以看出如下规律：

①式（10-7）算出的α值是近似值；由式（10-6）得到的α'值相当于真值。由于是完全燃烧，CO_2'与O_2'必须符合完全燃烧的判别式，所以根据CO_{2m}和O_2'可以算出CO_2'。

②当$O_2'=0\%$时，$\alpha=1$和$\alpha'=1$，两者没有偏差。

③随着O_2'值慢慢增加，偏差也逐渐增加。当O_2'达到10.45%时，偏差达到5.1%。因此在O_2'小于11%的条件下，才适宜用式（10-7）或者式（10-10）计算空气系数。

④O_2'值越过10.45%时，空气系数的偏差增加很快。当O_2'增至17.42%（即CO_2'接近2%）时，这偏差已经达到9.1%。很显然CO_2'小于2%时是不宜使用式（10-7）及式（10-10）。

⑤在O_2'小于10.45%的阶段，随着O_2'的增加，（$O_2'-X$）值逐渐加大，结果也就加大α值的偏差。当O_2'超过10.45%时，（$O_2'-X$）值逐渐减少，也就是说O_2'接近X。但是虽然随着O_2'的增长，虽然X逐步接近O_2'，还是表现出O_2'越大，α值的偏差越高。

⑥当干烟气中氮的容积成分接近79%时，可以近似假定N_2'接近79%的条件下，正是烟气样中氧含量非常高，并且CO_2'与O_2'之和接近21%的时候。此时恰是偏差比较大

的条件。因为在完全燃烧的条件下，烟气样中氮含量越接近79%，则氧含量越接近21%，造成的偏差也越大。

从以上计算可以认为，式（10-7）和式（10-10）的使用范围是有限度的。只有在烟气样中氧含量小于11%，或二氧化碳含量大于5.7%才可以使用（在允许偏差不大于6%的要求下）。当然随着偏差要求的变化时，对烟气样中的氧的含量或二氧化碳的含量要求也有变化。

（4）曲线分析

图10-2是$\alpha'=f(X)$的曲线。如果以O_2'代替X，O_2'越大，引起的偏差（$\alpha-\alpha'$）越大。但是从曲线走势看，曲线的前一阶段的斜率变化比较缓慢，而后一阶段的斜率急剧增加。

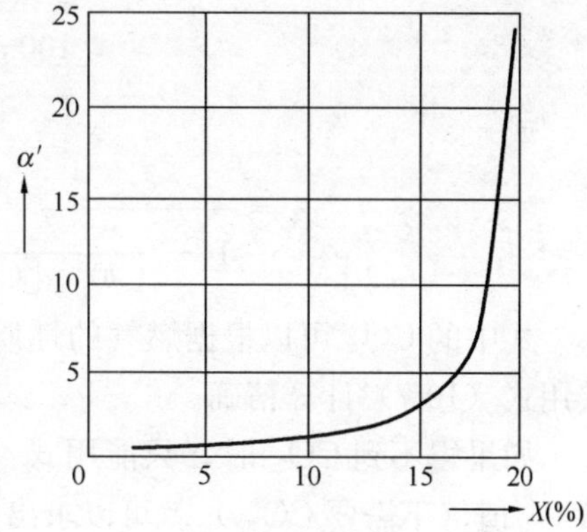

图10-2　$\alpha'=f$（X）

取式（10-12）的导数为$\frac{d\alpha'}{dX}=\frac{20.9}{(20.9-X)^2}$，由于$d\alpha'/dX$永远大于0，所以式（10-12）是单调增加函数，这就证明了X或O_2'越大，α'值越高的结论。当$d\alpha'/dX=1$时，$X=10.45$，也就是说$O_2'=(10.45\to11)\%$代替X时，由于O_2'与X的偏差率（$O_2'-X$）/X造成空气系数的偏差率$(\alpha-\alpha')/\alpha'$是很接近的。这个论点在表10-4中可以得到证实，即在$O_2'=(10.45\to11)\%$时，两者偏差率都在0.053～0.056的范围内。

当取二阶导数时，$\frac{d^2\alpha'}{dX^2}=\frac{2\times20.9}{(20.9-X)^2}$，由于$X$不可能大于20.9，因此其二阶导数也是大于0。这就证明了式（10-12）曲线的斜率也是单增的。取$\frac{d^2\alpha'}{dX^2}=1$，得$X=16.33\%$。也就是说当$O_2'$接近16%时，$\alpha'$的增加率将大于1。这种现象在计算表中也表现出来。在O_2'大于16%时，虽然O_2'与X的偏差率$(O_2'-X)/X$在减少，但是空气系数的偏差率（$\alpha-\alpha'$）/α'还在增加。所以在O_2'大于16%或CO_2'小于2.8%时已经造成8.5%的偏差。这已经是一般测试工作不能允许的。

（5）合理的空气系数计算方法

对于城市燃气（基本不含O_2、N_2、及CO_2）在完全燃烧条件下，根据烟气样的成分可以用下列方法之一计算空气系数α。

①根据O_2'与CO_2'计算α

目前的烟气分析仪可以同时测出烟气样中的O_2'与CO_2'值。因此可以直接用式（10-6）计算空气系数。建议同时用式（10-10）验算是否属于完全燃烧。如果不属于完全燃烧，则应按不完全燃烧公式计算α。

②根据O_2'计算α

如果只需要根据O_2'计算α时，首先要保证属于完全燃烧范围，当不能确定CO_2'时可以用其他方法证明是否属于完全燃烧，例如烟气样中CO'值是否属于微量级等。

当O_2'小于11%，并且不要求α值具有较高的精度时，可用式（10-7）计算α值；

当O_2'大于11%时，建议按下述方法计算α值，

由于是完全燃烧，根据式（10-10）可得

$$CO_2' = \frac{CO_{2m} \times (20.9 - O_2')}{20.9} \tag{10-13}$$

这样首先根据 O_2' 与 CO_{2m} 算出 CO_2'，然后再代入式（10-6），即可求出 α 值。也可直接用下式计算。

$$\alpha = \frac{20.9}{20.9 - \dfrac{79.1 \times O_2'}{100 - \left[CO_{2m} \times \left(\dfrac{20.9 - O_2'}{20.9}\right) + O_2'\right]}} \tag{10-14}$$

或

$$\alpha = \frac{1}{1 - \dfrac{79.1 \times O_2'}{2090 - [CO_{2m} \times (20.9 - O_2') + 20.9 \times O_2']}} \tag{10-15}$$

式中的 CO_{2m} 可以根据燃气的性质决定，是已知值。这样算出空气系数 α，并且比直接用式（10-7）计算精确。

如果得不到 CO_{2m} 时，只能用式（10-7）计算。因为只有式（10-7）才能只用一个参数 O_2' 值（不需要 CO_{2m}）就可以求出空气系数。但是，求得的空气系数大于 4～5 时，就要考虑此式具有较大的偏差。同理，当求得的空气系数小于 2 时，可以认为式（10-7）的结果还是可以信任的。

③根据 CO_2' 计算 α 值

在完全燃烧条件下，用 CO_2' 值计算 α 值时，建议在 CO_2' 大于 5.5%的条件下，用式（10-10）计算 α 值。

当 CO_2' 小于 5.5%时，建议用下述方法计算 α 值，

由于是完全燃烧，根据式（10-10）得：

$$O_2' = 20.9 \times \left(1 - \frac{CO_2'}{CO_{2m}}\right) \tag{10-16}$$

首先据 CO_2' 与 CO_{2m} 用式（10-16）算出 O_2'，然后代入式（10-6）即可得到 O_2' 值。也可直接用下式计算。

$$\alpha = \frac{20.9}{20.9 - \dfrac{79.1 \times \left(1 - \dfrac{CO_2'}{CO_{2m}}\right) \times 20.9}{100 - \left[CO_2' + 20.9 \times \left(1 - \dfrac{CO_2'}{CO_{2m}}\right)\right]}} \tag{10-17}$$

$$\alpha = \frac{1}{1 - \dfrac{79.1 \times \left(1 - \dfrac{CO_2'}{CO_{2m}}\right)}{100 - \left[CO_2' + 20.9 \times \left(1 - \dfrac{CO_2'}{CO_{2m}}\right)\right]}} \tag{10-18}$$

这样计算并不复杂，但是比用式（10-10）精确。

（6）使用以上公式应注意的问题

①在完全燃烧的条件下，烟气样中的 CO_2 和 O_2 的含量必然符合燃烧三角图，也就是

说，符合式（10-10）。

②无论是用式（10-7）还是用式（10-10）计算空气系数 α，都应该要求烟气样中的 O_2 含量小于 11%，或 CO_2 含量大于 5.5%。否则会引起较大的偏差。

③如果烟气样中 O_2 含量过大时，建议用式（10-15）或式（10-14）计算空气系数 α；当烟气样中 CO_2 过小时，建议用式（10-18）计算空气系数 α。

④在测试过程中必须保证烟气样是干的，燃气的成分中基本上没有氮气。

（三）烟气取样器

烟气取样器的目的在于均匀的从烟气中抽取烟气试样以备分析使用。因为烟气的流动场中不同位置的 CO 浓度不一样，所以只选一个点抽取烟气样是没有代表性的。

对于敞开式的家用燃气灶，目前国际上有两种烟气取样器：一为环形取样器，一为罩式取样器。

罩式取样器利用一个罩收集锅周围的烟气。锅中的水蒸气由排汽管排出。罩上面的排烟管有调节阀，用它控制抽烟气的速度。很明显，抽烟气的速度越大，空气被带进的越多，必然使烟气样中 O_2 值过高。这时要求关小调节阀。一般欧美国家多用罩式取样器，抽取家庭燃气灶的烟气。我国《中餐燃气炒菜灶》CJ/T 28 也采用这种取样器。

环式取样器是用一个圆形管，里侧钻均匀排布的小孔，将其套在锅上，从而抽取锅周围的烟气。我国与日本家用燃气灶采用此种环形取样器。在确定圆形管与同侧孔的直径方面，我国做了大量工作。最后确定了理想的结构尺寸，并为家用燃气灶具标准采用。这种取样器结构简单、费用低廉、操作简便，并且不影响热效率等其他性能的测试。用环形取样器取样时的位置影响抽取的烟气样中的 O_2 含量。安装位置越高，抽取烟气样中的空气量越多；安装位置越低，抽取烟气中的空气量就越少，但对燃烧过程会有一定的影响，通过多年来的实践认为，烟气取样器安放在距锅底 40mm 处较为合适。

热水器烟气取样器根据排烟截面形状确定，一般可用十字形的烟气取样器（见 GB 6932）。但是，有时烟气出口截面很不规则，尤其是烟气取样器难以安装到位。这时，可以用单管取样器取样，即用一支细管抽取一个点的烟气。但是，只抽取并分析一个点的烟气是没有代表性的。为此可以均匀地选出几个点，分别用单管抽样并分析各点烟气样，最后取其平均值。

热水器的烟气取样器可见相关产品的标准。当烟道尺寸不标准，不能用常规的烟气取样器时，可用单管取样器。热水器的排烟方式很多，其取烟气方法有各自的要求。无论采用什么取样器，都是以抽取的烟气样尽可能均匀、有代表性为目的。

（四）各种燃具烟气中 CO 含量标准

在制定燃具产品烟气中 CO 含量标准时要考虑以下几个方面的原则：

①保证人和动植物的健康；

②建筑结构、厨房结构及通风条件；

③居民的烹饪生活习惯；

④中国现阶段的生产力水平，如工厂的加工制造水平、检验水平；

⑤技术能力与经济性的综合比较；

⑥居民的消费能力。制造成本太高，老百姓不能承受；

⑦尽可能与国际标准接轨，以利于国际贸易，促进中国燃具产品出口；

⑧参照国外发达国家的经验和数据，减少标准制定的工作量。

目前我国燃具现行标准规定的烟气中CO含量标准见表10-5。

各种燃具烟气中CO含量标准要求　　**表10-5**

燃具种类	执行标准	$CO_{\alpha=1}$（%）	备　注
家用燃气灶具	GB 16410—2007	0.05	
家用燃气快速热水器	GB 6932—2001	0.06 0.10	烟道式、平衡式
便携式丁烷气灶	GB 16691—2008	0.05	
燃气容积式热水器	GB 18111—2000	0.04 0.02	大负荷 小负荷
中餐燃气炒菜灶	CJ/T 28—2003	0.10 0.20	间接排烟式 烟道排烟式
燃气沸水器	CJ/T 29—2003	0.10 0.20	直排式 烟道式
家用燃气取暖器	CJ/T 113—2000	0.03 0.20	直排式 烟道式、平衡式
炊用燃气大锅灶	CJ/T 3030—1995	0.10	
燃气蒸箱	CJ/T 187—2003	0.10 0.20	间接排烟式 烟道排烟式

以上数据是在燃具正常工况下的要求，在各产品标中对不同工况还有特殊的要求，在实际工作中还要参阅产品标准。

第三节　燃具热工性能试验

除了具有将燃气完全烧尽，把化学能转变为热能的功能外，燃具还是一个热交换设备。它可以把燃烧产生的热量传给被加热的物体。由于烟气中CO含量甚微，所以燃烧未完全损失几乎为零。在热工性能测试时，一般可以认为正常燃具的燃烧效率接近100%。而热效率是指将燃烧产生的热量传递到被加热物体上的传热效率。

除热效率外，热负荷（热流量）也是燃具热工性能的主要指标。它代表燃具的加热能力。根据我国习惯。在测热效率时，以燃气的低位热值为基准，但其他国家规定的燃气高位热值为基准。当然，在同样情况下，用燃气低位热值计算出的热效率要高于用高值热值计算出的热效率，二者之差的大小根据燃气组分不同而变化。

一、热负荷（热流量）试验

（一）标准状态和基准状态

标准状态是指大气压力为101.3kPa、温度为0℃条件下物质所处的状态。基准状态是指在不同行业根据自已行业的特点、习惯等规定的一种压力和温度的状态，我国燃气行业参照欧盟的一些做法和国内其他行业的习惯，规定我国燃气行业的基准状态是大气压力为

101.3kPa、温度为15℃。不同状态的参数不同，计算时应注意。

（二）基准热负荷

热负荷等于燃气流量与低位热值的乘积。由于影响燃气流量的燃气密度除了与燃气本身有关系以外，还受大气压力与温度的影响。海拔高的地区，大气压力低，在同样的灶前压力条件下，燃气从同一个喷嘴流出的流量要小于海拔低、大气压力高的地区。事实上，海拔高的地区要选用沿海地区的热负荷比较大的燃具。我国幅员广阔，各地区海拔高度相差很多，有必要制定一个统一的基准热负荷。为此提出基准热负荷的参数，其定义为：在基准状态下（大气压力为101.3kPa、温度为15℃），灶前燃气压力等于额定压力时的燃烧器的热负荷。生产燃具的厂家应在铭牌上及说明书上标明各个燃烧器的基准热负荷。如果是专为高原地区设计制造的燃具，也可以直接标出其在高原地区的热负荷，但要注明大气压力值（或海拔高度）以示区别，或者直接标出燃具所使用的地区。

（三）测试时的热负荷折算

检测机构的位置不一定在海平面上（大气压为101.3kPa）。为此，应根据具体的试验条件折算成基准热负荷。用以下公式可算出在基准条件下，燃具的灶前压力为额定压力 p_g 的干燃气热负荷 ϕ。

$$\phi=\frac{1}{3.6}\times\frac{273}{288}\times H_l\times V\times\sqrt{\frac{d_a}{d_{mg}}}\times\frac{101.3+p_s}{101.3}\times\frac{p_{atm}+p_m}{p_{atm}+p_g}\times\sqrt{\frac{288}{273+t_g}\times\frac{p_{atm}+p_m-(1-0.622/d_a)\times p_{sa}}{101.3+p_s}} \tag{10-19}$$

式中　ϕ——实测折算热负荷（kW）；

H_l——0℃、101.3kPa状态下设计气的低位热值（MJ/m^3）；

V——实测燃气流量（m^3/h）；

d_a——标准状态下干试验气的相对密度；

d_{mg}——标准状态下干设计气的相对密度；

p_{atm}——试验时的大气压力（kPa）；

p_s——设计时使用的额定燃气供气压力（kPa）；

p_m——实测燃气流量计内的燃气相对静压力（kPa）；

p_g——实测灶具前的燃气相对静压力（kPa）；

t_g——实测燃气流量计内的燃气温度（℃）；

p_{sa}——温度为 t_g 时的饱和水蒸气压力（当使用干式流量计测量时，p_{sa}值应乘以试验燃气的相对湿度进行修正）（kPa）；

0.622——水蒸气理想气体的相对密度。

（四）热负荷偏差

在我国一般标准要求实测热负荷与出厂规定的热负荷偏差不超过10%。在国外发达国家一般规定为5%。如果产品说明书中或铭牌上规定是基准热负荷，即可根据试验条件折算成基准热负荷与其对比，算出热负荷偏差。如果不是这样，就应折算成同等条件下的热负荷后再算偏差。这一项指标是衡量燃具生产企业的燃具设计、加工制造及检验的综合水平。

（五）热负荷百分比

对于多个燃烧器的燃具在产品标准中有所要求，根据燃烧器数量的不同，燃具各燃烧器全开时的热负荷应不小于各燃烧器单独工作热负荷总和的80％～90％。这一项指标主要是衡量燃具进气管和总阀门的燃气通过能力。

（六）各种燃具的额定热负荷

燃具的热负荷代表其加热能力。不同种类的燃具的额定热负荷要根据工艺要求确定，不是越大越好。因为过高的热负荷会降低热能利用率。

家用燃气灶主要服务于家庭生活烹饪。根据我国人民生活习惯，经过在20世纪50年代与60年代初期的大量试验，以及几十年来的实际使用经验，已经证明家用燃气灶的几个燃烧器（炉头）中，只要有一个超过3.5kW即可满足要求。对于部分地区的生活习惯需要较大的热负荷，可以根据具体情况设计制造，考虑到节能，热负荷不宜过高。

对于炊用大型灶具，因为酒店或其他公用设施的厨房的菜肴多种多样，锅的尺寸大小也有很大差异，南北厨师对加热工艺的要求也有所不同，所以很难给出一个统一的热负荷值。在《炊用燃气大锅灶》CJ/T 3030中给出不同直径的锅要求的升温速度，一般为2.7～3.1℃/min。其相应的热负荷见表10-6，可供炊用蒸煮用的大锅灶确定热负荷时参考，同时也可以衡量已有燃烧器热负荷的能力。

不同炊事用大锅直径下的升温速度、试验用水量及热负荷　　表10-6

锅的公称直径（mm）	升温速度（℃/min）	实验用水量（kg）	热流量（kW）
≥1100	2.7		≥62
≥1000	2.8		≥45
≥900	2.9	实验用水量为试验用锅几何容积的75％	≥34
≥800	3.0		≥26
<800	3.1		<26

燃气快速热水器的热水产率也是衡量热水器加热能力的指标之一，而且更为直观常用，与热负荷是相对应的。例如，10L热水器的温升为25℃时的热水流量为10L/min，相当于17.5kW。

对于燃气沸水器，我国习惯要求把水加热到沸点，一般采用容积式加热形式。具体使用时，要求在一定时间内将沸水器内冷水烧开，显然沸水器的热负荷与其容积有关。《燃气沸水器》CJ/T 29—2003中规定了不同容积的加热时间，并在编制说明中给出当热效率为70％，水温由10℃热至98℃需要的热负荷（见表10-7）。

燃气沸水器热流量参考表　　表10-7

沸水器出水量（L）	20	40	60	90	120	150	200	250
水烧沸时间（min）	20	30	35	40	40	45	45	45
热流量（kW）	8	12	16	20	26	32	40	50

燃气烤箱的热负荷与烤箱本身的容积有关。容积大的烤箱需要大的热负荷。在设计热

负荷时要考虑。现行标准对烤箱及组合灶具中的烤箱的基本性能规定见表 10-8。对烤箱功能的检验参照《家用燃气灶具》GB 16410。

烤箱及组合灶具中的烤箱的基本性能表　　**表 10-8**

项目	要求
烘烤性能	食品表面无大面积焦痕
烤箱内各点与烤箱几何中心点的温差	≤20℃
烤箱几何中心点的温度达到 200℃的时间	≤20min
烤箱内的最高温度	≥230℃
控温器的精度	±25℃以内
温度指示器精度	±25℃以内

二、热效率试验

（一）有关效率的基本概念

（1）燃具的燃烧效率

任何燃料都有不完全燃烧损失。一般来说，层煤燃烧情况下，不完全燃烧的损失最大，粉煤燃烧次之。油雾燃烧，由于雾滴直径很小，减少了不完全燃烧损失。燃气由于本身是以分子组成的气体，能与空气很好地混合所以在正常燃烧的情况下，机械与化学未完全燃烧损失很少，可以忽略，也就是说燃烧效率为 100%。在这里要说明的一点是，除了氢气以外，燃气燃烧产物中都会含有 CO 及微量未完全燃烧产物。但是，正常的燃气燃烧要求燃烧产物中 CO 及未完全燃烧产物不能超过 10^{-6}级的标准。所以正常情况下的燃气燃烧，其燃烧效率为 100%。

（2）燃具的实验热效率与实际热效率

燃具在实际工作时的各种参数，受燃气参数、气象条件、被加热物质参数、燃具本身条件、实验方法以及实验地点等多种因素影响。可以说燃具在实际运行时，各种参数随时随地都在变化，因此实际热效率也将随之变化。为了对比与评价设备的性能就必须制定统一的实验条件，大家在同样条件下，得到的性能参数才有可比性。为此各种燃具在其产品标准中都有详细的实验条件规定。例如实验家用燃气灶时需要根据热负荷决定锅直径的大小，实验时需要按照标准要求控制水的初温与终温等。因此这时测定的热效率，不是实际工作时的热效率，而是具有可比性的实验热效率。例如具有自动控制强制给排气热水器的实验热效率可达 90%，而用它洗手时（短时间），其实际热效率远低于实验热效率。只有在长期稳定工作条件下，实际热效率才能提高。这里只论述各种燃具的实验热效率。

（二）灶具类产品热效率测试及测试时应注意的问题

不论是家用灶，还是大锅灶，在做热效率试验时，都在支架上坐锅，利用锅中水温升高来计算有效热量。

要注意的是锅的形状、尺寸必须严格根据标准规定要求。加入的水量、加热起始水温及终了水温都应符合标准要求。只有在同样条件下得到的结果才有可比性。否则同样一种燃具，用大锅及大水量则得的热效率必然高于用小锅及少水量测得的热效率。

根据我国习惯，在计算热效率时，不考虑由锅本身吸收的热量，显然锅的厚度、重量等均会影响热效率。

当试验气性质不稳定时，为了得到精确的热效率值，需在测热效率的同时测燃气低位热值。计算热效率时就使用同时测得的热值。这对自然气化的液化石油气是很有必要的，因为自然气化的气相成分随时都在变化。

不同种类灶的热效率标准也不相同，具体要求如下：

家用燃气灶不小于55%。嵌入式灶具不小于50%，

炊用燃气大锅灶：锅深度/锅直径＞0.30时，不小于45%；锅深度/锅直径＜0.30时，不小于42%。

中餐炒菜灶由于爆炒需要急火，故热效率只要求不小于20%。

饭锅（亦称饭煲）不小于55%。

当家用灶上兼有饭锅功能及烤箱为主兼有灶功能时，热效率标准可有所降低。

对于饭锅（饭煲），除了热效率以外，还要检验加工米饭的性能，要求不夹生，没有明显的焦疤等。

对于烤箱，不检验热效率。要求间接式烤箱在20min内将烤箱中央温度升高到200℃。并且烤箱截面中央的温度与周围相差不超过20℃。试验用的温度计应根据标准要求防止辐射影响；对于直接式烤箱，用实物直接观察有无夹生及焦痕。另外，对于直接式烤箱食物的污染问题，目前国内外没有定论，但应给予足够的重视。

具体的测试方法要严格按照各产品标准进行。下面为热水器类燃具的热效率测试及测试时应注意的问题。

《家用燃气快速热水器》GB 6932—2001要求热效率不低于80%；《家用燃气快速热水器和燃气采暖热水炉能效限定值及能效等级》GB 20665—2006要求热效率不能低于84%。

《燃气沸水器》CJ/T 29—2003要求热效率不低于70%。

《燃气容积式热水器》GB 18111—2000要求热效率不低于70%。

具体的实验方法应该根据标准要求的试验方法进行检验。

在检测的过程中，环境条件对测试结果有一定的影响，环境温度、湿度，空气的流动，环境温度与水的温差等，另外还有燃气压力的波动，水压力的波动都会给测试结果带来误差，所以在标准中对其都有明确的规定。特别是在GB 20665—2006中对环境条件提出更高的要求：

（1）实验室环境温度为20℃±5℃；

（2）进水口冷水温度为20℃±2℃；

（3）热水额定热负荷时温升为40℃±1℃，50%及以下额定热负荷时温升为30℃±1℃；供暖额定热负荷时供暖出水温度为80℃±2℃，供暖回水温度应比供暖出水温度低20℃±1℃；50%及以下额定热负荷时供暖出水温度为65℃±2℃，供暖回水温度应比供暖出水温度低15℃±1℃；

（4）燃气压力为额定压力；

（5）试验燃气用基准气，其华白数和燃烧势与标准GB/T13611－2006（见附录8-1）规定值相对偏差应分别在±2%和±3%之内。试验过程中，试验燃气的华白数和燃烧势应保持稳定。

第四节　燃具安全性能试验

燃气事业的发展对提高生产效率、保护环境、改善人民生活水平具有重要的意义。但是如果安全性能不过关就有可能造“祸”用户，近几年来由于漏气等原因造成的火灾、中毒等事故时有发生，给广大的燃气用户带来较大的安全隐患。所以对于燃具的安全性能试验必须给予足够重视。

一、燃气阀门及管路气密性试验

燃具中的阀门与管路应具有良好的气密性，尤其是具有活动部件的阀门更为重要。

检验气密性的主要方法有两种：一为压降检验法；另一为漏气量检验法。此外还有几种方法是：①检漏液检验；②水浴式检验；③明火检验。

（一）压降检验方法

在被测物前加空气压力至规定要求，在规定时间内，用压力计检验压力降是否达到标准。压降检验方法目前常用的压力计有：U形管压力计，弹簧压力计，压差式检漏仪等。

(1) U形管压力计

目前常用于低压测试的一般选用U形管压力计充装水，压力示值为毫米水柱(mmH_2O)，按照国际单位制现在都折算成kPa，量程一般在10kPa；较高压时选用U形管压力计充装水银，压力示值为毫米汞柱（mmH_g），现在都折算成MPa，量程一般在0.1MPa。

(2) 弹簧压力计

可适用的范围较大，但作为气密性检验，需要较长的时间，少则数分钟，多则数小时，一般用于压力较高，不要求检验速度的情况下使用，例如调压箱系统的气密性试验。

(3) 压差式检漏仪

这种检漏仪目前在燃具行业应用较为普遍，下面以博益（天津）气动技术研究所有限公司生产的压差式检漏仪为例进行介绍。

1）工作原理

作为一般的检漏手段，我们有时用压力表或压力传感器直接测量被测工件内部的压力变化，进而推算出被测工件的泄漏量。然而当测试环境复杂，精度要求高或是测试压力大、泄漏微小时，这种方法对压力表或传感器的要求将会很高，也就使得检测成本相当昂贵，有时甚至是不可能的。

另一方面，当谈到微小量的测量时，我们可能会自然而然地想到医用天平（图10-3）。天平的一端放有“基准参考物”——砝码，另一端放入待称药品，不断地增减药量使天平达到平衡时，砝码的重量即为药品重量。

Fukuda气密检漏仪的基本工作原理同天平一样，一端是标准“砝码”——基准参考物，另一端是待称的“药”——被测工件（图10-4）。但其测量顺序与天平正好相反，基准物与被测工件两边先同时充入相同压力的空气，使“天平”——差压传感器两端平衡。如果被测工件有泄漏，即使是微小泄漏，“天平”也将失去平衡，从而检测出两端因泄漏而产生的差压（图10-5），基本回路见图10-6。气密检漏仪将根据差压的变化测出工件的具体泄漏量，然后判断被测工件是否合格，并将这些信息传送给操作人员。因为基准物和被测工件形状、大小都相同，且检测过程中两端的外部环境状态完全一样，所以这种测试方法可以消除温度、振动等环境因素的影响，得到高精度的测量结果。

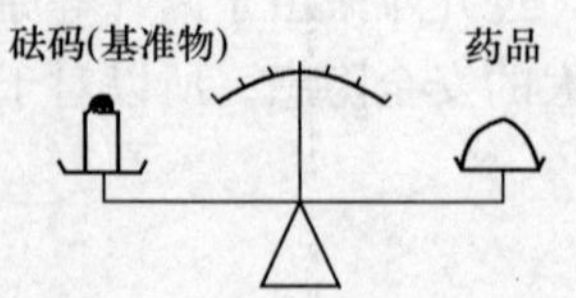

图 10-3　医用天平

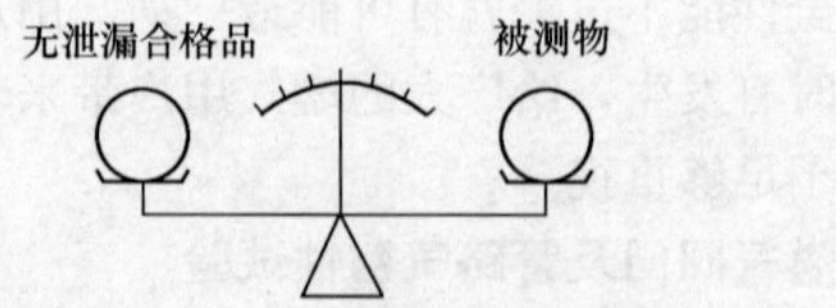

图 10-4　“天平”平衡时

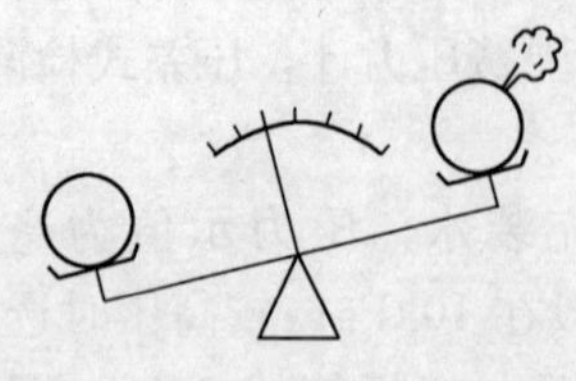

图 10-5　“天平”失去平衡时

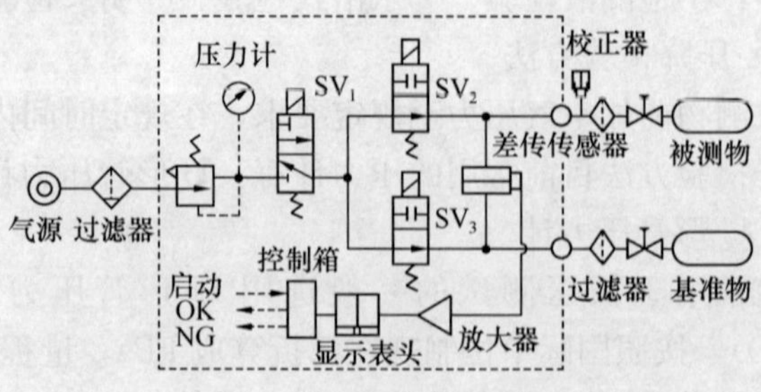

图 10-6　压差式检验法基本回路图

2）基本操作

在检漏过程中，操作人员给出启动信号后，检漏仪将根据内部设定的时序依次执行下列四个检测环节，然后做出合格/不合格的判断。

①充气环节（图 10-7）。测试压空气通过电磁阀 SV_1，SV_2 和 SV_3 充入基准物和被测物内。

②平衡环节（图 10-8）。阀门 SV_2 和 SV_3 关闭，切断气源，等待基准物和被测物内空气趋于稳定，并在该环节判断是否存在大泄漏。当被测物存在大泄漏时，NG 灯亮，蜂鸣器报警，并直接进入排气环节。如没有大泄漏，则继续进行下一环节—检测环节。

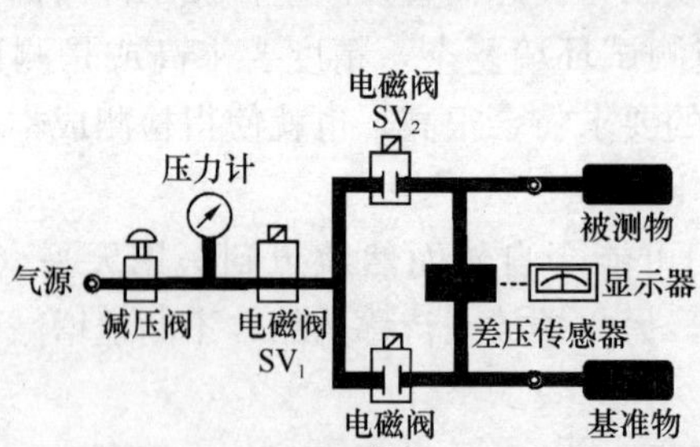

图 10-7　检漏仪充气环节

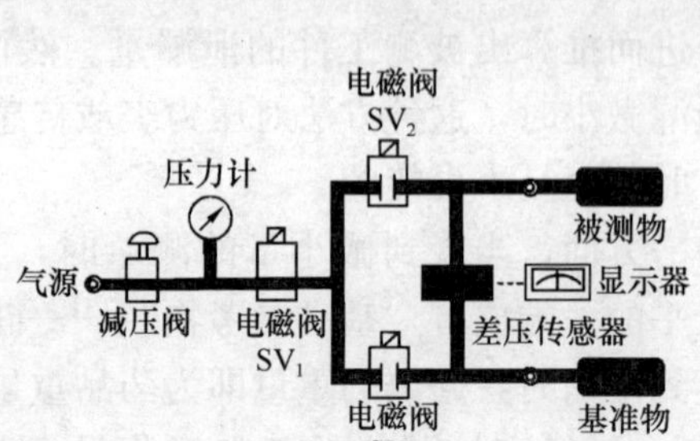

图 10-8　检漏仪平衡环节

③检测环节（图 10-9）。在该环节中做出有无微小泄漏的判断。检测环节开始时差压信号自动回零，并开始检测泄漏引起的差压变化。

④排气环节（图 10-10）。进入排气环节的瞬间，输出合格/不合格判定信号，显示泄漏量或压差，同时将检漏仪内部以及被测物和基准物内的空气排放到大气中。当实际泄漏量大于设定泄漏标准时，判定为不合格（NG），否则判定为合格（OK）。

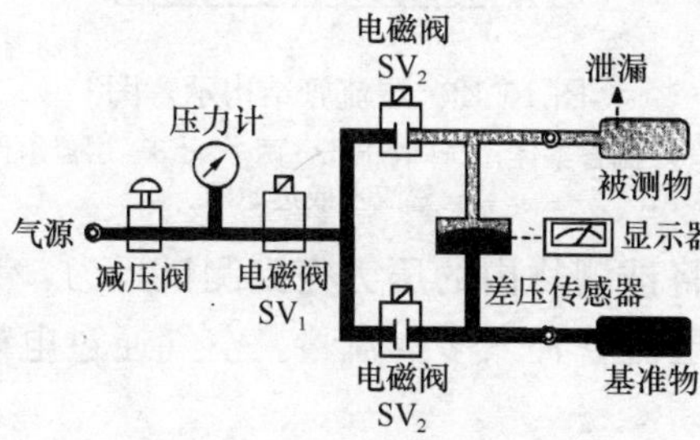

图 10-9 检漏仪检测环节

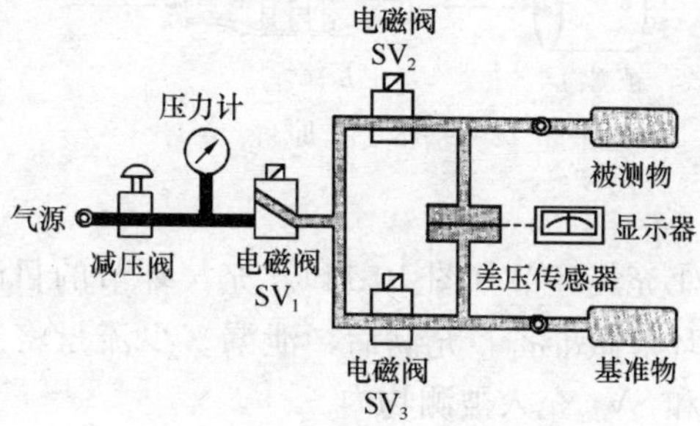

图 10-10 检漏仪排气环节

（二）漏气量检验法

（1）流量法

目前国际上大多数国家采用漏气量检验方法。我国近几年新制定的国家标准或行业标准也采用了此方法，如《家用燃气快速热水器》GB 6932—2001、《家用燃气灶具》GB 16410—2007 等国家标准。在燃具的燃气进口处加 4.2kPa 的空气压力，检查泄漏量不得大于 0.07L/h。旋塞以外的控制阀的漏气量不得大于 0.55L/h。如此小的流量需要用专门的检测仪器来完成，图 10-11 为 Fukuda 气密检漏仪，下面介绍两种检漏仪的基本原理。

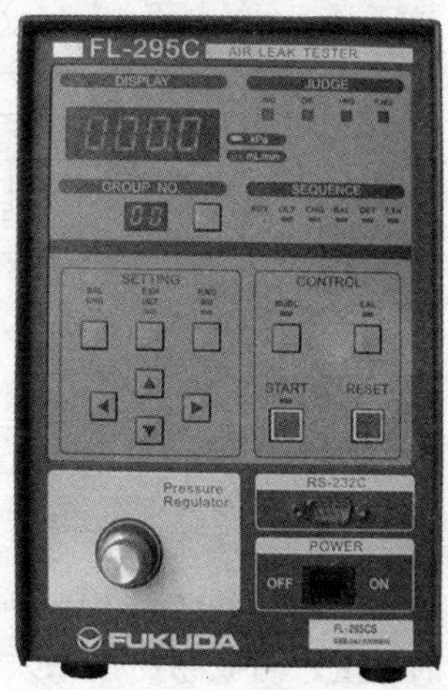

图 10-11 Fukuda 气密检漏仪

1）流量式检漏工作原理

下面以博益（天津）气动技术研究所有限公司生产的流量式检漏仪为例进行介绍。通过气路将检漏仪与被测物串联，加压情况下，气路中每一点的流量都相同，即被测物的气体泄漏量一定等于流过检漏仪的气体流量。通过测定流经检漏仪的流量即可得出被测物的泄漏量。工作时，检漏仪内部先有一个旁路将被测物的压力充到测试压，然后才切换到层流管进行流量检测。检漏仪将根据层流管测出工件的具体泄漏量，然后判断被测工件是否合格，并将这些信息传送给操作人员。流量式检漏仪适合检测较大泄漏量和大流通量的被测物。

Fukuda 流量式检漏仪工作原理见图 10-12，层流管是流量测量的核心器件，其结构见图 10-13。流体在层流组件中呈层流状态时，由于流体的黏性力产生压力降 Δp，在此状态下，流量与压力降 Δp 成正比。流量计算中采用温度、压力补偿，可以消除温度等环境因素的影响，得到较高精度的测量结果。

2）基本操作

在检漏过程中，操作人员给出启动信号后，检漏仪将根据内部设定的时序依次执行下列四个检测环节，然后做出合格/不合格的判断。

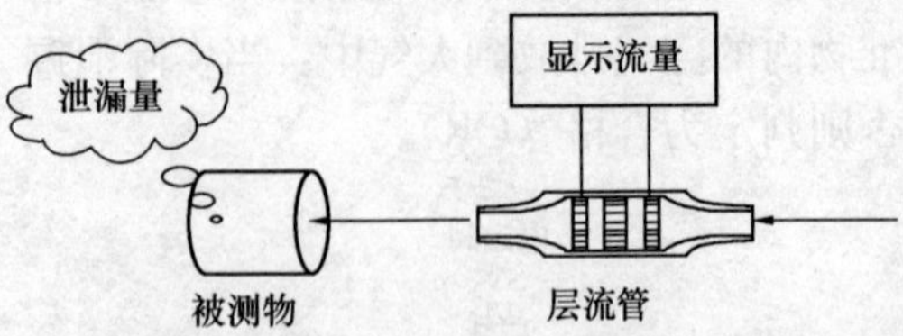

图 10-12　基本工作原理

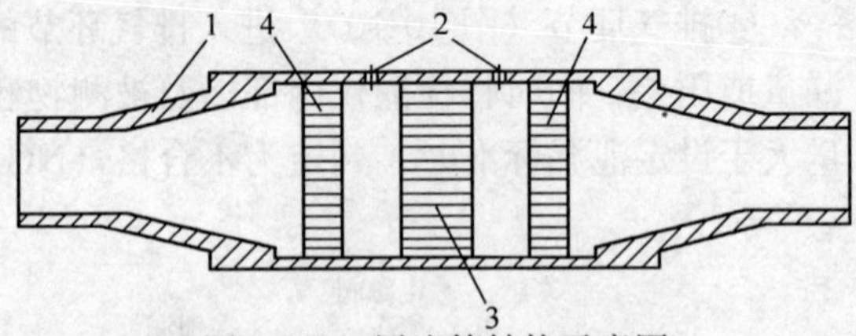

图 10-13　层流管结构示意图

1—层流管本体；2—取压孔（两个）；3—层流组件；4—整流器或过滤网

①充气环节（图 10-14）。充气环节的目的是将被测物内的压力充到测试压力，为以后的环节做准备。充满后，泄漏多少流量将通过层流管补入多少流量。空气通过电磁阀 SV_2 和 SV_1 充入被测物内。

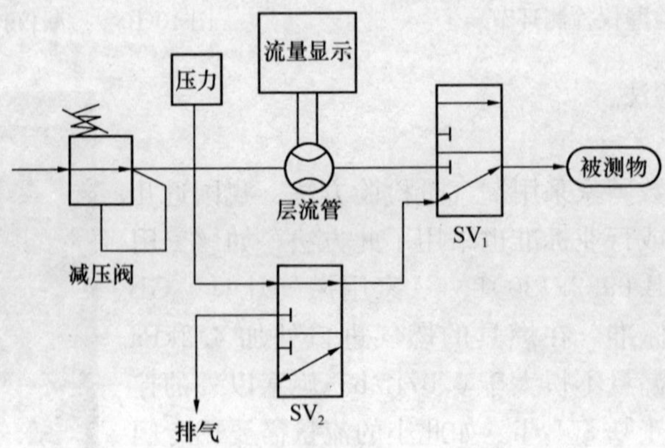

图 10-14　流量式检漏充气环节

②平衡环节（图 10-15）。平衡环节时，阀门 SV_1 换向，切换到层流管的气路进行流量的测量。当被测物存在大泄漏（层流管超量程）时，蜂鸣器报警，并直接进入排气环节。如没有大泄漏，则继续进行下一环节“检测环节”。

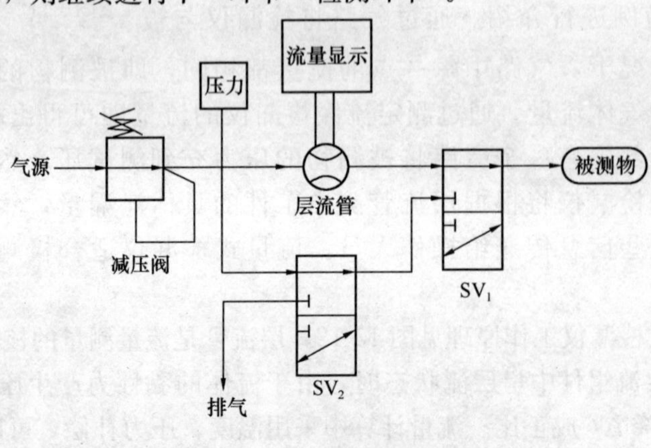

图 10-15　流量式检漏平衡环节

③检测环节（图 10-15）。检测环节的气路同平衡环节相同。检测环节完毕时显示流量检测结果。当实际泄漏量大于设定泄漏标准时，判定为不合格（NG），否则判定为合格（OK）。

④排气环节（图 10-16）。排气环节将检漏仪内部以及被测物内的空气排放到大气中。

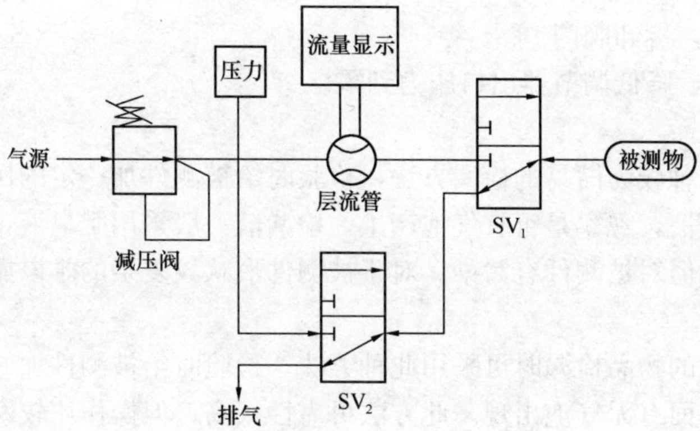

图 10-16　流量式检漏检测环节

（2）容积法

这是国际标准中规定的一种检漏的方法，由于操作较麻烦，速度也很慢，通常在实际工作中很少采用，但由于其是一种经典的方法，也是标准的方法，可用于仲裁检验或校对其他检漏仪时使用。

1）装置

所用装置如图 10-17 所示。装置用玻璃制成，旋塞 1～5 也是用玻璃制成，每个装有一根弹簧。所用液体是水。恒定的水准瓶的水平面和管 G 顶端之间的距离 l 应调整为使水柱高度相当于测试压力。装置应安装在空调室内。

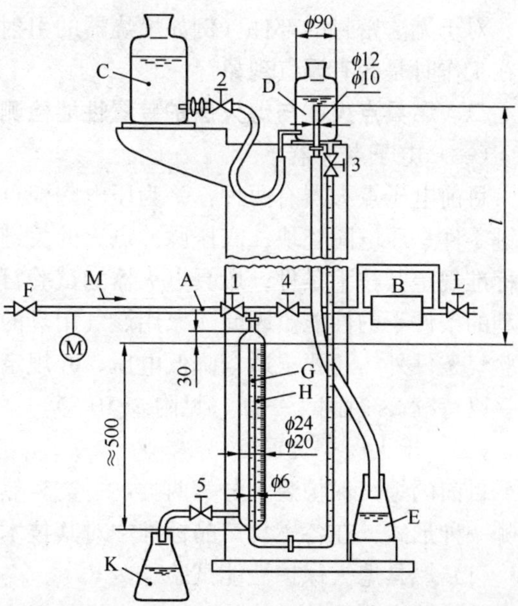

图 10-17　气密性测试装置（所有尺寸单位为 mm）
A—进口；B—测试样品；C—水罐；D—恒定液位瓶；
E—溢流瓶；F—调压器；G—管子；H—量管；
K—排水瓶；L—出口阀门；M—压缩空气流；
1～5－手动旋塞阀

2）操作方法。

关闭旋塞 2～5（旋塞 1 是开而旋塞 L 是关）。

用水充满 C，然后打开旋塞 2 使水充满 D，当恒定的水准瓶 D 溢流流入溢流瓶 E 时，关闭旋塞 2。

打开旋塞 5，调节 H 中水平面到零位再关闭旋塞 5，打开旋塞 1 和 4，由调压器 F 将旋塞 4 进口处的压缩空气压力从大气压力调节到测试压力 l。

关闭旋塞 4 并把测试样品 B 阀门连接到装置。如果必要，打开旋塞 3 和 4，由操作旋塞 L 和 2，用 G 管顶部水平面重新调节 l 的高度。当测定量管 H 和受测试阀门已经确定了 l 的高度时，关闭旋塞 L。为使测试装置中空气和受测试阀门达到热平衡大约要等待 15min。

通过从管 G 溢流水流进测定量管 H 来显示泄漏量。由在给定时间内 H 中水平面的升高测量泄漏量。

关闭旋塞 3 和 4，拆卸阀门。

打开旋塞 1 和 4，降低调节器出口压力到零。

（三）检漏液检验

检漏液检验是一种较为简易的检漏方法，检验时给被测件加一定的压力，在物体可能漏气的部位涂上检漏液，观察是否有气泡产生，检漏液一般采用肥皂液，不需要任何仪器设备，检测成本低，但对被测件有污染。对于被测件形状较复杂的难以操作。

（四）水浴法检验

对于一些容器类的物品检漏时可采用此种方法，检验时给被测件加一定的压力，将其放入水中，观察在水面有无气泡出现。此方法可靠性很高，但操作比较麻烦，另外更重要的是要将被测件浸入水中，影响被测件的质量，使用比较少。

（五）明火检验

对于无法密封的部件（例如燃烧器的引射器及头部和有关管段），可以利用明火检验其在工作时是否有漏气现象。

二、燃具点火器与熄火保护装置性能检测

（一）电子点火器

目前电子点火器有两种：一为压电陶瓷点火；一为高压脉冲点火。压电陶瓷点火器的关键零件是压电陶瓷块；高压脉冲点火的关键件是高压包。压电陶瓷块与高压包都有专门的标准规定其技术条件。燃具点火器的试验目的主要是检验其点火性能。在试验时要考虑不利的条件下的性能。因此《家用燃气用具的通用试验方法》和相应产品标准中除规定的试验气条件外，还要求适当降低电压，并规定操作一次（一回）的具体条件，例如脉冲点火，以持续 2s 时间为一回（见附录 10-2）。

（二）熄火保护装置

目前的熄火保护装置分为两类，一类为热电式熄火保护型，另一类为粒子感应针。无论哪一种形式，在各燃具产品标准中对其技术条件都有相应的要求。

（1）燃具熄火保护性能试验

此试验主要目的在于检验燃具本身的熄火保护功能，要求在主燃烧器点燃 15min 后，立即通入相同压力的空气强行熄火，记录从熄火到阀门关闭的时间称为闭阀时间。我国不同的燃具标准规定的数值也不尽相同，时间的长短要根据燃具的热负荷而定，热负荷大的燃具熄火保护的时间要短一些，反之可以允许稍长一些，但大多规定此时间应小于 60s，总而言之是以保证安全为目的。

测量此时间时，要求用空气代替燃气将火吹灭，是为模仿实际使用时闭阀以前漏出的燃气对热电偶有冷却作用。在试验时如果不用空气，而是强行把火吹熄，必然会漏出一些未燃烧的试验气。因此要注意安全、防止爆鸣。当连续做多台试验时，还是应该通与试验气相同压力的空气，保证安全操作。如果不进行冷却，测试的熄火时间要比实际稍长一些。

从点火时开始到熄火保护阀打开为止的时间为开阀时间。根据我国燃具标准开阀时间应小于 45s。燃气灶具标准规定应小于 15s。在做闭阀或开阀试验时，均应按照附录 10-2

要求准备试验条件。

（2）带有程序控制的点火与熄火试验

随着科学技术的发展，近年来自动控制型、程序控制型的热水器、灶具等燃具产品发展很快，以燃气热水器为例作一说明。此种热水器具有自动点火的功能，同时还有熄火保护、熄火后再点火、缺氧保护以及其他故障自动熄火等安全措施。

自动型燃气热水器主要是使用程序控制块指挥电磁阀、点火器等。根据预先设计好的程序进行操作，一般有以下三种程序。

①单次自动点火、熄火：用水控阀启动后，脉冲点火器工作，主燃烧器着火后正常运行。当意外熄火时，切断燃气阀。

②多次自动点火、熄火：开始时同单次当熄火时切断燃气阀后能自动再次从头启动。当再次启动不成功后，切断燃气。

③自动再点火、熄火：当熄火时，不立即切断燃气阀，而是马上进行再点火，若再点火不成功后，再切断燃气。当熄火是偶然事故时，可以避免再次人工启动的麻烦。

自动型的燃具多种多样，可以根据需要预先约定程序的步骤。而且随着技术进步，式样越来越多。因此，在检验时首先要弄清程序，根据生产厂家的说明书和相应国家标准进行各项试验。同时也要以保证燃具点火、熄火的安全稳定为宗旨。

（三）缺氧保护（防止不完全燃烧）装置

缺氧保护装置也属于熄火保护的一种类型。当小空间或通风条件不太好的场所使用大燃气流量燃具时，因燃烧消耗过量的氧气，造成空间空气中氧含量降低，从而产生不完全燃烧，导致烟气中CO含量严重超标。例如直排式的热水器、直排式的红外辐射采暖器等在室内使用并排烟的燃具都应设置缺氧保护装置。

除此以外，对于燃气热水器来讲，排烟道或空气吸入口堵塞时，造成排烟不畅或空气供给不足时，也会造成燃烧室内缺氧，造成燃烧不完全，产生烟气中CO含量超标的不良现象。

一般当供给热水器的空气中氧含量低于17%或烟气中CO含量超过标准时，缺氧保护装置应立即动作，切断燃气，防止事故的发生。

检测缺氧保护装置一般是在一相应容积的小室内进行。为了检验的准确，对小室应有以下的技术指标要求：

①两次平行测试结果重复性在2%以内。

②检测小室内各点空气中氧浓度分布不均匀性应在2%以内。

③检测小室内温度不得大于40℃。相对湿度不大于80%。

④检测小室内的上升气流速度为0.1m/s左右。

⑤可适应人工燃气、天然气及液化石油气的直排式取暖器及热水器的试验。

检测缺氧保护装置需要的仪器有：

①CO与CO_2的红外线分析仪。

②氧分析仪。

③温度计和湿度计。

④压力计和流量计。

⑤其他控制仪表和记录仪器。

以上是缺氧保护装置检测的基本要求，具体到某个产品时应按照相应的产品标准要求进行检验。

三、燃具各部件及周围木壁的温升试验（见附录 10-2）

温升试验包括两部分：一为燃具各种部件及燃具本身各部位在燃具规定工作时间以后温度的上升；另一为燃具对安装地点的上、下、左、右相邻物体的温度上升。

燃具各部件在燃具工作后都会产生温度升高，为了不影响操作，要求手必须接触的键钮表面温度不能超过室温加 30℃；干电池表面温度不能超过室温加 15℃，否则会影响寿命。阀体表面温度也不宜过高，例如，阀体温度过高会很快使润滑脂挥发而降低气密性；电控零部件的温度也有一定的要求，无非也是为了保证燃具的可靠运行和延长使用的寿命。

随着我国人民生活水平的提高，装修厨房和使用组合式厨具的家庭将逐步增多。千姿百态的装饰材料大都是难燃材料，但不是不可燃材料。在建筑材料分类上，难燃材料与可燃材料、半可燃材料同类，能够燃烧，只是可燃程度不同而已，所以都有防火问题。

燃具产品标准中规定的最高温升，是室温加 100℃。这是以木板为代表规定的。虽然木板的着火点一般是 260℃左右，但是木板长期受燃具烘烤时，木焦油受热分解出来，在小于 200℃低温时也可能燃烧（称为低温着火温度）。所以，规定在室温为 35℃条件下，燃具周围木板壁的温升不应超过 100℃。如果温升超过 100℃，燃具周围应加装防火隔离板。这一要求在欧、美和日本要求很严格，我国在近年来对此也越来越重视。在新制定的燃具标准中逐渐体现出来。

在测量燃具温升时，可采用表面温度计。

在测量燃具周围环境温升时，需要建立温升测试装置，该装置在各产品标准中都有详细的规定。

由于测温点要求很多，一般要用温度自动寻检仪进行检验。

第五节　燃具耐用性试验

我国颁布的各种燃具的国家标准及行业标准中都有耐用性试验项目。要特别指出的是，这些标准中规定的耐用性试验是指燃具的某些重要部件的耐用性试验，而不是燃具整体的耐久性试验，更不是燃具本身的可靠性试验。

一、燃具部件耐用性试验的目的及其重要性

燃具部件耐用性试验的目的是检验燃具部件在经过一定数量动作次数后，其性能是否变化，变化的程度，是否影响安全和正常的使用。燃具标准中都要求在完成要求的动作次数后，性能变化不影响安全和正常使用。

燃具耐久性的目的是检验燃具可靠性特征参数，例如失效率、平均无故障时间及平均寿命等，这也是很重要的内容。在国标中也规定了一些指标，例如在《家用燃气燃烧器具安全管理规程》GB 17905—2004 中规定“燃具从售出之日起，人工煤气热水器的判废年限为 6 年，液化石油气和天然气热水器的判废年限为 8 年，如生产企业有明示的燃具和配件的判废年限，应以企业明示值为准，但不能低于以上规定”。同时也规定了相应的性能指标要求与检测方法，但是，我国燃气界到目前还没有形成一整套完整的燃具可靠性的体系。需要在今后的工作中不断地完善。

燃具部件耐用性试验属入厂逐批抽验类型试验。近几年来，业内人士对燃具零部件的耐用性越来越重视，燃具企业在选用燃具零部件时，首先要对零部件的生产商进行考察，要求零部件的生产企业具备一定的质量管理水平和质量保证能力，有关管理认证部门也制定了一系列对零部件生产企业的质量管理要求和产品质量指标，在这些质量指标中对零部件的耐用性有了明确的规定，使燃具厂在选用零部件时有了明确的依据。随着我国燃具标准和燃具零部件标准的不断完善，各种零部件的耐用性试验也逐步趋于完善，各个标准对零部件的试验次数都有明确的规定，在日常工作时可参照相关标准。

二、耐用性试验的基本要求

耐用性试验是一项非常复杂的工作，试验耗费的时间长，并且没有重复性。为了节省人力与时间，需要应用专门的机械手模拟人开关的动作，但机械手的可靠性必须予以保证。为此，试验机械手应具备如下技术性能。

(1) 机械手应模拟人手动作

在实用过程中，人手具备感知应力变化的功能，能及时调节用力的大小，因此完全模拟有感觉的人手是不可能的。但是要求机械手应有一定弹性，不应有冲击力，动作速度可以调节，动作力也要求可以调整，只要稍大于反抗力能够启动就可以了。当扭力过大时应能自动停机，以保护机械手和被测件不受损害。

(2) 应有记录及显示的功能

首先要能记录次数。并且在规定次数完成后能自动停止。此外需要显示一些技术指标，例如点火器电池电压或熄火保护的开阀、闭阀电流等。同时最好有机器本身运行情况的纪录。

(3) 噪声小，动作灵活，搬运方便

机械手要重复许多往复动作，因此要求动作滑润灵活，噪声也不宜过高。此外还要求体积小，搬运方便。

(4) 应配有合适的夹具

机械手应配有合适的夹具，稳定性要好，同时要能方便地调节，以适用于不同被测件的安装要求。

(5) 本身具有较好的耐用性

机械手需要连续长时间的工作，本身应有足够的使用寿命。所以要求机械手本身的寿命，其动作次数应超过百万次。并要求动作可靠。

三、膜片、垫圈和润滑脂耐燃气性能试验

膜片、垫圈主要起隔断与密封作用。润滑油脂（亦称密封油脂）也有辅助密封的作用。这些部件使用一段时间后会失去作用。除膜片的机械往复作用外，主要由于其本身材料与燃气接触一段时间后，使其融化或分解而失去密封性能。为此，在选材时应选耐油、耐燃气的材料；在检验时要做耐燃气性能试验。

（一）膜片

燃具中的膜片主要是指燃具的燃气调压器、稳压器、水气联动阀以及差压气动阀等有控制位移作用的膜片。

用于液化石油气的膜片试样需直接浸泡在正戊烷中 72h。控制浸泡温度在 5～25℃范围内。取出后，在空气中干燥 24h 后，称量并计算其重量变化率应小于 10％。

用于人工燃气的膜片试样，浸泡在由70%异辛烷加30%甲苯组成的B溶液中，以后的步骤与耐液化石油气试验相同。

试验膜片试样取三个，结果取平均值。应根据国家标准《小型工业企业建厂劳动卫生基本技术条件》GB 16910—1997的要求制备试样，试样为哑铃状，体积应在1～3cm³范围内。具体试验方法可参见《家庭用燃气用具的通用试验方法》GB/T 16411（见附录10-2）。

（二）密封垫圈

密封垫圈及垫片对于燃具的安全是非常重要的，不仅要能耐燃气，而且要求其在一定压力作用下不失效，这是因为它们是在受压状态下工作的。在实验中，不但用正戊烷试验其渗透性，而且要把试样压缩到原厚度的80%的状态。在这种条件下要求每小时正戊烷的平均挥发量小于0.005g。具体方法可参见《家庭用燃气用具的通用试验方法》GB/T 16411。

（三）润滑油脂（密封油脂）

润滑油脂的耐燃气试验是检验润滑脂与燃气互溶而挥发的程度，要求在20℃试验条件下的质量变化率小于10%，在4℃试验条件下的质量变化率小于25%。具体方法可参见《家庭用燃气用具的通用试验方法》GB/T 16411。

第六节 电气部件试验方法

新型燃具多采用市电，燃具不仅要考虑燃气的安全性，还要考虑电气安全性，无论生产厂家，还是检测单位都应充分注意。燃具电器部件主要是指燃具中的电子控制器、电磁比例阀、自动截止阀、水流传感器、热电式熄火保护装置、风压开关、风机等。本节主要介绍自动截止阀、电子控制器、电磁比例阀及水流传感器的主要性能试验方法。有些目前尚未形成国家标准，仅供参考。

一、自动截止阀主要性能试验

(1) 气密性试验

内部泄漏用0.6kPa初始测试压力进行测试，然后内部和外部泄漏都用1.5倍最大工作压力或15kPa（取其较大值）重复测试。

1）外部气密性

给阀门进口和出口同时供给所要求的测试压力，打开所有闭合元件，测量泄漏量。根据制造商的说明拆下和重装闭合部件5次，重复测试。

2）内部气密性

当某个闭合元件在关闭位置，打开其他闭合元件，在阀门进口供给所要求的测试压力，测量泄漏量。逐个检测每个闭合元件。

(2) 关闭功能试验

1）以额定电压或电流和最大驱动压力向阀门供能。缓慢将电压或电流减至额定值的15%，检查阀门是否关闭；

2）以额定电压或电流和最大驱动压力向阀门供能。将电压或电流增至额定值的110%（如果有的话，保持驱动压力不变），然后停止向阀门供能，检查其是否关闭；

3）以额定电压或电流和最大驱动压力向阀门供能。将电压或电流减至额定值的15%

~85%的数值（如果有的话，保持驱动压力不变），然后停止向阀门供能，检查其是否关闭。以额定值的15%~85%的三种不同的电压或电流进行这项试验。

（3）闭合力试验

在无润滑剂条件下进行此项测量。从阀门拆下产生闭合力的弹簧，测量将闭合件由开启位置移到闭合位置所需力的最大值。

（4）开启时间试验

在下列条件下进行此项测量，试验前让没有能量的阀门达到热平衡：

1）60℃（如果制造商声明的最高温度高于此温度，则按制造商声明的最高温度试验），最大工作压力，110%的额定电压或电流以及适用的最大驱动压力；

2）0℃（如果制造商声明的最低温度低于此温度，则按制造商声明的最低温度试验），0.6kPa 工作压力，85%的最小额定电压或电流以及适用的最小驱动压力。

开启时间：测量开始给阀门供能到阀门获得80%额定流量之间的时间间隔。

延迟时间：测量开始给阀门供能和闭合件开始松动之间的时间间隔。

（5）关闭时间试验

在下列条件，测量停止给阀门供能到闭合件达到关闭位置之间的时间间隔：

1）最大工作压力，制造商声明的压差，110%的额定电压或电流以及适用的最大驱动压力；

2）0.6kPa 工作压力，制造商声明的压差，110%的额定电压或电流以及适用的最大驱动压力。

（6）气密力试验

按气密力的要求对阀门进行分级，具体的分级方法可参见相关标准。

1）A、B、C级阀门

以不超过0.1kPa/s的增压速度，给阀门增压至试验压力，测泄漏量。

2）E级阀门

以不超过0.1kPa/s的增压速度，给阀门增压至1.5倍最大工作压力或超过最大工作压力15kPa，取两者较大值，测泄漏量。

3）J级阀门

拆下产生气密力的弹簧，以对应阀门关闭位置所产生的弹簧压缩量测弹簧力。

（7）耐久性试验

1）在耐久性试验前、60℃试验后、20℃试验后，都应进行的内、外气密性试验；

2）按制造商的说明，将阀门放置在温控箱内，在最大环境温度，阀门没有流量的情况下，用1.1倍额定电压或电流给阀门供能至少24h。再缓慢减小电压或电流至15%额定值时，检查阀门是否关闭。连接阀门进口到空气源，保持在最大工作压力下，使流量不超过额定流量的10%。以不小于制造商标声明的循环周期，按所要求的循环次数操作阀门。保证每次循环，阀门都完全打开和完全关闭；

3）如果说明的阀门最小环境温度低于0℃，则在−15℃下进行25000次循环，同时20℃试验时，减少25000次循环；

4）如果阀门有气动或液动驱动机构，在最大驱动压力下进行耐久性试验；

5）定期检查耐久性试验过程中阀门的工作情况，例如记录出口压力或流量；

6）最后重新做关闭功能试验。应符合要求。

二、燃具电子控制器试验

随着燃具智能化发展，燃具的功能越来越多，而其中的电子元件不断增加，配线越来越多，尤其对于遥控燃具，其设计的控制输入信号都是低电位的，所以其抗干扰能力不高。在实际使用时，内部与外部干扰都可能使燃具误动作。因此，设计控制器时应采取必要的措施。在检验控制器时，要考虑检验控制器致命缺点的试验方法。

（一）燃具电子控制器的故障

不能保证设计和试制阶段表现良好的控制器在实用中不出任何问题，因为燃具的使用环境比较恶劣。从电子技术的复杂性和发展进步角度看，也很难建立起十全十美的试验方法。所以，应以燃具和电子控制器最起码的安全性能出发考虑自动燃具控制器的试验方法。

首先分析控制器故障原因。控制器可能产生误动作，异常停机、失控等故障。产生原因如下：

①传感器、驱动器等回路安装错误；

②瞬间停电或电压低下，包括干电池电源接触不良；

③燃具周围环境恶劣；

④控制元件劣化；

⑤静电干扰；

⑥辐射干扰；

⑦电源干扰；

⑧雷击干扰等。

上述原因可归为两类：一类是控制器本身设计安装问题，一类是外部环境劣化。所以，在制定电子控制器试验方法时，要从这两类问题出发。

（二）燃具电子控制器的试验内容

（1）基本参数

①工作电压范围。电源为交流电源时，工作电压在额定电压的85%～110%范围内，电源为电池时，工作电压为额定电压的0.7～1.1倍范围内，控制器应能正常工作。

②工作电流（电源为电池时）。在额定电压且控制器不带负载、单点火电极条件下，工作电流应≤150mA。

③放电脉冲宽度。在额定电压条件下，放电脉冲宽度应≥12μs。

④输出高电压。在额定电压条件下，输出高电压应≥12kV。

⑤放电距离。在额定电压条件下，放电距离应≥5mm。

⑥放电频率。在额定电压条件下，放电频率应＞5Hz（当电源为电池时，0.7倍额定电压条件下，放电频率应＞2.5Hz）。

⑦放电能量。在额定电压条件下，放电距离为4mm时，放电能量应＞1.0mJ。

（2）安全时间试验

①点火延迟开阀时间。从控制器释放电火花开始到控制器产生主燃烧器电磁阀开阀电流的时间间隔应＞0.2s。

②电磁阀动作脉冲宽度。用示波器测定动作端输出电压的脉冲宽度应为0.5±0.05s。

③开阀时间。从控制器产生主燃烧器电磁阀开阀电流开始，到控制器切断主燃烧器电

磁阀开阀电流的时间间隔应为：热电偶型 7～15s；电磁阀型 5～10s。

④闭阀时间。点火时向控制器输入模拟火焰，使主燃烧器电磁阀保持吸合状态，从去除模拟火焰开始计时，到控制器切断输出的主燃烧器电磁阀电流时的时间间隔应≤2s。

⑤产生再点火时间。点火时向控制器输入模拟火焰，使主燃烧器的电磁阀保持吸合状态，从去除模拟火焰开始计时，到电控制器再次释放电火花的时间间隔应≤1s。

⑥再点火闭阀时间。从再点火停止到主燃烧器电磁阀电流切断时的时间间隔或产生安全中断的时间间隔应≤2s。

⑦再启动等待时间（市电热水器用）。向控制器输入模拟火焰，使控制器输出主燃烧器电磁阀的开阀电流，从去除模拟火焰开始计时，到电控制器再次释放电火花的时间间隔应符合说明书要求。

⑧再启动切断时间（市电热水器用）。向控制器输入模拟火焰，使控制器输出主燃烧器电磁阀的开阀电流，从去除模拟火焰开始计时，到电控制器再次释放电火花并产生安全中断的时间间隔应符合说明书要求。

⑨预清扫时间（市电热水器用）。向控制器输入空气流模拟信号，从控制器启动开始计时，到控制器释放出电火花的时间间隔符合说明书要求。

⑩后清扫时间（市电热水器用）。从产生安全中断或控制中断开始计时，到风机停转的时间间隔应≥10s。

（3）输入输出性能试验

①负载电压。在额定电压条件下，将模拟火焰信号输入到控制器火焰检测回路，试验控制器向负载的输出电压应符合说明书要求。

②外部故障响应。响应和显示的时间控制，应符合说明书的要求，控制器应产生安全中断，且符合 GB 6932 要求。

③设置与显示功能。在额定的电压条件下，将模拟火焰信号输入到控制器火焰检测回路，试验控制器设置和显示功能应符合要求。

（4）电气性能试验。

①电气强度试验。在电源线与接地线之间施加电压值为 1250V（对安全特低电压供电的控制器试验电压值为 500V）、频率为 50Hz 的基本为正弦波的电压 1min，应不击穿不闪络。

②浪涌（冲击）抗扰度。试验条件及试验设备参见 GB/T 17626.5。

对表 10-9 中 a 行的值，控制器既不安全关闭或锁定，也不从锁定状态再设定。

对表 10-9 中 b 行的值，控制器应或者按 a 中所叙述的执行，或者执行安全关闭。随后是自动再设定。如果是易失锁定状态，可以执行自动再启动；如果是非易失锁定状态，则应保持在该状态。

浪涌抗扰度 **表 10-9**

评定准则	严酷等级	主线		DC 输入和 DC 输出电源部分		测量和控制线部件（传感器和驱动器）	
		线到线（kV）	线到地（kV）	线到线（kV）	线到地（kV）	线到线（kV）	线到地（kV）
a	2	0.5	1.0	0.5	1.0	无测试	1.0
b	3	1.0	2.0	1.0	2.0	无测试	1.0

③电快速瞬变/脉冲群抗扰度。试验条件及试验设备参见 GB/T 17626.4。

对表 10-10 中 a 行的值，控制器既不安全关闭或锁定，也不从锁定状态再设定。

对表 10-10 中 b 行的值，控制器应或者按 a 行中所叙述的执行，或者执行安全关闭。随后是自动再设定。如果是易失锁定状态，可以执行自动再启动；如果是非易失锁定状态，则应保持在该状态。

快速瞬变抗扰度 表 10-10

评定准则	严酷等级	L1、L2、PE 电压峰值（kV）	L1、L2、PE 循环速率（kHz）	I/O 电压峰值（kV）	I/O 循环速率（kHz）
a	2	1	5	0.5	5
b	3	2	5	1	5

④射频场感应的传导骚扰抗扰度

试验条件及试验设备参见 GB/T 17626.6。

对表 10-11 中 a 行的值，控制器既不安全关闭或锁定，也不从锁定状态再设定。

对表 10-11 中 b 行的值，控制器应或者按 a 行中所叙述的执行，或者执行安全关闭。随后是自动再设定。如果是易失锁定状态，可以执行自动再启动；如果是非易失锁定状态，则应保持在该状态。

射频场感应的传导骚扰抗扰度 表 10-11

频 率 范 围		150kHz～80MHz	
评定准则	严酷等级	电压等级（emf）Uo（V）	
		150kHz～80MHz	ISM 和 CB 频带
a	2	3	6
b	3	10	20

注：在 ISM、CB 频带等级选择较高值是 6dB。

ISM：工业、科学和医学的无线电频率设备（13.56±0.007）MHz，（40.68±0.02）MHz，CB：市用频带（27.125±1.5）MHz

⑤射频电磁场辐射抗扰度

试验条件及试验设备参见 GB/T 17626.3。

对表 10-12 中 a 行的值，控制器既不安全关闭或锁定，也不从锁定状态再设定。

对表 10-12 中 b 行的值，控制器应或者按 a 行中所叙述的执行，或者执行安全关闭。随后是自动再设定。如果是易失锁定状态，可以执行自动再启动；如果是非易失锁定状态，则应保持在该状态。

射频电磁场辐射抗扰度 表 10-12

频 率 范 围		80～1000MHz	
评定准则	严酷等级	测量场强度（V/m）	
		80～1000MHz	ISM 和 GSM 频带
a	2	3	6
b	3	10	20

注：在 ISM、GSM 频带等级选择较高值是 6dB。

ISM：根据 ENV50204，指工业、科学和医学的无线电频率设备（433.92±0.87）MHz，GSM：组合式专用可移动装置：（900.0）MHz，由（200±2）Hz 等限幅/空间比率脉冲（2.5ms 打开、2.5ms 关闭）进行调制。

⑥静电放电抗扰度

试验条件及试验设备参见 GB/T 17626.2。

对表 10-13 中 a 行的值，控制器既不安全关闭或锁定，也不从锁定状态再设定。

对表 10-13 中 b 行的值，控制器应或者按 a 行中所叙述的执行，或者执行安全关闭。随后是自动再设定。如果是易失锁定状态，可以执行自动再启动；如果是非易失锁定状态，则应保持在该状态。

静电放电抗扰度　　**表 10-13**

评定准则	严酷等级	接触放电	空气放电
a	2	4kV	4kV
b	3	6kV	8kV

⑦电压暂降、短时中断和电压变化

试验条件及试验设备参见 GB/T 17626.11。

对表 10-14 中 a 行的值，控制器既不安全关闭或锁定，也不从锁定状态再设定。

对表 10-14 中 b 行的值，控制器应或者按 a 行中所叙述的执行，或者执行安全关闭。随后是自动再设定。如果是易失锁定状态，可以执行自动再启动；如果是非易失锁定状态，则应保持在该状态。

当电源恢复时，自动再启动应符合正常启动顺序的要求。

当电源故障发生在启动顺序期间并且时间小于 60s，b 行项要求可以忽略。当电源恢复时，程序可以从被中断点继续运行。

电压暂降和短时中断　　**表 10-14**

评定准则	时间周期（ms）	额定电压百分数或额定电压范围平均值	
		50%	0%
a	10 20	— —	× ×
b	50 500 1000	× × ×	× × ×

（5）环境试验

①高湿、高温、低温动作试验。运行周期按其实际的功能来决定，在相应的环境条件下运行规定的时间，控制器应正常运行无故障。

②高湿、高温、低温放置及振动试验。在相应的环境条件下放置规定的时间，取出并恢复室温后，基本参数、安全时间及输入输出性能应符合要求。

（6）耐用性试验

运行周期按其实际的功能来决定，运行规定的次数后，进行基本参数、安全时间及输入输出性能应符合要求。

三、电磁比例阀（简称比例阀）的试验

（1）气密性试验

内部泄漏用0.6kPa初始测试压力进行测试，然后内部和外部泄漏都用1.5倍最大工作压力或15kPa（取其较大值）重复测试。

1）外部气密性

给阀门进口和出口同时供给所要求的测试压力，打开所有闭合元件，测量泄漏量。根据制造商的说明拆下和重装闭合部件5次，重复测试。

2）内部气密性

当某个闭合元件在关闭位置，打开其他闭合元件，在阀门进口供给所要求的测试压力，测量泄漏量。逐个检测每个闭合元件。

（2）比例阀的比例特性试验

比例特性是指在比例阀进气口压力不变的情况下，比例阀出气口压力随比例阀输入电流（或流量）变化的特性。将比例阀按制造商声明的安装方式进行安装，截止阀及比例阀的供电电源应符合制造商的要求。给截止阀供能使其处打开状态，从进气口通入空气并使进气口压力 p_1 保持在额定工作压力下，将比例阀的工作电流由制造商声明的最小工作电流 I_{min} 慢慢升到制造商声明的最大工作电流 I_{max}（或将流量由制造商声明的最小流量 q_{min} 慢慢调节到制造商声明的最大流量 q_{max}），随后再由最大工作电流 I_{max} 慢慢降到最小工作电流 I_{min}（或将流量由制造商声明的最大流量 q_{max} 慢慢调节到制造商声明的最小流量 q_{min}），记录出气口压力 p_2 的变化，并获得两条比例特性曲线，比例特性曲线应基本保持线性，最小工作电流（或最小流量）时所对应的出气口压力值及压力回差值应符合制造商的声明。

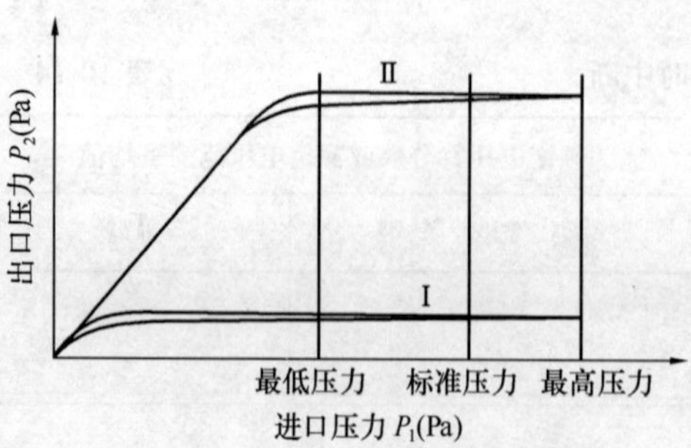

图10-18　比例阀稳压特性曲线

Ⅰ—最小电流或最小气体流量时的稳压特性曲线

Ⅱ—最大电流或最大气体流量时的稳压特性曲线

（3）比例阀稳压特性试验

稳压特性是指在比例阀工作电流（或流量）不变的情况下，比例阀出气口压力 p_2 随进气口压力 p_1 变化的特性。将比例阀按制造商声明的安装方式进行安装，截止阀及比例阀的供电电源应符合制造商的要求。给截止阀供能使其处打开状态，给比例阀通入制造商声明的最小工作电流 I_{min}（或将流量调节到制造商声明的最小流量 q_{min}），从进气口通入空气，并使进气口压力从0开始慢慢调节到最高使用压力，然后再从最高使用压力降到0，记录出气口压力值。将比例阀的工作电流调节到最大工作电流 I_{max}（或将流量调节到制造商声明的最大流量 q_{max}），重复上述试验，试验结果绘制成图10-18所示的曲线。各项参数均应符合制造商的声明值。

（4）绝缘电阻试验

DC500V兆欧表测定线圈连接端子与金属框架之间的绝缘电阻应大于5MΩ。

（5）电气强度试验

在线圈连接端子与金属框架之间施加AC1500V 50Hz（安全特低电压施加AC500V 50Hz）电压，历时1min，不应有击穿或闪络现象。

（6）环境试验

分别在规定的高温、低温、湿热等条件下放置规定的时间后，恢复到室温条件下后进行气密性、绝缘电阻、电气强度、自动截止阀的关闭功能和关闭时间以及密封力、比例阀的比例特性及稳压特性试验，各项性能均应符合相关条款的要求，且出口压力变化率应在±10%以内。

（7）耐久试验

截止阀：从进气口通入制造商声明的最高工作压力的洁净空气，以1.15倍额定电压给截止阀供电，以1s通电1s断电的频率，使截止阀重复动作30万次；

比例阀：截止阀处打开状态，从进气口通入制造商声明的最高工作压力的洁净空气，流量不大于制造商规定最大流量的1.1倍。在阀的入口与出口处装自动切断阀，通过时间继电器控制自动切断阀的开关。打开入口切断阀及电磁比例阀并维持3s，然后关闭入口切断阀和电磁比例阀，同时打开出口切断阀并维持3s。以此为一个循环周期重复动作10万次。

试验后进行气密性、绝缘电阻、电气强度、自动截止阀的关闭功能和关闭时间以及密封力、比例阀的比例特性及稳压特性试验，各项性能均应符合相关条款的要求，且出口压力变化率应在±10%以内。

四、燃具水流传感器的试验内容

（1）输出脉冲频率

在生产厂声明的安装状态下，调节电源电压为额定电压，水温控制在15～30℃范围内，将水流量由最小流量调节到最大水流量，记录输出脉冲频率，应在生产厂明示值的±10%范围内。

（2）输出脉冲占空比

在生产厂明示的安装状态下，调节电源电压为额定电压，水温控制在15～30℃范围内，在生产厂声明的使用流量范围内，测量输出脉冲占空比，应在生产厂明示值的±10%范围内。

（3）输出电压高电平

在生产厂明示的安装状态下，调节电源电压为额定电压，水温控制在15～30℃范围内，在生产厂声明的使用流量范围内，读取输出脉冲高电平，应大于0.85倍的输入电压。

（4）输出电压低电平

在生产厂明示的安装状态下，调节电源电压为额定电压，水温控制在15～30℃范围内，在生产厂声明的使用流量范围内，读取输出脉冲低电平，应小于0.1倍的输入电压。

（5）耐水压性能

在1.75MPa水压下保持1min，应无漏水现象，且零件无裂纹、松弛、膨胀、变形等异常现象。

（6）绝缘性能

用DC500V兆欧表测定各引线端子与壳体之间的绝缘电阻应＞100MΩ。

（7）电气强度

在各引线端子与壳体之间施加AC500V 50Hz电压，历时1min，不应有击穿或闪络现象。

（8）环境试验

分别在规定的高温、低温、湿热等条件下放置规定的时间后，恢复常温后无异常，零件应无裂纹、松弛、膨胀、变形等现象，输出脉冲频率变化应在±10%范围内。

(9) 耐久试验

水温控制在 15～30℃范围内，从进水口通入最大设计水流量的水，以接通 1s，断开 1s 为一循环，试验 30 万次应无异常，输出脉冲频率变化应在±10%范围内。

附录 10-1

《家用燃气快速热水器和燃气采暖热水炉能效限定值及能效等级》GB 20665—2006

1　范围

本标准规定了家用燃气快速热水器（含冷凝式热水器，以下简称热水器）和燃气采暖热水炉（以下简称采暖炉）的能效限定值、节能评价值、能效等级、试验方法和检验规则。

本标准适用于热负荷不大于 70kW 的热水器。

本标准不适用于燃气容积式热水器。

本标准所指燃气是 GB/T13611 规定的燃气。

2　规范性引用文件

下列文件中的条款通过本标准的引用而成为本标准的条款。凡是注日期的引用文件，其随后所有的修改单（不包括勘误的内容）或修订版均不适用于本标准，然而，鼓励根据本标准达成协议的各方研究是否可使用这些文件的最新版本。凡是不注日期的引用文件，其最新版本适用于本标准。

GB 6932　家用燃气快速热水器

GB/T 13611　城市燃气分类

CJ/T 228　燃气采暖热水炉

3　术语和定义

本标准除采用 GB 6932 和 CJ/T 228 的定义外，还采用下列定义。

3.1　热水器和采暖炉能效限定值

按照标准规定的试验条件，在额定热负荷下，热水器最小的热效率值，以百分数表示。

3.2　热水器和采暖炉节能评价值

按照标准规定试验条件，节能热水器在额定热负荷和 50%额定热负荷下，应达到的最小热效率值，以百分数表示。

4 技术要求

4.1 能效等级

热水器能效等级分为3级，其中1级能效最高。各等级的热效率值不应低于表1的规定。

4.2 能效限定值

热水器和采暖炉能效限定值为表1中能效等级的3级。

4.3 节能评价值

热水器和采暖炉节能评价值为表1中能效等级的2级。

热水器能效等级 **表1**

<table>
<tr><th colspan="2" rowspan="3">类型</th><th rowspan="3">热负荷</th><th colspan="3">最低热效率值（%）</th></tr>
<tr><th colspan="3">能效等级</th></tr>
<tr><th>1</th><th>2</th><th>3</th></tr>
<tr><td colspan="2" rowspan="2">热水器</td><td>额定热负荷</td><td>96</td><td>88</td><td>84</td></tr>
<tr><td>≤50%额定热负荷</td><td>94</td><td>84</td><td>—</td></tr>
<tr><td colspan="2" rowspan="2">采暖炉（单采暖）</td><td>额定热负荷</td><td>94</td><td>88</td><td>84</td></tr>
<tr><td>50%额定热负荷</td><td>92</td><td>84</td><td>—</td></tr>
<tr><td rowspan="4">采暖炉
（两用型）</td><td rowspan="2">供暖</td><td>额定热负荷</td><td>94</td><td>88</td><td>84</td></tr>
<tr><td>≤50%额定热负荷</td><td>92</td><td>84</td><td>—</td></tr>
<tr><td rowspan="2">热水</td><td>额定热负荷</td><td>96</td><td>88</td><td>84</td></tr>
<tr><td>≤50%额定热负荷</td><td>94</td><td>84</td><td>—</td></tr>
</table>

5 试验方法

5.1 试验条件

除以下条件外，其他试验条件应符合GB 6932试验条件的有关规定。

a）试验室环境温度为20℃±5℃；

b）进水口冷水温度为20℃±2℃；

c）热水额定热负荷时温升为40℃±1℃，50%及以下额定热负荷时温升为30℃±1℃；供暖额定热负荷时供暖出水温度为80℃±2℃，供暖回水温度应比供暖出水温度低20℃±1℃；50%及以下额定热负荷时供暖出水温度为65℃±2℃，供暖回水温度应比供暖出水温度低15℃±1℃；

d）燃气压力为额定压力；

e）试验燃气用基准气，其华白数和燃烧势与标准GB/T 13611规定值相对偏差应分别在±2%和±3%之内。试验过程中，试验燃气的华白数和燃烧势应保持稳定。

5.2 试验方法

热水器和采暖炉热效率试验方法按照GB 6932中热水性能和供暖性能试验中热效率试验方法进行。

6　检验规则

6.1　出厂检验

6.1.1　能效限定值应作为热水器和采暖炉出厂检验项目。抽样方案由生产企业质量检验部门自行决定。

6.1.2　经检验认定能效限定值不满足 4.2 条要求的产品不允许出厂。

6.2　型式检验

6.2.1　热水器和采暖炉产品出现下列情况之一时，应进行能效限定值型式检验：

a）试制的新产品；

b）改变产品设计、工艺或所用材料明显影响其性能时；

c）质量技术监督部门提出检验要求时。

6.2.2　型式检验的抽样，每次抽 3 台，其中两台试验，一台备用。试验结果两台均符合本标准要求，则该批为合格；如果两台均不符合本标准要求，则该为不合格。如果有一台能效限定值不符合本标准要求，应对备用热水器和采暖炉进行测试，如测试结果符合则判定为合格；如测试结果仍不符合要求，则判定为不合格。

附录 10-2

《家用燃气用具的通用试验方法》GB/T 16411—2008

1　范围

本标准规定了燃气用具术语、试验条件、试验用燃气和燃气用具性能的通用性能的试验方法。

本标准适用于家庭用的各种燃气热水器、采暖器、热水采暖炉、灶具、烤箱、烤箱灶、和饭锅等。

本标准所指燃气，是 GB/T 13611 规定的燃气。使用 GB/T 13611 规定以外燃气种类的家用燃气用具可参照使用本标准。

2　规范性引用文件

下列文件中的条款通过本标准的应用而成为本标准的条款。凡是注日期的引用文件，其随后的所有修改单（不包括勘误的内容）或修订版均不适用于本标准，然而，鼓励根据本标准达成协议的各方研究是否可使用这些文件的最新版本。凡是不注日期的引用文件，其最新版本适用于本标准。

GB 4706.1—2005　家用和类似用途电器的安全第一部分：通用要求（IEC 60335—1：2004（Ed4.1），IDT）

GB/T 1690—2006　硫化橡胶或热塑性橡胶耐液体试验方法（ISO 1817：2005，MOD）

GB/T 1740 漆膜耐湿热测定法

GB/T 1765 测定耐湿热、耐盐雾、耐候性（人工加速）的漆膜制备法

GB/T 1771 色漆和清漆耐中性盐雾性能的测定

GB/T 2421 电工电子产品环境试验第 1 部分：总则（GB/T 2421—1999，IEC 68—1：1988IDT）

GB/T 2903 铜-铜镍（康铜）热电偶丝

GB/T 3772 铂铑 10-铂热电偶丝

GB/T 12206—2006 城镇燃气热值和相对密度测定方法

GB/T 13611 城镇燃气分类和基本特性

GB/T 17626.4 电磁兼容 试验和测量技术 电快速瞬变脉冲群抗扰度试验（GB/T 17626.4—1998，IEC 61000-4-4：1995，IDT）

GB/T 17626.5 电磁兼容试验和测量技术浪涌（冲击）抗扰度试验（GB/T 17626.5—1999，IEC 61000-4-5：1995，IDT）

GB/T 17626.11 电磁兼容试验和测量技术电压暂降、短时中断和电压变化的抗扰度试验（GB/T 17626.11—1999，IEC 61000-4-11：1994，IDT）

GB/T 17799.1—1999 电磁兼容通用标准居住、商业和轻工业环境中的抗扰度试验（IEC 61000-6-1：1997，IDT）

CJ/T 3075.2 燃气燃烧器具实验室一试验装置和仪器

CJ/T 3085—1999 城镇燃气术语

QB/T 3826 轻工产品金属镀层和化学处理层的耐腐蚀试验方法中性盐雾试验（NSS）法

QB/T 3832 轻工产品金属镀层腐蚀试验结果的评价

3 术语和定义

下列术语和定义适用于本标准

3.1 基准状态

温度为 15℃，绝对压力为 101.3kPa 条件下的干燥燃气状态。

3.2 标准状态

温度为 0℃，绝对压力为 101.3kPa 条件下的干燥燃气状态。

3.3 额定热流量（额定热负荷）

在额定燃气压力下，燃具使用基准气在单位时间内放出的热量。

3.4 实测折算热流量

试验条件下，使用试验气时的燃具热流量折算到基准状态条件下的数值。

4 试验条件

4.1 实验室条件

如果本标准各检验项目或各燃具标准没有特别的规定实验室条件，则按以下规定执行：

a）实验室温度：20℃±5℃；

b）大气压力：86kPa～106kPa；

c）实验室内环境空气：一氧化碳含量小于0.002%，二氧化碳含量小于0.2%。且不应有影响燃烧的气流。

注：1. 电气试验时实验室的湿度要求参照GB/T2421的规定。

2. 室温确定方法：在距燃具正前方，左及右各1m处，将温度计感温部分固定在与燃具上端大致等高位置，测量上述三点的温度，其平均值即为室温。

4.2　燃具的安装与试验状态

燃具的安装按本标准各检验项目或各燃具标准规定执行；

使用空气量可调节的燃具，试验开始时，应将空气调节器调节到适当开度，并且试验过程中不应再对其进行调整。

4.3　电源条件

试验的电源条件，按下列规定执行：

4.3.1　使用市电的燃具

使用市电的燃具，用额定频率的额定电压做试验。

4.3.2　使用干电池的燃具

使用干电池的燃具，用说明书规定的干电池电压做试验。

4.4　试验用仪器仪表

试验用主要仪器仪表按表A.1所列，或使用同等以上精度的其他仪器仪表。

5　试验用燃气

5.1　试验用燃气应使用GB/T 13611所规定的试验用气。

使用GB/T 13611规定以外的燃气的燃具，试验用燃气可按产品设计时所依据的燃气，波动范围参考GB/T 13611的有关规定。

5.2　本标准及各燃具标准所使用的试验气条件，以试验气种类代号和试验气压力代号表示，见表1。

示例1："2－2"气，表示回火界限气—额定压力条件。

示例2："0－1"气，表示基准气—最高压力条件。

5.3　配制试验气的华白指数波动应在±2%范围内。

6　燃具热流量试验

6.1　燃具状态

按图1或各燃具标准规定的方法连接，在点燃燃具前应使燃具气路上的旋塞、燃气调节装置处于最大通气状态。

试验气条件　　**表1**

试验气种类		试验气压力，Pa					
代号	气质	代号	人工煤气	天然气			液化石油气
0	基准气	—	3R，4R，5R，6R，7R	3T，4T	6T	10T，12T	19Y，20Y，22Y
1	黄焰和不完全燃烧界限气	1（最高压力）	1500	1500	2400	3000	3300
2	回火界限气	2（额定压力）	1000	1000	1600	2000	2800
3	离焰界限气	3（最低压力）	500	500	800	1000	2000

注：对特殊气源，如果当地燃气供气压力与本表不符时，使用当地额定燃气供气压力。

6.2 试验气条件：应使用“0—2”气试验，图 1 中压力计 2 的燃气压力，应符合额定燃气压力。

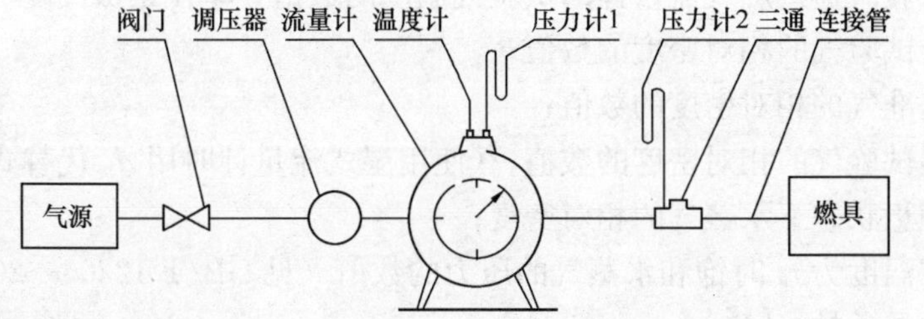

注：1. 燃具安装为使用状态；

2. 接至燃具的连接管使用与燃具接头适用的管子，连接管的长度不大于 100mm。

3. 压力计 2 中的数值为额定燃气压力值。

4. 测压力用三通试样图见图 1（b）

（a）试验装置连接示意图

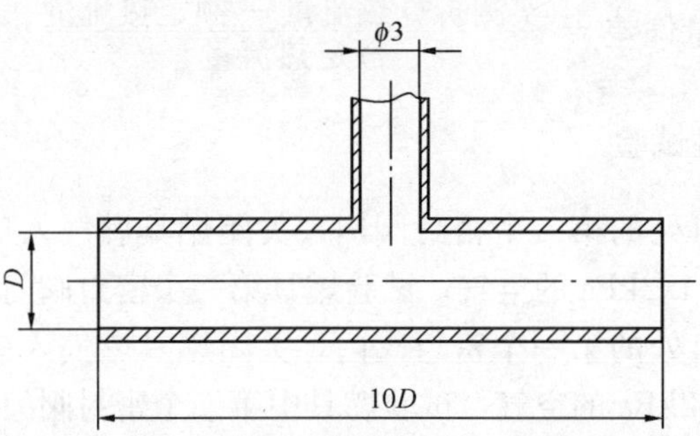

图中：D=(1～1.1)d，其中 D 为三通的内径，d 为燃具燃气入口燃气管的内径，单位为毫米。

（b）三通式样图

图 1 燃具热流量试验流程示意图

6.3 试验方法：点燃燃具，当热流量达到稳定状态后，开始测定，一次测定时间在燃气表旋转一周以上的整圈数，且时间在 1min 以上。重复测定 2 次以上，读数误差小于 2% 时，按 6.3.1 计算燃具实测折算热流量。

6.3.1 试验燃具按式（1）、式（2）计算实测折算热流量：

$$\phi = \frac{1}{3.6} \times Q_i \times V \times \frac{p_a + p_m}{p_a + p_g} \times \sqrt{\frac{101.3 + p_g}{101.3} \times \frac{p_a + p_g}{101.3} \times \frac{288}{273 + t_g} \times \frac{d}{d_r}} \tag{1}$$

$$d_h = \frac{d(p_a + p_m - p_s) + 0.622 p_s}{p_a + p_g} \tag{2}$$

式中 ϕ——基准状态条件下，燃具前燃气压力为额定压力时干燃气实测折算热流量的数值，单位是千瓦（kW）；

Q_i——基准状态条件下，基准干燃气的低位热值的数值，单位是兆焦每立方米（MJ/m^3）；

V——试验时试验气流量的数值，单位是立方米每小时（m^3/h）；

p_a——试验时的大气压力的数值，单位是千帕（kPa）；

p_m——试验时通过燃气流量计的试验气压力的数值，单位是千帕（kPa）；

p_g——试验时燃具前试验气压力的数值，单位是千帕（kPa）；

t_g——试验时通过燃气流量计的试验气温度的数值，单位是摄氏度（℃）；

d——干试验气的相对密度的数值；

d_r——基准气的相对密度的数值；

d_h——湿试验气的相对密度的数值；（使用湿式流量计时用 d_h 代替式（1）中的 d）；

0.622——理想状态下水蒸气的相对密度；

p_s——在温度为 t_g 时饱和水蒸气的压力的数值（见 GB/T 12206—2006 表 B.1），单位是千帕（kPa）。

6.3.2　当燃具的使用地点与检测单位的海拔高度差大于 1000m 时，检测单位宜在燃具使用地点试验。

6.4　燃具的热流量偏差

按式（3）计算燃具的热流量偏差

$$热流量偏差 = \frac{实测折算热流量 - 额定热流量}{额定热流量} \times 100\% \tag{3}$$

7　燃气管路系统气密性试验

7.1　打开燃具燃气入口处的第二个密封阀门，关闭燃具燃气入口处的第一个密封阀门，在燃具燃气入口处，用 4.2kPa 的空气，试验燃具第一个密封阀门的气密性。

7.2　打开燃具燃气入口处的第一个密封阀门，关闭燃具燃气入口处的第二个密封阀门，在燃具燃气入口处用 4.2kPa 的空气，试验燃具中第二个密封阀门的气密性。

7.3　使用“0—1”气，点燃全部燃烧器，从燃具燃气入口处的第一个密封阀门到燃烧器火孔，用检漏液试验外部气密性。

8　燃烧工况试验

8.1　燃具燃烧工况试验时的燃具状态和试验气的条件应符合表 2 的规定。

使用市电的燃具，其电压条件应为 220V。

8.2　燃烧工况试验方法

8.2.1　火焰传递：点燃主燃烧器一处火孔后，试验火焰传递到全部火孔的时间和有无爆鸣，点火方法按各燃具标准的规定进行。

8.2.2　离焰：在主燃烧器点燃 15s 后观察。

8.2.3　熄火：在点燃主燃烧器 15s 后观察。

8.2.4　火焰均匀性：点燃主燃烧器，在火焰稳定后观察。

8.2.5　回火：在主燃烧器点燃 30min 内观察。

8.2.6　燃烧噪声：点燃全部燃烧器，按 9.2.1 的规定测定最大噪声。

8.2.7　熄火噪声：在主燃烧器点燃 30min 后进行熄火操作，按 9.2.2 的规定测定熄火噪声，并试验有无爆鸣噪声。

在熄火操作时应迅速关闭燃气阀。对装有自动熄火保护装置的燃具应在其自动关闭时测定其熄火噪声。

8.2.8 干烟气中一氧化碳含量：在主燃烧器点燃 15min 后，应尽可能均匀地在排烟部位采集烟气样，采样的位置和方法按各燃具标准规定。

测定烟气中的一氧化碳和氧的含量，按式（4）计算

$$CO_{\alpha=1}=(CO)_m\times\frac{(O_2)_a}{(O_2)_a-(O_2)_m} \tag{4}$$

对于试验中能确定气体组分时，测定烟气中一氧化碳和二氧化碳含量，按式（5）计算

$$CO_{\alpha=1}=(CO)_m\times\frac{(CO_2)_N}{(CO_2)_m} \tag{5}$$

式中 $CO_{\alpha=1}$——过剩空气系数 α 等于 1 时，干烟气样中一氧化碳含量的数值，体积分数（%）；

$(CO)_m$——干烟气样中一氧化碳含量的数值，体积分数（%）；

$(O_2)_a$——供气口周围干空气中的氧含量的数值，体积分数（%），（新鲜空气中 $(O_2)_a=20.9\%$）；

$(O_2)_m$——干烟气中氧含量的数值，体积分数（%）；

$(CO_2)_N$——过剩空气系数 α 等于 1 时，干烟气样中的二氧化碳含量计算的数值，体积分数（%）；

$(CO_2)_m$——干烟气中的二氧化碳含量测定的数值，体积分数（%）。

注：1. 式（4）的使用条件是，烟气中氧的含量小于 14%；

2. $(CO_2)_N$ 的数值按实际燃气的理论烟气量计算或参照 GB/T 13611。

8.2.9 黄焰和接触黄焰：点燃主燃烧器，目视有无黄焰，在任意 1min 内，电极或热交换器连续接触黄焰在 30s 以上时，为电极或热交换器接触黄焰。

8.2.10 黑烟：点燃主燃烧器，目测是否有黑烟生成，点火时除外。

8.2.11 点火燃烧器试验：点火燃烧器点燃 15min 后，目测点火燃烧器单独燃烧时有无回火、熄火。用点火燃烧器点燃主燃器后，试验在主燃烧器熄火时，点火燃烧器是否回火、熄火。

8.2.12 烟气从防逆风罩处逸出：点燃主燃烧器，根据各燃具规定方法检查。见表 2。

燃烧工况试验条件 **表 2**

试验项目	燃具状态		燃气调节方式		试验气条件
器具条件	强制排气式燃具排气筒长度	强制给排气式燃具给排气筒长度	燃气量调节方式	燃气量切换方式	试验气代号
火焰传递	短	短	大、小	全	3—2
离焰	短	短	大	全	3—1
熄火	短	短	大、小	全	3—3
火焰均匀性	短	短	大	大	0—2
回火	短	短	大、小	全	2—3

续表

试验项目		燃具状态		燃气调节方式		试验气条件
器具条件		强制排气式燃具排气筒长度	强制给排气式燃具给排气筒长度	燃气量调节方式	燃气量切换方式	试验气代号
燃烧噪声		短	短	大	大	2−1
熄火噪声		短	短	大	大	2−1
一氧化碳含量		长	长	大	大	0−2
黄焰和接触黄焰		长	长	大	大	1−1
黑烟		长	长	大	大	1−1
点火燃烧器	熄火	长	短	大	大	3−3
	回火	长	短	大	大	2−3
烟气从防逆风罩外逸出		长	长	大、小	大、小	1−1

注：1.“燃气量调节方式”指在调节燃气旋钮或拨杆时，可调节燃气量。“大”指燃气量最大状态，“小”指燃气量最小状态。如不能确定最小状态，则取其最大燃气流量的 1/3 量为最小状态。
2.“燃气量切换方式”指调节燃气旋钮时可改变燃烧器数量的调节方式。其中“大”指点燃全部燃烧器，“小”指点燃最少量燃烧器，“全”指逐个切换点燃每个燃烧器状态。
3.“长”和“短”指安装或使用说明书规定的排气筒或给排气筒的最大长度和最短长度的安装状态。

9　噪声试验

9.1　试验气条件：噪声试验应使用表 2 中所规定的试验气。

9.2　试验方法

9.2.1　燃烧噪声试验：使用普通声级计，以 A 档测定。

a）试验点应放在距燃具外壳中心 1m 处，正对受测设备噪声源，但不能受到排出烟气的影响；

b）环境本底噪声应小于 40dB，或比燃具工作时实测噪声低 10dB，否则按表 3 修正。

9.2.2　熄火噪声试验

以声级计按上述规定进行试验，应读取噪声变动的最大值。

a）应用普通声级计快速挡试验；

噪声修正值　　**表 3**

燃具实测噪声与环境噪声之差（dB）	修正值（dB）	燃具实测噪声与环境噪声之差（dB）	修正值（dB）
＜6	测量无效	9	−0.5
6	−1.0	10	−0.5
7	−1.0	＞10	0
8	−1.0		

b）噪声最大值应加 5dB 作为试验值。

10　温升试验

10.1　燃具状态：把燃具安装在图 2 所示装置上，或安装在各燃具标准所规定的装置上。

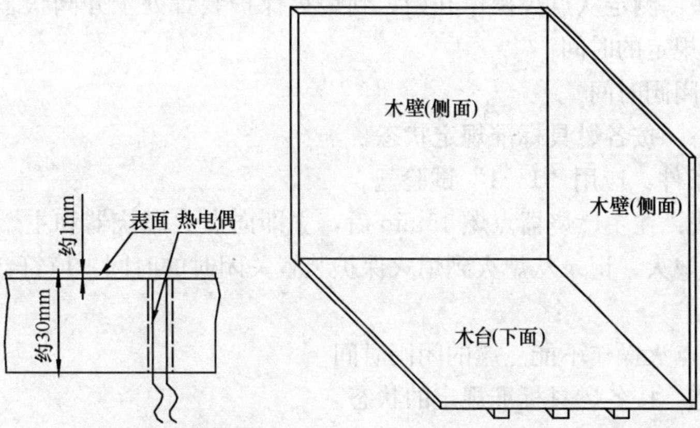

注：1. 木壁、木台的材料应使用 5～7 层胶合板，木台表面应涂漆，木壁表面应涂不亮的黑漆。

2. 木壁、木台的尺寸应比燃具稍大。

3. 应尽量多埋热电偶（阻），使其成网状。

4. 热电偶（阻）应埋在木壁、木台深 lmm 处。

5. 热电偶（阻）应参照 GB/T3772 和 GB/T2903 选用。

图 2 木壁、木台表面温度试验装置

10.2 试验气条件：应用“0－1”试验气。

10.3 试验方法：点燃主燃烧器，按各燃具标准规定的时间试验燃具各部位温升，检测燃具周围木壁、木台的温度。

11 点火装置性能试验

11.1 燃具状态：按各燃具标准规定的状态。

使用干电池的点火装置应调节电源电压为额定电压的 70％。使用交流电源的点火装置应调节电压为额定电压的 90％。

11.2 试验气条件：应用“3－1”、“3－3”试验气。

11.3 试验方法：应按各燃具标准规定的操作点火。以下面操作程序，反复点火 10 次，检测着火次数及有无爆鸣现象。操作程序是预先进行数次预备性点火，每次点火应在点火装置大致接近室温时进行。点火操作方式及点火速度，按点火装置不同，规定如下：

a）单发式压电点火装置一次操作为一回，每次速度控制在 0.5～1s 时间内。

b）回转式点火装置以转动一次为一回，其转速与 a）相同。

c）使用交流电或直流电源的连续放电式或加热丝点火装置，以放在“点火”位置上停留 2s 时间为一回。

12 熄火保护装置和防过热装置动作性能试验

12.1 熄火保护装置

12.1.1 燃气通路可自动关闭结构

12.1.1.1 点火时的开阀时间

a）器具状态：按各燃具标准规定的状态。

b）试验气条件：应用“3－3”试验气。

c）试验方法：测定从点火操作开始，到熄火保护装置处于开阀状态时的时间，应符合各燃具标准中规定的时间。

12.1.1.2　熄火闭阀时间

a）燃具状态：按各燃具标准规定状态。

b）试验气条件：应用“1－1”试验气。

c）试验方法：在主燃烧器点燃15min后，立即向点火燃烧器和主燃烧器内通入相同压力的空气强行熄火，记录从熄火到熄火保护装置关闭时的时间，应符合各燃具标准中规定的时间。

12.1.1.3　自动点火操作不能点燃的闭阀时间

a）器具状态：按各燃具标准规定的状态。

b）试验气条件：使用相当于额定燃气压力的空气代替试验气。

c）试验方法：进行通常的点火操作，测定熄火保护装置从开阀到闭阀所需的时间。

12.1.2　可自动再点火结构

12.1.2.1　再点火时的开阀时间：同12.1.1.1项。

12.1.2.2　再点火时的闭阀时间：同12.1.1.2项。

12.1.2.3　再点火时不能点燃的闭阀时间：同12.1.1.3项。

12.2　防过热装置的动作性能：防过热装置动作时，检查通往燃烧器的燃气通路是否关闭。当温度恢复到常温时，检查通往燃烧器的燃气通路是否自动开启。

注：1.“燃气通路可自动关闭结构”是指不点火或熄火时，燃气通路能自动关闭的结构。

2.“可自动再点火结构”是指不点火或熄火时，燃气通路不关闭，只是立即进行再次点火，再点火结束后，在一定时间内，燃气通路即自动关闭的结构。

13　耐用性试验

13.1　燃具旋塞阀及其他燃气手动的阀门

使用额定压力的燃气或相同压力的空气，以5次/min～20次/min的速度开闭阀门，在按各燃具标准规定的次数试验后，检查下列各项：

a）按本标准第7章要求进行“燃气管路气密性”试验；

b）检查是否有使用障碍：开关是否灵活、是否有破损之处。

13.2　电点火装置

以5次/min～20次/min的速度作点火、熄火操作，按各燃具标准规定的次数试验后，检查下列各项：

a）按本标准第11章要求检查“电点火性能”；

b）目测检查是否有使用障碍。

13.3　燃具调压器

将额定压力的燃气或相同压力的空气以每次2s～3s的速率通过调压器，按各燃具标准规定的次数试验后，检查下列各项：

a）按本标准第7章要求进行“燃气管路气密性”试验；

b）调整气流量为燃具额定流量，测定耐用性试验前后，调压器出口压力（二次压力）变化值。

13.4 熄火保护装置

额定压力的燃气点燃燃烧器，加热传感器 1min，然后通空气熄火，使传感器冷却 1mim，这样操作为一次。在按各燃具标准规定的次数试验后，检查下列各项：

a）按本标准第 7 章要求进行“燃气管路气密性”试验；

b）按第 12 章进行熄火保护装置性能试验。

13.5 燃气自动截止阀

使用额定压力的燃气或相同压力的空气，以 10 次/min～30 次/min 速度反复开闭，在按各燃具标准中规定的次数试验后，检查下列各项：

a）按本标准第 7 章要求进行“燃气管路气密性”试验；

b）检查是否有使用障碍：开闭阀动作是否正常、是否有破损之处。

13.6 可回转式软管接头

以 5 次/min～20 次/min 速度，反复以最大回转角转动，在按各燃具标准中规定的次数试验后，检查下列各项：

a）按本标准第 7 章要求进行“燃气管路气密性”试验；

b）检查是否有使用障碍：旋转是否灵活、是否有破损之处。

14 耐热性能试验

耐热性能试验应按耐热等级进行，其划分如表 4 所示。

耐热等级和温度 **表 4**

耐热等级	温度（℃）	耐热等级	温度（℃）
15	150	9	90
14	140	8	80
13	130	7	70
12	120	6	60
11	110	5	50
10	100		

14.1 燃气旋塞和其他燃气阀门

试验方法：按各燃具标准中规定的相应耐热等级温度，把样品放入恒温箱中 24h，取出后自然冷却至室温，应按本标准第 7 章进行气密性试验，并进行开关操作检查有无使用障碍。

14.2 点火装置

试验方法：按各燃具标准中规定的相应耐热等级温度，把样品放入恒温箱中 24h，取出后自然冷却至室温，应按本标准第 11 章进行点火性能试验。

14.3 燃具调压器

试验方法：按各燃具标准中规定的相应耐热等级温度，把调压器放入恒温箱中 24h，取出后自然冷却至室温，按 13.3a）和 13.3b）要求试验。

15 结构试验

15.1 振动

试验方法：把燃具按运输状态水平放置在振动机上，以 10Hz 的频率，全振幅 5mm

上下、左右各振动 30min 后，应按本标准第 7 章进行气密性试验。

15.2　倾斜翻倒

试验方法：把燃具水平放置在试验台上，应渐渐倾倒到各燃具标准规定的角度，目测是否翻倒，有引起火灾危险的部件是否产生移动或脱落现象。

16　材料性能试验

16.1　耐热性能

试验方法：把试样放入加热炉中，在 30min 内缓慢升温到各燃具标准规定的温度，并在该温度下持续 1h，目测材料是否产生熔融。

16.2　耐腐蚀性能

16.2.1　电镀试样耐盐雾试验。

试验方法：把电镀试样放入规定的盐水喷雾设备中，在 35℃±2℃温度下，以浓度为 5%的氯化钠溶液进行喷雾，氯化钠沉降量为 $1mL/80cm^2 \cdot h \sim 2mL/80cm^2 \cdot h$，雾化空气压力为 70kPa～100kPa，时间按各燃具标准规定。取出试样后，检测腐蚀程度。试验方法按 QB/T3826 执行，质量评定按 QB/T 3832 执行。

16.2.2　涂漆试样耐盐雾试验。

试验方法：按 GB/T 1765 要求制备样板，把样板放入规定的盐水喷雾设备中，在 35℃±2℃温度下，以浓度为 5%的氯化钠溶液进行喷雾，氯化钠沉降量为 $1mL/80cm^2 \cdot h \sim 2mL/80cm^2 \cdot h$，时间按各器具标准规定，试验方法按 GB/T 1771 规定进行，按 GB/T 1740 评定腐蚀程度。

16.3　耐燃气性能

16.3.1　膜片、燃气密封垫片、垫圈类

试验方法：把预先测量出质量的三个试样，放在温度为 5℃～25℃的正戊烷中浸泡 72h，取出放空气中 24h，应按 GB/T1690－2006 试验其质量变化。人工燃气燃具用品采用 GB/T1690－2006 中规定的“B”溶液试验。

试样制作：膜片类以 10mm×10mm 为标准式样，小型密封垫片、垫圈类采用整体浸泡，大型密封垫片、垫圈类参考膜片式样尺寸，厚度不限。

16.3.2　浆状、油脂密封材料

试验方法：称取约 1g 密封材料涂于铝片上，在室温下放置 24h 后，放入图 3 所示的试验设备中。打开旋塞 A 和 B，把内部空气用丁烷气置换出来，关闭 B 旋塞，保持 U 形管内燃气压力为 5kPa，并在 20℃±1℃和 4℃±1℃条件下，分别放置 1h，然后计算密封脂质量变化率，应小于各燃具标准中的规定值。

16.4　钢球冲击试验

试验方法：把经过搪瓷处理的燃烧器放在相应尺寸的木板上，用直径为 30mm 钢球从 300mm 高处自由落下，试验搪瓷有无剥落。

16.5　保温材料和隔热材料燃烧性能

试验方法：在材料均匀的地方，取宽长 150mm±1mm，50mm±1mm，厚 13mm±1mm 的试样放在图 4 所示的装置上，试样接触火焰 1min 后，将火焰离开试样 20cm 以上，目视试样是否燃烧。当试样产生燃烧时，测定从燃烧开始到自行熄火时的时间。

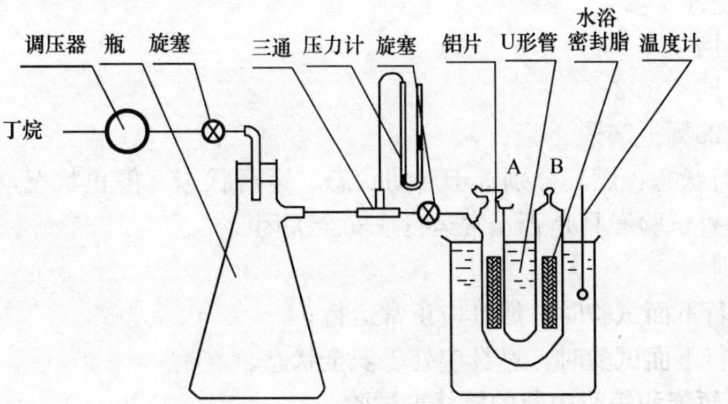

图 3 油脂耐燃气试验装置

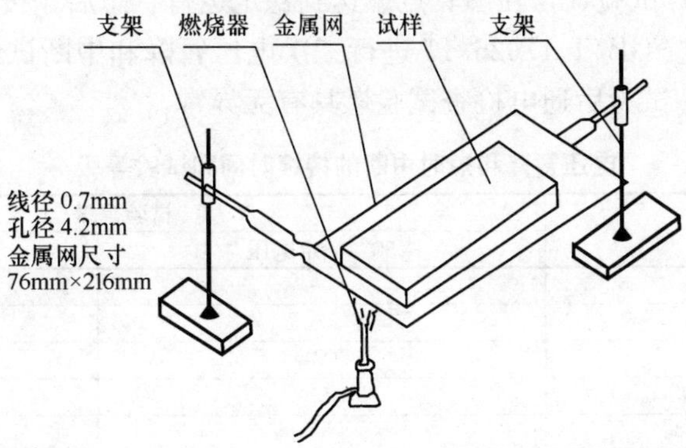

注：1. 金属网应水平放置；
2. 调整燃烧器（可采用本生灯）火焰为约 38mm 高的蓝色火苗，燃烧器上端与金属网距离为 13mm；
3. 试样片紧靠金属网弯折处。

图 4 材料燃烧性能试验装置

17 电气安全性能试验

对于市电类燃具，按表 5 内容进行电气安全性能试验。

电气安全性能试验内容 **表 5**

序 号	试验内容	试 验 方 法
1	对触及带电部件的防护	按 GB 4706.1—2005 中第 8 章进行试验
2	泄漏电流和电气强度	按 GB 4706.1—2005 中第 16 章进行试验
3	工作温度下的泄漏电流和电气强度	按 GB 4706.1—2005 中第 13 章进行试验
4	接地措施	按 GB 4706.1—2005 中第 27 章进行试验

18 电源干扰试验

对于单片机控制的燃具，进行以下项目检验。

18.1 电源干扰试验条件和判定准则

试验时按 GB/T 17799.1—1999 中表 4 的规定，进行交流电源输入端口抗扰度检验。

a）实验室条件

环境温度：同 4.1.1；

大气压力：同 4.1.2；

相对湿度：25%～75%。

b）燃具运行状态：燃具分别置于启动状态、运行状态、停止状态，干扰电脉冲加到电源输入端，检查试验燃具是否正常运行或安全关闭。

c）判定准则

准则 1：进行下面试验时，燃具应正常运行；

准则 2：进行下面试验时，燃具应处于安全状态。

18.2　电源电压暂降和短时中断的抗扰度试验

a）试验方法

燃具使用“0－2”试验气，在燃具点燃达到稳定运行状态后，按表 6 给出的持续时间和试验等级组合顺序按 GB/T 17626.11 进行三次电压暂降和中断试验，两次试验之间的最小时间间隔为 10s。试验后通电检查试验燃具有无异常。

电压暂降和短时中断的持续时间和试验等级　　**表 6**

持续时间（ms）	试验等级	
	50%额定电压	0%额定电压
10	—	V
20	—	V
50	V	V
500	V	V
2000	V	V

b）试验结果判定

对电压暂降、短时中断时间小于等于 20ms 时，燃具应符合判定准则 1 的要求；

对电压暂降、短时中断时间大于 20ms 时，燃具应符合判定准则 2 的要求。

18.3　浪涌抗扰度试验

a）试验方法

燃具使用“0－2”试验气，在燃具点燃达到稳定运行状态后，按表 7 给定条件，根据 GB/T17626.5 进行试验，试验后通电检查试验燃具有无异常。

浪涌抗扰度的试验等级　　**表 7**

试　验　等　级	主电源电压（kV）	
	L1－L2（线一线）	L1－G，L2－G（线一地）
2	0.5	1.0
3	1.0	2.0

注：1. 浪涌波形为：1.2/50μs；

2. L1、L2 为相线、G 为地线。

b）试验结果判定

按试验等级 2 试验时，燃具应符合判定准则 1 的要求。

按试验等级 3 试验时，燃具应符合判定准则 2 的要求。

18.4　电快速瞬变脉冲群抗扰度试验

a）试验方法

燃具使用“0－2”试验气，在燃具点燃达到稳定运行状态后，按表 8 给定条件，根据 GB/T17626.4 进行试验，试验后通电检查试验燃具有无异常。

电快速瞬变脉冲群抗扰度的试验等级 **表 8**

试验等级	主电源电压，kV	重复频率，kHz
2	1.0	5
3	2.0	5

b）试验结果判定

按试验等级 2 试验时，燃具应符合判定准则 1 的要求。

按试验等级 3 试验时，燃具应符合判定准则 2 的要求。

附　录 A
（资料性附录）
试验用仪器仪表

试验用主要仪器仪表参照 CJ/T 3075.2 规定如下：

试验用仪器仪表　　表 A.1

检验项目	仪器仪表名称示例	规格或范围	最大允许测量误差
室温	温度计	0～50℃	0.5℃
燃气温度	温度计	0～50℃	0.5℃
水温	温度计	0～100℃	0.2℃
表面温度	表面温度计	0～250℃	1℃
大气压力	气压计	81kPa～107kPa	0.1kPa
燃气压力	U 型压力计或压力表	0～5000Pa	10Pa
燃气流量	气体流量计	—	0.1L
燃气热值	热量计	—	—
燃气密度	气体相对密度计	—	—
燃气成分	色谱仪	—	—
氧气	氧气测试仪	0～21％	0.1％
一氧化碳	一氧化碳测试仪	0～0.2％	0.001％
二氧化碳	二氧化碳测试仪	0～15％	0.1％
噪声	声级计	40dB～120dB	0.5dB
时间	秒表	—	0.1s
防触电保护	试验探棒	—	—
泄漏电流	泄漏电流	—	—
耐电压强度	耐压试验仪	200mA	—
电压暂降、电压中断	电压暂降、瞬断和电压变化模拟器	符合 GB 17626.11 要求	
浪涌抗扰度	浪涌/冲击模拟试验仪	符合 GB 17626.5 要求	
快速瞬变抗扰度	快速瞬变模拟器	符合 GB 17626.4 要求	

注：以上主要试验仪器仪表仅为试验的最基本条件，应尽量采用试验手段更先进，精度更高的仪器、仪表进行检测。

第十一章　采暖器、工业窑炉及燃烧器测试

采暖器、工业窑炉（包括锅炉）及工业燃烧器的测试与一般燃具的测试有所不同，目前我国在这几方面颁布的标准比较少。本章重点介绍这些设备测试技术的基本原则，供实际工作参考。对于已有的标准，应以标准为主。此外，锅炉的测试工作量比较大，本章还推导了一些简捷的计算方法，其精度满足一般工程实践要求，较有实用价值，在实际工作中可根据情况选用。

第一节　概　　述

一、燃气采暖和空调

燃气采暖对降低城市大气污染有显著效果。小型家用燃气采暖器有直接采暖与间接采暖两种，间接采暖有燃气热水采暖与燃气热风采暖两种形式。家用燃气热水采暖系统中的热源可以采用容积式热水器，也可使用快速式的燃气采暖热水炉。

区域供热采用锅炉，或与冷暖机组相结合，形成建筑物的采暖系统或城市小区的冷暖系统。近来兴起的冷、热、电三联供是合理使用燃气的节能方案。

燃气空调分热泵式和吸收式两种。后者首先考虑用于余热利用，三联供就是一例。对于燃气热泵式空调，世界各国都在研究开发和应用，我国近几年也已开始推广应用。

二、燃气锅炉

当气源不充分时，燃气很少用作锅炉燃料。但是当气源充足而且强调保护大气环境时，燃气锅炉会有所发展。燃气锅炉可分为蒸汽锅炉与热水锅炉，前者多用于工业，后者则用于采暖。因此燃气采暖热水炉也属于燃气锅炉。

三、工业窑炉

工业窑炉的种类很多，燃气作为窑炉的燃料可以充分满足工艺上的各种加热要求，有助于产品质量的提高，并且可以提高劳动生产率，减轻劳动强度。大型工业窑炉一般为连续生产。小型工业窑炉有的是间歇生产，因此在测试时要考虑间歇生产中热惰性的影响。

四、工业燃烧器

（1）引射型大气式燃烧器

由于引射型大气式燃烧器具有结构简单、燃烧完全、使用方便及燃气与空气的比例能自动调节等一系列优点，所以大部分民用燃具及公用事业燃气设备均采用这种类型的燃烧器。工业燃气设备中，根据工艺的要求也有很多适合采用引射型大气式燃烧器，应重视引射型大气式燃烧器的稳定工作范围以及其气体动力特性的测试工作。

（2）新型工业燃烧器

随着科技的发展与环保要求的提高，出现了有很多新型工业燃烧器。其中全一次空气预混燃烧方式的特点是热效率高、低污染（CO 和 NO_x 同时降低），有发展前途。尤其是

空气引射燃气空气比例调节装置越来越成熟，再配以自动控制装置，将会使工业和商用燃烧设备全面发展。

第二节　采暖器的测试

燃气采暖器可分为直接采暖与间接采暖两种。直接采暖器比较适合安装在室外，例如红外线辐射采暖特别适合于室外报亭、溜冰场的看台等室外场地，直接采暖器不能安装在卧室，但可以用于室内通风良好的展览厅、大车间的值班地点。国外的室外直接辐射采暖器应用得较多。由于烟气直接排放在室内。因此安全与卫生要求都较高。本节主要介绍小型采暖器的测试原理与方法[1]。

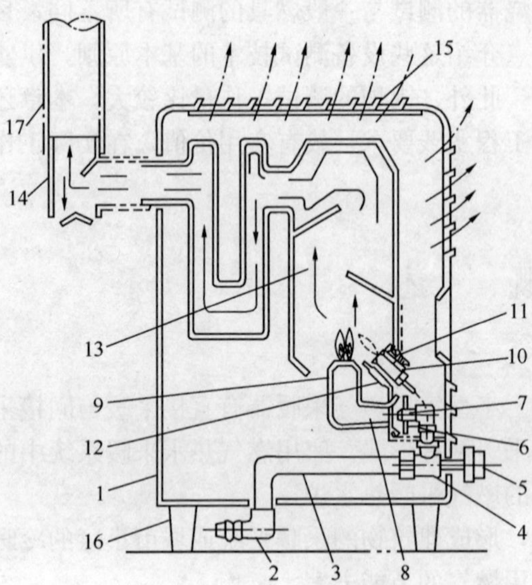

图 11-1　箱式对流式采暖器

1—外壳；2—燃气入口；3—燃气管；4—灶具气阀；5—开关；6—空气调节器；7—喷嘴；8—混合管；9—主燃烧器；10—点火燃烧器；11—发火器；12—热敏元件；13—燃烧室；14—防风罩；15—热风口；16—支脚；17—烟道

一、直接采暖器

直接采暖器还可以分为辐射式与对流式两种。我国的辐射式采暖器多为红外线采暖器。目前在国外，还采用一种催化燃烧式的低温辐射器。对流式采暖器的形式也很多。图 11-1 是箱式对流采暖器，图 11-2是金属网红外线辐射采暖器。

（一）直接采暖器技术要求

（1）一般要求

①采暖器应有耐热性，在正常操作条件下，不腐蚀、不变形。钢板应做耐热、耐腐处理。

②应具有用普通火柴直接点火的可能性。

③支脚牢固，本体稳定，操作时本体不能晃动。

④对于对流采暖器，应设观火口，从外面能观察火焰状态，当看火有困难时，必须加

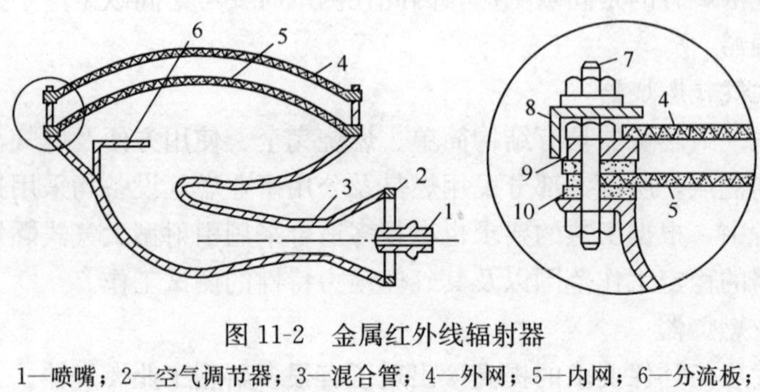

图 11-2　金属红外线辐射器

1—喷嘴；2—空气调节器；3—混合管；4—外网；5—内网；6—分流板；7—螺栓；8—外网压框；9—内网压框；10—石棉垫

熄火保护装置。

⑤带有点火燃烧器时，应保证在点火燃烧器不开的条件下，主燃烧器阀打不开。

⑥对于辐射采暖器，辐射面与边框连接牢固，不允许自然脱落。

⑦对于大气式燃烧器本体要求，参照民用燃气燃烧器具的要求。

⑧对于民用房间采暖，应与建筑配合设置符合标准的排烟道，并且采暖炉不应安装在卧室内。

（2）气密性要求

由于采暖器使用时间比较长，应该提高要求，具体参照相关标准的要求。

（3）燃烧状态要求

对于大气式燃烧器，要求负荷调节范围较宽。对于红外线辐射采暖器，要求在 10s 内，辐射面全部变红，并且没有黑斑。两者都必须按《城镇燃气分类和基本特性》（GB/T 13611）中提出的试验气和相应的压力检验。

（4）热流量要求

热流量应该根据使用对象的需要确定。家庭单户的采暖，耗热量不高，不宜采用大负荷的采暖器。对于采暖器，热流量与额定热流量相差不宜超过 10%。

（5）热效率要求

采暖器热效率有两种：一为辐射热效率；另一为对流热效率。对于红外线辐射采暖器，辐射热效率不宜低于 20%；对于对流采暖器无此要求。采暖系统的热效率包括室内所有散发的热量，不宜小于 75%，具体数字应遵照各类采暖炉的标准。

（6）表面温度要求

从卫生要求来看，采暖器表面温度不宜超过 100℃。为此对流采暖器应有一个外壳（图 11-1 中 1），增加对流使外壳温度降低。对于简易采暖器，就无法达到此项要求。至于采暖器靠墙安装时，一般要求墙表面温度不超过室温加 65℃。其他表面温度参照各自采暖炉的标准要求。

（7）烟气中有害物含量要求

对于小型采暖器仍以 CO 含量为主。一般要求 $CO_{\alpha=1} \not> 0.05\%$。对于高负荷设备应考虑 NO_x。无烟道的采暖器不允许装在室内及通风不良的地方。对于带排烟道的采暖器，排烟要求应严格按照相应标准安装。

（8）其他要求

燃烧噪声、耐热性、安全装置等要求要根据不同类型的采暖炉确定，应符合相关的标准。

（二）采暖测试系统原理

下面介绍一般采暖系统和采暖炉的测试原理和方法，供燃气采暖测试工作参考。

图 11-3（*a*）是一种采暖器测试系统图。测试用燃气经过调压器 1 调压后分为两路，一路通向热量计 14 与密度计 15（也可用燃气成分分析仪）用来测量测试用燃气的性质；另一路经过加湿器 2、流量计 3 进入采暖器 4，流量计上压力可代表灶前燃气压力。当燃气源压力变化较大时，可在流量计后加一个稳压器及一个灶前压力计。当燃气流量很大时，应采用干式流量计系统。

对于带烟道的采暖器，应按照图 11-3（*a*）安装烟道。温度计 7 和烟气采样器 8、冷

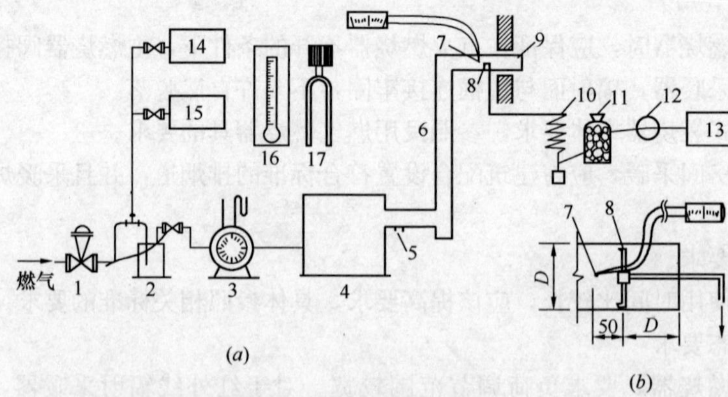

图 11-3 采暖测试系统图

(*a*) 测试系统；(*b*) 烟气采样点与测温点位置

1—调压器；2—加湿器；3—流量计；4—采暖器；5—采暖器烟气采样口；6—竖烟道；7—热电偶温度计；8—烟气采样器；9—烟气出口；10—冷却器；11—干燥器；12—烟气泵；13—烟气分析仪；14—热量计；15—密度计或燃气成分分析仪；16—大气压力计；17—通风干湿表

却器 10 及干燥器 11，由烟气泵 12 送到烟气分析仪 13，也可以采用手动采样系统。烟气温度可用热电偶温度计，也可用 0～300℃的水银温度计测量。在图 11-3（*b*）中已标出烟气采样点与测温点的位置。用通风干湿表 17 及大气压力计 16 测量环境温度、湿度及大气压力。

（三）测试准备工作

（1）仪器准备

①根据图 11-3 准备仪器。一般仪器的精度与要求参照家庭炊事灶要求。

②烟气温度计可采用量程为 0～300℃，刻度不大于 0.5℃的热电偶温度计或水银温度计。

③对于红外线辐射采暖器应采用铂铑—铂或双铂铑热电偶温度计，测其辐射表面温度。

④应准备辐射强度测定仪，用来测定辐射热效率。

⑤根据烟道实际尺寸，参照热水器的烟气取样器用 ϕ5～8mm 的铜管或不锈钢管制做。

⑥根据实际条件，确定烟气采样系统及烟气分析仪。

（2）校正仪器

参照各自仪器说明书和检验规程要求校正。

（3）测试系统安装

参照图 11-3 安装测试系统。安置采暖器时应参照图 11-4 所示要求，并在采暖器的底部与侧墙安放带热电偶温度计的木板。对于方形采暖器，可以按图 11-4（*a*）安置，也可以使其一边尽量靠墙安置。

（四）测试方法与步骤

（1）外观检查

检查采暖器及燃烧器外观尺寸与精度是否符合图纸要求，并按照采暖器一般要求检查

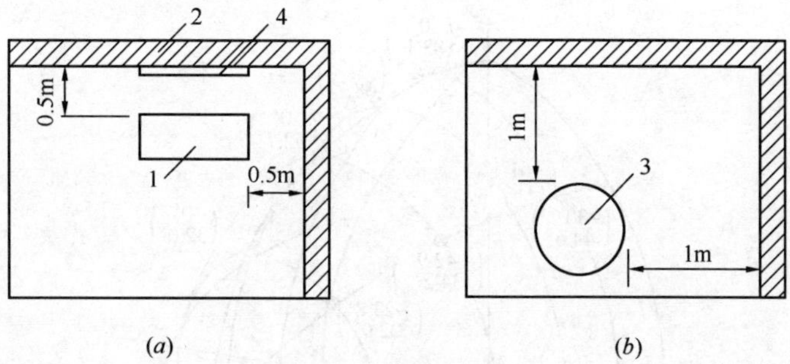

图 11-4 采暖位置图

1—方形采暖器；2—房间墙壁；3—圆形采暖器或具有两个辐射面的方形采暖器；4—木板

其性能。

（2）气密性检验

静压试漏和工作检漏检测以及对熄火保护的性能可参照有关标准测试方法进行。

（3）燃烧稳定性检查

分别在各种界限试验气（包括压力）条件下检验。

（4）热流量测定

控制灶前燃气压力等于额定值时，测出 1min 消耗的燃气量，同时测出测试用燃气的低位热值、密度与华白数，即可求得实测热流量。

（5）热效率测定

1）辐射热效率测定

采暖器的辐射放热量占总消耗热量的百分数，即为辐射热效率。为了测量辐射放热的大小，应取辐射面为中心。直径大于 1m 的 1 个半球面（图 11-5）。在此半球面上取若干个表面积相等的表面，并以表面中心点为测量点。在每个测量点上测出辐射强度（单位面积、单位时间的辐射热量），取其平均值，即可算出辐射放热量。如果辐射放热面前后均可以辐射放热时，应取一个整球面。图 11-5 已给出半球面 33 个测量点，其中 21 个已标出坐标，其他点可根据对称关系决定。当采用整球体时，也可根据对称关系，决定另一个半球的各个测量点。辐射热效率可根据下式计算：

$$\eta_1 = \frac{2\pi r^2 \sum_{i=1}^{33} E_i}{33I} \times 100 \tag{11-1}$$

式中 η_1——辐射热效率（%）；

r——球表面的半径（m）；

E_i——某测量点的辐射强度（W/m^2）；

I——实测热流量（W）。

当采暖器的辐射面的最大尺寸小于 0.5m 时，半径 r 取 1m；大于 0.5m 时，半径 r 应大于辐射面最大尺寸的 2 倍。

在测试时，应控制灶前燃气压力等于额定值。点燃灶具，30min 以后，根据图 11-5 标出的位置，用辐射强度计逐点测出辐射强度 E_i。与此同时，测出采暖器的热负荷 I，最

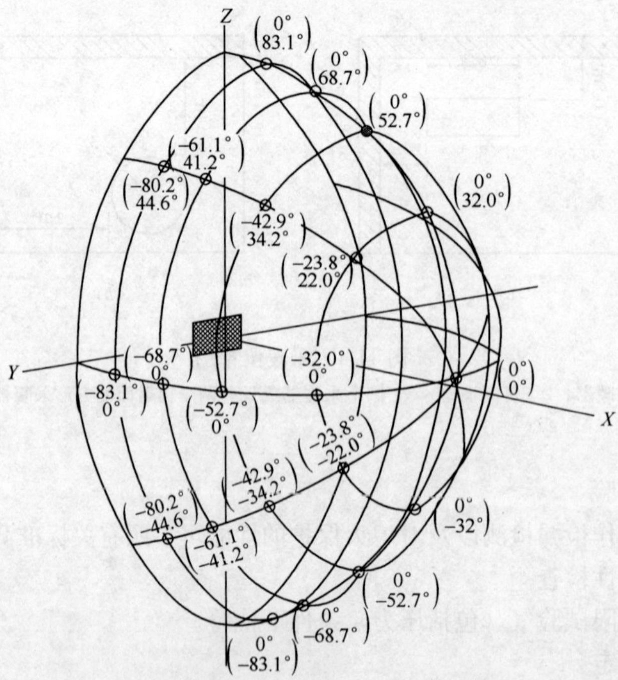

图 11-5　辐射放热测点图

后用式（11-1）计算辐射热效率 η_1。实测时，要求在同样的条件下，测两次，并取平均值，当两次测值相差超过 5%时，应重新测试。

2）燃气采暖的热效率

采暖热效率是实际利用于采暖的热量占总热消耗热量的百分数。因为正常工作时，燃气在燃烧过程中，未完全燃烧的量极少，计算时可略去。所以当采暖器有烟道时，只有由烟道排出的热量是损失掉了。这样采暖热效率就可以根据燃气性质、烟气成分与排烟温度，用反平衡的法方法用下式估算求得[1]：

对于天然气：

$$\eta = 100 - \frac{t_y - t_b}{10} \times \left[0.40 + 0.32 \times \left(\frac{11.8}{CO_2'} - 1\right)\right] \tag{11-2a}$$

对于液化石油气：

$$\eta = 100 - \frac{t_y - t_b}{10} \times \left[0.41 + 0.31 \times \left(\frac{14.0}{CO_2'} - 1\right)\right] \tag{11-2b}$$

对于焦炉气：

$$\eta = 100 - \frac{t_y - t_b}{10} \times \left[0.41 + 0.30 \times \left(\frac{10.5}{CO_2'} - 1\right)\right] \tag{11-2c}$$

式中　η——采暖热效率（%）；

CO_2'——烟气中 CO_2 分子分数（%）；

t_y——排烟温度（℃）；

t_b——室内温度（℃）。

因为取不同测点时，得到的排烟温度 t_y 值不同，其采暖热效率也不相同。当测温点设在采暖器的出口处（图 11-3 中 5），得到采暖器出口排烟温度为 t_{y1} 时，可得采暖器热效率 η_1，当测温点设在房间出口烟道处，测出房间出口烟道出口处排烟温度为 t_{y2} 时，所得采暖热效率为 η_2。显然 η_2 包括烟道散热的热效率，故称其为采暖系统热效率；而 η_1 单纯是采暖器本身散热的热效率，故称其为采暖器热效率。

在实测时，控制燃烧器前燃气压力为额定值，点燃燃烧器。当室温稳定后，分别测出采暖器出口排烟温度 t_{y1} 与房间出口烟道排烟温度 t_{y2}。同时分析这两种情况下的烟气成分，测定 CO_2 含量，根据式（11-2）分别计算采暖器热效率与采暖系统热效率。

（6）烟气成分分析

根据一般测试方法进行，要注意的是烟气需要冷却到位。

（7）烟道防风及点火燃烧器防风检验

可以参照热水器测试方法进行。

（8）表面温度测定

控制灶前燃气压力等于最高值，稳定工作 2h 后，测出采暖器外表面各处温度，并记录其最高温度。同时测量采暖器底下及侧面木板表面温度，具体要求参见有关标准。

（9）安全装置性能检测

①安全装置控制阀开启时间：当安全装置的控制阀不是瞬时开启，而是随温度上升慢慢开大时，应用瞬时流量计先测出在燃烧器前压力为最低值时稳定工作状态下的燃气流量，然后关闭燃具，待热敏元件冷却到室温时，重新点燃燃烧器并启动秒表。当瞬时流量计指示出燃气流量已达到稳定状态值时，卡住秒表，记录出控制阀的开启时间。

②安全装置控制阀关闭时间：控制燃烧器前燃气压力为最高值时，点燃采暖器并达到稳定状态后，熄灭燃烧器火焰，测出控制阀的关闭时间。

③连续自动点火：连续自动点火 10 次，记录其命中次数。

（10）噪声及熄火压力测定

按照一般测试方法测出采暖器工作时的燃烧噪声、熄火噪声的级别及熄火压力值。

（11）耐热性检验

控制燃烧器前燃气压力为最高值，连续工作 15h，观察其是否有功能失效及变形现象，当不能一次工作 15h 时，也可分几次完成，但每次的时间不能少于 5h。

（五）数据整理

将测试结果填入表格中，进行整理计算。

二、间接采暖器

间接采暖器实际上等于一个常压容积式热水器，其采暖工作原理如图 11-6 所示。通过上水管把水充满系统（这时膨胀水箱 2 未完全充满），点燃燃烧器，水被加热，密度变小而上升。热水经过散热器 4 散发热量后，密度变大而流入采暖器，这样就形成水流循环。水被加热后体积膨胀，使膨胀水箱水位升至最高。一般采暖系统的热水温度约 95℃，而回水温度（出散热器温度）为 70℃，温差为 25℃。对于小型单户采暖系统温差可适当增加一些。图 11-6 是重力循环式采暖系统，其作用半径比较小，启动也慢。此种小型间接采暖器的技术可参考容积式热水器。在测采暖热效率时，热水器（采暖器）的入口温度应按采暖要求，对于重力循环（或自然循环）回水温度取 45～50℃，热水温度取 90～95℃。对于机力循环，回水温度取 70～75℃测试系统可参考图 11-7。对于地下盘管低温辐射采暖，热水温度比较低，具体应根据设计要求或专业的标准。

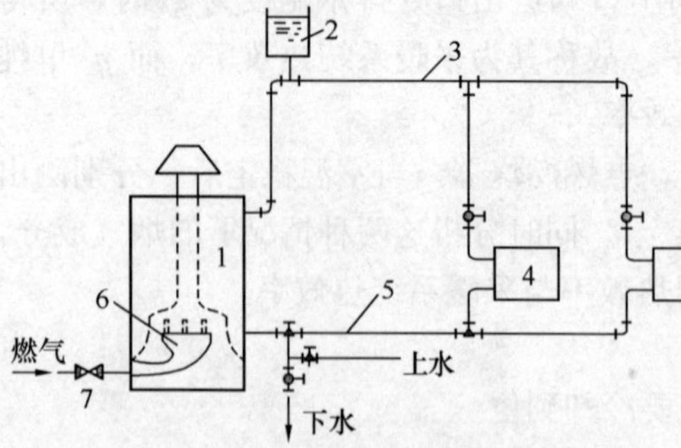

图 11-6　间接采暖图

1—间接采暖器；2—膨胀水箱；3—热水管；4—散热器；5—回水管；6—燃烧器；7—燃气阀

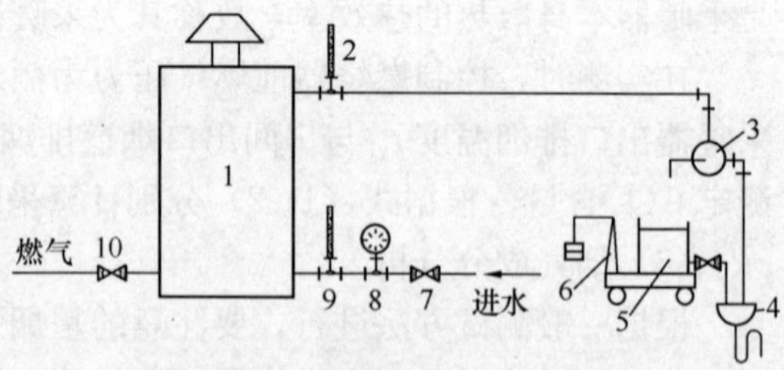

图 11-7　间接采暖测试系统

1—间接采暖器；2—热水温度计；3—转向阀；4—下水口；5—水筒；6—磅秤；7—调节阀；8—压力表；9—回水温度计；10—燃气阀

三、燃气采暖热水炉

（一）概述

燃气采暖热水炉是指可用于采暖和供应热水两种功能的燃具。目前在国内销售市场上的名称较多，主要有燃气壁挂炉、燃气采暖炉、燃气热水炉、燃气锅炉、家用锅炉、壁挂式燃气锅炉、采暖热水器、采暖热水两用炉等，燃气采暖热水炉是标准定义的名称，考虑了该产品的功能等方面的特点。由于这种产品源自欧洲，到我国后翻译成“壁挂式燃气锅炉”简称“壁挂炉”至今，已成了行业内外通俗的叫法，本书还是按照标准的名称进行介绍。

燃气采暖热水炉在国外使用已有半个多世纪，应用非常广泛。20 世纪 90 年代初开始从欧洲及韩国引进到我国，至今也有十年的历史。通过十多年的发展，燃气采暖热水炉已成为居民冬季采暖的重要形式之一。由于该产品具有很多优越性：使用灵活，不受集中采暖供热时间和温度的限制，自行调节；节省投资，省去了集中采暖给、回水热力管道的投资；管理环节简单，不需要有专门的热力部门，能源利用率高，两用炉的热效率为 90%左右等，所以在国内的发展也是很快的。

由于该产品的功能所决定，结构复杂，涉及的专业较多，安全性、可靠性要求非常高，所以其质量的好坏，显得尤为重要。做好燃气采暖热水炉的质量检测也同样重要。务必给予足够重视。

（二）燃气采暖热水炉的分类

燃气采暖热水炉的分类方法很多，为了统一，这里还是按照《燃气采暖热水炉》GB 25034—2010 的分类方法介绍。

（1）按器具使用燃气种类分类

按使用燃气的种类分为人工燃气采暖炉、天然气采暖炉、液化石油气采暖炉。使用的各种燃气分类代号和额定供气压力见表 11-1。

（2）按用途分类

按用途分类为单采暖型和两用型两种形式，见表 11-2。

使用的燃气种类及额定供气压力　　表 11-1

燃气种类	代　　号	燃气额定供气压力（Pa）
人工燃气	3R、4R、5R、6R、7R	1000
天然气	3T、4T、6T	1000
	10T、12T	2000
液化石油气	19Y、20Y、22Y	2800

按用途分类表　　表 11-2

类　别	用　途	代　号
单采暖型	仅用于采暖	N
两用型	采暖和热水两用	L

（3）按给排气安装方式分类

在欧洲，共有 8 种排烟形式的采暖炉，比较复杂，也比较完善。鉴于我国建筑烟道类型较少，安装还不够规范。为了确保采暖炉的使用安全，我们只选择了其中最符合中国国情的一种排烟形式，即强制给排气式。

（4）按采暖系统结构形式分类

采暖系统结构形式分类见表 11-3。

采暖系统结构形式分类　　表 11-3

结构形式	结 构 说 明	代　号
封闭式	采暖炉采暖系统未设置永久性通往大气的孔	B
敞开式	采暖炉采暖系统设有永久性通往大气的孔	K

（5）按水系统容积可分为快速式和容积式，但目前容积式很少，在这里不作介绍。

（三）燃气采暖热水炉的基本结构与工作原理

燃气采暖热水炉的基本结构与工作原理如图 11-8 所示。

燃气采暖热水炉的工作原理：

当使用采暖系统时，循环水泵 14 开启，同时燃烧器 2 也随之启动。采暖水通过主热交换器被加热，三通阀 3 切换至采暖系统位置，采暖水通过阀门 23 到达被采暖房间的散热器，散热后再通过阀门 25 到达循环泵，完成了采暖系统循环的全过程。

当使用生活热水时，打开热水龙头 33，来自自来水管道的冷水，通过阀门 24 到达生活用水热交换器 13，换热后通过热水管道和热水龙头 33 或淋浴器，供应生活热水。

在打开热水龙头的同时，循环水泵 14 和燃烧器 2 也随之启动。循环水通过水泵到达主热交换器被加热，三通阀 3 切换至循环水系统位置，循环水通过生活用水热交换器 13，将热量传递给生活用热水后，再回到循环水泵，完成了循环水的全部循环过程。

燃气系统及燃烧系统与普通型热水器没有区别，只是燃烧系统的工作与热水和采暖系统联动，并且要求热水优先，即当使用热水时，采暖系统暂停运行，确保整个采暖炉系统安全、可靠运行。

（四）主要技术要求

燃气采暖热水炉的技术要求在 GB 25034—2010 中有了详细的明确的要求，这里不再

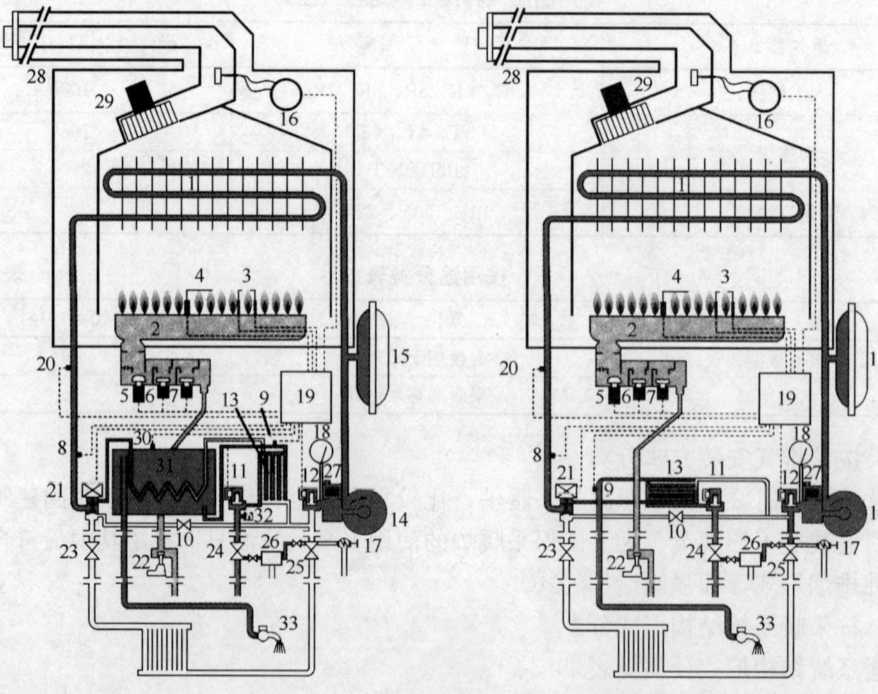

图 11-8　燃气采暖热水炉工作原理图

1—主热交换器；2—燃烧器；3—点火电极；4—电离电极；5—调节式电动阀；6—安全电动阀；7—安全电动阀；8—一次性热敏电阻；9—生活热水热敏电阻；10—可调式旁通阀；11—生活热水流量探测器；12—一次水流量探测器；13—生活热水热交换器；14—循环水泵；15—膨胀水箱；16—压力控制器；17—安全阀；18—压力表；19—控制器；20—过热保护装置；21—三通阀；22—燃气入口；23—采暖热水阀；24—生活热水阀；25—采暖热水回水口；26—断路器；27—自动排起装置；28—给排气管；29—风机；30—生活热水热敏电阻；31—小型恒温热水罐；32—卸载阀；33—热水龙头

赘述，只对一些重要的参数作一解释，仅供大家参考。

（1）安全性

由于燃气采暖热水炉也属于燃具，对于安全性的要求与其他燃具一样，在第十章已经有了叙述。但对于燃气采暖热水炉由于工作时间较长，消耗的燃气量大，耗用的空气量和排放的烟气量也大，所以为了确保安全，在选择排烟方式时，我们只选择了强制给排气式一种形式。同时对给排气管的材质也有较高的要求。在安全方面各种控制装置、安全保护装置的设置上要求比较齐全，例如各种温度控制器、流量传感器、膨胀水箱、压力控制器等。除了一般的熄火保护、再点火等以外，还有过热保护、超压保护、防冻保护、烟道泄漏保护、运行时的预吹扫等。对系统的电磁干扰也有较高的要求。

（2）可靠性

由于燃气采暖热水炉工作时间较长，而且要求故障率要低，可靠性要高，所以，对采暖炉的各个部件的寿命要较高的要求，也就是说在标准中规定的耐久试验的次数远高于一般燃具，且实验条件更加严酷。例如，普通热水器的点火控制器，燃气阀门的耐久试验次数只有 12000 次，电磁阀也只有 30000 次，而燃气采暖热水炉的自动点火系统耐久性试验次数为 250000 次，几乎高十倍。

(3) 使用性

由于燃气采暖热水炉的工作特点，运行时间长，同时还要兼供热水，所以在使用性方面也有较高的要求。如果该产品还要在夜间运行，如果噪声过大，会影响用户的休息睡眠，所以运行噪声要求较低，以减少对使用者的影响。同时由于燃气采暖热水炉还具有供应生活热水的功能，在产热水的质量方面也有要求，例如加热快速、热水温度要稳定等。在操作方面，要求尽量简单，很多程序都要求机器自动完成。自动化程度较高。另外，要求配备的循环水泵的扬程达到一定的水平，以满足采暖循环水的动力需求。

(4) 节能性

由于燃气采暖热水炉工作时间较长，消耗的燃气量大，对其热效率的要求高于普通的热水器。而且采暖炉大部分时间不是在满负荷状态下工作。所以，对其热效率的要求除了规定在额定热输入时的采暖热效率不应小于（84＋2log10Pn)％以外，还规定了在 30％额定热输入时的采暖热效率不应小于（80＋3log10Pn)％。这样也能更准确的反映产品的节能效果。为了达到节能的目的，对温度的控制尤为重要，在采暖炉的设计中采用越来越多的先进技术来严格控制室内温度，例如，按照用户的生活习惯设置控制程序，有人时和没人时的温度不同；室内设置温控器等。不断开发新型的节能采暖炉，像冷凝式采暖炉，热效率理论上可达到 109％。燃气采暖热水炉与其他能源结合利用也是节能减排的重要途径。

(5) 低污染

燃气采暖热水炉使用的天然气本身就是清洁型的能源，污染较小。但仍有改进的空间，首先节约能源就是减少排放，降低污染。其次控制烟气中的一氧化碳和氮氧化物的排放，也是非常必要的。

(五) 检测应注意的问题

燃气采暖热水炉的检测系统和检测仪器要求在标准中已有了明确的要求（见 GB 25034—2010 的表 6 及附图)。这里只对检测中应注意的问题作一说明。

(1) 首先基准状态定为 15℃、101.3kPa。

(2) 检测实验室的条件与其他燃具相比有较高的要求。

①实验室温度：20±5℃；

②试验用水的进水温度：20±2℃；这一条对很多检验机构比较困难，但这对试验的影响还是比较大的，一定要保证；

③实验室温度与进水温度之差应小于等于 5℃；

④其他条件应符合 GB/T 16411 的要求。

(3) 采暖热输入和热输出准确度要求较高，所以相应的检测精度也要提高。

(4) 由于该产品实际使用的特点，用户对噪声比较敏感，所以检测时要求条件更高。该产品的噪声不仅是燃烧产生的，还有循环泵的噪声、水流和气流产生的噪声等，是采暖炉运行过程中所有产生噪声的综合噪声。

(5) 测试烟气中的一氧化碳时标准中给出了两个换算公式，是考虑到目前国内两种方法都有使用，各个企业配备的仪器设备不尽相同，而且两个公式结果基本一致的原因，各个企业可根据具体情况选择，关于一氧化碳的计算可参看本手册第十章。

(6) 热效率的测试方法和计算方法都有较大的变化，有额定热输入时采暖热效率测试、部分负荷下采暖热效率测试；还有额定负荷下热水模式热效率测试。详细情况参见GB 25034—2010。

(7) NO_x 污染在GB 25034—2010附录E中作了规定，虽然目前还是资料性附录，没有强制执行，但也体现出已将 NO_x 污染初步提到议事日程上来，为今后进一步控制 NO_x 污染打下基础。由于方法较为复杂，而且标准中描述较为详细，在此不再重复介绍。

四、高大空间用燃气红外采暖器

高大空间用红外采暖器由于安装位置的不同，与家用燃气采暖器的技术要求有一定区别。由于国内生产厂家较少，目前仍然缺乏相关的标准。下面着重介绍该类产品检测的方法，以便为实际检测工作提供参考。

(一) 简介

高大空间用红外采暖器属于低强度红外采暖。目前，我国很多地方的通用厂房、飞机库等高大空间通常采用红外采暖器，操作人员可以根据需要，调整采暖时间和采暖温度，具有操作方便、灵活、节约能源、污染较低等优点。

(二) 测试内容

(1) 气密性

由于采暖器的使用空间为通风良好的高大空间，对气密性的要求没有特殊的要求，但也是在有人员较多的地方，所以可参照相关标准要求。

(2) 燃烧工况

因为红外采暖器一般是在人员密集的场所运行，要求有较宽的稳定范围，在供电电压85%～110%、从最高燃气压力到最低燃气压力条件下不应产生熄火或回火。

(3) 热负荷

因为红外采暖器属于长时间运行的器具，应在燃烧稳定后测定其热负荷，实测折算热负荷与额定热负荷之间的偏差不宜超过10%。

(4) 烟气中有害物含量

烟气中的有害物主要指CO、NO_x，红外采暖器不属于家用产品，一般要求CO≤0.1%，NO_x 采用分级排放。排放等级见表11-4。

燃气红外采暖器 NO_x 排放等级 **表11-4**

等级	人工燃气	天然气	液化石油气
1级	≤0.015%	≤0.015%	≤0.018%
2级	≤0.012%	≤0.012%	≤0.015%
3级	≤0.009%	≤0.009%	≤0.011%
4级	≤0.006%	≤0.006%	≤0.007%
5级	≤0.004%	≤0.004%	≤0.005%

(5) 热效率

根据后面介绍的检验方法，管式采暖器的热效率不应低于70%。

(6) 安全装置

红外采暖器的安全装置包括低压切断装置、燃气稳压装置。

（7）排烟温度

额定燃气压力下，燃烧稳定后，不应高于250℃。

（8）冷凝物排放系统

对于冷凝式管式采暖器，在排放口堵塞的最不利状态，烟气不能通过冷凝物排放管排出。

（9）部件耐热性能

（三）检测仪器（见表11-5）

检测仪器　　**表11-5**

用途（检验项目）	仪器名称	规格	
		范围	最小刻度或精度
室温及燃气温度测定	温度计	0～50℃	燃气温度0.5℃；室温1℃
湿度测定	湿度计	10%～98%RH	±5%RH
大气压力测定	气压计	81～107kPa	0.1kPa
燃气压力测定	U形压力计或压力表	0～5000Pa	10Pa
时间测定	秒表	—	0.1s
燃气流量测定	气体湿式流量计	—	0.1s
气密性测定	气体检漏仪	—	—
噪声测定	声级计	40～120dB	1dB
一氧化碳含量测定	一氧化碳测试仪	0～0.2%	0.001%
氧气含量测定	氧气测试仪	0～21%	0.01%
氮氧化物含量测定	氮氧化物测试仪	0～0.2%	0.001%
表面温度测定	热电温度计、热电偶	0	0～300℃
电压测定	交流电压表	—	精度1.0
烟气温度测定	温度计	0～300℃	1℃

各检验仪器在使用前，应根据各自说明书或检验规程进行校正。

（四）测试方法与步骤

（1）气密性测试

①从燃气入口到燃气阀门

使被测燃气阀门为关闭状态，其余阀门打开，隧道检测（并联的阀门作为同一道阀门检测），在燃气入口连接检漏仪，通入4.2kPa空气，检查其泄漏量。

②自动控制阀门

关闭自动控制阀门，其余阀门打开，在燃气入口连接检漏仪，通入4.2kPa空气，检查其泄漏量。

③从燃气入口到燃烧器火孔

点燃全部燃烧器，用皂液、检漏液或试验火的燃烧器检查燃气入口至燃烧器火孔前各部位是否有漏气现象。

(2) 热负荷测试

将燃烧器进口压力调节为额定燃气压力，待采暖器燃烧稳定后，记录 1min 以上的整圈数，同时读取流量计压力、燃气温度、大气压力，并测得试验气体的相对密度，热负荷采用第十章式 (10-19) 进行计算，计算结果应满足要求。

(3) 燃烧工况测试

1) 下面分三种工况

①在室温状态下，运行器具，立即将器具进口压力调节至最高燃气压力，燃烧 15min 后，关闭和打开燃烧器，目测是否有回火现象；关闭并冷却器具至室温，重新打开和关闭器具，目测是否有回火现象。额定燃气压力和最低燃气压力条件下重复上面的检测。

②通过调节燃气阀门的方法，将燃烧器热负荷调节至 50％额定热负荷状态；燃烧稳定后，目测是否有回火现象；

③带有自动调节器的采暖器，将燃烧器热负荷调节至 87％最小额定热负荷状态，燃烧稳定后，打开、关闭和运行采暖器；如果在热负荷调节至 87％最小额定热负荷时，控制器切断主燃烧器的燃气通路，仍判断为器具符合要求。

上述三种工况的实验中，均不应产生回火、延时点火、爆燃以及危害器具的现象。

2) 在 1) 试验工况下，用一个点火器在混气管口（一次空气引射管口）周围点火，如果未有火焰产生，则判断为未有空气-燃气混合气体泄漏，符合要求。

3) 在 1) 试验工况下，在距离器具 1m 的距离上测量点火、运行和熄灭时的噪声，不应大于 85dB。环境本体噪声应小于 40dB 或比器具实测噪声低 10dB 以上，否则应根据相关标准进行修正。

4) 用一个大于器具本体的吹风装置，分别从各个水平方向吹 1.5m/s 的风，在额定燃气压力状态下，长明火应能在此风速状态下点燃主燃烧器，不应在喷嘴处点火或者危害到器具。本实验应在器具刚开始运行时和器具运行稳定时分别检测。

5) 对于装有鼓风式燃烧器或引风式燃烧器的采暖器，应将电压调节至 85％和 110％，在额定燃气压力和最低燃气压力条件下：

在器具刚开始运行时和器具运行稳定时，目测是否有回火现象和延时点火现象。

器具运行稳定后，迅速关闭燃气阀门，在距离器具 1m 的距离上测量熄灭时的噪声，不应大于 85dB。环境本体噪声应小于 40dB 或比器具实测噪声低 10dB 以上，否则应根据相关标准进行修正。

用 2) 的实验方法，检查是否有空气-燃气混合气体泄漏。

在额定燃气压力下，根据厂家说明书，通过自动控制器将燃气流量减小，在这个过程中，用 2) 的实验方法，检查是否有空气-燃气混合气体泄漏。

(4) 烟气中有害物含量测试

在额定热流量条件下，采用基准气和额定燃气压力，从室温开始运行至 15min，记录烟气成分后，马上调节至最低燃气压力，运行 2min 以上后，再次记录。

对于液化石油气，将热负荷调节至 109％额定热负荷，对于其他燃气，将热负荷调节至 112％额定热负荷，继续运行 2min 后，记录烟气成分。

对于带有风机的采暖器，应增加下面的测试：

在额定燃气压力下，将供电电压调节至 85％额定电压，从室温开始运行至 15min，记录烟气成分。

烟气中CO、NO_x的含量应通过下面的公式折算：

$$C_{(\alpha=1)}=\frac{C'-C''(C'_{O_2}/20.9)}{1-(C'_{O_2}/20.9)}\times 100\% \tag{11-3}$$

式中 $C_{(\alpha=1)}$——$\alpha=1$时干烟气中CO或NO_x的体积百分数；

C'——烟气中CO或NO_x的体积百分数；

C''——室内空气中的CO/NO_x体积百分数；

C'_{O_2}——烟气样中氧的体积百分数。

(5) 热效率测试

辐射管的长度根据厂家的说明书选择最短长度。在排风口或风机上方460mm范围内，按照厂家规定的点测量排烟温度和CO_2含量，对于没有风帽或风机的产品，在热交换器上方460mm范围内测量。

在额定燃气压力状态下，运行器具。当测量的烟气温度在15min内波动小于3℃时，认为采暖器达到了平衡，读取相对湿度、燃气成分、室温、排烟温度和二氧化碳含量，并根据下式计算热量损失[2]：

$$\begin{aligned}L_f=\ &9.82\times 10^{-2}\times\Big\{\frac{P_{tr}C_0}{1000}\times 29.2(T_f-T_r)+6.53\times 1000\ln\frac{T_r}{T_f}+7.83\times 10^6(T_r^{-1}-T_f^{-1})\\&+\frac{P_{tr}}{10}\times\left(1-\frac{C_0}{100}\right)\times\left[17.05(T_f-T_r)+3.47\times 1000\ln\frac{T_r}{T_f}\right]+6.44\times 10^6(T_r^{-1}-T_f^{-1})\\&+\frac{P_{tr}}{10}\times\frac{C_0-C}{C}[17.03(T_f-T_r)+3.29\times 1000\ln\frac{T_r}{T_f}+5.94\times 10^6(T_r^{-1}-T_f^{-1})]\\&+\left[\frac{P-P_{tr}}{10}-0.00174HA\left(1-\frac{P_{tr}}{A}\frac{C_0-C}{C}\right)\right]\times\Big[35.75(T_f-T_r)+1602(\sqrt{T_r}-\sqrt{T_f})\\&+7500\ln\frac{T_r}{T_f}\Big]\Big\}+187.7(P-P_{tr})\end{aligned} \tag{11-4}$$

式中 A——燃气完全燃烧时需要的空气量（m^3/MJ）；

C——干烟气中CO_2百分含量；

H——环境的相对湿度（分子分数）；

L_f——热量损失（%）；

P_{tr}——燃气完全燃烧产生的干烟气量（m^3/MJ）；

P——燃气完全燃烧产生的烟气量（m^3/MJ）。

T_f——排烟温度（℃）；

T_r——环境温度（℃）；

C_0——理论CO_2含量（%）。

热效率为：

$$\eta=100-L_f$$

(6) 安全装置测试

①低压切断装置。在额定燃气压力状态下，点燃全部燃烧器，达到热平衡并且不小于1h后，缓慢降低供气压力，当供气压力低于厂家规定的最低运行压力时，通向主燃烧器的燃气通路应切断，以保护器具的安全。

②燃气稳压装置。点燃全部燃烧器，燃烧稳定后，调节稳压器前压力为额定燃气压力和最高燃气压力时，分别测量稳压器后压，其变化不应大于0.05倍额定后压+30Pa。

(7) 排烟温度测试

如果出风口是垂直的，则接一个1.6m的管子，如果出风口是水平的，则接一个弯头使之垂直，再接一个1.6m的管子。

安装完毕后，运行器具，将进口压力调节至额定燃气压力，从下向上1.4m的地方测量排烟温度，当排烟温度恒定后，记录排烟温度，不应超过250℃。

(8) 冷凝物排放系统测试

在额定燃气压力状态下，点燃全部燃烧器，当燃烧稳定后，逐渐堵塞出风口，直至器具刚能维持燃烧，检查烟气是否通过冷凝物排放管排出。

(9) 部件耐热性能测试

在无风的环境中，额定燃气压力状态下，器具连续运行1h后，用温度计测量点火器、燃气阀门、电气线路等部件表面的温度，应在各自允许范围内。

五、家用户外采暖器

家用户外采暖器，一般安装在通风比较良好的户外，与室内安装的器具有着明显不同的技术要求。由于国内的生产厂家较少，目前仍然缺乏相关的标准。本节着重介绍该类产品检测技术，为实际检测工作提供参考。

家用户外采暖器，属于低强度辐射采暖器，多见于北美、欧洲、澳洲等国外市场，在国外称为家用庭院式采暖器，其结构多为伞状，故又名为伞状取暖器。

(一) 测试内容

(1) 气密性

由于采暖器的使用空间为通风良好的户外，可参照相关标准要求。

(2) 燃烧工况

燃烧工况包含回火试验、点火试验、燃气泄漏试验和噪声试验。

(3) 热负荷

应在燃烧稳定后测定其热负荷，实测折算热负荷与额定热负荷之间的偏差不宜超过10%。

(4) 烟气中有害物含量

烟气中的有害物主要指CO，采暖器不属于室内用产品，对CO的要求不是很严格，一般要求CO≤0.08%。

(5) 长明火和安全切断装置

燃烧器安装在室外，对长明火和安全切断装置的要求十分严格，包含了对点火、火焰传递、闭阀时间的要求。

(6) 长明火自动点火器

在30s内点燃长明火；或者当电压低于85%额定电压时，在厂家规定的最长锁死时间内锁死，不应损害器具。

(7) 手动点火系统

点燃任意一个火孔，火焰应在4s内传遍所有火孔。

(8) 温升试验

包含周围墙壁的温升试验和器具零部件的温升试验。

（9）淋雨试验

器具内不应积水，并且在淋雨试验完毕 5min 后，可以正常操作。

（10）吹风试验

包含长明火的吹风试验和主燃烧器的吹风试验。

（二）测试仪器

测试仪器见表 11-6。各检验仪器应在使用前，根据各自说明书或检验规程进行校正。

测试仪器　　　　**表 11-6**

用途（检验项目）	仪器名称	规格	
		范围	最小刻度或精度
室温及燃气温度测定	温度计	0～50℃	燃气温度 0.5℃；室温 1℃
湿度测定	湿度计	10%～98%RH	±5%RH
大气压力测定	气压计	81～107kPa	0.1kPa
燃气压力测定	U 形压力计或压力表	0～5000Pa	10Pa
时间测定	秒表	—	0.1s
燃气流量测定	气体湿式流量计	—	0.1s
气密性测定	气体检漏仪	—	—
噪声测定	声级计	40～120dB	1dB
一氧化碳含量测定	一氧化碳测试仪	0～0.2%	0.001%
氧气含量测定	氧气测试仪	0～21%	0.01%
表面温度测定	热电温度计、热电偶	0～300℃	1℃
电压测定	交流电压表	—	1.0 级

（三）测试方法与步骤

（1）气密性测试

实验方法参见前面气密性测试方法。

（2）热负荷测试

实验方法参见前面热负荷测试方法。

（3）燃烧工况测试

有 4 种测试工况：

①在室温状态下，运行器具，立即将器具进口压力调节至最高燃气压力，燃烧 15min 后，关闭和打开燃烧器，目测是否有回火现象；关闭并冷却器具至室温，重新打开和关闭器具，目测是否有回火现象。

额定燃气压力和最低燃气压力条件下重复上面的检测。

②通过调节燃气阀门的方法，将燃烧器热负荷调节至 50%额定热负荷状态，燃烧稳定后，目测是否有回火现象；

③带有自动调节器，并在小火位置有点火和操作功能的采暖器，将调节器调整到最小火位置，采用热负荷测试的方法测试最小火位置的热负荷，然后通过降低燃气压力的方法，将热负荷调整到在 87%最小火位置的热负荷，然后关闭、打开采暖器，目测是否有回火现象。

④带有自动调节器，并只能在大火位置点火的采暖器，如果87%最小火位置的热负荷小于50%额定热负荷时，调节至87%最小热负荷，采暖器应自动关闭，或不应发生回火。

上述4种测试工况应在器具刚开始运行时和器具燃烧稳定时分别测试，器具不应回火、爆燃、损害器具或伤害到操作人员的身体。

并且在测试中，主燃烧器和点火装置应能保证有效点火，不应延时点火、不应爆燃、不应在喷嘴处点燃、未燃气体不应从混气管（一次空气引射管）向外泄漏、不应存在异常噪声。

(4) 长明火和安全切断装置测试

1) 点燃长明火和主火燃烧器，长明火、主燃烧器和自动点火器都应根据厂家的说明书调节好。将燃气压力分别调节至最高燃气压力、额定燃气压力和最低燃气压力，然后点火，点燃主燃烧器后，燃烧30s，然后关闭器具，冷却30s。长明火应能立即点燃主燃烧器，并且按照正常程序打开或关闭主燃烧器时，不能熄灭。点火测试进行10次，任何一次的主燃烧器未点燃或者长明火连续地熄灭都视为该项试验不合格。间歇式长明火或点火燃烧器不适用于本内容。

2) 在家用户外采暖器本节所有测试项目结束后，目测长明火燃烧器是否有积炭现象。

3) 在额定燃气压力下，长明火应能有效点燃主燃烧器，当主燃烧器完全点燃后，点火燃烧器熄灭，也视为符合要求。试验方法如下：

①单火孔长明火。调节点火燃烧器的热负荷至刚能维持安全切断阀打开，或者刚能维持燃烧，打开主燃烧器，记录主燃烧器点燃的时间。长明火应能在4s内点燃主火燃烧器。

②多火孔长明火。长明火的火孔除加热热电偶的火孔以外，全部堵死。采用①中的检测方法，长明火应能在4s内点燃主火燃烧器。

③长明火和热电偶。当热电偶作为自动阀门运行的唯一电源时，①或②的实验中，应测试自动阀门的最小开启状态。将控制系统设置成只有热电偶和自动阀门可以运行，使自动阀处于最小开启状态，点燃长明火，打开主燃烧器，记录主燃烧器点燃的时间，长明火应在4s内点燃主火燃烧器。

④如果长明火每次的操作都要在主火燃烧器以手动或自动方式处于开启或关闭的时候，当长明火刚能维持系统不切断主燃气通路时，点燃长明火，打开主燃烧器，记录主燃烧器点燃的时间，长明火应在4s内点燃主火燃烧器。

4) 根据厂家说明书调节至额定燃气压力，长明火点燃后，安全切断装置和主火自动阀的响应时间应小于2min，如果每次操作，主火燃烧器都应在关闭或开启状态，响应时间不应大于1.5min。

5) 器具在额定燃气压力下运行30min，关闭燃气，然后马上将连续式长明火或间歇式长明火通入燃气，但不点燃，记录火焰熄灭响应时间和阀门关闭时间，不应超过180s。

具有主火独立感应设备的中断式长明火，也应该进行测试，当长明火点燃，但并未点燃主火燃烧器时，能关闭所有燃气，记录火焰熄灭响应时间和阀门关闭时间，不应超过180s。

6) 当点燃长明火任意一个火孔时，火焰能传遍长明火所有火孔。本条试验针对采用不同火孔加热热电偶和点燃主火燃烧器的长明火。根据厂家的说明书点燃并调节长明火，燃烧稳定后，采用非切断燃气通路的方式熄灭火焰，马上用点火棒点燃加热热电偶的火孔，火焰应能传遍长明火所有的火孔。

7）自动点火系统部件的温度不能超过设计温度。下述部件中，适用的部件应进行检测：点火针、长明火喷嘴架、电点火器、火焰传感器、热电式部件冷端和热端的接点、阀体、电器开关等。在额定燃气压力下，点燃长明火和主燃烧器，所有部件都正常工作，直至热平衡，在不关闭器具的状态下，用热电温度计测量各部件的温度。

（5）长明火自动点火器测试

1）在电压波动和小负荷的条件下，自动长明火点火器应符合下述要求：在 30s 内点燃长明火；或者当电压低于 85％额定电压时，在厂家规定的最长锁死时间内锁死。在试验时，点火器线圈和点火间隙不能恶化。试验方法如下：

①低电压。电压设定为 85％额定电压，点火回路与其他回路隔开，并且点火回路的电压调节至 70％额定电压。如果点火回路不能与其他回路隔开，应在 70％额定电压下测量。启动器具，同时计时，测试点燃长明火的时间；如果不能点燃，则测出器具最长的锁死时间。

②过电压。电压调节至 110％额定电压，启动器具，同时计时，测试点燃长明火的时间。

③长明火最小负荷。额定电压下，将长明火调节至刚能维持燃烧，或者刚能维持安全切断阀门处于开启状态。然后关闭器具，冷却至室温。在此状态下，重新启动器具，同时计时，测试点燃长明火的时间。

上面的测试①、②、③，每个重复 10 次，每一次的测试都应符合要求。

2）安装自动点火器的长明火不应产生燃气爆燃或者损害器具的情况。在强制长明火点火器失效的状态下，将额定燃气压力的未燃气体通过长明火燃烧器通入器具，通气时间为最大火焰熄灭响应时间，然后马上切断燃气供应，点火器通电。

如果在点火器通电时，燃气空气比率没有超过爆炸下限，则认为符合要求；如果燃气空气比率超过爆炸下限，则在点火器通电时和器具内部燃气空气比率重新达到爆炸下限时，充分点火来测试点火器是否会产生爆燃或者损坏器具的现象。

如果器具控制系统没有完全切断燃气的功能，但具有清扫时间大于 5min 的功能。检测方法应为：启动器具，当开始进入清扫时间时，在额定燃气压力状态下将长明火的燃气通路开启，当清扫时间达到 4.5min 时，将点火器通电，目测是否产生爆燃或损坏器具的现象。具有完全切断燃气，并且具有清扫时间不小于 5min 的器具，视为符合要求。

（6）手动点火系统

当点燃一个火孔时，火焰传递时间应小于 4s。试验压力分别在最高燃气压力、额定燃气压力和最低燃气压力；器具状态应为室温状态和燃烧稳定状态。正式试验前，应将阀门打开，同时将点火器在燃烧器上充分点火，确认燃气达到火孔需要的时间，然后关闭燃气通路。

根据厂家说明书，将点燃的火柴接近燃烧器火孔，打开燃气通路，同时开始计时，当火焰传遍所有火孔时，停止计时。所计时间减去燃气到达火孔需要的时间，既为火焰传递时间；提供手动点火装置的器具，用手动点火装置代替火柴，进行上述实验。火焰传递时间应小于 4s。

（7）烟气中的有害物含量

器具采用基准气、额定燃气压力，从室温开始运行 15min，将烟气取样器放置在烟气浓度最高的地方，记录烟气成分后，马上调节至最低燃气压力，运行 2min 后，再次记录。然后，将未安装调压器的器具压力升至最高燃气压力；安装调压器的器具，对于液化石油气，将热负荷调节至 109%额定热负荷，对于天然气，将热负荷调节至 112%额定热负荷，继续运行 2min 后，记录烟气成分。

对于可以放在桌子上的小型器具，还应做以下测试：将器具放在一个 $3m^3$ 的密闭空间，保证每小时 0.5 倍、1.0 倍和 1.5 倍空气置换量，空间内氧含量不能小于 16%，并且空间内 CO 含量不能超过 0.01%（此 CO 含量为实测数据，不需计算）。

烟气中 CO 的含量应按式（11-3）计算。

（8）温升试验

1）周围墙壁温升。周围墙壁和顶部的温升不应超过 47℃。温升试验墙参照《家用燃气用具通用实验方法》GB 16411 中温升试验墙壁的要求。根据厂家说明书，来确定器具与周围墙壁的距离，试验在额定燃气压力额定热负荷下运行，直到达到热平衡后，在不关闭器具的情况下，测量周围墙壁和顶部的温度和室温，计算温升。

2）部件温升。在周围墙壁温升试验的同时应进行下述测试：

①点火器、手动阀门、自动阀门、调压器、钢瓶阀、钢瓶、钢瓶调压器、软管等，不应超过相应的设计温度。试验中最高允许温度为：钢瓶阀门 54.4℃；钢瓶 51.5℃；钢瓶调压器 54.4℃；软管 60℃。

②金属材质旋钮和把手的温升不应超过 22℃；非金属材质旋钮和把手的温升不应超过 33.5℃。

③电器部件和电线的温度不应超过其设计温度，其中线圈和电机的温升采用电阻法测量。

（9）淋雨试验

淋雨试验时，被测器具内不应积水，并且在淋雨试验完毕 5min 后，能正常操作。

器具应放在测试平台上，器具调节到额定燃气压力，如果有长明火，应处于运行状态。淋雨试验的水压为 34.5kPa，持续喷淋 15min，主燃烧器应能运行，然后继续喷淋 15min，主燃烧器应能运行。在淋雨期间，器具应能正常运行，或者主燃烧器熄灭时，主燃烧器通路能自动切断。如果主燃烧器熄灭，应能在停止喷淋 5min 内恢复正常运行操作。

在喷淋过程中，器具不应出现明显损坏或功能失效，也不应有明显的积水。淋雨试验的喷水装置见图 11-9。

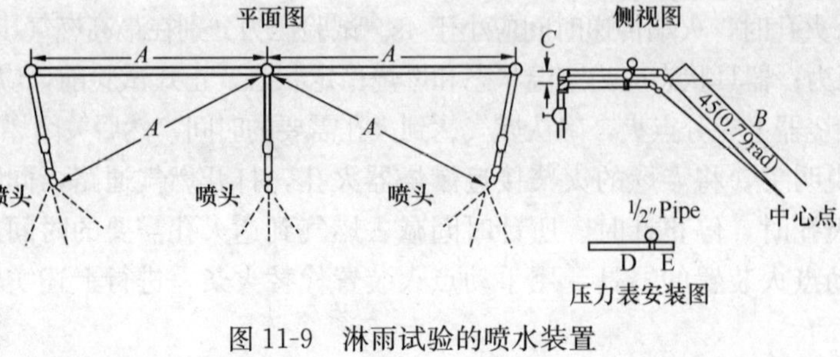

图 11-9　淋雨试验的喷水装置

（其中 A=710mm；B=1400mm；C=60mm；D=230mm）

(10) 吹风试验

吹风装置应能大于燃烧器本体，并能提供足够的水平风速，风速应在距器具 460mm 处测量。在额定燃气压力状态下进行吹风试验。

①如果有长明火，在 8.0km/h 风速下，长明火应能被点燃，并且不会熄灭。

②主燃烧器应能在 8.0km/h 风速下被点火装置点燃，没有明显延时点火，火焰不应熄灭。测试中，应模拟操作足够长的时间，以保证观察到火焰是否能被吹灭。

第三节 锅炉的测试

锅炉的测试工作主要是测定热效率与烟气中有害物含量。另外通过锅炉热平衡计算，可以确定最佳操作工况，从而保证锅炉在热效率最高、有害物排出量最小的条件下工作。

一、锅炉的热平衡及热效率

(一) 锅炉热平衡方程式

为了计算方便，对于燃气锅炉的热平衡，以 $1m^3$ 燃气为基准进行计算，一般锅炉的热平衡方程式如下：

$$q = q_1 + q_2 + q_3 + q_4 + q_5 \tag{11-5}$$

式中 q——燃气的输入热量（kJ/m^3）；

q_1——燃气的有效输出热量（kJ/m^3）；

q_2——燃气的排烟损失热量（kJ/m^3）；

q_3——燃气的化学未完全燃烧损失热量（kJ/m^3）；

q_4——燃气的机械未完全燃烧损失热量（kJ/m^3）；

q_5——燃气的锅炉本体的散热损失热量（kJ/m^3）。

用 q 值除式（11-5）的两边，可得到以百分数计的热平衡方程式如下：

$$\eta_1 + \eta_2 + \eta_3 + \eta_4 + \eta_5 = 100 \tag{11-6}$$

式中 η_1——锅炉有效输出热量百分数（%）；

η_2——排烟热损失百分数（%）；

η_3——化学未完全燃挠损失百分数（%）；

η_4——机械未完全燃烧损失百分数（%）；

η_5——锅炉本体散热损失百分数（%）。

在正常工作条件下，燃气锅炉没有机械损失，所以，η_4 和 q_4 为 0。

(二) 锅炉热效率

锅炉热效率是指锅炉输出的有效热量占消耗燃气所具有的热量的百分数。测定锅炉热效率有正平衡法和反平衡法两种[2]。

正平衡测定法亦称为直接测定法，它是直接测量锅炉输出的有效热量与输入燃气所产生的热量，锅炉热效率等于锅炉有效输出热量的百分数，即

$$\eta = \eta_1 = \frac{q_1}{q} \times 100 \tag{11-7}$$

式中 η——锅炉热效率（%）。

正平衡法测热效率简单明了，但在实际测试中，尤其对于大型锅炉，测量的误差较

大，正平衡法多用于小型锅炉及热效率比较低的（$\eta<80\%$）的工业锅炉。

反平衡法测定热效率亦称间接测定法。它要求测出运行时锅炉的各项热损失 q_2、q_3、q_4 及 q_5，并用下式计算热效率 η 值（对燃气锅炉 $q_4=0$）

$$\eta = 100 - \frac{q_2}{q} - \frac{q_3}{q} - \frac{q_5}{q} \tag{11-8}$$

用反平衡法测热效率。不要求测量燃气的消耗量及锅炉生产的蒸汽（或热水）量。但是需要分析烟气的成分，测量排烟温度并分析锅炉有关资料，根据这些数据计算出各项热损失，最后用式（11-8）计算热效率。大型锅炉经常采用此法。

二、正平衡法测试原理与方法

（一）锅炉输入热量

若以整个锅炉为计算基准，热量平衡计算式为

$$Q = V_g H_g + I_g + I_a + I \tag{11-9}$$

$$I_g = V_g c_{p,g}(t_g - t_b) \tag{11-10}$$

$$I_a = \alpha V_0 V_g c_{p,a}(t_a - t_b) \tag{11-11a}$$

式中　Q——燃气输入热量（kJ/h）；

V_g——锅炉消耗的燃气量（m^3/h）；

H_g——燃气低位热值（kJ/m^3）；

I_g——燃气物理显热（kJ/h）；

I_a——燃气燃烧用空气物理显热（kJ/h）；

I——外来能源带入热量（kJ/h）；

$c_{p,g}$与$c_{p,a}$——燃气与空气的体积定压比热[kJ/(m^3·K)]；

t_g——进入锅炉的燃气温度(℃)；

t_b——空气温度(在此温度下工质的焓假定为零)(℃)；

t_a——进入锅炉的空气温度(℃)；

α——空气系数；

V_0——燃气燃烧理论空气需要量(m^3/m^3)。

假定 $t_a=t_b$，则 $I=0$。而且进入锅炉的燃气与空气的温度都接近空气温度 t_b，式(11-9) 可简化为：

$$Q = V_g H_g \tag{11-11b}$$

（二）锅炉输出热量

锅炉输出有效热量 Q_1 一般定义为锅炉供出蒸汽（或热水）的热焓与锅炉进水的热焓之差。对热水锅炉为：

$$Q_1 = Dc_{p,sh}(t_n - t_0) + D_w c_{p,sh}(t_w - t_0) \tag{11-12a}$$

对蒸汽锅炉为：

$$Q_1 = D(i_n - c_{p,sh} t_0) + D_w c_{p,sh}(t_w - t_0) \tag{11-12b}$$

式中　D——锅炉的热水或水蒸气的生产量（kg/h）；

D_w——锅炉排污量（kg/h）；

t_n——热水温度（℃）；

t_0——锅炉进水温度（℃）；

i_n——锅炉输出水蒸气焓（kJ/kg）；

t_w——排污温度（℃）；

$c_{p,sh}$——水蒸气的质量定压比热[kJ/(kg·K)]。

（三）正平衡热效率计算式

测得 Q 与 Q_1 值后，根据式（11-9）即可推出正平衡热效率计算式如下：

对热水锅炉：

$$\eta=\frac{[D(t_n-t_0)+D_w(t_w-t_n)]c_{p,sh}}{V_g H_g}\times 100 \tag{11-13}$$

对蒸汽锅炉：

$$\eta=\frac{[D(i_n-c_{p,sh}t_0)+D_w c_{p,sh} t_0(t_w-t_0)]}{V_g H_g}\times 100 \tag{11-14}$$

式中　i_n——水蒸气的热焓（kJ/kg）。

（四）正平衡测试方法

根据正平衡热效率计算式（11-13）与式（11-14），锅炉热效率的正平衡测定，一般要求测出如下数据：燃气消耗量 V_g、燃气低位热值 H_i、锅炉生产量 D、锅炉排污量 D_w、水蒸气热焓 i_n 或热水温度 t_n、锅炉进水温度 t_0、排污温度 t_w 等。其中多数能用本书以前章节介绍的方法直接测量。如果锅炉的蒸汽（或热水）不便计量时，可以利用锅炉进水水表计量。水蒸气热焓需用热焓计测定，图 11-10 是其结构示意图。热焓计主要由热焓罐 3 与磅秤 7 组成。水蒸气由蒸汽管 2 进入热焓罐，在罐中与其中的冷水混合，放出热量，使冷水温度升高。水温度计 5 应采用刻度不大于 0.1℃、量程为 0～100℃的水银温度计。为了保证在绝热过程中进行热交换，外加良好的保温层 6。为了保证足够的精度，$G_3-(G_1+G_2)$ 值不少于 10kg，而磅秤的感量不大于 100g。当计量出水温度的变化，并用磅秤称出进入热焓计的水蒸气重量后，可用下式计算出水蒸气热焓值，即

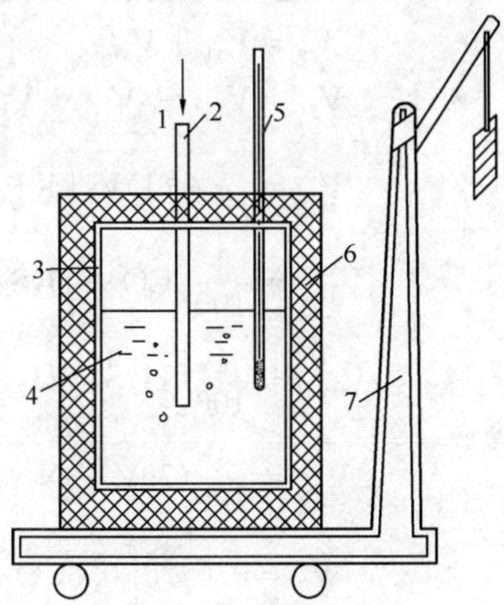

图 11-10　热焓计结构图

1—蒸汽入口；2—蒸汽管；3—热焓罐；4—冷凝水；5—温度计；6—保温层；7—磅秤

$$i_n=\frac{(G_1 c_{p,1}+G_2 c_{p,2})\times(t_k-t_H)}{G_3-(G_1+G_2)}+(t_k-100)\times c_{p,1} \tag{11-15}$$

式中　G_1——热焓计中冷水重量（kg）；

G_2——热焓计重量（kg）；

G_3——通水蒸气后总重量（kg）；

$c_{p,1}$——水蒸气的质量定压比热[kJ/(kg·K)]；

$c_{p,2}$——热焓计的质量定压比热[kJ/(kg·K)]；

t_H——开始时冷水温度（℃）；

t_k——通水蒸气并平衡后的水温（℃）。

三、反平衡法测试原理与方法

反平衡法要求测出各项损失热量。下面将分别讨论。

（一）排烟损失热量 q_2

排烟损失热量是从锅炉排出烟气所带走的物理热量。它是燃气锅炉的主要热损失。排烟损失热量计算式为：

$$q_2 = V_y c_{p,y}(t_y - t_b) \tag{11-16}$$

式中 q_2——相当 $1m^3$ 燃气的排烟损失热量（kJ/m^3）；

V_y——燃气的烟气生成量（m^3/m^3）；

$c_{p,y}$——烟气由 t_b 升至 t_y 温度区间的平均定压比热[$kJ/(m^3 \cdot K)$]；

t_y——排烟温度（℃）；

t_b——参比温度（℃）。

烟气生成量 V_y 中包括干烟气、湿烟气及过剩空气等。可以用下列公式分别计算：

$$V_y = V_{y1} + V_{y2}$$

$$V_{y1} = V_{RO_2} + V_{N_2} + V_{H_2O}$$

$$V_{y2} = (\alpha_a - 1)V_0\left(1 + \frac{d_2}{833}\right) \tag{11-17}$$

$$V_{RO_2} = \frac{1}{100}[CO + H_2S + CO_2 + \sum m(C_m H_n)]$$

$$V_{H_2O} = \frac{1}{100}\left[H_2S + H_2 + \frac{n}{2}\sum C_m H_n + 0.21d_1\right] + V_0\frac{d_2}{833}$$

$$V_{N_2} = \frac{1}{100}(79V + N_2)$$

$$V_0 = 0.0476\left[0.5CO + 0.5H_2 + 1.5H_2S + \sum\left(m + \frac{n}{4}\right)C_m H_n - O_2\right] \tag{11-18}$$

$$\alpha_a = \frac{1}{1 - \frac{O_2'}{20.9}}$$

根据方程式组（11-17）可知，

$$V_y = V_{y1} + V_{y2} = V_{y1} + (\alpha_a - 1)V_0\left(1 + \frac{d_2}{833}\right)$$

式中 V_{y1}——理论湿烟气（$\alpha_a=1$ 时）生成量（m^3/m^3）；

V_{y2}——由过剩空气带入的湿烟气量（m^3/m^3）；

V_{RO_2}——烟气中三原子气体生成量（m^3/m^3）；

V_{N_2}——烟气中氮气生成量（m^3/m^3）；

V_{H_2O}——烟气中水蒸气生成量（m^3/m^3）；

V_0——理论空气需要量（m^3/m^3）；

O_2'——干烟气中氧含量的体积百分数（%）；

CO、CO_2、H_2S、$C_m H_n$、N_2、O_2、H_2——燃气中各成分的体积分数（%）；

m 及 n——分别代表 $C_m H_n$ 中的 C 与 H 的原子数；

α_a——空气系数；

d_1——燃气中含湿量（g/m^3 干气）；

d_2——空气中含湿量（g/m^3 干气）；

833——水蒸气密度（g/m^3）。

由以上各式可知，如果用燃气成分分析仪测出各种成分的体积百分数，并用烟气分析仪测出于烟气中氧含量，已知燃气和空气中的含水量时，就可以算出烟气生成量 V_y 值。

烟气的平均定压比热 $c_{p,y}$值，需要根据烟气的成分及温度来计算，计算式为

$$c_{p,y}=\frac{c_{p,CO_2}(CO_2')+c_{p,H_2O}(H_2O')+c_{p,N_2}(N_2')+c_{p,O_2}(O_2')}{100} \quad (11\text{-}19)$$

式中　$c_{p,y}$——烟气的平均定压比热[$kJ/(m^3\cdot K)$]；

c_{p,CO_2}、c_{p,H_2O}、c_{p,N_2}、c_{p,O_2}——烟气中各成分的定压比热(可查表 11-7)[$kJ/(m^3\cdot K)$]；

CO_2'、H_2O'、N_2'、O_2'——烟气中各成分的体积百分数（%）。

为了计算方便，各成分的比热可以取由 0℃至 t_y℃的平均定压比热。

烟气及空气在不同温度下的定压比热[$kJ/(m^3\cdot K)$]　　**表 11-7**

T（℃）	CO_2	N_2	O_2	H_2O	干空气	湿空气（含湿量为10g/kg）	α=1 时烟气比热		
							高炉气	焦炉气	天然气
0	1.600	1.294	1.306	1.495	1.298	1.319	—	—	—
100	1.700	1.298	1.319	1.507	1.302	1.323	1.402	1.386	1.382
200	1.788	1.304	1.336	1.529	1.316	1.331	1.424	1.398	1.394
500	1.990	1.327	1.398	1.591	1.344	1.369	1.495	1.457	1.440
1000	2.202	1.390	1.478	1.725	1.411	1.436	1.595	1.558	1.541
1500	2.336	1.445	1.528	1.855	1.461	1.495	1.675	1.633	1.616
2000	2.424	1.482	1.570	1.964	1.503	1.532	1.721	1.687	1.675

以上计算方法比较烦琐。如果燃气的成分比较固定时，可以根据已知成分的体积百分数预先算出不同 α_a 及 t_y 的 q_2 值，并绘出曲线图备用。这样在测试时，只要测得 t_y 与 O_2' 值，即可由曲线查得 q_2 值。以上公式是在燃气完全燃烧条件下推导出来的计算式。因为在正常情况下，燃气锅炉的未完全燃烧损失极小，所以可以利用以上公式计算。当烟气中未完全燃烧成分较大而不能忽略时，空气系数为

$$\alpha_a=\frac{1}{1-\frac{79}{21}\times\frac{[O_2'-0.5CO'-0.5H_2'-2CH_4'-\sum(m+0.25n)C_mH_n]}{N_2'}} \quad (11\text{-}20)$$

式中　O_2'、CO'、H_2'、CH_4'、N_2'——分别代表干烟气中各种成分的体积百分数（%）；

当燃气中 N_2 成分大于 1%不能应用上式。

为了简化计算，理论湿烟气生成量（α=1 时）还可以来用经验公式，根据燃气的低位热值估算理论湿烟气生成量。

对液化石油气：

$$V_{y1}=\frac{H_g}{4.18\times1000}+4.5 \quad (11\text{-}21a)$$

对天然气：

$$V_{y1}=\frac{H_g}{4.18\times1000}+2 \tag{11-21b}$$

对焦炉气：

$$V_{y1}=\frac{H_g}{4.18\times1000} \tag{11-21c}$$

式中　V_{y1}——理论湿烟气生成量（m^3/m^3）；

H_g——燃气低位热值（kJ/m^3）。

（二）化学未完全燃烧损失热量

化学未完全燃烧热损失 q_3，可以根据烟气分析仪分析出的干烟气成分中的可燃物质的体积百分数来计算，即

$$q_3=\frac{1}{100}(H_{CO}\times CO'+H_{H_2}\times H'_2+H_{CH_4}\times CH'_4)hV_{y3} \tag{11-22a}$$

$$h=\frac{CO'_{2m}}{CO'_2+CO'+CH'_4} \tag{11-22b}$$

式中　q_3——化学未完全燃烧损失热量（kJ/m^3）；

CO'、CO'、H'_2、CH'_4——干烟气中各单一成分的体积分数（%）；

V_{y3}——燃气燃烧的理论干烟气生成量（可查表 11-2）（m^3/m^3）；

H_{H_2}、H_{CO}、H_{CH_4}——分别为 H_2、CO 及 CH_4 的低位热值（kJ/m^3）；

h——实际干烟气量与理论干烟气量的比值；

CO'_{2m}——理论干烟气中 CO_2 含量的体积分数（可查表 11-8）（%）。

各种燃气的热工特性　　**表 11-8**

燃气名称	低位热值 H_g (kJ/m^3)	理论干烟气量 V_{y3} (m^3/m^3)	燃气热值和烟气生成量之比 H_g/V_{y3} (kJ/m^3)	理论干湿烟气体积比 B	理论烟气生成量 V_{y1} (m^3/m^3)	CO'_{2m} %	不考虑空气水分量热计温度 t'_m (℃)	考虑空气水分的量热计温度 t_m (℃)
天然气	35589	8.5	4187	0.81	10.5	11.8	2040	2010
液化石油气	104675	25.0	4187	0.85	29.4	14.0	2110	2080
焦炉气	18004	3.7	4857	0.79	4.7	10.5	2120	2090
水煤气	10468	2.2	4731	0.81	2.7	21.0	2210	2180
发生炉煤气	4187	1.6	2638	0.99	1.62	21.0	1560	1530
高炉气	3936	1.6	2512	0.97	1.65	25.0	1470	1440

注：表中理论干、湿烟气生成量是指空气系数为 1 时的条件。

（三）锅炉本体散热的损失热量

锅护本体的散热损失 q_5 是指炉顶、炉墙、金属结构及锅炉范围内的烟道、风道、汽水管道以及联箱等向周围环境介质散失的总热量。测定锅炉本体散热量是很繁琐的工作，需要把在各种散热条件下的散热面积分别丈量出来，并用表面温度计测出它们的表面温度。然后，根据散热条件（不同散热条件，放热系数不相等）分别计算散热量，然后再总和起来。其计算式如下，

$$q_5=\frac{3600}{V_g}\times\sum[a_iF_i(t_i-t_B)] \tag{11-23}$$

式中　q_5——锅炉本体散热量（kJ/m³）；

F_i——锅炉的 i 单元部分有效放热面积（m²）；

a_i——锅炉 i 单元部分放热条件下的放热系数[W/(m²·K)]；

t_i——锅炉 i 单元部分平均表面温度（℃）；

t_B——该单元部分周围环境介质的平均温度（℃）。

放热系数 a_i 包括对流放热与辐射放热两部分，需要根据传热学的原理及有关资料确定。在测表面温度时，一般可以每隔 1m 测 1 个点；在测周围环境介质温度时，需要在距放热表面 1m 以外设几个测量点，以防止对流影响。

实测 q_5 值工作量很大。一般在测锅护热效率时，不做此项测试工作。在计算热效率时，可以采用经验数据。表 11-9 给出不同额定生产量 D_e 下的锅炉本体热损失 η_5^e。当实际生产量小于额定值时，此部分热损失还要增大，可用下式计算：

$$\eta_5 = \frac{q_5}{q} \times 100 = \eta_5^e \times \frac{D_e}{D} \tag{11-24}$$

式中　η_5——锅炉本体散热损失分数（%）；

D_e——锅炉额定生产量（t/h）；

D——实测时锅炉的生产量（t/h）；

η_5^e——D_e 下的锅炉本体散热损失分数（%）；

其他符号意义同前。

在额定生产量 D_e 下锅炉本体热损失 η_5^e　　**表 11-9**

对于无尾部加热面的锅炉	D_e（t/h）	2	3	4	5	6	7	8	—
	η_5^e（%）	3.4	2.6	2.2	1.8	1.6	1.4	1.2	—
对于有尾部加热面的锅炉	D_e（t/h）	3	4	6	10	12	14	16	20
	η_5^e（%）	3.3	2.9	2.4	1.7	1.6	1.5	1.4	1.3
	D_e（t/h）	40	60	100	200	300	400	600	900
	η_5^e（%）	1.0	0.8	0.7	0.6	0.5	0.4	0.3	0.2

（四）反平衡热效率计算式

求得取 q、q_2、q_3 及 q_5 后，就可以推导出反平衡热效率计算式，即

$$\eta = 100 - \frac{100q_2}{q} - \frac{100q_3}{q} - \frac{100q_5}{q}$$

因为 $q=H_g$，并将式（11-15）、式（11-21a）及式（11-23）代入上式得，

$$\eta = 100 - \frac{V_y c_p (t_y - t_b) \times 100}{H_g} - \frac{hV_{y3}}{H_g} \times (H_{CO} \times CO' + H_{H_2} \times H'_2 + H_{CH_4} \times CH'_4 - \frac{\eta_5^e}{D} \times D_e) \tag{11-25}$$

（五）反平衡测试方法

反平衡热效率计算式（11-23）中，排烟温度 t_y、参比温度 t_b、燃气热值 H_g、烟气中各种成分的体积百分数 CO'、H'_2、CH'_4、CO'_2、N'_2、O'_2都可用本书以前章节介绍的方法直接测出。烟气生成量 V_y 与其平均定压比热也可以根据实测的燃气成分与烟气成分计算

求出。而锅炉本体散热损失 η_5^e 与锅炉实际生产量均可得到。最后根据式（11-23）算出锅炉热效率。

四、反平衡的简捷计算法

在反平衡法的测定计算工作中，需要测出燃气成分及热值，从而算出烟气生成量与排烟热损失百分数。这些计算工作量还是比较大的，尤其是当燃气成分再有些波动，或者测量燃气热值及分析燃气成分不方便时，使用反平衡法就更加困难。为此提出不用燃气成分与热值，而只用烟气成分计算锅炉的 η_2、η_3 两项热损失的简捷计算方法。

（一）η_2 值简捷计算法

根据式（11-15）可写出

$$\eta_2=\frac{V_y c_{p,y}(t_y-t_b)}{H_g}\times 100 \tag{11-26}$$

量热计温度与低位热值的关系如下：

$$t_m=\frac{H_g}{V_{y1}c_{p,m}} \tag{11-27}$$

式中　t_m——量热计温度（℃）；

V_{y1}——理论湿烟气生成量（m^3/m^3）；

$c_{p,m}$——在 t_m℃条件下烟气平均定压比热[$kJ/(m^3\cdot K)$]。

将式（11-26）代入式（11-25），可得，

$$\eta_2=\frac{V_y c_{p,y}(t_y-t_b)}{V_{y1}c_{p,m}t_m}\times 100 \tag{11-28}$$

因为空气中含湿量很小，故可略去 d_2。又因为（α_a-1）V_0 代表由于过剩空气带入的烟气量，所以有

$$\frac{(\alpha_a-1)V_0}{V_{y1}}=(h-1)B \tag{11-29}$$

式中　α_a——空气系数；

V_0、V_{y1}——分别代表理论空气需要量与理论湿烟气生成量（m^3/m^3）；

h——实际干烟气生成量与理论干烟气生成量（α_a=1时）之比值；

B——理论干烟气生成量与湿烟气生成量之比值。

当 $h>1$ 时，式（11-27）中的 V_yC_y 可以分为理论烟气量与过剩空气带入的烟气量两部分计算，即

$$\eta_2=\frac{V_y c_{p,y}(t_y-t_b)+(\alpha_a-1)V_0 c_{p,a}(t_y-t_b)\times 100}{V_{y1}c_{p,m}t_m}$$

$$=\left[\frac{c_{p,y}(t_y-t_b)}{c_{p,m}t_m}+\frac{(\alpha_a-1)V_0}{V_{y1}}\frac{c_{p,a}}{c_{p,m}}\frac{(t_y-t_b)}{t_m}\right]\times 100$$

最后可化简为：

$$\eta_2=[C_{ym}+(h-1)B\,C_{am}]\times\frac{t_y-t_b}{t_m}\times 100 \tag{11-30}$$

式中　C_{ym}——$c_{p,y}$与$c_{p,m}$的比值；

C_{am}——$c_{p,a}$与$c_{p,m}$的比值。

式（11-30）中的 h 值可以根据式（11-22）计算。

经过多次在不同条件下的计算，可以看出 C_{ym} 与 C_{am} 值只受燃气中惰性气体含量影响，与其他可燃成分变化关系不大。具体的数据可以根据排烟温度在表 11-10 中查得。

C_{ym} 与 C_{am} 数值表 **表 11-10**

排烟温度 t_y（℃）	对于惰性气体含量少的燃气（如天然气、液化石油气、焦炉气等）		对于惰性气体含量多的燃气（如发生炉气、高炉气等）	
	C_{ym}	C_{am}	C_{ym}	C_{am}
100	0.82	0.78	0.83	0.79
200	0.83	0.78	0.84	0.79
300	0.84	0.79	0.86	0.80
400	0.86	0.80	0.87	0.81
500	0.87	0.81	0.88	0.82
600	0.88	0.82	0.90	0.83
700	0.89	0.83	0.91	0.84
800	0.90	0.83	0.92	0.85
900	0.91	0.84	0.93	0.86
1000	0.92	0.85	0.94	0.87
1100	0.93	0.86	0.96	0.87
1200	0.94	0.86	0.96	0.88
1300	0.95	0.87	0.97	0.88
1400	0.96	0.88	0.98	0.89
1500	0.97	0.89	—	—

当 $h_1<1$ 时，表示烟气中没有过剩空气，所以 η_2 值可简化为：

$$\eta_2 = hC_{ym}\times\frac{(t_y-t_b)}{t_m}\times 100 \tag{11-31}$$

根据实际计算还可以发现，理论干烟气生成量与理论湿烟气生成量的比值 B 是一个较稳定的值，燃气成分的变化对它影响不大。具体的 B 值可在表 11-2 中查得，并且从表中数字也可看出，B 值受燃气中惰性气体成分影响较大，对同一类型燃气，它几乎是一个常数值。此外，从表 11-4 中还可看出，量热计温度 t_m 值也比较稳定，燃气成分对它影响较小。

对某种燃气，C_{ym}、C_{am}、B 及 t_m 均为已知值（可从表 11-2 及表 11-4 中查得），并且这些参数较稳定，不受燃气成分变化影响。所以在实测过程中，只需进行烟气分析和对排烟温度与参比温度的测定，即可用式（11-22b）计算 h 值，用式（11-25）或式（11-31）算出排烟热损失百分数 η_2。

（二）η_3 的简捷计算法

根据方程式组（11-22a），η_3 可以写成以下形式：

$$\eta_3 = \frac{q_3}{H_g}\times 100 = \frac{h(H_{CO}\times CO' + H_{H_2}\times H'_2 + H_{CH_4}\times CH'_4)}{H_g/V_{y3}} \tag{11-32}$$

根据计算，发现烟气热值较稳定，受燃气中惰性气体含量影响，而燃气成分变化对它影响不大。这在表 11-2 中也可以看出。在实测过程中，可根据燃气的种类，在表 11-2 中直接查出 H_g/V_{y3} 值。

当已知 H_d/V_{y3} 时，只要测出实际烟气中的各种可燃成分的体积百分数，根据式（11-

21）计算 h 值，再根据式（11-31）就可求得 η_3 值。

五、锅炉性能综合测试方法

在新建或大修后的锅炉开始运行以前，需要进行较全面的性能综合测试，以保证锅炉的正常运行。

（一）测试任务

（1）热平衡试验

通过热平衡试验，测出锅炉热效率，以鉴定是否符合设计标准，并且确定正常运行参数，以保证高热效率与低污染。对于燃气锅炉，需要测定的主要参数如下：

锅炉参数：生产量、炉膛温度及压力、水蒸气（或热水）温度及压力、进水温度、空气系数等。

燃气与空气参数：燃烧器前燃气及空气的压力与温度，燃气与空气的流量，燃气与空气调节阀的开度，燃气与空气的混合比例等。

烟气参数：烟气中各种成分的体积百分数及排烟温度。

（2）污染情况试验

在测热效率的同时，还要测定烟气中的 CO 与 NO_x 的含量，从而评价其对空气的污染情况。当超出国家规定的允许值时，则必须采取措施降低有害物含量。在某种条件下，当热效率高时，CO、NO_x 也随之提高，但是为了防止 CO、NO_x 污染空气. 需要把热效率适当降低。

（二）测试系统

具体的测试系统需要根据测试对象的特征、试验场地的情况以及仪器设备的特定条件决定。下面以测试一台带有强制鼓风燃烧器的水平蒸汽锅炉为例，来讨论燃气锅炉测试系统。图 11-11 为此系统的示意图。

（1）测试流程

燃气自调压器 9 调压后分成两路：一路去热量计 10、密度计 12 及燃气成分分析仪 11，用来测量燃气的基本性质；另一路通过流量计 8、电磁阀 7、调节阀 6 进入燃烧器 2 用来测量燃气流量。

空气由鼓风机 5 通过调节阀 3 进入燃烧器 2。燃气与空气燃烧生成的烟气自烟道排出。利用烟气泵 17 抽取烟气样，送至烟气分析仪器 18、19 及 20，用来分析烟气成分。

锅炉进水通过水泵 25 及进水流量计 21 压入锅炉，被加热变成水蒸气后，经过水蒸气流量计 14 流出。锅炉排污经过排污流量计 22 排出锅护。

（2）测试仪器的选择

①水蒸气参数测量仪表：有条件时，应安装孔板流量计测水蒸气流量。如果没有条件装水蒸气流量计时，可利用进水流量计 21 测进水流量。水蒸气的压力与温度参数，可用弹簧压力表 H_D 及水银温度计 t_D 来测量。水蒸气的热焓值，可通过热焓计 13，经过水温与重量的计量，据公式（11-15）可算出输出水蒸气的热焓值 i_n。

②进水与排污参数测量仪表：有些锅炉本身带有进水温度计 t_0、进水流量计 21、排污温度计 t'_D 与排污流量计 22，可以直接使用这些仪表。如果锅炉本身不带这些仪表或者带有的仪表精度很差时，应重新安装适当的仪表。

③燃气参数测量仪表：燃气流量计 8 最好采用既能读累积流量、又能读瞬时流量的流

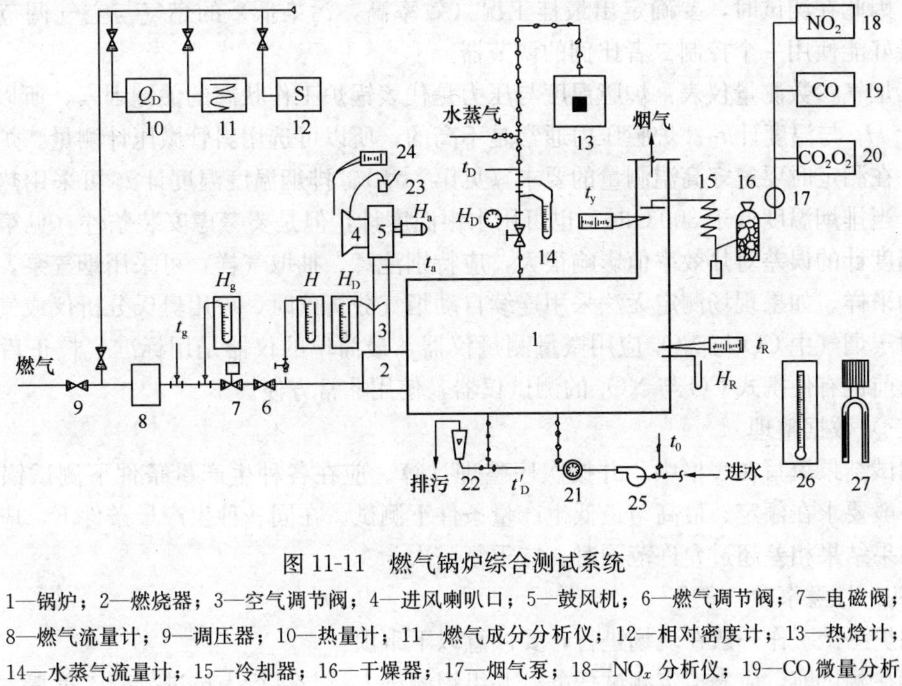

图 11-11　燃气锅炉综合测试系统

1—锅炉；2—燃烧器；3—空气调节阀；4—进风喇叭口；5—鼓风机；6—燃气调节阀；7—电磁阀；8—燃气流量计；9—调压器；10—热量计；11—燃气成分分析仪；12—相对密度计；13—热焓计；14—水蒸气流量计；15—冷却器；16—干燥器；17—烟气泵；18—NO_x 分析仪；19—CO 微量分析仪；20—奥氏分析仪；21—进水流量计；22—排污流量计；23—微压计；24—热球风速仪；25—水泵；26—大气压力计；27—通风干湿表

t_g—燃气温度计；t_a—空气温度计；t'_D—排污温度计；t_0—进水温度计；t_y—排烟温度计；t_D—水蒸气温度计；t_R—炉膛温度计；H_g—燃气流量计处压力计；H—燃烧器前压力计；H_a—空气压力计；H_D—水蒸气压力计；H_R—炉膛压力计

量计。流量计后要装温度计 t_g 与 U 形压力计 H_g，读出此处燃气的压力与温度，以便计算折算系数。为了进一步提高精度，可在流量计 8 前装一个燃气湿度计，以便考虑燃气湿度影响。在调节阀 6 前应安装一个电磁阀。当停电或灭火时，它能自动关闭，保证测试工作安全进行。燃气调节阀最好有开度标记，以利调节定位。在调节阀 6 后安装 U 形压力计 H，用它可测出燃烧器前燃气压力（相当于民用灶的灶前燃气压力）。用热量计 10、相对密度计 12 及燃气或分分析仪 11，可以测试燃气的基本性质。因为热值与相对密度可以由燃气成分资料计算出来，所以也可以只用燃气成分分析仪。但是，热量计与相对密度计能很快得到结果，故能起监视燃气性质变化的作用，有条件时应该采用。如果燃气性质稳定，并且有详细而又准确的各种成分的体积百分数时，可以免去这三种燃气性质测定的仪器。

④空气参数测量仪表：因为有离心式空气鼓风机，所以在其吸入口装一个进风喇叭口 4，测量流量比较方便。在测试工作以前，先用热球风速仪 24 测出喇叭口截面上各点风速，并算出流量，从而可标定出喇叭口的入口压力（用微压计 23 测）与风量的关系曲线。在测试工作中，只要测出喇叭口的入口压力后，查曲线即得空气流量。此外，也可以采用其他种类型流量计（见第四章）。安装时，应注意保证足够长的直管段。在风道内装温度计 t_a，用来测量空气温度。空气调节阀 3，也最好采用带有开启标记的阀门，以利调节定位。安装 U 形压力计 H_a，用来测量进入燃烧器的空气压力。

⑤燃气、空气比例开度的确定；控制好燃气与空气的比例，是保证正常运行很关键的

因素。因此在测试时，要确定出最佳工况（效率高，污染低）的燃气与空气调节阀的开度，最好能使用一个控制二者比例的调节器。

⑥烟气参数测量仪表：炉膛温度与压力是代表锅炉工作状态的关键因素，所以要安装压力计 H_R 与温度计 t_R。炉膛压力通常是不高的，所以可选用斜管微压计测量。炉膛温度很高，在测定时要遵守高温测量的要求（见第一章）。排烟温度温度计 t_y 可采用热电偶温度计。当排烟温度低于 300℃时，也可用水银温度计，但是要考虑安装条件（见第一章）。排烟温度计的误差对热效率值影响很大，应特别注意。抽取气样，可采用烟气泵，也可采用手动采样。如果现场测定无法采用连续自动烟气分析仪时，可用奥氏分析仪或气体分析仪。对于烟气中 CO 与 NO_x 应用微量测量仪器，最简单的仪器是用标准气校正后的比长管，目前也有便携式 CO 与 NO_x 的测试仪器，使用非常方便。

（三）数据整理

测试结果填写在表格中，并按次序整理计算。应在各种生产量条件下测试锅炉的性能，一般要求在额定、最高与最低生产量条件下测试。在同一种生产量条件下，应测试两次，如果结果相差超过允许范围时，应重复一次。

（四）注意事项

锅炉测试工作一般在现场进行，要注意以下事项：

①在测试前，应先拟定测试任务，并组织测试人员与运行人员进行分工负责。

②在测试前，每个仪表都要经过校正，安装及运行后要经过试读数。

③每次测试都要求在锅炉稳定工况下读数，并且要持续 1～2h，在此时间内，各项参数允许变化范围如下：

生产量	±5%
水蒸气压力：对高压炉	±0.1MPa
对中低压炉	±0.05MPa
水蒸气温度	±5℃
空气系数	±0.05

④各单项测量间隔时间，通常控制如下：

温度、压力、流量	≥15min
烟气分析	≥30min
燃气性质分析	≥2h

以上在没有相应标准的情况可参考使用。如有相应标准以标准为准。工业窑炉同此。

第四节　工业窑炉的测试

一、工业窑炉的热平衡

工业窑炉种类很多，功能也不一样，加热对象也是多种多样，再加上有时是属于间歇工作的不稳定过程，所以在测试工作中应特别注意。

（一）热平衡方程式

工业窑炉热平衡与锅炉有相似之处。1m³ 燃气为基准的热平衡为：$q=q_1+q_2+q_3+q_4+q_5$，其中 q_1 应为工业窑炉内炉料吸收的热量。以燃气为燃料的工业炉，在没有漏损的情况下，$q_4=0$。

（二）窑炉输入热量

考虑窑炉的输入热量时，为了计算方便，输入炉中的热量 q 可认为是燃气的热量 H_g。

（三）炉料吸热

这项热量是实际有效利用热量，包括以下几部分：

$$
\begin{aligned}
q_1 &= q_{11}+q_{12}+q_{13} \\
q_{11} &= \frac{G_D c_{p,D}}{V_g}(t_n-t_0) \\
q_{12} &= \frac{d_D}{V_g}[c_{p,1}(100-t_0)+c_{p,H_2O}(t_n-100)+q_{H_2O}] \\
q_{13} &= \frac{G_D}{V_g}\varepsilon I_D
\end{aligned}
\tag{11-33}
$$

式中 q_{11}——干炉料温度升高所吸收的热量（kJ/m^3）；

q_{12}——炉料中水分吸收的热量（kJ/m^3）；

q_{13}——炉料反应所吸收的总热量(其中吸热反应热为＋，放热反应热为－)（kJ/m^3）；

G_D——窑炉的生产量（每小时干炉料量）（kg/h）；

$c_{p,D}$——在 t_n℃条件下的干炉料定压比热［kJ/（kg·K）］；

V_g——燃气消耗量（m^3/h）；

t_n——炉料出炉温度（℃）；

t_0——炉料进炉温度（℃）；

d_D——炉料在炉中水分蒸发量（kg/h）；

$c_{p,1}$——水平均定压比热［kJ/(kg·K)］；

c_{p,H_2O}——水蒸气平均定压比热［kJ/(kg·K)］；

q_{H_2O}——水的气化潜热（kJ/kg）；

I_D——炉料反应耗热量（$CaCO_3$ 为＋1655kJ/kg；＋$MgCO_3$ 为 815kJ/kg；纯铁为－4810kJ/kg；纯铝为－30900kJ/kg）；

ε——炉料中参加反应的比值。

（四）窑护的排烟及化学未完全燃烧损失热量

此两项计算方法与锅炉相同，可直接采用式（11-16）与式（11-22）。

（五）窑炉本体损失热量

工业窑炉本体损失热量的项目很多，一般可分四项计算，

$$
q_5=q_{51}+q_{52}+q_{53}+q_{54} \tag{11-34}
$$

式中 q_{51}——窑炉本体散热量（kJ/m^3）；

q_{52}——窑炉的炉门及开孔损失热量（kJ/m^3）；

q_{53}——窑炉本体吸热量（kJ/m^3）；

q_{54}——窑炉的冷却水吸热量（kJ/m^3）。

（1）窑炉本体散热量

此项放热量与锅炉本体散热相同，可以来用式（11-23）分别按面积计算。

(2) 炉门及开孔损失热量

根据工艺要求，工业窑炉需要有一定尺寸炉门（加料口的门）及看火孔等装置。在炉膛呈正压状态下，将会向外漏出高温烟气。在炉门或看火孔打开时，有两部分损失热量。一为高温烟气漏出损失热量；一为由高温的炉膛直接向外辐射热量。影响这两项损失的因素很多，难以写出统一的计算公式。在测试时，应根据具体散热条件决定需要测定的参数；根据传热学知识及有关资料进行计算。

(3) 窑炉本体吸热

在间歇工作时，就要考虑窑炉本体的热惰性在热平衡中起的作用。在计算时，要考虑具体工艺操作情况，及间歇工作的时间。

(4) 冷却水吸热

有些窑炉，设有冷却水装置，应考虑由冷却水带走的热量，也应根据具体的工艺操作情况，是否间歇工作等情况来决定计算式。

二、工业窑炉的热效率

工业窑炉的热效率，可以从两个方面衡量。

（一）窑炉热效率

只考虑由排烟而损失的两项热量（q_2 与 q_3）时，称为窑炉热效率（图 11-12）。

$$\eta_1 = \left(1 - \frac{q_2 + q_3}{q}\right) \times 100 \tag{11-35}$$

（二）炉膛热效率与总效率

当只考虑炉料在炉膛内的热交换时，其效率称为炉膛热效率，即

$$\eta_2 = \frac{q_1}{q_1 + q_5} \times 100 \tag{11-36}$$

工业窑炉总体的热效率

$$\eta = \frac{\eta_1 \eta_2}{100} = \frac{q_1}{q} \times 100 \tag{11-37}$$

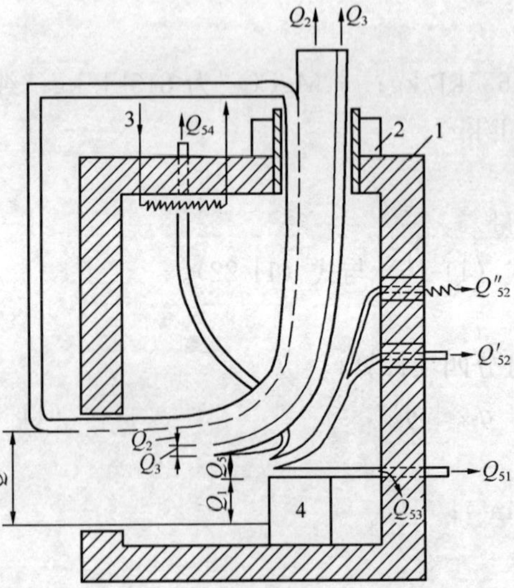

图 11-12　工业窑炉热平衡示意图

1—炉体；2—空气预热器；3—冷却水；4—被加热物体

三、工业窑炉性能综合测试方法

在正式运行以前，新建的或大修后的工业窑炉应进行较全面的性能测试工作，以保证窑炉的正常运行。

（一）测试任务

测试任务有以下两方面。

(1) 热平衡试验

通过热平衡试验，可以测出窑炉热效率、炉膛热效率及总效率，以鉴定其是否符合设计要求。同时要确定最佳的工艺操作规程与运行参数。燃气工业窑炉的主要运行参数有以下几项。

①窑炉参数：生产量、炉膛温度与压力、排烟温度、空气系数、炉料含水量以及工艺操作要求等。当窑炉间歇工作时，应统计出

平均生产量及间歇工作的规律。

②燃气与空气参数：与锅炉相同。当燃气流量不是常数时，应测出燃气随时间变化的曲线，以及随阀门开度变化的规律，同时要注意到工艺上要求燃气与空气的最佳比例。

(2) 污染情况试验

如果炉料不产生特殊有害气体，仍以烟气中 CO 与 NO_x 含量来评价工业窑炉的污染情况。在测试过程中要确定低污染与高效率的最佳操作参数。

(二) 测试中要注意的问题

因为工业窑炉的加工对象及工艺要求复杂，所以在测试时，要与工艺生产技术人员密切配合，并注意以下问题：

①根据具体工艺操作条件及现场情况决定测试系统及选用的仪器、仪表；

②当窑炉间歇工作时，要确定具有典型的操作过程与时间，在这段时间内，应包括必要的、没有炉料情况下的加热时间；

③根据实际需要，可以全面测定热平衡，也可以只测窑炉热效率，或进行其他某单项测定工作；

④其他事项可参照锅炉综合试验方法要求。

第五节　引射型大气式燃烧器的测试

引射型大气式燃烧器利用燃气的压力，吸入一部分空气预先混合，然后送至燃烧火孔处去燃烧。这种燃烧器调节范围大，结构简单，操作方便，能适应多种工艺需要，所以广泛地用于民用及工业燃烧设备中。本节将介绍这种燃烧器的测试原理与方法。

一、大气式燃烧器稳定范围

(一) 稳定工作的要求

燃气与一次空气混合物自燃烧火孔流出点燃后，即产生一个双层的大气式火焰，一次空气系数在 0.40～0.75 之间。

(1) 离焰与回火

当燃气与一次空气的混合气流在燃烧火孔出口处的速度增加时，火焰高度随之增大。当混合气流速度大到一定程度后，火焰开始离开燃烧火孔，即发生离焰现象（图 11-13）。此时燃烧火孔出口处的气流速度被称为离焰界限速度。发生离焰时，只有部分燃气燃烧，未燃烧燃气流出，所以它不属于稳定工作范围，是正常工作所不能允许的。

逐渐减小燃烧火孔出口处的混合气流速度，火焰高度也慢慢降低。当混合气流速度小到一定程度后，火焰窜入燃烧火孔，即发生回火现象。此时燃烧火孔出口处混合气流速度称为回火界限速度。回火时，由于火焰在火孔内或燃烧器内燃烧，一则会烧坏燃烧器，有大量未完全燃烧产物，不属于稳定工作范围。

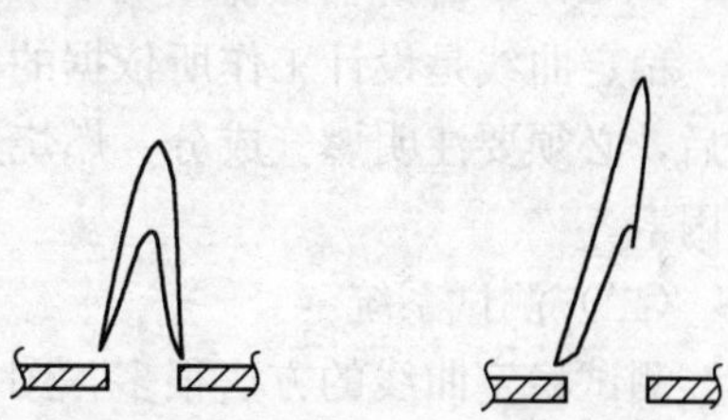

图 11-13　离焰现象

(a) 离焰稳定状态；(b) 离焰状态

(2) 黄焰（或光焰）

逐渐减小一次空气时（α 值逐渐减小），火焰变软并加长。当达到一定界限值时，火焰的局部会发生黄掐（通常在焰尖上发生），甚至会产生游离碳，说明有燃烧不完全的现象。此现象称为黄焰，也属于不稳定工作状态，为正常工作所不允许（工业炉中特殊要求除外）。产生黄焰时的一次空气系数，称为黄焰界限一次空气系数。

（3）CO 含量标准

对于大气式火焰，一般以烟气中 CO 含量值 $CO_{\alpha=1}$ 来评价其卫生标准。改变燃烧火孔出口处气流速度时，会使烟气中 CO 含量改变。当 $CO_{\alpha=1}$ 达到标准值时的燃烧火孔出口处混合气流速度，称为 CO 界限流速。当然超过 CO 标准值时，也是正常稳定工作所不允许的。

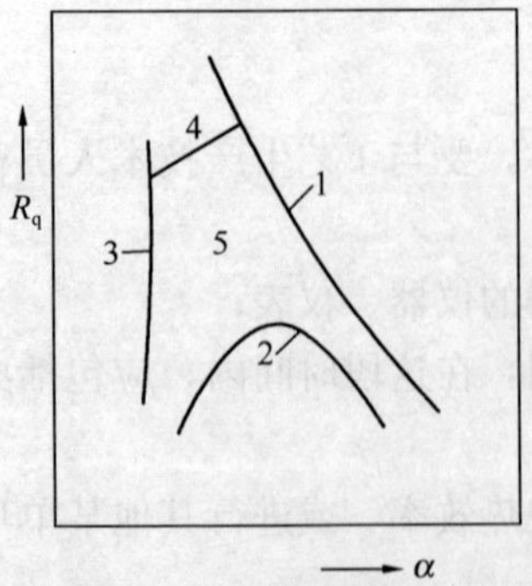

图 11-14　大气式燃烧器稳定曲线示意图

1—离焰；2—回火；3—黄焰；4—CO 含量达到标准值；5—稳定工作区

（4）大气式燃烧器的稳定工作曲线

离焰、回火、黄焰及 CO 界限流速值受一次空气系数 α 的影响。对于某一种燃烧器，燃烧某种固定的燃气时，以 α 为横坐标，以燃烧火孔出口处混合气流速度 W_0 为纵坐标，可以通过实验测出离焰、回火、黄焰及 CO 的界限流速曲线（见图 11-14 的曲线 1、曲线 2、曲线 3 及曲线 4）。这四条曲线所包围的是稳定工作区。此曲线图称为该燃烧器燃烧某种固定燃气的稳定曲线图。当燃气性质及混合气流的温度改变时，稳定曲线要改变；当燃烧器结构形式及尺寸改变时，也要影响稳定曲线。为设计、计算方便，常用燃烧火孔热强度代替燃烧火孔出口处的混合气流速度，它们之间的关系为：

$$R_q = \frac{3.6I}{F_0} \times 100 \tag{11-38}$$

$$R_q = \frac{H_i W_0}{278 \times (1 + \alpha V_0)} \tag{11-39}$$

式中　R_q——燃烧火孔热强度[$kJ/(mm^2 \cdot h)$]；

W_0——燃烧火孔出口处混合气流的速度（m/s）；

H_i——燃气低位热值（kJ/m^3）；

α——一次空气系数；

V_0——理论空气需要量（m^3/m^3）；

F_0——燃烧火孔的总面积（mm^2）；

I——燃烧器热流量（kW）。

稳定曲线是设计工作所依据的基本参数，测试时要有足够精确度，并且在绘出稳定曲线后，必须要注明燃气成分、燃烧火孔形式和尺寸、燃烧火孔的间距及混合气流温度等条件因素。

（二）测试系统

测试稳定曲线的方法很多，图 11-15 是民用大气式燃烧器稳定曲线的一种测试方案。燃气经过干燥器 10 后，通过调压器 1 分为两路：一路去热量计 20、相对密度计 21 或燃气成分分析仪 22，用来测定燃气性质；另一路经过转子流量计 2，进入燃烧器 6。

空气依靠空气泵 19 供给，经过干焕器 10 及流量计 17，进入燃烧器 6。燃气与空气在

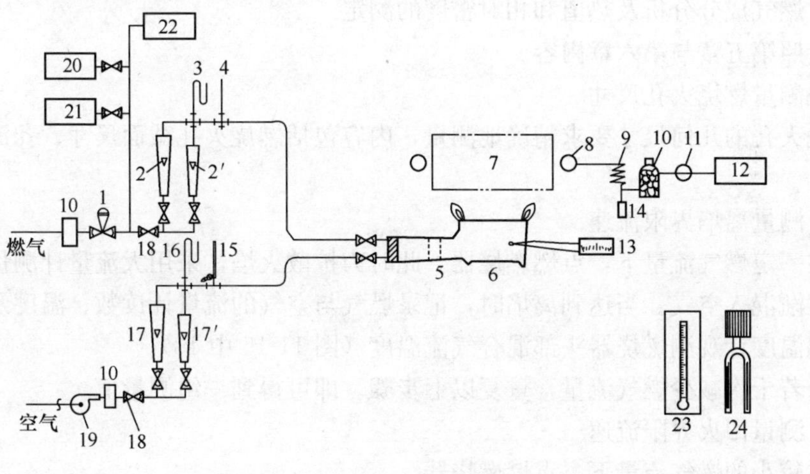

图 11-15　稳定曲线测试系统图

1—调压器；2—大型燃气转子流量计；2′—小型燃气转子流量计；3—燃气压力计；4—燃气温度计；5—金属网；6—燃烧器；7—铝锅；8—采样器；9—冷却器；10—干燥器；11—烟气泵；12—烟气自动分析仪；13—热电偶温度计；14—凝水罐；15—空气温度计；16—空气压力计；17—大型空气转子流量计；17′—小型空气转子流量计；18—调节阀；19—空气泵；20—热量计；21—相对密度计；22—燃气成分分析仪；23—大气压力计；24—通风干湿度表

燃烧器中混合后，自燃烧火孔流出，并被点燃，调节燃气与空气的流量与比例，即可测出各条界限流速曲线。在燃烧器上安置装有水的铝锅，按照家庭炊事灶测试方法抽取烟气样，并进行烟气分标。铝锅距燃烧器的距离，要保持使火焰尖刚好扫到锅底。烟气分析应该采用烟气连续自动分析仪。热电偶温度计 13 是为了监测混合气流在燃烧器头部的温度，以保证各测试结果均在同一个温度条件下。大气压力计 23 与通风干湿度表 24 是用来测定大气压力与环境温湿度。在燃烧器处加金属网 5，可防止火焰回窜到根部。

（三）测试准备工作

(1) 准备及校正仪器、仪表

按照图 11-15 准备各项仪器。

①转子流量计：因为离焰与回火都处于不稳定状态，采用转子流量计可以读出燃气与空气的瞬时流量，可以提高精度与节省时间。因为转子流量计的量程范围小，所以在测回火界限流速时，使用小型的转子流量计 2′与 17′。

②热电偶温度计：测头部混合气流温度可以采用铜—康铜热电偶温度计，测试前应用标准水银温度计校正。在安装时，热端应采用小型的防辐射罩。

③其他仪器仪表的选用与校正：参照以前章节所述。

(2) 安装测试系统按照图 11-15 安装测试系统。

当燃气成分会发生变化时，应选用并安装一个贮气罐，将燃气预先存入罐中，测试时只用罐中燃气，保证成分稳定。

（四）测试步骤

(1) 系统气密性检验

要求在 1.5 倍工作压力的气压下，持续 1min，U 形压力计上压力不下降。具体检验方法参照以前章节所述。

(2) 燃气成分分析及热值和相对密度的测定

可参照第五章与第六章内容。

(3) 测量燃烧火孔尺寸

燃烧火孔的几何尺寸要求精确地测量，内容包括燃烧火孔截面尺寸、孔深、孔间距及孔个数。

(4) 测量离焰界限流速

①在一定燃气流量下，点燃燃烧器。此时为扩散火焰，采用大流量计测量流量。

②逐渐混入空气。当达到离焰时，记录燃气与空气的流量计读数、温度及压力，同时用热电偶温度计观测燃烧器头部混合气流温度（图 11-15 中 13）。

③分若干次减少燃气流量，重复以上步骤。即可得到一组测量值。

(5) 测量回火界限流速

①在较小的燃气流量下，点燃燃烧器。

②逐渐加大空气流量。当发现回火时，记录燃气与空气流量计读数、温度与压力，同时观测燃烧器头部混合气流温度、记录燃气与空气流量计读数。

③分若干次增加燃气流量，重复以上步骤。

④当燃气量增加到一定程度后，增加空气量后会发生离焰，这说明 α 值已接近于 1。这时只要再稍减少一些燃气，即可发生回火现象。整个过程是，先逐步增加燃气，相应增加空气量，得到 $\alpha=0\sim1$ 间的数个测量点。然后再逐步减小燃气量，相应减小空气量，就可以得到 $\alpha>1$ 的数个测量点，从而得到整个曲线。

(6) 测量黄焰界限一次空气系数和流速

①在一定燃气流量下，点燃燃烧器。

②慢慢混入空气，观察火焰。当黄焰刚刚消失后，再减小一点空气量，记录刚刚出现黄焰时的燃气与空气的流量计读数、温度及压力。同时观测燃烧器头部混合气流温度。

③改变燃气流量，重复以上步骤。

(7) 测量 CO 界限流速

①安装铝锅及烟气采样、测试系统。

②在一定燃气流量下，点燃燃烧器。

③逐渐加大空气量直到黄焰界限时，抽取并分析烟气成分。通常这时的 $\alpha_a=1$ 值超过标准允许值。

④再加大空气量，直到烟气中 CO 含量降低到标准值时，记录燃气与空气的流量计读数、温度及压力。同时观测燃烧器头部混合气流温度

⑤改变燃气流量，重复以上步骤。

(8) 注意事项

①不可能燃烧器上所有火孔同时离焰或回火。测试时，可以 1/4～1/3 数目以上的火孔发生离焰或回火时为标准。

②CO 含量允许标准也可以 CO/CO_2 来确定。

③测试各界限流速时，要求燃烧器头部混合气流温度不变。在测试回火界跟流速时，更要注意此项要求，因为回火会引起混合气流温度升高。当发现温度升高时，应停止测试，待温度恢复后再测试。

（五）数据处理

（1）混合气体总流量

因为采用的转子流量计，所以先记录出其流量计读数，再根据专用的曲线图查出指示流量，然后根据实测的温度与压力进行折算（详见第四章），分别求出燃气流量及空气流量，二者之和即为混合气体的总流量。

（2）一次空气系数

求得燃气流量与空气流量后，根据第七章式（7-10）可算出一次空气系数 α。

（3）燃烧火孔出口处气流速度及热强度

求得混合气体总流量后，即可根据燃烧火孔的总面积算出其在燃烧火孔出口处的流速 W_0。并可根据式（11-37）算出热强度 R_q。

（4）计算

将测试记录填入表格中，整理计算。

二、引射型燃烧器的气体动力性能

现以民用多火孔引射型大气式燃烧器为例，讨论气体动力性能的测试原理与方法。

（一）气体动力性能测试原理

图 11-16 是典型的民用多火孔引射型大气式燃烧器气体动力性能测试系统图。

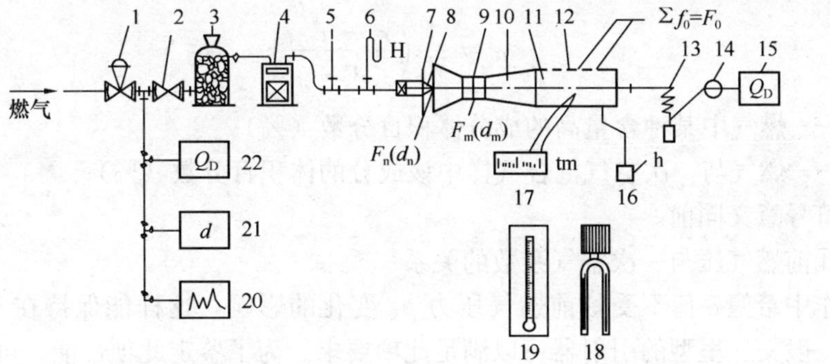

图 11-16　引射型大气或燃烧器气体动力性能测试系统

1—调压器；2—调节阀；3—干燥器；4—流量计；5—温度计；6—压力计；7—空气调节板；8—喷嘴；9—混合管；10—扩压管；11—头部；12—燃烧火孔；13—冷却器；14—气泵；15—热磁式氧分析仪；16—微压计；17—热电偶温度计；18—通风干湿表；19—大气压力计；20—燃气成分分析仪；21—相对密度计；22—热量计

压力为 H（Pa）的燃气靠本身压力自喷嘴 8 以 W_n（m/s）的速度喷出，同时把一次空气经过空气调节板 7 吸入。在混合管内燃气与空气混合，并在扩压管 10 内进一步混合与升高静压，最后进入燃烧器的头部 11。燃气与一次空气的混合气体在头部的静压为h（Pa），温度为 t_m（℃），混合气体靠本身静压 h，自燃烧火孔 12 流出，其流速为 W_0。此流速在离焰与回火界限速度之间（在稳定工作区内），则火焰稳定在燃烧火孔之上。

喷嘴与混合管、扩压管组合在一起称为引射器。它的任务是控制规定的燃气流量以满足热负荷要求，吸入一定的空气量，保证一次空气系数 α 值，符合设计决定的稳定燃烧条件，同时还要维持燃烧器头部处混合气体具有静压 h，使燃烧火孔出口处气流速度达到

W_0，以达到稳定燃烧。

为了满足上述要求，必须根据燃烧器各部分的阻力系数及燃气的性质与具有的压力来决定燃烧器各部分尺寸。

气体动力性能测试工作的范围与计算式如下。

(1) 一次空气系数

一次空气系数（α）是实际吸入的一次空气量与完全燃烧需要空气量的比值。它是引射型大气式燃烧器的关键参数，对燃烧状态影响很大。

为了测出燃烧器的 α 值，从头部 11 处抽取混合气样，并分析其中氧含量（图 11-14 中 13、14 及 15）。这样根据混合气样中氧含量的大小用式（11-40）来计算一次空气系数 α 值，即：

$$\alpha=\frac{1}{V_0}\left(\frac{O_{2,\mathrm{m}}-O_2}{20.9-O_{2,\mathrm{m}}}\right) \tag{11-40a}$$

式中 $O_{2,\mathrm{m}}$——燃气与空气混合气中氧的体积百分数（%）。

此式对热值较高的燃气易出现较大的误差，但是对于一般煤制气还是可以使用的。如果燃气中某种成分含量很高，也可以采用分析燃气与一次空气混合气体中的该成分的体积百分数的方法算出 α 值，即

$$\alpha=\frac{1}{V_0}\left(\frac{x_i-x_{i\cdot\mathrm{m}}}{x_{i,\mathrm{m}}}\right) \tag{11-40b}$$

式中 x_i——燃气中某种含量高的成分体积百分数（%）；

$x_{i,\mathrm{m}}$——燃气与一次空气混合气样中该成分的体积百分数（%）；

其他符号意义同前。

(2) 灶前燃气压与一次空气系数的关系

在工作中希望 α 值不受灶前燃气压力 p_g 变化的影响，这样能保持在不同负荷下，α 值不变。一般文丘里型的引射器可以满足此项要求。为了鉴定此项性能，可以在改变灶前燃气压力的情况下，测出不同压力下的 α 值。

(3) 头部混合气流静压力与一次空气的关系

改变头部混合气流静压 p_{st}，对 α 值影响很大。p_{st} 越大，α 值越小。测试时，可以用堵燃烧火孔的办法提高 p_{st} 值（p_g 值不变），同时测出在不同 p_{st} 值的条件下的 α 值。这样可以整理出 $\frac{p_{st}}{p_g}$ 与 α 的关系曲线，即 $\frac{p_{st}}{p_g}=f(\alpha)$。

(4) 引射器各部分的阻力系数

引射器各部分的阻力系数是设计燃烧器的重要数据。为了使设计符合实际，要求测出符合实际情况的各项阻力系数。

①喷嘴阻力系数：根据流体力学原理，在低压条件下，灶前燃气压力 p_g 与喷嘴处速度 W_n 的关系如下：

$$\begin{gathered}p_g\eta_n=\frac{W_n^2}{2}\rho\\W_n=\frac{278V_g}{F_n}\end{gathered} \tag{11-41}$$

式中 η_n——喷嘴阻力系数；

p_g——灶前燃气压力（Pa）；

W_n——喷嘴出口处燃气速度（m/s）；

ρ——燃气密度（kg/m^3）；

V_g——燃气流量（m^3/h）；

F_n——喷嘴出口截面积（mm^2）。

在测试时，只要测出燃气流量 V_g、灶前燃气压力 p_g 及燃气密度 ρ，然后根据喷嘴出口截面积 F_n，即可求出速度 W_n，最后根据式（11-42）算出喷嘴阻力系数，即

$$\eta_n = \frac{W_n^2}{2}\rho / p_g \tag{11-42}$$

要注意的是，在测量 p_g 值时，一般是测量灶具气阀前的燃气静压。当灶具气阀全开，并且阻力非常小时，p_{st}值即为喷嘴阻力系数，否则它包括了阀门的阻力因素。

②燃烧火孔阻力系数 η_0：在低压条件下，还可以写出头部混合气流静压 p_{st}与燃烧火孔出口处气流速度 W_0 的关系如下：

$$\eta_0 p_{st} = \frac{W_0^2}{2}\rho_m\left(\frac{273+t_m}{273}\right)$$

$$W_0 = \frac{278V_g(1+\alpha V_0)}{F_0}$$

$$\rho_m = 1.293d\left(1+\frac{\alpha V_0}{d}\right)/(1+\alpha V_0) \tag{11-43}$$

式中 p_{st}——头部混合气流静压（Pa）；

η_0——燃烧火孔阻力系数；

W_0——燃烧火孔出口气流速度（m/s）；

ρ_m——混合气体的密度（kg/sm^3）；

t_m——头部混合气流温度（℃）；

F_0——燃烧火孔出口总面积（mm^2）；

d——燃气相对密度。

其他符号意义同前。

在实际测试中，测出一次空气系数 α、燃气流量 V_g、头部混合气流静压 p_{st}与温度 t_m、燃烧火孔总面积 F_0 以及燃气的基本性质 V_0 后，利用式（11-41）即可求出燃烧火孔阻力系数。

$$\eta_0 = \frac{W_0^2}{2p_{st}}\rho_m\left(\frac{273+t_m}{273}\right)$$

③引射器阻力系数 k：影响引射器阻力系数的因素很多，推导引射器的公式也不完全相同。这里介绍一种用冲量定律导出的低压引射器特性方程式如下：

$$\frac{p_{st}}{p_g} = \frac{2\eta_n}{F} - \frac{k(1+\alpha V_0)\left(1+\dfrac{\alpha V_0}{d}\right)\eta_n}{F^2}$$

$$F = \frac{F_m}{F_n} \tag{11-44}$$

式中　k——引射器综合阻力系数；

F_m——混合管（或喉管）截面积（mm^2）；

F——相对面积比值；

其他符号意义同前。

式（11-44）是在空气吸入口处为常压条件下导出的。在测试中，只要测出头部混合气流静压（p_{st}）、燃气压力（p_g）、一次空气系数（α）、引射器结构参数（F_m、F_n 及 η_n）及燃气的性质（V_0、d），即可根据式（11-45）求出引射器阻力系数（k），即

$$k=\frac{\left(\frac{2\eta_n}{F}-\frac{p_{st}}{p_g}\right)F^2}{(1+\alpha V_0)\left(1+\frac{\alpha V_0}{d}\right)\eta_n} \tag{11-45}$$

（二）测试系统

由图 11-16 所示，燃气经过调压器 1 后，分为两路：一路去测量燃气的基本性质(20、21 及 22)；另一路通过调节阀 2、干燥器 3 与流量计 4 进入燃烧器。用热电偶温度计 17 测头部混合气流温度，要求与前相同。通过气泵 14 把燃气与一次空气混合气样送入热磁氧分析仪 15。

用微压计 16 测量头部混合气流静压（p_{st}）。用通风干湿表 18 与大气压力计 19 测量环境温度与大气压力。

（三）测试准备工作

（1）准备仪器与校正仪器

按照图 11-14 所示准备仪器。现说明如下：

①系统中采用干燥器与干式流量计，这是为了排除燃气中水分对测试工作的干扰。

②测量头部混合气流静压的微压计应有足够的精度，否则会使求出的燃烧火孔阻力系数具有很大误差。有条件时，应采用刻度不大于 0.1Pa 的微压计。

③为了求一次空气系数，燃气成分分析仪的主要任务之一是测出燃气中的氧含量。因此当用热量计测量燃气热值、用相对密度计测相对密度时，可以不做燃气成分全分析，而是只分析其中的氧含量，因此可以用氧分析仪代表燃气成分分析仪。

（2）仪器的选用与校正

参照以前章节内容。

（3）安装测试系统

按照图 11-14 进行。

（四）测试步骤

（1）系统气密性检验、燃气基本性质测量与环境温度和大气压力的测定

可参照以前章节所述。

（2）正常工作条件下的 α 值的测定

测定步骤如下：

①控制灶前燃气压力为额定值，点燃燃烧器。

②观察头部混合气流温度，当其稳定不变时，抽取燃气与一次空气的混合气样。要控制抽气流量，以不影响头部混合气流静压值 p_{st} 为准。当抽气量较大时，可适当堵几个燃

烧火孔。

③记录灶前燃气压力 p_g 与头部混合气流静压 p_{st}。

④分析燃气与一次空气混合气样中氧含量及燃气中氧含量。

(3) α 受 p_g 值影响关系的测试

控制调节阀 2，改变 p_g 值，用上述步骤，分别测出不同 p_g 下的 α 值。

(4) α 受 p_g 值影响关系的测试

测试步骤如下。

①保持 p_g 值稳定不变。

②用上述方法测出不同 p_{st} 值下的 α 值。可用堵燃烧火孔的办法改变 p_{st}。这样就可以求出 $\frac{p_{st}}{p_g}=f(\alpha)$ 的特性曲线。

(5) 各部分阻力系数的测定

①喷嘴阻力系数：测出不同压力（p_g）下的燃气流量（V_g），即可求得一组喷嘴阻力系数 η_n，并取其平均值。

②燃烧火孔阻力系数：根据以前的测试结果，整理出不同 p_{st} 值下的 α 与 V_τ 值，即可求得一组燃烧火孔阻力系数 η_0，并取其平均值。

③引射器阻力系数：根据以前测试结果，整理出同一工况下的 $\frac{p_{st}}{p_g}$ 与 α 值，即可求得 k 值，并取其平均值。

以上测试步骤可以根据具体测试要求，合并或单独进行。

(五) 数据整理

将测试结果填入表格中进行整理与计算。

第六节　空气引射全一次空气预混燃烧器

一、空气引射全一次空气预混燃烧器的特点

(一) 全一次空气预混燃烧方式具有节能、减排、降污的特点

(1) 经过实验和理论证明在全一次空气预混燃烧的条件下，其燃烧产物中 CO 和 NO_x 的含量小于其他燃烧方式，并且二者同时降低。改变了大气式燃烧产物中 CO 含量低时 NO_x 含量高，NO_x 含量低时 CO 含量高的缺点。因此具有很好的降低空气污染效果。

(2) 不需要二次空气混合，在任何负荷工况下，空气系数基本不变。因此热效率稳定，具有节能减排作用。

(3) 燃烧热强度高，节省燃烧设备的体积。

(二) 实现这种燃烧方式的条件

(1) 需要良好的燃烧头部，防止离焰和回火。目前理想的头部材料是金属纤维，此外密集的燃烧小孔或缝隙组成的金属的头部也能适用，不得已时加冷却措施。

(2) 需要保证空气系数不变。传统的燃气引射空气的方法，利用了燃气的本身压力。但是因为只靠燃气的动力不足以满足大负荷、高头部压力要求。为此兴起空气引射燃气全一次空气预混的比例调节器。它可以稳定空气/燃气的混合比，并有以下特点：

①因为空气系数在 1.1～1.3 之间，由于空气量大于相应的燃气量若干倍。所以空气引射燃气降低了引射混合器的混合比，减少了混合器的尺寸，有利于控制混合比；

②需要空气泵和调压器联合工作。

二、燃气空气比例调节器的作用原理

由图 11-17 可见，具有相对压力为 p_a（p_0 是大气压）的空气自喷嘴以 W_a 的速度喷出，在喷嘴出口截面 1 处燃气以 W_g 的速度与空气混合。截面 C 处混合气流的速度是 W_c。混合气流经过扩压管，在截面 2 处的速度是 W_2，最后以速度 W_p 离开比例调节器。图 1 中 H_a 与 H_g 分别代表空气与燃气的相对压力；dH_a 与 dH_{g1} 分别表示截面 1 前后的空气与燃气的压力降。dH_g 代表燃气经过调压后的压力至截面 1 处的总压降，而 G 则是经过调节阀的阻力。dp_c 是经过混合管《截面 1 至截面 C》的静压升高；dp_g 是经过扩压管（截面 C 至截面 2）的静压升高。$\sum h$ 为截面 P 后各种阻力的总和；$\frac{W_p^2}{2}$、ρ_c 及 ζ 分别表示 P

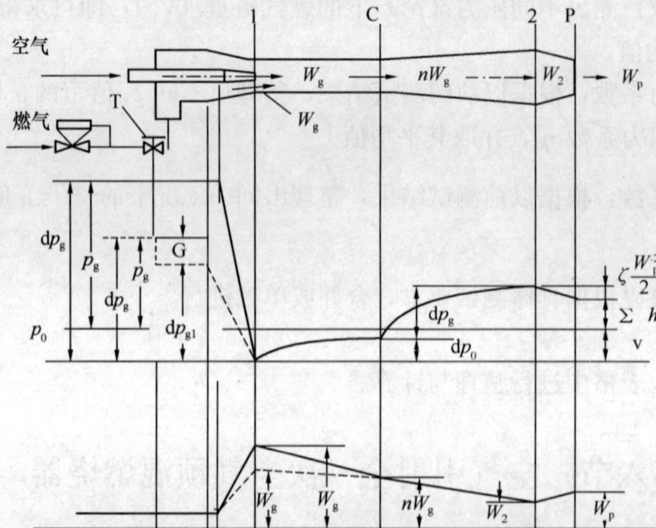

图 11-17　比例调节器的结构组合（上）、压力工况（中）和速度变化曲线（下）

截面混合气流的动压头及收缩管（截面 2 至截面 P）的阻力系数。经过能量分析可得：

$$dp_a=\frac{W_a^2}{2}\rho_a=\frac{dp_g-p_g+\sum(h+w)}{n(2-2n+\varphi_3^2n)\varphi_1^2\varphi_{ag}^2}\frac{(1+U)^2}{(1+Um)^2}$$

因为 $dp_g-p_g=dp_a-p_a$，则得出：

$$p_a=dp_a\left[1-\frac{n(2-2n+\varphi_3^2n)\varphi_1^2\varphi_{ag}^2(1+Um)^2}{(1+U)^2}\right]+\sum h+(1+\zeta)\frac{W_p^2}{2}\qquad(11\text{-}46)$$

式中　p_a——空气压力（Pa）；

dp_a——空气压降（Pa）；

W_a——空气自喷嘴喷出速度（m/s）；

n——截面 C 处实际速度和理想速度的比值；

h——截面P以后时阻力（Pa）；

w——速度压头（Pa）；

U——燃气重量流于空气重量流的比值（引射系数）；

m——截面1处燃气速度与空气速度的比值；

φ_1，φ_3，φ_{ag}——阻力系数；

ζ——出口速度损失（Pa）。

式（11-46）是比例调节器能量分析的基本公式。比例调节器需要的空气压力 p_a 受以下几方面因素影响：

①调节器的背压，即 $\sum(h+w)=\sum h+(1+\zeta)\dfrac{W_p^2}{2}$；

②决定混合管尺寸的 n 值及截面1处的空气与燃气的速度比 m；

③调节器的各部分的阻力，即 φ_1，φ_{ag}等；

④混合比 U 值；

⑤与燃气压力 p_g 有关的 dp_a。

很显然，背压大，阻力大，速度比小，混合比高都会使要求的空气压力高。n 值应根据阻力选取最佳值。至于燃气的压力在不同的控制方案下也对需要的空气压力有很大影响。

在一般的情况下，各种系数可以取：$\varphi=0.975$；$\varphi_{ag}=0.95$；$\varphi_3=0.9$；$n=0.84$。所以

$\varphi_1^2\varphi_{ag}^2n(2-2n+\varphi_3^2n)=0.858\times0.84=0.7207$。

由于燃气与空气的速度比 m 值小于1，又因为在全一次空气预混的空气/燃气比例调节器的 U＝0.05～0.06，因此 $1+m\approx1$，则 m 趋近0。

三、不同控制方案需要的空气压力

（1）等压方案

当燃气有足够的压力时，可以选用此方案（图11-18）。

由于 $p_a=p_g$，$dp_a=dp_g$。根据式（11-45）得

$$p_{a1}=dp_g\left[1-\frac{n(2-2n+\varphi_3^2n)\varphi_1^2\varphi_{ag}^2(1+Um)^2}{(1+U)^2}\right]+\sum(h+w)$$

简化后得：

$$p_{a1}=dp_g\left[1-\frac{1}{1.4(1+U)^2}\right]+\sum(h+w) \tag{11-46a}$$

（2）燃气零压方案（图11-19）

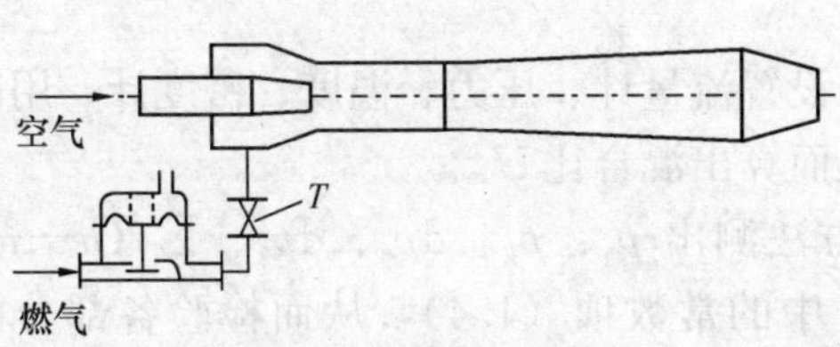

图11-18　等压方案

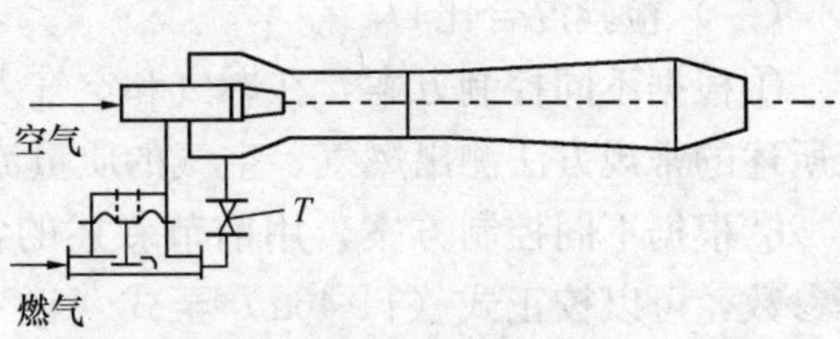

图11-19　零压方案

当燃烧装置没有背压时，可以采用燃气零压调压方案。如果有背压，采用此方案会使工作不稳定。此方案 $p_g=0$。因为 $dp_a=dp_g-p_g+p_a$，所以 $dp_a=dp_g+p_a$。由式（11-46a）得：

$$p_{a2}=\frac{dp_g-p_g+\sum(h+w)}{n(2-2n+\varphi_3^2 n)\varphi_1^2\varphi_{ag}^2}\frac{(1+U)^2}{(1+Um)^2}-dp_g$$

简化后为：

$$p_{a2}=1.4(1+U)^2[dp_g-p_g+\sum(h+w)]-dp_g \tag{11-46b}$$

（3）燃气恒压方案

为了利用燃气的压力，使用恒压方案（见图 11-20）。

燃气通过调压器，压力降至 p_g 时（见图 11-21）。由式（11-45）可得

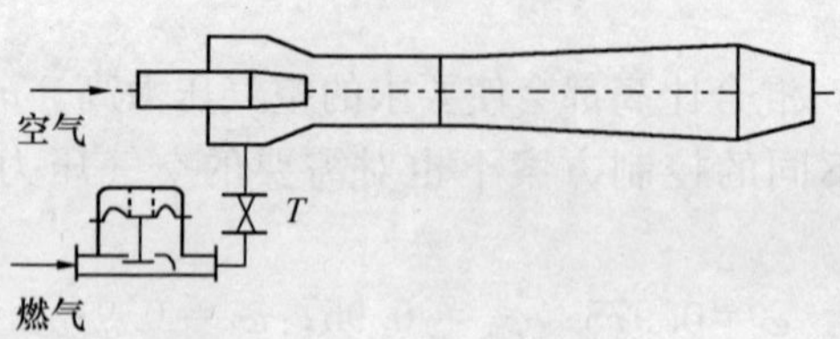

图 11-20 恒压方案

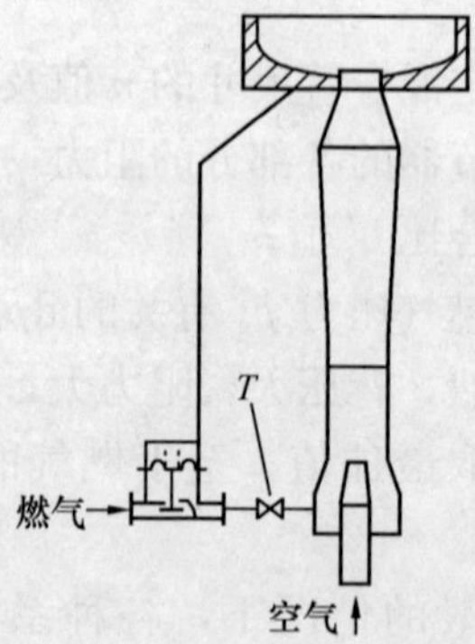

图 11-21 压力降至 p_g 时

$$p_{a3}=\frac{dp_g-p_g+\sum(h+w)}{n(2-2n+\varphi_3^2 n)\varphi_1^2\varphi_{ag}^2}\frac{(1+U)^2}{(1+Um)^2}-dp_g+p_g$$

简化后得：

$$p_{a3}=1.4(1+U)^2[dp_g-p_g+\sum(h+w)]-dp_g+p_g \tag{11-46c}$$

（4）等阻方案

燃气压力大于背压时可用此方案，使燃气压力随背压变化。因燃气压力 $p_g=\sum(h+w)$，则

$$p_{a4}=dp_a\left[1-\frac{n(2-2n+\varphi_3^2 n)\varphi_1^2\varphi_{ag}^2(1+Um)^2}{(1+U)^2}\right]+\sum(h+w)$$

简化后得

$$p_{a4}=dp_a\left[1-\frac{1}{1.4\times(1+U)^2}\right]+p_g \tag{11-46d}$$

四、全一次空气预混燃烧系统测试方法

（一）检验混合比 U

①根据不同控制方案，在燃气和空气入口处设置流量计、压力、温度、密度计，用前节所述的常规方法测出燃气、空气的质量流。从而算出混合比 U。

②根据不同控制方案，用前节叙述的常规方法测出 p_a、p_g、dp_a、dp_g、$\sum(h+w)$ 等参数，可以校正式（11-46a）至式（11-46d）中的常数项（1.4），从而检验各部分的阻力。

③控制阀 T（见图 11-21）阻力对比例调节器的影响：调节 T 阀，测出阻力 G，检验

对 U 和 p_a 和 U 等参数的影响。

（二）检验全一次空气预混燃烧特性

①按照基准气检测燃具各项常规指标。

②用试验界限气及相应的界限气检验，确定燃具属于哪一族中的那一组燃气。

③扩大界限气范围，做出燃具的适应域。也可根据常规试验方法做出在基准气不变条件下全一次空气预混燃烧设备在 Q—U 坐标图上的燃烧稳定曲线（此处 Q 代表负荷），同时也可转换成 Q—α 曲线（α 为空气系数）。

五、国外比例调节器

根据比例调节器的工况分析[3]可以看出调压器的误差对比例调节器有较大的影响。设计时要给以足够的注意。最近西方进口的燃气空气比例调节器，多采用比较精细的间接调压器，再加上工艺精湛，所以调节精度较高。

参考文献

[1]　金志刚．燃气燃烧与输配测试技术［M］．北京：中国建筑工业出版社，1981.

[2]　西安热工研究所．燃煤锅炉燃烧调整试验方法［M］．北京：水利电力出版社，1974.

[3]　西安冶金建筑学院．热工测量和自动调节［M］．北京：中国建筑工业出版社，1981.

第十二章　燃气调压器与安全阀检测

调压器在燃气事业中占有很重要的地位。没有稳定的压力，无论对于燃气的生产、输配和应用都难以正常工作。安全阀是保证调压器安全工作的保障，调压站内不可缺少的设备。

第一节　概　　述

一、调压器的作用

（1）调压器是调节压力的设备

调压器有重要的压力调节作用[1]：

①降压作用。在输配系统中，气源部分压力很高，需要逐级降压送到用户。

②稳压作用。输配系统中，燃气耗量随时都在变化，引起压力也随之变化。为此要求调压器不但要降压还要将降压后的压力稳定在一定的范围。在调压器前压力变化或流量变化时，要求调压器后的压力变化不大。

（2）调压器具有自动化与安全功能

调压器具有自动降压、稳压功能外，有些调压器还有超低压和超高压自动切断的功能。

（3）调压器的辅助设备

调压器根据其不同的具体用途需要配备不同的辅助设备。例如，对于城市区域调压站，需要配备高和低压安全阀、过滤器、压力表、旁通阀等。如果对于用户调压器还需要流量计。调压器与辅助设备共同安装在调压站（或调压箱）内。

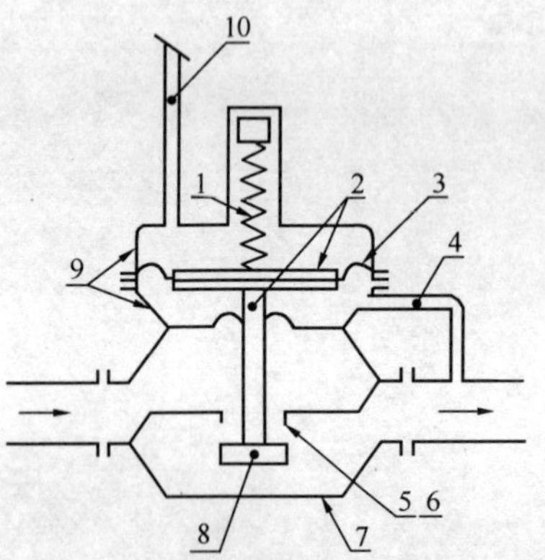

图 12-1　直接作用式调压器的结构和工作原理

1—设定元件（弹簧或重块）；2—驱动器；3—膜片；4—信号管；5—阀座；6—阀垫；7—调压器壳体；8—调节元件；9—驱动器壳体；10—呼吸孔

二、调压器的分类

（一）根据调压的作用原理分类

（1）直接作用式调压器

直接作用式调压器是利用出口压力变化，直接控制驱动器带动调节元件运动的调压器。其结构和工作原理见图 12-1。膜片 3 可上下移动调节元件 8，信号管 4 起传递压力的作用。阀座 5、阀垫 6、调节元件 8 共同调节通过调压器的流量。当调压器出口燃气流量增多时，使调压器出口压力降低，引起对膜片的压力降低，使调节元件 8 下降，流量随之增加。

（2）间接作用式调压器

对于大流量的调压器，需要使用指挥器，间接地启动调压器。利用出口压力变化，经过指挥器（导阀、伺服阀）放大后来控制驱动器带动调节元件运动的调压器。间接作用式调压器的结构和工作原理见图 12-2。

（二）根据调压器的压力分类

根据调压器前—后压力可分为：高—高调压器、高—低调压器；高—中调压器；中—低调压器、低—低调压器等。例如高—高调压器的压力范畴均属高压范围，但是为了控制调压器下流压力适当降低与稳定，使用高—高调压器。高—中调压器用于输配管网系统中的高—中调压站。

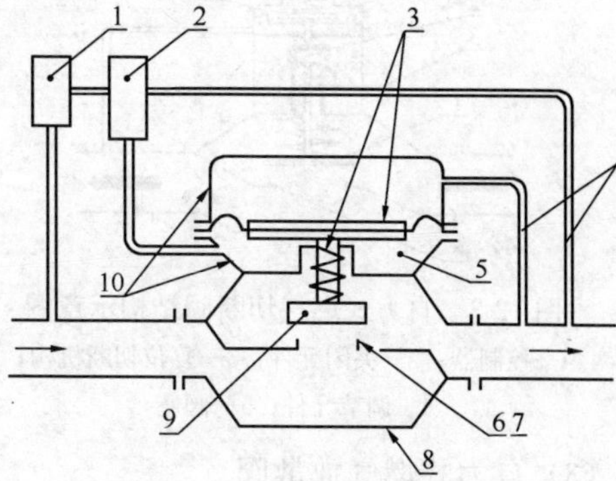

图 12-2 间接作用式调压器的结构和工作原理

1—预调器；2—导阀；3—驱动器；4—信号管/过程管；5—驱动腔体；6—阀座；7—阀垫；8—调压器壳体；9—调节元件；10—驱动器壳体

实际上是根据具体的工程要求，确定调压器前的压力可能达到的压力变化范围和调压器后压力的稳定值确定调压器前后压力的类型。例如燃气用具前设调压器，就有可能使用低—低调压器。

（三）根据调压器服务的对象分类

（1）城镇调压器：指城市各燃气输配系统使用的调压器。

（2）燃气调压箱：由调压器及其附属设备组装在一个箱体内，成为燃气调压箱。

（3）用户调压器：它可以是燃气表前的用户调压器，也可以是瓶装液化石油气调压器。此外还有燃气燃烧设备中使用的调压器。

三、安全阀与放散阀作用、类别和结构

（一）安全阀作用、类别

此处论述的安全阀是指保护燃气设备正常工作的安全设备。其作用有两种：

一为切断作用，即切断安全阀（简称切断阀）。当燃气系统正常工作时，切断安全阀处打开位置，如果系统压力超过或低于规定压力时，切断阀自动关闭，以保证燃气设备不被破坏。当系统压力低于要求时，切断阀也可以关闭，防止系统压力过低引起的事故。当切断阀关闭后，系统压力恢复后，需要人工开启切断阀。

另一为放散作用，即放散安全阀（简称放散阀）。当系统正常工作时，放散阀处于关闭位置；当系统压力升高超过规定压力时，放散阀自动打开，放气降压；当系统压力恢复正常时，放散阀自动关闭。

（二）切断阀与放散阀结构

切断阀与放散阀的结构形式很多，下面介绍几种典型的结构形式。

（1）自力式燃气切断阀

图 12-3 是自力式燃气切断阀的结构示意图。当阀后压力升高时，皮膜上升，关闭元件下落、关闭，通过复位装置手动复位。

（2）间接作用燃气切断阀

图 12-4 是间接作用燃气切断阀的结构示意图。信号压力先传到控制器，然后使切断机构将阀关闭，同样需要手动复位。

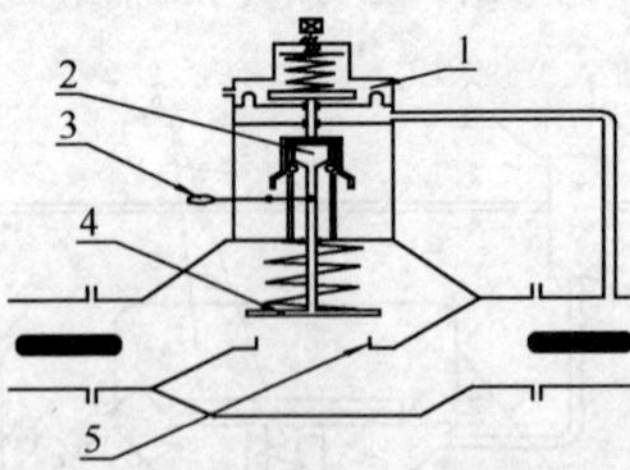

图 12-3　自力式燃气切断阀结构示意图

1—控制器；2—关闭元件；3—复位切断机构；
4—调节元件；5—阀座

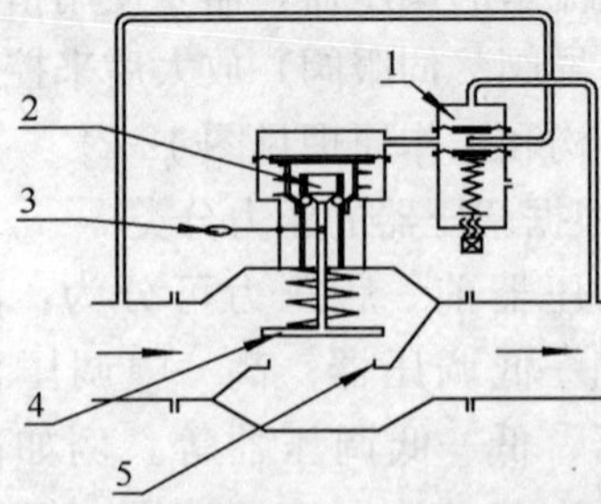

图 12-4　间接作用燃气切断阀的结构示意图

1—控制器；2—关闭元件；3—复位切断机构；
4—调节元件；5—阀座

（3）自力式燃气放散阀

图 12-5 是自力式燃气放散阀示意图。当压力过高时，顶开关闭机构，放散，降压。

（4）间接作用燃气放散阀

图 12-6 是间接作用燃气放散阀示意图。当压力过高时，通过指挥器，使关闭机构开启，同时放散，降压。

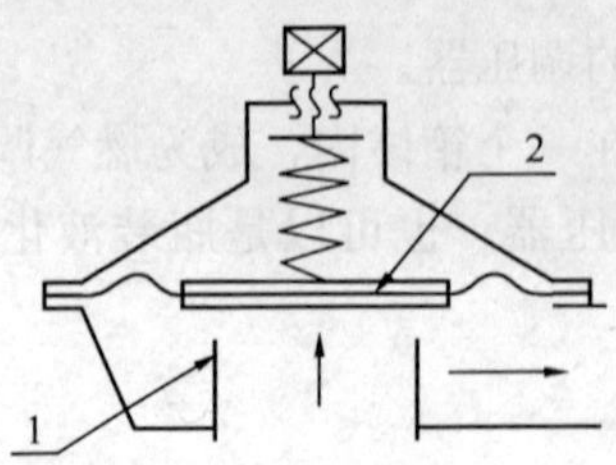

图 12-5　自力式燃气放散阀示意图

1—阀座；2—关闭机构

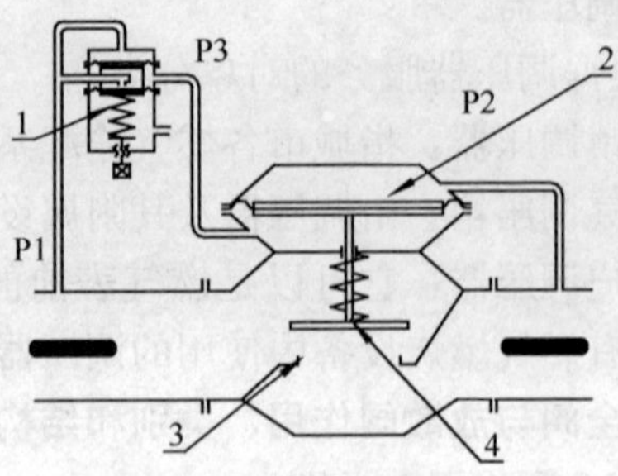

图 12-6　间接作用燃气放散阀示意图

1—指挥器；2—执行机构；
3—阀座；4—关闭元件

第二节　调压器性能衡量标准

衡量调压器的性能需要有一定的标准，不同服务对象的调压器的要求也有所不同，例如瓶装液化石油气调压器的标准与城镇燃气调压器的标准是不一样的，因此需要根据调压器实际工作特点建立不同的标准。下面为有关的基本名词和概念。

一、调压器型号

调压器的型号可以表示出调压器的基本参数和功能。例如城镇调压器的型号是根据调压器的分类、最大进口压力和尺寸等来确定的。调压器的类别和压力代号见表 12-1。

调压器的类别和压力代号　　**表 12-1**

序号	分 类 原 则	类　别
1	工作原理	直接作用式用 Z 表示；间接作用式用 J 表示。
2	最大进口压力（MPa）	4、2.5、1.6、0.8、0.4、0.2 和 0.01

调压器公称尺寸，按进口连接管的公称尺寸。

最大进口压力 $p_{1,max}$ 按 0.01MPa、0.2MPa、0.4MPa、0.8MPa、1.6MPa、2.5MPa 和 4.0MPa 分 7 级进行选用，标出以 MPa 为单位的压力值。

示例：RTJ—100/0.8，表示间接作用式、公称尺寸为 DN100、最大进口压力为 0.8MPa 的调压器。RTZ—150/0.4A，表示直接作用式、公称尺寸为 DN150、最大进口压力为 0.4MPa、自定义号为 A 的调压器。

二、调压器压力

（1）设计压力：在相应的设计温度下，用于确定壳体或其他零件强度的压力值。

（2）区域和用户调压器的额定出口压力：区域和用户调压器的额定出口压力见表 12-2。

区域和用户调压器的额定出口压力（kPa）　　**表 12-2**

序号	工作介质	区域	楼栋	表前
1	人工燃气	1.76	1.40	1.16
2	天然气	3.00	2.40	2.16
3	液化石油气	3.80	3.04	2.96

（3）进口压力范围：调压器能保证给定稳压精度等级的进口压力范围。同一调压器可具有不同的进口压力范围。

（4）最大进口压力：在进口压力范围内，所允许的最高进口压力值。

（5）最小进口压力：在进口压力范围内，所允许的最低进口压力值。

（6）出口压力范围：调压器能保证给定稳压精度等级的出口压力范围。同一调压器可具有不同的出口压力范围，调压器可通过更换某些零部件来获得所需的出口压力范围。

（7）最大出口压力：在出口压力范围内，所允许的最高出口压力值。

（8）最小出口压力：在出口压力范围内，所允许的最低出口压力值。

（9）额定出口压力：调压器出口压力在规定范围内的某一选定值。

三、调压器流量表示

（1）基准状态：应规定流量的计量条件。例如规定绝对压力为 0.101325MPa，温度为 15℃时的气体状态为基准状态。

（2）流量：单位时间内流过调压器的基准状态下气体容积，单位为 m^3/h。

（3）流量系数（临界）C_g：由厂家提供的代表调压器能力的参数。具体为厂家应给出在规定条件下，阀门全开时所通过调压器的空气流量。例如进口绝对压力为 6.89kPa，温度为 15.6℃，在临界状态下，调压器全开所通过的以 $0.02875m^3/h$ 为单位的空气流量。

四、调压器工作性能

下面介绍一些典型的调压器工作性能。

（1）静特性：静特性是表述出口压力随进口压力和流量变化的关系。

（2）静特性线：在进口压力和调整状态不变，通过先增加流量然后再降低流量所得到的出口压力随流量变化的曲线。

（3）静特性线簇：同一调整状态下各不同进口压力下所得静特性线的集合。

（4）设定压力：调压器的一簇静特性线的名义出口压力（注：设定压力可等于额定出

口压力)。

(5) 压力回差：一条静特性线上同一流量下增加流量和降低流量两个出口压力值之差。

(6) 驱动压力：调压器驱动器高压腔内的气体压力。

(7) 静态：出口压力在干扰发生后逐渐平稳变化到稳定值后的状态。

(8) 稳压精度：一簇静特性线上，工作范围内出口压力实际值与设定压力间偏差的最大正偏差和最大负偏差的绝对值的平均值对设定压力的百分比值。

(9) 精度等级：稳压精度的最大允许值乘以 100。

(10) 关闭压力：调压器调节元件处于关闭位置时，静特性线上零流量处的出口压力。此时，从开始关闭点流量减少至零流量所用的时间应大于调压器关闭的响应时间。

(11) 关闭压力等级：实际关闭压力与设定压力之差对设定压力之比的最大允许值乘以 100。

(12) 最大流量：在规定的设定压力下，针对一定的进口压力范围，能保证给定稳压精度等级的最大流量中的最小者，可有最大进口压力下的最大流量、最小进口压力下的最大流量和最大和最小进口压力间的某一压力下的最大流量。

(13) 最小流量：在规定的设定压力下，针对一定的进口压力范围，能保证给定稳压精度等级的最小流量和静态工作的最小流量中的最大者，可有最大进口压力下的最小流量、最小进口压力下的最小流量和最大和最小进口压力间的某一压力下的最小流量。

(14) 关闭压力区：每一相应进口压力和设定压力的静特性线上，在零流量与最小流量间的区域 1 (图 12-7)。

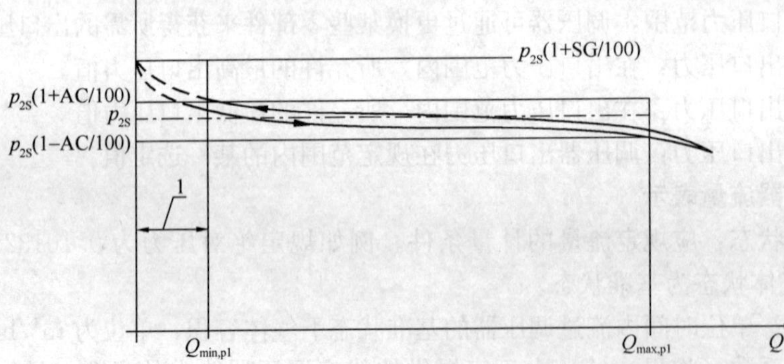

图 12-7　关闭压力区

1—关闭压力区；p_1—进口压力；p_2—出口压力；AC—稳压精度等级；SG—关闭压力等级；Q—流量；$Q_{max,p1}$下的最大流量；p_{2s}—设定压力；$Q_{min,p1}$—p_1 下的最小流量

(15) 闭压力区等级：最小流量和最大流量的比值的最大允许值乘上 100。

(16) 工作温度范围：调压器组件及附加装置能正常工作的温度范围。

以上是调压器典型的工作性能。在调压器的标准中有更详细的各种性能要求及其相应的试验方法。检测系统的安装，仪表的选用，以及测试步骤等都有具体的要求。检测时应根据现行标准执行。

五、调压器的结构与材料

调压器的结构与材料对调压器的工作性能、安全使用和寿命有很大影响。调压器标准中有明确的要求和检测方法。检测时应根据现行标准严格执行。

第三节　调压器的流量计算

关于调压器以及各种阀门的通过流量计算方法，最简单的是通过局部阻力系数乘以速度压头得到通过阀门的压力降，然后进行流量的计算。但是局部阻力系数受阀门的尺寸、形状以及流态等因素影响，计算比较困难。过去的算法是根据流态的不同给出不同的阻力系数进行计算，或者根据厂家给出的数据换算，存在的问题是没有考虑阀门形状的影响。20 个世纪末引进西方调压器后，西方提出的流量通用计算公式比较精确，同时欧盟标准 EN334，也根据西方流量通用公式改用公制后并要求过试验得到阀门的形状系数和公制的通用流量计算公式。2008 年我国燃气行业提出的调压器标准也是依据 EN334 制定了《城镇燃气调压器》(CJ274)。下面首先简介传统计算方法。介绍西方正弦规律的流量通用计算公式的来源，推导 EN334 和 CJ274 中各项公式。

一、调压器流量传统计算方法

(一) 调压器流量计算公式的导出

在一般情况下，燃气在调压器的流动过程可视为理想过程，也即只考虑阀门前后压差的影响。对于不可压缩流体，根据伯努利方程 $z+\frac{p}{\rho g}+\frac{W^2}{2g}=\text{const}$ 并忽略调压器进出口气流的位差，则得到

$$\frac{p_1}{\rho}+\frac{W_1^2}{2}=\frac{p_2}{\rho}+\frac{W_2^2}{2} \tag{12-1}$$

式中　p_1、p_2——调压器进口、出口绝对压力 (Pa)；

ρ——流体的体积质量 (kg/m^3)；

W_1、W_2——调压器进出口气流的速度 (m/s)。

式 (12-1) 经变换得

$$W_1^2-W_2^2=2\times\frac{p_1-p_2}{\rho} \tag{12-2}$$

令 $W_1^2-W_2^2=\xi W^2$ (ξ 为局部阻力系数)，并将式 (12-2) 与连续性方程 $q_V=F_0W$ 结合可得：

$$q_V=\frac{F_0}{\sqrt{\xi}}\sqrt{2\times\frac{p_1-p_2}{\rho}} \tag{12-3}$$

式中　q_V——调压器通过的流体流量 (m^3/s)；

F_0——调压器阀口流体通过面积 (m^2)；

W——调压器进出口流体平均速度 (m/s)。

式 (12-3) 为调压器的原始流量方程，如定义 $C=\frac{F_0}{\sqrt{\xi}}$ 为燃气调压器的流量系数，则简

化为

$$q_V = C\sqrt{\frac{\Delta p}{\rho}} \tag{12-4}$$

如果 q_V、p 采用工程单位 m^3/h、MPa，则式（12-3）变为

$$q_V = 5.09\times10^6\times\frac{F_0}{\sqrt{\zeta}}\sqrt{\frac{\Delta p}{\rho}} \tag{12-5}$$

定义 $C_1 = 5.09\times10^6\times\frac{F_0}{\sqrt{\zeta}}$ 为燃气调压器的流量系数，则流量计算公式（12-6）简化为

$$q_V = C_1\sqrt{\frac{\Delta p}{\rho}} \tag{12-6}$$

当 F_0 单位为 cm^2 时，则式（12-6）变为

$$q_V = 509\times\frac{F_0}{\sqrt{\zeta}}\times\sqrt{\frac{\Delta p}{\rho}} \tag{12-7}$$

定义 $C_2 = 509\times\frac{F_0}{\sqrt{\zeta}}$，则式（12-6）变为

$$q_V = C_2\times\sqrt{\frac{\Delta p}{\rho}} \tag{12-8}$$

（二）流量计算

（1）不考虑压缩状态

设燃气调压器进口绝对压力为 p_1，出口绝对压力为 p_2，压差 $\Delta p = p_1 - p_2$。当压差 $\frac{\Delta p}{p_1} < 0.08$ 或 $\frac{p_2}{p_1} > 0.92$ 时，可以不考虑气体密度变化。实际上气体是可压缩的，只不过压差很小，在不影响精度的条件下，可略去密度的变化。

调压器流量计算公式中的流量系数一般由厂家提供。其值与调压器阻力系数 ζ_0 及截面积 F_0 有关。通常调压器的流量系数以 C_0 表示。是用水为介质（$\rho = 1000kg/m^3$）、压降为 $1kgf/cm^2$（$\Delta p = 0.0981MPa$）时流经调压器的流量（m^3/h），则式（12-7）变为：

$$q_V = 5.04\times\frac{F_0}{\sqrt{\zeta_0}}\times\sqrt{\frac{\Delta p}{\rho}} \tag{12-9}$$

定义 $C_0 = 5.04\times\frac{F_0}{\zeta_0}$，则上式为

$$q_V = C_0\times\sqrt{\frac{\Delta p}{\rho}} \tag{12-10}$$

（2）考虑压缩的亚临界状态

当 $\frac{\Delta p}{p_1} > 0.08$，$\frac{p_2}{p_1} > \nu$ 时，为亚临界状态。

$$\nu = \left(\frac{2}{k+1}\right)^{k/(k-1)} \tag{12-11}$$

式中　k——绝热指数。

调压器流量
$$q_{V,com}=5260C_0\varepsilon\sqrt{\frac{p_1\Delta p}{\rho_0 T_1 Z_1}} \tag{12-12}$$

$$\varepsilon=\sqrt{\frac{k}{k-1}\times\frac{(p_2/p_1)^{2/k}-(p_2/p_1)^{(k+1)/k}}{1-p_2/p_1}} \tag{12-13}$$

式中 $q_{V,com}$——考虑压缩的亚临界状态燃气体积流量（m^3/h）；

ε——燃气通过调压器的膨胀系数（绝热过程）；

p_1——调压器入口绝对压力（MPa）；

Δp——调压器进出口压差（MPa）；

ρ_0——标准状态下的燃气密度（kg/m^3）；

T_1——燃气入口绝对温度（K）；

k——绝热指数；

Z_1——燃气进口压缩因子。

实际的流动过程不完全是绝热过程，因此要对 ζ 进行修正。修正后膨胀系数为 ε_1 可以从文献［1］中的图 9-7 查到。

（3）考虑压缩的临界状态[1]

当临界状态时，即
$$\frac{p_2}{p_1}\leqslant\nu$$

临界状态时调压器的流量可由式（12-12）得到
$$q_{V,c}=5260C_0\varepsilon_1\sqrt{\frac{p_1(\Delta p)}{\rho_0 T_1 Z_1}} \tag{12-14}$$

式中 ε_1——通过实际修正后的膨胀系数。

式（12-14）还可写成
$$q_{V,c}=5260C_0\varepsilon_1 p_1\sqrt{\frac{\Delta p}{\rho_0 T_1 Z_1 p_1}} \tag{12-15}$$

当$\frac{p_2}{p_1}<\nu$时，为临界状态：$\Delta p p_2=(p_1-\nu_c p_1)\nu_c p_1=p_1^2(1-\nu_c)\nu_c$。天然气 $\nu\cong0.5$；$\Delta p p_2=0.25p_1^2$，这时速度达到临界，流量随调压器入口压力提高而增加。

再设 $\xi_2=\xi_1\sqrt{\frac{p_1}{p_2}}$

则
$$q_{V,c}=2630C_0\varepsilon_2\frac{p_1}{\sqrt{\rho_0 T_1 Z_1}} \tag{12-16}$$

（三）根据厂家数据的换算方法

根据厂家给出特定条件下的数据，可以换算为调压器使用时的流量。

（1）亚临界状态

因 $q_{V,com}=5260C_0\varepsilon\sqrt{\frac{p_1\Delta p}{\rho_0 T_1 Z_1}}$，在 $0.48\leqslant\nu\leqslant1$ 的范围内，$\varepsilon_1=0.97\sim1$，取 $\varepsilon_1=0.98$，并认为是常数时，已知厂家提供的数据后，可用下式换算，
$$q_{V,com}=q'_V\sqrt{\frac{\Delta p p_2\rho'_0}{\Delta p' p'_2\rho_0}} \tag{12-17}$$

(2) 临界状态

$$q_{V,c}=q'_V\sqrt{\frac{\Delta p p_2\rho'_0}{\Delta p' p'_2\rho_0}} \tag{12-18}$$

对于天然气，$\Delta p p_2 \cong 0.25p_1^2$，则当达到极限状态时，换算公式简化为

$$q_{V,c}=0.5p_1q'_V\sqrt{\frac{\rho'_0}{\Delta p' p'_2\rho_0}} \tag{12-19}$$

式中　$q_{V,c}$，q'_V——调压器使用时的临界流量与厂家提供的燃气流量（m^3/h）；

Δp，$\Delta p'$——分别为使用时的燃气压降与厂家提供的燃气压降（MPa）；

p_2，p'_2——分别为使用时的燃气出口压力与厂家提供的燃气出口压力（MPa）；

ρ_0，ρ'_0——分别为使用时的燃气密度与厂家提供的燃气为燃气密度（kg/m^3）。

在实际运行中，发现调压器的形状与结构对流态有很大影响。传统的计算公式在亚临界的高端，与实际流量有偏差，另外没有考虑临界的极限值 $\left(\frac{\Delta p}{p_1}\right)_c$ 也受阀体与阀座形状的影响。

二、通过试验求 C_g、K_1 和通用流量公式

（一）西方资料提出的流量正弦规律

流量正弦规律及流量通用计算公式是西方学者提出的，并且对流量系数 C_g、形状系数 K_1 都以英制为基础。为了介绍这些内容必须将其英制单位标出，以便在以后的章节中再换算为公制。再者无论在西方文献和标准《Gas pressure regulators for inlet pressure up tcontrol》（EN 334—2005）和我国文献和标准《城镇燃气调压器》（CJ 274—2008）中都以 Q 代表流量。因此下面暂时以 Q 代表流量便于读者对照。

令 Q 与 Q_C 分别代表亚临界状态流量与临界状态的流量，$\frac{\Delta p}{p}$ 与 $\left(\frac{\Delta p}{p}\right)_c$ 分别代表亚临界状态压降与临界状态的压降比。经过多次试验，得到的临界状态流量与亚临界状态流量与 $\frac{\sqrt{\Delta p/p_1}}{\sqrt{(\Delta p/p_1)_c}}$ 关系式见图 12-8。

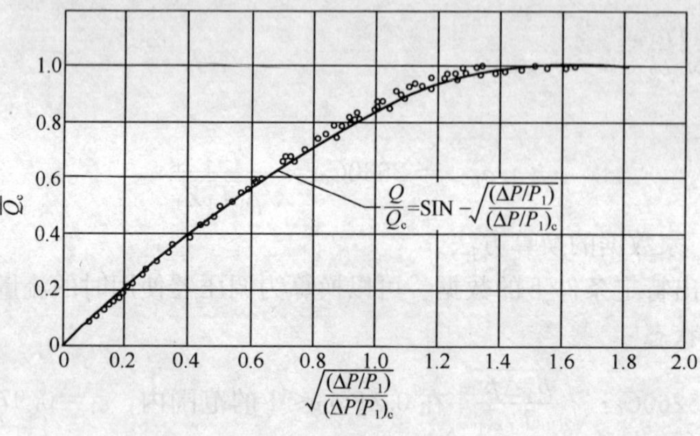

图 12-8　$\frac{Q}{Q_c}$ 与 $\sqrt{\frac{\Delta p/p_1}{(\Delta p/p_1)_c}}$ 的关系曲线

由图 12-8 可得：

$$Q/Q_c = \begin{cases} \sin\sqrt{(\Delta p/p_1)/(\Delta p/p_1)_c} & (\text{对于}\sqrt{(\Delta p/p_1)/(\Delta p/p_1)_c} \leqslant \pi/2) \\ 1.0 & (\text{对于}\sqrt{(\Delta p/p_1)/(\Delta p/p_1)_c} \geqslant \pi/2) \end{cases} \tag{12-20}$$

这说明亚临界状态与临界状态的流量比值与压降比值呈正弦规律，这是通用流量计算的基础。

（二）西方流量计算的方法

根据西方的流量公式计算，可以导出欧美原始产品说明书和西方资料中英制单位的流量计算公式。

（1）不考虑压缩状态

当$\frac{\Delta p}{p}$小于 0.02 时，可以不考虑压缩，引用 EN 334—2005 中公式（10）。

$$Q = 59.64 C_v p_1 \sqrt{\frac{\Delta p}{p_1}} \sqrt{\frac{520}{GT}} \tag{12-21}$$

式中　Q——在 14.65psia 压力和 60℉温度的基准条件下，阀全开时的流量（scf/h）；

p_1——阀前绝对压力（psia）；

Δp——压力降（psia）；

G——气体相对密度（空气为 1）；

T——入口绝对温度（K）；

C_v——在阀全开时，不考虑压缩状态下的流量系数。

（2）临界状态

当$\frac{\Delta p}{p} \geqslant \left(\frac{\Delta p}{p}\right)_c$时，阀全开时的临界流量为：

$$Q_c = C_g C_2 p_1 \sqrt{\frac{520}{GT}}$$

$$C_g = \frac{Q_c}{C_2 P_1} \sqrt{\frac{GT}{520}} \tag{12-22}$$

$$C_2 = \frac{\sqrt{[k/(k+1)]/[2/(k+1)]^{2/(k+1)}}}{0.4839} \tag{12-23}$$

式中　Q_c——在阀全开时的临界流量，scf/h（14.65pisa；60℉）；

C_g——在阀全开时，考虑压缩状态下临界流量系数，其物理背景为单位进口绝对压力（psia）下的流量（scf/h）；

k——绝热指数；

C_2——相对于空气的校正系数（见表 12-3）。

各种气体的系数 C_2 数值　　　　**表 12-3**

气体	甲烷	乙烷	丙烷	丁烷	天然气	N_2，O_2，空气
C_2	0.98	0.96	0.95	0.94	0.98	1.0

（引自 The development of a universal Gas sizing Equation for Con Trol Valves）

(3) 亚临界状态及英制通用流量计算式

当$\frac{\Delta p}{p}=0.02\sim\left\{\frac{\Delta p}{p}\right\}_c$时为亚临界状态，可以考虑用正弦规律计算。根据式（12-21）临界流量为：

$$Q_c = 59.64C_v p_1\sqrt{\left(\frac{\Delta p}{p_1}\right)_c}\sqrt{\frac{520}{GT}} \tag{12-24}$$

由上式和式（12-22）可以解得：

$$\sqrt{\left(\frac{\Delta p}{p_1}\right)_c} = \frac{C_g C_2}{59.64C_v} \tag{12-25}$$

令$C_1=\frac{C_g}{C_v}$，根据式（12-19）式可得：

$$Q = Q_c\sin\sqrt{\frac{\Delta p/p_1}{(\Delta p/p_1)_c}} = Q_c\sin\sqrt{\frac{\Delta p/p_1}{C_2C_1/59.4C_v}} \tag{12-26}$$

将式（12-22）代入得：

$$Q = \sqrt{\frac{520}{GT}}C_g C_2 p_1\sin\left(\frac{59.64}{C_1C_2}\sqrt{\frac{\Delta p}{p_1}}\right)_{rad} \tag{12-27}$$

式中 rad 表明应以弧度计。

如果以角度计，式（12-27）应乘换算系数，即 59.4×180/π=3417，则得以角度计的通用流量计算公式：

$$Q = \sqrt{\frac{520}{GT}}C_g C_2 p_1\sin\left(\frac{3417}{C_1C_2}\sqrt{\frac{\Delta p}{p_1}}\right)_{deg} \tag{12-28}$$

当达到临界点时，$\sin\left(\frac{3417}{C_1C_2}\sqrt{\frac{\Delta p}{p_1}}\right)=1$，

则临界流量为$Q_c = C_g C_2 p_1\sqrt{\frac{520}{GT}}$。

对于空气，其$C_2=1$，则通用流量计算公式为

$$Q = \sqrt{\frac{520}{GT}}C_g p_1\sin\left[\left(\frac{3417}{C_1}\right)\sqrt{\frac{\Delta p}{p_1}}\right]_{deg} \tag{12-29}$$

此式可以在亚临界及临界状态下均可使用，故称通用计算公式。

(4) 几个实例

实例说明传统公式算出的流量和实验得到的流量有差别。

①4 英寸双座阀：阀前压力 p_1 = 111.4psia。C_v = 195；C_1 = 6380（图 12-9）。

②4 英寸球阀：阀前压力 p_1 = 64.3psia；C_v=356；C_1=22.4，阀全开（图 12-10）。

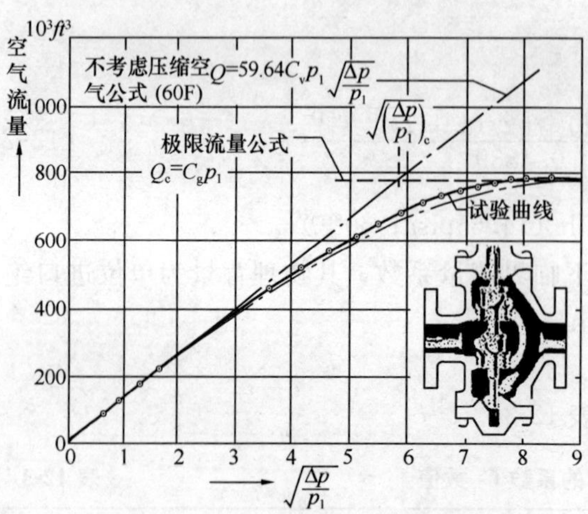

图 12-9 4 英寸双阀座全开流量曲线

（引自 The development of a universal Gas sizing Equation for Con Trol Valves）

③2 英寸球阀：阀前压力 p_1＝114.2psia；C_v＝40.6；C_1＝27.8，阀全开（图 12-11）。

④4 英寸蝶阀：阀前压力 p_1＝44.3psia；C_v＝255；C_1＝25.0，阀开 60°（图 12-12）。

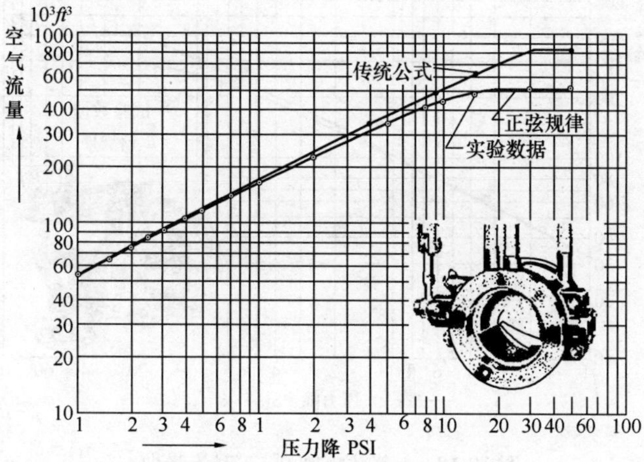

图 12-10　4 英寸球阀全开流量曲线

（引自 The development of a universal Gas sizing Equation for Con Trol Valves）

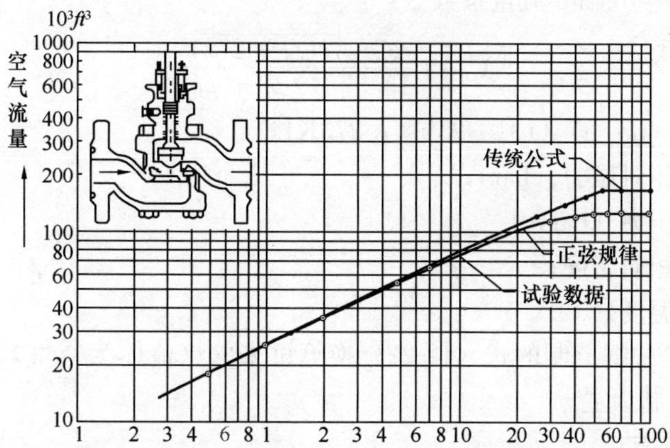

图 12-11　2 英寸阀全开流量曲线（见 EN 334—2005）

（引自 The development of a universal Gas sizing Equation for Con Trol Valves）

从以上几种阀门的流量曲线可以看出：

①各种阀门流量曲线的试验条件为阀前压力 p_1、系数 C_v、系数 C_1 和阀门开度。

②C_v、C_g 受阀门型号、尺寸、开度、形状等因素影响，应由厂家提出。

③传统计算公式在临界状态的高端，误差较大，没有考虑临界点受阀门形状和结构影响。

（三）EN334：2005 提出通过试验求形状系数式中 K_1 和流量系数 C_g

EN334 是根据西方公式的基础，把量纲换算为公制。

（1）求临界流量系数 C_g

欧共体的调压器标准中有通过用试验求临界流量系数 C_g 和形状系数 K_1 的方法，并

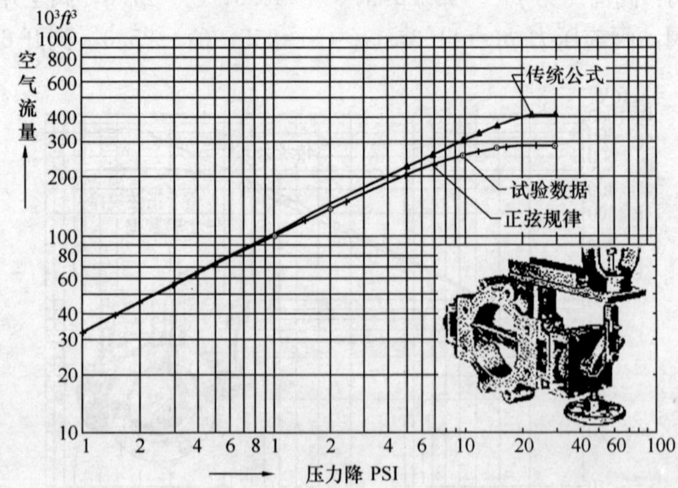

图 12-12　4 英寸蝶阀开 60°时流量曲线

（引自 The development of a universal Gas sizing Equation for Con Trol Valves）

且要求厂家提出其生产的各种产品的 C_g 和 K 的数值。下面推导其中几个公式。

EN334：2005 空气临界流量系数为：

$$C_g=\frac{2Q\sqrt{d(t_u+273)}}{13.57\times(p_u+p_b)} \tag{12-30}$$

式中　Q——流量（m³/h）{101.325kPₐ；273K}；

p_u——入口相对压力（bar）；

p_b——大气压力（bar）；

d——气体相对密度；

t_u——入口温度（℃）。

式（12-30）是根据英制的式（12-22）换算过来的（流体为空气）。临界流量系数 C_g 的物理背景仍以英制为主。

以 $Q\dfrac{\sqrt{d(t_u+273)}}{p_d+p_b}$ 为纵坐标，$\dfrac{p_u+p_b}{p_d+p_b}$ 为横坐标。在阀门全开的情况下，用空气进行试验。令 p_b 尽量低，逐步提高 p_u 作出曲线（见图 12-13）。

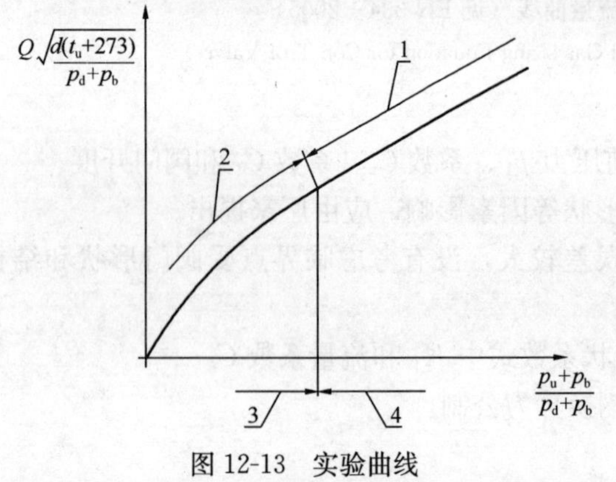

图 12-13　实验曲线

1—线性区；2—非线性区；3—亚临界状态；4—临界状态

在临界状态区取一点，可得

$$C_{gi}=\frac{2\times Q\sqrt{d(t_u+273)}/(p_d+p_b)}{13.57\times(p_u+p_b)/(p_d+p_b)} \tag{12-31}$$

由于测量的误差，应由几个点求平均值。

（2）求形状系数 K_1

根据 $C_g=\dfrac{2\times Q\sqrt{d(t_u+273)}}{13.57\times(p_u+p_b)}$，令

$$C_v = \frac{2 \times Q\sqrt{d(t_u + 273)}}{13.57 \times (p_u + p_b)\sqrt{(p_u - p_d)/(p_u + p_b)}} \tag{12-32}$$

式（12-32）也是根据英制的式（12-21）换算过来的。但是此处式（12-32）的 C_v 和式（12-21）的 C_v 相差一个系数（59.64）。

达到临界时，$Q_C = \dfrac{13.57 \times C_v(p_u + p_b)}{2\sqrt{d(t_u + 273)}}\sqrt{\left(\dfrac{p_u - p_d}{p_u + p_b}\right)_c}$，

则 $\sqrt{\left(\dfrac{p_u - p_d}{p_u + p_b}\right)_c} = \dfrac{C_g}{C_v}$，此式和英制的式（12-25）相似，之差一个系数 59.64，设 K_1 为形状系数，则

$$K_1 = \frac{1}{\left[\sqrt{(p_u - p_d)/(p_u + p_b)}\right]_c} = \frac{C_v}{C_g} = \frac{\dfrac{2Q\sqrt{d(t_u + 273)}}{13.57 \times (p_u + p_b)C_g}}{\sqrt{(p_u - p_d)/(p_u + p_b)}} \tag{12-33}$$

由于 $\dfrac{Q}{Q_c} = \sin\dfrac{\sqrt{(p_u - p_d)/(p_u + p_b)}}{\sqrt{[(p_u - p_d)/(p_u + p_b)]_c}} = \sin\left[K_1\sqrt{\dfrac{p_u - p_b}{p_u + p_b}}\right]_{deg}$，根据正弦规律得

$$K_1 = \frac{\arcsin\left[\dfrac{2Q\sqrt{d(t_u + 273)}}{13.57 \times (p_u + p_b)C_g}\right]_{deg}}{\sqrt{(p_u - p_d)/(p_u + p_b)}} \tag{12-34}$$

此式就是 EN334：2005 中的式（8）。

根据试验曲线可求出几个点的 K_{1i}，并求出平均值。具体要求见 EN334：2005。

（3）求通用流量计算公式

根据正弦规律，可得出通用公式：

$$Q = \frac{13.57 \times C_g(p_u + p_b)}{2\sqrt{d(t_u + 273)}}\sin\left(K_1\sqrt{\frac{p_u - p_d}{p_u + p_b}}\right)_{deg} \tag{12-35}$$

作者认为式（12-34）、式（12-35）应以弧度计。

式（12-35）可以计算非临界和临界状态的流量。

（4）求临界点

当 $\sin 90° = 1$ 时，是临界点，则有：

$$\frac{Q^2 d(t_u + 273)}{13.57^2 C_g^2}\left(\frac{2}{p_u + p_b}\right)^2 = 90^2 \tag{12-36}$$

因为：

$$\left[\frac{Q\sqrt{d(t_u + 273)}/[6.785 \times C_g(p_u + p_b)]}{\sqrt{(p_u - p_d)/(p_u + p_b)}}\right]^2 = \frac{Q^2 d(t_u + 273)/[6.785 \times C_g(p_u + p_b)]^2}{(p_u - p_d)/(p_u + p_b)} = K_1^2$$

经过简单的数学换算，可得

$$K_1^2[(p_u + p_b) - (p_d + p_b)] = 90^2(p_u + p_b)$$

$$(p_u + p_b)(K_1^2 - 90^2) = K_1^2(p_d + p_b)$$

$$\frac{p_u + p_b}{p_d + p_b} = \frac{K_1^2}{K_1^2 - 8100} \tag{12-37}$$

所以亚临界状态的界限为：

$$\frac{p_u+p_b}{p_d+p_b} \geqslant \frac{K_1^2}{K_1^2-8100} \tag{12-38}$$

此式就是 EN334：2005 中的公式（9）。作者认为式（12-37）、式（12-38）应以弧度计，K_1 是比值。

如果式（12-35）中的 sin 以弧度计。则亚临界状态的界限为：

$$\frac{p_u+p_b}{p_d+p_b} \geqslant \frac{K_1^2}{K_1^2-(0.5\pi)^2} \tag{12-39}$$

（5）检测时计量单位的换算

1）K_1 和 C_g 中的流量 Q，是在调压器测试系统中的调压器后的流量计（EN 334 第 14 图流量计 9）计量的流量，需要根据实测时的温度和压力对流量进行换算，

$$Q=\frac{p_M+p_b}{p_n}\frac{T_n}{t_M+T_n}Q_M=269.64\frac{p_M+p_b}{t_M+T_n}Q_M \tag{12-40}$$

式中 p_n、T_n——标准状态的压力和温度（$T_n=273$K，$p_n=0.1$MPa）；

p_M——测试时，燃气流量计处压力（0.1MPa）；

Q_M——测试时，燃气流量计实测的流量（m^3/h）；

t_M——测试时燃气流量计处的温度（℃）。

2）确定 C_g 时，空气温度为 15℃时，则换算公式为

$$Q=\frac{p_M+p_b}{p_n}\frac{T_n}{t_M+T_n}\frac{\sqrt{d(t_u+273)}}{\sqrt{1\times(15+t_n)}}Q_M=15.88\times\frac{p_M+p_b}{t_M+T_n}Q_M\sqrt{d(t_u+273)} \tag{12-41}$$

式中 t_n——测试时，调压器入口温度（℃）；

d——燃气相对密度。

（四）我国标准采用的方法

我国标准中临界流量系数、形状系数均以 EN334 为基础。但是流量的基准状态为：101.325kPa；15℃。

此外压力单位为 MPa；流量单位为 m^3/h。具体公式如下：

$$C_{g,i}=\frac{Q\sqrt{d\times(t_1+273)}}{69.7\times(p_1+p_a)}=\frac{Q\times\dfrac{\sqrt{d\times(t_1+273)}}{(p_2+p_a)}}{69.7\times\dfrac{(p_1-p_a)}{(p_2+p_a)}} \tag{12-42}$$

式中 $C_{g,i}$——i 次测试的流量系数；

Q——通过调压器的流量（m^3/h）；

d——试验介质的相对密度；

t_1——调压器前试验介质温度（℃）；

p_1——进口压力（MPa）；

p_2——出口压力（MPa）；

p_a——大气压力（MPa）。

流量系数等于临界流动状态时各测试工况下流量系数的平均值，即

$$C_g = \frac{1}{n}\sum_{i=1}^{n} C_{g,i} \tag{12-43}$$

式中　C_g——测试得到的流量系数；

n——临界流动状态下的测试工况次数。

根据亚临界流动状态下的试验数据确定形状系数。测试工况下的形状系数计算式为

$$K_j = \frac{\arcsin\left[\frac{Q\sqrt{d\times(t_1+273)}}{69.7\times(p_1+p_a)}\right]_{deg}}{\sqrt{\frac{(p_1+p_a)}{(p_2+p_a)}}} \tag{12-44}$$

式中　K_j——j 次测试工况下的形状系数。

形状系数 K 为亚临界流动状态时各测试工况下形状系数的平均值。

$$K = \frac{1}{m}\sum_{j=1}^{m} K_j \tag{12-45}$$

式中　K——调压器形状系数；

m——测试工况次数。

第四节　安全阀与放散阀性能的衡量标准

本节中切断阀主要根据我国制定的切断阀标准。放散阀内容主要参照《安全阀一般要求》（GB/T 12241）。在为燃气调压站设置的放散阀标准尚未颁布以前，具体要求应以 GB/T 12241 系列为主。

一、切断阀与放散阀的型号

（1）切断阀、放散阀分类（见表 12-4）

切断阀、放散阀分类　　**表 12-4**

序号	分类原则	类别
1	用途	切断阀、放散阀
2	结构原理	直接作用式、间接作用式
3	连接方式	法兰连接、螺纹连接

（2）型号编制

切断阀、放散阀的型号编制应包括下列内容：

①切断阀、放散阀的用途、结构原理代号见表 12-5。

切断阀、放散阀代号　　**表 12-5**

类别代号	用途代号		结构原理代号		连接方式代号	
	切断阀	放散阀	直接作用式	间接作用式	法兰连接	螺纹连接
R	Q	F	Z	J	F	L

②编号规则如下

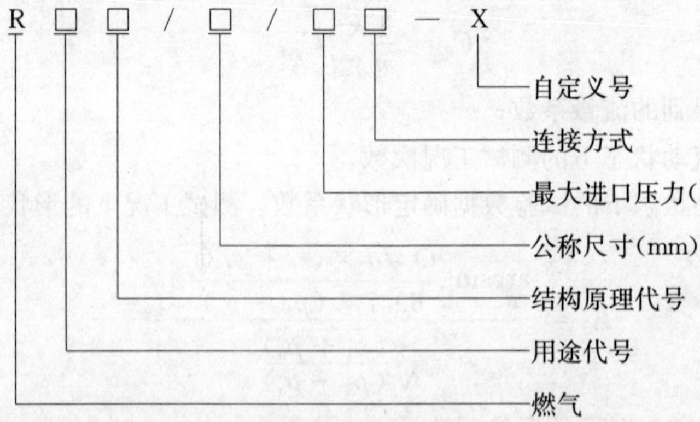

示例：RQZ/100/0.8 F 表示公称尺寸为 DN100、最大进口压力为 0.8MPa、直接作用式、法兰连接的切断阀，RFJ/150/0.4 L 表示公称尺寸为 DN150、最大进口压力为 0.4MPa、间接作用式、螺纹连接的放散阀。

二、切断阀与放散阀的工作性能

（一）典型技术指标

下面介绍切断阀和放散阀的典型工作性能。

（1）切断压力

切断阀关闭元件开始动作时被监控燃气系统内的压力。预设的切断压力高于被监控燃气系统工作压力时的切断压力称作超压切断压力；预设的切断压力低于被监控燃气系统工作压力时的切断压力称作欠压切断压力。

（2）切断压力精度和精度等级

切断压力实际响应值与设定值之间最大偏差的绝对值与设定值的比值，用百分数表示。切断压力精度

$$A=\left|\frac{p-p_s}{p_s}\right|_{max}\times 100\% \tag{12-46}$$

式中　p——切断压力实际值；

p_s——切断压力设定值。

切断压力精度等级 AC 应符合表 12-6 的规定。

切断压力精度等级　　**表 12-6**

切断压力精度等级	最大相对偏差	切断压力精度等级	最大相对偏差
AC1.0	±1%	AC5.0	±5%
AC2.5	±2.5%		

放散阀的整定（设定）压力精度和等级与切断阀雷同。

（3）复位压差 Δp_w

复位压差 Δp_w 为切断压力设定值 p_{dsol} 与系统运行压力 p_f 之间的差值。Δp_w 应大于 AC 所对应的偏差值，由厂家确定（图 12-14）。

当切断阀处于关闭状态时，系统恢复压力至 p_f 时，不手动不能复位，就是在有振动的条件下也不能自动复位，为此还要做冲击试验，具体试验方法见标准。

（4）响应时间

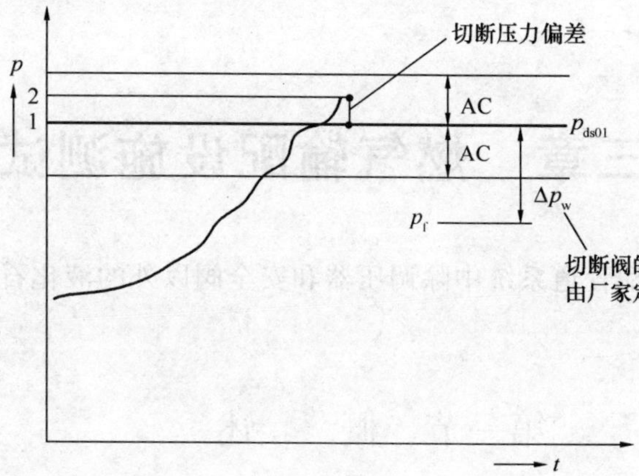

图 12-14　切断阀的复位压差

切断阀从反馈信号取压点获得允许的极限切断压力至关闭元件完全关闭所持续的时间。切断阀的响应时间不应大于 2s。

(5) 放散阀的启闭压差

放散阀开阀和闭阀的压力差值。启闭压差不应大于 10%预定压力。

(6) 流量系数

流量系数可以根据《工业控制阀》(GB/T 17213) 规定的公式计算，标准要求至少在三种不同运行条件下检验，取平均值。允许有正负 10%的偏差。

(7) 整体密封性

切断阀和放散阀的整体（包括附件）要在 1.1 倍最大工作压力（不小于 0.02MPa）作密封试验。试验方法见标准。

(8) 阀座密封性

切断阀和反放散阀的阀座在关闭状态下作密封试验。压力条件同上。

(9) 强度

强度试验的压力一般取 1.5 倍最大工作压力，并且不低于 p+0.2MPa。试验方法见标准。

(10) 膜片

膜片是切断阀、放散阀以及调压器的关键部件，相应的标准中有性能及检验要求。

(11) 耐久（用）性一般要求在常温下往复工作 100 次，在低温条件下 50 次后，仍能满足各项功能要求。切断阀和放散阀的其他工作性能与结构要求详见相应标准。

(二) 试验条件

在进行检验切断阀和放散阀的工作性能时，试验室的条件、试验装置的安装、试验仪器的种类及其精度要求以及试验方法和步骤等在相应的标准中有明确规定。在检定试验过程中需要严格执行。

参考文献

[1]　哈尔滨建工学院等．燃气输配［M］．北京：中国建筑工程出版社，1998.

第十三章　燃气输配设施测试

本章主要介绍燃气输配管道系统中除调压器和安全阀以外的液化石油气钢瓶、报警器、储罐等的测试技术。

第一节　概　　述

一、燃气输配系统

燃气输配系统主要有两种形式：管网输配系统与瓶装输配系统。

（1）管网输配系统

燃气管网输配系统多用于天然气、人工燃气为气源的城市供应系统。燃气由气源（或储配站）在高一级的压力下送到调压站，降压后又被送到低一级的压力管道，最后由低压管网送到各个用户。图 13-1 是一个天然气三级管网系统示例。天然气来自长距离输送干管，由长距离输送干管送到城市储配站（门站），燃气在此降压后送到高压管网，高压管网将燃气分配给高中调压站和高低调压站，也可以直接送到工业用户。中压管网把来自高中压调压站的燃气分配给各个中低压调压站。低压管网又把来自中低调压站及高低调压站的燃气直接送到各种用户。大城市外边有时组成一个超高压环形网，这样以环形管网向储配站送气，从而提高供气的可靠性。另外，通过高压环形管还可以向其他用气区送气。

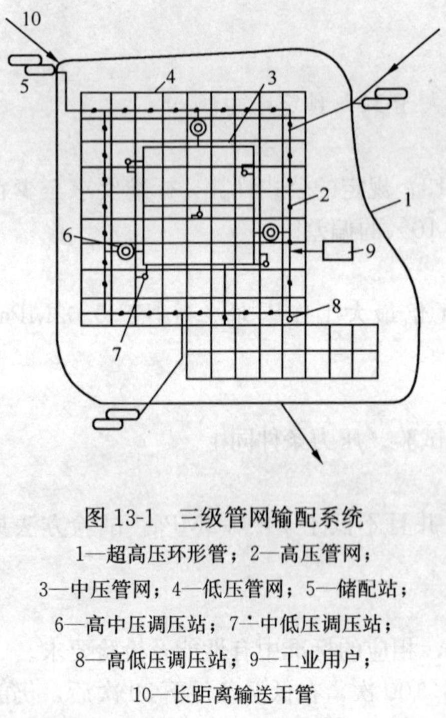

图 13-1　三级管网输配系统

1—超高压环形管；2—高压管网；3—中压管网；4—低压管网；5—储配站；6—高中压调压站；7—中低压调压站；8—高低压调压站；9—工业用户；10—长距离输送干管

（2）瓶装输配系统

瓶装输配系统用于液化气（如液化石油气、液化天然气、液化二甲醚燃气等）的输配。液化气通过火车或汽车槽车，由气源送到液化气储配站。在储配站中，把液化气灌到液化气钢瓶中，然后将钢瓶送到各个供应站（服务站），最后由供应站送到用户。为了减少地面运输量，气源至输配站或各储配站之间也可用管道输送液化气。另外，常用汽车槽车直接将储配站的液化气送到大型工业用户。

二、城市管道压力级制

城市燃气管道是指储配站或门站以后的管道，不包括远距离输送干管及超高压环管。城市燃气管道的压力级制取决于管道施工与维护管理的技术水平。我国《城市煤气设计规范》（GB 50028）中规定的压力级制见表 13-1。

城市燃气管道设计压力（表压）分级　　表 13-1

名称		压力（MPa）	名称		压力（MPa）
高压燃气管道	A	$2.5<p<4.0$	中压燃气管道	A	$0.2<p<0.4$
	B	$1.6<p<2.5$		B	$0.01<p<0.2$
次高压燃气管道	A	$0.8<p<1.6$	低压燃气管道		$p<0.01$
	B	$0.4<p<0.8$			

输配系统中各种压力级制的管道应通过调压站或调压箱相连。当压力超过最大允许压力时，应设置防止超压的安全装置。

第二节　管道与钢瓶的测试

燃气管道与液化石油气钢瓶的强度与气密性直接关系到人民生命与国家财产的安全。严禁使用没有经过检验与检验不合格的管道与钢瓶。另外，燃气管道的防腐技术处理等级需要根据土壤的电阻率确定。为此要求对施工现场土壤的电阻率进行测量。

一、管道试压

管道试压分强度试验与气密性试验两个步骤。根据管径大小与压力级别的高低制订相应的试压方法与标准。另外，各地因施工方法、经验不同，采用的具体试压方法可能略有差别，这里介绍的主要是《城镇燃气输配施工及验收规范》(CJJ 39—89）中的条款。

（一）强度试验

燃气管道施工一定长度后，在填土以前必须进行强度试验。施工长度以不大于 1km 为宜。

（1）采用压力

管道及其附件强度试验压力应为设计压力的 1.5 倍，但对于钢管不应低于 0.3MPa，铸铁管不得低于 0.05MPa。

（2）压力表要求

试验用的压力表应在校验有效期内方可使用，其量程不得大于试验压力的 2 倍。弹簧压力计精度不得低于 0.4 级。

（3）试验方法

采用空气压缩机向两端封闭的管段加压，并安装压力计观测压力。试验时使压力缓慢上升，稳压 1h 后，仔细进行外观检查，并用肥皂液涂抹接口处，检查各处是否有漏气现象。检查对象包括试验段内各种管道附件，如阀门、凝水缸等。

在强度试验时，要保证试验压力不变。如果因为漏气或外界温度等影响试验压力变化，应采取补气的方法调整。在发现漏气后，应将缺陷处彻底处理或重新焊接，不允许做表面修补。如发现有变形处，则应更换不合格的管道或附件。

（二）气密性试验

强度试验合格后进行气密性试验。在气密性试验以前宜先覆土，回填到管顶上 0.5m 处。

（1）采用压力

设计压力 $p \leqslant 5$kPa 时，试验压力取 20kPa；$p > 5$kPa 时，试验压力应为设计压力的 1.15 倍。但不得小于 100kPa。

(2) 压力表要求

对于低压应考虑使用 U 形压力计。

(3) 试验方法

试验开始前应向管道内充气至试验压力，保持一定时间，使温度、压力达到稳定。24h 后，压力降不得超过以下公式的计算值。

①设计压力 $p \leqslant 5$kPa 时

同一管径时，

$$\Delta p = 40T/D \tag{13-1}$$

不同管径时，

$$\Delta p = \frac{40T(L_1 + L_2 + \cdots + L_n)}{D_1L_1 + D_2L_2 + \cdots + D_nL_n} \tag{13-2}$$

②设计压力 $p > 5$kPa 时

同一管径时，

$$\Delta p = 6.47T/D \tag{13-3}$$

不同管径时，

$$\Delta p = \frac{6.47T(L_1 + L_2 + \cdots + L_n)}{D_1L_1 + D_2L_2 + \cdots + D_nL_n} \tag{13-4}$$

式中 Δp——允许压力降（kPa）；

T——试验时间（h）；

D——管段内径（m）；

D_1、D_2、…、D_n——各管段的内径（m）；

L_1、L_2、…、L_n——各管段的长度（m）。

在试验期内，如果管内温度与大气压力发生变化，压力降计算式为

$$\Delta p = (p_1 + H_1) - (p_2 + H_2)\frac{273 + t_1}{273 + t_2} \tag{13-5}$$

式中 Δp——允许压力降（Pa）；

H_1、H_2——试验开始和结束时的压力计读数（Pa）；

p_1、p_2——试验开始和结束时的大气压力（Pa）；

t_1、t_2——分别表示试验开始和结束时的管内温度（℃）。

二、土壤电阻率测量

《城镇燃气设计规范》（GB 50028）的第 6.7.2 条中规定：地下燃气管道防腐设计，必须考虑土壤电阻率。对高、中压输气管宜沿燃气管道途经地段选点测定其土壤电阻率。测量方法如下。

（一）电极法测土壤电阻率

土壤电阻率是土壤腐蚀性能的最重要特性指标。测量方法有二极法与四极法两种。

(1) 二极法

图 13-2 为二极法测量土壤电阻率的示意图。它是由电极杆、电流表及 3V 电池组成。电源用 3V 直流电源。电极杆和极尖分别用木杆与铁靴加工而成。图中给出其基本尺

寸，阴极的极尖尺寸较大，可以减少极化作用。两极用穿在电极杆内的导线与电池相连。电流表有两种刻度，25mA 和 100mA。测定土壤电阻率时，两极插入土壤的深度与管道的基础深度相等。土壤电阻率由测得的电流按下式计算：

$$\rho = K\frac{E}{I} \qquad (13\text{-}6)$$

式中　ρ——土壤电阻率（$\Omega \cdot m$）；

E——干电池组的电压（V）；

I——电流（A）；

K——测量仪器的常数（m）。

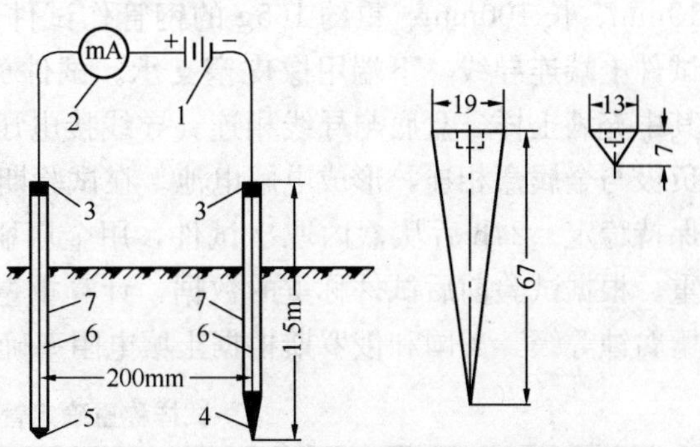

图 13-2　二极法测量土壤电阻率示意图

1—干电池；2—电流表；3—极杆上的金属罩；4—阴极极尖；5—阳极极尖；6—导线；7—极杆

（2）四极法

四极法测量土壤电阻率原理如图 13-3 所示。

A、B、M、N 四个电极按一条直线安装，其中 A 与 B 为供电极，与电源（直流干电池）1 及电流表 2 相连，构成供电回路。M 与 N 为测量极，与电位计相连。由电源供给的电流经 A、B 两极与土壤连接，在测量极 M、N 之间建立电位差。该电位差值与经 A、B 两极的电流量及 M、N 两极间的土壤电阻值成正比。故当四个电极的间距一定时，可根据电位计测得的电位差 ΔV 和电流表测得的电流值 I，计算

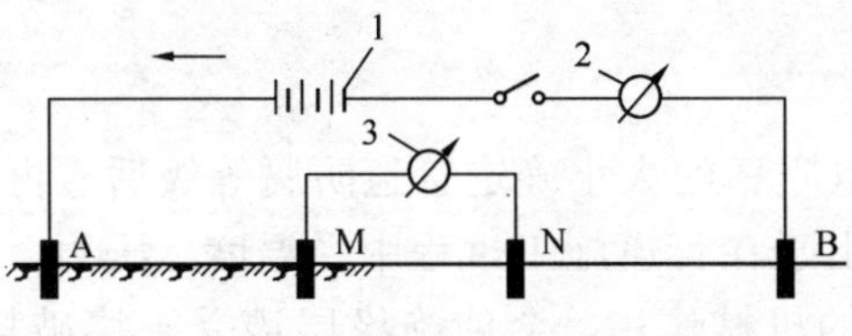

图 13-3　四极法测量土壤电阻率示意图

1—干电池；2—电流表；3—电位计

$$\rho = K\frac{\Delta V_{MN}}{I}$$

土壤电阻率 ρ，其关系式如下：

其中，$K = \frac{\pi}{l_{M-N}}\left[\left(\frac{l_{A-B}}{2}\right)^2 - \left(\frac{l_{M-N}}{2}\right)^2\right]$ 为仪器系数，单位为 m，其数值取决于四个电极的相对位置。

选择四个电极的间距时，一般应使 M、N 两极的距离等于需要测定的深度，A、B 两点距离约为 M、N 两点距离的 3～5 倍。

四极法能在地面上进行测量，并可测量电极间范围较大的、从地面到规定深度的土壤电阻率。但是当土壤性质不均匀时，误差较大。

（二）管盒法

管盒法（图 13-4）是将一段标准钢管试件放在土壤中，使一定电压的电流通过，以形成腐蚀电解电池。经过一定时间后，测量其重量损失，以此表示土壤的腐蚀性。

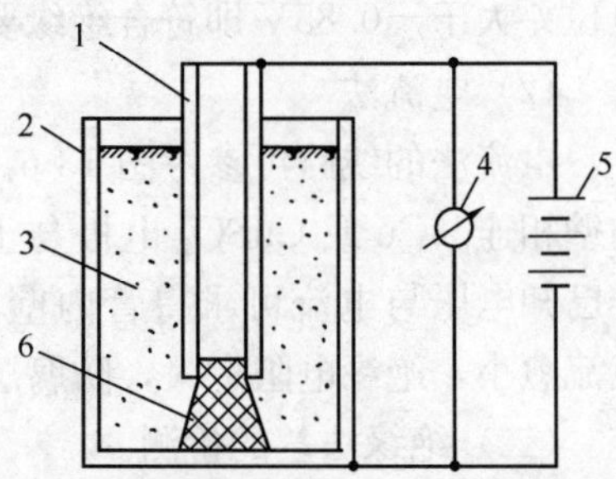

图 13-4　管盒法示意图

1—钢管试件；2—金属盒；3—土样；4—电压表；5—干电池；6—橡皮塞

试验时先将土样按规定要求压碎、烘干，然后重新磨碎、过筛。再用蒸馏水润湿土壤至饱和。用直径

19mm、长 100mm、重约 165g 的钢管作试件。试件擦洗干净后，称重至 0.01g 的精度。试件上端连导线，下端用橡皮塞支承。试件放在直径为 80mm、高 120mm 的金属盒内，其中充满土样，盒底与导线相连。导线接电压为 6V 的干电池，电池的正极与试件相连，负极与金属盒相连，形成电解电池。在试验期间回路内的电流值可能改变，但电池电压应保持稳定。24h 后从盒内取出试件，用金属刷清除腐蚀产物后，用酒精冲洗，干燥后称重。根据试验前后试件称重的数据，计算重量损失，用表 13-2 的指标判断所取土样的土壤腐蚀等级。美国和俄罗斯根据土壤电阻率确定管道防腐等级见表 13-3。

试样称重确定管道防腐等级表　　　**表 13-2**

24h 后试件失重（g）	0～1	1～2	2～3	3～6	＞6
根据失重确定防腐等级	低	中	较高	高	特高

土壤电阻率确定管道防腐等级表　　　**表 13-3**

土壤电阻率（Ω·m）	美国（二极法）	＞50	49.99～20	19.99～10	9.99～7	＜7
	俄罗斯（四极法）	＞100	100～20	20～10	10～5	＜5
据电阻率确定防腐等级		低	中	较高	高	特高

三、管道设备绝缘的测量

（一）管道防腐绝缘层的测量

根据土壤电阻率的大小确定管道防腐等级后，再进行防腐处理。由于在管道施工过程中受温度、压力、冲击及其他意外的机械作用，会使绝缘层遭受土壤破坏，被破坏处腐蚀更加严重，威胁安全运行与使用寿命。为此在管道竣工以前，要检测防腐绝缘层。发现破坏应及时整修。通常在每个道口或大约 1.5km 处设一个测试点，进行检测，一般有两种检测方法。

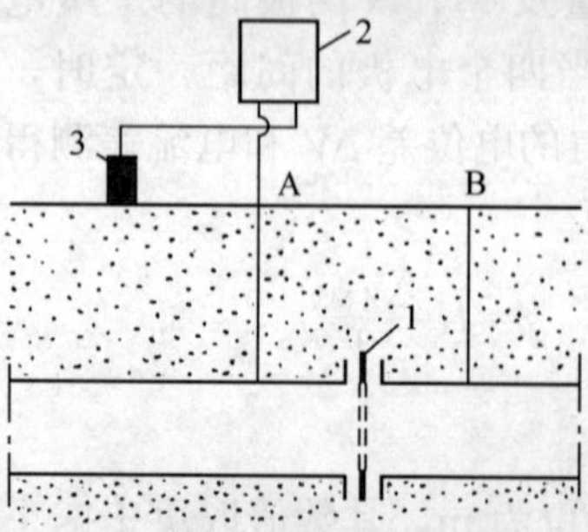

图 13-5　电位差法测管道绝缘

1—绝缘法兰；2—电位差计；3—Cu 或 $CuSO_4$ 电极

（1）电位差法

大管道外加一电位差计（图 13-5）。其负极接在管道内壁上，另一极与 Cu 或 $CuSO_4$ 电极相连。Cu 或 $CuSO_4$ 电极与土壤及灵敏度高的电压表相接，测得管道与土壤电位差大于－0.85V 即符合绝缘要求。

（2）电流法

电流法的线路可参考图 13-6。直流电源负极与管道内壁相连。Cu 或 $CuSO_4$ 电极与土壤及电流表相接。这样已知电压与电流可求得管内壁与土壤间的绝缘电阻。电流愈小，绝缘电阻愈大，防腐层的质量愈高。

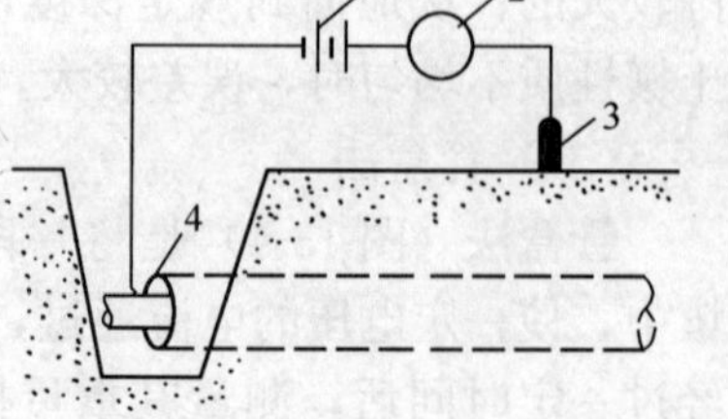

图 13-6　电流法测管道绝缘

1—直流电源；2—电流表；3—Cu 或 $CuSO_4$ 电极；4—管道

（二）绝缘法兰的检测

绝缘法兰也是一种防腐措施。它可以从电路上将被保护管线与不受保护的管道或设备断开，也可防止保护电流漏失。在有杂散电流的地带以及不同材料或新旧管道之间，要用绝缘法兰消除干扰腐蚀。为此要求绝缘的电阻很高。图 13-5 的 A、B 两点可作为检测绝缘法兰电阻的测点。

四、管道内部摄像检查

当发现燃气管道严重堵塞甚至发生事故时，需要检查管道内部积聚污垢或被腐蚀的情况。这时可以利用摄像机来观察管道内部的实况。管道摄像机头可以做得很小，本身带有光源。在燃气管道某端开孔并设导管，将管道摄像机经过导管送入燃气管道内，摄像机头的信号通过电缆送到地面上的控制机，控制机将信号转变为画面，这样就可以清楚地反映出燃气管道内部的彩色录像。由于管内部可能有水，所以摄像机头要求有防水措施。

五、液化石油气钢瓶及其瓶阀

液化石油气钢瓶有六种型号，YSP4.7 型、YSP12 型、YSP26.2 型、YSP35.5 型、YSP118 型及 YSP118-Ⅱ型。最大充装量为 1.9kg、5.0kg、11.0kg、14.9kg 及 49.5kg；公称容积为 4.7L、12.0L、26.2L、35.5L 及 118L。液化石油气钢瓶直接放在人们的住宅中，因此制造厂家应该严格执行标准，在选材、焊接及加工工艺等方面要特别注意产品质量，确保用户安全使用。《液化石油气钢瓶》(GB 5842) 及《液化石油气瓶阀》(GB 7512) 提出了明确的技术要求与检验方法。为了生产方便，可设计一些专用的钢瓶检测设备。

第三节　贮罐液位与罐高的测试

液化石油气贮罐的液位与低压燃气贮罐的高度，均代表燃气输配系统中燃气的储备量。因此，正确地测量与显示液位与贮罐的高度对于燃气输配系统的调度与监控有现实意义。

一、物位测量方法概述

液位、料位以及罐高均属物位测量。液位测量是测量气—液、液—液、液—固等分界面位置的测量技术。它要根据被测对象的介质、容器以及环境条件确定测量的方法及仪表的选用。

测量物位的方法有多种，并且随着科技的发展不断地增加。在这些方法中，大致可分两类：一类为直接测量法；另一类为间接测量法。

（一）直接测量法

直接测量法是以直观的方法检测液位的变化情况，用目测观察液位变化的仪表为玻璃管或玻璃板式液位计。低压燃气贮罐上带的罐高的标志，也可用目测计量。这种直接测量方法及仪表的优点是方法可靠、结构简单，但很难满足目前集中监控要求的遥测功能。

（二）间接测量法

间接测量法是通过测量与液位（或罐高）变化有关的物理参数变化值来测量液位。这种方法一般可以远传、显示与记录，能满足巡回检测与计算机控制的要求。现已成为燃气输配监控系统中不可缺少的检测手段。间接测量法还可以分接触测量与非接触测量两类。

（1）接触测量

接触测量的特点是仪表的液位敏感元件直接与被测液体接触，例如在液位变化时，插入液体中的单电极（对外壳）、双电极会产生电容量或电阻值的变化，此电容或电阻的变化与液位有一定的关系。因此测得电容或电阻即可间接测量液位。这种方法的特征是传感器与被测液体接触的测量部件较长或较大，易被液体污染，给安装与检修带来一定困难。

(2) 非接触测量

非接触测量的特点是仪表的液位敏感元件不直接与液体接触。例如通过测量一束超声声波发射到被测界面并放反射回来所需的时间来确定界面的位置。除超声技术外，还可利用激光、γ射线以及微波等新技术解决液面及罐高的测量问题。这种方法的优势是传感器结构简单，无可动部分，安装方便；缺点是线路复杂，价格较贵。由于非接触测量适应性很强，又能满足遥测及监控要求，近年来发展很快。

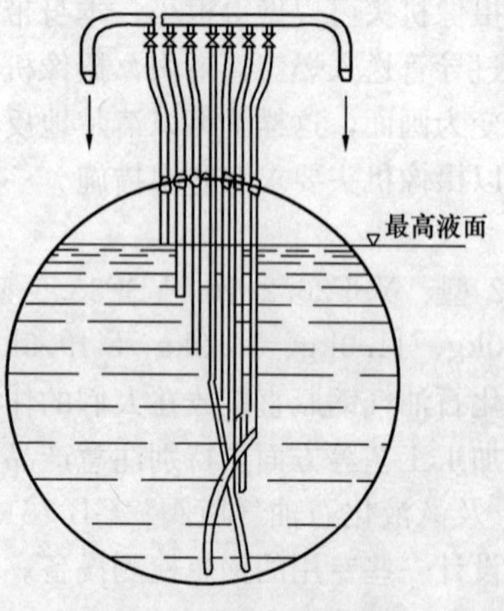

图 13-7 固定式液位计

二、液化石油气贮罐的液位计

(一) 固定式液位计

固定式液位计（图 13-7）是由 3～7 根内径为 3～4mm 的管子插入贮罐不同深度，并固定在贮罐内的金属板上。管子与罐交接处要焊接牢固。露在罐外的管子端设有阀门，并作为标明液位的标记，既表示管子插入深度也表明液位高度。开启各个阀门，根据观察流体是液体还是气体，即可估计出液位高度。这种液面计简单可靠，但精度不高。

(二) 玻璃板式液位计

玻璃板式液位计（图 13-8）可直接指示液面的高度，具有结构简单、读数方便的优点。这种液位计将特制的厚玻璃镶嵌于压盖与承座之间，上下用阀门与贮罐相接通。打开阀门后液位计指出的液面高度即为实际液位。为了防止在运行过程中打碎玻璃面造成漏气现象，可采用带球形逆止阀的阀门，在玻璃突然破碎后，内部压力将使圆球堵住通道，防止液体泄漏。

当内部压力不高时，一般的止回阀会关闭不严。这时，在玻璃管的上方和下方可各安装一个弹簧阀（弹簧压紧时阀门开，反之阀门闭）。在正常工作时，玻璃管及一块易熔垫圈共同支撑，将弹簧压紧使阀门打开。一旦玻璃管因故破碎，弹簧阀失去玻璃管的支撑力，靠弹簧的力将阀门关闭。同样，当温度超过要求时，易熔垫圈软化，弹簧阀失去易熔垫圈的支撑力，也会关闭阀门。

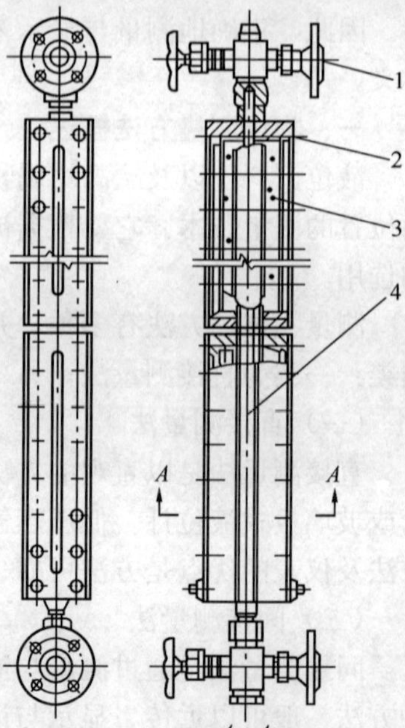

图 13-8 双面玻璃式液位计
1—带球形止回阀的阀门；
2—压盖；3—玻璃板；4—承座

(三) 回转管及滑动管式液位计

回转管式液位计适用于中、小型卧式圆筒形贮罐（图 13-9）。回转弯管在贮罐内部可在上下方向的 180°范围内转动。贮罐外面带手柄的指针与弯管固定在一起，当从活门放出的液化石油气为液态时，指针在刻度盘上指出的最高值，即为贮罐内液面的高度。

滑动管式液位计适用于汽车槽车和小型贮罐（图 13-10）。特制的带有刻度的滑动管，垂直插入贮罐内的套管中，滑动管的端头有喷口直径为 1mm 的活门露出贮罐外部。测量时，提起或插入滑动管。当活门喷口喷出的液化石油气是液态时，相应刻度最高值即为贮罐内液面的高度。

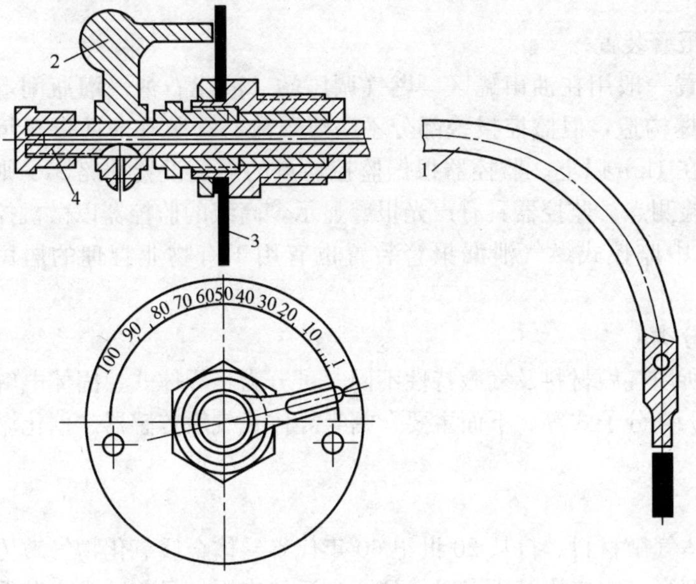

图 13-9　回转管式液位计

1—回转弯管；2—指针；3—刻度盘；4—活门

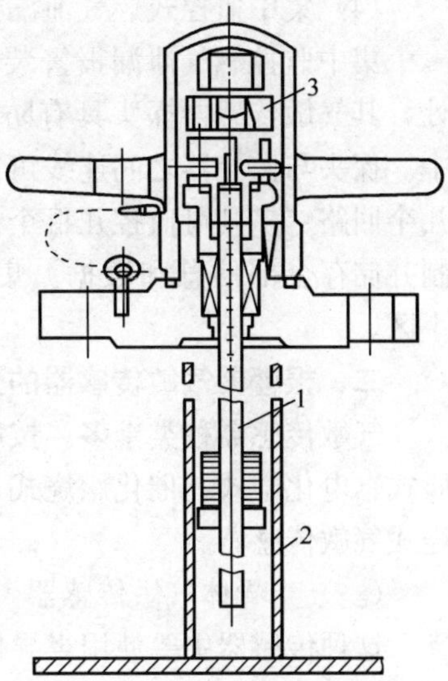

图 13-10　滑动管式液位计

1—带刻度的滑动管；2—套管；3—活门

第四节　燃气泄漏报警器的测试

燃气管道及设备的日常维护管理的主要工作之一是检漏。管道检漏用的燃气泄漏报警器是确定管道燃气泄漏点的主要工具。设置燃气泄漏报警器是防止燃气发生事故的重要措施。

一、燃气泄漏报警器分类

燃气泄漏报警器根据其使用地点和使用环境，主要分为四类。

（1）民用燃气泄漏报警器

民用燃气泄漏报警器安装在厨房中，主要作用是监视燃气泄漏和防止 CO 中毒事故。民用燃气报警器体积小、价格便宜，有效期限长。气敏传感器有效期限一般为 2～5 年。报警器一般使用交流电源，功率在 5W 左右。报警时有声光显示，也可带启动排风扇、切断燃气等报警输出功能。

（2）携带式燃气泄漏报警器

携带式燃气泄漏报警器一般采用热线半导体式气敏传感器，用电池供电。报警器装有微型吸气泵。用指针或数字显示泄漏燃气的浓度。一般都是防爆构造，可用于任何环境检漏。它操作、携带方便，为煤气公司保安人员必备的检漏仪器。

（3）地下燃气埋管检漏报警器

地下燃气埋管泄漏检测报警器，一般采用氢焰色谱仪或热线半导体检测仪。后者由于不要载气、体积小、价格低而成为目前最流行的地下管道泄漏检测仪器。这类仪器一般为手推车式，在距地面0.1m高度以内采样，检测浓度范围有0～100×10^{-6}和0～1000×10^{-6}两档。由于有吸气泵，应答时间一般小于7s，整机重量小于5kg，所以使用极其方便。检测小车推进速度一般控制在2～3km/h。

（4）集中监控式燃气泄漏报警装置

集中监控燃气泄漏报警装置一般用在油田罐区、燃气调压站、液化石油气灌瓶间等处，其气敏传感器探头具有防爆构造，但监控报警部分不防爆，故必须装在非防爆环境中。探头与监控器之间连线可在1km以上。监控器根据监控地点的需要设置回路，少则几个回路、多则可监控几百个检测点。监控器具有声光报警显示，高级的监控器以微机控制并储存全部信息和数据。集中监控式燃气泄漏报警装置也有用于有物业管理的居民小区。

二、报警器气敏传感器的分类

气敏传感器种类繁多。按所用气敏材料及气敏特性不同，可分为半导体式、固体电解质式、电化学式、催化燃烧式、高分子式等。下面主要介绍半导体式气敏传感器、催化燃烧式气敏传感器。

（一）半导体气敏传感器

这种传感器主要使用半导体气敏材料。自从20世纪60年代半导体金属氧化物气敏传感器问世以来，由于具有灵敏度高、响应快等优点，得到了广泛的应用，目前已成为世界上产量最大、使用最广的传感器之一。按照检测气敏特征量方式不同分为电阻式和非电阻式两种。

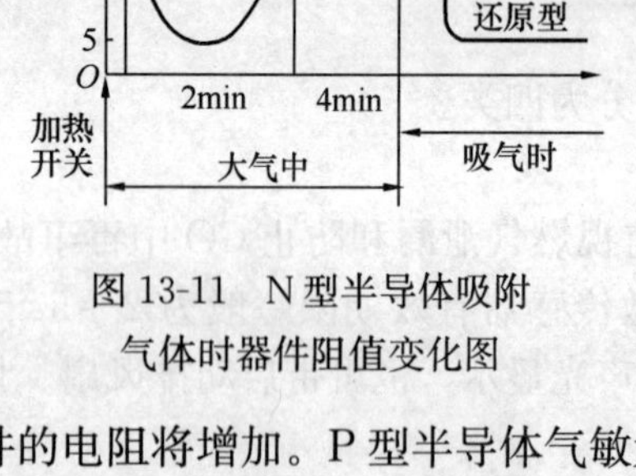

图13-11　N型半导体吸附气体时器件阻值变化图

电阻式半导体气敏传感器是利用气体在半导体表面的氧化还原反应导致敏感元件阻值变化而制成的。以金属氧化物半导体材料制成的数量最多。金属氧化物半导体分N型半导体，如氧化锡、氧化铁、氧化锌、氧化钨等；P型半导体，如氧化钴、氧化铅、氧化铜、氧化镍等。为了提高某种气敏元件对某些气体成分的选择性和灵敏度，合成材料有时还渗入了催化剂，如钯（Pd）、铂（Pt）、银（Ag）等。图13-11是N型半导体敏感元件吸附气体时电阻值变化的示意图。在高温下N型半导体气敏元件吸附上还原性气体（如氢、一氧化碳、碳氢化合物和醇类等）气敏元件的电阻将减小；若吸附氧化性气体（如氧或NO_x等），气敏元件的电阻将增加。P型半导体气敏元件情况相反，氧化性气体使其电阻减小，还原性气体使其电阻增加。

图13-12为电阻式半导体气敏传感器的结构图，两个白金丝线圈5、6烧结在一个半导体小球3上。这两个线圈一个作为加热线圈使用，另一个作为输出控制极使用。气敏元件工作时必须加热，其目的是：加速被测气体的吸附、脱出过程；烧去气敏元件的油垢或污垢物，起清洗作用。控制不同的加热温度能对不同的被测气体具有选择作用。加热温度

一般为200～400℃。气敏元件被加热到稳定状态，被测气体接触元件的表面而被吸附后，元件的电阻会产生较大的变化。

图13-13为SnO_2气敏器件的基本特性图。

SnO_2气敏元件易受环境温度和湿度的影响，图13-14给出了SnO_2气敏元件受环境温度、湿度影响的综合特性曲线。由于环境温度、湿度对其特性有影响，所以使用时，通常需要加温度补偿。

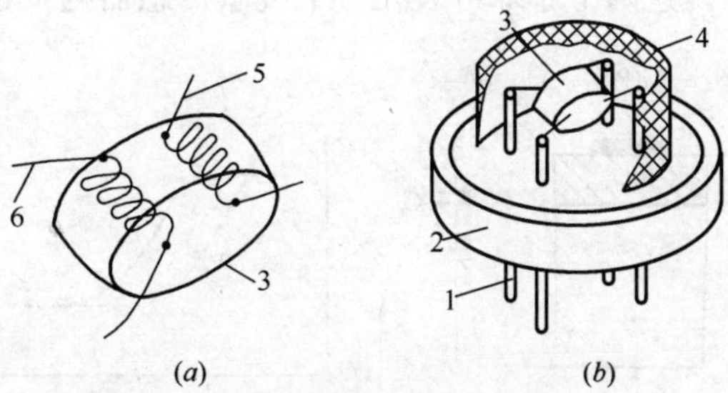

图13-12 半导体气敏传感器结构图

(a)气敏传感器烧结体；(b)气敏传感器外形

1—端子；2—底座；3—烧结体；4—不锈钢网；5—加热线圈；6—工作线圈

非电阻型气敏器件也是半导体气敏传感器之一。它是利用MOS二极管的电容—电压特性的变化以及MOS场效应晶体管(MOSFET)的阈值电压的变化等物性而制成的气敏元件。由于这类器件的制造工艺成熟，便于器件集成化，因而其性能稳定且价格便宜。利用特定材料还可以使器件对某些气体特别敏感。下面以MOS二极管式气敏传感器进行介绍。

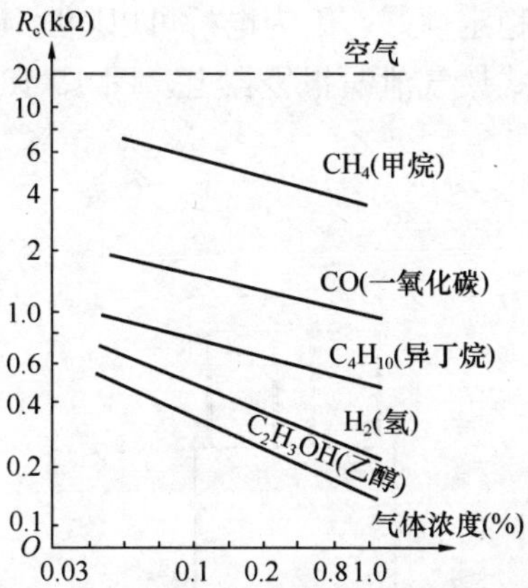

图13-13 SnO_2气敏器件的基本特性图

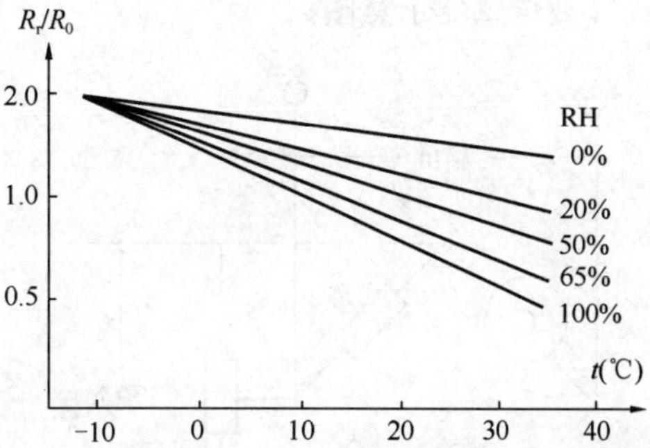

图13-14 SnO_2气敏元件温湿特性图

MOS二极管气敏元件是在P型半导体硅片上，利用热氧化工艺生成一层厚度为50～100nm的二氧化硅(SiO_2)层，然后在其上面蒸发一层钯(Pd)的金属薄膜，作为栅电极，如图13-15(*a*)所示。由于SiO_2层电容C_a固定不变，而Si和SiO_2界面电容C_S是外加电压的函数。其等效电路见图13-15(*b*)，由等效电路可知，总电容C也是栅偏压V的函数。其函数关系称为该类MOS二极管的C-V特性。由于钯对氢气(H_2)特别敏感，当钯吸附了H_2以后。会使钯的功函数降低，导致MOS管的C-V特性向负偏压方向平移，如图13-15(*c*)所示。根据这一特性就可用于测定H_2的浓度。

(二)催化燃烧式气敏传感器

接触燃烧式气敏传感器，俗称黑白件，如图13-16所示，在铂丝线圈上包以氧化铝和胶粘剂形成球状。催化燃烧式气敏传感器内有两个小球，一个涂有催化触媒(铂、钯等稀有金属)，一个没涂催化触媒，涂有催化触媒的也叫催化元件，没涂催化触媒的叫惰性元件。这两个小球可装在一个气敏传感器内，也可分开包装。

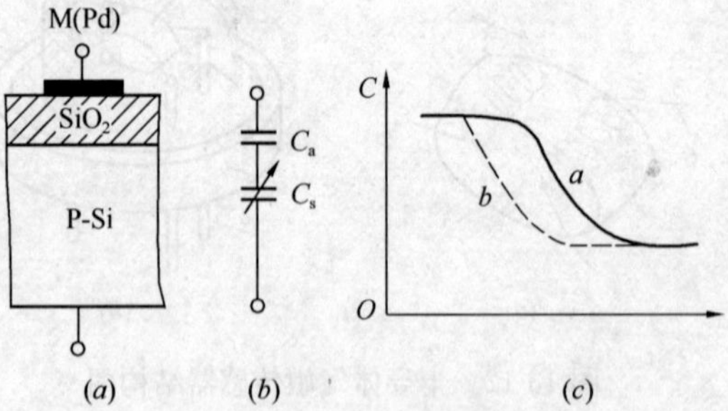

图 13-15　MOS 二极管的结构及等效电路

（a）结构；（b）等效电路；（c）C-V 特性

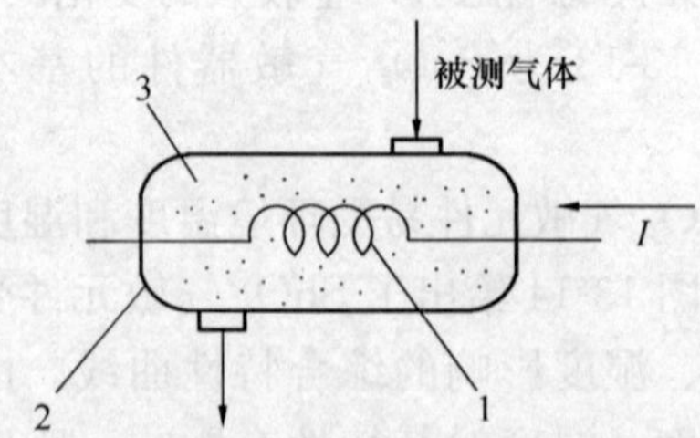

图 13-16　催化元件的结构

1—铂丝线圈；2—氧化物；3—催化剂

两个小球连接在一个电桥上。对铂丝线圈通以电流，使其保持高温（300～400℃），此时若小球与可燃气体接触，可燃气体就会在催化层上燃烧，产生热量，涂催化触媒的小球阻值改变，没涂催化层的小球则不会发生这种改变，电桥失去平衡，产生与可燃气体浓度成正比的输出。图 13-17 为催化燃烧气敏传感器的测量电桥示意图。

催化燃烧式气敏传感器的输出特性线性化强，稳定性好。因为电桥可以随时调零、所以催化燃烧式气敏传感器多用在手提式或小型携带式燃气泄漏报警器上。图 13-18 为催化燃烧式气敏传感器示意图。

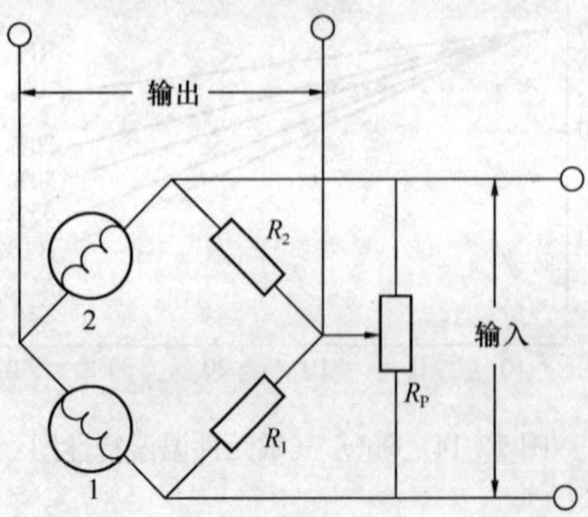

图 13-17　接触燃烧气敏传感器的测量电桥

1—催化元件；2—惰性元件

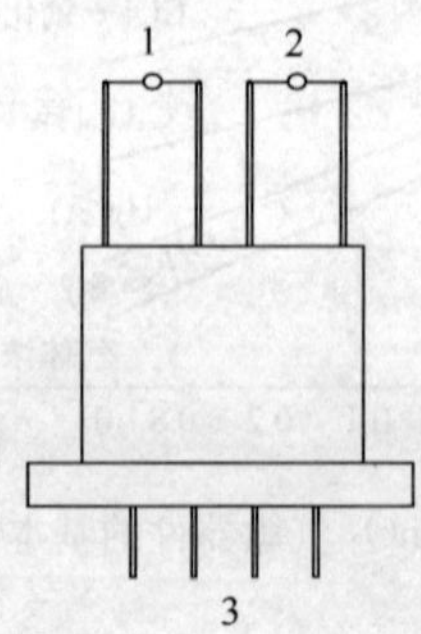

图 13-18　催化燃烧式气敏传感器示意图

1—催化元件；2—惰性元件；3—插脚

三、电阻式半导体式气敏传感器的技术参数

气敏传感器种类较多。各种气敏传感器技术参数也略有差异。下面是应用最广的电阻式半导体式气敏传感器的技术参数。

（1）器件电阻

气敏传感器在正常空气条件下的电阻值称为器件固有电阻，用 R_0 表示。气敏传感器在一定浓度中的电阻值，称为工作电阻值，用 R_s 表示。

（2）灵敏度

气敏传感器是指传感器对气体的敏感程度，通常用气敏传感器在一定浓度燃气中的

R_s 与气敏传感器固有阻值 R_0 的比值来表示。即

$$K=\frac{R_s}{R_0} \tag{13-7}$$

（3）分辨率

气敏传感器的分辨率是指在多种气体共存的条件下，气敏元件区分气体种类的能力。分辨率用气敏传感器在待测燃气输出电压 U_{cs} 与干扰气中的输出电压 U_{Sl} 的比值表示，即

$$S=\frac{U_{cs}}{U_{Sl}} \tag{13-8}$$

S 值愈高，表示元件抗干扰性强。

（4）稳定性

当被测气体浓度不变时，若其他条件发生改变，在规定的时间内气敏元件输出特性保持不变的能力。

（5）响应时间

响应时间是指气敏传感器对被测气体浓度的响应速度，从气敏传感器接触燃气开始，到其阻值达到某一规定值的时间为响应时间。具体响应时间为（R_S-R_0）×90％的阻值变化时间。

（6）恢复时间

一般用气敏传感器脱离可燃气体到其阻值恢复到某一规定值时的时间来表示恢复时间。具体的恢复时间为（R_s-R_0）×10％的阻值变化时间。

（7）初期稳定时间

长期在非工作状态下存放的气敏元件，因表面吸附空气中的水分或者其他气体，导致其表面状态的变化，在通电后，随着元件温度的升高，发生解吸现象。因此使气敏元件恢复正常工作状态，需要一定的时间，称为气敏元件的初期稳定时间。由开始通电到气敏元件阻值到达稳定所需的时间，称为初期稳定时间。存放时间越长，其初期稳定时间也越长。一般情况下，气敏元件存放两周以后，其初期稳定时间即可达最大值。

（8）加热阻值

指在气敏元件工作所需温度条件下。在加热线圈上测得的阻值。

（9）加热电压 U_H、回路电压 U_0、负载电阻 R_L

U_H、U_0 及 R_L 分别为电路中供给气敏传感器加热器的电压、供给测量回路的电压及测量回路取样电阻的阻值。

表 13-4 为国产 SnO_2 的 QM 型气敏传感器的技术参数。表 13-5 为日本费加罗 TGS 类气敏传感器的技术参数。

$QM-N_5$ 类气敏器件主要技术参数　　　　**表 13-4**

参数名称	洁净空气中电压	标定气体中电压	灵敏度（电压比）	分辨率	响应时间	恢复时间	测试电路条件			允许工作条件		
							回路电压	加热电压	负载电阻	回路电压	加热电压	负载电阻
参数符号	U_0	U_{CS0}	K	S	t_{s1}	t_{s2}	U_O	U_H	R_L	U_O	U_H	R_L
单 位	V	V			s	s	V	V	kΩ	V	V	kΩ

续表

参数名称		洁净空气中电压	标定气体中电压	灵敏度（电压比）	分辨率	响应时间	恢复时间	测试电路条件			允许工作条件		
								回路电压	加热电压	负载电阻	回路电压	加热电压	负载电阻
参数值	QM-N_5	0.2～1.8	≥2	≤0.9		≤10	≤30	10	5	2	5～15	4～6	0.5～2.2
	QM-N_6	≤20	≥35	≤0.9		≤10	≤30	AC100	AC或DC3.5	4	90～110	3.3～4	3.5～4.5
	QM-J_1	0.1～1.2	>1.4	>2	>2	<10	<30	10	5	2	5～15	4～6	0.5～4

TGS类气敏器件主要技术参数　　**表 13-5**

型号	标准试验回路条件			加热器电阻 R_H $K(\Omega)$	加热器电流 I_H (mA)	加热器功耗 P_H (mW)	传感器电阻 R_S (kΩ)	灵敏度（R_S 的变化率）
	回路电压 U_C(V)	加热器电压 U_H(V)	负载电阻 R_L(kΩ)					
TGS 813	10.0±0.1 DC/AC	5.0±0.05 DC/AC	4.0±1%	30±3.0	—	835±90	5～15（在1000×10^{-6} CH_4 中）	$\frac{R_s(3000\times10^{-6}H_2\text{中})}{R_s(1000\times10^{-6}CH_4\text{中})}$ =0.6±0.05
TGS 822TF	10.0±0.1 DC/AC	5.0±0.05 DC/AC	10.0±1%	38±3.0	—	660±55	1～12（在300×10^{-6} H_2 中）	$\frac{R_s(300\times10^{-6}H_2\text{中})}{R_s(50\times10^{-6}H_2\text{中})}$ =0.4～0.63
TGS 2442	0V (995ms) 5DC (5ms)	VHH=4.8±0.2 DC (14ms) VHL=0V (986ms)	可变 ≥10	17±2.5	约203（VHH时）	约14（平均值）	6.18～68.1（在100×10^{-6} CO中）	0.23～0.49(CO中)
TGS 2610	5.0±0.2 DC/AC	5.0±0.2 DC/AC	可变 ≥0.45	约59	56±5	≤280	0.68～6.8（在1800×10^{-6} 异丁烷中）	$\frac{R_s(3000\times10^{-6}\text{异丁烷中})}{R_s(1000\times10^{-6}\text{异丁烷中})}$ =0.56±0.06
TGS 2611	5.0±0.2 DC/AC	5.0±0.2 DC/AC	可变 ≥0.45	约59	56±5	280	0.68～6.8（在5000×10^{-6} 甲烷中）	$\frac{R_s(9000\times10^{-6}\text{异丁烷中})}{R_s(3000\times10^{-6}\text{异丁烷中})}$ =0.60±0.06

四、报警器的电路与试验方法

（一）报警器的电路

燃气泄漏报警器依用途而异。家用燃气泄漏报警器电路比较简单，可以降低成本；工业用集中监控报警器线路则比较复杂。图 13-19 是简单、实用的民用燃气泄漏报警器线路图。报警器中的气敏元件未接触可燃气体时，B处的电压大于A处的电压。运算放大器5的输出是低电压。当气敏元件接触到可燃气体时由于气敏元件阻值急剧下降，使A处的电压一旦高于B点电压，则运算放大器5的输出变成高电压。这个电压使开关管6导通，讯响器7发出警报声响。当空气中可燃气体浓度下降后，气敏元件4的阻值又变高，A处电压又低于B处时，运算放大器又恢复输出低电压。这时开关管6截止，讯响器7停止鸣叫。较高级的报警器带有许多附加功能电路，如温湿补偿电路、防误报电路、气体识别电路、气敏传感器失效预报电路和语言报警系统。

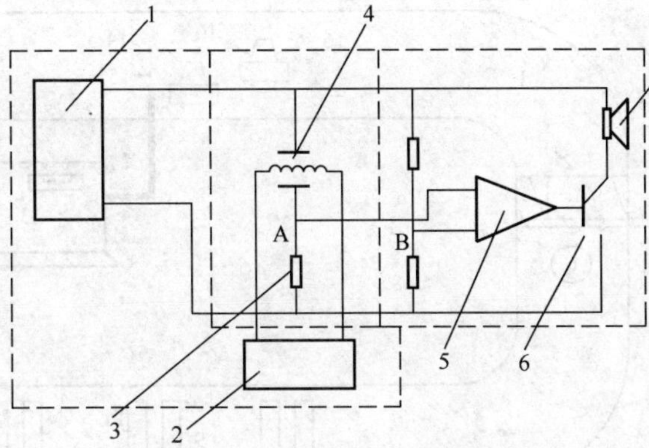

图13-19 报警器电气线路示意图

1—控制电源；2—加热电源；3—输出电阻；4—气敏元件；5—放大器；6—开关管；7—讯响器

（二）报警器的试验方法

报警器主要的试验方法和试验设备要求简述如下。

（1）不通电贮存试验

将全部经标定、调零后功能正常的报警器置于低温试验箱内，以不大于1℃/min的降温速率使试验箱内温度降至（−25±2）℃，并保持24h。

将报警器从低温试验箱中取出，放于室内正常环境条件下至少24h。

将报警器置于高温试验箱中，以不大于1℃/min的升温速率使试验箱内温度升至55±2℃，并保持24h。

将报警器从低温试验箱中取出，放于室内正常环境条件下至少24h。

（2）报警动作值试验

不通电贮存试验试验结束后，在正常环境条件下，进行报警动作值试验。把燃气报警器按正常工作状态要求安装于试验箱中，接通电源，使报警器处于正常监视状态20min。启动通风机，使试验箱内气流速度稳定在0.8±0.2m/s，再以小于1%LEL/min的速率增加试验气体浓度（LEL表示爆炸下限），直至报警器发出报警信号，此时的气体浓度值即为报警器动作值。图13-20为报警器动作值试验装置示意图。

（3）响应时间试验

将报警器接通电源，使其处于正常监视状态20min。

对于具有可燃气体浓度显示功能的报警器，调节进入气体稀释器的可燃气体和洁净空气的流量，配制出流量为500mL/min，浓度为报警器满量程的60%的试验气体，并经校验罩将配制好的试验气体输送到报警器的传感元件上，同时启动计时装置，待报警器显示到真实值的90%时，停止计时，记录报警器的响应时间。

对于不具有可燃气体浓度显示功能的报警器，调节进入气体稀释器的可燃气体和洁净空气的流量，配制出流量为500mL/min，浓度为报警器动作值1.6倍的试验气体，并经校验罩将配制好的试验气体输送到报警器的传感元件上，同时启动计时装置，待报警器发

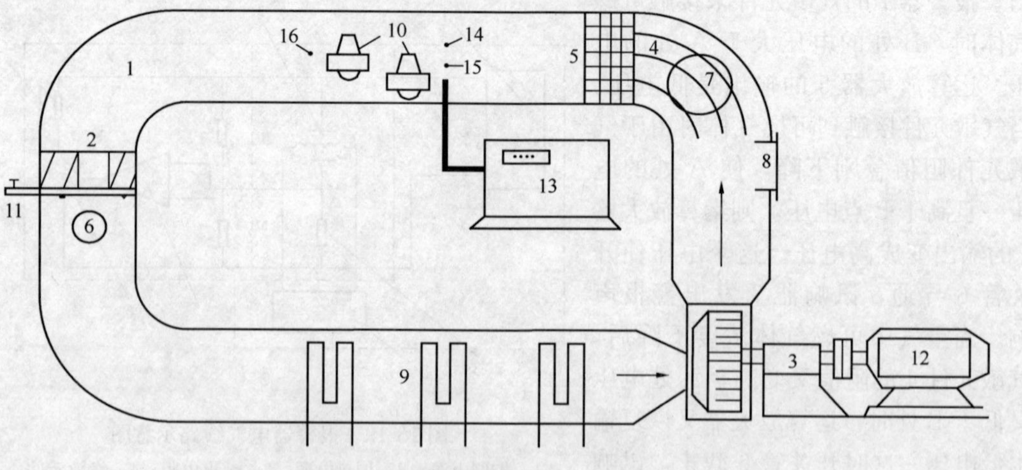

图 13-20　报警器试验装置示意图

1—风管；2—涡流机；3—通风机；4—导流板；5—整流栅；
6—加湿门；7—进风门；8—排风门；9—加热器；10—报警器；
11—可燃气体入口；12—直流电机；13—气体分析仪；14—温度检测仪；
15—湿度检测仪；16—风速计

出报警信号时，停止计时，记录报警器的报警响应时间。

(4) 方位试验

将报警器按正常工作状态要求安装于试验箱中，接通电源，使其处于正常监视状态 20min。

启动通风机，使气流速度稳定在 0.8±0.2m/s，再以体积分数不大于 1%LEL/min 的速率增加试验气体浓度直至报警器发出报警信号，测量报警器在 Z 轴线上方位 0°的报警动作值。以后每旋转 45°方位进行一次试验，测量 Z 轴线上每个方位的报警动作值。

分别测量 Y、X 轴线上各个方位的报警动作值，如果在 Y、X 轴线上报警器的外部结构和内部部件结构对气流速度无影响时，可不进行 Y、X 轴的试验。

(5) 高速气流试验

将报警器按正常工作状态要求安装于试验箱中，接通电源，使其处于正常监视状态 20min。

启动通风机，使试验箱内气流速度稳定在 6±0.5m/s，以不大于 1%LEL/min 的速率增加试验气体浓度直至报警器发出报警信号，测量报警器的报警动作值。

第五节　燃气阀门测试

随着燃气应用的日益广泛，各种形式的燃气阀门出现在燃气输配管道系统中。这里主要介绍工作压力小于或等于 15.0kPa，连接螺纹小于等于 G2 的一般家用或商用手动切断阀的测试。这种阀门安装在住宅中，所以一定要保证产品质量，确保用户安全使用。

《家用手动燃气阀门》(CJ/T 180—2003) 对燃气阀门测试已有介绍。下面介绍家用手动燃气阀门的一些基本性能测试方法以及相关的欧洲、北美标准中测试方法和装置供参考。

一、气密性试验

（一）性能要求

在22.0kPa（1.5倍的工作压力）试验压力下，泄漏量应＜0.02L/h空气（标准状态），而在欧洲和北美标准中除测量1.5倍的工作压力外还分别测量了600Pa和498Pa压力下的泄漏量，其要求和我国标准一样。

（二）测试方法和装置

（1）我国标准中规定使用泄漏检测仪检测燃气阀门的泄漏量，试验原理同第十章第四节。另外的方法就是将试验阀门浸入水中，深度不大于5mm，保持1min，检查阀门的各部分有无泄漏气泡，记录气泡数，按一个气泡0.3ml计算泄漏量。试验阀门浸入水中试验为仲裁试验方法。

（2）欧洲标准中建议使用的测试装置对燃气阀门气密性进行测试。

1）对于试验压力小于15kPa时，其泄漏量的测试装置见第十章图10-18。

①该装置由玻璃制作，旋塞1～5也由玻璃制作并装配弹簧，所用的液体是水。固定标高容器的水位和管G的端点之间的距离是可调的，以便水的高度相当于试验压力。该测试装置应放在有空调的房间内。

②测试方法。旋塞1的进口压力应通过压力调节器调节到测试压力。所有旋塞1～5都关闭。测试样品B被连接到管上，出口阀L关闭。旋塞2打开。当固定标高容器D由上泄漏至过流瓶E时，旋塞2关闭。旋塞1～4打开，通过进口A，在测量管和装置内形成压力，然后关闭旋塞1。旋塞3打开，允许15min的泄漏反应，以使试验装置（包括试样）内的空气达到热平衡状态。任何泄漏通过管G流入测量管H的水过流量示出。

2）对于试验压力大于15kPa的燃气阀门测试，其泄漏量通过图13-21的测试装置来测量。

①该装置由一个绝热压力容器A组成，这个容器装入水后，其水面上的空气容积为1dm³。玻璃管B的内径是5mm，它的顶端是接通大气的，它的较低端在容器A的水里，这个管子的目的是测量压力损失。测试压力通过进入压力容器空气层的管子C施加。测试样品通过一根内径为5mm的软管连接的管子D上。

②测试方法。通过一个控制器将压缩空气压力调节为测试压力，打开三通旋塞，接通压力容器，则测量管B中水面的上升对应的为测试压力。在通过旋转三通旋塞使连接到管D上的测试样品和A相连，稳定10min，使达到热平衡状态。然后测量5min，则从测量管B上的读数为压力损失。通过压力损失利用下面的公式计算泄漏量。

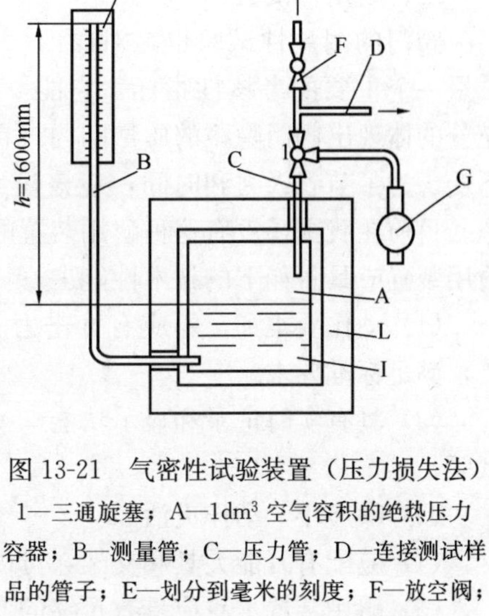

图13-21　气密性试验装置（压力损失法）

1—三通旋塞；A—1dm³空气容积的绝热压力容器；B—测量管；C—压力管；D—连接测试样品的管子；E—划分到毫米的刻度；F—放空阀；G—空气压力泵；I—水；L—绝热层

$$q_L = 11.85 \times 10^{-3} \times V_g (p_{abs'} - p_{abs''}) \tag{13-9}$$

式中　q_L——泄漏量（cm^3/h）；

V_g——测试样品和测试装置的体积（cm^3）；

$p_{abs'}$——试验开始时的绝对压力（Pa）；

$p_{abs''}$——试验停止时的绝对压力（Pa）。

（3）北美标准中使用流量测量装置来测量燃气阀门的泄漏量，试验装置如图 13-22 所示。

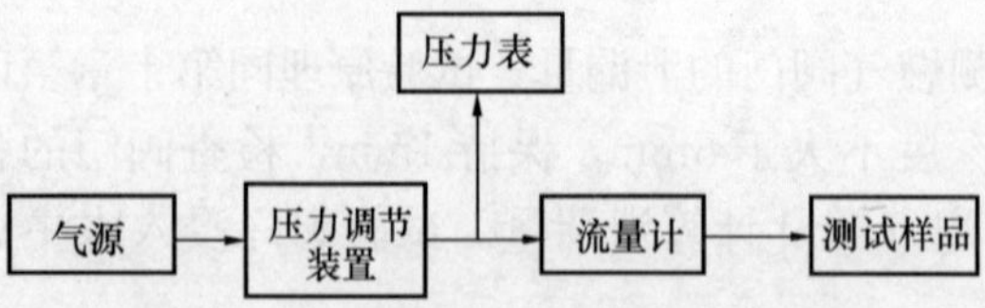

图 13-22　燃气阀门泄漏测量装置框图

二、流量试验

（一）性能要求

我国标准规定阀门流量试验进口压力为 1.0kPa，测试阀门的入口侧与出口侧的压差为 100Pa 的情况下测得的流量。而欧洲标准中规定阀门的试验进口压力为 2.5kPa，测试阀门的入口侧与出口侧的压差为 100Pa 的情况下测得的流量。北美标准中规定阀门的试验进口压力为厂家规定试验压力，测试阀门的入口侧与出口侧的压差为 74.7Pa 的情况下测得的流量。

（二）流量测试基本装置

流量测试装置如图 13-23 所示。

（三）测试方法

把阀门安装在试验装置中，使阀门处于全开状态，调节进口压力为标准规定的试验压力，然后调节出口控制阀使压差为标准规定的压差时测得的流量数值为该阀门的额定流量。

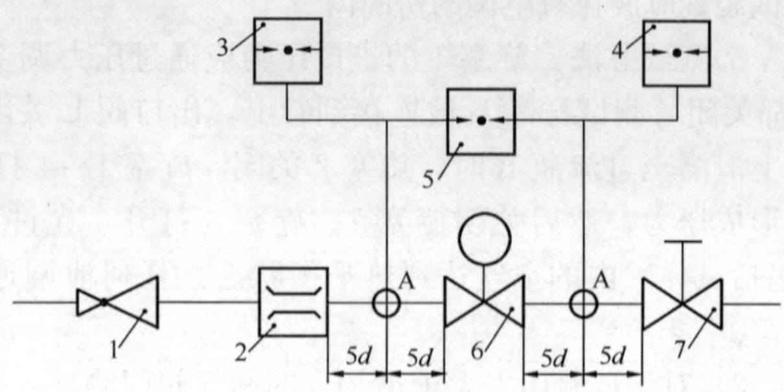

图 13-23　流量测试基本装置

1—进口压力调节控制器；2—流量计；3—进口压力表；4—出口压力表；5—压差计；6—测试样品；7—手动控制阀

三、耐用性试验

阀门的耐用性试验也是对阀门质量一个重要的考核性指标，它能充分的体现出阀门隐藏的质量问题。它要求阀门在经过多次动作之后，仍然能保持其性能不变。为了节省人力和时间，应该设计一套耐用机械装置来代替人为的上千次的重复动作。目前在我国还没有这种耐用装置的技术标准。依据国外文献和国内研制实践经验，其耐用装置应具备如下的技术性能。

（1）动作要柔和，不应有冲击力。应有限位装置，防止过位旋转。运行速度可以调节，满足标准要求。

（2）具有实时记录和显示功能，可以方便读出试验次数并在试验次数达到后自动停止试验。

（3）噪声小，动作灵活。

（4）应配有万能夹具和支架，可以方便固定测试样品。

（5）耐用装置本身应具有足够的使用寿命。

第六节 燃气管材及其测试

各种燃气越来越多地出现在全国各地的居民家里，与此同时也带动了各种燃气用连接管材的开发和创新。这里主要介绍低压用的燃气连接管材。从较早的家用燃气软管、铝塑复合压力管一直到燃气用不锈钢波纹软管，各种连接管材在不断进步，测试内容和方法也在不断更新。现在从采用标准开始，就和先进发达国家看齐，不断吸收和消化，制定出符合中国实际国情的检验标准。

一、燃气用不锈钢波纹软管

国内于 20 世纪 90 年代才开始生产、使用，正逐渐地大量使用于户内燃气输送上来取代橡胶管。其安全可靠，卫生环保，经久耐用以及新型可靠、简单方便的连接方式，使其具有更多其他管材不可取代的优点。它的安全性已被燃气公司和消费者所认可，使用量呈逐年递增的趋势。

目前在我国和国际上燃气用不锈钢波纹软管已有应用技术标准。我国《燃气用不锈钢波纹软管》（CJ/T 197—2004）对这种燃气软管性能进行了规定；在欧洲标准《Corrugated safety metal hose assemblies for the connection of domestic appliances using gaseous fuels》（EN 14800：2003）和美国标准《Connectors for gas appliances》（ANSI Z21.24b—2003）中也对燃气用不锈钢波纹软管的性能进行了规定。

同传统的燃气输送管相比，燃气用不锈钢波纹软管具有以下几个特点：

（1）安全性能可靠

燃气用不锈钢波纹软管的生产工艺流程为：

钢带卷管成型→焊接→涡流探伤检验→波纹成型→固溶处理→气密性检验

我国标准中规定气密性试验压力为 0.5MPa，软管在此气压下保压 1min 无漏气现象，同时在型式试验中还增加了耐压性试验，规定软管在 0.8MPa 水压下保压 5min 无渗漏及零件损坏现象，但波纹允许延伸。这保证了软管具有更可靠的安全性。

（2）连接方式多样化且牢固可靠，减少管子脱落的风险

为了适应市场上不同燃具的连接方式，制造厂商配套生产了多种连接方式的燃气用不锈钢波纹软管。为了检验其可靠性，我国标准中规定了抗拉性试验，管子在规定的试验拉力拉完后要求管体不产生破裂、泄漏，两端接头不脱落和漏气，有效地保证了管子不会意外脱落而引起人身安全问题。连接采用的密封圈大多选用符合国家标准要求的硅橡胶、丁腈橡胶和三元乙丙橡胶等，免除了用户的后顾之忧。

（3）经久耐用，无渗透

不锈钢管经久耐用，已被工程界公认，而且气体透过率为零，不存在渗透问题。针对耐用问题，我国标准也相应增加了弯曲性、扭曲性和反复安装性试验，以保证使用中的绝对安全。

除此之外，燃气用不锈钢波纹软管还具有阻燃性好、抗自然环境能力强等优点。由此可见，比起传统的户内燃气输送管，燃气用不锈钢波纹软管具有更可靠的安全性能。

二、家用燃气软管

家用燃气软管的结构：

(1) 单层：其颜色为黑色，表面光滑；

(2) 双层：内胶层、外胶层双层结构，其外胶层为橘黄色并带有与轴线平行的凹槽花纹；

(3) 三层：内胶层、中胶层、外胶层三层结构的软管，其外胶层为橘黄色并带有与轴线平行的凹槽花纹。

此软管的优点：价格便宜，连接方便，可随意弯曲；缺点：使用寿命较短，对于经常移动的燃具来说接头处易脱落，存在一定安全隐患。目前我国软管的气密性试验压力为0.1MPa，耐压性试验压力为0.2MPa，同时还针对橡胶软管的特点制定了耐液体性能试验和气体透过试验来保证软管的耐腐蚀性。具体试验要求和试验方法见《家用煤气软管》(HG 2486—93)。

三、铝塑复合压力管

铝塑复合压力管是国外20世纪80年代开发的一种管材，于1995开始引进我国，它是具有五层结构的塑料-金属复合管材，中间层为薄壁铝层，外层是PE (X)，内层是PE (X)，层与层之间采用热熔胶，通过高温高压挤出，其结构图如图13-24。

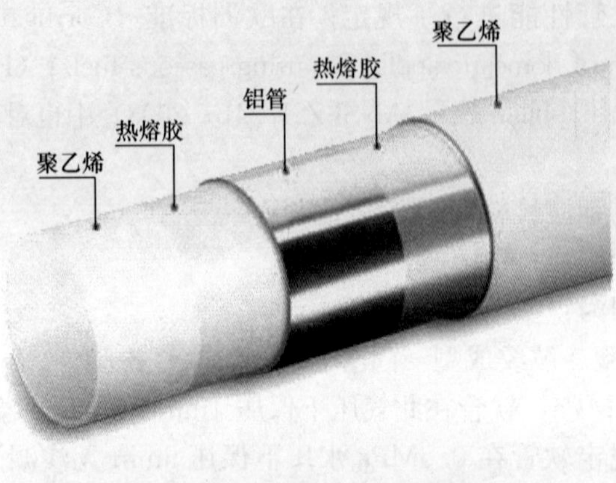

图13-24　铝塑复合压力管结构

铝塑管五层多元有机复合，兼具塑料和金属材料各自的优势，良好的承压性能、力学性能好、耐热、阻氧无气体渗透、热膨胀系数低、坚硬且柔性低、耐腐蚀、安全卫生、质量轻、安装方便、使用寿命长、价格适中，但其也有缺点，铝塑管的连接不能用熔接和粘接，必须使用专用的金属管件，把铝塑管套入管件后径向加压锁住，施工后通过试压来检验连接是否牢固。连接接头应避免经常振动，使卡套松脱。安装时应留足安装量，防止拉脱。

为保证安全使用，燃气用铝塑复合压力管的气密性试验压力为0.4MPa，其爆破压力最低为4.50MPa，大大提高了管材的安全系数和应用范围。针对其成分中含有的塑料部分，也增加了对管材的耐气体组分性能试验。试验要求和试验方法见《铝塑复合压力管　第1部分：铝管搭接焊式铝塑管》(GB/T 18997.1—2003) 和《铝塑复合压力管　第2部分：铝管对接焊式铝塑管》(GB/T 18997.2—2003)。

第十四章　测试数据处理与误差分析

测试工作的全部内容应包括对测试结果做误差分析及数据处理。所谓误差分析，是根据测试的允许误差决定测试系统，选用精度适当的仪表，最后分析出测试结果的精度。数据处理则包括对测试得到的数据去粗取精、去伪存真、由此及彼、由表及里的分析，整理出各种参数间的综合关系，回归成曲线或公式[1]。

第一节　概　　述

一、测量分类

所谓测量，就是为取得一个未知参数（未知量）而做的工作（包括计算工作在内）。要测量一个未知量，可以直接测量；有时则需要通过测一个（或几个）其他量，然后根据一定的函数关系，间接求得。所以测量可以分为直接测量、间接测量与综合测量三种。

（1）直接测量

用仪表直接测得未知数称为直接测量。例如，用 U 形压力计直接读出压力值，用德国 491 型分析仪直接测得烟气中的 CO_2 含量等。用这种方法测量比较简单，只要多测量几次，取其平均值，就能得到可靠的结果。

（2）间接测量

未知量通过一定的函数关系根据一个或是几个其他量的测量值间接求得，这就是间接测量。例如，燃气热值的测量就是根据水量、水温差及燃气量的直接测量值，通过计算来求得。此外，还有一些更间接的测量，例如测燃烧设备的热效率，需要根据一系列直接的和间接的测量值，最后经过计算求得。这种测量是测试工作中常见的情况，需要通过误差传递分析才能评价最后的测量结果。

（3）综合测量

根据直接及间接的测量值，经过解联立方程来求得被测的未知量，即为综合测量。这种测量在燃气燃烧及输配测试工作很少遇见，故本章不讨论。

二、真值与平均值

当用测量仪表测量未知量时，由于仪表本身、测量方法、周围环境以及人的观察力等都不能做到完美无缺，所以得到的测量值并不完全等于未知量的真值，两者之间有一定误差。为了使测量值接近真值，可以增加测量次数，并取测量值的平均值。这样在没有系统误差条件下，根据误差分布定律，即正负误差出现概率相等的原理，可以认为平均值接近真值。当测量次数增加到无限多时，此平均值可认为是真值。但是，实际上测量次数是有限的，故用有限次数测得的平均值只能是近似的真值。在测试工作中，常用的平均值有以下几种。

（1）算术平均值

这是一种最常用的平均值。如果测量值的分布为正态分布，用最小二乘法原理可以证明，在一组等精度测量中，算术平均值最可信赖。设 Y_1、$Y_2 \cdots Y_n$ 代表各次测量值，n 代表测量次数，则算术平均值为：

$$\overline{Y}=\frac{Y_1+Y_2+\cdots+Y_n}{n}=\frac{\sum_{i=1}^{n}Y_i}{n} \tag{14-1}$$

（2）均方根平均值

在计算平均动能时，通常要用均方根平均值 u，其计算式为：

$$u=\sqrt{\frac{u_1^2+u_2^2+\cdots+u_n^2}{n}}=\sqrt{\frac{\sum_{i=1}^{n}u_i^2}{n}} \tag{14-2}$$

（3）加权平均值

用不同方法或不同条件去测量同一未知量时，应采用加权平均值。对于比较可靠的测量值予以加重平均，故称为加权平均，加权平均值为：

$$Y=\frac{W_1Y_1+W_2Y_2+\cdots+W_nY_n}{W_1+W_2+\cdots+W_n}=\frac{\sum_{i=1}^{n}W_iY_i}{\sum_{i=1}^{n}W_i} \tag{14-3}$$

式中　W_1、$W_2 \cdots W_n$——各测量值的对应权值。

各测量值的对应权值 W_i 需要根据实际情况决定。

（4）几何平均值

当对一组测量值取对数后，所得图形的分布曲线更为对称时，常用几何平均值 Y_g，其计算公式为：

$$Y_g=\sqrt[n]{Y_1 \cdot Y_2 \cdots Y_n} \tag{14-4}$$

用对数表示时

$$\log Y_g=\frac{\sum_{i=1}^{n}\log Y_i}{n} \tag{14-5}$$

以上，都是想从一组测量值中找出最接近真值的那个值，要根据测量值的分布类型来选择、确定采用哪种平均值。本章讨论的都是正态分布类型，平均值也以算术平均值为主。

三、误差分类

测量值与真值之差称为误差，测量值与平均值之差称为偏差。绝大部分误差是在各参变数的直接测量过程中产生的，直接测量的误差有随机误差、系统误差和过失误差三种类型。

（1）系统误差

系统误差是一个恒定值，其大小与符号在每次测量时完全相同，所以也称为恒定误差，产生系统误差的主要原因有：①仪表本身的缺欠，如刻度值不准确、温度计没有经过校正等；②测量环境的变化，如外界温度、压力、温度发生变化等；③被测未知量在截面上分布不均匀，以及测量点选择不恰当、仪表安装上的缺欠等；④测量者习惯也会引起误差，同一个量，不同人读数也不同。

上述误差可根据具体情况预先求出，并可对测量值进行校正。

（2）随机误差

随机误差有时大，有时小；有时是正值，有时为负值。产生这种误差的原因一般无法控制。但是如果用同一精度仪器在同样条件下，对同一未知量做多次测量，并且测量的次数足够多时，这些误差将遵守统计规律。随机误差具有以下性质：①绝对值小的误差出现的机会最多（出现的次数多）；②误差的正值与负值出现的机会相等；③误差的算术平均值趋近为零；④误差的绝对值不超过某一固定值。

（3）过失误差

过失误差是实验人员粗枝大叶、操作不正确或环境突变引起的误差，没有规律性。

四、精度与准确度

随机误差决定测量的精度。随机误差小，说明逐次测量值都很接近平均值，但这并不说明测量很准确，因为平均值还可能远离真实值。准确度取决于测量值与真值之间的误差。当随机误差比较小时，准确度主要与系统误差有关。图 14-1 为氢气热值测量精度与准确度的关系。其中有三组氢气的热值，第Ⅰ组测量值集中在其平均值周围，说明它的随机误差小，精度高，测量值的平均值也接近标准热值，说明其准确度也很高。第Ⅱ组测量值的平均值也很接近标准发热量，说明第Ⅱ组的准确度也很高，但许多测量值与平均值相差甚大，表明它的偶然误差很大，说明精度不高。第Ⅲ组各测量值虽然都接近平均值，说明其精度很高，但是它的平均值与标准热值相差很大，表明其准确度不高，这是由于系统误差引起。如果将第Ⅲ组平均值减去一个校正值 C 后，即可消除系统误差。由此例可以分辨出精度与准确度之间的差别：测量值之间相符的程度为精度；测量均值与真值之间相符的程度为准确度。

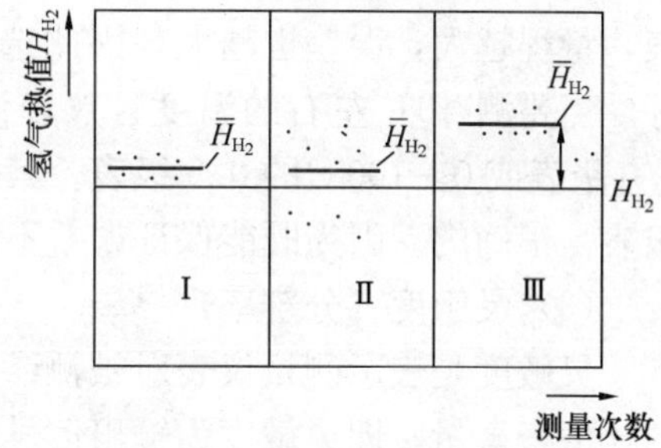

图 14-1 精度与准确度示例

H_{H_2}—氢气标准热值；

$\overline{H}_{H_2}$—氢气热值测量值的平均值

五、测量仪表的技术性能

各种测量仪表的工作过程都是利用被测参数以某种能量形式进行传递或转换，并与相应的测量单位进行比较，最后显示出读数。测量仪表一般由敏感元件、显示元件及传递元件组成。直接由敏感元件输出信号并显示读数的称为一次仪表；接受一次仪表输出信号并将其放大或转换成其他信号，最后由显示元件表示测量结果的称为二次仪表。有的测量仪表是由一次仪表与二次仪表组合在一起的；有的仪表的一次仪表与二次仪表是分开的。测量仪表的技术性能分静态特性与动态特性两种。

（一）静态特性

（1）量程和刻度范围

测量仪表最大输入量与最小输入量之间的范围称为量程；而仪表度盘上的刻度终值（满刻度）与起始值所限定的范围称为刻度范围。量程与刻度范围两者之差异就体现仪表存在误差。应该根据被测量参数的最大估计值来选择仪表的量程。

(2) 准确度

仪表的准确度是用仪表的基本误差的大小来衡量，基本误差属系统误差的一种，是用仪表最大绝对误差 Δx 折合到刻度范围的百分数来表示的，即

$$基本误差=\frac{\Delta x}{刻度上限-刻度下限}\times 100\%$$

最大绝对误差 Δx 应该是在被测参数平稳地增加或减少的过程中，在仪表的全量程范围内，测得若干误差的最大值。由此可见基本误差越少，准确度越高。国家根据基本误差大小规定七个等级准确度（见表 14-1)。

仪表准确度等级　　　　**表 14-1**

仪表准确度等级	0.1	0.2	0.3	0.5	1.0	1.5	2.5
基本误差（%）	±0.1	±0.2	±0.5	±1.0	±1.5	±2.5	±5.0

例如，1 支 1.0 级的温度计，量程为 50～100℃。如果用其测量温度，可能产生的仪表误差不超过刻度范围的 1.0%，即（100－50）×1.0%＝0.5℃。同样是 1 支 1.0 级的温度计，量程是 0～100℃时，则其可能产生的仪表误差不超过 1.0℃。可见同样等级的仪表，量程越大，误差也越大。因此选择仪表时，应使测量值落在满刻度的 2/3 左右处为好。当要测 40℃左右的温度且仪表误差不允许大于±0.5℃时，可选量程为 0～50℃的 1.0 级表或 0～100℃的 0.5 级表。其仪表误差均不超过±0.5℃。显然选用 0～50℃的 1.0 级表是正确的。因为既能保证误差不超过要求，1.0 级表也比 0.5 级表价格便宜。

(3) 灵敏度（分辨率）

灵敏度是表示测量仪表对被测参数 x 变化的敏感程度，用仪器输出增量与输入增量的比值来衡量。即灵敏度为输出信号变化量与输出信号对应被测参数变化量之比。能够引起测量仪表动作的被测参数最小变化被称为灵敏限度，通常称之为仪表的分辨率。一般来说，仪表的灵敏度高，其准确度也相应高。但仪表的准确度主要由基本误差决定，不能单纯用提高灵敏度达到提高准确度的目的。仪表的灵敏限度应不大于仪表造成误差的一半。

(4) 线性

当灵敏度为常数时是线性仪表。一般仪表不一定是线性的，其偏离线性的程度用“线性”表达。其数值用仪表使用范围内输出信号偏离线性的最大偏差与量程的百分比（%）表示，即线性＝a/量程×100（%）(图 14-2)。

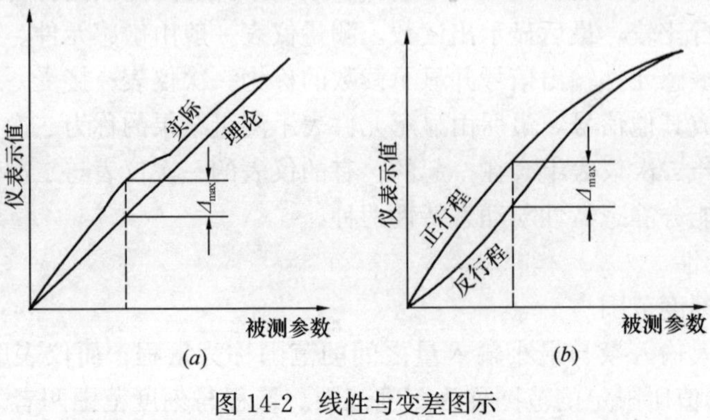

图 14-2　线性与变差图示

(*a*) 线性；(*b*) 变差

（5）变差

在外界环境条件不变情况下，使用同一仪表对被测参数进行正、反行程测量时，在相同被测参数下仪表的显示值却不一样，这种差异的程度用“变差”表达，见图 14-2 中的 Δ_{max}。

（二）动态特性

当被测参数随时间变化时，就要考虑仪表的动态特性。动态特性好的仪表，其输出信号随时间变化的曲线与被测参数随时间变化的曲线一致或比较接近。一般用频率响应与阶跃响应为两个指标表示仪表的动态特性。

（1）频率响应

当输入信号为正弦波 $x(t)=A\sin(\omega t)$，而输出为 $y(t)=B\sin(\omega t+\varphi)$（图 14-3($a$)）。这时输入信号振幅 A 即使不变，只要角频率 ω 变化，输出信号的振幅 B 及和相位 φ 也会变化。这里的频率响应是指在稳定状态下的振幅比 A/B 和相位角随角频率 ω 变化情况，即 $A/B=A(\omega)$ 和 $\varphi(\omega)$。其中 $A(\omega)$ 称为幅频特性，$\varphi(\omega)$ 称为相频特性。如果 $A/B\approx 1$，$\varphi\approx 0$ 表示仪表的频率响应好。仪表的频率响应主要由仪表的固有频率 ω_0 决定，ω_0 越高，频率响应越好。

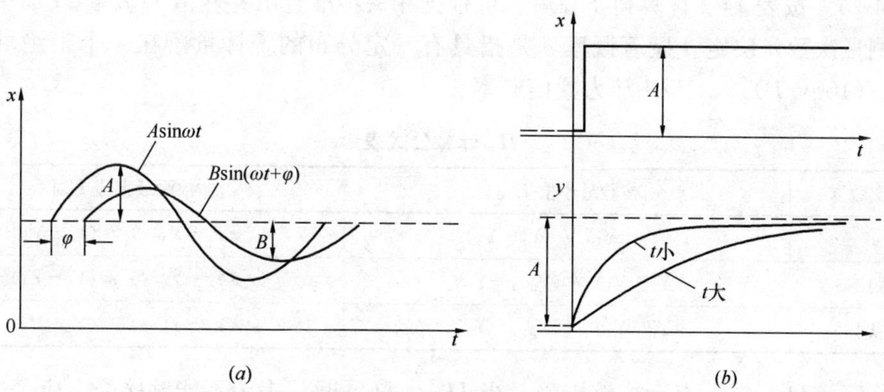

图 14-3　仪表动态特性

（a）频率响应；（b）阶跃响应

（2）阶跃响应

所谓阶跃信号是指 $t=0$ 时，$X(t)=0$；$t>0$ 时，$X(t)=A$（图 14-3(b)）。即给仪表输入此阶跃信号时，其输出信号 $y(t)$ 能否立即跟随输入信号变化的能力。阶跃响应的能力用仪表的时间常数 τ 表示。τ 越小表示阶跃响应快。

第二节　试验数据处理

一、试验数据的取舍

在测试工作中，经过不同次数、不同人员、不同实验室用同一种方法对同一被测参数进行测量，可得到大量的原始记录。首先要排除原始记录中异常大的或异常小的数据。如果是几个组或几个实验室的测试数据时。则需要舍去精度不符合要求的实测数据组和置信概率低的数据，保留那些精度符合要求的数据，并进行分析从而得到确切的测量结果。取舍应该严格地利用数理统计方法。

（一）可疑测量值的取舍

对同一被测参数进行测量时，得到一组数据。在这组数据中如发现有明显偏大或偏小的测量值时，必须首先从技术上弄清原因。如发现是人为失误则应舍去。如果查不到主观与客观原因，应用统计学上的检验方法决定取舍。检验方法有数种，应该根据具体情况选用。如果标准规定采用某种检验方法，则应严格执行。

(1) 拉依达（Paŭta）检验准则

当可疑值测量值 Y_P 与平均值$\overline{Y}$的差值大于 3 倍标准偏差 S，即 $|Y_P-\overline{Y}|>3S$ 时，Y_P 可舍去。此法的依据是，当测量值足够多并服从正态分布时，偏差大于 3 倍标准偏差的概率只有 0.3%，即每 1000 次才出现 3 次；也就是说测 333 次才出现一次，这说明出现可疑值 Y_P 的可能性极小，故可舍去。

(2) 狄克逊（Dixon）检验准则

有一组测量值 $Y_1\leqslant Y_2\leqslant Y_3\leqslant\cdots\leqslant Y_n$。可能为可疑值必须出现在两端，即最小值 Y_1 及最大值 Y_n。狄克逊检验第一步先按规定公式计算出统计量 H_{cal}。H_{cal}受测量次数 n 的影响（见表 14-2）。按表 14-2 计算得 H_{cal}后。可根据相关标准查出界外值 $H_{\alpha(n)}$。$H_{\alpha(n)}$由显著概率 α 和测量次数 n 决定。显著概率 α 是指具有一定分布的统计量落在一个拒绝域中的概率，$\alpha=(100-P)\%$，其中 P 为置信概率。

H_{cal}计算公式表　　　　**表 14-2**

测量次数 n	检验最小值 H_{cal}	检验最大值 H_{cal}
3～7	$(Y_2-Y_1)/(Y_n-Y_1)$	$(Y_n-Y_{n-1})/(Y_n-Y_1)$
8～12	$(Y_2-Y_1)/(Y_{n-1}-Y_1)$	$(Y_n-Y_{n-1})/(Y_n-Y_2)$
13 以上	$(Y_3-Y_1)/(Y_{n-2}-Y_1)$	$(Y_n-Y_{n-2})/(Y_n-Y_3)$

当 $H_{cal}<H_{\alpha(n)}$ 时，表示能够接受；当 $H_{cal}>H_{\alpha(n)}$ 时，表示不能够接受，应舍去。

当舍去一个最大值 Y_n 或最小值 Y_1 后，还需继续检验 Y_{n-1}及 Y_2，直到能够接受为止。

(3) 格鲁布斯（Grubbs）检验准则

美国材料试验协会标准（ASTM）与日本工业标准（JIS）常用此法。当用狄克逊准则时，应考虑采用此法。

设有一组测量值 Y_1、$Y_2\cdots Y_n$，要检查其中的可疑值 Y_p 时，可用统计量来鉴别。统计量 G_{cal}为

$$G_{cal}=\frac{|Y_P-\overline{Y}|}{S} \tag{14-6}$$

当计算出的统计量 G_{cal}大于表 14-3 中的临界值 G_0 时，则不能接受；当 G_{cal}小于 G_0 时，可以接受。G_0 由测量次数 n 与显著概率 α 决定，可自表 14-3 中查得。

(4) T 检验准则

以上各法用于标准误差 σ 未知的场合。当历史上测过多次，并有 σ 值。这个 σ 是指由不包括异常值在内的、用同样方法的得到的标准误差，且至少是根据同一样品进行 10 次

格鲁布斯（Grubbs）检验临界值 G_0 **表 14-3**

n	α		n	α	
	0.01	0.05		0.01	0.05
3	1.15	1.15	17	2.47	2.78
4	1.46	1.49	18	2.50	2.82
5	1.67	1.75	19	2.53	2.85
6	1.82	1.94	20	2.56	2.88
7	1.94	2.10	21	2.58	2.91
8	2.03	2.22	22	2.60	2.94
9	2.11	2.32	23	2.62	2.96
10	2.18	2.41	24	2.64	2.99
11	2.24	2.48	25	2.66	3.01
12	2.29	2.55	30	2.74	3.10
13	2.33	2.61	35	2.81	3.18
14	2.37	2.66	40	2.87	3.24
15	2.41	2.70	50	2.96	3.34
16	2.44	2.74			

以上的测量值求得的标准误差，是用式（14-7）计算的 σ 值。这样可用 T 统计量检验异常值 Y_p，统计量 T_{cal} 为

$$T_{cal}=\frac{|Y_P-\overline{Y}|}{\sigma} \tag{14-7}$$

在 α 分别为 0.05 及 0.01 时，根据不同自由度 f 与测量次数 n 可从表 14-4 查到 T_{cal}。此处 f 是指求 σ 时的自由度。若 σ 是由过去多次测量结果得到的，f 可取∞。表中 n 值是需要检验异常值的一组样品测定值数目。

T 检验的 T_{cal} 值（α=0.05） **表 14-4（1）**

f	样品测定值的数目 n								
	3	4	5	6	7	8	9	10	12
10	2.34	2.36	2.83	2.98	2.31	3.20	3.29	3.36	3.49
11	2.30	2.58	2.77	2.92	3.03	3.13	3.22	3.29	3.41
12	2.27	2.54	2.73	2.87	2.98	3.08	3.16	3.23	3.35
13	2.24	2.51	2.69	2.83	2.94	3.03	3.11	3.18	3.29
14	2.22	2.48	2.66	2.79	2.90	2.99	3.07	3.14	3.25
15	2.20	2.45	2.63	2.76	2.87	2.96	3.04	3.11	3.21
16	2.18	2.43	2.61	2.74	2.84	2.93	3.01	3.08	3.18
17	2.17	2.42	2.59	2.72	2.82	2.91	2.98	3.05	3.15

续表

f	样品测定值的数目 n								
	3	4	5	6	7	8	9	10	12
18	2.15	2.40	2.57	2.70	2.80	2.89	2.96	3.02	3.12
19	2.14	2.39	2.56	2.68	2.78	2.87	2.94	3.00	3.10
20	2.13	2.37	2.54	2.67	2.77	2.85	2.92	2.98	3.08
24	2.10	2.34	2.50	2.62	2.72	2.80	2.87	2.93	3.02
30	2.07	2.30	2.46	2.58	2.67	2.75	2.81	2.87	2.96
40	2.04	2.27	2.42	2.53	2.62	2.70	2.76	2.82	2.91
60	2.01	2.23	2.38	2.49	2.58	2.65	2.71	2.75	2.85
120	1.98	2.20	2.34	2.45	2.53	2.60	2.66	2.71	2.79
∞	1.95	2.16	2.30	2.41	2.49	2.56	2.61	2.66	2.74

T检验的 T_{cal} 值（$\alpha=0.01$）　　**表 14-4（2）**

f	样品测定值的数目 n								
	3	4	5	6	7	8	9	10	12
10	3.12	3.45	3.70	3.87	4.02	4.14	4.24	4.33	4.47
11	3.04	3.37	3.59	3.76	3.90	4.01	4.11	4.19	4.33
12	2.98	3.29	3.51	3.67	3.80	3.91	4.00	4.08	4.21
13	2.93	3.23	3.44	3.60	3.72	3.83	3.92	3.99	4.12
14	2.88	3.18	3.38	3.54	3.66	3.76	3.85	3.92	4.04
15	2.84	3.15	3.33	3.48	3.60	3.70	3.78	3.86	3.98
16	2.81	3.10	3.29	3.44	3.56	3.65	3.73	3.80	3.92
17	2.78	3.07	3.26	3.40	3.52	3.61	3.68	3.75	3.86
18	2.76	3.04	3.23	3.37	3.48	3.57	3.64	3.71	3.82
19	2.74	3.01	3.20	3.34	3.45	3.54	3.61	3.68	3.79
20	2.72	2.99	3.17	3.31	3.42	3.51	3.58	3.65	3.75
24	2.66	2.92	3.10	3.23	3.33	3.42	3.49	3.55	3.65
30	2.60	2.86	3.03	3.15	3.25	3.33	3.40	3.46	3.55
40	2.55	2.79	2.96	3.08	3.17	3.25	3.31	3.37	3.46
60	2.50	2.73	2.89	3.01	3.10	3.17	3.23	3.28	3.37
120	2.45	2.67	2.83	2.94	3.02	3.09	3.15	3.20	3.28
∞	2.40	2.62	2.76	2.87	2.95	3.02	3.07	3.12	3.20

（二）两组测量结果的对比

在燃气测试工作中，有时需要将一组测量结果与标准值或与另一组测量结果对比，以确定两者之间是否有显著差异。

（1）平均值与标准值的对比（t 检验）

已知一组测量值，要对比此组测量值的平均值与被测参数的标准值有无明显差异。检验中所用的统计量服从 t 分布，故称为 t 检验。统计量 t_{cal} 为

$$t_{cal} = (\overline{Y} - \mu)/S_{\overline{Y}} \tag{14-8}$$

式中　$\overline{Y}$ 及 μ——分别为平均值与标准值；

$S_{\overline{Y}}$——平均值的标准偏差。

因为 $S_{\overline{Y}}=S/\sqrt{n}$，所以得出：

$$t_{cal} = (\overline{Y} - \mu)\sqrt{n}/S \tag{14-9}$$

将计算得的统计量 t_{cal} 与取决于置信概率 P 与自由度 f 的临界值 t_p 进行对比，当 $t_{cal} < t_P$ 时，表示在置信概率条件下两者无明显差异；当 $t_{cal} > t_p$ 时，表示在置信概率条件下两者有明显差异。

（2）两组测量数据的对比

两个实验室（或组）同测一个被测参数，要求对比两组测量结果有无明显差异。首先要求对比两组测量结果的精度。只有在精度没有明显差异的条件下才能对比两组测量结果。

①F 检验准则（精度检验）

F 检验的目的在于比较两组测量数据的精度是否有明显差异。首先分别计算两组测量数据的标准方差。设 S_1^2 与 S_2^2 分别代表两个组数据的方差，求其比值。将方差小的作为分母，则统计量 F_{cal} 为

$$F_{cal} = S_1^2/S_2^2 \tag{14-10}$$

其次根据两个测量数据组的自由度 f_1 及 f_2 值（一般为 $f=n-1$）及显著概率。在表 14-5 中查出临界值 F_0。当 $F_{cal} < F_0$ 时，表示两组测量数据精度无明显差异；当 $F_{cal} > F_0$ 时，表示两组测量数据精度有明显差异。只有在精度无明显差异的条件下，才能对比两组结果是否一致。

F 分布表的临界值 F_0（$\alpha=0.05$）　　　　**表 14-5（1）**

f_2	f_1														
	1	2	3	4	5	6	7	8	9	10	12	15	20	60	∞
1	161.4	199.5	213.7	224.6	230.2	234.0	236.8	238.9	240.5	241.9	243.9	245.9	248.0	252.2	254.3
2	18.51	19.00	19.16	19.25	19.30	19.33	19.35	19.37	19.38	19.40	19.41	19.43	19.45	19.48	19.50
3	10.13	9.55	9.28	9.12	9.01	8.94	8.89	8.85	8.81	8.75	8.74	8.70	8.66	8.57	8.53
4	7.71	6.94	6.59	6.39	6.26	6.16	6.09	6.04	6.00	5.96	5.91	5.86	5.80	5.69	5.53
5	6.61	5.79	5.41	5.19	5.05	4.95	4.88	4.82	4.77	4.74	4.68	5.62	4.56	4.43	4.36
6	5.99	5.14	4.76	4.53	4.39	4.28	4.21	4.15	4.10	4.06	4.00	3.94	3.87	3.74	3.67
7	5.59	4.74	4.35	4.17	3.97	3.87	3.79	3.73	3.68	3.64	3.57	3.51	3.44	3.30	3.23
8	5.32	4.46	4.07	3.84	3.69	3.58	3.50	3.44	3.39	3.25	3.28	3.22	3.15	3.01	2.93
9	4.12	4.26	3.86	3.63	3.48	3.37	3.29	3.23	3.18	3.14	3.07	3.01	2.94	2.79	2.71

续表

f_2	f_1														
	1	2	3	4	5	6	7	8	9	10	12	15	20	60	∞
10	4.96	4.10	3.71	3.48	3.33	3.22	3.14	3.07	3.02	2.98	2.91	2.85	2.77	2.62	2.54
11	4.84	3.98	3.59	3.35	3.20	3.09	3.01	2.95	2.90	2.85	2.79	2.72	2.65	2.49	2.40
12	4.75	3.89	3.49	3.26	3.11	3.00	2.91	2.85	2.80	2.75	2.69	2.62	2.54	2.38	2.30
13	4.67	3.81	3.41	3.18	3.03	2.92	2.83	2.77	2.71	2.67	2.60	2.53	2.46	2.30	2.21
14	4.60	3.74	3.34	3.11	2.95	2.85	2.76	2.70	2.65	2.60	2.53	2.46	2.39	2.22	2.13
15	4.54	3.68	3.29	3.06	2.90	2.79	2.71	2.64	2.59	2.54	2.48	2.40	2.33	2.17	2.07
16	4.49	3.63	3.24	3.01	2.85	2.74	2.66	2.59	2.54	2.49	2.42	2.35	2.28	2.11	2.01
17	4.45	3.59	3.20	2.96	2.81	2.70	2.61	2.55	2.49	2.45	2.38	2.31	2.23	2.06	1.96
18	4.41	3.55	3.16	2.93	2.77	2.66	2.58	2.51	2.46	2.41	2.34	2.27	2.19	2.02	1.92
19	4.38	3.52	3.13	2.90	2.74	2.63	2.54	2.48	2.42	2.38	2.31	2.23	2.16	1.98	1.88
20	4.35	3.49	3.10	2.87	2.71	2.60	2.51	2.43	2.39	2.33	2.28	2.20	2.12	1.95	1.84
21	4.32	3.47	3.07	2.84	2.68	2.57	2.49	2.42	2.37	2.32	2.25	2.18	2.10	1.92	1.81
22	4.30	3.44	3.05	2.82	2.66	2.55	2.46	2.40	2.34	2.30	2.23	2.15	2.07	1.89	1.78
23	4.28	3.42	3.03	2.80	2.64	2.53	2.44	2.37	2.32	2.27	2.20	2.13	2.05	1.86	1.76
24	4.26	3.40	3.01	2.78	2.62	2.51	2.42	2.36	2.30	2.25	2.18	2.11	2.03	1.84	1.73
25	4.24	3.39	2.99	2.76	2.60	2.49	2.40	2.34	2.28	2.24	2.16	2.09	2.01	1.82	1.71
30	4.17	3.32	2.92	2.69	2.53	2.42	2.33	2.27	2.21	2.16	2.09	2.01	1.93	1.74	1.62
40	4.08	3.23	2.84	2.61	2.45	2.34	2.25	2.18	2.12	2.08	2.00	1.92	1.84	1.64	1.51
60	4.00	3.15	2.76	2.53	2.37	2.25	2.17	2.10	2.04	1.99	1.92	1.84	1.75	1.53	1.39
120	3.92	3.07	2.68	2.49	2.29	2.17	2.09	2.07	1.96	1.91	1.83	1.75	1.66	1.43	1.25
∞	3.84	3.00	2.60	2.37	2.21	2.10	2.01	1.94	1.88	1.83	1.75	1.67	1.57	1.32	1.00

F分布表的临界值F_0（α=0.01）　　**表 14-5（2）**

f_2	f_1														
	1	2	3	4	5	6	7	8	9	10	12	15	20	60	∞
1	4052	4998	5403	5625	5764	5859	5928	5982	6022	6056	6106	6157	6209	6313	6366
2	98.50	99.00	99.17	99.25	99.30	99.33	99.36	99.37	99.39	99.40	99.42	99.43	99.45	99.48	99.50
3	34.12	30.82	29.46	28.71	28.24	27.91	27.67	27.49	27.35	27.23	27.05	26.87	26.69	26.32	26.13
4	21.20	18.00	16.69	15.98	15.52	15.21	14.98	14.80	14.66	14.55	14.37	14.20	14.02	13.65	13.46
5	16.26	13.27	12.06	11.39	10.97	10.67	10.46	10.29	10.16	10.05	9.89	9.72	9.55	9.20	9.02
6	13.75	10.92	9.78	9.15	8.75	8.47	8.26	8.10	7.98	7.87	7.72	7.56	7.40	7.06	6.88
7	12.25	9.55	8.45	7.85	7.46	7.19	6.99	6.84	6.77	6.62	6.47	6.31	6.16	5.82	5.65
8	11.26	8.65	7.59	7.01	6.63	6.37	6.18	6.03	5.91	5.81	5.62	5.52	5.36	5.03	4.86

续表

f_2	f_1														
	1	2	3	4	5	6	7	8	9	10	12	15	20	60	∞
9	10.56	8.02	6.99	6.42	6.06	5.80	5.61	5.42	5.35	5.26	5.11	4.96	4.82	4.48	4.31
10	10.04	7.56	6.55	5.99	5.64	5.39	5.29	5.06	4.94	4.85	4.71	4.56	4.41	4.08	3.91
11	9.65	7.21	6.22	5.47	5.32	5.07	4.89	4.71	4.63	4.54	4.40	4.25	4.10	4.78	3.60
12	9.33	6.93	5.95	5.41	5.06	4.87	4.64	4.50	4.39	4.30	4.16	4.01	3.86	3.54	3.36
13	9.07	6.70	5.74	5.21	4.86	4.62	4.44	4.30	4.19	4.10	3.95	3.82	3.66	3.34	3.17
14	8.86	6.51	5.56	5.04	4.69	4.46	4.28	4.14	4.03	3.94	3.80	3.66	3.51	3.18	3.00
15	8.68	6.36	5.42	4.89	4.56	4.32	4.14	4.00	3.89	3.80	3.67	3.52	3.37	3.06	2.87
16	8.53	6.23	5.28	4.77	4.44	4.20	4.03	3.89	3.78	3.69	3.55	3.41	3.26	2.93	2.75
17	8.40	6.11	5.18	4.67	4.34	4.10	3.93	3.79	3.68	3.59	3.46	3.31	3.16	2.83	2.65
18	8.29	6.01	5.09	4.58	4.25	4.01	3.84	3.73	3.60	3.51	3.37	3.23	3.08	2.75	2.57
19	8.18	5.93	5.01	4.50	4.17	3.94	3.77	3.63	3.52	3.43	3.30	3.15	3.00	2.67	2.49
20	8.10	5.65	4.94	4.43	4.10	3.87	3.70	3.56	3.46	3.37	3.23	3.09	2.94	2.61	2.42
21	8.02	5.78	4.87	4.37	4.04	3.83	3.64	3.51	3.40	3.31	3.17	3.03	2.88	2.55	2.36
22	7.95	5.72	4.81	4.31	3.99	3.76	3.57	3.45	3.35	3.26	3.12	2.98	2.83	2.50	2.31
23	7.88	5.66	4.76	4.26	3.94	3.71	3.54	3.41	3.30	3.21	3.07	2.93	2.78	2.45	2.26
24	7.82	5.61	4.72	4.22	3.90	3.67	3.50	3.36	3.26	3.17	3.03	2.89	2.74	2.40	2.21
25	7.77	5.57	4.68	4.18	3.85	3.63	3.46	3.32	3.22	3.13	2.99	2.85	2.70	2.36	2.17
30	7.56	5.39	4.51	4.02	3.70	3.47	3.30	3.17	3.07	2.98	2.84	2.70	2.55	2.21	2.01
40	7.31	5.18	4.31	3.83	3.51	3.29	3.11	2.99	2.89	2.90	2.66	2.52	2.37	2.02	1.80
60	7.08	4.98	4.13	3.65	3.34	3.12	2.95	2.82	2.72	2.63	2.50	2.35	2.20	1.84	1.60
120	6.85	4.79	3.95	3.48	3.17	2.96	2.79	2.66	2.56	2.47	2.34	2.19	2.03	1.56	1.38
∞	6.63	4.51	3.78	3.32	3.02	2.80	2.61	2.51	2.41	2.32	2.18	2.04	1.88	1.47	1.00

②两组测量结果检验。当两组数据的测量次数分别为 n_1 与 n_2 时。经过 F 检验其精度没有明显差异。这时可以用 t 检验，确定两组测量结果是否有明显差异。首先计算总体的标准偏差：

$$S=\sqrt{\frac{\sum(Y_{1i}-\overline{Y_1})^2+\sum(Y_{2i}-\overline{Y_2})^2}{(n_1-1)+(n_2-1)}} \tag{14-11}$$

式中　Y_{1i}、$\overline{Y_1}$ 及 n_1——分别为第 1 组的某测量值、平均值及次数；

Y_{2i}、$\overline{Y_2}$ 及 n_2——分别为第 2 组的某测量值、平均值及次数。

因为

$$S_1^2=\frac{\sum(Y_{1i}-\overline{Y_1})^2}{n_1-1}=\frac{\sum Y_{1i}^2-2\overline{Y_1}\sum Y_{1i}+\sum\overline{Y_1^2}}{n_1-1}=\frac{\sum Y_{1i}^2-2n_1\overline{Y_1}^2+n_1\overline{Y_1^2}}{n_1-1}$$

$$=\frac{\sum Y_{1i}^2-\frac{(\sum\overline{Y}_{1i})^2}{n_1}}{n_1-1}$$

所以

$$(n_1-1)S_1^2=\sum\overline{Y}_{1i}^2-(\sum\overline{Y}_{1i})^2/n_1$$

$$(n_2-1)S_2^2=\sum\overline{Y}_{2i}^2-(\sum\overline{Y}_{2i})^2/n_2$$

$$\overline{S}=\sqrt{\frac{(n_1-1)S_1^2+(n_2-1)S_2^2}{n_1+n_2-2}} \tag{14-12}$$

再计算统计量

$$t_{\text{cal}}=\frac{\overline{Y_1}-\overline{Y_2}}{\overline{S}}\sqrt{\frac{n_1n_2}{n_1+n_2}} \tag{14-13}$$

根据要求的显著概率（或置信概率 P）及两组测量次数的自由度 f（一般为 n_1+n_2-2），由表 14-6 查得 t_p。当 $t>t_p$ 时，表示两组测量数据有显著差异；当 $t<t_p$ 时，表示两组数据无显著差异。

t 分布的 t_p 值表　　**表 14-6**

自由度	置信度 P			自由度	置信度 P		
f	90%	95%	99%	f	90%	95%	99%
1	6.314	12.706	63.657	18	1.734	2.101	2.879
2	2.920	4.303	9.925	19	1.729	2.093	2.861
3	2.353	3.182	5.841	20	1.725	2.085	2.845
4	2.132	2.776	4.504	21	1.721	2.080	2.831
5	2.015	2.571	4.032	22	1.717	2.074	2.819
6	1.943	2.447	3.707	23	1.714	2.069	2.807
7	1.895	2.365	3.499	24	1.711	2.064	2.797
8	1.860	2.306	3.355	25	1.708	2.060	2.787
9	1.833	2.262	3.250	26	1.706	2.056	2.779
10	1.812	2.228	3.169	27	1.703	2.052	2.771
11	1.796	2.201	3.106	28	1.701	2.048	2.763
12	1.782	2.179	3.055	29	1.699	2.045	2.756
13	1.771	2.150	3.012	30	1.697	2.042	2.750
14	1.751	2.145	2.977	40	1.684	2.021	2.704
15	1.753	2.131	2.947	60	1.671	2.000	2.660
16	1.746	2.120	2.921	120	1.658	1.980	2.617
17	1.740	2.110	2.898	∞	1.645	1.960	2.576

（三）多个实验室测量的结果判定

有多个实验室用同样方法测同一试样，要判断精度比较差的测量结果。以便将其舍去。为此目的可用科克伦（Cochranc）检验准则。科克伦检验准则的统计量 C_{cal} 为

$$C_{\text{cal}}=\frac{S_{\max}^2}{S_1^2+S_2^2+\cdots+S_p^2} \tag{14-14}$$

式中　　　S_{max}^2——受检验的一组测量结果的最大方差；

S_1^2、$S_2^2 \cdots S_n^2$——受检的一组测量结果中的各个方差；

p——受检验测量结果的方差个数（一般为实验室数）。

在检验时，先计算出各个（共 p 个）S_1^2 值，从最大的 S_{max}^2 开始，计算 C_{cal}。再从相关标准中，查得显著概率 α。方差个数为 p 及测量次数为 n 的 C 值。当 $C_{cal} > C$ 时，应判为界外值，需舍去；$C_{cal} < C$ 时，应判为正常接受值。

二、有效数字与计算法则

在整理、计算测试数据过程中，决定用几位数字表示测量值和计算结果是一个很重要的问题。在确定位数时，经常有两个不正确的观点：一为小数点后面的位数越多越准确；一为保留的位数越多精度越高。前者的错误在于没有弄清小数点位置的作用。小数点的设置只与单位大小有关，如 96.5mm 与 0.0965m 的精确度完全一样。后者的错误在于不了解所有的测量只能有一定程度的精确度。它决定于仪器刻度的精细度与测量方法。决定位数时一定要与采用仪器的精确度相适应，多于或少于精确度要求的位数都是错误的。正确决定位数的原则是：所有的位数除末位数字为可疑的不确切外，其他各位数字都是可信赖与确切的。通常认为末位数字可有一个单位的误差，或下一位的误差不超过±5。

（1）有效数字

在整理测试数据时，会遇到两类数字：一为无差数字，例如清点某物件的数目，除了因过失而数错以外，无论由谁来数、用什么方法数或在什么时间数，其结果都应该是同样的。除此以外，可以认为 π、$\sqrt{2}$ 等有效数字是没有限制的，一为有差数字。通常测量结果均为有差数字。这类数的末一位或末二位，往往是估计得来的。例如用刻度为 0.1mL 的量筒测水量时，读数为 10.97mL，可以知道 10.9 这二位数是确切的，而 7 是根据液面的位置估计出来的。并且有的人可能读成 10.96，也有人可能读成 10.98。这就是末位数不是确切的表现，其上下可能有一个单位的出入。至于末位数不确切的程度有多大，是上下有一个还是几个单位的出入，则要看仪表的精细度。如果刻度线比较粗劣，就可能要有几个单位的出入了。另外还要考虑其他因素，这就要靠误差分析来决定。

还要指出，数字 0 可以是有效数字，也可以不是有效数字。例如，长度 90.7mm 与 0.0907m 的位数均为 3 位、而 0.0907 中 9 前面的 0 只与单位有关，与精确度无关，而 9 后面的 0 却是有效数字。

（2）数学修约规则

过去人们习惯用“四舍五入”的数字修约方法，其缺点为见五就进一，出现单向偏差。现在通用国家标准局推荐的“四舍六入五单双”的数字修约规则，其优点是进舍项目和进舍误差具有平衡性（见表 14-7）。也就是说，进舍引起的误差可以自相抵消，取舍出现的偏差值接近于零。

进舍项数和进舍误差平衡表　　　　表 14-7

原数	00	01	02	03	04	05	06	07	08	09	10	11	12	13	14	15	16	17	18	19
修约数	0	00	00	00	00	00	10	10	10	10	10	10	10	10	10	20	20	20	20	20
误差	0	−1	−2	−3	−4	−5	+4	+3	+2	+1	0	−1	−2	−3	−4	+5	+4	+3	+2	+1

具体的修约规则如下

①在拟舍去的数字中，若左边第 1 个数字小于 5（不包括 5）时，则舍去。如 14.2432 修约为 14.2。

②在拟舍去的数字中，若左边第 1 个数字大于 5（不包括 5）时，则进 1。如 14.2632 修约为 14.3。

③在拟舍去的数字中，若左边第 1 个数字等于 5 时，其右边的数字并非全是 0 时，则进 1。如 14.2511 修约为 14.3。

④在拟舍去的数字中，若左边第 1 个数字等于 5，其右边数字皆为 0 时，如拟保留的末位数字为奇数时则进 1，为偶数时（包括“0”）则舍去。如，1.7500 修约为 1.8。1.8500 修约为 1.8；1.0500 修约为 1.0。

(3) 计算法则

计算测试数字时，应按一定法则运算，可免去因计算的繁琐带来的错误，下面介绍一些常用的法则：

①在记录有效数字时，只保留一位可疑数字。

②当有效位数确定后，其余数字一概按修约规则舍去。

③首位数超过 8 时，有效数字多加一位。在计算有效数字位数时，若第一位字等于或超过 8 时，有效数字的位数可多于一位。例如：8.34 表面上虽是三位有效数字，但计算时可作为四位考虑。

④加减法时，以小数点位数少者为准。在做加减的数学运算时，应以小数点位数最少的为准，例如 $8.7+1.03$，应以 8.7 为主，一律取小数点后一位数，即 $8.7+1.0=9.7$。

⑤乘法中应以位数最少的为准。在做乘法运算中，各数值保留的位数应以位数最少的为准。所得的积或商的精度不能大于精度最小的那个因子。例如，$0.0121\times25.64\times1.05782$ 的乘法运算，如果以最末位数正负 1 个单位为误差时，有

0.121 的相对误差为：$\frac{1}{121}\times100\%=0.8\%$

25.64 的相对误差为：$\frac{1}{2564}\times100\%=0.04\%$

1.05782 的相对误差为：$\frac{1}{105782}\times100\%=0.00009\%$

0.0121 的位数最少，并且相对误差最大。所以他为准确定其他两数采用的有效数字位数

$$0.0121\times25.6\times1.06=0.328$$

⑥对数时，对数与真数位数相等。在对数运算中，所取对数的有效数字位数应与真数的有效数字位数相等。

⑦4 个值以上的平均值加一位。计算 4 个或 4 个以上数值的平均值时，则平均值有效位数字位数可以增加一位。

⑧常数（π、1/2、$1/\sqrt{2}$ 等）位数不限。在计算时，对 π、1/2、$1/\sqrt{2}$、e 等常数，数字位数没有限制，可以根据需要几位就写几位。

⑨误差值有效数字只一位。计算误差值时，一般只保留一位有效数，其数量级与最末

一位有效数字相一致。

当重要而又非常精确的测量、所得误差数值尚需进一步计算、所取得的两位有效数字的字面上小于 30 等情况时，误差也可以保留两位或三位有效数字。在误差计算中最多取三值数字。算术平均值要根据误差的大小来调整其位数—位有效数字的数量级与误差最末一位的数量级相等。例如：164.6±3.28 调整后得 164.6±3.3；1.23±0.026 调整后得 1.230±0.026；97654±378 调整后得（9765±38）×10。

三、测试数据表示方法

（一）图形表示方法

用几何图形表示测试数据是一种重要的表示方法。这种方法的优点在于简明直观，便于比较，能显示出数据的最高点、最低点、转折点、周期性以及其他奇异点等。如果图形作得足够准确，可以直接在图上求微分与积分。为了使图形能准确地反映实验数据，掌握正确的作图法很关键。下面介绍作图步骤与原则。

（1）坐标分度确定

通常以 x 轴（水平轴）代表自变数，y 轴（垂直抽）代表参变数。所谓分度就是指沿 x 轴及 y 轴规定每条坐标线代表数值的大小。选择分度的原则是在坐标纸上能很快地找到。通常采用主线间十等份的直角坐标纸。各线间距分为 1、2 或 5 为最方便，应该避免把间距分成 3、6、7 或 9。坐标分度值不一定由 0 开始。可以用一个低于测试数据系列中的最低值的某一整数作起点，高于最高值的某一整数作终点。

分度时，最小分度不要超过测试数据的精度，也就是说测试数据中的最后一位有效数字最多不超过两格（也可以用一格）。在确定分度时，还要考虑使测试曲线的斜率尽可能趋近 1，这与 x 轴与 y 轴的大小分度有关。图 14-4（a）所示的曲线太陡，图 14-4（b）所示的曲线的斜率趋近于 1，说明其分度大小比较合适。

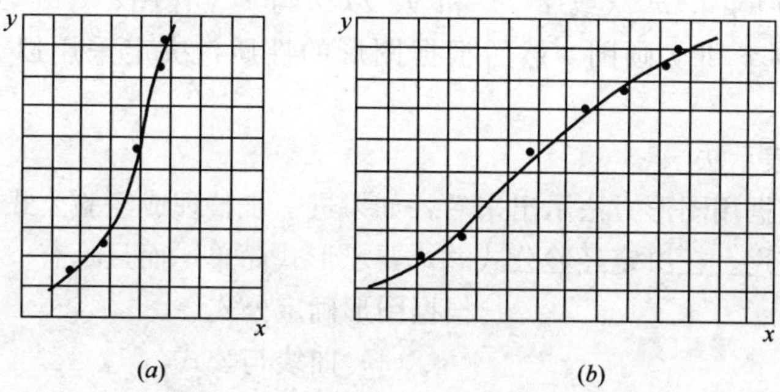

(a)　　(b)

图 14-4　坐标分度与曲线斜率的关系

（a）曲线过陡；（b）曲线斜率合适

（2）根据数据描点

把测试数据点在图上称为描点。当测试数据有一定误差时，在图上就不是一个点了。而是一个矩形的小面积，如图 14-5（a）。当矩形 x 边为 $2\sigma_x$（2 倍标准误差），y 边为 $2\sigma_y$ 时，根据以前阐述的理论可以断定，数据落在此矩形面积范围内的概率是 95%。矩形的中心点代表数据的平均值。整个数据列在两条虚线中间范围内的概率亦为 95%。

当 x、y 轴的误差相等时、习惯以圆圈（“○”）代表数据范围，圆圈中心代表算术平均值，半径表示误差。如果 x 轴的数据的误差小到可以忽略时（或者没有误差时），则其数据范围是一条短线，如图 14-5（b）所示。

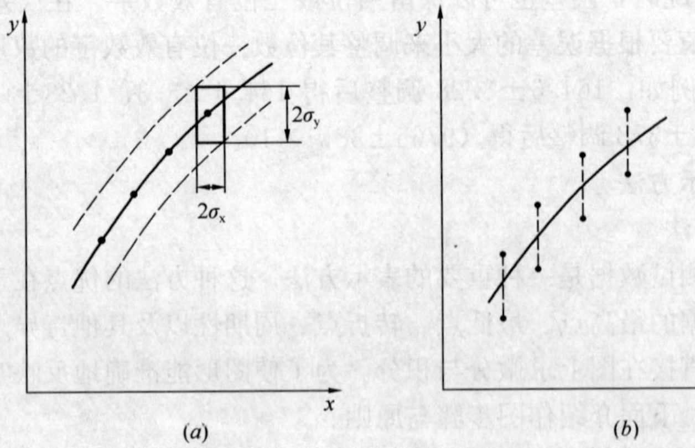

图 14-5　图中表示数据的范围

（a）x 轴与 y 轴均有误差情况；（b）y 轴有误差而 x 轴没有误差情况

（3）根据测试点作曲线

如果测试点比较多。根据图上各点完全可以画出一条光滑曲线。在作此曲线时。注意曲线要光滑匀整。只具有少数转折点，曲线尽靠近各测试点。但不一定使各点部在曲线上。并希望位于曲线两边的点数接近相等。

（4）曲线直线化

如果能把曲线化为直线。不仅作图方便，而且更能表示曲线变化性质，易于写出经验公式。具体采取的办法是将 x、y 轴作如下几种变换，以达到曲线直线化的目的，如以 $\log x$ 与 y、$\log x$ 与 $\log y$、x^n（或 $x^{1/n}$）和 y、以 x 与 $1/y$ 作图、$1/x$（或 $1/y$）与 y 等作图。首先在普通的 x 和 y 画图，然后根据图形的性质，决定采用以上某种 x、y 轴的方法。

（二）方程式表示法

当一组测试数据用图形方法示出来后，如果进一步整理成经验公式，则更有利于对数据结果的推广和使用。在决定经验公式时，要求形式简单，而且具有一定的精确度，然后根据图形确定公式。

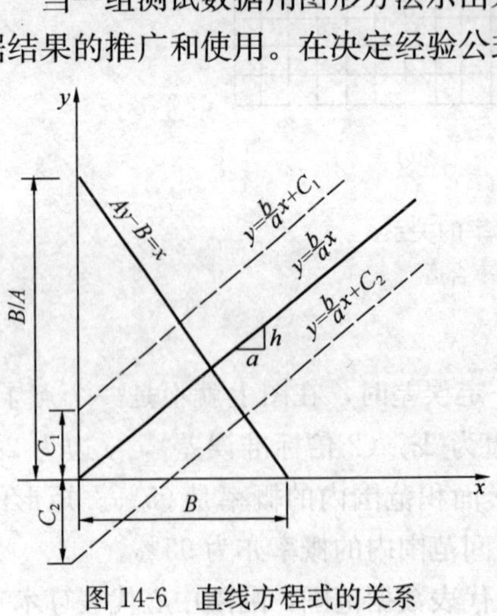

图 14-6　直线方程式的关系

（1）曲线与公式

①直线方程。根据解析几何原理，用图 14-6 表示出几种直线图形与方程式的关系。

②双曲线方程。双曲线方程为 $y=\dfrac{x}{a+bx}$。此式是具有渐近线 $x=-a/b$ 和 $y=1/b$ 的双曲线方程，并且可以化为以下两种形式。$\dfrac{x}{y}=a+bx$ 和 $\dfrac{1}{y}=a\left(\dfrac{1}{x}\right)+b$。如果以 $\dfrac{x}{y}$ 与 x 作图，或者以 $\dfrac{1}{y}$ 与 $\dfrac{1}{x}$ 作图可得到直线形式。

对于方程 $y=\dfrac{x}{a+bx}+C$，当 $x=x_1$，与 $y=y_1$ 时，则 $y_1=\dfrac{x_1}{a+bx_1}+C$，于是得：

$$y-y_1=\frac{x}{a+bx}-\frac{x_1}{a+bx_1}=\frac{a(x-x_1)}{(a+bx)(a+bx_1)}$$

$$\frac{x-x_1}{y-y_1}=(a+bx_1)+x\left(b+\frac{b^2x_1}{a}\right)$$

因为 $(a+bx_1)$ 和 $\left(b+\dfrac{b^2x_1}{a}\right)$ 都是常数，将 $\dfrac{x-x_1}{y-y_1}$ 与 x 作图，也可以得到一条直线。

③指数曲线。将 $y=a\ (10)^{bx}$ 两边取对数得到，$\log y=\log a+bx$。可见，当以 $\log y$ 与 x 作图时，可得一条直线。将指数曲线 $y=a\ (10)^{bx+cx^2}$ 取对数后，得 $\log y=\log a+bx+cx^2$，再取微分后，得 $\dfrac{d\ (\log y)}{dx}=b+2cx$，如果将 $\dfrac{\log y-\log y_1}{x-x_1}$ 与 x 作图，也可以得到一条直线。

④抛物线曲线。对于简单的抛物线方程 $y=ax^b$，当 b 为正值并为2的倍数时，曲线近似抛物线；当 b 为负值时，曲线为以轴为渐近线的双曲线。将方程式两边取对数后，得 $\log y=\log a+\text{b}\log x$。这样取 $\log y$ 与 $\log x$ 作图时。即得直线关系。

对于方程 $y=a+bx+cx^2$，当 $x=x_1$，$y=y_1$ 时，$y_1=a+bx_1+cx_1^2$，相减后得到 $y-y_1=b(x-x_1)+c(x^2-x_1^2)$，然后再以 $x-x_1$ 除之，可得

$$\frac{y-y_1}{x-x_1}=b+c(x+x_1)=b+cx_1+cx$$

因为 $b+cx_1$ 是常数。故将 $\dfrac{y-y_1}{x-x_1}$ 与 x 作图仍可得到一直线。

(2) 方程中常数项的确定

当把曲线直线化以后，并且测试数据基本都在直线上时，即可决定曲线的方程形式。下面的问题就是如何求方程中的常数项。通常有以下几种方法。

①选点法。在测量数据中选出几个接近曲线的点，决定 x 与 y 相对应的值，代入方程式中解联立方程的方法求出各常数项。这种方法简单易行，但是比较粗糙。

②平均法。将几个测量值分成数目相同的 k 个组，而 k 应等于方程中常数项的数目。每个组的测量值都带入方程中，即可综合成 k 个方程式。解联立方程式，即可得到 k 个常数项。

③图解法。首先把曲线直线化，然后利用解析几何的知识，从图上求得直线化后的斜率与常数项。

④最小二乘法。采用这种方法需要假定所有自变数的给定数值没有误差，而参变数带有测试误差和当测试点与曲线的偏差的平方和为最小时，此曲线为最佳曲线，即回归曲线。

四、数值拟合与相关系数

(1) 线性回归

在很多直线中，回归直线是最接近测量点的直线。也可以说，这直线与实测数据的总差值最小。因此回归直线是代表 g 与 f 两个变量之间线性关系的较为合理的直线。回归直线可用下式表示

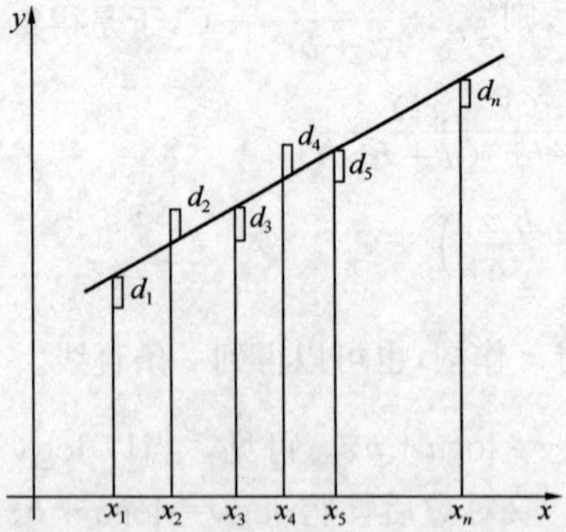

图 14-7　某测点与方程式的偏差

$$y=a+bx \tag{14-15}$$

当实测 x 的测量值分别为 x_1、$x_2 \cdots x_n$ 时，根据式（14-15）得，

$$Y_1=a+bX_1; Y_2=a+bX_2 \cdots Y_n=a+bX_n$$

在实测中，相应于 $X_1, X_2 \cdots X_n$ 的实测有 y 值分别为 Y_1、$Y_2 \cdots Y_n$，其与计算得到的 $y_1, y_2 \cdots y_n$ 不等，这说明实测点 (X_1, Y_1)、$(X_2, Y_2) \cdots (X_n, Y_n)$ 并不完全落在 $y=a+bx$ 回归的直线上。各点偏离直线（见图 14-7）的距离为 $d_i=Y_i-y_i=Y_i-(a+bX_i)$，则

$$Q_E=\sum_{i=1}^{n}[Y_i-(a+bX_i)]^2 \tag{14-16}$$

Q_E 亦称几个测点与回归直线的密合度。它随不同的 a 与 b 值变化而变化，为了找出回归直线的 a 与值，可用最小二乘法，使 Q_E 达到最小的目标。

因 $\dfrac{\partial Q_E}{\partial a}=-2\sum\limits_{i=1}^{n}(Y_i-(a+bX_i))=0$，得到

$$\sum Y_i-b\sum X_i-na=0 \tag{14-17}$$

因 $\dfrac{\partial Q_E}{\partial a}=-2\sum\limits_{i=1}^{n}(Y_i-(a+bX_i))X_i=0$，得到：

$$\sum X_iY_i-a\sum X_i-b\sum X_i^2=0 \tag{14-18}$$

由式（14-17）得：

$$na=\sum_{i=1}^{n}Y_i-b\sum_{i=1}^{n}X_i$$

$$a=\frac{1}{n}\sum_{i=1}^{n}Y_i-\frac{1}{n}b\sum_{i=1}^{n}X_i$$

将 a 代入式（14-18）得：

$$b=\frac{\sum\limits_{i=1}^{n}X_iY_i-\frac{1}{n}\left(\sum\limits_{i=1}^{n}X_i\right)\left(\sum\limits_{i=1}^{n}Y_i\right)}{\sum\limits_{i=1}^{n}X_i^2-\frac{1}{n}\left(\sum\limits_{i=1}^{n}X_i\right)^2} \tag{14-19}$$

（2）相关系数

$$\rho=\frac{\sum\limits_{i=1}^{n}(X_i-\overline{X})(Y_i-\overline{Y})}{\sqrt{\sum\limits_{i=1}^{n}(X_i-\overline{X})\sum\limits_{i=1}^{n}(Y_i-\overline{Y})^2}} \tag{14-20}$$

$$m_\rho=\frac{1-\rho^2}{\sqrt{n-1}} \tag{14-21}$$

关系密切指数

$$\eta=|\rho|\sqrt{n-1} \tag{14-22}$$

根据以上推导相关系数 ρ 的特性如下：

①当 $\rho=\pm1$ 时，Y_i 与 X_i 全部落在回归线上，说明 y 与 x 存在严格的函数关系。

②当 $\rho=0.9\sim1.0$ 时及 $\eta\geqslant3$ 时，y 与 x 呈线性关系。

③当 $\rho=0.7\sim0.9$ 时及 $\eta\geqslant3$ 时，y 与 x 关系密切，可用直线表示其变化关系。

④当 $\rho=0.5\sim0.7$ 时及 $\eta\geqslant3$ 时，y 与 x 两因素间的关系切实存在。

⑤表 14-8 给出了不同显著概率 α 及测量次数 n 条件下的界限 ρ_0 值，当计算的 ρ 大于 ρ_0 时，表示 y 与 x 两因素的关系切实存在。

相关系数检验表　　**表 14-8**

$n-2$	α		$n-2$	α	
	0.05	0.01		0.05	0.01
1	0.997	1.000	21	0.413	0.520
2	0.950	0.990	22	0.404	0.515
3	0.878	0.959	23	0.396	0.505
4	0.811	0.917	24	0.388	0.496
5	0.754	0.871	25	0.381	0.487
6	0.707	0.834	26	0.374	0.478
7	0.666	0.798	27	0.367	0.470
8	0.632	0.765	28	0.361	0.463
9	0.602	0.735	29	0.355	0.456
10	0.576	0.708	30	0.439	0.440
11	0.553	0.684	35	0.325	0.418
12	0.532	0.661	40	0.304	0.393
13	0.514	0.641	45	0.288	0.372
14	0.497	0.623	50	0.273	0.354
15	0.482	0.606	60	0.250	0.325
16	0.468	0.590	70	0.232	0.302
17	0.456	0.575	80	0.217	0.283
18	0.444	0.561	90	0.205	0.267
19	0.433	0.549	100	0.195	0.254
20	0.423	0.537	200	0.138	0.181

⑥ρ 为正值时，y 与 x 为正相关。y 随 x 的增大而增大，反之为负相关。

⑦ρ 很小或为零时，y 与 x 为不存在任何关系。

(3) 回归线的精度

回归线的精度是指实测点对回归直线的离散程度，可用方差（偏差的平方和）表示。在不考虑回归直线本身稳定性时，回归方程的精度为

$$S_E=\sqrt{\frac{Q_E}{cn-2}}=\sqrt{\frac{\sum_{i=1}^{n}\sum_{j=1}^{c}(Y_i-y_i)^2}{cn-2}}=\sqrt{\frac{\sum_{i=1}^{n}\sum_{j=1}^{c}(Y_{ij}-\overline{Y})^2-cb^2\sum_{i=1}^{n}(X_i-\overline{X})^2}{cn-2}} \tag{14-23}$$

式中 c 为重复次数；n 为实测次数。当 $c=1$ 时，可简化为

$$S_E=\sqrt{\frac{\sum_{i=1}^{n}(Y_i-\overline{Y})^2-b^2\sum_{i=1}^{n}(X_i-\overline{X})^2}{n-2}} \tag{14-24}$$

由式（14-19）可知：$\sum_{i=1}^{n}(Y_i-y_i)^2=\sum_{i=1}^{n}(Y_i-\overline{Y})(1-\rho^2)$

$$S_E=\sqrt{\frac{\sum_{i=1}^{n}(Y_i-\overline{Y})(1-\rho)}{n-2}} \tag{14-25}$$

（4）置信概率与置信区间

当测点足够多的时候，可以认为各测点落在 $y=a+bx\pm1.96S_E$，置信区间的置信概率为 95%，作两条平行于回归线的直线

$$y_1=a+bx+1.96S_E$$
$$y_2=a+bx-1.96S_E$$

实测点落在该区间的范围的概率是 95%。

第三节　直接测量误差分析与间接测量误差传递

误差分析理论要解决误差存在的规律性，找出减少误差影响测量的方法，尽可能得到逼近真值的结果，并对结果给出正确的评价。此外，间接测量时还要考虑误差传递的影响。

一、随机误差的正态分布

任何测量都有随机误差。例如，对同等静态物理量进行等精度重复测量，每次测量值都不相同，其误差有大有小，有正有负，没有明显规律。但是，作为一个整体，它们又遵守一定的统计规律。在对大量的测量值进行统计分析并建立频率分布直方图后，可看出随机误差分布有以下几个特点。

（1）有界性

在一定测量条件下，随机误差在一定的、相当窄的范围内波动，绝对值越大的误差出现的概率越小。

（2）单峰性

绝对值越小的误差出现的概率越大。这说明随机误差不但有界而且在分布上具有单峰性。

（3）对称性

绝对值相等符号相反的随机误差出现的概率是相同的。这就是随机误差分布的对称性。

（4）抵偿性

在等精度测量条件下，当测量次数不断增加而趋向无穷时，全部随机误差的算术平均值趋近于零。

以上 4 个特点是通过大量观察统计出来的。有时也称为随机误差分布的四条公理，以

推导出随机误差服从正态分布。

服从正态分布的随机误差分布密度函数

$$\hat{y}=\frac{1}{\sqrt{2\pi}\sigma}e^{-d_i^2/2\sigma^2} \tag{14-26}$$

式中　d_i——某次测量的误差（$d_i=y_i-\mu$）；

σ——一组测量值的均方根误差；

μ——被测参数的真值。

式中 σ 和 μ 是决定正态分布的两个特征参数。在数理统计中，μ 是随机变量的数学期望，σ^2 是随机变量的方差。μ 代表被测参数的真值，完全由被测参数本身决定。当测量次数 n 趋向无穷多时，有

$$\mu=\lim_{n\to\infty}\frac{1}{n}\sum_{i=1}^{n}Y_i \tag{14-27}$$

σ 代表测量值在真值周围的散布程度。它是由测量条件决定的。σ 被称为均方根误差，其定义为：

$$\sigma=\lim_{n\to\infty}\sqrt{\frac{1}{n}\sum_{i=1}^{n}d_i^2}=\lim_{n\to\infty}\sqrt{\frac{1}{n}\sum_{i=1}^{n}(Y_i-\mu)^2} \tag{14-28}$$

σ 与 μ 确定后，正态分布就确定了。正态分布密度函数的曲线如图 14-8 所示。从图上可清楚地反映出随机误差分布规律符合前述四条公理。

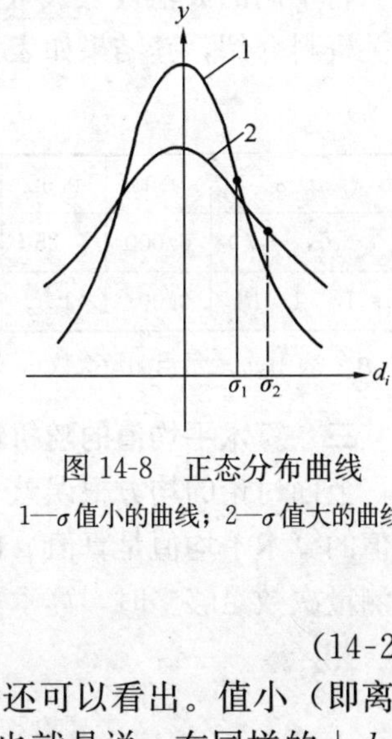

图 14-8　正态分布曲线

1—σ 值小的曲线；2—σ 值大的曲线

事实上并非所有随机误差都服从正态分布。例如仪器仪表度盘或其他传动机构偏差所产生的误差属均匀分布；圆形度盘由于偏心产生的读数误差属反正弦分布等。尽管如此，由于大多数误差服从正态分布，或者可由正态分布来代替，而且以正态分布为基础可使随机误差的分析大大简化，所以还是要着重讨论以正态分布为基础的测量误差的分析与处理。

由图 14-8 可见，某一 d_i 范围内误差出现的概率 $\hat{y}$ 就是曲线下的面积

$$P=\hat{y}\,\mathrm{d}d_i \tag{14-29}$$

式中 P 为测量误差值落在 d_i 到 $d_i+\mathrm{d}d_i$ 区间内的概率。同时还可以看出。值小（即离散度小）的测量值组的曲线陡，表示出现小误差值的概率高。也就是说，在同样的 $\pm d_i$ 的区间内，σ 小的曲线下面的面积大，即出现的概率高，说明该组测量值精度高。

由数学证明知道，正态分布曲线的转折点在 $d_i=\pm\sigma$ 处。同时还可以证明：在一组精度相同的测量值中，其算术平均值的误差平方和为最小，是最可信赖值。

二、误差出现概率

式（14-29）可写成

$$\hat{y}=\frac{P}{\mathrm{d}d_i}=\frac{1}{\sigma\sqrt{2\pi}}e^{-d_i^2/2\sigma^2}$$

$$P=\frac{1}{\sigma\sqrt{2\pi}}e^{-d_i^2/2\sigma^2}\,\mathrm{d}d_i$$

当误差值出现在$-\sigma$与$+\sigma$之间的概率为

$$P(-\sigma,+\sigma)=\frac{1}{\sigma\sqrt{2\pi}}\int_{-\sigma}^{+\sigma}e^{-d_i^2/2\sigma^2\frac{-d_i^2}{2\sigma^2}}\mathrm{d}d_i=\frac{1}{\sigma\sqrt{2\pi}}\int_{-1}^{+1}e^{-d_i^2/2\sigma^2}\mathrm{d}\left(\frac{d_i}{\sigma}\right) \quad (14\text{-}30)$$

式中$P(-\sigma,+\sigma)$代表误差落在$-\sigma$与$+\sigma$之间的概率。

式（14-30）是概率积分一个特解。根据概率积分表可查得$P(-\sigma,+\sigma)\approx0.683=68.3\%$。这说明，当等精度测量次数足够多时，约有68.3%的次数出现在$\pm\sigma$范围内。也可以说有31.7%的次数出现在$\pm\sigma$范围以外。同理，还可以算出任意组等精度测量值的误差出现在$\pm k\sigma$之间的概率。如果令

$$b=\frac{d_i}{\sqrt{2}\sigma} \quad (14\text{-}31)$$

将$d_i=k\sigma$代入，得

$$b=\frac{k\sigma}{\sqrt{2}\sigma}=\frac{k}{\sqrt{2}} \quad (14\text{-}32)$$

这样概率为

$$P=\frac{1}{\sqrt{\pi}}\int_{-t}^{t}e^{-b^2}dt=\frac{1}{\sqrt{\pi}}\left|b-\frac{b^3}{1!3}+\frac{b^5}{2!5}-\cdots\right|_{-t}^{t} \quad (14\text{-}33)$$

将不同的k值代入式（14-32）及式（14-33）中。就可以算出k与P的关系。根据有关资料介绍，其结果如表14-9。

k与P的关系　　**表14-9**

$k=d_i/\sigma$	0.00	0.32	0.67	1.00	1.15	1.96	2.00	2.50	2.58	3.00	∞
$P(-d_i,+d_i)$	0.000	0.250	0.500	0.683	0.750	0.950	0.955	0.987	0.990	0.997	1.000
$n_i=1/(1-P)$	0.001	1.1	2.0	3.2	4.0	20	22	78	100	370	∞

注：表中n_i表示当测量次数n_i次时，误差在$-d_i$与$+d_i$之外可能出现一次。

三、算术平均值的随机误差

上面讨论的均方根误差σ是指任意一次测量值的误差，称之为单值测量误差。多次测量值的算术平均值是真值μ的最可信赖值。所以算术平均值的误差要小于单值测量误差。当测量次数足够多时，算术平均值接近真值μ，从这时$\overline{Y}$及单值测量方差σ^2为

$$\begin{aligned}\overline{Y}&=\frac{1}{n}\sum_{i=1}^{n}Y_i\approx\mu\\ \sigma^2&=\frac{1}{2}\sum_{i=1}^{n}(Y_i-\overline{Y})^2\end{aligned} \quad (14\text{-}34)$$

这样平均值$\overline{Y}$的方差$\sigma_{\overline{Y}}^2$及均方差$\sigma_{\overline{Y}}$为：

$$\begin{aligned}\sigma_{\overline{Y}}^2&=\frac{\frac{1}{n}\sum_{i=1}^{n}(Y_i-\overline{Y})^2}{n}\\ \sigma_{\overline{Y}}&=\sqrt{\frac{\frac{1}{n}\sum_{i=1}^{n}(Y_i-\overline{Y})^2}{n}}=\frac{\sigma}{\sqrt{n}}\end{aligned} \quad (14\text{-}35)$$

大多数测量值及其误差都服从正态分布。正态分布的特征参数 σ 与 μ，是当测量次数 n 为无穷大时的理论值。但是，实际测量的次数是有限的，并且不可能很多。如果认为研究对象全体称为母体，则实际测量是母体的一部分，被称为子样。当 n 值有限时，子样的平均值为 $\overline{Y}$，而反映离散度的参数用 S^2 代表，称为样本方差。其计算式为

$$S^2=\frac{1}{n-1}\sum_{i=1}^{n}(Y_i-\overline{Y})^2 \tag{14-36}$$

唯当 $n\to\infty$ 时，$\overline{Y}\to\mu$，$S^2\to\sigma^2$。这时子样的均方根偏差（亦称样本的标准差）为

$$S=\sqrt{\frac{1}{n-1}\sum_{i=1}^{n}(Y_i-\overline{Y})^2} \tag{14-37}$$

对算术平均值 Y 的均方根偏差为

$$S_{\overline{Y}}=\sqrt{\frac{1}{n(n-1)}\sum_{i=1}^{n}(Y_i-\overline{Y})^2}=\frac{S}{\sqrt{n}} \tag{14-38}$$

同理当 $n\to\infty$ 时，$S_{\overline{Y}}\to\sigma_{\overline{Y}}$。

四、测量结果的置信度

任何估计都有一定偏差，不附以某种偏差说明就失去科学的严格性。为此需用数理统计中的参数区间估计，即用确切的数字表示某未知母体参数落在一定区间之内的肯定程度。

可以定义区间［$\overline{Y}-k\sigma$，$\overline{Y}+k\sigma$］为测量结果的置信区间。概率 P（$-\sigma$，$+\sigma$）为测量结果在置信区间［$\overline{Y}-k\sigma$，$\overline{Y}+k\sigma$］的置信概率。显然不同置信区间的置信概率是不相同的，由表 14-9 也可看出。置信区间越窄，置信概率越小。

如前所述，误差落在［$-\sigma$，$+\sigma$］之间的概率为 68.3％，这就表示被测参数真值落在 $\overline{Y}\pm\sigma$ 区间的置信概率为 68.3％。如果将置信概率提高到 95％时，由表 14-9 可得 $k=1.96$，即置信区间为 $\overline{Y}\pm1.96\sigma$。

同理，利用子样平均值估计母体参数时，其置信区间为 $\overline{Y}\pm kS_{\overline{Y}}$ 置信概率也可自表 14-9 查出。

示例： 在等精度测量条件下，对燃气压气机的转速进行 20 次测量，其数据为（rot/min）

4753.1	4757.5	4752.7	4752.8	4752.1
749.2	4750.6	4751.0	4753.9	4751.2
4750.3	4753.3	4752.7	4751.2	4752.3
4748.4	4752.5	4754.7	4750.0	4751.0

求置信概率为 95％条件下的转速。

解：

①求 $\overline{Y}$

$$\overline{Y}=\frac{1}{20}\sum_{i=1}^{20}Y_i=4752.0$$

②由式（14-37）求单值测量的均方差

$$S=\sqrt{\frac{1}{20-1}\sum_{i=1}^{20}(Y_i-\overline{Y})^2}=2.0$$

③由式（14-38）求子样平均值的均方差

$$S_{\overline{Y}}=\sqrt{\frac{1}{n(n-1)}\sum_{i=1}^{n}(Y_i-\overline{Y})^2}=\frac{S}{\sqrt{n}}=\frac{2.0}{\sqrt{20}}=0.45$$

④根据 $P=95\%$，由表 14-9 查得 $k=1.96$，故置信区间为$\overline{Y}\pm kS_{\overline{Y}}$，即$\overline{Y}\pm1.96\times0.45$。最后测量置信概率为 95%条件下的转速为 4752.0±0.9（rot/min）。

五、测量结果误差评价方法

不同的资料提出不同种类的误差评价方法。这主要是由于置信概率的不同以及其他意义上的不同，使测量结果的误差有不同的表示方法。

（1）标准误差

将均方根误差定义为标准误差。它把单值测量的置信区间限制在 $Y_i\pm\sigma$ 之间。当用子样（或样本）测量值的平均值表示测量结果时，标准偏差要求的置信区间为$\overline{Y}\pm S_{\overline{Y}}$。相应的，置信概率亦为 68.3%。

由于 σ 值正好是在正态分布密度曲线的拐点的横坐标，当随机误差超过 σ 之后，正态分布密度曲线变化变小。可以说落在 $\pm\sigma$ 区间的误差经常遇到，此范围以外的误差不常遇到。这也是把均方根误差定为标准误差的界限的理由之一。

（2）平均误差

平均误差是全部测量值随机误差绝对值的算术平均值，即

$$\delta=\frac{\sum_{i=1}^{n}|Y_i-\mu|}{n} \tag{14-39}$$

平均误差与标准差的关系

$$\delta=\sqrt{\frac{2}{\pi}}\sigma\approx\frac{4}{5}\sigma \tag{14-40}$$

如果利用平均误差，其单值测量区间为 $Y_i\pm\frac{4}{5}\sigma$，置信概率为 57.5%。

若测量结果用于子样测量值平均值表示时，其置信区间为$\overline{Y}\pm\frac{4}{5}S_{\overline{Y}}$，置信概率亦为 57.5%。

（3）或然误差

当把置信概率规定为 50%时，误差称为或然误差，即

$$r=0.67\sigma$$

同理可得，采用或然误差的置信范围为；单值测量时，$Y_i\pm0.67\sigma$，用于子样测量值平均值表示测量结果时，$\overline{Y}\pm0.67S_{\overline{Y}}$。置信概率均为 50%。

（4）极限误差

将标准误差的三倍定义为极限误差，用符号 Δ 表示，即 $\Delta=3\sigma$。对于服从正态分布的系列测量值，当置信范围为 $Y_i\pm3\sigma$，其置信概率表 14-9 为 99.7%。也就是说落在置信范围以外的只有 0.3%的概率，可以认为是不存在的。这也是规定极限误差的理由。

（5）规定置信概率求出误差范围

目前也有规定置信概率为 95%（或 99%），求在此条件下的允许的误差，从而决定置

信区间。

六、小子样误差分析

上述误差分布和计算置信区间及置信概率的方法，是测量值服从正态分布且测量次数足够多时才是可行的。实际上，测量次数 n 很少，可能少于 10 次。这样用标准偏差 S 估计标准误差 σ 就会很不准确，并且子样的容量越小（n 的次数越小），不准确的程度越严重。因此，小子样误差分析不能采用表 14-9 中的正态分布规律。

为了在母体参数未知情况下，根据子样平均值 $\overline{Y}$ 估计真值 μ，必须考虑一个统计量 t。它的分布只取决于子样容量 n，此统计量

$$t=\frac{\overline{Y}-\mu}{S_{\overline{Y}}}=\frac{\overline{Y}-\mu}{S}\sqrt{n} \tag{14-41}$$

统计量 t 服从 t 分布，t 分布的概率密度为

$$\hat{y}=\frac{\Gamma\left(\frac{f+1}{2}\right)}{\sqrt{\pi f}\,\Gamma\left(\frac{f}{2}\right)\left(1+\frac{t^2}{f}\right)^{(f+1)/2}} \tag{14-42}$$

式中，Γ 为特殊函数。f 为正整数，被称为 t 分布的自由度。当进行 n 次独立测量时，由于受平均值 $\overline{Y}$ 的约束，统计量 t 服从自由度为（$n-1$）的 t 分布，故 $f=n-1$。t 分布的概率密度函数以 $t=0$ 为对称轴的曲线（图 14-9）。由图可见，当自由度 f 趋于无限大时，t 分布趋向标准正态分布。

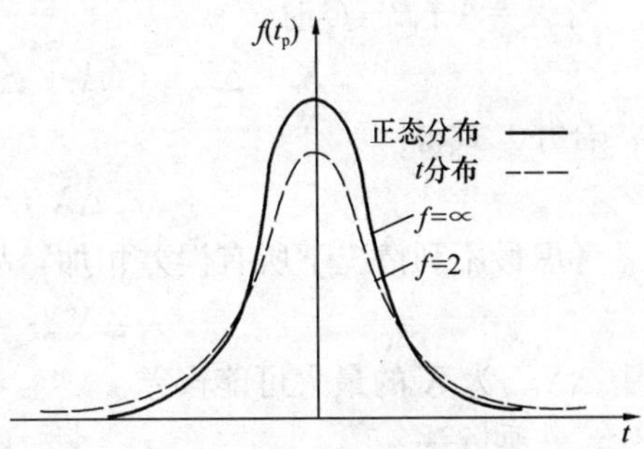

图 14-9　t 分布曲线

表 14-6 列出在不同自由度 f 和常用置信概率 p 下，满足式（14-43）的 t_p 值。对 t_p，下式成立：

$$P\left(-t_p\leqslant\frac{\overline{Y}-\mu}{S_{\overline{Y}}}\leqslant t_p\right)=\int_{-t_p}^{t_p}\hat{y}\,dt \tag{14-43}$$

或写成置信概率：

$$P=P(\overline{Y}-t_pS_{\overline{Y}}\leqslant\mu\leqslant\overline{Y}+t_pS_{\overline{Y}})$$

由上式可见，小子样测量平均值的置信区间为

$$\mu=\overline{Y}\pm t_pS_{\overline{Y}}/\sqrt{n}=\overline{Y}\pm t_pS_{\overline{Y}} \tag{14-44}$$

已定概率 P 时，根据不同的自由度（即不同测量次数 $n-1$）从表 14-6 中查出 t_p 值。

示例：用光学温度计测红外线陶瓷板表面温度，得如下 5 个测量数据（℃）：975；1005；993；987；988。陶瓷板面温度稳定，求陶瓷板在置信概率 $P=95\%$的条件下的温度范围。

解：

①求 5 次测量个均值

$$Y=\frac{1}{5}\sum_{i=1}^{5}Y_i=989.8$$

②求 Y 的标准偏差

$$S_{\bar{Y}}=\sqrt{\frac{1}{5\times4}\sum_{i=1}^{5}(Y_i-989.8)^2}=4.7$$

③根据 $P=95\%$，$f=5-1$ 查表 14-6 得 $t_p=2.78$

④$P=95\%$下，板面温度置信区间 $989.8\pm t_pS_{\bar{Y}}$

这样得到板面温度 989.8±13.2℃。

如果按正态分布计算，从表 14-9 中查得当 $P=95\%$时，$k=1.96$，则其置信区间为：989.8±1.96×4.7℃，即 989.8±9.2℃，显然可以看出按正态分布计算的置信区间小。这表明当测量次数比较小时。用正态分布计算，得到的置信区间小，夸大了测量结果的精密度。

七、间接测量的误差传递

（一）系统误差传递

这是以这个测量值 A、B、C 为基础，计算被测结果 X。设 ΔA、ΔB、ΔC 为系统误差，ΔX 为 X 值的最大形成误差。算法如下。

（1）加减法

当 $X=A+B-C$ 时，

$$X+\Delta X=(A+\Delta X)+(B+\Delta X)-(C+\Delta X)$$

合并二式得

$$\Delta X=\Delta A+\Delta B-\Delta C$$

考虑最不利情况下所有误差相加，故

$$\Delta X_{max}=\Delta A+\Delta B+\Delta C$$

式中 ΔX_{max}为 X 的最大可能误差。

（2）乘除法

当 $X=AB/C$ 时

$$X+\Delta X=\frac{(A+\Delta A)(B+\Delta B)}{C+\Delta C}=\frac{AB+A\Delta B+B\Delta A+\Delta A\Delta B}{C+\Delta C}$$

略去 $\Delta A\cdot\Delta B$ 得：

$$\Delta X=\frac{AB+A\Delta B+B\Delta A}{C+\Delta C}-\frac{AB}{C}$$

$$\frac{\Delta X}{X}=\frac{ABC+CA\Delta B+BC\Delta A-(ABC+AB\Delta C)}{C(C+\Delta C)}\times\frac{C}{AB}$$

当分母的 ΔC 被略去并考虑最不利情况时，有

$$\frac{\Delta X}{X}=\frac{\Delta A}{A}+\frac{\Delta B}{B}+\frac{\Delta C}{C}\tag{14-45}$$

$$\Delta X=\left(\frac{\Delta A}{A}+\frac{\Delta B}{B}+\frac{\Delta C}{C}\right)X$$

（二）随机误差的传递

（1）加减法

当 $X=A+B-C$ 时，各测量的方差（标准偏差的平方）之和等于总的方差

$$S_X^2=S_A^2+S_B^2+S_C^2$$

（2）乘除法

当 $X=AB/C$，各项的相对标准偏差的平方和等于总的相对标准偏差的平方，即

$$\left(\frac{S_X}{X}\right)^2=\left(\frac{S_A}{A}\right)^2+\left(\frac{S_B}{B}\right)^2+\left(\frac{S_C}{C}\right)^2 \tag{14-46}$$

第四节　试验重复性与再现性的确定

一、重复性与再现性相关定义

《测量方法与结果的准确度：第一部分》GB/T 6379.1，给出了有关重复性和再现性方面的定义，现摘录常用的如下：

（1）精密度：在规定条件下，独立测试结果之间的一致程度。

（2）重复性：在重复性条件下的精密度。

（3）重复性条件：在同一实验室，由同一操作员使用相同的设备，按相同的测试方法，在短时间内对同一被测对象相互独立进行测试条件。

（4）重复性标准差：在重复性条件下所得测试结果的标准差。

（5）重复性限：一个数值，在重复性条件下，两个测试结果的绝对差小于或等于此数的概率为95％。

（6）再现性：在再现性条件下的精密度。

（7）再现性条件：在不同实验室，由不同操作员使用不同的设备，按相同的测试方法，对同一被测对象相互独立进行测试条件。

（8）再现性标准差：在再现性条件下所得测试结果的标准差。

（9）再现性限：一个数值，在再现性条件下，两个测试结果的绝对差小于或等于此数的概率为95％。

（10）偏倚：测试结果的期望与接受参照值之差。与随机误差相反，偏倚是系统误差的总和。偏倚可能有一个或多个系统误差引起。系统误差与接受参照值之差越大，偏倚就越大。

（11）接受参照值：用作比较的经协商同意的标准值，它来自于：①基于科学原理的理论值或确定值；②基于一些国家或国际组织实验工作的指定值或认证值；③基于科学或工作组织赞助下实验室工作中的同意值或认证值；④当①、②、③均不能获得时，则用（可测）量的期望，即规定测量总体的均值。

二、重复性与再现性的确定方法

（一）误差分量模型

为估计测量方法的准确度（正确性和精密度），假定对给定的被测物料，每个测试结果 y 是三个分量的和：

$$y=m+B+e \tag{14-47}$$

式中　m——总平均值（期望）；

B——重复性条件下偏差的实验室分量；

e——重复性条件下每次测量产生的随机误差。

（1）总平均值分析

总平均值 m 是测试水平；一种化学品或物料的不同成分的样品（例如不同类型的钢材）对应着不同的水平。在很多技术场合，测试水平仅由测量方法确定，独立真值的概念并不适用。然而，在某些情况下，被测特性的真值 μ 的概念仍可使用，例如一种正在滴定溶液的真正浓度。总平均值 m 未必与真值 μ 相等。

在检查用相同测量方法获得的测试结果间的差异时，测量方法的偏倚不会对其产生影响，因此可以忽略。然而，当把测试结果和一个在合同中或标准中规定的值进行比较时，其中合同中或标准中指的值是真值 μ 而不是测试水平 m，或者比较不同的测量方法得到的结果时，必须考虑测量方法的偏倚。如果存在一个真值，并且可以获得满意的参照物，那么就应该用 ISO 5725-4 中的方法确定测量的偏倚。

（2）实验室偏差分量分析

在重复条件下进行任何系列的测试中，分量 B 可以认为是常数，但在其他条件下进行的测试，分量 B 则会不同。当只对两个相同的实验室比较测试结果时，有必要确定它们的偏倚，通过准确度试验测定各自的偏倚，或通过在他们之间专门的试验确定。然而，若对不特别指定的两个实验室之间差异进行一般性的描述，或者对两个还没确定其各自偏倚的实验室进行比较时，必须考虑偏倚的实验室分量的分布，这就是引进再现性概念的理由。在 GB/T 6379.2 中给出的程序，是在假定偏倚的实验室分量是近似正态分布情况下得到的，但在多数实际情形只需假定分布为单峰的即可。B 的方差称为实验室间方差的变异 K_{var}，可用下式表示：

$$K_{var,B}=\sigma_L^2 \tag{14-48}$$

式中　σ_L^2——包含操作员和设备间的变异。

通常，B 可以看做随机分量和系统分量之和。这里并不试图列出所有与 B 有关的因素，这些因素包括不同的气候条件、制造者允许的设备变差，甚至包括由于操作员在不同地点接受培训所引起的技术上的差异等。

（3）测量随机偏差分量分析

误差项表示每个测试结果都会发生的随机误差。在 GB/T 6379 本部分中，所有的程序是在假定误差分布近似为正态分布的情形下得出的，但在多数实际情形中只需假定为单峰的即可。在重复条件下单个实验室内的方差称为试验室内方差的变异 $K_{var,e}$，用下式表示：

$$K_{var,e}=\sigma_W^2 \tag{14-49}$$

式中　σ_W^2——随机偏差的变异。

由于诸如操作员的技巧等方面的差异，不同实验室的 σ_W^2 值可能不同，但 GB/T 6379 本部分中，假定对一般的标准化测量方法，实验室之间的这种差异很小的，可以对所有使用该测量方法的实验室设定一个对每个实验室都相等的实验室内方差。该方差称为重复性方差 σ_r^2，可以通过实验室内方差的算术平均值$\overline{\sigma_W^2}$来进行估计，表达式如下：

$$\sigma_r^2=\overline{K_{var,e}}=\overline{\sigma_W^2} \tag{14-50}$$

上式中算术平均值是在剔除了离群值后对所有参加准确度试验的实验室计算的。

（二）误差模型

作为精密度度量的两个量，重复性方差可以直接作为误差项 e 的方差，再现性方差为重复性方差和实验室间方差之和。重复性标准差为

$$\sigma_r = \sqrt{K_{var,e}} \tag{14-51}$$

再现性标准差为

$$\sigma_R = \sqrt{\sigma_L^2 + \sigma_r^2} \tag{14-52}$$

（三）基本模型中的参数估计

式（14-49）～式（14-52）考虑的是总体标准差的真值。实际情况中这些标准差的确切值是未知的，精密度的估计值通过从全体实验室组成的总体抽取少量的实验室来获得。而在这些实验室内部，该估计值由所有可能测试的结果的一个小样本获得。在统计实践中，如果标准差的真值未知，则以样本进行估计并替代，此时，符号 σ 用 s 代替，s 表示 σ 的估计值。下列估计值可以根据 GB/T 6379.1—2004 由式（14-47）～式（14-52）得出：

s_L^2——实验室间方差的估计值；

s_W^2——实验室内方差的估计值；

s_r^2——s_W^2 的算术平均值，并且是重复性方差的估计值，这个算术平均值是在剔除离群值后对所有参与准确度试验的实验室计算的；

s_R^2——再现性方差的估计值；

$$s_R^2 = s_L^2 + s_r^2 \tag{14-53}$$

（四）精密度试验的统计分析

数据的分析包括以下三个相继的步骤：

①对数据进行检查，以判断和处理离群值或其他不规则数据，并检验模型的合适性；

②对每个水平分别计算精密度和平均值的初始值；

③确定精密度和平均值的最终值，且在分析表明精密度和水平 m 之间可能存在某种关系时，建立他们之间的关系。

对每个水平，首先计算重复性标准差、实验室间方差、再现性方差、平均值。然后计算总平均值和各种方差。总平均值的估计公式为

$$\hat{m} = \bar{y}_j = \frac{\sum_{i=1}^{p} n_{ij}\,\bar{y}_{ij}}{\sum_{i=1}^{p} n_{ij}} \tag{14-54}$$

重复性方差估计公式为

$$s_{ij}^2 = \frac{\sum_{i=1}^{p}(n_{ij}-1)s_{ij}^2}{\sum_{i=1}^{p}(n_{ij}-1)} \tag{14-55}$$

实验室之间方差估计公式为

$$s_{Lj}^2 = \frac{s_{dj}^2 - s_{rj}^2}{\bar{n}_j} \tag{14-56}$$

式中 $s_{dj}^2 = \dfrac{1}{p-1}\sum_{i=1}^{p} n_{ij}(\bar{y}_{ij}-\bar{y}_j)^2 = \dfrac{1}{p-1}\left[\sum_{i=1}^{p} n_{ij}(\bar{y}_{ij})^2 - (\bar{y}_i)^2\sum_{i=1}^{p} n_{ij}\right]$

$$\bar{n}_j=\frac{1}{p-1}\left[\sum_{i=1}^{p}n_{ij}-\frac{\sum_{i=1}^{p}n_{ij}^2}{\sum_{i=1}^{p}n_{ij}}\right]$$

第五节　测量不确定度评定与分析

一、测量不确定度的概念

误差是被测量的测量值与真值的差值，由于被测量的真值通常是未知的，使误差表示法产生了定量的困难。因此，国际上在 20 世纪 60 年代提出了用测量不确定度来定量表示测量结果可信程度的建议。

不确定度是以误差理论为基础建立起来的一个新概念，表示由于测量误差的存在而对被测量值不能确定的程度，它以参数的形式包含在测量结果中，用以表征合理赋予被测量的值的分散性，表示被测量真值所处的量值范围的评定结果。不确定度的大小体现测量质量的高低，不确定度小，表示测量数据集中，测量结果的可信程度高；不确定度大，表示测量数据分散，测量结果的可信程度低。一个完整的测量结果，不仅要给出测量值的大小，而且要给出测量不确定度，以表明测量结果的可信程度。测量不确定度是对测量结果质量的定量评定。

测量不确定度和测量误差是两个性质完全不同的概念，不确定度是表征误差对测量结果影响程度的参数，是误差的数字指标[2]。测量误差有大有小，有正有负，取值具有一定的分散性，即不确定性，不能用某一个误差值来准确描述测量误差的不确定性使得在多次重复测量中，测量结果在某一范围内变化。误差值大，测量结果可能的取值范围就大，说明测量误差对测量结果的影响强，测量结果的可信程度就低；误差值小，测量结果可能的取值范围就小，说明测量误差对测量结果的影响弱，测量结果可信程度就高。不确定度对某一确定的测量方法具有确定的值，只是在实际估计时，所得不确定度的估计量具有一定的不确定性，而测量误差取值本身就具有不确定性并且服从一定的分布规律[3]。测量不确定度是人们对测量的认识不足的程度，表征测量结果的不可信程度或对测量结果有效性的怀疑程度。是可以定量评定的量，测量不确定应用标准偏差表示，必要时也可用标准偏差的倍数或置信区间的半宽度表征已修正后的测量结果，由于测量条件的不完善及认识的不足，测量结果可能非常接近被测量的真值，也只能认为被测量的值是落在一个较大的区间内的。

测量结果的不确定度一般包含多个分量，按其数值评定方法的不同分为 A 类和 B 类。A 类用统计方法计算的标准偏差表征；B 类：用非统计方法、经验、资料及假设的概率分布估计的标准偏差表征[4]。

二、测量不确定度的评定[5][6]

（一）A 类不确定度的评定

A 类不确定度用标准偏差 S 及自由度 ν 表征，必要时要给出估计协方差。重复观测被测量，对测量数据进行统计分析，得到的实验标准偏差就是 A 类不确定度。若测量值的个数为 n，被测量的个数为 t，则自由度 $\nu=n-t$，如果另有 r 个约束条件，则自由度 $\nu=n$

$-t-r$。常用的计算 A 类不确定度的方法有下面几种。

(1) 标准偏差法

对同一被测量 x，在相同条件下进行 n 次等精度独立测量，测量值为 x_1，$x_2 \cdots x_n$，则样本的算术平均值为

$$\bar{x} = \frac{1}{n}\sum_{i=1}^{n} x_i$$

标准偏差是表征同一被测值 n 次测量所得结果的分散性的参数，计算方法有多种，下面介绍贝塞尔法。一次测量的标准偏差的贝塞尔公式为

$$S(x) = \sqrt{\frac{1}{n-1}\sum_{i=1}^{n}(x_i - \bar{x})^2} \tag{14-57}$$

$\bar{x}$为被测量 x 的最佳值，即测量结果，$\bar{x}$随样本的大小而变，是一个随机变量。$\bar{x}$的试验标准差 $S(\bar{x})$ 就是测量结果的标准不确定度，即

$$S(\bar{x}) = \frac{S(x)}{\sqrt{n}} = \sqrt{\frac{1}{n(n-1)}\sum_{i=1}^{n}(x_i - \bar{x})^2} \tag{14-58}$$

标准偏差的标准偏差 S_S 也是一个随机变量，其计算式为

$$S_S = \frac{S}{\sqrt{2(n-1)}} \tag{14-59}$$

当 $n=9$ 时，S_S 为 S 的 25%。标准差一般取 1～2 位有效数字，当测量次数较多时，S_S 可以忽略不计。

用贝塞尔法求出的 S^2 是 σ^2 的无偏估计，而求出的标准偏差 S 是标准误差 σ 的有偏估计。即 S^2 的数学期望 $E(S^2)=\sigma^2$。无固定偏移，S 的数学期望 $E(S)\neq\sigma$，有固定偏差，之间差一个因子，用 $t(\nu)\cdot S$ 作为 σ 的无偏估计，$t(\nu)$ 是自由度 $p=n-1$ 的 t 因子，表 14-10 是 $t(\nu)-\nu$ 的转换表。

$t(\nu)-\nu$ 转换表　　　　**表 14-10**

ν	2	3	4	5	10	20	∞
$t(\nu)$	1.25	1.13	1.08	1.06	1.03	1.01	1

由以上讨论可见，若有限次测量中，单次测量值标准偏差 S 已求得，就可以用式(14-58) 求得测量结果的 A 类标准不确定度。有限次测量的算术平均值标准偏差（即 A 类标准不确定度）与$\sqrt{n}$成反比，随着测量次数的增加，取平均时，正负误差相抵偿，结果使算术平均值的分散性减小，当 $n>20$ 时。增加 n，$S(\bar{x})$ 减小的速度减慢，增加测量次数，虽然可使测量结果的可靠性提高，但测量次数的增加意味着测量时间和测量成本的增加，因此选取测量次数 n 时要综合考虑，一般取 n 为 4～20 次。

(2) 核查标准或控制图的方法

若测量过程处于统计控制状态，为了更好表征统计控制下的测量过程，可以用合并样本标准偏差 S_p，S_p 是测量过程长期组内标准偏差的统计平均值，设每次核查的样本标准偏差为 S_i，核查次数为 p，每次核查的自由度相等，则

$$S_p = \sqrt{\frac{1}{P}\sum_{i=1}^{n} S_i^2} \tag{14-60}$$

若用该测量过程对被测量 x 作了 n 次观测，并以算术平均值作为测量结果，则测量结果的标准不确定度为

$$S(x)=\frac{S_{\mathrm{p}}}{\sqrt{n}}=\sqrt{\frac{1}{nP}\sum_{i=1}^{n}S_i^2} \tag{14-61}$$

（3）最小二乘法

对实验数据往往需要用最小二乘法进行处理，若被测量 x 的估计值是从实验数据用最小二乘法拟合的一条直线或曲线上得到的，则任意预期的估计值或表征曲线拟合参数的标准不确定度可以用已知的统计程序计算得到。例如标准电池的输出电压值 V 随时间线性漂移，用最小二乘法对一系列实验数据拟合成的最佳直线为

$$V=a+bt \tag{14-62}$$

对任一时刻 t_i，可以得到该电池输出电压的估计值 V_i，则 V_i 的标准不确定度为其标准偏差 S（V_i），设 a、b、t 的标准偏差分别为 $S(a)$、$S(b)$、$S(t)$，a,b 的相关系数为 $r(a,b)$，由标准偏差的传递规律，得

$$S(V_i)=S^2(a)+t^2S^2(b)+b^2S^2(t)+2tS(a)S(b)r(a,b) \tag{14-63}$$

（4）频率法

在频率稳定度的测量中，存在闪变噪声，用贝塞尔公式计算标准偏差 S 时，S 随取样次数 n 的增大而增大，即 S 不收敛，因此对频率的稳定度的测量采用阿仑方差。设对被测量频率进行 $m+1$ 次测量，每次测量的取样时间为 τ，每两次测量为一组，其测量值为 x_i 和 x_{i+1}，共有 m 组，则阿仑方差 $S^2(\tau)$ 由下式求得。

$$S^2(\tau)=\frac{1}{2m}\sum_{i=1}^{m}\left[x_{i+1}(\tau)-x_i(\tau)\right]^2$$

频率的A类不确定度为

$$S(\tau)=\sqrt{\frac{1}{2m}\sum_{i=1}^{m}\left[x_{i+1}(\tau)-x_i(\tau)\right]^2} \tag{14-64}$$

（二）B类不确定度的评定

B类不确定度是用非统计方法获得的[7]，借用统计方法中类似标准偏差的量 u_j 来表征、计算时，应考虑影响量的各种可能信息来源，其估计值可以根据以前的测量数据、类似仪器的检定数据、厂家的技术说明、以前的经验、校准证书、测试报告、引用的手册及其他提供数据的文件、所用设备和材料的特性数据等算出，切忌无根据的随意估计，做到不遗漏，不增加，不重复，其估计值的可靠性和测试人员的水平密切相关。常用估计方法来评定不确定度分量 u_j 的大小，下面介绍几种B类不确定度分量的估计方法。

（1）估计误差来源的不确定度分量

若误差来源的不确定度的估计值为 Δx_i，它对测量结果 f 的不确定度传播系数为 $\frac{\partial f}{\partial x_i}$，则该误差的来源对 f 造成的不确定度分量为：

$$u_j=\frac{\partial f}{\partial x_i}\cdot\Delta x_i$$

（2）能估计误差限及分布特性的不确定度分量

对根据经验或有关的信息和资料，能估计误差来源的误差限 $\pm a$，并掌握其概率分布

的误差，由要求的置信水平估计相应分布的包含因子 k，则不确定度分量 u_j 为

$$u_j=\frac{a}{k}$$

将此式应用于几种常见的分布，结果列入表 14-11 中。

(3) 能估计误差限，不知分布规律的不确定度分量

有些情况下，只能估计误差限 $\pm a$，但不能确切掌握误差的分布规律，这时，要计算 B 类不确定度，就需要以经验、资料为依据，在常见分布中合理地选择一种分布作为未知分布的假设分布，假设分布是实际分布的一种近似估计，系统性较强的误差分布常假设为均匀分布，随机性较强的误差分布常假设为正态分布，分辨不清误差类别的，原则上取不确定度估计偏大的分布为假设分布，如某一误差区间为（-0.024，0.024)，按均匀分布，则 $u_j=\frac{0.024}{\sqrt{3}}=0.014$，按正态分布，$u_j=\frac{0.024}{3}=0.008$，所以取均匀分布为假设分布。可采用同行的共识，如微波测绘中的失配误差为反正弦分布。B 类不确定度评定的可靠性取决于可利用的信息的质量，一般应尽量充分利用长期实验观测的值来估计其概率分布。有了假设分布，就可以按方法 2 估计 u_j。

几种常见的分布的 B 类不确定度[8]　　　　**表 14-11**

概率分布	包含概率 P,%	不确定度 u_j	概率分布	包含概率 P,%	不确定度 u_j
频率分布	50	$1.48a$	均匀分布	100	$a/\sqrt{3}$
	68.27	a	反正弦分布	100	$a/\sqrt{2}$
	90	$0.61a$	梯形分布	100	$a\sqrt{1+\beta^2}/\sqrt{6}$
	95	$0.51a$	两点分布	100	a
	95.45	$0.5a$	三角分布	100	$a/\sqrt{6}$
	99	$0.39a$		99	$a/2.20$
	99.73	$0.33a$		95	$a/1.90$

注：$0<\beta<1$，为梯形上底与下底宽度的比值。

（三）合成不确定度的计算

测量结果的不确定度通常包含若干个分量，设 A 类、B 类不确定度分量分别为 s_1，s_2 $\cdots s_n$ 和 u_1，$u_2\cdots u_m$ 则合成不确定度 u_c 为[5]

$$u_c=\sqrt{\sum_{i=1}^{n}s_i^2+\sum_{j=1}^{m}u_j^2+2\sum_{i=1}^{n}\sum_{j=1}^{m}Cov(\Delta x_i,\Delta x_k)} \tag{14-65}$$

式中，$Cov(\Delta x_1,\Delta x_k)$ 是 $\Delta x_1,\Delta x_k$ 的协方差。$\Delta x_1,\Delta x_k$ 为两个相互依赖的误差项，当相关系数 $\rho=0$ 时，各不确定度分量独立，$Cov(\Delta x_1,\Delta x_k)=0$，合成不确定度为

$$u_c=\sqrt{\sum_{i=1}^{n}s_i^2-\sum_{j=1}^{m}u_j^2} \tag{14-66}$$

当相关系数 $\rho=1$ 时，各不确定度分量呈线性关系，合成不确定度为

$$u_c=\sum_{i=1}^{n}s_i+\sum_{j=1}^{m}u_j \tag{14-67}$$

（四）总不确定度的计算

若以合成不确定度 u_c 作为测量结果的不确定度，设 y 是被测量 Y 的最佳估计值，$y-u_c \sim y+u_c$ 构成一个区间，被测量 Y 的可能值以某一置信概率落在该区间内，分布不同，置信概率不同，均匀分布时，置信概率为 57.7%，正态分布时，置信概率为 68.3%，也就是说，正态分布情况下，以合成不确定度作为测量结果的不确定度，被测量的“真值”有 31.7%的可能在区间外，即测量 1000 个数据，约有 317 个数据在（$y-u_c$）～（$y+u_c$）范围之外，对于某些应用，这个置信概率太小，要加大概率，就需要结合成不确定度 u_c 乘以一个包含因子 k，得到总不确定度 U，即总不确定度的值为

$$U = ku_c \tag{14-68}$$

测量结果表示成：

$$Y = y \pm u_c \tag{14-69}$$

（$y-U$）～（$y+U$）是一个放大了的区间，被测量 Y 的可能值以较高的置信概率落在该区间内。包含因子 k 的值是根据 $y \pm U$ 的区间要求的置信水平而选择的，k 取值一般在 2～3 范围内，必要时根据假设的概率分布选取 k 值，表 14-12 列出了正态分析和均匀分布时置信水平 P 和包含因子 k 的关系。

正态分布和均匀分布时的 *P*、*k* 关系　　表 14-12

正态分布	P（%）	50.00	68.27	90.00	95.00	95.45	99.00	99.73
	k	0.67	1.00	1.64	1.96	2.00	2.58	3.00
均匀分布	P（%）	57.74	95.00	99.00	100.00	—	—	—
	k	1.000	1.650	1.710	1.73	—	—	—

包含因子 k 也常用 t 分布计算得到，取 $k=t_{p(v)}$，即在置信概率 P 下的 t 分布临界值，v 为合成不确定度的总自由度，计算公式为

$$v = \frac{u_c^4}{\sum_{i=1}^{n} \frac{s_i^4}{v_{Ai}} + \sum_{j=1}^{m} \frac{u_j^4}{v_{Bj}}} \tag{14-70}$$

式中 v_{Ai} 为 A 类不确定度分量 S_i 的自由度，v_{Bj} 为 B 类不确定度分量 u_j 的自由度；对 A 类不确定度，若每个被测量 x_i 测 n_i 次，得到 x_i 的估计值和标准不确定度 S_i，则 S_i 的自由度 $v_j=n_i-1$，若由 n 个数据点用最小二乘法拟合成曲线来估计 m 个参数，则每个参数的标准不确定度的自由度 $v_i=n-m$，B 类不确定度分量 u_j 的自由度为

$$v_j = \frac{1}{2} \times \frac{1}{\Delta u_j / u_j} \tag{14-71}$$

式中 $\Delta u_j/u_j$ 是标准不确定度的相对标准不确定度，可凭经验与认识获得，因 u_j 的可靠性较差，其自由度 v_j 通常取 1，有了总自由度 v，可由 v 和取定的置信概率 P 由 t 分布表（见表 14-6）中查出 $t_{p(v)}$ 的值，则总不确定度为

$$U = t_p(v) u_c \tag{14-72}$$

示例：测量铜导线的电阻，温度不确定度 $u(t)$ ＝3℃，被测铜导线的电阻为 90Ω，铜导线的电阻温度系数 $a=4.2\times10^{-3}$℃。因为 $R=R_0(1+at)$，所以 $\frac{\partial R}{\partial t}=aR_0$，则由温度对

电阻的不确定度分量为：$u(R)=\dfrac{\partial R}{\partial t}u(t)=aR_0u(t)=4.26\times10^{-3}\times90\times3=1.2\Omega$。

若三个电阻 R_1,R_2,R_3 串联使用，已知 $S_{R1}=1\text{k}\Omega$，$S_{R1}=2\text{k}\Omega$，$S_{R1}=3\text{k}\Omega$，设总电阻为 R，则 $R=R_1+R_2+R_3$。因 R_1,R_2,R_3 彼此独立，所以总电阻的不确定度 SR 为

$$SR=\sqrt{\left(\frac{\partial R}{\partial R_1}\right)^2S_{R1}^2+\left(\frac{\partial R}{\partial R_2}\right)^2S_{R2}^2+\left(\frac{\partial R}{\partial R_3}\right)^2S_{R3}^2}$$

$$=\sqrt{S_{R1}^2+S_{R2}^2+S_{R3}^2}=\sqrt{1^2+2^2+3^2}=3.7$$

三、测量不确定度的来源

测量过程中有许多引起测量不确定度的来源，主要来自以下几个方面：

（1）对被测量的定义不完整或不完善

例如定义被测量是一根标称值为 1m 的钢棒的长度，若要求测准到微米级，则被测量的定义就和压力的影响已较明显，而这些条件没有在定义中说明。完整的定义应是标称值为 1m 的钢棒在一定的温度、压力、湿度和钢棒支撑方式下的长度。取样的代表性不够，即被测量的样本不能代表所定义的被测量。

（2）对模拟仪器的读数存在人为偏差（偏移）

模拟式仪器在读取其示值时，一般是估读到最小分度值的 1/10。由于观测者的位置和观测态下的显示值会有不同的估读值，这种差异将产生不确定度。

（3）测量仪器的分辨力或鉴别力不够

数字式测量仪器的不确定度来源之一，是其显示仪表的分辨力不够。这是因为当输入信号在一个已知的区间内变动时，该仪器却给出了同样的显示。

（4）测量标准和标准物质的参数值不准

通常的测量是通过被测量与测量标准的给定值进行比较现实的，因此，该测量标准的不确定测量时，测得质量的不确定度中包括了标准砝码的不确定度。

（5）数据计算用的物性参数和其他参数不准

例如在测量黄铜的长度随温度变化时，要用到黄铜的线热膨胀系数。查有关数据手册可以查出或计算出该值的不确定度，它同样是测量结果不确定度的一个来源。

参考文献

［1］　金志刚．燃气测试技术手册［M］．天津：天津大学出版社，1994.

［2］　国家质量技术监督局计量司．通用计量术语及定义解释［M］．北京：中国计量出版社，2001.

［3］　国家质量技术监督局计量司．通用计量术语及定义［M］．北京：中国计量出版社，2001.

［4］　中国实验室国家认可委员会．化学分析中不确定度的评估指南［M］．北京：中国计量出版社，2003.

［5］　刘智敏．不确定度原理［M］．北京：中国计量出版社，1993.

［6］　刘智敏．不确定度及其实践［M］．北京：中国标准出版社，2000.

［7］　李慎安．测量不确定度表达 10 讲［M］．北京：中国计量出版社，1999.

［8］　沙定国．误差分析与测量不确定度评定［M］．北京：中国计量出版社，2003.

第十五章　燃气用具质量监督检验方法与检验机构

第一节　概　　述

随着科学技术的发展，生产水平与人民生活水平不断提高，产品质量越来越受到人们的重视。为了保证质量，要求制定一系列严格而科学的质量管理与质量保证措施。自从国际标准化组织、质量管理和质量保证标准化技术委员会（ISO/TC 176）成立以来，发布了ISO 9000系列为基础的12项质量管理与质量保证国际标准，受到大多数国家的重视，并等同或等效地采用，很快推动了质量管理与质量保证的全球化。同时，不少国家已将其作为贸易条件之一，这将进一步促进质量管理与质量保证国际标准的实施。以后随着工作生产发展的需要，还将不断地改进与发展质量管理与质量保证标准。

质量监督检验方法是质量管理与质量保证措施中非常重要的一环。另外，质量监督离不开检验，而检验是靠各种检验机构（检测中心、监测站、检测室等）来贯彻执行的。检验机构包括各个单位的检测室（实验室）、地方检测站以及国家质量监督检验中心。事实证明，只掌握各种具体的试验方法是不够的，还应对科学的产品质量监督及检验方法、检验规则予以足够重视。燃气用具直接服务于广大用户，其安全性与可靠性直接影响燃气事业的社会效益与经济效益，关系到燃气事业健康有序发展。因此燃气工作者更应重视燃气用具的质量监督与检验。

第二节　产品质量检验形式分类

产品检验的形式多种多样，各国也不尽相同。在我国没有一个统一的标准，在不同的行业，不同领域，不同的产品标准中表述方法也不一样，根据检验工作的经验，对产品的检验形式作一个归纳。

一、产品质量检验分类

（一）按照检验数量分类

(1) 全检：对于某些涉及人身健康和生命财产安全的重要产品或重要的项目，为了确保其合格，要进行逐台检验，也就叫做全检。但检验的成本较高。

(2) 抽样检验：由于全检工作量大，成本高，有的产品不能实施全检，产品质量相对较稳定，抽样检验是一种较好的检验方法。

(3) 免检：产品的质量问题不会造成安全等的非重要产品，产品生产时间较长，并一直经检验质量稳定，在一定条件下可以免检，这种方法不提倡采用。

（二）按照生产过程的顺序分类

(1) 进货检验：生产工厂为了控制产品质量，对原材料及采购用于生产的零部件的检验。

（2）过程检验：生产过程中，对一些重要的工序进行检验，通过以下三种检验，以期达到对生产全过程的质量监督控制。

①首件检验：对每批产品的第一件样品进行的检验，如果第一件样品合格则证明该产品的工艺正常，如果按此工艺生产的产品是合格的。

②巡回检验：在正常的生产过程中由专门人员在流水线上进行检验，监督生产工艺是否有异常情况，确保生产过程运行正常。

③末件检验：对最后一件样品进行检验，验证之前的产品是否有系统性的不合格产品，如果有问题可及时发现，降低不合格产品的风险。

（3）最终检验：所谓最终检验，不同情况有不同的含义，现叙述如下：

①通过流水线完成了产品的加工组装，在最后一道工序的检验，保证产品下线属于合格品。

②在产品入库之前对产品进行的检验，可能是全检，也可能是抽检。

（三）按检验目的分类

（1）接收检验：产品的接收方为了保证所购买的产品属于合格品，对要接收的产品进行的检验。

（2）控制检验：一般是产品的生产者为了保证自己的产品合格，在生产过程中的不同环节进行的检验活动。

（3）监督检验：由产品的接收方或第三方对生产方的产品的检验。接收方的监督检验是由接收方派人员到生产方的生产过程中进行监督或对最终产品的监督检验，而第三方监督检验的情况很复杂，有政府指令性的监督，有企业或社会团体的委托的监督检验。在企业内部，由企业的检验部门对生产车间的产品监督检验也属于监督检验的范畴。

（4）验证性检验：为了对产品原来的检验结果进行的核实验证的检验。

（5）仲裁检验：对产品的供需双方在产品质量发生纠纷需要仲裁时所进行的检验。仲裁检验一定是第三方检验，而且要求第三方的检验机构要具有相应的合法资格。

（四）按人员划分

（1）自检：生产过程中由各工序的生产操作人员在完成自己的工序后，对自己工序的结果进行检验。

（2）互检：一般是指工厂流水线上下一道工序操作之前对上一道工序的结果进行检验。

（3）专检：在工厂的质检部门的专职检验人员对产品的检验，包括对生产过程的巡回检验、零部件的检验、产品的成品检验。

（五）按检验周期分类

（1）逐批检验：对于每一批产品根据批量大小抽取一定数量的样品进行检验，确定该批产品的合格程度，对于产品的批是有一定的组批方式要求。

（2）周期检验：产品在正常生产过程中按一定的时间间隔周期性的进行抽样检验。其主要目的是要考核生产工艺是否稳定正常运转。

（六）按检验单位的地位分

（1）第一方检验：产品的供货方的检验，也称生产检验；

（2）第二方检验：产品的接收方的检验，也成验收检验；

（3）第三方检验：除第一方检验和第二方检验之外的检验，一般是指政府的检验机构、政府授权的检验机构、社会上的（民间的）检验机构等的检验。

二、检验的要求及注意事项

为了描述的系统性，方便大家理解，我们以上述第六种分类方法为主线进行描述。

（一）第一方检验（生产检验）

（1）生产检验的职能

检验的质量职能概括起来讲就是严格把关、反馈数据，并监督和保证出厂产品的质量，促进产品质量的提高，具体来说，有以下三项职能；

①保证的职能。通过对受检产品的检验、鉴别、分选，剔除不合格产品。保证不合格的原料不投产，不合格的零部件不转入下道工序，不合格的产品不出厂。

②预防的职能。通过分析检验获得的信息和数据，及早发现质量问题，找出原因并加以解决，防止或减少不合格产品的产生。

③报告的职能。对检验所得的质量信息和数据进行分析、评价，向上级部门提出报告。

④承诺的职能。产品通过检验合格，并有检验数据，出具的报告可使购买者对产品树立信任感，同时也是供方对需方的质量承诺。

（2）生产检验的过程及要求

第一方检验指企业内部为了保证产品质量合格所进行的生产检验，包括自检、互检及专检等，可按检验的顺序和检验人员的划分做以下介绍：

①自检是生产过程中由各工序的生产操作人员在完成自己的工序后，对自己工序的结果进行检验，或按照技术标准的要求对自己生产的产品进行检验；自检根据工艺要求的内容选择不同的检验方法，一般在工厂的生产工艺文件中有规定，采用目测、器具测量或仪器测量。

②互检是按技术标准由下工序对上工序生产的产品进行检验，以保证进入下一道工序的制品是合格的，也包括工厂对进厂的外协加工件、配套件所进行的检验，但一般当检验的项目比较简单时，用目测的方法可以完成，如果检验项目比较复杂，就按专检来处理，这样的情况也应属于第二方检验（验收检验）。

③专检是由工厂内专业的检验机构完成的，按照技术标准的要求，对原材料、半成品、成品所进行的质量检验。工厂对专检的设置要根据生产产品的复杂程度、产品的安全性、可靠性要求的程度来确定，产品的复杂、产品的安全性、可靠性要求的程度高，检验要求就严格，专检的控制点设置就较多，一般情况可设以下几个环节：

a. 原材料、外购和外协加工的零配件的检验，要求有专门人员，专门的仪器设备，固定的地点，按照有关标准和工艺文件进行检验，并有完整的检验纪录、检验报告。

b. 过程检验，根据产品的不同检验的设置也不同。对于机加工件、冲压件、压铸件等可有首件检验、巡回检验和末件检验，以保证加工过程的稳定性；对于组装型流水线生产的产品可设工序检验。工序检验包含了生产过程中间和产品包装前的检验。

c. 最终检验，一是通过流水线完成了产品的加工组装，在最后一道工序的检验，属于全检，保证产品下线属于合格品，二是在产品入库之前或产品出厂之前对产品进行的检验，一般采用抽检。检验的项目及检验方法在产品标准中都有规定。

第一方检验（生产检验）有时称为卖方检验。它是整个社会生产活动中保证产品质量的最基础环节。

（3）生产检验的抽样检验

1）抽样与全检

对批量生产的产品进行检验有两种方法，即全检与抽检。二者区别如下：

①全检是检验每一个产品，区分合格与不合格。抽检是从一批产品中随机抽一部分来检验，据此检验结果来判断此批产品是否合格。因此全检的对象是单件产品，而抽检的对象是产品批。

②抽检因其随机抽样故有可能判错。全检在检验本身不出错的条件下，可从全数产品中挑出不合格品，使接受的产品均为合格。但是对批量非常大、要求又急的检验，出错的机会是很多的。

③抽检的工作量少，可节省人力物力。但错判的责任重大，为此在工作量不大，并加强责任心的情况下，有利于减少检验及综合判定的差错。全检则情况相反，并且对破坏性试验及耐用性试验也不可能全检。

④全检拒收的是少量不合格品，而抽检拒收是整批产品，所以后者对生产者压力大，并促使其注意产品质量。

2）抽样检验的主要类型[1]

在实践中，人们根据生产实际需要，设计出适用的抽样方案。设计抽查方案既要花去大量时间，又要有较深的数理统计基础。为此，一些统计学者和生产技术人员已经根据比较广泛的需要设计出许多种常用的抽样方案，汇编出各种图表以供选择使用，同时许多国家和团体将其纳入了相应的标准。根据几十年生产经验形成的比较完善的抽样方案有以下几种。

①计数标准型抽样标准。在买卖双方初次交易、买方不太了解生产者的质量水平时，多采用此标准。双方决定的抽样方法造成的误判双方都能接受。

②计数调整型抽样检验标准。计数标准型抽样标准维护了双方的利益。但是，比较死板，抽样量比较大。当生产稳定质量很好时，没有必要仍然按照互不了解的情况抽样。《计数抽样检验程序》GB/T 2828 即体现了调整型的特点。在生产稳定时放宽检查，反之严加检查。

③计数周期抽样检查标准。这是一种与上一标准配套的检验标准，《周期检验计数抽样程序及表》GB/T 2829 就是与 GB/T 2828 配套的标准。

④计数分选型抽样标准。这种标准的特点是规定抽查不合格的批要进行全检（挑拣）后才能接受。它适用于按批验收入库产品的验收、工序间半成品的交接验收；较长期连续供货的验收。

⑤计数连续生产型抽样检验标准。连续生产型抽样方案为适应传动线及自动化生产方式的产品设计的。其特点是产品不必组成批的形式，可一边生产、一边抽查验收。《单水平和多水平计数连续抽样检验程序及表》GB/T 8052 反映此种标准。

3）产品质量抽样检验的必要性

检验主要采用抽检的方法，这不仅由于抽检的优势，也是检验本身所需要的，原因如下：

①质量检验还不完全与生产线质量控制相同。它是一种事后监督，不太可能监督所涉及的全部产品，所以不可能全检。

②质量检验主要对生产的产品质量及管理效果起核查作用，着重查找质量是否存在重大问题。抽检是一种统计假设检验，其否定判决比较有力，可信度高，正好适合质量抽检的要求。

③质量检验在某种意义上是一种重复性劳动，应尽可能减少其工作量，以减少企业负担，节约资源。

④产品质量检验有专门的抽检标准。

⑤有的检验项目通过检验对产品本身有影响，甚至有一些属于破坏性项目不可能全检，只能采用抽检。

（二）第二方检验（验收检验）

第二方检验，是买方为了保证买到的产品符合要求而进行的检验。它可以弥补生产检验的不足，及时发现质量问题，分清质量责任，维护用户的利益。第二方检验有以下两种情况：一是产品的最终用户对所购买产品的检验，这种检验往往由于最终用户不具备检验的能力，而无法检验；二是产品的经销部门的检验。这些部门往往也是不具备检验手段，但为了保证产品质量，减少自己的经销风险，可委托有检验能力的检验机构或其他有检验能力的单位进行检验。国内这种情况并不多见，但在国外发达国家这种检验方式是很普遍的。三是生产企业对采购的零部件进行的检验，也可属于第二方检验，但从生产检验的角度看也属于第一方检验。

第二方检验一般都采用抽样检验方式检验，抽样检验的规则可以按上面所介绍的方法。也可以由供需双方协商。

（三）第三方检验

(1) 第三方检验的概念

前面已经介绍过，除第一方检验和第二方检验之外的检验，都属于第三方检验。除了仲裁检验以外，认证检验、生产许可证检验、国家产品质量监督检验等也属于第三方检验的范畴。

第三方检验较第一方和第二方检验具有局外的公正性，所检验的结果能使第一方和第二方信服，以便协调第一方和第二方的矛盾，同时也具有一定的权威性，使公众信服。

(2) 第三方检验应具有的条件

①应是独立的检验机构，能够独立承担相应的法律责任，公正的立场，不以营利为目的。一般是指政府的检验机构、政府授权的检验机构、社会上的（民间的）检验机构等。

②应有精良的设备，并应按规定进行计量检定。

③应有可靠的技术支撑。

④有高素质的、固定的检验人员和管理人员。

⑤有严格的管理制度。

(3) 典型第三方检验介绍

1) 仲裁检验

仲裁检验有以下几种情况：

①供需双方在业务活动中对产品质量的争议；

②产品出现人身伤害、财产损失事故后，要求划分责任；

可以由供需双方协商委托检验机构进行仲裁检验，也可以由处理该事件的机构委托检验机构检验，例如法院、工商管理部门、技术监督部门等。

2）产品质量监督检验

依据《产品质量国家监督抽查管理办法》及相关规定，由代表国家的权威机构或其指定的测试机构，对企业的质量保证体系进行审查，对产品质量进行抽样检验、检查和评定，以保证最终产品质量符合国家规定的标准和要求，防止不合格产品流入市场，以维护国家和广大消费者的利益。它是国家产品质量管理体系的重要组成部分，是保证各级标准认真贯彻实施的有效措施，也是国家通过行政干预来提高企业产品质量、保护用户和消费者利益的必要手段。产品质量监督检验又称监督检验，属于强制性检验，也是第三方检验。

3）生产许可证检验

根据《中华人民共和国工业产品生产许可证管理条例》及《中华人民共和国工业产品生产许可证管理条例实施办法》的规定，在对企业进行许可证的认证过程中要对产品进行抽样检验，验证企业的生产条件能否生产符合规定标准的产品。燃气用具产品实行的是生产许可证制度，所以要进行许可证检验，属于强制性检验。

4）认证检验

与生产许可证检验相类似，依照产品认证的有关规定对产品进行检验。由于认证分强制性认证和自愿性认证，如“CCC认证”就属于强制认证。对于强制性认证规定的检验属于强制性检验，而对于自愿性认证的就属于非强制性的检验，这里不作介绍。

5）型式检验

①型式检验的目的。型式检验是依据产品标准，对产品各项指标进行的全面检验。检验项目为技术要求中规定的所有项目。其目的是：

a. 用于新产品开发，验证设计是否合理，并为设计改进提供实验数据，以便使新产品的设计开发不断完善。

b. 新产品的鉴定，我国目前比较流行的还是对于新开发的产品通过鉴定会的形式进行鉴定，对其产品是否符合相关标准的规定、是否满足设计要求，产品的先进程度等进行评价，评价最基本的依据就是产品的检验报告，检验数据，而这个检验称鉴定检验，也属于型式检验。

c. 产品生产许可证要求，在进行生产许可证的认证过程中要求有型式检验，用于验证该工厂在产品设计、加工、组装、检验等重要环节具有生产合格品的能力。

d. 产品认证，对于强制性认证的是国家相关法规规定进行型式检验，对于自愿性认证的由认证机构要求进行型式检验，目的是为了降低认证的风险。

e. 企业为了保证连续稳定的生产出合格的产品，按照一定的规则进行型式检验，有的将其称为例行检验，这种检验属于第一方检验。

②型式检验的要求。在我国燃气行业的产品标准中对型式检验均有规定，有下列情况之一时应进行型式检验：

a. 新产品或者产品转厂生产的试制定型鉴定；

b. 正式生产后，如结构、材料、工艺有较大改变，可能影响产品性能时；

c. 长期停产后恢复生产时；

d. 正常生产，按周期进行型式检验；

e. 出厂检验结果与上次型式检验有较大差异时；

f. 国家质量监督机构提出进行型式检验要求时；

g. 用户提出进行型式检验的要求时。

③型式检验的抽样。型式检验的抽样要求与其检验目的有关。用于新产品研发时，只有样品，不会有批量，所以只对样品检验。而对于许可证检验、认证检验以及国家强制的型式检验，一般都是按一定批量进行抽样检验，抽样的规则也按相关的要求执行。对于工厂的例行检验可以按 GB/T 2829 执行，也可以自己规定，只要能够达到控制产品质量的目的即可。抽样的具体方法各个行业、各类产品都有所不同，但基本的原则是一致的，就是要使抽取的样品充分具有代表性。

三、生产检验抽样检验标准[2]

我国最早推荐的批产品检验的标准是《计数抽样检验程序》GB/T 2828 和《周期检验计数抽样程序及表》GB/T 2829。这两个标准是在现代统计抽样计数基础上制定的。该项技术早在 20 世纪 20 年代末就有人提出，但不被人们重视。在第二次世界大战期间，美国军需生产急剧增加，劳动力又紧张，迫使人们使用科学的统计抽样技术来检验质量问题。到 1963 年英、美、加三国军方联合修订抽样检查标准（美国的编号为 MIL-STD-105D）。此标准在国际上影响很大，称为许多国家和国际计数调整型抽样标准，如成为 JIS Z9015、ISO 2859 及 IEC 410 等标准主要蓝本。我国长期受前苏联的“百分比抽样”的影响。直到 1978 年的时候，原四机部才参照 MIL-STD-105D 制定了 SJ 1288-78 标准，一直到 1981 年才制定 GB/T 2828 及 GB/T 2829 等。但是，除了电子和一些军工行业外，统计抽样技术在我国各行业推广应用还是缓慢的，需要逐步把“百分比抽样”等不合理的老办法转移到统计抽样的科学方法上，这对促进企业质量管理体系和方法水平的提高，保证产品质量以及降低检验工作成本都具有重要现实意义。我国在 2003 年颁布的 GB/T 2828.1 和 2002 年颁布的 GB/T 2829 和 1987 年颁布的 GB/T 2828 及 GB/T 2829 有所不同。下面主要介绍 GB/T 2828.1—2003 及 GB/T 2829—2002 的主要内容和方法。

（一）名词定义及基本概念

（1）检验

为确定产品或服务的各特性是否合格，测定、检查、试验或度量产品或服务的一种或多种特性，并且与规定要求进行比较的活动。

（2）初次检验

按照标准对批进行的第一次检验。必须将初次检验和以前未接收而再次提交批的检验加以区别。

（3）计数检验

关于规定的一个或一组要求，或者仅将单位产品划分为合格或不合格，或者仅计算单位产品中不合格数的检验。计数检验既包括产品是否合格的检验，又包括每百单位产品不合格数的检验。

(4) 单位产品

可单独描述和考察的事物。例如一个有形的实体、一定量的材料、一项服务、一次活动、一个过程、一个组织或个人以及上述项目的任何组合。

(5) 不合格

不合格即不满足规范的要求。有如下方面:

①在某些情况下,规范与使用方要求一致;在另一些情况它们可能不一致,更严或更宽、或者不完全知道或不了解两者间的精确关系。

②通常按不合格的严重程度将它们分类。A类为最被关注的一种类型的不合格。在验收抽样中,将给这种类型的不合格指定一个很小的AQL值;B类为关注程度比A类稍低的一种类型的不合格;C类为不合格。B类不合格指定比A类不合格大但比C类不合格小的AQL值。

③增加特性和不合格分类通常会影响产品的总接收概率。

④不合格分类的项目、归属于哪个类和为各类选择接收质量限,应适合特定情况的质量要求。

(6) 缺陷

不满足预期的使用要求。当按习惯来评价产品或服务的质量特性时,术语“缺陷”是适用的(与符合规范相反)。由于术语“缺陷”在法律范畴内目前有明确含义,不应用作一般术语。

(7) 不合格品

具有一个或一个以上不合格的产品。不合格品通常按不合格的严重程度分类。例如A类包含一个或一个以上A类不合格,同时还可能包含B类和(或)C类不合格的产品;B类包含一个或一个以上B类不合格,同时还可能包含C类等不合格,但不包含A类不合格的产品。

(8)(样本)不合格品百分数

样本中的不合格品数 d 除以样本量 n 再乘上100,即为(样本)不合格品的百分数。

(9)(总体或批)不合格品百分数

总体或批中的不合格品数 D 除以总体量或批量 N 再乘上100,即为(总体或批)不合格品的百分数。主要用于替代理论“不合格品率”和“每单位产品不合格数”,因为前者使用最为普遍。

(10)(样本)每百单位产品不合格数

样本中不合格数 d 除以样本量 n 再乘上100,即为每百单位样本量不合格数。

(11)(总体或批)每百单位产品不合格数

总体或批中的不合格数 D 除以总体量或批量 N 再乘上100,即为(总体或批)每百单位产品不合格数。

(12) 负责部门

为维护GB/T 2828的本部分的中立地位面使用的概念(主要用于规范),而不管是否正在被第一、第二或第三方援引或利用。

负责部门可以是:a. 供方组织内部的质量部门(第一方);b. 采购方或采购组织(第二方);c. 独立验证或认证机构(第三方);d. 按双方书面协议(如供方和采购方的文件)

规定的不同于a、b、c的任何一方。

GB/T 2828的本部分概述了负责部门的责任和职能（见GB/T 2828中的5.2、6.2、7.2、7.3、7.5、7.6、9.1、9.3.3、9.4、10.1、10.3和13.1）。

（13）批

汇集在一起的一定数量的某种产品、材料或服务。检验批可由几个投产批或投产批的一部分组成。

（14）批量

批中产品的数量。

（15）样本

取自一个批并且提供有关该批的信息的一个或一组产品。

（16）样本量

样本中产品的数量。

（17）抽样方案

所使用的样本量和有关批接收准则的组合。一次抽样方案是样本量、接收数和拒收数的组合。二次抽样方案是两个样本量、第一样本的接收数和拒收数及联合样本的接收数和拒收数的组合。抽样方案不包括如何抽出样本的规则。对于GB/T 2828的本部分，在术语抽样方案、抽样计划和抽样系统间应做出区别。

（18）抽样计划

抽样方案和从一个抽样方案改变到另一抽样方案的规则的组合。注意转移规则。

（19）抽样系统

抽样方案或抽样计划及抽样程序的集合。其中，抽样计划带有改变抽样方案的规则，而抽样程序则包括选择适当的抽样方案或抽样计划的准则。GB/T 2828的本部分是一个按批量范围、检验水平和AQL检索的抽样系统。

（20）正常检验

当过程平均［见(25)］优于接收质量限［见(26)］时抽样方案［见(17)］的一种使用法。此时抽样方案具有为保证生产方以高概率接收而设计的接收准则。当没有理由怀疑过程平均［见(25)］不同于某一可接收水平时，进行正常检验。

（21）加严检验

具有比相应正常检验抽样方案接收准则更严厉的接收准则的抽样方案的一种使用法。当预先规定的连续批数的检验结果表明过程平均［见(25)］可能比接收质量限［见(26)］低劣时，进行加严检验。

（22）放宽检验

具有样本量比相应正常检验抽样方案小，接收准则和正常检验抽样方案的接收准则相差不大的抽样方案的一种使用法。放宽检验的鉴别能力小于正常检验。当预先规定连续批数的检验结果表明过程平均［见(25)］优于接收质量限［见(26)］时，可进行放宽检验。

（23）转移得分

在正常检验情况下，用于确定当前的检验结果是否足以允许转移到放宽检验的一种指示数（见正常到放宽）。

（24）接收得分

对于分数接收数抽样方案，用于确定批接收性的一种指示数（见 GB/T 2828.1 中的 13.2.1.2）。

（25）过程平均

在规定的时段或生产量内平均的过程水平。在 GB/T 2828 的本部分中，过程平均是过程处于统计控制状态期间的质量水平（不合格品百分数或每百单位产品不合格数）。

（26）接收质量限

当一个连续系列批被提交验收抽样时，可允许的最差过程平均质量水平。仅当抽样计划具有如在 GB/T 2828 的本部分中使用的转移规则和暂停规则时使用此术语。

尽管具有质量与接收质量限同样差的批也可能以较高的概率被接收，但所指定的接收质量限并不表示接收质量限就是所希望的质量水平。GB/T 2828 的本部分中的抽样计划及其转移规则和暂停抽样检验规则是为鼓励供方具有比 AQL 一贯地好的过程平均而设计的。如果过程平均不比 AQL 一贯地好，就会有转到加严检验，使接收准则变得更加苛刻的风险。一旦进行加严检验，必须采取改进行动对过程进行改进，不然可能导致暂停抽样检验。

（27）使用方风险质量

对抽样方案，相应于某一规定使用方风险的批质量水平或过程质量水平。使用方风险通常规定为 10%。

（28）极限质量

对一个被认为处于孤立状态的批，为了抽样检验，限制在某一低接收概率的质量水平。

（二）符号和缩略语

GB/T 2828 的本部分使用的符号和缩略语如下：

Ac——接收数

AQL——接收质量限（以不合格品百分数或每百单位产品不合格数表示）

AOQ——平均检出质量（以不合格品百分数或每百单位产品不合格数表示）

AOQL——平均检出质量上限（以不合格品百分数或每百单位产品不合格数表示）

CRQ——使用方风险质量（以不合格品百分数或每百单位产品不合格数表示）

d——从批中抽取的样本中发现的不合格品数或不合格数

D——批中的不合格品数或不合格数

LQ——极限质量（以不合格品百分数或每百单位产品不合格数表示）

N——批量

n——样本量

p——过程平均

Px——接收概率为 x 的质量水平，此处 x 为一个分数

Pa——接收概率（以百分数表示）

Re——拒收数

注：符号 n 可以有下标，数字下标 1 到 5 分别表示第 1 个样本到第 5 个样本。一般 n_i 表示二次或多次抽样的第 i 个样本的样本量。

（三）GB/T 2828.1—2003 特点和使用原则

为了更好地理解与适用，根据 GB/T 2828.1—2003 的内容摘录如下：

（1）不合格

1）不合格程度

不合格的程度以不合格品百分数或每百单位产品不合格数表示。GB/T 2828.1 中表 7、表 8 和表 10 是基于假定不合格的出现是随机且统计独立的。如果已知产品的某个不合格可能由某一条件引起的，此条件还可能引起其他一些不合格，则应仅考虑该产品是否为合格品，而不管该产品有多少个不合格。

2）不合格的分类

因为大多数验收抽样涉及一个以上的质量特性，同时因为它们在质量和（或）经济效果上的重要性可能不同，往往需要根据如不合格中定义的分类来划分不合格类型。类型的数目、不合格类的指定和给每个类选择的 AQL 应适合特定场合的质量要求。

（2）接受质量限（AQL）

1）用法要点

GB/T 2828 的本部分使用 AQL 和样本量字码检索所需要的抽样方案和抽样计划。

当为某个不合格或一组不合格指定一个规定的 AQL 值时，它表明如果质量水平（不合格品百分数或每百单位产品不合格数）不大于指定的 AQL，抽样计划会接收绝大多数的提交批。所提供的抽样方案是这样安排的，对给定的 AQL，在 AQL 处的接收概率依赖于样本量，一般讲，大样本的接收概率要高于小样本的接收概率。

AQL 是抽样计划的一个参数，不应与描述制造过程操作水平的过程平均相混淆，在本抽样系统下，为避免过多的批被拒收，要求过程平均比 AQL 更好。

注意：指定 AQL 并不意味着供方有权故意供应任何不合格品。

2）AQL 的规定

所使用的 AQL 应在合同中或由负责部门（或由负责部门按规定的惯例）指定。如在不合格定义的那样，可以给不合格组或单个的不合格指定不同的 AQL。不合格组的划分应适应特定插合的质量要求。除了给单个的不合格指定 AQL 外，还可给不合格组指定 AQL。当以不合格品百分数表示质量水平时，AQL 值应不超过 10%不合格品。

3）优先的 AQL

表中给出的 AQL 值称为优先的 AQL 系列。对任何产品，如果指定的 AQL 不是这些数值中的某一个，则这些表不适用。

（3）抽样产品的提交

1）批的组成

产品应汇集成可识别的批、子批或可交付的其他形式。就实用而言，每个批应由同型号、同等级、同类、同尺寸和同成分，在基本相同的时段和一致的条件下制造的产品组成。

2）批的提出

批的组成、批量及由供方提出和识别每个批的方式，应经负责部门指定或批准。必要时，供方应对每个批提供足够且合适的贮存场地，为正确识别和提出所需的设备，以及为抽取样本而运送产品的所有人员。

(4) 接收与不接收

1) 批的可接收性

批的接收性应通过使用一个或多个抽样方案来确定。当涉及采用本程序的结果时，用术语“不接收”来代替“拒收”。术语“拒收”仅保留当涉及使用方可能采取行动的场合，保留术语“拒收”，如“拒收数”。

2) 不接收批的处置

负责部门应决定怎样处置不接收的批。这样的批可以报废，分选（替换或不替换不合格品），返工，针对更专门的适用准则再评定，或作为一种辅助信息保存。

3) 不合格品

如果批已被接收，有权不接收在检验中发现的任何不合格品，而不管该产品是否构成样本的一部分。所发现的不合格品可以返工或以合格品代替。经负责部门批准，可按负责部门规定的方式再次提交检验。

4) 不合格或不合格品的分类

对于两类或两类以上的不合格或不合格品的特别规定，要求使用一组抽样方案。通常，这组抽样方案有一个公共的样本量；但是，因各类具有不同的 AQL，它们有不同的接收数，如 GB/T 2828.1 中表 2、表 3 和表 4 所示。

5) 对致命不合格类的特别保留条款

某些不合格类型可能极为重要。本条对这种指定的不合格类型专门规定了特殊条款。经负责部门同意，对这些指定的不合格类型有权保留检验提交的每个产品，并且只要发现一个这种类型的不合格有立即不接收该批的权利。同时有权对指定的不合格类，抽取供方提交的每个批，只要从一个批取出的样本中发现包含一个或一个以上这种类型的不合格就不接收任何批。

6) 批的再提交

如果发现一个批是不可接收的，应立即通知所有各方。在所有产品被重新检测或重新试验，而且确信供方已剔除所有不合格品或以合格品代替，或者已校正所有的不合格之前，这样的批不应再提交。负责部门应确定再检验应使用正常检验还是加严检验，再检验是包含所有类型的不合格还是只包含最初造成不合格的个别类型。

(5) 样本的抽取

1) 样本的抽选

应按简单随机抽样（见 GB/T 3358.1—2009）从批中抽取作为样本的产品。但是，当批由子批或（按某个合理的准则识别的）层组成时，应使用分层抽样。按此方式，各于批或各层的样本量与子批或层的大小是成比例的。

2) 抽取样本的时间

样本可在批生产出来以后或在批生产期间抽取，两种情形均应按 8.1 抽选样本。

3) 二次或多次抽样

使用二次或多次抽样时，每个后继的样本应从同一批的剩余部分中抽选。

(6) 正常、加严和放宽检验

1) 检验的开始

除非负责部门另有指示，开始检验时应采用正常检验。

2）检验的继续

除非转移程序要求改变检验的严格度，对接连的批，正常、加严或者放宽检验应继续不变。转移程序应分别地用于各类不合格或不合格品。

3）转移规则和程序

①正常到加严。当正在采用正常检验时，只要初次检验中连续 5 批或少于 5 批中有 2 批是不可接收的，则转移到加严检验。本程序不考虑再提交批。

②加严到正常。当正在采用加严检验时，如果初次检验的接连 5 批已被认为是可接收的，应恢复正常检验。

③正常到放宽。当正在采用正常检验时，如果 a 当前的转移得分至少是 30 分；生产稳定；负责部门认为放宽检验可取。则应转移到放宽检验。

④转移得分的原则。除非负责部门另有规定，在正常检验一开始就应计算转移得分。在正常检验开始时，应将转移得分设定为 0，而在检验每个后继的批以后应更新转移得分。当使用一次抽样方案时：当接收数等于或大于 2 时，如果当 AQL 加严一级后该批被接收，则给转移得分加 3 分，否则将转移得分重新设定为 0；当接收数为 0 或 1 时，如果该批被接收，则给转移得分加 2 分；否则将转移得分重新设定为 0。当使用二次抽样方案时，如果该批在检验第一样本后被接收，给转移得分加 3 分；否则将转移得分重新设定为 0。当使用多次抽样方案时，如果该批在检验第一样本或第二样本后被接收，则给转移得分加 3 分，否则将转移得分重新设定为 0。在标准的附录 A 中举例说明了转移得分的用法。

⑤放宽到正常。当正在执行放宽检验时，如果初次检验出现一个批未被接收或生产不稳定或延迟或认为恢复正常检验是正当的其他情况时应恢复正常检验。

4）暂停检验

如果在初次加严检验的一系列连续批中未接收批的累计数达到 5 批，应暂时停止检验，直到供方为改进所提供产品或服务的质量已采取行动，而且负责部门承认此行动可能有效时，才能恢复 GB/T 2828 本部分的检验程序。恢复检验应按正常到加严那样，从使用加严检验开始。

5）跳批抽样

当满足 GB/T 2828.3—2008 跳批计数抽样检查程序的要求时，可用跳批抽样代替 GB/T 2828 的本部分的逐批检验。

使用 GB/T 2828.3—2008 的跳批程序代替 GB/T 2828 的本部分的放宽检验是有限制的，某些 AQL 值和检验水平不能使用。

（7）抽样方案

1）检验水平

检验水平标志着检验量。对于一般的使用，在表 15-1 中给出了Ⅰ、Ⅱ和Ⅲ等 3 个检验水平。除非另有规定，应使用Ⅱ水平。当要求鉴别力较低时可使用Ⅰ水平，当要求鉴别力较高时可使用Ⅲ水平。表 15-1 中还给出了另外 4 个特殊检验水平 S-1、S-2、S-3 和 S-4，可用于样本量必须相对小而且能容许较大抽样风险的情形。

任何特殊应用所要求的检验水平应由负责部门规定。对某些用途允许负责部门要求较高的鉴别力，而对另一些用途允许负责部门要求较低的鉴别力。

在每一检验水平下，按照 GB/T 2828.1 中第 9 章规定，应运用转移规则来要求正常、加严和放宽检验。检验水平的选择与 3 种检验的严格度完全不同。因此，当在正常、加严和放宽检验间进行转移时，已规定的检验水平应保持不变。

在指定检验水平 S-1 至 S-4 时，应小心避免 AQL 同这些检验水平不协调。例如，在 S-1 情形下字码（顺序）未超过 D，而与字码 D 相对应的正常检验一次抽样方案的样本量为 8，如果规定 AQL 为 0.1（%），其最小样本量为 125，故指定 S-1 是无效的。

如果样本量相对于被检验批的批量比较小，那么通过检验从批中抽取的样本所获得的批质量的信息量仅依赖于样本量的绝对大小，而不依赖样本量对于批量的相对大小。不过，还有以下三方面的原因，对不同的批量需要考虑不同的样本量：

①当错误判定造成的损失很大时，做出正确判定更为重要；

②对大批能负担得起的样本量，对小批可能是不经济的；

③如果样本占批的比例太小，真正做到随机抽样比较困难。

2）样本量字码

样本量由样本量字码确定。对特定的批量和规定的检验水平使用表 15-1 查找适用的字码。

样本字码（摘自 GB/T 2828.1） **表 15-1**

批量	特殊检验水平				一般检验水平		
	S-1	S-2	S-3	S-4	Ⅰ	Ⅱ	Ⅲ
2～8	A	A	A	A	A	A	B
9～15	A	A	A	A	A	B	C
16～25	A	A	B	B	B	C	D
26～50	A	B	B	C	C	D	E
51～90	B	B	C	C	C	E	F
91～150	B	B	C	D	D	F	G
151～280	B	C	D	E	E	G	H
281～500	B	C	D	E	F	H	J
501～1200	C	C	E	F	G	J	K
1201～3200	C	D	E	G	H	K	L
3201～10000	C	D	F	G	J	L	M
10001～35000	C	D	F	H	K	M	N
35001～150000	D	E	G	J	L	N	P
150001～500000	D	E	G	J	M	P	Q
500001 及其以上	D	E	H	k	N	Q	R

3）抽样方案的查取

应使用 AQL 和样本量字码从抽样方案表（GB/T 2828.1 中的表 2、表 3、表 4 或表 11）中查取抽样方案。对于一个规定的 AQL 和一个给定的批量，应使用 AQL 和样本量字码的同一组合，从正常、加严和放宽检验表查取抽样方案。

检索方法：由表 15-1 得到的样本量字码后，在抽样方案表中由该字码所在行向右，在样本量栏内读出样本量 n，再以样本量字码所在行和指定的接收质量限所在列相交处，读出接收数 Ac 和拒收数 Re，若在相交处是箭头，则沿着箭头方向读出箭头所指的第一个接收数 Ac 和拒收数 Re，然后由此接收数和拒收数所在行向左，在样本量栏内读出相应的样本量 n。

对于一组给定的 AQL 和样本量字码，如无相应的抽样方案可用时，这些抽样方案表明应使用一个不同的字码。此时应按新的样本量字码而不是按原来的样本量字码确定所应使用的样本量。如果对不同类别的不合格品或不合格该程序导致不同的样本量，经负责部门指定或批准，所有类别的不合格品或不合格均可使用所得到的最大样本量相应的样本量字码。经负责部门指定或批准，对某一指定的 AQL，可使用样本量较大、接收数为 1 的一次抽样方案来代替接收数为 0 的一次抽样方案。另外一种选择是经负责部门指定或批准时，可采用 GB/T 2828.1 第 13 章说明的分数接收数方案。

4）抽样方案的类型

GB/T 2828.1 中的表 2、表 3 和表 4 分别给出一次、二次和多次三种类型的抽样方案。对于给定的 AQL 和样本量字码，如果有几种不同类型的抽样方案时，可以使用其中任一种。对于给定的 AQL 和样本量字码，如果有一次、二次和多次抽样方案可采用时，通常应通过比较这些方案的平均样本量与管理上难易程度来决定使用哪一种方案。对 GB/T 2828 的本部分给出的抽样方案，多次抽样方案的平均样本量小于二次抽样方案，而二次和多次抽样方案的平均样本量均小于一次抽样方案的样本量（GB/T 2828.1 中的表 9）。通常，一次抽样的管理难度和每个产品的抽样费用均低于二次和多次抽样方案。

（8）可接收性的确定

1）对不合格品的检验

在不合格百分数检验的情形下，为确定批的可接收性，根据一、二、多次抽样方案应使用合适的抽样方案。

①一次抽样方案（整数接收数）。检验的样品数量应等于方案给出的样本量。如果样本中发现的不合格品数小于或等于接收数，应认为该批是可接收的。如果样本中发现的不合格品数大于或等于拒收数，应认为该批是不可接收的。

②二次抽样方案。第一次检验的样品数量应等于该方案给出的第一样本量。如果第一样本中发现的不合格品数小于或等于第一接收数，应认为该批是可接收的；如果第一样本中发现的不合格品数大于或等于第一拒收数，应认为该批是不可接收的。

如果第一样本中发现的不合格品数介于第一接收数与第一拒收数之间，应检验由方案给出样本量的第二样本并累计在第一样本和第二样本中发现的不合格品数。如果不合格品累计数小于或等于第二接收数，则判定批是可接收的；如果不合格品累计数大于或等于第二拒收数，则判定该批是不可接收的。

③多次抽样方案。多次抽样方案的程序类似于在二次抽样方案中规定的程序。GB/T 2828 的本部分的多次抽样方案为五次抽样方案，最迟在检验第五样本后作出是否接收的判定。

2）对不合格的检验

在每百单位产品不合格数检验的情形下，为判定批的接收性，使用不合格品检验所规定的程序（见对不合格品的检验），只不过以术语“不合格”取代“不合格品”。

（9）进一步的信息

1）抽检特性曲线（OC 曲线）

GB/T 2828.1 中的表 10 所示的正常和加严检验的抽检特性曲线（如表 10-A 的图 A），表明对一个给定的过程质量，各抽样方案预期可接收的批的百分数。对整数接收数一次抽样方案，给出了抽检特性曲线，二次和多次抽样方案与对应的一次抽样方案的抽检特性曲线基本一致。对于大于 10（%）的 AQL，所示的 OC 曲线适用于不合格数检验，对于小于或等于 10（%）的 AQL，这些 OC 曲线既可用于不合格品检验，也可用于不合格数检验。

对于所示的每条曲线，对应于所选择的接收概率的提交产品质量的数值，以表的形式给出（如表 10-A-1）。此外，还给出了对应于加严检验以及当 AQL（以每百单位产品不合格数表示）小于或等于 10%时不合格数抽样的相应数值。

在表 12 中出现的抽样计划的设计值 OC 曲线，表明在考虑到转移规则，但不考虑暂停检验的影响后，各种质量的批被接收的长期百分数。曲线的横坐标是过程质量与 AQL 的比值。每条曲线代表正常检验的一个接收数。

2）过程平均

倘若检验不是截尾的（见 GB/T 3358.2），在由供方提交初次检验的产品样本中发现的平均不合格品百分数或平均每百单位产品不合格数（无论哪个适用），均可用于估计过程平均。当使用二次或多次抽样时，为估计过程平均应仅包括第一样本的结果。

3）平均检出质量（AOQ）

平均检出质量是对所提交检验的具有给定质量的产品，经过检验后，检出产品的长期平均质量。检出产品包括所有接收批，加上未被接收而后经过 100%检验，且以合格品代替所有不合格品的批。

4）平均检出质量上限（AOQL）

平均检出质量上限是对一个给定的验收抽样方案，所有可能提交质量的平均检出质量的最大值。在标准中的表 8-A 中，对每个正常检验一次抽样方案给出了 AOQL 的近似值。在表 8-B 中，对每个加严检验一次抽样方案给出了 AOQL 的近似值。

5）平均样本量曲线

为了比较一次抽样方案与相对应的二次和多次抽样方案的平均样本量，在表 9 中对每个接收数给出了它们的平均样本量曲线。对于给定的过程质量，这些曲线显示出不同类型抽样方案预期的平均样本量。这些曲线假定检验是不截尾的（见 GB/T 3358.2）。

6）生产方风险和使用方风险

①单个抽样方案的使用。GB/T 2828 的本部分被规定用来作为一个系统，它通过将正常、加严和放宽检验用于一系列的连续批来达到对使用方的保护；与此同时，保证生产方当其质量优于 AQL 时绝大多数的批会被接收。有时，从 GB/T 2828 的本部分选用指定的单个抽样方案，而不使用转移规则。例如，采购方可能仅为了验证而使用这些方案。这种使用法不应认为是“按 GB/T 2828.1 检验”。使用这种方法仅相当于按 AQL 检索的由单个抽样方案组成的一个方案库。由所提供的抽样方案的 OC 曲线和其他量度来单独地评价所选用的方案。

②使用方风险。如果批系列的长度不足以允许使用转移规则，应选择与某一指定的 AQL 值有关联，并且使用方风险质量不比某一规定的极限质量保护更差的方案。为此，可通过选取与 AQL 相关联的使用方风险质量（CRQ）和使用方风险（即接收概率）来选

择抽样方案。

GB/T 2828.1 中的表 6 和表 7 给出了使用方风险为 10%的使用方风险质量（CRQ）的数值。对不合格品数检验时使用表 6。对不合格数检验时使用表 7。对于质量水平小于或等于使用方风险质量的表值的单个批，被接收的概率小于或等于 10%。当有理由对某个批的规定极限质量进行保护时，为了固定与系列批检验规定的 AQL 和检验水平相关的最小样本量可使用表 6 和表 7。GB/T 15239—1994 孤立批计数抽样检验程序及抽样表给出了用于选择孤立批抽样方案的程序的细节。

标准中的示例：假定使用方风险质量为 5%不合格品。要求单个批被接收的概率小于或等于 10%。如果为系列批检验所指定的 AQL 为 1%不合格品，表 6-A 表明最小样本量应由样本量字码 L 给出。

③生产方风险。标准中的表 5-A、表 5-B 和表 5-C 分别给出在正常、加严和放宽检验状态下，质量为 AQL 的批的拒收概率。在 GB/T 3358.2 中以此概率表示生产方风险。

（四）《周期检验计数抽样程序及抽样表》GB/T 2829 的原则与特点

《周期检验计数抽样程序及抽样表（适用于生产过程稳定性的检查）》GB/T 2829 是与 GB/T 2828.1 同时制订、配套使用的，特别是 GB/T 2829 专门考虑了机电产品定型试验（例行试验）的需要。

(1) GB/T 2829 与 GB/T 2828.1 概念上的一些差别

GB/T 2828.1 和 GB/T 2829 有密切的内在联系，但由于它们的应用目的不同，因此在某些概念上亦有区别，主要是：

①GB/T 2828.1 适用于连续批的抽查，其目的是为了判定各连续提交检查批的平均质量是否处于规定水平，以决定是否接受。GB/T 2829 则用于判定生产过程是否稳定、判定这过程的各连续批是否来自同一母体以决定对它们（连续批）的抽查是否有效、可信。因此 GB/T 2829 规定：逐批检查必须在周期检查合格的基础上才能进行。

②周期检查进行例行试验项目的检查，而逐批检查进行的是出厂（交收）试验项目，这些项目应在产品标准中规定。

③周期检查对批的质量要规定的是 RQL（不合格质量水平）值。当生产过程存在某种系统因素不稳定，其质量将发生较大波动而使批质量下降到这一数值时，要求抽样方案只能以较小的概率（即 β，本标准取 0.1 到 0.3 左右）接受。而 GB/T 2828.1 的连续批抽查已知是以 AQL 为批质量要求的，这时批内的不合格（品）应是随机因素引起的。

④GB/T 2829 抽查的对象是周期内的所有产品，而 GB/T 2828.1 的批概念比这窄，只是指各具体交检批的所有产品。

⑤GB/T 2829 还规定了周期检查的两种类型：

a. 生产定型检查：为判断某一生产线能否成批制造符合规定质量要求的产品而进行的周期与逐批检查。

b. 批量生产检查：为判断某一生产线在生产定型检查通过后能否继续保持成批制造符合规定质量要求的产品而进行的周期与逐批检查。

⑥GB/T 2829 对方案的判别力分为Ⅰ、Ⅱ、Ⅲ三个水平（判别水平），而 GB/T 2828.1 是分为七个检查水平的。

(2) GB/T 2829 周期检查的程序

其程序与 GB/T 2828.1 相似，简述如下。

①规定检查周期。所规定的检查周期一般是该产品生产过程稳定的大约持续时间，如一个月、二个月、三个月、半年甚至一年或二年。在实践中为了不影响产品的正常出厂，标准规定在生产过程比较稳定时可先参照上周期的周期检查的结果进行逐批检查的判定。

②择试验项目并组成试验组。一般可按产品标准中的型式检验内容。

③定质量特性，其试验方法、缺陷分类等。一般可按产品标准中的型式检验内容。

④定 RQL。可仿 GB/T 2828.1 中 AQL 的确定原则，或取 AQL 的 5～10 倍。

⑤定判别水平。无特殊要求时取水平Ⅲ。嫌样本太大，希望减少检查量时可取Ⅱ或Ⅰ。但这时风险增加。

⑥择抽样方案类型：一次、二次、五次，同 GB/T 2828.1。查取抽样方案：抽样方案应在与所确定判别水平和抽样方案类型相应的抽样表（如判别水平Ⅲ一次检查抽样方案等）中查取。表中在所规定 RQL 值之下所列的所有 6 个方案都可使用。越往下的方案 n 和 Ac 都越大，判别力越强，但费用也增大，可根据经济能力考虑选用。抽样方案表中 RQL 值 100 及以下部分同时适用于计“品数”和计“项数”抽样；以上部分只适用于计“项数”。

⑦抽样、检查及判定：与 GB/T 2828.1 要求相同。

⑧期检查后的处理：周检合格时，该周期的所有经逐批检查合格的产品批可整批交付订货方或暂时入库。周检不合格时，应采取如下步骤：供货方应立即查明周检不合格的原因，并报告上级主管部门；如发现是试验设备原因，允许纠正试验设备问题后重新进行周检；如不是试验设备问题，其他造成周检不合格的原因能马上纠正的，允许用纠正后的产品重行周期检查；如周检不合格的产品能通过筛选或修理予以纠正的，允许以纠正后的产品再行周期检查；如果都不是上述情况，那么该周检所代表的产品应立即停止逐批检查。已检查合格入库的产品停止交货。已交货的，原则上全部退回供货方，或双方协商解决，同时停产整顿，限期纠正。经周期检查试验的样品，即使是合格品也不能按正常合格品出场。

(3) 使用 GB/T 2828.1 和 GB/T 2829 应注意的事项

GB/T 2828.1 标准适用于“连续批”产品的抽验，即在相同工艺、设备、采用相同原料和作业环境及操作者单一条件下的抽验，这种连续提交的检查批，称为“连续批”。GB/T 2828.1 的逐批抽验，一是说要判定批质量是否合格，二是对“连续批”的每一批都要抽样检查。GB/T 2829 主要用于“连续批”的周期检查，是对已进行“逐批检查”、并判定合格的若干批，抽取样本分别进行的“周期检查”，是对合格批的再抽查，是判断“生产线过程稳定性”的检验，是指某生产线能够成批生产或连续成批成产时，符合质量要求的产品的可靠程度。

1) 四项原则

在燃具产品标准中应用 GB/T 2828.1 和 GB/T 2829 时应遵守以下四个原则。

①配合使用的原则：产品批质量是由两种误差造成的，一种是偶然性误差，如操作误差、加工误差；另一种是系统误差，如产品设计、工艺或材料的变更。对于偶然误差，要进行“逐批检查”，对系统误差要进行“周期检查”。“周期检查”是逐批

检查的前提。“逐批检查”是“周期检查”的补充，因而必须用GB/T 2828.1对产品批进行逐批检查，并定期用GB/T 2829周期抽查生产过程的稳定性，产品质量才能完全处于受控状态。所以在应用GB/T 2828.1和GB/T 2829时，必须配合使用，不能“单打一”。

②随机原则：GB/T 2828.1和GB/T 2829所抽样本是被检产品批中随机抽取的。批中所有的单位产品都应有被抽的可能性。一般采用“随机数表”法和“掷骰法”抽样。不能由某人主观决定抽样或胡乱抽样。

③体性原则：GB/T 2828.1属于“调整型”抽样检查程序。它的四个抽样方案和转移规则具有动态性质，不能孤立地使用不带“转移规则”的正常检查方案。否则将失去“调整型”计数抽样检查的科学性。

④查批原则：GB/T 2828提交的检查批必须是与生产批之间有密切质量关系，并且是连续生产和连续提交检查“连续批”，应满足下列条件：设计、工艺和材料无变动；生产场所不变化；间断生产时间不超过一个月（IEC 102导则），系列产品间断时间可适当延长。

2）AQL和RQL的选用

燃具单位产品质量和燃具批产品质量是两个概念。在GB/T 2828.1中是以每百个单位产品的不合格数或不合格品数的AQL值来表示产品批质量的。在GB/T 2828.1中，AQL定义为：“在抽样检查中，认为可以接受的连续提交检查批的平均过程的上限值”。意思是连续批量产品生产，即使是生产条件相同而且稳定，也无法保证各产品质量完全相同，产品质量总在一定范围内波动。为检查一系列批产品质量，不能只看某批如何，而应规定连续批的平均质量的上限值指标，这就是AQL值。当一系列提交检查的批质量低于这个AQL值时，抽样方案以低概率接收；当一系列提交检查的批质量高于AQL值时，抽样方案以高概率接收。企业不同时间生产的批产品，其过程不完全相同，不同企业间更不可能相同。国家标准中的AQL值应保证在生产条件正常时，大多数企业的批质量可以达到这个界限，达不到的应进行改进。AQL值应体现产品质量的优良性，又体现用户的合理要求，必须是供需双方都可以接受的重要指标。这个指标的合理性可以从具体产品抽样方案的接受概率和风险大小反映出来。产品AQL值确定方法如下。

①协商法：根据产品生产厂的批质量水平，由工厂和用户共同协商，具体方法有：统计过程平均值，了解工厂的生产质量水平，提出可以兑现的AQL值。具体做法有：

a. 用“OC”曲线查找法：以合格接收概率Pa为95%作基础，进行反推。

b. 数据法：对新产品可以按旧产品的最终要求，或不合格分类，或产品性能，或按试验项目多少，都可以查出过去的经验数据，再结合新产品的实践综合考虑决定。

②分别规定法：区分质量特性不同，按不合格分类和产品等级，分别规定AQL值。像燃气热水器等产品，有多项技术要求，各项技术要求的重要性不同。所以，要分清主次，按不合格分类分别规定AQL值，有的产品考虑分级，则对AQL值的规定更要慎重。GB/T 2829周期抽验标准中的RQL值是不合格质量水平。这个值一般取相应AQL值的5～10倍或更高。与GB/T 2828.1相反，在产品质量水平接近RQL值时，其批质量合格接收率都是较低的。只有P/RQL比值很小时，才具有较高的合格接收概率。

3）GB/T 2829 的抽样

GB/T 2829 的周期检查应从本周期制造的并经逐批检查合格的某个批或若干批中抽取。抽取样本的方法要保证所得到的样本能代表本周期的制造技术水平。最好从本周期各个不同时间里分散抽取。如果条件不允许时，只能在固定时间集中抽取。这时宜在本周期应制造的单位产品数超过一半之后进行。在使用二次和五次抽样方案时，各个样本应同时取足。

第三节　检验机构实验室

一、燃气行业检验体系简介

我国燃气行业目前的检验体系比较复杂，有国家级的检验机构，省级的检验机构和部分市级的检验机构。国家级的检验机构，是由国家质量监督检验总局授权，承担全国范围内的国家监督抽查、生产许可证检验、仲裁检验及各种检验工作。省、市级的检验机构是由省、市质量技术监督局授权，承担本省、市范围内的产品监督抽查检验，仲裁检验及各种委托检验，目前大部分省设立了省级检验机构，也有部分未设，少部分市设立市级检验机构，主要是根据各省、市的实际需要，省、市级检验机构有专职的，也有非专职的，基本条件相差甚远。

另外，省、市级的检验机构在设立的当初是为了进行燃气用具的适配性试验，原因是我果燃气种类很多，成分复杂，特别是人工燃气较多，供应的气质不够稳定，各省、市级检验机构在过去的几十年中发挥了一定的作用，但由于近几年来人工燃气比例越来越少，天然气占有主导地位，而且会逐步取代人工燃气，天然气的种类远远少于人工燃气，而且逐步形成了全国联网，气质较为统一稳定，在这种形势下，这些检验机构的定位如何，还需要进一步探讨。

二、检验机构的基本条件

由于检测机构的情况千差万别，水平相距甚远，但无论如何，作为检验机构应具备一个最基本的条件。

目前我国普遍执行的《检测和校准实验室能力认可准则》CNAS-CL01:2006（内容等同采用 ISO/IEC 17025:2005）就是检验机构应具备的基本条件，其对检验机构的机构设置、法律地位、人员素质、设备条件、管理制度、检验报告以及对外开展业务各个方面都有了详细的规定，这里仅对一些重要的问题作一介绍。

（一）检验机构和人员

（1）应是独立的检验机构，能够独立承担相应的法律责任，公正的立场，与生产方及用户方没有直接利益关系，不以营利为目的。

（2）人员素质与数量应与所承接的检验任务相适应。

（3）机构的领导应由熟悉本专业产品检测技术和管理业务的工程技术人员担任，还应熟练掌握相关的法律法规及技术标准。

（4）机构的工作人员应掌握本职的检测知识，能熟练地从事检测任务，熟悉所检产品的标准及相关标准，从事检测的人员必须认真负责，实事求是，客观公正。所有检测人员都应经过严格的培训，合格后才能上岗。

（5）机构的技术人员除了具有以上的条件外，还应掌握行业和产品的国内外情况及发展动向。

（二）仪器设备和环境条件

（1）应具有与检测项目相匹配的检测仪器与检测设备，在燃气行业的产品标准中对检测用的仪器设备都有较明确的规定。

（2）所有的仪器应保持完好，并备有合格证；主要仪器设备应建立档案，以期应分类存放，并应由专人管理。

（3）所有计量器具应按规定的校准周期由法定计量部门检定，合格后方可使用。

（4）凡属非标的检测仪器设备应经过鉴定认可，并且应经常校准。

（5）燃气检测非常重要的一点，就是应具备相应的试验用燃气，所以要求机构应具有良好的配气设备。这也是目前一些检验机构不能具备的条件，应当给予重视。

（6）机构应具有保证正常检测的工作的场地和环境。除了产品检测对环境的具体要求外，应在环境温度、湿度、粉尘、烟雾、振动、噪声、电磁辐射等方面达到产品检测的要求。同时还要满足安全防火要求。

（三）工作制度

检验机构应建立以下工作制度并严格执行：

（1）工作计划、检查和总结制度；

（2）各类检测的操作规程、技术和岗位责任制；

（3）检测产品的抽样、保证和处理制度；

（4）检测用仪器、设备的采购、验收、领用、校准、使用、管理、维修和报废制度；

（5）检测事故的分析报告和处理制度；

（6）检测数据及检测报告出具的程序制度；

（7）被检单位对检测结果有争议时的申报程序和处理制度；

（8）实验室的安全工作条例和消防制度；

（9）应备有管理手册，其内容包括：①检测站的组织机构、人员构成表；②实验室分布图、业务分工；③检测方法及依据标准、检测项目；④主要仪器设备目录，及其购置、调试、验收及更新的记录；⑤检测工作质量保证体系。

（四）检验报告

（1）检测人员必须对所检测产品作出明确判断，并负责编写检测报告，经技术负责人审核后才可有效。

（2）编写报告时必须语言准确，数据、术语必须准确无误，报告的内容包括：①检测报告的题目、页号及总页号；②产品的名称及被测内容，委托及生产单位的名称；③被测样品的说明（如牌号、型号规格、生产编号、生产日期、产品实物照片等）；④检测用燃气的类别、性能参数；⑤检测依据的标准；⑥标准数据与检测的结果；⑦检测结论；⑧检测人、审核人及负责人签字，加盖检验机构公章或检验专用章。

（3）报告使用的各种标志、图章要按照有关标志使用规定执行，切勿越权使用。

第四节　生产企业实验室

随着燃气用具产品生产水平的不断提高，各个生产企业也对自身的检验水平越来越重视，一些好的企业不惜投入相当可观的资金建立自己的实验室，以保证企业的产品质量万无一失，这是一种非常好的现象。其实在国外发达国家的生产企业对检验设备都是非常重视的，很多大型企业的实验室的检验手段比一些专职检验机构的水平还要高，除了具备国家标准规定试验设备以外，还有用于开发新产品的各种设备。这一点其实也不难理解，在国外企业标准就是远远高于国家标准。

然而，还有很多企业只注重生产设施、设备，认为检验仪器可有可无，还有的企业不知道怎样配置检测仪器，购买的仪器用途、规格型号、精度等都无法满足燃气用具的检测要求，既浪费了资金，又耽误了使用，所以有必要在此做一介绍。

虽然在各个燃气用具产品标准中都有对检验仪器设备的规定，对于企业的实验室，以前没有具体的要求，只是企业根据自己的质量意识、生产水平、经济实力、人员素质等因素来决定，所以差距也相当悬殊。自从燃气用具实行生产许可证制度以来，对生产企业的检验设备有了一定的要求，逐步形成了企业实验室的基本条件。到目前实行许可证的产品有家用燃气灶具、商用燃气灶具、燃气热水器、燃气采暖热水炉、城镇燃气调压器、家用瓶装液化石油气调压器等。在以上产品生产许可证实施细则中对生产该产品的企业强制要有建立实验室，并对具体的检验设备作出了明确的规定（见表 15-2～表 15-6）。

企业生产家用燃气灶具产品必备的成品检测设备 **表 15-2**

序号	检测用途	检测设备名称	检测设备种类	测量范围	精确度/最小刻度
1	室温	温度计	—	0～50℃	最小刻度：1℃
2	燃气温度	温度计	玻璃温度计	0～50℃	最小刻度：0.5℃
3	水温	玻璃温度计	—	0～100℃	最小刻度：0.2℃
4	相对湿度	湿度计	—	10%～98%	±5%
5	大气压力测定	大气压计	动、定槽式水银气压计，或：空盒式气压计	81～107kPa	最小刻度：0.1kPa
6	时间	秒表	—	—	最小刻度：0.1s
7	燃气参数	气相色谱仪，或热量计和燃气相对密度仪	气相色谱仪	—	—
			—	—	±2%
8	烟气中一氧化碳浓度	O_2 和 CO 浓度测定仪	—	O_2：0～21% CO：0～0.2%	最小刻度：0.01% 最小刻度：0.001%
		或者，也可采用：O_2、CO 和 CO_2 浓度测定仪	—	O_2：0～21% CO：0～0.2% CO_2：0～15%	最小刻度：0.01% 最小刻度：0.001% 最小刻度：0.01%
9	气密性试验	气体检漏仪（至少 2 台）	气密检漏仪	—	—
10	成品抽样检验所需要使用的燃气供应装置	三组分配气装置，沼气灶还应具有沼气池	液化石油气可由当地提供的瓶装液化石油气供应；天然气和人工燃气必须由配气装置进行配气；沼气可使用沼气池供气（必须具有该设备）或使用配制气。 检验用气必须保证一定的精度（配制燃气与标准燃气的华白数偏差≤±5%），并且必须能够满足检验能力的要求；企业应具有界限气的配制能力		

续表

序号	检测用途	检测设备名称	检测设备种类	测量范围	精确度/最小刻度
11	玻璃面板耐热、耐重力冲击试验	金属锡	232℃熔化	500g	—
		圆钢饼	质量1800g，直径120mm，底部圆角R10，表面光滑		
12	基本设备	试验锅具	铝制标准试验锅具（包括试验锅、搅拌器和环形烟气取样器），试验锅直径规格为22～36mm		
		嵌入式灶具检测台	—		
13	质量	衡器	—	0～15kg	最小刻度：10g
14	燃气压力	U形压力计或压力表	—	0～5000Pa	最小刻度：10Pa
15	燃气流量	气体流量计	湿式或罗茨、旋进旋涡、膜式等干式流量计	0～$0.5m^3/h$（液化石油气） 0～$1.0m^3/h$（天然气） 0～$2.0m^3/h$（人工燃气、沼气）	最小刻度：0.1L，精确度：湿式表±1%，干式表±1.5%
16	电压测定	交流电压表、直流电压表	—	—	精度1.0级
	接地电阻测定	接地电阻测试仪	—	—	—
	泄漏电流测定	电流计、电压计、泄漏电流测试仪	—	—	—
	功率消耗测定	功率表	—	—	—

企业生产商用燃气灶具产品必备的成品检测设备 **表15-3**

序号	检测用途	检测设备名称	检测设备种类	测量范围	精确度/最小刻度
1	室温	温度计	—	0～50℃	最小刻度：0.5℃
2	燃气温度	温度计	玻璃温度计	0～50℃	最小刻度：0.5℃
3	大气压力测定	大气压计	动、定槽式水银气压计或空盒式气压计	81～107kPa	最小刻度：0.1kPa
4	时间	秒表	—	—	最小刻度：0.1s
5	成分	气相色谱仪	—	—	—
	热值	热量计	水流式热量计	—	—
	相对密度	燃气相对密度仪	—	—	—
6	噪声	声级计	—	40～120dB	最小刻度：1dB
7	烟气中一氧化碳浓度	CO浓度测定仪	—	CO：0～0.2%	最小刻度：0.001%
8	阀门气密性试验	气体检漏仪	气密检漏仪	—	—
9	整机气密性试验	气体检漏仪或U形压力计或压力表、空压机	—	—	—
10	成品抽样检验所需要使用的燃气供应装置	三组分配气装置	液化石油气可由当地提供的瓶装液化石油气供应；天然气和人工燃气必须由配气装置进行配气。 检验用气必须保证一定的精度（配制燃气与标准燃气的华白数偏差≤±5%），并且必须能够满足检验能力的要求；企业应具有界限气的配制能力。 应能满足最大热负荷时燃烧至少半小时以上的、一般约$20m^3/h$的供气量		

续表

序号	检测用途	检测设备名称	检测设备种类	测量范围	精确度/最小刻度
11	燃气流量	气体流量计	湿式或罗茨、旋进旋涡、膜式等干式流量计	0～3m³/h(液化石油气) 0～10m³/h（天然气） 0～20m³/h(人工燃气)	精确度：湿式表±1%，干式表±1.5%
12	表面温度	表面温度计	—	0～250℃	2.0℃
13	燃气压力	U形压力计或压力表	—	0～10000Pa	10Pa
14	电气强度和绝缘电阻	电性能检测设备	—	—	—

企业生产燃气热水器产品必备的整机检测设备 **表 15-4**

序号	检测用途	检测设备名称	检测设备种类	测量范围	精确度/最小刻度
1	室温和燃气温度	温度计	—	0～50℃	最小刻度：0.5℃
2	水温	温度计	—	0～100℃	最小刻度：0.2℃
3	湿度	湿度计	—	10%RH～95%RH	精确度：±5%RH
4	大气压力	大气压计	动、定槽式水银气压计或：空盒式气压计	81～107kPa	最小刻度：0.1kPa
5	燃气压力	U形压力计或压力表	—	0～5000Pa	最小刻度：10Pa
6	时间	秒表	—	—	最小刻度：0.1s
7	质量	衡器	—	0～15kg	最小刻度：10g
8	燃气流量	气体流量计	湿式或罗茨、旋进旋涡、膜式等干式流量计	0～2.0m³/h(液化石油气)	精确度：湿式表±1%，干式表±1.5%
				0～3.0m³/h(天然气)	精确度：湿式表±1%，干式表±1.5%
				0～6.0m³/h(人工燃气)	精确度：湿式表±1%，干式表±1.5%
9	燃气参数	气相色谱仪	气相色谱仪	—	—
		或，热量计和燃气相对密度仪	—	—	精确度：±2%
10	噪声	声级计	—	40～120dB	最小刻度：1dB
11	一氧化碳浓度	CO（CO_2、O_2）浓度测定仪	红外仪或吸收式气体分析仪	0～0.2%	最小刻度：0.001%
12	气密性试验	气体检漏仪	气体检漏仪	—	—
13	表面温度烟气温度	表面温度计或热电偶		0～300℃	最小刻度：1℃
14	气体流速	风速仪	热球式风速仪	0～15m/s	最小刻度：0.1m/s
15	微压	微压计		0～200Pa	最小刻度：1Pa

续表

序号	检测用途	检测设备名称	检测设备种类	测量范围	精确度/最小刻度
16	电性能检验	兆欧表 绝缘电阻仪 接地电阻仪 泄漏电流仪 电气强度仪	—	兆欧表 500V 绝缘电阻仪 0.05～100MΩ —	—
17	水路系统耐压性能检测	水压泵和压力表	—	—	压力表精确度为 0.4 级
18	成品抽样检验所需要使用的燃气供应装置	三组分配气装置	液化石油气可使用瓶装液化石油气。 天然气和人工燃气必须由配气装置进行配气。 检验用气必须保证一定的精度（所用燃气与标准燃气的华白数偏差≤±5%），并且必须能够满足检验能力的要求；企业应具有界限气的配制能力		
19	采暖性能检测（适用于燃气采暖热水炉单元）	采暖性能和热效率检测系统	环境温度计	0～50℃	±1℃
			燃气温度计	0～50℃	±0.5℃
			水温度计	0～200℃	精度：±0.5% 响应时间：≤5s
			燃气流量表	满足要求	±1%
			采暖系统水流量计	≥2000L/h	±1%，
			冷却水流量计	≥3000L/h	±1%
			水系统精密压力计(表)	0～0.6MPa	0.4 级
			循环系统换热装置	换热量≥70kW	—
			燃气压力稳定装置	—	波动≤±1%

注：企业配备的生产设备和检测设备，可与上述设备名称不同，但应满足上述设备的功能要求。

企业生产瓶装液化石油气调压器产品必备的检测设备　　表 15-5

序号	检测项目		检测设备名称	检测设备种类	测量范围	精确度/最小刻度
1	大气压力		大气压力计	动、定槽式水银气压计；或空盒式气压计	81～107kPa	最小刻度：0.1 kPa
2	时间		秒表	—	—	最小刻度：0.1s
3	温度		室温	温度计	0～50℃	最小刻度：0.1℃
			介质温度			
4	气密性	进口侧	气密试验台	压力表和气密性检漏仪	0～2.5MPa	精度：0.4 级
		出口侧			20kPa	最小刻度：10Pa
5	强度试验		膜片强度装置	压力表	0～0.6MPa	精度：1.6 级
			整体强度装置	压力表	0～2.5MPa	精度：1.6 级
			进口侧强度装置	压力表	0～10MPa	精度：1.6 级
			手轮扭矩装置	扭力扳手	0～100N·m	5%
			坠落试验装置	钢板尺	0～1m	1mm
			出气口冲击装置	冲击试验装置	0～8N·m	—

续表

序号	检测项目		检测设备名称	检测设备种类	测量范围	精确度/最小刻度
6	关闭压力、出口压力及调压静特性	进口压力	全自动调压静特性测试装置	压力表	0～1.6MPa 0～0.1MPa	精度：0.4级
		出口压力		压力计	0～10kPa	10Pa
		流量		流量计	0.025～0.25m³/h、 0.12～1.2m³/h、 0.5～5.0m³/h	1.5%
7	耐用性		耐用试验装置	压力表	0～1.0MPa	精度：1.6级
				计数器	—	—
8	进气口螺纹		环规	—	M22×1.5LH	精度：6g
	出气口螺纹		塞规	—	根据产品确定	符合GB/T 3934
9	橡胶件耐液化气性能		浸泡装置	—	满足实际需要	—
			天平	—	0～100g	最小刻度：1mg
10	橡塑料件耐液化气性能		放大镜	—	10倍	—
11	几何尺寸		卡尺	—	0～150mm	最小刻度：0.02mm

企业生产城镇燃气调压器和城镇燃气调压箱产品必备的检测设备　　表15-6

序号	检测项目		检测设备名称	检测设备种类	测量范围	精确度/最小刻度
1	大气压力		大气压力计	动、定槽式水银气压计或空盒式气压计	81～107kPa	最小刻度：0.1kPa
2	时间		秒表	—	—	最小刻度：0.1s
3	温度		室温	温度计	0～50℃	最小刻度：0.1℃
			介质温度			
4	外密封		气密试验台	压力表或检漏仪	根据产品确定量程	精度：0.4级
5	膜片耐压试验					
6	承压件液压强度试验		强度试验装置	压力表	根据产品确定量程	精度：1.6级
				试压泵	根据产品确定量程	—
				卡尺	根据产品长度确定	0.02mm
7	静特性	稳压精度等级	静特性测试装置	压力表	根据产品确定量程	精度：0.4级
		压力回差				
		静态		压力计、压力传感器	根据产品确定量程	10Pa、0.1级
		关闭性能				
		内密封		流量计（带修正仪）	根据产品确定量程	精度：1.5级
8	流量系数					

续表

序号	检测项目	检测设备名称	检测设备种类	测量范围	精确度/最小刻度
9	耐久性	耐久试验装置	压力表	根据产品确定量程	精度：0.4级
			计数器	—	—
10	极限温度下的适应性	高、低温试验装置	高、低温箱	+60℃、−20℃	±2℃
11	膜片成品耐低温				
12	膜片耐城镇气性能	浸泡装置	—	满足实际需要	—
		天平	—	0～100g	最小刻度：1mg
13	绝缘性能	兆欧表	—	500MΩ	—

注：1. 第10、11项检测设备为生产燃气调压器企业必备，生产燃气调压箱企业不要求。

2. 企业配备的生产设备和检测设备，可与上述设备名称不同，但应满足上述设备的功能要求。

以上的规定是一个最基本的要求，但除了以上必备的设备以外，企业还要根据自己的实际情况，考虑到企业的发展及产品开发的需要，应不断地增加检验设备，提高检验水平，完善产品的质量体系。

对于企业的实验室，除了仪器设备是非常重要的以外，在管理方面也要逐步规范，尽量参照检验机构的规定去做。在机构的设置上也要尽量相对独立，最起码的实验室一定要独立于生产部，以保证试验结果的可信度。

近几年，有一些企业的实验室也进行了实验室认证，取得了“中国实验室国家认可委员会”的认证资格（CNAL认证），这对企业的实验室无疑是一个提升，同时也是对企业整体水平的提升，希望有能力的企业重视此项工作。

第五节　检测工作的管理与安全

一、检测工作管理基础知识

做检测工作需要测量仪表、化学试剂、图书资料等。下面介绍一些基本管理知识。

试剂管理

（一）危险药品种类及储存

（1）危险药品（化学试剂）

危险药品（化学试剂）要按国家公安部门规定分库或分橱保管，并由单位的保卫部门负责监督执行。危险药品要按性质进行分类。

第一类为爆炸剂。这类物质有强烈爆炸性，受到撞击、摩擦、振动和高温时，可能引起爆炸，例如，苦味酸、硝基化合物等。

第二类为易燃剂。这类物质属于自燃或易燃物质，在低温下也可能气化挥发，遇火种后可能爆炸、燃烧。易燃剂不能与爆炸剂、氧化剂混合储存。易燃剂根据其易燃程度，液体分为三级，固体分为二级（见表15-7）。

第三类为氧化剂。它也称为助燃剂，本身不能燃烧，但受到高温和酸类作用时，能产生大量氧气，促使燃烧加剧。强氧化剂与有机物作用时，可发生爆炸，如硝酸钾、硫磺与木炭混合就是炸药，受到碰撞就可以爆炸。氧化剂根据本身性能可分为三级（见表15-8）。

易燃物质级别举例　　表 15-7

易燃级别		闪点（℃）	物质
液体	一级	≤−4	汽油、环氧丙烷、环氧乙烷、丙酮、乙醚等
	二级	−4～21	酒精、甲醇、吡啶、甲苯、二甲苯、正丙醇、异丙醇、二氯乙烯、二氯乙烷、丙酸乙酯、乙酸戊酯脂等
	三级	21～45（或至 93）	柴油、煤油、松节油
固体	一级	—	常温遇水能处燃，如钾、钠、黄磷等
	二级	—	不自燃、但遇火能燃烧，如硫磺、樟脑、赤磷、硝化纤维、胶卷等

氧化剂级别举例　　表 15-8

级别	性质	物质
一级	有强烈氧化性能，与有机物质或水作用时，会引起爆炸	氯酸钾、过氧化钠
二级	遇热或日晒后，产生氧气，促使燃烧与爆炸	高锰酸钾、双氧水
三级	遇高温或酸作用时，产生氧气，促使燃烧与爆炸	重铬酸钾、硝酸铅

第四类为剧毒物质。这类物质具有强烈毒性（如氰化钾、氰化钠、砒霜等），或者能产生毒性（如水银、氯气等），侵入人体或皮肤，会产生极大危害。

第五类为强腐蚀剂。它本身有强烈腐蚀性，或能挥发出强腐蚀性蒸气，使人体或其他物质受到严重破坏，如硫酸、盐酸、硝酸等。

第四、五类物质虽然不会引起燃烧爆炸，但是为了防止意外，公安部门也规定必须纳入危险品库保存，而且要严格控制使用。

危险品库要严加管理。门窗要坚固，并要包铁皮和加大型锁。窗外加铁栅栏，最好是独立建筑，至少应与普通房间隔开。室内要求干燥、通风良好、避免日光直射，室内外放置各种类型的灭火器材。应根据燃烧物质选用灭火剂（见表 15-9）。

灭火剂选用　　表 15-9

燃烧物质	灭火剂
苯胺、乙氯乙烷、醚类（低沸点 175℃以下）、醇类（低沸点 175℃以下）、二硫化碳	泡沫灭火剂、二氧化碳
丙酮、苯、煤油	泡沫灭火剂、二氧化碳、四氧化碳
硝基化合物、漆、蜡	泡沫灭火剂
重油、润滑油、植物油、石油、松节油、松香	喷射水、泡沫灭火剂
醚类及醇类（高沸点 175℃以上）	水、泡沫灭火剂、二氧化碳、砂
赛路珞、纤维素、橡胶、火漆	水
钾、钠、钙、镁	砂

注：1. 消防中一般不用四氯化碳灭火剂，因其有毒性。

2. 砂可以扑灭任何燃烧的物质，表中是除砂外的效果好的灭火剂。

3. 干粉灭火剂对扑灭液化石油气比较有效。

危险品库应建立使用登记卡，取用或消耗时必须严格登记。

（2）一般试剂储存与管理

一般试剂应存放专门房间里，最好选用不向阳的屋子，室内应干燥、通风良好。如不能单设一库，也应设立专门的药品柜。

各种试剂要分门别类地存放。如盐类、酸类、碱类、有机类等分别存在专门的柜橱中，以便取用。每瓶试剂开盖后，如不经常使用就应加蜡封好，防止受潮变质。试剂存放处的温度应控制在10～25℃，柜橱门要严密防尘。使用时最好设立登记手续。对于防光的试剂要做好避光措施。有条件时，按照测试项目将成套试剂按组排列，这样有利于检测工作。

（二）仪器仪表的管理

每种仪器仪表都有本身的使用、维护管理要求，检测人员必须严格遵守。仪器仪表最好分类安放。

（1）热工仪表类

这一类包括温度计、压力计、流量计及其检测设备。如有条件时，可以设立专门的流量计校验室。

①热值、密度测量仪表。将这两种仪表划为一类，是因为二者结合起来可测定燃气华白数。有条件时，可专设热量计室，在该室中应有专用水箱及热量计校正设备。

②气体分析仪表。燃气、烟气及空气成分分析的仪表大部分可能互相通用，可将其分为化学分析与色谱分析两类。最好分两室安放，色谱分析室还要考虑有专门存放高压气瓶的地方。

③其他仪表。激光测试仪、施利尔摄影装置等，最好安放在光学分析室中。精密天平应安置在专门的操作台上。此外，还要考虑一些普通仪表。例如，辐射计、噪声计、风速仪等的安放位置。

（2）其他测试装置的增设

鉴定燃气调压器应具有相应的测试装置，以及必需的压缩空气气源。为了测试各种燃气的燃烧设备，需配制不同成分的燃气，应备有相应的单一气体和适当的贮气罐。另外，实验室还应备有各种燃气设备，例如调压器、灶具等，以利于新旧设备性能对比试验。如果要研究新型工业燃烧器，应该具备典型的工业窑炉。

总之，应根据工作需要不断地增添或更新仪器设备，不断发展，逐步完善。

（三）其他管理事项

（1）图书资料管理

应随时积累专业资料（书籍、期刊、杂志、交流资料及各种手册工具书等）和检测档案。要分类编号、建立卡片，有便于查阅。图书资料应设专室（或专橱）保管，禁止与化学试剂放在一个橱中。

（2）维修工具管理

应该设置专用工具柜备常用的维修小型工具，如小虎台钳、锤子、各种钳子、手锯、各种锉、手摇钻、成套胶塞打孔器、各号扳手及改锥、电烙铁、电弧焊、试电笔、剪刀、卡尺、米尺、万能表等。

（3）卫生要求

要注意检测环境的卫生，设有必要的卫生设备，并建立卫生和值班制度。实验人员工作前、后必须洗手，既防止污染仪器与器皿，又防止有毒物质带入人体。

二、安全急救

燃气为可燃易爆气体，有的含有毒成分。如不小心，检测使用的化学试剂或检测过程中产生的物质就可能发生事故。现介绍一些安全与急救的基本知识。

（一）事故的种类及起因

（1）爆炸事故

当燃气管道、阀门与设备漏气时，或操作不当，或自动灭火安全装置失灵时，就可能发生火灾与爆炸事故。如果危险品管理不善，也可能发生火灾与爆炸事故。高压气瓶管理不善，温度骤然上升也会引起爆炸事故。

（2）中毒

①气体毒物。一氧化碳（CO）、硫化氢（H_2S）、氯气（Cl_2）、氮氧化物（NO_x）等气体均有不同程度的毒性。除CO外，其他有毒气体皆有较强的臭味，易于发现，能及时处理。CO比空气轻，本身无色无臭无味，不易被人察觉。吸入人体后，它会取代血液中氧血红素中的氧，使之成为碳氧血红素，导致人体缺氧，尤其是中枢神经系统缺氧而造成死亡。CO轻度中毒时，表现为头疼、眩晕、耳鸣或呕吐恶心，呼吸困难，全身无力；中度中毒时，发生意识障碍，嗜睡，痉挛；重度中毒时，呼吸微弱，昏迷，如不急救即制造死亡。由于CO不易察觉，故危害很大。

检测工作中CO的来源有：某些人工燃气中CO含量较高，燃气管道、设备漏气时使大量CO进入室内；另外，燃烧不完全、CO气瓶漏气、某些化学反应等均会产生CO。

②酸类毒物。硫酸、盐酸及硝酸等酸类蒸气能侵害呼吸道，液体接触皮肤会造成红肿，甚至烧成水泡。如果误服以上酸类，会引起全身中毒。口腔、咽喉、食道及胃等将被烧伤，时间较长会使食道、胃壁黏膜脱落，呕吐咖啡色或混有鲜红血液伴有黏膜的组织物，重者并有腹泻，大便常黏液或带血，更严重者，发生胃穿孔、声带水肿、心力衰竭，发生休克甚至死亡。

③碱性毒物。苛性钾与苛性钠液体具有强烈腐蚀性，皮肤接触后，局部变白，周围红肿、有刺痛感并起水泡、皮肤轻者龟裂，重者糜烂。如果误服，会使口腔、食道、胃黏膜糜烂，引起穿孔出血。氨水会挥发大量氨气，刺激消化道、呼吸道及眼鼻黏膜。大量吸入会发生剧烈咳嗽、声带嘶哑、昏迷、虚脱，甚至心力衰竭、窒息死亡。误服氨水，也会引起口腔、食道及胃糜烂、穿孔等症状。

④水银类毒物。水银能挥发出微量蒸气，它可以通过呼吸道中毒，也可以经皮肤直接吸收中毒。汞盐多通过消化道中毒。水银中毒慢性较多。它对消化道、神经系统、皮肤黏膜、泌尿生殖系统都能侵害。急性中毒表现为恶心、腹疼、尿量减少或尿闭，很快就会死亡。

⑤氢氰酸和氰化物类毒物。这类剧毒物若有微量侵入人体，稍一迟缓即无法挽救。其蒸气、粉尘侵入呼吸道也能中毒，甚至通过皮肤也可以渗入。中毒症状为唇舌麻木、头疼眩晕、下肢无力、恶心、心慌、血压上升、瞳孔放大，严重危及生命。

⑥其他毒物。磷、砷、苯及其化合物都具有一定毒性，使用时均应十分小心。

（3）触电

实验室有各种电器设备，必须维护好，使用好。防止发生事故。

（二）急救

发生事故时，不可慌乱。先切断气源和电源，如关闭燃气总阀门，拉开总电闸等，并及时抢救受伤人员和国家财产。

（1）炸伤急救

被炸伤人员可能要大量出血，这时应及时扎紧血管止血。如有虚脱、昏迷或休克时，可以给些氧气或进行人工呼吸，并且立即送医院治疗。

（2）烧、烫伤急救

烧、烫伤皆称灼伤，根据程度不同可分三级。一级灼伤，皮肤红肿，可用药棉浸浓酒精（90%～95%）轻涂，或者用冷水疗法止痛，也可敷烫伤药。二级灼伤，皮肤起泡，可用酒精在伤口处消毒，切不要把水泡弄破防止感染，应及时请医务人员治疗。三级灼伤，皮肤组织被破坏，呈棕色或黑色，有时呈白色，应用干燥无菌纱布轻轻包扎伤口，严防感染，及时送医院治疗。如果衣服黏着伤口，千万不要脱剥衣服，以防撕下皮肤。应用剪刀剪下未与伤处黏接的衣服，再轻轻包扎伤口。

（3）中毒急救

①呼吸系统中毒。应迅速将中毒者转移到通风良好的地方，解开衣领、皮带，头也不要后仰，肚子不宜弯曲，以靠背式坐下，垫好衣、褥，使中毒者保暖、血液流通。同时清除其口腔黏液及呕吐物。如有条件，给氧气，或给中毒者喝些浓茶、咖啡等兴奋剂，并及时请医务人员治疗。

②口服中毒。应立即给中毒者洗胃，使其呕吐，排除胃中毒物。例如酸性物中毒时，可以2%小苏打洗胃；碱性物中毒时，可服稀醋酸、酸果汁、柠檬汁中和，再服蛋白或牛奶保护黏膜组织。对于某些特殊毒物要采取更有效的药物解毒，并使之呕吐。例如磷中毒时服硫酸铜；钡中毒时服硫酸钠；锑或砷中毒时服25%硫酸铁和0.6%氧化镁混合液（剧烈搅拌混合均匀，每隔10min喂一汤匙，直到呕吐时为止）；氰化物中毒时服1%硫代硫酸钠等。解毒呕吐后，喝些温开水，立即送医院治疗。

③皮肤、黏膜中毒。皮肤、眼、鼻及咽喉中毒，这些部位受毒侵害时，要立即用大量自来水彻底冲洗，如能涂些中和剂更好，然后请医生治疗。

（三）安全措施

检测工作需制订一整套安全工作条例。有些内容在以前章节已经论述，下面再综述一些原则性要求。

（1）建筑物及管道设备

①对建筑要求。一般要求能够防震、防火及隔热；对可能发生爆炸的房间，应有足够的泄压面积（如向外开的门窗、轻质屋顶等）；危险品库、高压瓶间、储气罐、压气机间等应单独布置，并与一般房间保持一定的安全距离（参考有关规范）。此外，应备有灭火设备。

②对管道设备要求。对可燃、有毒气体的管道、阀门及设备，必须经过强度与气密性试验合格后方可使用，并应定期检查、维修，防止漏气；对有燃气、水、电的房间，应安装燃气、水总阀门及总电闸。此外，要定期检查所有安全装置。

③对使用燃气的房间及实验室应设有燃气报警器、烟雾报警器等。

（2）管理条件及安全操作规程

明确各种试剂、高压气瓶等的管理条例，制订各项测试工作及重要的仪器设备的安全操作规程。必要时建立安全员值班制度，经常督促检查。

参考文献

[1]　韩兆方. 质量检查监督基础［M］. 国家计算质量监督局学习班讲义，1990.

[2]　金志刚. 燃气测试技术手册［M］. 天津：天津大学出版社，1994.